博物馆研究书系
Series of Museum Research

文献类展品展览研究

[周婧景 著]

复旦大學出版社

目 录
CONTENTS

序　言 / 陆建松　1

绪　论 / 1

第一章　文献收藏机构展览的历史和现状 / 16
　　第一节　文献收藏机构展览发展的历史 / 16
　　第二节　文献收藏机构展览发展的现状 / 34
　　第三节　小结与讨论 / 46

第二章　文献收藏机构展览的问题聚焦 / 50
　　第一节　基于文献维度的问题聚焦 / 50
　　第二节　基于实证维度的问题聚焦 / 59
　　第三节　基于三角互证的问题聚焦 / 172
　　第四节　展览问题的原因溯源 / 175

第三章　文献类展品的特点、价值及其传播的难点 / 184
　　第一节　文献类展品的特点 / 184
　　第二节　文献类展品价值的再认知 / 185
　　第三节　文献类展品传播的难点 / 186

第四章　从结构层面提炼文献收藏机构策展理论的构成要素 / 188
　　第一节　借鉴博物馆学策展理论的原因与历史 / 188

第二节　从结构层面提炼策展理论的三大要素 / 191

第五章　从理论层面构建文献收藏机构策展理论的阐释模型 / 206
第一节　重构一套区别于博物馆展览的阐释理念 / 206
第二节　实现对文献、受众和媒介三大要素的倡导 / 208
第三节　构建文献收藏机构策展理论的阐释模型 / 323

第六章　从实践层面设计线上线下融合的文献收藏机构展览
　　　　——实践模式及实现路径 / 382
第一节　实践模式：策展阐释的步骤与方法 / 382
第二节　实践模式：实现路径及其对策 / 428

第七章　总结与前瞻 / 450
第一节　研究总结 / 450
第二节　范式构建 / 458
第三节　研究创新与局限 / 468
第四节　研究问题前瞻 / 472

附录一　上海图书馆展览调查问卷 / 485
附录二　上海市档案馆展览调查问卷 / 488
附录三　上海通志馆展览调查问卷 / 491
附录四　成都图书馆展览调查问卷 / 494
附录五　成都市档案馆展览调查问卷 / 497
附录六　成都方志馆展览调查问卷 / 500
附录七　长沙党史馆展览调查问卷 / 503
附录八　长沙图书馆展览调查问卷 / 506
附录九　长沙市档案馆展览调查问卷 / 509
附录十　互联网线上线下融合的文献收藏机构展览的半结构访谈提纲 / 512

图 目
CONTENTS

图 1　全国档案事业统计年报中呈现的中国档案展览数量（2006—2018 年）／ 44

图 2　重要-表现程度矩阵图 ／ 63

图 3　上海三馆的观众性别比例统计图 ／ 64

图 4　成都三馆的观众性别比例统计图 ／ 64

图 5　长沙三馆的观众性别比例统计图 ／ 65

图 6　上海三馆的观众年龄层统计图 ／ 66

图 7　成都三馆的观众年龄层统计图 ／ 68

图 8　长沙三馆的观众年龄层统计图 ／ 69

图 9　上海三馆的观众受教育程度统计图 ／ 70

图 10　成都三馆的观众受教育程度统计图 ／ 71

图 11　长沙三馆的观众受教育程度统计图 ／ 72

图 12　上海三馆的观众职业统计图 ／ 73

图 13　成都三馆的观众职业统计图 ／ 74

图 14　长沙三馆的观众职业统计图 ／ 75

图 15　上海三馆的观众居住地统计图 ／ 76

图 16　成都三馆的观众居住地统计图 ／ 77

图 17　长沙三馆的观众居住地统计图 ／ 78

图 18　观众过去一年参观上海三馆（个别场馆）的统计图 ／ 79

图 19　观众过去一年参观成都三馆（个别场馆）的统计图 ／ 80

图 20　观众过去一年参观长沙三馆（个别场馆）的统计图 ／ 81

图 21　观众获知上海三馆相关信息的渠道统计图 ／ 82

图 22　观众获知成都三馆相关信息的渠道统计图 / 84
图 23　观众获知长沙三馆相关信息的渠道统计图 / 85
图 24　观众参观上海三馆原因统计图 / 87
图 25　观众参观成都三馆原因统计图 / 89
图 26　观众参观长沙三馆原因统计图 / 90
图 27　观众于上海三馆停留时间统计图 / 91
图 28　观众于成都三馆停留时间统计图 / 92
图 29　观众于长沙三馆停留时间统计图 / 93
图 30　上海三馆观众同行者所属类型统计图 / 94
图 31　成都三馆观众同行者所属类型统计图 / 95
图 32　长沙三馆观众同行者所属类型统计图 / 96
图 33　上海三馆观众偏好的展览主题统计图 / 97
图 34　成都三馆观众偏好的展览主题统计图 / 98
图 35　长沙三馆观众偏好的展览主题统计图 / 99
图 36　上海图书馆服务满意度统计图 / 101
图 37　上海市档案馆服务满意度统计图 / 103
图 38　上海通志馆服务满意度统计图 / 105
图 39　成都图书馆服务满意度统计图 / 107
图 40　成都市档案馆服务满意度统计图 / 109
图 41　成都方志馆服务满意度统计图 / 111
图 42　长沙党史馆服务满意度统计图 / 113
图 43　长沙图书馆服务满意度统计图 / 115
图 44　长沙市档案馆服务满意度统计图 / 117
图 45　上海图书馆重要-表现程度矩阵图 / 120
图 46　上海市档案馆重要-表现程度矩阵图 / 122
图 47　上海通志馆重要-表现程度矩阵图 / 125
图 48　成都图书馆重要-表现程度矩阵图 / 127
图 49　成都市档案馆重要-表现程度矩阵图 / 130
图 50　成都方志馆重要-表现程度矩阵图 / 132
图 51　长沙党史馆重要-表现程度矩阵图 / 135
图 52　长沙图书馆重要-表现程度矩阵图 / 137
图 53　长沙市档案馆重要-表现程度矩阵图 / 140

图 54　上海三馆整体满意度统计图 / 141
图 55　成都三馆整体满意度统计图 / 142
图 56　长沙三馆整体满意度统计图 / 143
图 57　上海三馆再访意愿统计图 / 144
图 58　上海三馆推荐意愿统计图 / 145
图 59　成都三馆再访意愿统计图 / 146
图 60　成都三馆推荐意愿统计图 / 147
图 61　长沙三馆再访意愿统计图 / 148
图 62　长沙三馆推荐意愿统计图 / 149
图 63　长沙方志馆观众性别比例统计图 / 149
图 64　长沙方志馆观众年龄层统计图 / 150
图 65　长沙方志馆观众受教育程度统计图 / 151
图 66　长沙方志馆观众职业统计图 / 152
图 67　长沙方志馆观众居住地统计图 / 152
图 68　长沙方志馆参观意愿统计图 / 153
图 69　观众于长沙方志馆停留时间统计图 / 154
图 70　长沙方志馆观众同行者所属类型统计图 / 154
图 71　观众获知长沙方志馆相关信息的渠道统计图 / 155
图 72　观众参观长沙方志馆原因统计图 / 156
图 73　长沙方志馆观众偏好的展览主题统计图 / 157
图 74　长沙方志馆服务重要度统计图 / 159
图 75　三地九馆观众年龄层统计图 / 162
图 76　三地九馆观众教育程度统计图 / 162
图 77　三地九馆观众职业统计图 / 163
图 78　观众获知三地九馆相关信息的渠道统计图 / 163
图 79　观众参观三地九馆原因统计图 / 164
图 80　观众于三地九馆停留时间统计图 / 164
图 81　三地九馆观众同行者所属类型统计图 / 164
图 82　三地九馆观众偏好的展览主题统计图 / 165
图 83　针对文献收藏机构展览的策展理论的三大要素 / 191
图 84　"文献"要素倡导者的角色定位 / 209
图 85　文献收藏机构叙事展览的五大构成要素 / 214

图 86　文献收藏机构叙事展览的展览结构 / 216

图 87　"甲骨文记忆"展中将释读出的 35 个甲骨文与成熟的汉字进行对比，呈现于玻璃展板上 / 224

图 88　"甲骨文记忆"展中采用象形甲骨文（木、林、水、鱼、鸟）进行立体画卷的装饰 / 224

图 89　"受众"要素倡导者的角色定位 / 229

图 90　针对文献收藏机构展览的观众研究内容 / 231

图 91　针对文献收藏机构展览的观众研究策略 / 233

图 92　2012—2019 年中国博物馆参观人数统计图（单位：万人次）/ 235

图 93　"探索 20 世纪文学作品"展第十三部分"创意活动" / 239

图 94　菲尔德博物馆"标本独白"（Specimens Monologues）活动，邀请当地居民为馆内的藏品录制配音 / 240

图 95　明尼苏达历史中心"家庭招待会：如果这些墙会说话"展 / 244

图 96　蒙特利湾水族馆"深海任务：与蒙特利湾水族馆研究所一起探索海洋"展（Mission to the Deep：Exploring the Ocean with the Monterey Bay Aquarium Research Institute）/ 246

图 97　大英图书馆"疾风世代：陌生土地上的歌"（Windrush：Songs in a Strange Land）展 / 251

图 98　美国国家档案博物馆"权利档案"（Records of Rights）展中的沉浸式体验，当观众走进展区，靠近触控桌面时，屏幕会显示波纹以回应观众 / 256

图 99　在设计展览体验时可利用的展览三大特征 / 257

图 100　牛津大学博德利图书馆"托尔金：中土世界的创造者"（Tolkien：Maker of Middle-earth）展中的 3D 浮雕地图 / 258

图 101　美国国家档案博物馆"权利档案"（Records of Rights）展中的互动装置，观众可使用点击、移动等功能进行多点触控 / 260

图 102　美国国家档案博物馆"权利档案"（Records of Rights）展中的互动装置，观众可通过添加情绪标签表达自己对展品的反应并发布在附近的墙面上 / 260

图 103　威廉斯堡殖民时代的建筑和马车 / 262

图 104　大英图书馆"地图和 20 世纪：画出界限"（Maps and the 20th Century：Drawing the Line）展，无论是展览动线，还是地板和墙壁都是地图

的一部分 / 262
图 105 大英图书馆"宣传——权力与说服力"(Propaganda：Power and Persuasion)展中的指示牌 / 268
图 106 大英博物馆 33 号展厅"何鸿卿爵士中国与南亚馆"的部分展示 / 272
图 107 "文献展的神话——阿尔诺德·博德与他的后继者们"展览开幕式 / 273
图 108 大英图书馆"书写：创造符号"(Writing：Making Your Mark)展中视频正在为观众介绍印刷术，其后方是呈现印刷流程的辅助展品 / 273
图 109 南京博物院的仓储型展示，4 座 14 层的"多宝格"中的部分 / 274
图 110 台湾世界宗教博物馆序厅中的水幕墙和朝圣步道 / 276
图 111 美国史密森尼国家自然历史博物馆中有关哺乳动物特征的说明文字 / 280
图 112 明尼苏达儿童博物馆标签获奖作品"熟练造就完美的忍者" / 281
图 113 芝加哥科学院、佩姬·诺特巴尔特自然博物馆标签获奖作品"今天你穿了什么？" / 281
图 114 大英图书馆的"地图和 20 世纪：画出界限"(Maps and the 20th Century：Drawing the Line)展中的展柜，展柜成为整个展览故事的一部分 / 288
图 115 牛津大学博德利图书馆"托尔金：中土世界的创造者"(Tolkien：Maker of Middle-earth)展中由灯光营造出的沉浸式氛围 / 292
图 116 美国国家档案博物馆"权利档案"(Records of Rights)展中采用色温低的暖色光照明 / 292
图 117 大英图书馆"宣传——权力与说服力"(Propaganda：Power and Persuasion)展中柜底的照明设计 / 293
图 118 德国港口博物馆中的货帆船——北京号，采用"ERCO 定制"照明方案 / 293
图 119 纽约科学馆独立展柜中人类、黑猩猩、海豚、狗、乌鸦大脑所构成的展品组合 / 297
图 120 "9·11"国家纪念博物馆中屹立于地基大厅中央的纪念柱 / 298
图 121 在富兰克林机构光合作用展项中，借助电流将该现象的原理加以

动态呈现 / 301

图122 大英图书馆"书写：创造符号"(Writing：Making Your Mark)展中的书写装置 / 304

图123 V&A博物馆"你说你想要一场革命？1966—1970年唱片与叛乱"(You Say You Want a Revolution? Records and Rebels 1966 - 1970)特展中，观众通过耳机倾听背景音乐或斜躺在软垫上讨论当年喜爱的歌手及其唱片 / 306

图124 浙江自然博物馆"馨宴——鸟类鸣声行为"展，通过视听设备领略鸟类的鸣声行为 / 308

图125 可口可乐博物馆"尝一尝它"展区，观众正在品尝来自世界各地的可口可乐 / 314

图126 展览预算中的费用构成 / 315

图127 纸张档案博物馆基本陈列中的"如何造纸"模型，观众通过转动手柄能够让造纸过程可视化呈现 / 319

图128 信息论传播模式"申农-韦弗模式"（由信息论创始人1949提出，对后来模式的创立产生重要影响）/ 328

图129 以观众为中心的使用与满足传播模式"马莱兹克模式"（该模式在当前我国博物馆信息传播的研究中被最多地借鉴）/ 328

图130 广州市国家档案馆新馆二期"档案广州"历史记忆展 / 336

图131 2018年开放的国家方志馆黄河分馆 / 338

图132 马丽娜·阿布拉莫维奇(Marina Abramovic)的行为艺术作品"节奏0" / 341

图133 大英图书馆的"书写：创造符号"(Writing：Making Your Mark)展厅设计及多媒体装置 / 355

图134 上海博物馆"遗我双鲤鱼——上海博物馆馆藏明代吴门书画家书札"精品展 / 356

图135 上海图书馆"缥缃流彩——中国古代书籍装潢艺术馆藏精品文献"展 / 359

图136 木心美术馆"巴尔扎克：文学舅舅"特展《老处女》和《幻夜》修订稿（复印件）/ 360

图137 国家典籍博物馆"妙手补书书可春——全国古籍修复技艺竞赛暨成果展"的展览现场与修复师的演示现场 / 361

图 138 大英图书馆"列奥纳多·达·芬奇:动感的心"(Leonardo da Vinci:A Mind in Motion)展中的触摸屏,用以投放达·芬奇笔记的原始手稿 / 363

图 139 大英图书馆"地图和 20 世纪:画出界限"(Maps and the 20th Century:Drawing the Line)展中"20 世纪中期的地图"展厅选择了较浅的颜色 / 366

图 140 福尔杰莎士比亚图书馆莎士比亚展览馆(Shakespeare Exhibition Hall),观众从对开本的页面步入四个展区 / 367

图 141 美国国家档案博物馆中儿童正在展厅内使用展厅套装(Gallery Pack) / 369

图 142 美国国家档案博物馆"权利档案"(Records of Rights)展中的交互式导览媒介 / 370

图 143 文献收藏机构策展理论的阐释模型 / 380

图 144 文献收藏机构收藏政策的内容建议 / 383

图 145 鲨鱼展的概念图草图(页面截图) / 388

图 146 显示媒体与性别关系的概念图 / 389

图 147 鲨鱼展的泡泡图(页面截图) / 390

图 148 绍兴博物馆基本陈列第三单元"安徽大汶口文化第一城"的泡泡图(页面截图) / 391

图 149 美国国家档案博物馆"权利档案"(Records of Rights)展中的文献展示和互动装置 / 398

图 150 美国国会图书馆"不可否认:妇女为投票而战"(Shall Not Be Denied-Women Fight for the Vote)展中的触摸式屏幕 / 399

图 151 中国国家博物馆"证古泽今——甲骨文文化展"中的"从军行"雕塑 / 400

图 152 中国国家博物馆"证古泽今——甲骨文文化展"中"五行·射日"光电解读展项 / 400

图 153 针对小型和中大型三维展品,可采用两种人工照明方式 / 407

图 154 针对超大型三维展品可采用四种人工照明方式:导轨墙面布光灯、导轨聚光灯、嵌入式墙面布光灯和射灯系列 / 408

图 155 针对二维展品,可采用两种人工照明方式 / 408

图 156 展览招投标的主要流程及其任务 / 414

图 157　布展时展品的方向性 / 421
图 158　布展时展品的均衡性 / 422
图 159　布展时侧翼展品的均衡性 / 422
图 160　按照高度与重心对展品进行布置 / 423
图 161　按照齐平方式对展品进行布置 / 423
图 162　大英图书馆网上展览的学科分类（网页截图） / 436
图 163　大英图书馆网上展览的进入界面（网页截图） / 437
图 164　美国国家档案管理局策划的"说服力"展 / 441
图 165　本书的研究思路图 / 451

表 目
CONTENTS

表 1　国立北平图书馆早期(1929—1936年)举办的文献展览汇总表 / 17

表 2　中国图书馆早期举办的专题性的文献展览汇总表(部分) / 19

表 3　中国1950—1965年间举办的部分档案展览汇总表 / 27

表 4　中国部分国家级、省级公共图书馆的展厅面积一览表(截至2012年12月) / 40

表 5　针对文献收藏机构(三地十馆)展览的问卷调查之抽样地点与时间 / 61

表 6　上海三馆的观众性别比例统计表 / 63

表 7　成都三馆的观众性别比例统计表 / 64

表 8　长沙三馆的观众性别比例统计表 / 65

表 9　上海三馆的观众年龄层统计表 / 66

表 10　成都三馆的观众年龄层统计表 / 67

表 11　长沙三馆的观众年龄层统计表 / 68

表 12　上海三馆的观众受教育程度统计表 / 70

表 13　成都三馆的观众受教育程度统计表 / 71

表 14　长沙三馆的观众受教育程度统计表 / 72

表 15　上海三馆的观众职业统计表 / 73

表 16　成都三馆的观众职业统计表 / 73

表 17　长沙三馆的观众职业统计表 / 74

表 18　上海三馆的观众居住地统计表 / 76

表 19　成都三馆的观众居住地统计表 / 77

表 20　长沙三馆的观众居住地统计表 / 78
表 21　观众过去一年参观上海三馆(个别场馆)的统计表 / 79
表 22　观众过去一年参观成都三馆(个别场馆)的统计表 / 80
表 23　观众过去一年参观长沙三馆(个别场馆)的统计表 / 80
表 24　观众获知上海三馆相关信息的渠道统计表 / 81
表 25　观众获知成都三馆相关信息的渠道统计表 / 83
表 26　观众获知长沙三馆相关信息的渠道统计表 / 84
表 27　观众参观上海三馆原因统计表 / 86
表 28　观众参观成都三馆原因统计表 / 88
表 29　观众参观长沙三馆原因统计表 / 89
表 30　观众于上海三馆停留时间统计表 / 91
表 31　观众于成都三馆停留时间统计表 / 92
表 32　观众于长沙三馆停留时间统计表 / 93
表 33　上海三馆观众同行者所属类型统计表 / 94
表 34　成都三馆观众同行者所属类型统计表 / 95
表 35　长沙三馆观众同行者所属类型统计表 / 96
表 36　上海三馆观众偏好的展览主题统计表 / 97
表 37　成都三馆观众偏好的展览主题统计表 / 98
表 38　长沙三馆观众偏好的展览主题统计表 / 99
表 39　上海图书馆服务满意度统计表 / 100
表 40　上海市档案馆服务满意度统计表 / 102
表 41　上海通志馆服务满意度统计表 / 104
表 42　成都图书馆服务满意度统计表 / 106
表 43　成都市档案馆服务满意度统计表 / 108
表 44　成都方志馆服务满意度统计表 / 110
表 45　长沙党史馆服务满意度统计表 / 112
表 46　长沙图书馆服务满意度统计表 / 114
表 47　长沙市档案馆服务满意度统计表 / 116
表 48　上海图书馆重要-表现程度分析表 / 119
表 49　上海市档案馆重要-表现程度分析表 / 121

表 50　上海通志馆重要-表现程度分析表 / 123
表 51　成都图书馆重要-表现程度分析表 / 126
表 52　成都市档案馆重要-表现程度分析表 / 128
表 53　成都方志馆重要-表现程度分析表 / 131
表 54　长沙党史馆重要-表现程度分析表 / 133
表 55　长沙图书馆重要-表现程度分析表 / 136
表 56　长沙市档案馆重要-表现程度分析表 / 138
表 57　上海三馆整体满意度统计表 / 140
表 58　成都三馆整体满意度统计表 / 141
表 59　长沙三馆整体满意度统计表 / 142
表 60　上海三馆再访意愿统计表 / 143
表 61　上海三馆推荐意愿统计表 / 144
表 62　成都三馆再访意愿统计表 / 145
表 63　成都三馆推荐意愿统计表 / 146
表 64　长沙三馆再访意愿统计表 / 147
表 65　长沙三馆推荐意愿统计表 / 148
表 66　长沙方志馆观众性别比例统计表 / 149
表 67　长沙方志馆观众年龄层统计表 / 150
表 68　长沙方志馆观众受教育程度统计表 / 151
表 69　长沙方志馆观众职业统计表 / 151
表 70　长沙方志馆观众居住地统计表 / 152
表 71　长沙方志馆参观意愿统计表 / 153
表 72　观众于长沙方志馆停留时间统计表 / 153
表 73　长沙方志馆观众同行者所属类型统计表 / 154
表 74　观众获知长沙方志馆相关信息渠道统计表 / 155
表 75　观众参观长沙方志馆原因统计表 / 156
表 76　长沙方志馆观众偏好的展览主题统计表 / 157
表 77　长沙方志馆服务重要度统计表 / 158
表 78　针对文献收藏机构（三地九馆）展览的访谈分类统计情况 / 168
表 79　基于文献资料和实证资料三角互证的问题聚焦 / 173

表 80　展厅楼面荷载标准　/　265
表 81　按照构成要素对博物馆的展示手段进行分类　/　269
表 82　按照利用方式将博物馆展示手段分成四种模式　/　271
表 83　不同级别说明文字相应的撰写目标及其建议字数　/　279
表 84　博物馆界针对展览规定的光照等级　/　290
表 85　展览理想的总体时间框架　/　317

序 言
PREFACE

陆建松

自博物馆诞生以来,文献和器物就被同时纳入博物馆收藏体系。除了博物馆收藏图书、谱录、奏稿、档案和经卷等文献类藏品外,图书馆、档案馆和方志馆等文献收藏机构也收藏了大量的文献类藏品。这些文献资料是我国宝贵的文化遗产,具有重要的历史、艺术和科学价值。

为了充分发挥这些文献类藏品的社会作用,促进这些"死"文献资料变成"活"社会资源,近年来,我国各地图书馆、档案馆和方志馆等开始举办越来越多这类文献类展品展览。较之博物馆的文物艺术品,作为平面类的文献展品的展示往往难度大,效果不容易好,但业界对此的研究却很少。因此,如何提升文献类展品的展示效果,无疑是一个亟待寻求突破的研究课题。

周婧景博士的《文献类展品展览研究》一书,以图书馆、档案馆、方志馆等馆藏文献的机构之文献类展品展览作为研究对象,就此类展览的策展理论、实践模式及其实现路径展开探究,创新性地提出了一套线上线下相融合的文献策展理论和方法,研究视角新颖,论证扎实,既有数据基础,又有案例剖析,是一部不可多得的系统研究文献类展品展览的专著。

本书结构完整,以问题为导向,分步推进。首先,从纵向的历史维度和横向的现实切面,探究文献收藏机构展览的历史及现状。其次,梳理了近二十年来有关文献收藏机构展览的研究成果,提取其中的论点和论据,构建展览问题的研究基础。再次,选择上海、长沙、成都,我国东部、中部、西部三座重点城市的10家文献收藏机构,运用问卷调查、焦点小组和半结构访谈等方法获取一手的调研数据集,并通过分析提取问题。从次,构建阐释模型。从文献收藏机构展览存在问题的表象和深层原因出发,分别采用叙事学理论、观众研究成果和具身认知理论,构建文献策展理论的阐释模型。最后,设计实践模式。归纳英、美、澳、新四国实践经验,结合策展理论阐释模型,设计文献类展品展览实践模式,进而根据未来趋势预判,提出分阶段渐进适应的实现路径及对策。

本书研究成果具有重要的现实意义和理论价值,可以为馆藏文献机构——图书馆、档案馆、方志馆和部分博物馆举办文献展览提供借鉴和参考,有助于改进或增强文献展品的展示传播效果,充分发挥文献展品的社会作用。同时,本书图文并茂,运用了大量国内外展览案例,包含为数众多的彩色图片(已获得相关展览机构授权),语言自然流畅,娓娓道来,无论是专业读者还是非专业读者都能够轻松阅读。

本书由国家社科青年项目结题报告转化而来,在此课题的研究过程中,作者沉下心钻研,一步一脚印,历时五年。功夫不负有心人,研究成果得到了同行专家的高度认可,在国家社科结题鉴定中荣获"优秀"等级,实属难得!之所以能取得这样优秀的成绩,与她一直以来兢兢业业的治学态度、善于思考和探索的治学精神密切相关。作为她的导师,希望她再接再厉,以追求一流学术成果为目标,在学术研究的道路上做出更大的贡献。

(序言作者为复旦大学文物与博物馆学系教授、系主任,全国文物与
博物馆专业学位研究生教育指导委员会秘书长)

绪 论

一、研究缘起

我们早已习惯于"借助能被识别的语词符号"进行信息传播,从而实现人类基于该传播方式的间接学习,但事实上除了这种屡见不鲜的传统方式外,人类还可以拥有一种自成一格的传播方式,即"通过能被感知的实物"。近年来,由于传播媒介技术不断推陈出新,如从 APP 到云计算,从虚拟现实到增强现实,以及加密数字货币比特币的横空出世,我们生活的周遭似乎正在加速化为虚无,但我们置身其中的现实世界却一如既往地由琳琅满目的有形物质所形构。因此,人文科学开始重现对物质性存在的兴趣,掀起"回到物本身"(return to things)的思潮。① 这种"物质性转向"犹如一道冲破传播研究盲区的亮光,"借助物来学习"的理念和做法开始受到前所未有的关注。其中,物质遗存作为自然变迁与人类活动的创造物,尤为惹人注目。尽管这种遗存具有碎片化和不均质等缺陷,但它们却是真实信息的片段再现。其所载信息不同于报纸、电视和网络等上的普通信息,在原载体上真实且唯一,由此成为重构古代自然、社会或文明的有力"物证"。很长时间以来,博物馆领域讨论的物主要是指地层、标本、文化层、文物甚至普通物件,但实际上我们却忽视了一种由过往人类留下的另类"物证"——文献,包括图书、谱录、奏稿档案、经卷等。它们虽然部分地被保存于博物馆,但主要被馆藏于图书馆、档案馆和方志馆等文献收藏机构。

正是由于此类物证分散在不同类型的文献收藏机构,所以很少有研究者尝试打破学科和机构边界,对它们开展整体且深入的研究。事实上,作为人类文明构成碎片的重要"物证"——文献,与器物一样,珍藏着民族鲜为人知的记忆与智慧,是民族成长和发展的全面表征,流传至今与保存修复都极

---

① [波兰]爱娃·多曼斯卡:《过去的物质性存在》,杨晓慧译,《江海学刊》2010 年第 6 期。

为不易,是我们不容忽视的一类独特产品或印记。但文献之所以被收藏,并非因为载体本身,而是由于载体所负载的信息。这些信息是文献的核心价值所在,它连接着无机和有机世界,揭示着各时代的人事关系。然而颇为遗憾的是,如今大量文献仍躺在收藏机构的角落里布满灰尘,无人问津,或被封存于书库不见天日。即便它们被当作"公器"拿出来使用,也由于年代久远,多数普通受众已无法轻松识读,对他们而言犹如天书,难以自明。

近年来,展览作为文献收藏机构信息利用和创新服务的一大亮点,以视觉化、生动性和体验感等特点吸引了广大受众,逐步成为其核心业务,并呈现出广阔的发展前景。然而,目前这类机构很多展览仅是将文献直接作为展示对象,或类似博物馆通史展,将文献嵌套其中,并未对文献所载信息进行深入解读后展开视觉转化,忽视了受众的接受能力、文献的真正价值及媒介的功能发挥,导致展览与观众"对话"受阻,展览收效甚微,文献作为"物证"的利用效果不尽人意。究其根源,是处于职能变革中的文献收藏机构仍未完成从"文献中心"到"受众中心"的转向,特色资源难以发挥最大效益,而展览理论研究的失衡则成为影响这种转向的制约瓶颈。

综上,如何打破各类机构之间的行政壁垒所带来的研究壁垒,引入博物馆学等关联学科,通过以受众为中心的展览理论构建,线上线下融合的实践模式及其实现路径的提出,使传统文化中不为人知的精华由"死"文献变成"活"资源并走向社会,在文化兴民和文化强国战略中发挥基础性作用,是一个值得深入探究的重要理论和实践问题。

二、研究问题与意义

(一) 研究问题

本书围绕文献收藏机构如何策划"文献类展品展览(即以文献作为展示材料的展览)这一问题,以互联网线上线下融合为关照,对文献收藏机构的策展理论、实践模式及其实现路径展开研究。

(二) 研究目标

基于研究问题,本书的研究目标包括两点:一为剖析文献收藏机构展览问题形成的社会机理、根源及其瓶颈,并在此基础上借鉴传播学编码解码理论,构建受众-文献-媒介动态有机组合的策展理论阐释模型;二为借助策展理论阐释模型,从现实困境和未来预判双重维度,提出文献收藏机构线上线下共融互驱的展览实践模式、分阶段实现的进阶策略,并制定综合方案及对策建议。

(三) 研究意义

1. 学术意义

文献收藏机构展览实践已步入需要进行理论反思的阶段,本书在实地调研和深入分析的基础上,以博物馆学及其相关理论为依托,通过将展览三大有机组成部分在动态策展过程中以特定的结构和序列构成一个互相关联的整体,来尝试构建策展理论模型,可为文献收藏机构展览专业化和本土化研究提供新的理论资源与思维动力。

2. 应用意义

通过策展理论构建,展览实践模式及其实现路径提出,本书将为文献收藏机构功能转型期,实现线下线上相容的展览专业服务提供思路借鉴。

(1) 有助于文献收藏机构揭示馆藏,推动信息社会化,使公众对其公共服务产生新的认知,重塑良好形象。

(2) 难以识读的符号化信息实现了空间形态下视觉形象的转化和表达,且不受时间、地域、经济等所限,有助于公众在轻松愉快的环境中增加对优秀传统文化,尤其是本区域自然和社会历史文化的认知,激发爱乡爱国的归属感和荣誉感。

(3) 民族遗产中鲜为人知的记忆部分以轻松易读的方式被公之于众,有助于真正"盘活"优秀传统文化,在提升民众精神素养中发挥根脉作用。

三、研究对象

文献类展品展览是指具备传播意识,以文献作为展示材料的,经组织、有构造的展览。由于当前文献多数馆藏于文献收藏机构,所以文献类展品展览主要出现在文献收藏机构展览中,鉴于此,本书将以这些机构的展览为突破口,以深入探究文献类展品展览的策展问题。

(一) 类型划分

本书的研究对象是文献收藏机构中的"文献类展品展览"。其中,文献收藏机构是指专门接收、征集、整理、保存文献等,并提供利用渠道的公共文化服务机构,包含图书馆、档案馆和方志馆(通志馆)等。文献收藏机构的展览通常为文献展览,一般可分为两类。

第一类"以文献作为展示对象"。如江苏省方志馆基本陈列"方志之乡"展,其展示的是江苏地方志的历史源流、种类、不同名家及存世佳作。再如成都方志馆综合展示中的第一部分"志鉴成果",陈列着从西汉相如、子云等所修之志,至中华人民共和国建立后,成都志鉴编撰的累累硕果。笔者认为该类型比较适合专业观众,全国范围内拥有一家即可,因为其展示的主题和内容同质性太强。

第二类"以文献作为展示材料",该类型展览即是本书中的文献类展品展览。大体包括两种情况:一是展示文献所载信息,二是展示文献编撰过程及相关信息,但一般以前者为主。如南京市方志馆基本陈列"方志南京",通过解读南京方志所记载的内容,构建南京建城后的历史脉络,展示这块土地上的重大事件和文化成就。又如成都市档案馆的大型档案情景展览"成都故事",该展从馆藏档案中遴选出成都近现代城市文明进程中的部分记录,通过不同情景,再现成都自秦筑城以来两千年的城市故事。而本书所探讨的文献收藏机构展览问题,指向的即是"以文献作为展示材料"类型中的第一种情况。

文献类展品展览和器物类展品展览的最大差异在于两者的展示材料,分别为文献和器物,那么究竟何为文献?这无疑是探讨文献类展品展览的基础问题和逻辑起点。文献是此类展览的物质基础与加工原料,同时,明确文献的概念,也有助于我们在借鉴博物馆策展理论和方法时有的放矢,以推动文献类展品展览与器物类展品展览因取材不同,实现范式各异和优势互补。因此,有必要首先对"文献"概念进行界定。

(二)"文献"概念界定

何为文献?它是一个既古老又新颖的概念。古老,是因为这一概念可追溯至两千多年前的孔子时代,最早见于《论语·八佾》,但孔子并未对"文献"内涵进行释义。我们对该词的理解实际上源自东汉郑玄和宋代朱熹的注。东汉的郑玄将"文"释为"文章","献"释为"贤才"。[1] 而宋代的朱熹则将

---

[1] 《诸子集成》,香港中华书局1978年版,第49页。

"文""献"分别释为"典籍""贤"。① 由此可见，后者对"献"的解释其实变化不大，但对于"文"却用"典籍"取代了"文章"，使之包含的对象更为准确。综上，早期"文献"通常包含两项内容：一是文字记载的资料，二是熟悉掌故的人。到宋元之际，文献内涵有所缩减，此时"贤"或"贤才"，即"熟悉典故的人"之意引退，文献开始专指文字记载的资料。这种转变主要归功于宋末元初马端临所编撰的《文献通考》一书。书中将"文"释为"经一类的典籍和正史、会要、传记一类的书籍"，"献"释为"档案性资料（奏疏）和其他文字性记载及口传议论"。② 至此，"文献"一词不再意指贤达之士，而专指有据可依的两类史料。这种界定一直影响至今，与目前的定义已相去不远。

虽说"文献"一词由来已久，但它同时又是一个"新颖"的概念。因为无论是文献的物质载体，还是记录形式，均处在不断嬗变的动态演进之中。同时，现代"文献"概念还存在广义和狭义之分。广义上看，学界认为最权威的定义源自1983年全国文献工作标准化技术委员会制定的《文献著录总则》，即"文献：记录有知识的一切载体"③。后来的学者虽然赋予"文献"诸多新定义，但基本都是以此定义为基础补正而成。其中，笔者较为认同朱建亮、高家望和杨晓骏三位学者的观点。他们分别认为文献是指"以字符、声像等为信号的、以便于长期保持和广泛传播的物体为信道或载体的人类精神信息的固态品"④；"记录知识的物质载体与物质载体记录的知识的融合体"⑤；"以一定的方式记录有人类观念信息并作为人类观念信息间接交流中介的人工固态载体"⑥。上述三位学者皆强调了文献的三大要素，以及要素之间的相互交融。此三大要素分别为知识信息（最本质和最核心的内容）、记录形式（文字、符号、图像、音频和视频等）和物质载体（记录知识信息的有形物质）。据此，笔者认为文献是指：以文字、符号、图像、音频和视频等形式记录知识信息的物质载体。此处的定义主要指向的是广义上的文献，但书中所涉及的文献概念，主要是指狭义上的文献，即《甘肃省文献资源利用指南》中指出的"具有历史保存价值或现实使用价值的书刊文物资料，如医学文

---

① 邵胜定：《说文献》，《文献》1985年第4期。
② 张欣毅：《关于文献本质及其定义的再认识》，《图书与情报》1992年第3期。
③ 国家标准局：《中华人民共和国国家标准（GB3792.1-83）：文献著录总则》，中国标准出版社1983年版。
④ 朱建亮：《论文献观》，《图书情报工作》1986年第6期。
⑤ 高家望：《文献的认识论及其意义》，《图书馆理论与实践》1988年第1期。
⑥ 杨晓骏：《文献定义新论》，《图书情报工作》1994年第4期。

献、历史文献等"①。

四、学术史梳理及研究动态

如欲开展文献收藏机构的展览研究,首先需要对不同机构有关展览议题的研究展开整体性的回顾与述评。总体来看,国际上相关研究自20世纪初开始呈现数量攀升之势,而在我国,这一趋势大概出现在20世纪60年代以后。纵观国内外相关文献,不难发现这类研究的问世主要源自对社会职能变革、受众需求增多、服务拓展延伸、科技创新等所带来的文献有效开发利用问题的回应②,大致经历了从基础层面的问题认知、应用层面的操作探讨到专业层面的理论构建的研究历程,并呈现出打破机构边界,将所有机构的文献类展品展览融为一体,基于博物馆学视角探讨文献类展品展览的专业化发展趋势。本部分的学术史梳理及研究动态分析,将聚焦至专门与文献打交道的图书馆、档案馆和方志馆,主要探讨的是诸如此类机构在文献利用中的展览问题,试图通过文献爬梳与解读,勾勒出18世纪50年代至今,文献收藏机构展览研究的概貌——研究内容、阶段划分、研究动态、尚存的研究空间以及其中的关键问题。

(一) 文献收藏机构展览问题的研究分期:基础认知、应用探讨、专业深化

国外文献收藏机构的展览实践始于18世纪50年代的英国不列颠博物院图书馆,展览作为其资源利用(making available)的重要方式,被纳入国外学者的研究视野。而国内相关实践始于19世纪末20世纪初,研究则起步于20世纪50年代,其后进入实践探索和理论研究共同发展的阶段。

纵观已有研究,针对文献收藏机构的展览问题,主要包括展览的内涵与外延、历史、功能、发展策略、案例剖析、国外经验、网上展览等的研究。尽管国内外研究始点不一,但大致都经历了三个发展阶段,国内研究还主要停留

---

① 甘肃省文献资源调查工作组:《甘肃省文献资源利用指南》,兰州大学出版社1991年版,第1页。
② D. G. Davis, "Origins of American Academic Librarianship-Shiflett, OL. AVIS. DG", *Journal of American History*, 1982, 69(3), pp.723-724;杨泰伟:《浅论公共图书馆展览服务》,《图书馆杂志》1999年第10期;黄项飞:《论档案馆的服务创新》,《档案》2003年第3期。

于第二阶段的"应用层面的探讨"。

1. 研究初期：多为基础层面的问题认知

研究初期基础层面的问题认知主要涉及展览内涵、特点、功能和实践总结，经历了从个别的案例分析到共性的基础问题讨论。国外文献收藏机构的展览研究通常始于案例研究，以谢德（Schad）、彼得森（Petersen）、克林伯格（Klimberger）、吕伊斯（Ruese）为代表的学者分别就亨廷顿图书馆特展（1935）[①]、底特律图书馆战时生活展（1943）[②]、人类种族展（1944）[③]和托马斯·杰斐逊200周年纪念展（1945）[④]展开述评。随着实践经验的累积，研究重点逐步转向具备共性的基础问题初探，出现了围绕图书馆展览特点的讨论[⑤]和针对档案展览功能的探究[⑥]。国内展览研究重点的变化趋势事实上与国外大同小异，但这种趋势主要体现于图书馆和档案馆的展览研究，并突出表现于图书馆的展览研究上，而方志馆的展览研究相较于其他则相对滞后。通过文献梳理，我们发现我国在1984年前的图书馆展览和1998年前的档案馆展览的研究主要都集中于展览的相关报道。继张燮泉、李光琳首次围绕新书展览效益[⑦]和档案馆展览功能[⑧]进行探讨后，这两大领域基础问题的研究才开始趋热，以郑国中、杨泰伟、柯静、叶江涛、王洁为代表的学者通过讨论图书馆展览意识的培养[⑨]、图书馆展览的功能意义[⑩]、图书馆展览的缺失[⑪]和档案馆展览的现状[⑫]、档案馆展览的宣传作用[⑬]来开展基础层面问题的研究。而方志馆的展览在研究初期，成果主要嵌套在方志资源开发利用

[①] R. O. Schad, "The Huntington Library's Special Exhibitions", *Library Journal*, 1934, 15, pp.642-645.

[②] W. F. Petersen and A. Mayne, "Wartime Living Exhibition at the Detroit Public Library", *Library Journal*, 1943, 68(5), pp.189-192.

[③] J. Klimberger, "The Races of Mankind Exhibition at the Detroit Public Library", *Library Journal*, 1944, 69(19), pp.919-921.

[④] M. Ruese, "The Thomas Jefferson, Bicentennial, 1743–1943: A Catalogue of the Exhibitions at the Library of Congress Opened on April 12th", *Library Journal*, 1945, 15(1), p.89.

[⑤] F. R. Mansbridge, "Exhibitions for Libraries", *Library Journal*, 1939, 64(5), p.164.

[⑥] M. Boccaccio, "Recommendations for Storage and Exhibition of Archive Documents", *American Archivist*, 1978, 41(1), p.50.

[⑦] 张燮泉：《论新书展览的效益》，《图书情报工作》1984年第4期。

[⑧] 李光琳：《举办档案展览，增强档案馆的活力》，《湖南档案》1998年第3期。

[⑨] 郑国中：《图书馆要有"展览"意识》，《图书馆理论与实践》1992年第4期。

[⑩] 杨泰伟：《浅论公共图书馆展览服务》，《图书馆杂志》1999年第10期。

[⑪] 柯静：《对公共图书馆展览业务的思考》，《图书馆杂志》2002年第10期。

[⑫] 叶江涛：《档案馆展览的问题》，《档案管理》2000年第6期。

[⑬] 王洁：《档案展览是档案馆宣传工作的重要阵地》，《档案与建设》2001年第5期。

中,如主张修志的目的全在于应用①,强调方志资源开发利用的重要性②。

2. 研究中期:多为应用层面的操作探讨

20世纪60年代末,国外文献收藏机构经历了从保管文献、传授知识向传播信息的功能转变,在美国的示范下,一些国家提出"信息自由"(freedom of information),倡导通过展览加强信息利用的服务,由此,展览实现常态化并步入应用理论研究阶段。以布雷亚(Breillat)、比巴(Biba)、艾琳(Allyn)为代表的学者从展览策划视角分别探讨了图书室临时展览组织策略③、图书馆和档案馆展览材料的选择④、档案资源的有效使用⑤。同时,该阶段案例研究的成果继续大量涌现,但与前一阶段不同,不再是以内容介绍为重点,而是从策展角度分析展览主题、展区规划、参观动线等,如罗宾逊(Robinson)探讨大英图书馆时代奇观展⑥、麦基特里克(Mckitterick)论述牛津大学图书馆托勒密、堂吉诃德展⑦。

国内展览研究同样"渐入佳境",研究论文数量达至峰值。本阶段国内研究因展览实践日趋频繁,在基础问题的研究之上出现应用理论的研究,主要表现为两个方面:一方面,图书馆、档案馆等立足本馆的展览实践提出主题精选⑧、联盟构建⑨、模式创新⑩等问题的解决对策;另一方面,研究对象出现分众化和精细化,学者们针对高校图书馆、公共图书馆、基层图书馆或档案馆等不同类型的机构提出差异化的应用思考。如针对高校图书馆和档案

---

① 史定训、史小娟:《修志的目的全在于应用》,《中州今古》2001年第6期。
② 张利:《我国西部地区的方志资源及其开发利用》,《情报资料工作》2002年第2期。
③ P. Breillat, "Temporary Exhibitions in Libraries", *Unesco Bulletin for Libraries*, 1967, 21(1), pp.2-10.
④ O. Biba, "Musical Treasures from the 19th-Century-An Exhibition of Materials from the Musical Archives, Library, and Manuscript Files of the Gottweig Foundation, 1979-German-Riedel, FW", *Musikforschung*, 1981, 34(3), p.344.
⑤ N. Allyn, S. Aubitz and G. F. Stern, "Using Archival Materials Effectively in Museum Exhibitions", *American Archivist*, 1987, 50(3), pp.402-404.
⑥ B. W. Robinson, "Wonders of the Age-A Notable British-Library Exhibition", *Oriental Art*, 1980, 26(2), pp.236-240.
⑦ R. Mckitterick, "A Continental Shelf: Books across Europe from Ptolemy to Don Quixote: An Exhibition at the Bodleian Library", *Library*, 1998, 20(1), pp.69-70.
⑧ 王建兵:《浅谈福建省图书馆展览工作现状及对策》,载福建省图书馆学会:《福建省图书馆学会2010年学术年会论文集》,海峡文艺出版社2010年版,第3页。
⑨ 陈瑛:《试论公共图书馆展览联盟的构建——以浙江图书馆实践为例》,《新世纪图书馆》2011年第3期。
⑩ 张凌:《名人档案展览进乡镇——广东省档案馆办展引入新模式》,《广东省档案》2007年第9期。

馆问题,王维新指出高校图书馆展览存在选题等问题①;何韵主张采取宣传、存档等举措②;程静提出成立项目组织机构③;张卓群等则以浙大档案馆为例,探讨其类型和价值④。此外,方志馆的展览研究尽管仍然在方志开发利用中被涉及,但是同样出现在应用层面的广泛讨论中。彭秀丽主张要创新公共文化服务模式,如推出展览⑤;孙丕鼎强调要围绕本地区的中心工作,发挥地情资料库的优势,服务现实和运用现代媒体⑥。

3. 近期研究:国内外出现研究成果的分野,国外步入专业层面的深入研究

国内仍然主要停留在应用层面的操作探讨,无论是图书馆、档案馆展览的策略研究,如公共图书馆展览模式的创新⑦、公共图书馆展览联盟的建设⑧、公共图书馆展览服务的跨界合作⑨、对话语境对典籍展览的应用⑩、档案展览存在的问题与对策⑪、图书馆展览服务的评价⑫;还是图书馆、档案馆对象分众后的分支研究,如北京市档案馆展览实践和思考⑬、综合档案馆的主题展览⑭、高校图书馆展览理念和方法⑮;或是方志馆打造公共文化服务平台的对策研究⑯。此外,还出现了推介国外展览经验的论著,如针对美国高校图书馆展览⑰、印度档案馆展览⑱、国外十佳图书馆展览⑲的介绍。国外本阶段则开始聚焦于专业层面的深化研究,出现图书馆、档案馆线上线下标

---

① 王维新:《高校图书馆开展展览工作的思考》,《山东图书馆季刊》2007年第1期。
② 何韵:《展览工作——高校图书馆服务中一个不容忽视的问题》,《图书馆界》2006年第3期。
③ 程静:《高校图书馆展览项目管理初探》,《潍坊学院学报》2011年第4期。
④ 张卓群、吕丰:《高校档案展览类型及其价值探析——以浙江大学档案馆展览实践为例》,《浙江档案》2008年第12期。
⑤ 彭秀丽:《近30年河南地方文献开发利用研究》,郑州大学硕士学位论文,2010年。
⑥ 孙丕鼎:《探索地方志的功能与作用》,《上海地方志》2005年第3期。
⑦ 张晓翔:《浅析公共图书馆展览服务新模式——以上海图书馆展览资源共享为例》,《图书馆界》2014年第1期。
⑧ 郑健:《浙江省公共图书馆展览联盟的建设与发展研究》,《图书馆研究》2014年第5期。
⑨ 程远:《公共图书馆优化跨界合作的展览服务思考》,《图书馆建设》2015年第12期。
⑩ 刘畅:《浅析营造对话语境对典籍展示的作用——以国家图书馆"大英图书馆的珍宝"展览为例》,《新世纪图书馆》2018年第4期。
⑪ 龚彩云:《档案展览工作存在的问题与对策》,《四川档案》2019年第1期。
⑫ 马祥涛:《基于"全评价"理论的图书馆展览服务评价研究》,《图书馆》2020年第10期。
⑬ 王贞:《为了展览的完美呈现》,《中国档案》2014年第2期。
⑭ 严永官:《漫议综合档案馆的主题展览》,《档案管理》2014年第5期。
⑮ 王错:《高校图书馆文化展览的理念、方法和实践——基于天津大学图书馆的经验》,《大学图书馆学报》2020年第5期。
⑯ 刘玉宏:《论方志馆的性质与功能》,《中国地方志》2018年第1期。
⑰ 雷强:《美国高校图书馆在线展览述评》,《图书馆学研究》2013年第17期。
⑱ 徐亮:《印度国家档案馆展览特色》,《中国档案》2015年第10期。
⑲ 王峥:《国外图书馆展览服务研究与实践及借鉴》,《图书情报工作》2020年第2期。

准化策展的两本专著①,同时探索实体展览和网上展览评估的研究成果诞生②,还有为加快展览专业化进程,主张图书馆和博物馆合作③,以及运用"边界跨越"理论,探讨图书馆展览在师生跨越体制和教学界限进行跨越学习上所发挥的作用④的研究。

(二) 文献收藏机构展览问题的研究动态:受众研究、文献研究、媒介研究

不难发现,如何成功策展的问题一直贯穿于文献收藏机构展览的整个研究脉络之中,其具体研究动态如下。

1. 受众研究

受众研究上,多是基于展览需求的视角展开。受众类型上,国外提出用户细分的类型学研究⑤,国内相关研究付之阙如。受众需求上,国外出现博物馆学视野下的观众研究⑥,传播学视野下的科学传播研究⑦,在地化理念下的原住民展览研究⑧,国内则聚焦于微观问题解决,包括强调图书馆展览要关注读者变化和需求⑨,深化教育职能⑩,调动社会力量征集资源⑪,

---

① M. R. Kalfatovic, *Creating a Winning Online Exhibition: A Guide for Libraries, Archives, and Museums*, American Library Association, 2002; Freda Matassa, *Organizing Exhibitions: A Handbook for Museums, Libraries, and Archives*, Facet Publishing, UK, 2014.

② E. Howgill, "New Methods of Analysing Archival Exhibitions", *Archives and Records the Journal of the Archives and Records Association*, 2015, 36(2), pp.179-194.

③ D. Fouracre, "Making an Exhibition of Ourselves? Academic Libraries and Exhibitions Today", *Journal of Academic Librarianship*, 2015, 41(4), pp.377-385.

④ A. Hickling-Hudson and E. Hepple, "Crossing the Boundaries of Imagination: The Role of a Public Library Exhibition in Global Learning for Student Teachers and Teacher Educators", *Teaching and Teacher Education*, 2020, 90, pp.1-10.

⑤ 黄霄羽、周静:《美国国家档案馆推出展览"铭刻印迹:签名里的故事"及引发的思考》,《四川档案》2014年第4期。

⑥ P. Lester, "Is the Virtual Exhibition the Natural Successor to the Physical?", *Journal of the Society of Archives*, 2006, 27(1), pp.85-101.

⑦ A. Filippoupoliti, "Aspects of a Public Culture of Science: The Uses of the Collections of the Nineteenth-Century Royal Institution of Great Britain", *Early Popular Visual Culture*, 2009, 7(1), pp.45-61.

⑧ C. Strelan. "New Exhibition — 'Overturning Terra Nullius: The Story of Native Title'", *The Proctor*, 2019, 39(6), pp.36-36.

⑨ 柯静:《对公共图书馆展览业务的思考》,《图书馆杂志》2002年第10期;陈文眉:《基层图书馆的展览工作》,《图书馆研究与工作》2011年第4期。

⑩ 张燕:《深化图书馆教育职能 促进大学生素质教育》,载湖北省图书馆学会、中国图书馆学会社区乡镇图书馆专业委员会、全国中小型公共图书馆联合会等:《新环境下图书馆建设与发展——第六届中国社区和乡镇图书馆发展战略研讨会征文集》下册,武汉出版社2007年版,第3页。

⑪ 朱妻:《图书馆举办展览经验浅析》,《河南图书馆学刊》2010年第2期。

提出档案馆、方志馆展览也应采取用户导向①,但研究成果多浅尝辄止,操作性不强。

2. 文献研究

文献研究上,多是基于文献开发的视角展开。开发内容上,国外强调重视发现档案资源的个性化主题②,展览内容要体现文献深度挖掘下的内在关联③;国内则从倾向于文献的直接展示④,逐步过渡到主张区域特色文化的内涵展示⑤,但也只是泛泛而谈。开发方法上,国外基于阐释理论,倡导展览通过合作、角色互换等手段,恢复档案所呈现的历史⑥,或基于美学理论,发掘文献类展品展览的视觉、口头等多元信息⑦;国内仍主要聚焦于微观问题的解决,包括将图书馆、档案馆的某一主题资料集中起来,经筛选、组织后产生聚合效应⑧,档案馆的展览要进行深入的馆藏分析,立足馆藏,整合资源⑨,方志馆则应展示史、情、志、人、物五方面内容⑩。

---

① 李颖、平现娜:《优化网上档案展览的思考——基于省级档案馆网上展览的分析》,《档案管理》2013 年第 1 期;陈强:《地方志资源开发利用的探索与思考》,《中国地方志》2014 年第 11 期;刘迪、徐欣云:《档案展览分众化策展探析》,《四川档案》2019 年第 2 期。

② M. Laeaene, "Exhibition of Caricatures at the National Archives", *Tuna Ajalookultuuri Ajakiri*, 2012, 5(4), pp.150-151.

③ A. Crookham, "Curatorial Constructs: Archives in Fine Art Exhibitions", *Archives and Records: The Journal of the Archives and Records Association*, 2015, 36(1), pp.18-28; F. Marini, "Exhibitions in Special Collections, Rare Book Libraries and Archives: Questions to Ask Ourselves", *Alexandria: The Journal of National and International Library and Information Issues*, 2019, 29(1-2), pp.8-29.

④ 郑国中:《图书馆如何办展览》,《图书馆杂志》1993 年第 2 期。

⑤ 朱军:《展览:公共图书馆的延伸服务》,《图书馆杂志》2009 年第 5 期。

⑥ C. H. Roosevelt and C. Luke, "Mysterious Shepherds and Hidden Treasures: The Culture of Looting in Lydia, Western Turkey", *Journal of Field Archaeology*, 2006, 31(2), pp.185-198; F. Driver, "Hidden Histories Made Visible? Reflections on a Geographical Exhibition", *Transaction of the Institute of British Geographical Exhibition*, 2013, 38(3), pp.420-435; H. Fargo and R. White, "Depth of Field: Connecting Library Exhibition Space to Curriculum and Programming", *Alexandria: The Journal of National and International Library and Information Issues*, 2019, 29(1-2), pp.189-203.

⑦ E. Adamowicz, "Current State: The Artist's Book in 20th Century France", *French Studies*, 2009, 63(2), pp.189-198.

⑧ 霍向玉、方太合、郭晓梅:《档案馆举办档案展览的意义》,《广东档案》2006 年第 4 期;张健:《浅谈高校图书馆的展览服务》,《东方企业文化》2011 年第 8 期;陈本峰:《公共图书馆展览服务及其发展策略》,《河南图书馆学刊》2014 年第 11 期;王丽、熊伯坚:《文旅融合背景下公共图书馆微展览精准服务模式构想》,《图书馆研究》2020 年第 1 期。

⑨ 李文伟:《以"展"吸"览",以"览"促"展"——岳阳市档案局做活展览文章》,《档案时空(业务版)》2004 年第 12 期;陈强:《地方志资源开发利用的探索与思考》,《中国地方志》2014 年第 11 期;宋鑫娜:《档案展览理念及价值开发途径新探》,《北京档案》2020 年第 8 期。

⑩ 潘捷军:《方志馆建设面面观》,《中国地方志》2015 年第 9 期。

3. 媒介研究

媒介研究上，多是基于展览传播的视角展开。策展理论上，国外出现专业的系列著作，如《图书馆、档案馆和博物馆创建成功网上展览的指南》(Creating a Winning Online Exhibition: A Guide for Libraries, Archives, and Museums)[①]和《博物馆、图书馆和档案馆举办展览手册》(Organizing Exhibitions: A Handbook for Museums, Libraries, and Archives)[②]，分别为博物馆、图书馆和档案馆网上和实体展览的成功策划构建了一套理论和标准化做法，也不乏专门以文献收藏机构为对象，开展信息传播[③]和展示手段（如多媒体和互动展示[④]）以及策展理论[⑤]方面的研究。国内策展理论还未向专业化深入，表现为较为表层的应用理论研究，主要集中于两点：一是针对展览服务的提升和创新，提出图书馆从主题遴选、组建专业团队、树立品牌、注重内容、关注特殊群体、建立联盟、开展跨界合作、多渠道解决经费等方面提升和创新展览服务[⑥]；档案馆提倡展览互动[⑦]，重视选题、馆藏资源、展览形式、信息技术[⑧]；方志馆则强调展览布局应

---

① M. R. Kalfatovic, *Creating a Winning Online Exhibition: A Guide for Libraries, Archives, and Museums*, American Library Association, 2002.

② F. Matassa, *Organizing Exhibitions: A Handbook for Museums, Libraries, and Archives*, Facet Publishing, UK, 2014.

③ E. Zsupán and M. Gazdag, "Information Transfer in a Scholarly Exhibition: The Corvina Library and the Buda Workshop, Budapest, National Széchényi Library, 6 November 2018－10 February 2019", *The Journal of National and International Library and Information Issues*, 2019, 29(1-2), pp.30-58.

④ C. Batt, "Multimedia and Interactive Display in Museums, Exhibitions and Libraries-Hoffos, S", *Journal of Documentation*, 1993, 49(3), pp.333-335.

⑤ M. Kramer, "Public Record Office Exhibitions (British Archival Records)", *Magazine Antiques*, 2000, 158(1), p.36; A. Hickling-Hudson and E. Hepple, "Crossing the Boundaries of Imagination: The Role of a Public Library Exhibition in Global Learning for Student Teachers and Teacher Educators", *Teaching and Teacher Education*, 2020, 90, pp.1-10.

⑥ 杨泰伟：《公共图书馆策展人的创意和选题》，《图书馆杂志》2006年第10期；刘建：《公共图书馆展览服务未来发展策略》，《品牌（理论月刊）》2010年第11期；宋丽斌：《公共图书馆展览工作之我见》，《图书馆学刊》2011年第1期；黄世刚：《建立协作机制 有效利用资源——公共图书馆展览工作的再思考》，《新世纪图书馆》2013年第10期；郑健：《浙江省公共图书馆展览联盟研究》，《大学图书情报学刊》2014年第6期；朱亮：《图书馆展览策划的问题、经验及对策研究》，《图书馆研究与工作》2019年第10期。

⑦ 邢照华：《试析档案馆展览中的互动性》，《兰台世界》2009年第5期。

⑧ 任立新、李颖超：《创新服务机制 办好档案展览 拓宽档案馆服务功能》，《兰台内外》2010年第1期；柴亚娟：《区县档案馆档案展览形式探索》，《黑龙江科技信息》2011年第23期；黄河：《信息时代的档案展览——记珠海市档案馆〈走进珠海〉大型档案文献展》，《广东档案》2012年第4期；付彩霞：《档案展览中的叙事与场景》，《档案天地》2020年第7期。

当规范内容①。二是围绕展览策划,认为档案馆的展览组织流程包含编写大纲等七个环节②和优化策略③;提出方志馆布展七大步骤④和五点策略⑤。网上展览(Online Exhibition,Cyber-Exhibition,Digital Exhibition,Virtual Exhibition)是文献信息有效传播的另一种形式。国外一方面通过案例分析来说明网上展览的意义,如弥补信息缺失⑥,培养文物信息意识⑦,引导展览趋势⑧;另一方面探讨网上展览理论及其方法,涉及图书馆、档案馆网上展览策划⑨和网上展览评估⑩等。而在国内,其一表现为探讨图书馆、方志馆网上展览拓展服务空间的作用⑪,其二为研究图书馆、档案馆网上展览的建设策略⑫,其三为介绍新加坡、英、美、澳等国各具特色的网上展览及其启示⑬。

---

① 汤敏华:《试论方志馆的对外运行服务》,《广西地方志》2014 年第 3 期;和卫国:《对方志馆建设与发展问题的几点思考》,《黑龙江史志》2018 年第 8 期。
② 李丽云:《档案展览的设计与管理实践——以中国科学院档案馆〈档案见证历史——馆藏档案展览〉为例》,载国家档案局:《档案与文化建设:2012 年全国档案工作者年会论文集(中)》,中国文史出版社 2012 年版,第 6 页。
③ 魏歌、谢海洋:《基于施拉姆大众传播模式的档案展览优化策略研究》,《北京档案》2019 年第 10 期。
④ 杨龙波:《浅谈方志馆设计与布展的规范化操作》,《黑龙江史志》2013 年第 16 期。
⑤ 和卫国:《对方志馆建设与发展问题的几点思考》,《黑龙江史志》2018 年第 8 期。
⑥ D. Golodner, "Simple Exhibits, Effective Learning: Presenting the United Farm", *Library Trends*, 2002, 51(1), pp.101-114.
⑦ L. C. Khoon, C. K. Ramaiah and S. Foo, "The Design and Development of an Online Exhibition for Heritage Information Awareness in Singapore", *Program-electronic Library and Information Systems*, 2003, 37(2), pp.85-93.
⑧ S. Elizabeth, S. Kim and D. Katrina, "University Library Leads the Way with Online Exhibitions", *Incite*, 2018, 39(9/10), p.12.
⑨ C. L. Liew, "Online Cultural Heritage Exhibitions: A Survey of Information Retrieval Features", *Program-Electronic Library and Information Systems*, 2005, 39(1), pp.4-24; A. M. Hajba, "'It's a Long Way to Tipperary': Using an Estate Collection to Develop an Online Presence", *Archive and Records: The Journal of the Archives and Records Association*, 2019, 40(1), pp.55-72.
⑩ C. Love and J. Feather, "Special Collections on the World Wide Web: A Survey and Evaluation", *Journal of Librarianship and Information Science*, 1998, 30(4), pp.215-222; E. Howgill, "New Methods of Analysing Archival Exhibitions", *Archives and Records the Journal of the Archives and Records Association*, 2015, 36(2), pp.179-194.
⑪ 王玮、陶嘉今:《公共图书馆服务延伸新举措——兴办"网络展览"》,《山东图书馆学刊》2012 年第 6 期;孙正宇:《浅谈方志馆的信息化建设》,《黑龙江史志》2015 年第 15 期。
⑫ 陈丽萍:《对国内网上档案展览的调查与分析——以省级以上综合档案馆网站为调查对象》,《档案管理》2009 年第 4 期;方燕平:《高校档案馆网上展览调查》,《云南档案》2013 年第 12 期;吕萌萌:《数字人文背景下的档案展览发展策略研究》,《兰台内外》2020 年第 14 期。
⑬ 陈姝琪:《新加坡国家档案馆网上展览的建设与启示》,《黑龙江档案》2013 年第 3 期;刘磊:《英、美、澳国家档案馆网上展览评述》,《兰台世界》2013 年第 8 期;潘玉琪:《英美澳国家档案馆网上展览对我国的启示》,《山西档案》2015 年第 3 期;高思宇:《国外档案网上展览的特点及启示》,《档案天地》2018 年第 11 期。

（三）文献收藏机构展览研究中有待拓展的空间

综上所述，国内外相关研究已经取得一些重要成果，但尚存有待拓展的空间：图书馆、档案馆和方志馆的受众、文献和媒介研究相对独立，且存在泛泛而谈和雷同现象，同时实证研究缺失，尤其以文献收藏机构作为对象，从理论和实践视角进行专业化、整体性研究的成果不多。主要表现为：

（1）受众研究只停留在应用的或具体的需求问题，对于需求结构的综合分析少，并忽视了不同群体的异质性，更没有对特定群体的需求做出规律性描述。

（2）文献研究多是探讨馆藏文献关联展览的内容及方法，未深入剖析文献价值重点及展览与文献关联中的受众影响。

（3）媒介研究目前国内主要仍停留在研究中期应用层面的操作探讨阶段。而国外则已步入专业层面的深入研究时期，开始着手策展理论和标准模式构建，但其将博物馆、图书馆和档案馆视为整体研究对象，无法突显文献收藏机构中的文献类展品展览，以及其区别于器物类展品展览的特殊性，同时存在西方理论在解释中国问题上的乏力问题。尽管针对文献收藏机构策展理论和借鉴博物馆学解决图书馆策展问题已各有一篇国外文献，但是尚缺乏深入透彻的分析。

围绕文献收藏机构展览信息传播问题，如何才能借助博物馆学等交叉学科发展到信息传播阶段的理论，对展览涉及的要素（"受众、文献、媒介"）进行整理、加工，以构建相互关联的策展理论，并对其实践模式及实现路径做出回答，这也是本书所需要研究的内容。

五、研究方法

（一）在研究方式上，本书采用文献研究＋实证调查方法。笔者深入上海、长沙和成都三个城市，收集并分析文献收藏机构展览的历史和规章制度等定性资料，以及观众人口变量、参观行为、各项服务满意度和重要表现程度等定量数据。结合国内外近二十年的研究文献，对上述调查数据及分析结果进行整合，提取问题，并加以归纳与聚焦。

（二）在具体的研究方法与技术上，第一阶段采用问卷调查来获得定量数据，对其进行频次分析和 IPA 分析；第二阶段通过焦点小组和半结构访谈及查阅二手资料获得定性数据,并运用归纳法和理解法进行分析;第三阶段采取比较研究法,立足于展览问题根源,借鉴国外优秀经验,对文献收藏机构策展理论、实践模式和实现路径提出可行对策,深入文献收藏机构展览研究题域。

(三)引入博物馆学、传播学、认知心理学等与展览相关的交叉学科理论,把文献收藏机构展览这一专业命题置入这个背景中进行系统的思考和研究。

第一章
文献收藏机构展览的历史和现状

本章将基于纵向演进的不同阶段和横向呈现的现状分析双重维度,对图书馆、档案馆和方志馆三类文献收藏机构展览的历史和现状进行全景式的综合考察及分析省思。第一,从纵向维度梳理文献收藏机构展览诞生至今的变化轨迹,以便洞察其背后的历史逻辑;第二,立足社会环境及行业发展,从横向维度分析文献收藏机构展览的发展现状。通过纵向的历史逻辑和横向的现实切面,探究各类机构展览面貌及其形塑过程,从而为本研究后续的问题聚焦、原因溯源和解决对策奠定基础与创造语境。

第一节 文献收藏机构展览发展的历史

一、图书馆展览发展的历史

我国图书馆的展览实践肇始于 1929 年由国立北平图书馆(现国家图书馆)推出的文献展览(不仅包括文献类展品展览,即以文献作为展示材料的展览,还包括以文献作为展示对象的展览)。回顾图书馆展览的整个发展历程,发现创建展览的图书馆多数分布于东部发达地区,并且大多集中在省市级图书馆或高校图书馆,基本可划分为四个阶段:初创阶段、探索阶段、常态发展阶段和多元发展阶段。[①] 然而,文献展览的发展历程并不完全与图书馆的发展历程同步。纵观国内相关文献,图书馆的发展历程大致存在五种分法,分别为:按照政权交替,分为周秦、两汉魏晋南北朝、隋唐五代、宋元和明清等[②];根

[①] 本研究中图书馆展览的分期主要参考于爱群《国内图书馆展览服务阶段性特征及发展探析》(《图书馆工作与研究》2015 年第 10 期),以下不赘。

[②] 来新夏:《中国图书事业史》,上海人民出版社 2009 年版。

据社会发展阶段,分为古代、近代和现代①;依据图书和图书馆事业相互影响的特征,分为简帛书时期、印本书时期、机械印刷时期②;借由知识的组织,分为文献保管、文献整理和文献组织阶段等③;遵照世界图书发展史,黄宗忠提出中外图书馆分期标准应统一④。由于其中的第二种,即根据社会发展阶段的划分最易于理解和运用,所以笔者主张图书馆的展览实践可以此进行对照,从而获悉图书馆展览的诞生基本处于近代图书馆阶段。该阶段究竟具备怎样的阶段特征,能为展览实践的孕育提供丰厚土壤?究其原因,在于该阶段图书馆的管理理念从封闭走向开放,职能也由保管文献向社会教育转变,由此成为一所社会教育的大课堂。⑤ 下文将以自近代图书馆阶段开始诞生的图书馆展览为对象,围绕其所经历的四个时期,按期进行梳理与分析。

(一)展览初创阶段(1929—1983年)

图书馆领域的首个展览——图书展览会(见表1)诞生于1929年。1929年,国立北平图书馆和中基会属下的北海图书馆合并,合并后仍以国立北平图书馆命名。当时,该馆领导者认识到文献展览是图书馆宣传和揭示馆藏的一种理想方式,即在合并的当年开始举办展览。⑥ 该展在中南海居仁堂馆舍开放。当时,办展是因为图书馆新购了两百多本图书,为了让读者知晓并利用好这些图书,所以将旧藏和新购入的善本古籍813种一并予以展出。⑦ 虽然这场展览持续时间仅仅四天,但却意外地收获了人气,参观人数多达五千余人。⑧

表1 国立北平图书馆早期(1929—1936年)举办的文献展览汇总表

展览名称	展览时间	展览地点	展览目录
图书馆展览会	1929年10月10—13日	中南海居仁堂馆舍	有
西夏文书及佛像展览会	1929年12月7日	中南海居仁堂馆舍	无
图书展览会	1930年10月10—12日	中南海居仁堂馆舍	有

---

① 王茂春、李梅娟:《中国图书馆事业发展述略》,《科技情报开发与经济》2006年第9期。
② 谢灼华:《关于图书馆事业史研究的几个问题》,《武汉大学人文科学学报》1959年第7期。
③ 吴稌年:《图书馆分期认识——从知识组织角度理解》,《图书情报工作》2006年第6期。
④ 何颖:《中国图书馆事业发展历史分期浅议》,《黑龙江史志》2013年第15期。
⑤ 王茂春、李梅娟:《中国图书馆事业发展述略》,《科技情报开发与经济》2006年第9期。
⑥ 王致翔:《国家图书馆早期(1929—1936)举办的文献展览》,《国家图书馆学刊》2005年第2期。
⑦ 同上。
⑧ 同上。

(续　表)

展览名称	展览时间	展览地点	展览目录
水灾筹赈图书展览会	1931年9月10—12日	天津街旅舍	有
舆图版画展览会	1933年10月10—12日	天津街旅舍	有
现代德国印刷展览会	1933年12月（展期7日）	天津街旅舍	有
戏曲音乐展览会	1934年春（展期3日）	天津街旅舍	有
闽县何氏赠品展览会	1934年5月1—3日	天津街旅舍	无
现代美国印刷展览会	1935年5月11日—6月10日	天津街旅舍	无
欧美博物馆设备及建筑展览会	1935年5月18—25日	北海团城承光大殿	无
水灾展览会	1935年10月10—12日	天津街旅舍	无
英国印刷展览会	1935年12月（展期4星期）	天津街旅舍	无
图书馆用品展览会	1936年7月	青岛	无
科学仪器照片展览会	1936年8月19日—9月19日	天津街旅舍	无

* 引自王致翔：《国家图书馆早期（1929—1936）举办的文献展览》，《国家图书馆学刊》2005年第2期。

　　从20世纪30年代起到1945年，浙江、上海等地也纷纷举办"文献展览会"，一部分地区还建立起相关组织，各地图书馆举办的文献展览自此渐成规模。1936年，浙江省教育厅为了保存珍贵的艺术珍品和文献资料，举办"浙江文献展览会"，向北平、上海、南京等城市的相关机构与收藏家征集展品，以集各方之力，弘扬中华文化。该展览会于11月1日开放，18日便结束了，整场展览的持续时间不过半个多月。但是，能够举办这样的展览却极其不易，因为当时的中国还处于狼烟四起的国难时分。为了保证展览工作能够顺利推进，省教育厅还专门成立了"浙江文献展览会"组织设计委员会，由马衡担任设计委员会的会长。① 1937年，在纪念上海市建市10周年之际，叶恭绰、柳亚子等人也发起了"上海文献展览会"，旨在"征集有关上海市及松江、金山、青浦、奉贤、南汇、川沙、太仓、嘉兴、宝山等十县志文献物品公开展览，以引起社会对上海及十县文献志认识与研究"②。筹备组在两个月内共征集了八千余件

---

① 陈博君：《百年印潮涌西泠》，现代出版社2018年版，第114—116页。
② 嘉定博物馆：《疁城文博　创刊三十周年成果汇编1985—2015》上，嘉定博物馆，2015年，第308页。

展品,并在新建成的上海市博物馆内进行分批陈列。[①] 同时,该展览会还编印了《上海文献展览会概要》。[②] 除了上述的省级文献展览会外,一批市级文献展览会也相继问世,如1936年,鄞县文献委员会奉令承办宁波文献展览会,分六处陈列展览[③];1937年,江苏省立苏州图书馆在可园馆址开放吴中展览[④]。随着不同省市文献展览的初露端倪,富有特色的专题展览(见表2)开始在各地粉墨登场,如上海抗战文献展览会[⑤]、医史文献展览会[⑥]、李时珍文献展览会[⑦]、戏剧文献展览会[⑧]、农业科技文献展览会[⑨]等。

表2 中国图书馆早期举办的专题性的文献展览汇总表(部分)

展览名称	展览时间	展品资料
世界各地博物馆摄影展览会	1935年10月10日	馆舍外景、陈列室内景、陈列品照片[⑩]
国父事迹文物展览会	1935年11月12—15日	国父手札、墨迹、著作和有关国父事迹的记载[⑪]
上海抗战文献展览会	1936年1月1—8日	反映抗战史迹和敌伪劣迹的摄影、印刷品及函稿[⑫]
特种报纸展览会	1936年8月31日—9月3日	非常之什、光荣之页、肇基之史、胜利之声[⑬]
医史文献展览会	1937年4月	中国历代制药工具、药瓶、针灸与外科用具、中医古籍、历代中医名家传记与画像、医事画等[⑭]

① 嘉定博物馆:《疁城文博 创刊三十周年成果汇编 1985—2015》上,嘉定博物馆,2015年,第308页。
② 同上。
③ 宁波市档案馆:《〈申报〉宁波史料集》7,宁波出版社2013年版,第3458页。
④ 上海书店出版社编:《大千世界》,上海书店出版社1997年版,第78页。
⑤ 上海市档案馆:《上海档案史料研究》第20辑,上海三联书店2016年版,第256页。
⑥ 虎门镇人民政府编:《王吉民中华医史研究》,广东人民出版社2011年版,第742页。
⑦ 钱超尘、温长路主编:《李时珍研究集成》,中医古籍出版社2003年版,第108页。
⑧ 曹凌燕:《上海戏曲史稿》,中国书籍出版社2018年版,第246页。
⑨ 董秀芬:《图书馆学情报学档案学论著目录 1949—1980》,上海人民出版社1984年版,第290页。
⑩ 《上海文献汇编》编委会编:《上海文献汇编 文化卷12》,天津古籍出版社2013年版,第545页。
⑪ 同上。
⑫ 上海市档案馆:《上海档案史料研究》第20辑,上海三联书店2016年版,第256页。
⑬ 同上。
⑭ 虎门镇人民政府编:《王吉民中华医史研究》,广东人民出版社2011年版,第742页。

(续 表)

展览名称	展览时间	展品资料
李时珍文献展览会	1954年2月19—28日	画像图表、传记论文、各版本《本草纲目》及各译本、其他相关文物①
戏曲文献展览会	1954年9月25日—11月6日	各种剧种的最新创作成果②
农业科技文献展览会	1964年	浙江省科委组织的农业科技文献③
情报资料展览会	1965年	上海食品工业设计院组织的各种情报资料④

从中华人民共和国成立到20世纪80年代,文献中所能查阅到的首个展览是1950年的"鸦片战争以来史料展览"⑤。这场展览由广东省立图书馆举办,旨在纪念鸦片战争110周年、太平天国100周年、义和团运动50周年和中国共产党成立30周年,整场展览为期17天(7月7—24日)。⑥ 有关该展的介绍性报道不断涌现。在整个20世纪五六十年代,围绕北京图书馆的展览信息报道最为集中,如1952年举办的中国印本书籍展览⑦、1953年举办的鲁迅手稿展览⑧、1954年举办的列宁逝世30周年纪念展览⑨和1957年举办的十月革命40周年纪念书刊展览⑩。这种情况直至1979年才有所改观,出现了北京大学图书馆的有关李大钊同志革命一生事迹展览的相关报道⑪,后续

---

① 钱超尘、温长路主编:《李时珍研究集成》,中医古籍出版社2003年版,第108页。
② 曹凌燕:《上海戏曲史稿》,中国书籍出版社2018年版,第246页。
③ 董秀芬主编:《图书馆学情报学档案学论著目录 1949—1980》,上海人民出版社1984年版,第290页。
④ 同上。
⑤ 截至2021年3月1日,利用中国知网"中国期刊全文数据库"检索发现,中华人民共和国成立后,有关图书馆展览的最早文献是《广东省立图书馆举办鸦片战争以来史料展览》(作者未详)和《广东省立图书馆鸦片战争以来史料展览缘起》(杜国庠),它们都发表于《文物参考资料》1950年第7期。
⑥ 《广东省立图书馆举办鸦片战争以来史料展览》,《文物参考资料》1950年第7期;杜国庠:《广东省立图书馆鸦片战争以来史料展览缘起》,《文物参考资料》1950年第7期。
⑦ 佚名:《北京图书馆举办"中国印本书籍展览"》,《文物参考资料》1952年第4期。
⑧ 佚名:《北京图书馆举办鲁迅手稿展览》,《文物参考资料》1953年第11期。
⑨ 佚名:《北京图书馆举办列宁逝世三十周年纪念展览》,《文物参考资料》1954年第1期。
⑩ 仲簠:《北京图书馆等单位举办庆祝十月革命四十周年纪念书刊展览》,《图书馆学通讯》1957年第Z1期。
⑪ 佚名:《我校图书馆举办李大钊同志革命一生事迹展览》,《北京大学学报(哲学社会科学版)》1979年第6期。

又涌现出四川图书馆①、国家图书馆②、首都民族文化宫③、南京图书馆④、上海图书馆⑤、河南省图书馆⑥等图书馆的展览报道。20世纪80年代，首个在国外图书馆展出的中国文献展览问世。1980年，英国图书馆举办了中国地图展，但颇为遗憾的是，此次展览中展出的地图并非来自中国的图书馆，而是出自收藏家。⑦

总体而言，本阶段展览在实践与理论方面主要呈现如下特点：图书馆展览诞生，并开始步入经验积累阶段，可从实践和理论两方面进行概括。在实践方面，根据展览内容的不同，可分成两大类：一是新书展览，二是专题展览。其中，专题展览的主题选择呈现出鲜明的时代特征，20世纪30—50年代，尤其是抗战期间，人们热衷于革命主题，出现了1935年的"国父"事迹文物展览会⑧、1936年的上海抗战文献展览会⑨等展览。20世纪五六十年代的中苏友好时期，苏联题材受到关注，诞生了1954年的列宁逝世30周年纪念展⑩、1957年代的十月革命40周年纪念书刊展⑪等展览。20世纪六七十年代，由于科学技术成就卓著，科技类主题备受瞩目，如1964年由浙江省科学技术委员会举办的农业科技文献展。⑫ 80年代，随着全面改革开放和经济体制改革的起步，各个领域成绩斐然，展示相关成果的主题展览问世，如1987年由广东省公共图书馆推出的服务成果图片展。⑬ 根据展览形式的差异，同样可将展览分为两类：一类是定点展览，另一类则是巡回展览。根据展品构成的区别，展品资料已不局限于本馆馆藏，类型也不拘

---

① 周炳镛:《作好图书馆为农业现代化服务的工作——举办农业科技书刊资料展览的体会》,《四川图书馆学报》1979年第1期。
② 同上。
③ 兆云:《喜看图书馆设备展览》,《图书馆学通讯》1981年第3期。
④ 纪维周:《南京图书馆举办"鲁迅书刊展览"》,《鲁迅研究动态》1981年第6期。
⑤ 杨泰伟、沙根林:《上海图书馆举行"节能图书资料"展览》,《节能》1982年第2期。
⑥ 杨萍:《河南省图书馆、郑州市图书馆联合举办基层图书馆网服务成果展览》,《河南图书馆学刊》1988年第4期。
⑦ 张桂林:《英国图书馆举办中国地图展览》,《图书馆学通讯》1980年第1期。
⑧ 《上海文献汇编》编委会编:《上海文献汇编 文化卷12》,天津古籍出版社2013年版,第545页。
⑨ 上海市档案馆:《上海档案史料研究》第20辑,上海三联书店2016年版,第256页。
⑩ 佚名:《北京图书馆举办列宁逝世三十周年纪念展览》,《文物参考资料》1954年第1期。
⑪ 仲篯:《北京图书馆等单位举办庆祝十月革命四十周年纪念书刊展览》,《图书馆学通讯》1957年第Z1期。
⑫ 上海市档案馆:《上海档案史料研究》第20辑,上海三联书店2016年版,第256页。
⑬ 文图:《广东省文化厅举办〈广东省公共图书馆服务成果图片展览〉,并召开经验交流会》,《广东图书馆学刊》1987年第3期。

泥于纸质文物。如1936年的历代名器展览会,展示的是汉代到明代的各式俑偶及其他名器。[①] 在理论方面,这一阶段的展览研究多为介绍性的报道,尚未出现与展览相关的研究性论文。

(二) 展览探索阶段(1984—2005年)

自改革开放以来,我国图书馆于20世纪80年代完成首轮建设后,在20世纪末21世纪初又经历了新馆建设的两轮高潮。展览空间在博物馆建设伊始便得以规划,为后续展览的创建提供了先决条件。2003年,文化部社会文化图书馆司规定把公共图书馆的展览活动纳入"全国省级公共图书馆评估标准"[②],从而使展览由边缘业务一跃发展成为图书馆的核心业务。这一面向全国省级图书馆的评估标准之调整,为全国图书馆的建设运动推波助澜。国家博物馆、上海图书馆、深圳图书馆、南京图书馆等馆在此期间发挥了排头兵作用。随着图书馆展览实践的日益深入,步入了需要进行理论反思的阶段。1990年,首篇研究性文章问世,即张兆海等在《山东图书馆季刊》上发表的《省、市图书馆联合举办外文书刊展览的几点经验》一文。该文主要论述的是山东省博物馆和济宁市图书馆在三次联合办展后,面对外文书刊策展问题进行的总结性思考,并据此提出组织社会调查以掌握读者需求等建议。[③] 此阶段有关图书馆展览的相关研究数量已相当可观,约有二十篇学术论文诞生,代表性学者为杨泰伟、郑国中等。

总体而言,本阶段展览在实践和理论方面主要呈现如下特点:在展览实践的基础上产生了一些理性思考,可从实践和理论两方面进行归纳。在实践方面,本阶段的展览服务被正式纳入省级、市级和基层公共图书馆的基本业务,且地位日益提升。在理论方面,尽管本阶段的论文数量依然较少,但却实现了由无到有的突破并得以增长。从文献分析来看,成果不再囿于对展览信息的介绍,而是围绕展览发展史、展览功能、展览模式、展览策略等问题展开初探,这些均为展览思路的拓宽与创新,以及下一阶段向多元化和精细化发展奠定了重要的理论基础。稍显遗憾的是,有关展览概念的界定

[①] 《上海文献汇编》编委会编:《上海文献汇编 文化卷12》,天津古籍出版社2013年版,第545页。

[②] 张婉莹:《服务拓展与文化引领——河南省少年儿童图书馆展览的实践与创新》,《河南图书馆学刊》2018年第5期。

[③] 张兆海、孙孝诗、宋天芝等:《省、市图书馆联合举办外文书刊展览的几点经验》,《山东图书馆季刊》1990年第4期。

仍莫衷一是、模糊不清。

(三) 展览常态发展阶段(2006—2012 年)

自 2006—2012 年,图书馆领域的展览合作获得长足发展。2006 年 10 月,文化部全国文化信息资源建设管理中心、中国国家图书馆和上海图书馆联合举办"首届全国公共图书馆展览资源共建共享交流研讨会"。此次会议的主题是"图书馆展览与构建公共文化服务体系",签署了《全国公共图书馆展览资源共建共享倡议书》,并提出了发挥馆藏和地区文献优势、以社会热点为切入点,引进整合优秀展览,联合分馆巡展,做好品牌建设和举办多元活动等发展图书馆展览的思路。① 这一举措为全国公共图书馆的展览合作打开了新局面,五十多家图书馆被纳入资源共享网络。2007 年,"全国公共图书馆延伸服务经验交流会"在天津召开,会议要求"各级图书馆要充分利用馆藏文献和设施等条件,举办讲座、展览、培训,开展网上服务等,积极拓展图书馆社会教育功能,增强社会辐射能力,扩大服务辐射面,丰富服务内容和方式,为社会公众提供多样化和个性化服务,使图书馆的服务广度和深度获得延伸,提高了公共文化服务能力"②。通过这场经验交流会,图书馆增加了服务对象,明确了自身定位,促进了图书馆与社会形成良好互动,客观上推动了展览实践的发展及展览研究的深入。2009 年,国家图书馆倡导召开"全国公共图书馆讲座工作研讨会","公共图书馆讲座联盟"自此成立,该联盟为成员馆的展览开放搭建了平台。③ 2010 年,浙江省图书馆发起并建立浙江省内的展览联盟,杭州图书馆等 11 个地市级图书馆加入其中,促进展览资源的共建共享。④ 2011 年,《文化部、财政部关于推进全国美术馆、公共图书馆、文化馆(站)免费开放工作的意见》中提出,公共图书馆包括展览在内的各项服务都实施免费开放。⑤ 随着图书馆策展经验的共享互鉴及其平台构建,本阶段相关的研究性论文数量急剧攀升,共出现 89 篇,代表性学者有杨泰伟、那艳、蔡楚舒等。其中,

---

① 东莞图书馆:《东莞图书馆工作 2006 合订本》,东莞图书馆,2006 年,第 167 页。
② 金陵图书馆编著:《金陵图书馆》,天津大学出版社 2017 年版,第 124 页。
③ 王凤霞、庄青:《图书馆与博物馆展览服务创新的思考》,《科技情报开发与经济》2015 年第 17 期。
④ 陈瑛:《试论公共图书馆展览联盟的构建——以浙江图书馆实践为例》,《新世纪图书馆》2011 年第 3 期。
⑤ 中华人民共和国文化和旅游部:《文化部、财政部关于推进全国美术馆、公共图书馆、文化馆(站)免费开放工作的意见》,http://zwgk.mct.gov.cn/zfxxgkml/ggfw/202012/t20201205_916532.html(2011 年 1 月 26 日),最后浏览日期:2021 年 3 月 10 日。

仅仅 2007 年这一年,研究性论文就达到 18 篇。

总体而言,本阶段展览在实践和理论方面主要呈现如下特点:图书馆举办的展览日趋常态化。在实践方面,多个省市的公共图书馆纷纷基于自身特色探索颇具针对性的发展策略,如上海图书馆①、浙江图书馆②、黑龙江图书馆③、山西图书馆④、沈阳图书馆⑤、天津图书馆⑥、泰州图书馆⑦、东莞图书馆⑧、绍兴图书馆⑨等,提出增强普遍意识、重视人才培养、实施讲座联动、创建品牌和加大宣传等对策。在理论方面,"图书馆展览"概念首次被明确界定。王世伟在比较"展览"和"会展"概念的基础上,提出"图书馆展览"是指"在一定地域空间和网络空间通过展品陈列等方式以展示文化艺术为主要内容的读者服务"⑩。尽管早在 1993 年,《图书馆百科全书》中已就文献展览的概念做过界定,即图书馆将馆藏中有特色的文献、珍本或者有关某一主题的文献集中起来,在一定时期内公开展示和陈列,以便向读者宣传、推荐文献,促进文献的利用⑪,但不难发现,这一概念主要针对的是"以文献作为展示对象"的展览类型,而非"以文献作为展示材料"的展览类型。但本书的研究对象乃是后者。正是由于王世伟给出的定义更趋近于第二种类型,所以本研究将该定义视为首次对图书馆展览概念进行的明确界定。同时,本阶段的研究成果开始出现以机构类型相区分的细化,如将图书馆划分成公共图书馆、基层图书馆、高校图书馆和地方院校图书馆等。

---

① 杨泰伟:《从"上图展览"全国巡展看资源共享在图书馆的实践》,《图书馆论坛》2009 年第 4 期。
② 陈瑛:《试论公共图书馆展览联盟的构建——以浙江图书馆实践为例》,《新世纪图书馆》2011 年第 3 期。
③ 闫顺呈:《图书馆公益性展览服务研究》,《黑龙江档案》2009 年第 6 期。
④ 李红、石焕发:《公共图书馆展览服务的新思路——山西省图书馆展览工作的回顾与思考》,《图书馆论坛》2009 年第 5 期。
⑤ 李雪垠:《吸引读者,提升服务,由地方文献展览说开去——以沈阳市图书馆举办名家作品展为例》,《贵图学刊》2011 年第 1 期。
⑥ 高原春:《公共图书馆展览业务的发展与探索——以天津图书馆为例》,《图书馆工作与研究》2008 年第 6 期。
⑦ 徐进:《论公共图书馆举办公益性展览的成功要素》,《图书馆论坛》2007 年第 2 期。
⑧ 刘洪镇:《图书馆展览现状及对策——以东莞图书馆为例》,《图书馆理论与实践》2011 年第 9 期。
⑨ 高志刚:《公共图书馆会展服务探索》,《绍兴文理学院学报(哲学社会科学版)》2007 年第 2 期。
⑩ 王世伟:《图书馆展览服务初探》,《图书馆杂志》2006 年第 10 期。
⑪ 《图书馆学百科全书》编委会:《图书馆学百科全书》,中国大百科全书出版社 1993 年版,第 565 页。

（四）展览多元发展阶段(2013年至今)

2013年至今，随着图书馆评估定级中的标准调整和分值提升，展览在图书馆中的受重视程度与日俱增，从而带来一派欣欣向荣之势。2012年，文化部办公厅颁布《关于开展县以上公共图书馆第五次评估定级工作的通知》，该《通知》规定了县级、市级和省级图书馆的评估标准，其中展览从最初的"读者活动"板块被调整至"社会教育活动"板块，且分值有所增加。[①] 2013年，公共图书馆的评估定级便依据该《通知》中的相关规定实施。

总体而言，本阶段展览在实践和理论方面主要呈现如下特点：随着图书馆展览业务愈加成熟，无论是实践上，还是理论上，均呈现多元发展趋势。在实践方面，一是图书馆的推广阅读等活动，促使展览发展日新月异。二是由于国家图书馆、清华大学图书馆等馆的实践表率和新技术的引入，图书馆的展览要素不断丰富，形式日趋多样，它们不再单一展示文献，而是采用造型、装置和媒体等辅助展品，探索全方位的立体阐释。三是网上展览出现且数量不断攀升，如上海图书馆建成"上图展览"网站，持续推出网上展览。四是展览共享、展览联盟等合作形式取得长足进展，如由上海图书馆和浙江图书馆所发起的展览共享或展览联盟，在全国范围内形成了良好的示范效应。在理论方面，先后有100篇学术论文问世，包括围绕阅读推广主题的6篇、展览策略主题的20篇、网上展览主题的8篇和共享联盟问题的15篇。代表性学者有程远、庄玫、张静、黄世刚、张晓翔等。

二、档案馆展览发展的历史

随着档案馆开放意识和服务能力的增强，作为档案利用中最为直观生动的创新方式，展览应运而生，并逐渐步入正轨。何为档案展览？冯惠玲认为，"档案展览"是指"档案收藏部门按照一定的主题，以展出档案原件或复制品的方式，系统揭示和介绍档案馆（室）藏中有关档案的内容与成分的一种具体的服务方式"[②]。回顾档案展览的整个发展历程，在早期实践中，法国

---

① 中华人民共和国文化和旅游部：《文化部、财政关于推进全国美术馆、公共图书馆、文化馆（站）免费开放工作的意见》，http://zwgk.mct.gov.cn/auto255/201212/t20121221_473972.html?keywords=图书馆评估定级工作(2012年12月18日)。

② 霍向玉、方太合、郭晓梅：《档案馆举办档案展览的意义》，《广东档案》2006年第4期。

可谓一马当先,当初其创建展览的主要目的是配合中小学开展历史教育。1950年,首届国际档案大会在法国巴黎召开,"档案与学校"成为本次会议的议题。① 同年,法国国家档案馆便创建了教育处,两年后,各省档案机构效仿此法相继设立教育处,该部门主要是为学校的历史教学提供专门服务。② 据统计,截至1969年,法国96个省级档案机构中共有50个都设立了教育处,平均每周为700位学生提供2—6个课时,参观档案展览成为当时学生实践课程的重要构成③,部分省份参观量高达2万人次④。1969年之后,法国档案展览的服务对象实现突破,不再只是面向在校学生,而开始向社会各阶层开放。法国档案机构敢为人先的策展实践及其探索行为,在全球范围内产生了重要的示范效应,美国、新加坡和澳大利亚等国向法国学习借鉴,其中美国的档案馆甚至后来者居上,成为全球举办展览次数最多,参观人数最多,产生影响最广泛的国家之一。⑤

而我国的档案馆展览则是在中华人民共和国建立后才"渐成气候"的,基本经历了"初创、停滞、发展和繁荣"四个阶段⑥,现将按阶段对其进行梳理与论述。

(一) 展览初创阶段(1949年—20世纪60年代中期)

自中华人民共和国建立到20世纪60年代中期,国家档案工作实现了统一管理,并开始探索开发利用。1954年,即中华人民共和国成立五年后,周恩来总理基于国家档案工作的现状,提议批准设立中华人民共和国国家档案局,负责对全国档案事务进行管理。两年后,国务院发布了《关于加强国家档案工作的决定》。该《决定》指出:"国家档案局应该全面规划,逐步地在首都和各省区建立中央和地方的国家档案馆。"⑦自此,国家档案工作迈出统一管理的步伐,并在维护档案的完整和安全的前提下,开始探索其开发和

---

① [法]彼得·瓦尔纳主编:《现代档案与文件管理必读》,档案出版社1992年版,第377页。
② 同上。
③ 高研:《实体档案展览研究》,苏州大学硕士学位论文,2014年,第9页。
④ [法]彼得·瓦尔纳主编:《现代档案与文件管理必读》,档案出版社1992年版,第377页。
⑤ 高研:《实体档案展览研究》,苏州大学硕士学位论文,2014年,第6页。
⑥ 本研究中我国档案馆展览的发展阶段主要参考李圆圆《1949年以来我国档案展览概述》(《档案学研究》2009年第6期),以下不赘。
⑦ 中华人民共和国国家档案局:《国务院关于加强国家档案工作的决定》,http://www.saac.gov.cn/daj/fzxgzcfg/201809/56afa3d721404d968d138e846302d168.shtml(1983年9月18日),最后浏览日期:2021年3月10日。

利用的问题。正是在这一背景下,在1950—1965年的15年间,一批档案展览相继问世,主题涉及政治宣传、档案工作普及、历史或技术档案展示(见表3),其中以面向内部人员普及档案工作的展览为主。同时,展览也不局限于由档案馆来组织,而是出现在博物馆、文物保管委员会,甚至公安局等存有重要档案资料的不同机构。

表3 中国1950—1965年间举办的部分档案展览汇总表

主题	时间	主办方	展览名称
宣传政治	1950年	故宫文献馆	清代帝国主义侵华史料陈列展览①
	1950年	南京市文物保管委员会	美帝侵华罪行史实展览②
档案工作普及	1954年	山西省太原市公安局	失密文件展览③
	1956年	江苏省委办公厅秘书处	文书、档案工作展览会④
	1957年	汕头市委、市人委、汕头地委、专署	文书处理工作和立卷工作展览会⑤
	1958年	国家档案局	资料利用工作展览会⑥
	1958年	石家庄市	石家庄地区档案工作跃进展览会⑦
	1958年	襄城市	河南省档案工作襄城现场会议展览会⑧
	1958年	吉林省	档案工作会议展览⑨
	1958年	中国辽宁省委办公室、辽宁省人委办公室	辽宁省档案利用展览会⑩

---

① 崔恬:《我国国家档案馆展览演变研究》,辽宁大学硕士学位论文,2019年,第14页。
② 同上。
③ 李圆圆:《1949年以来我国档案展览概述》,《档案学研究》2009年第6期。
④ 同上。
⑤ 同上。
⑥ 崔恬:《我国国家档案馆展览演变研究》,辽宁大学硕士学位论文,2019年,第16页。
⑦ 同上。
⑧ 同上。
⑨ 同上。
⑩ 同上。

(续　表)

主题	时间	主办方	展览名称
档案工作普及	1959年	中共烟台地委和烟台专署	档案工作展览会①
	1959年	国家档案局	全国档案资料各种展览会（六月会议）②
	1959年	广东省档案馆	兴宁县档案馆工作和广东省档案工作展览会③
	1959年	河南省档案馆	河南省档案资料工作先进经验交流会④
历史或历史档案展示	1956年	第一历史档案馆	皇史宬小型历史档案展览⑤
	1958年	安东专区	档案资料流动展览⑥
	1958年	北京市	小型技术档案资料展览会⑦
	1958年	上海市	技术档案资料展览会⑧
	1959年	上海人民委员会	上海市纺织工业系统等技术革新档案资料的技术资料展览会⑨

总体而言，本阶段的展览特点主要有三点：其一，从内容看，尽管包含政治宣传、档案工作普及、历史或技术档案展示三大主题，但该阶段的重点工作使得"档案工作普及"主题脱颖而出，成为本阶段主打产品。因为该阶段的重点工作是整理积存下来的档案，但是由于早期档案工作者缺乏系统的档案知识和整理经验，所以提升这部分人员的专业水准成为重中之重，"档案工作普及"主题展览由此盛极一时。同时，为了推动该项工作有序开展，国家和地方还积极筹建档案馆。其二，从展览性质看，本阶段的展览政治色彩鲜明，主要诞生于上海、北京、沈阳等档案保存较为集中的城市。其三，从服务对象看，受众主要是国家行政机关工作人员，以内部展览居多，并

---

① 崔恬:《我国国家档案馆展览演变研究》，辽宁大学硕士学位论文，2019年，第16页。
② 同上。
③ 同上。
④ 同上。
⑤ 同上。
⑥ 同上。
⑦ 李圆圆:《1949年以来我国档案展览概述》，《档案学研究》2009年第6期。
⑧ 崔恬:《我国国家档案馆展览演变研究》，辽宁大学硕士学位论文，2019年，第16页。
⑨ 李圆圆:《1949年以来我国档案展览概述》，《档案学研究》2009年第6期。

未向社会广泛开放。

（二）展览停滞阶段（1966—1976年）

1966—1976年"文革"期间，包括档案展览在内的档案工作基本处于停滞状态。1969年，中华人民共和国国家档案局被撤销，1970年，该机构的全部工作被中止。各省、市、自治区的档案管理局以及地、县一级的档案管理机构也相继被撤，全国档案工作一度陷入瘫痪。尽管如此，为了助推该阶段风起云涌的政治运动，以档案作为材料的展览并未就此销声匿迹，而是出现了主题和形式均较为单一的样板化展览。如1962年在山东各地举办的"阶级教育展览"①、1966年首都红卫兵的"'破四旧'展览"②、1966年上海创办的"阶级敌人复辟罪证展览会"③等。

总体而言，本阶段的展览特点包括三个方面：一是从展览内容看，基本都是为传达政治意图，以实现宣传效果的样本展览，同时展览的形式也较为趋同；二是从策展部门看，由于档案管理机构先后被撤，所以举办展览的通常为非档案部门，作为展示材料的档案主要用于服务政治目的；三是从功能发挥看，档案管理部门在本阶段的各项工作被迫中止，但也在等待下一阶段的重起炉灶和继往开来。

（三）展览发展阶段（1979—1996年）

自1975年起，地方的档案工作有所回暖，直到1979年，经党中央、国务院批准，国家档案局正式恢复工作。但总体来看，20世纪80年代前，档案管理部门所创建的展览数量并不多。不过，随着十一届三中全会的召开，尤其是步入90年代后，展览工作逐渐步入平稳发展阶段，且开始初露锋芒。杨小红认为，"80年代前，我国档案利用基本处于半封闭状态，但改革开放后，进入全面开放时期"④。根据高研的统计，1977—1990年国内档案部门所举办的档案展览约达一百场。⑤ 1980年，国家档案局发布《关于开放历史

---

① 常连霆主编、中共山东省委党史研究室编：《中共山东编年史》第10卷，山东人民出版社2015年版，第64页。
② 汪涛：《赤胆忠魂：回忆我的父亲汪金祥》，群众出版社2016年版，第308页。
③ 《上海七一人民公社史》编写组：《上海七一人民公社史》，上海人民出版社1974年版，第138页。
④ 杨小红：《中国档案史》，辽宁大学出版社2002年版，第228页。
⑤ 高研：《实体档案展览研究》，苏州大学硕士学位论文，2014年，第6页。

档案的几点意见》,指出"中央档案馆和省、市、自治区档案馆应加强党史资料研究室的工作……协助博物、展览部门编写材料"①。1982 年,中共中央办公厅、国务院办公厅转发国家档案局《关于开放历史档案问题的报告》,在该《报告》"三、关于历史档案的公布与出版"板块中提到,"各级档案馆积极热情举办历史档案展览"②。这些政策及其实践活动推动了档案馆的档案利用从狭义的编史修志,向广义的多形式开发转变,从而为档案展览的常态化发展奠定基础并创造契机。1983 年,国家档案局印发《一九八三年至一九九〇年档案事业发展规划》,准备部署建立一批新的档案馆,配合社会和纪念活动公布档案文件。③ 由此,档案馆逐渐开始在全国范围内遍地开花,这些新创建的档案馆通常配套有专门的展厅及基本陈列。1987 年,中华人民共和国档案法颁布,该法于 1988 年正式实施,它是档案领域的最高大法,为档案展览的社会化推波助澜。八年后,中华人民共和国档案法获得修正,该法第十二条规定"档案馆与博物馆、图书馆和纪念馆等单位,在档案利用方面应互相协作"④。综上,尽管"文革"使各个领域的发展出现断层,但十一届三中全会后一系列政策法规的颁布,为档案展览的重整旗鼓保驾护航。

由于受到本阶段开放档案文献之理念影响,一些强调档案宣传与利用的展览相继问世,包括历史档案、档案工作成效等展览,并且出现改革开放后的首次国内外交流展。其中,历史档案展包含两类:围绕馆藏特有档案进行的展示和配合纪念活动进行的展示。档案工作成效展也可分为两类:针对档案工作成就进行展示和针对档案工作效益进行展示。然而,随着冤假错案等文书档案的整理与恢复,民众对于档案的关注和热情相较于前十年抑制后的爆发,开始出现消退和回归。正如傅华所言,"1988 年以后各级各类档案馆的档案利用量一路狂泄,档案展览也受到很大程度的影响,1989—1994 年的档案展览数量比前五年同期下降 25%"⑤。更为深层的原

---

① 国家档案局:《中华人民共和国档案法规汇编 1949.10—1992.6》,法律出版社 1992 年版,第 677 页。
② 国家档案局办公室:《档案工作文件汇集 第二集》,档案出版社 1985 年版,第 212 页。
③ 同上书,第 31—32 页。
④ 李善武、韩晓光、李绚丽:《常用电力法律法规手册 上》,山东人民出版社 2017 年版,第 271 页。
⑤ 傅华:《拓展与深化——1949 年以来档案利用服务工作的特点与方向》,载中国文献影像技术协会、中国档案学会:《2007 年海峡两岸档案暨缩微学术交流会论文集(大陆地区代表部分)》,中国档案学会,2007 年,第 10 页。

因在于,本阶段展览无论是在内容上,还是形式上,均未出现重大突破与创新。这种情况一直持续至20世纪90年代末,才逐步发生改观,展览数量增加,观众人数攀升。

总体而言,本阶段的展览特点可归纳为四个方面。一是从展览数量看,呈现大幅增长之势。虽然20世纪80年代末稍有滑坡,但整体数量明显上升。二是从展览内容看,包括历史档案展、档案工作成效展和国内外交流展三类。相较于先前的档案工作普及阶段,本阶段显然已步入成效展示阶段,且比重超过同期举办的其他主题展览,这也是档案工作有所进步的直接印证。同时,为了满足民众文化需求的"报复式"反弹,由档案馆独立创建的历史档案展问世,这也是馆方开放历史档案的积极践行。此外,改革开放促使域外交流频繁,1989年"南斯拉夫各民族统一史——从理想到实现1918"档案展览在北京和上海先后开幕,成为改革开放后我国首次举办的国内外交流展。三是从展览性质看,改革开放后,档案展览从半封闭走向全面开放,但仍保留着服务行政团队的属性,并带有明显的政治宣传之痕迹。四是从服务对象看,受众不再局限于国家机关工作人员,而开始服务广大受众,并重视丰富民众的文化生活,以发挥档案馆的当代社会教育功能。

(四) 展览繁荣阶段(1997年至今)

自20世纪90年代末起,特别是1996年第十三届国际档案大会召开后,档案馆的社会教育功能日益凸显,由此带来档案展览理念、内容和形式上的巨变,档案展览逐步走向常态化。首先,历史档案展在本阶段占据主导地位,同时爱国主义主题展勃兴。而历史档案展览不再只是将档案作为物证进行简单展示,而开始重视其文化记忆功能,尤其是地域文化的记忆功能。如2012年北京市档案馆和首都博物馆联合策划的"北京的胡同四合院"大型展览。这乃是北京市档案系统和文博系统的首次合作,整个展览共分为"胡同""院落""人家"三部分,囊括五百多件实物展品、大量史料和历史老照片等。[①] 其次,各级各类档案馆先后获评爱国主义教育基地。这些基地的挂牌得益于1994年中共中央宣传部下发的《爱国主义教育实施纲要》。

---

① 雨泽:《档案馆与博物馆联袂打造古都文化精品"北京的胡同四合院"展览与公众见面》,《北京档案》2012年第8期。

最后,由于声光电和多媒体技术的引入,档案展览的形式日渐多元,不再单纯使用档案文本和档案图片(流动展仍以图文为主)。除上述档案展览的新情况和新变化之外,网上展览也成为本阶段的重要展览形式,反映出这一阶段科技发展和网络普及的时代特征。2000 年,我国首个数字档案馆诞生,"深圳数字档案馆系统工作的研究与开发"立项。① 全国范围内的网上展览,数量上以北京和上海居多。②

总体而言,本阶段的展览特点涵盖四个方面:一是从展览数量看,自 20 世纪 90 年代开始,档案展览的数量与日俱增,尤其是在 2005 年后,急剧攀升。自此,档案展览的工作开始步入跨越式发现的新阶段。二是从展览内容和形式看,展览主题多元、内容丰富、形式新颖。其中,不少主题和内容的选择注重对地方文化记忆价值的发掘,为当地受众所喜闻乐见。同时,为了保证对展览主题与内容的充分阐释,档案馆开始向全社会广泛征集档案,积极探索与其他机构的合作。在展览形式上,通过采用造型、媒体和装置等辅助手段,增强展览的生动性、相关性和参与性。除了在内容和形式上创新外,档案展览在空间上也予以拓展。一部分展览开始走出档案馆,走进学校、商场和社区等公共场所。三是从展览性质看,档案馆开始告别被动服务的封闭状态,以更为积极的状态"拥抱"社会各界,利用的深广度也在不断拓展。本阶段出现的网上展览既是技术发展之产物,更是服务开放之产物。四是从服务对象看,档案展览的社会教育功能与日俱增,致力于服务最广泛受众,其中爱国主义教育在本阶段崭露头角。

三、方志馆展览发展的历史

我国方志馆的展览实践可追溯至 20 世纪 50 年代,伴随着两轮大规模的全国性修志,呈现出蓬勃发展之势。③ 此处借鉴潘捷军④、邱新立⑤等研究

---

① 刘婧:《论我国数字档案馆发展的四个阶段》,《档案天地》2015 年第 5 期。
② 李圆圆:《1949 年以来我国档案展览概述》,《档案学研究》2009 年第 6 期。
③ 邱新立:《方志馆建设的春天——在首届全国方志馆建设经验交流会上的总结讲话》,中国方志网:http://www.difangzhi.cn/ldjh/201806/t20180605_4944617.shtml(2018 年 6 月 5 日),最后浏览日期:2021 年 3 月 10 日。
④ 潘捷军:《中国方志馆》,方志出版社 2016 年版,第 73—84 页。
⑤ 邱新立:《方志馆建设的春天——在首届全国方志馆建设经验交流会上的总结讲话》,中国方志网:http://www.difangzhi.cn/ldjh/201806/t20180605_4944617.shtml(2018 年 6 月 5 日),最后浏览日期:2021 年 3 月 10 日。

者的观点,将方志馆的展览发展大致划分为三个阶段。

第一阶段为20世纪50年代至改革开放。此乃地志博物馆及其展览的引入和初创阶段。地志博物馆是当前用以展示综合地情的新型方志馆之历史原型。1951年,时任国家文物局副局长的王冶秋在考察苏联后,向文化部汇报了苏联地志博物馆的情况,并且广泛地进行宣传推广。有鉴于此,1951年和1954年文化部先后下发《对地方博物馆的方针、任务、性质及发展方向的意见》和《文化部对各省(市)地志性质博物馆现阶段工作的意见》,并于1952年组织翻译了介绍苏联地志博物馆建设经验的相关文档。1953年,文化部确定首先在山东博物馆进行试点,于是三年后,"山东地志陈列"在山东省博物馆得以创建——这既是中华人民共和国成立后全国首家地志博物馆,也是全国首个大型地志陈列。同年,首届全国博物馆工作会议暨全国地志博物馆工作交流会在山东召开。1957年,全国建成的73座博物馆中,地志博物馆就占31座,这类展览通常由自然资源、历史发展和民主建设三部分内容构成。1977年,黑龙江省哲学社会科学研究所历史研究室专门组织编译了《阿穆尔州地志博物馆与方志学会论丛》等珍贵材料。总之,这一阶段反映的是中华人民共和国建立后,方志界对方志馆建设的早期探索和最初思考。

第二阶段为改革开放至20世纪晚期。此时专业方志馆问世,但展览仍未成为馆方的核心业务。该阶段方志馆数量少、建筑规模小,乃是修志的办公之所和资料的存放之处。"文革"十年及其余波使方志馆工作几乎陷入停滞状态,但随着21世纪第二轮修志工作的展开而复苏。1985年,时任中国地方志协会副会长的董一博首次提出建立黑龙江方志馆,该馆最终在2013年建成。1990年,浙江省地方志编撰室、省地方志学会、建德县(今建德市)联合发出《关于征集地方志筹建方志馆的通知》。1992年,上海市地方志办公室向市计委提交《关于申请建立上海通志馆的报告》并获得批准。1993年,广州市纪委批准广州市方志馆的建设立项。总之,该阶段虽然已建成一批专业方志馆,但它们多是传统意义上的方志馆,主要功能是收藏志书,展示等功能仅处于辅助地位。

第三阶段为21世纪至今。这一阶段方志馆已转型为综合地情馆,展览一跃成为该机构诸多业务中的重中之重。随着全国地方志事业的发展和升级,方志馆国家、省、市、县四级体系构建完成,在数量、规模和质量上均呈现出迅猛发展的跨越之势。①

综上，随着民众精神文化的成长性需求攀升，文献收藏机构的借阅等传统功能已难以满足他们的差异化需求，为此需要拓展多元化的服务类型。举办展览无疑成了文献开发利用的重要对象和内容。而展览空间等硬件方面的创设，为展览的专业化发展之路提供了重要的物质基础和外部条件，但是软件方面的提升依然举步维艰。

第二节　文献收藏机构展览发展的现状

为了全景扫描式地掌握展览的发展现状，构筑发现与揭示问题的基础和背景，以下将从文献收藏机构展览的发展环境与自身情况两方面展开论述。前者主要指向制度环境，从政策法规和管理体制两方面概括展览的发展环境；后者主要指向自身发展，从顶层设计、硬件建设和软件经验三方面对机构的展览情况进行梳理和总结。

一、制度环境

文献收藏机构展览业务的蓬勃发展，离不开优越的制度环境，政策法规为其提供了方向指引和外部保障。整体而言，我国公共文化服务的探索之路始于 2002 年，当时，党的十六大将文化事业独立出来，并对其主体责任和公益价值予以明确。2005 年，十六届五中全会首次提出要"逐步形成覆盖全社会的比较完备的公共文化服务体系"②。公共文化服务由此步入整体化布局和系统化建设。2015 年至今，《关于加快构建现代公共文化服务体系的意见》《中华人民共和国公共文化服务保障法》等文件的相继出台，更是对增强新形势下公共文化的服务能力提出了明确要求。而文献收藏机构的展览业务，正是在构建现代公共文化服务体系的政策东风下，获得大力推崇及长足发展的。以下将从政策法规和管理体制两方面对展览的发展环境进行

---

① 邱新立：《方志馆建设的春天——在首届全国方志馆建设经验交流会上的总结讲话》，中国方志网：http://www.difangzhi.cn/ldjh/201806/t20180605_4944617.shtml（2018 年 6 月 5 日），最后浏览日期：2021 年 3 月 10 日。

② 佚名：《构建现代公共文化服务体系大有可为》，《中国文化报》2014 年 1 月 8 日第 1 版。

回顾并加以概括。

(一) 政策法规

1. 图书馆系统

从图书馆系统来看,通过一系列制度设计,展览逐渐成为图书馆有意扶持的核心业务。图书馆在经历新馆的三轮建设后,相当数量的机构拥有了独立的展览空间。随着公共图书馆评估定级制度的出台和施行,以及评估标准的调整,展览在图书馆众多业务中开始脱颖而出,地位也随之提升。

其中,评估定级指的是从 1994 年开始,文化部面向全国县以上级别的公共图书馆,每隔四年针对其服务效能、业务建设和保障条件进行一次综合检查。截至 2017 年,公共博物馆系统已开展过六次评估定级,其关键指标也从 1998 年的五项增加至 2013 年的七项,2017 年更是创造性地以效能为导向,构建了三位一体的指标体系。这种定期的检查不仅是文化主管部门规范和监督各级公共图书馆的一项重要政策工具,也为各级图书馆的建设和发展提供了操作指南和方向指引。二十多年来,受定级评估影响,尤其是定级标准的持续变动,客观上推动了图书馆核心业务的拓展和深化。从 2003 年开始,"展览活动"即被文化部社会文化图书馆司纳入"全国省级公共图书馆评估标准"。十年后,在文化部办公厅颁布的《关于开展县以上公共图书馆第五次评估定级工作的通知》中,对"展览"指标又进行了"审时度势"的调整,将其由原来的"读者活动"板块调整至"社会教育活动"板块,且分值比重有所提升,如规定省级公共图书馆每年举办展览 25 次及以上,可得 8 分,约占"社会教育活动"总分值的 17.8%。① 可见,展览在被纳入图书馆的评估指标系统后,随着其归属板块和分值的调整,关注程度与日俱增,展览在各级各类图书馆的综合业务中开始获得重视和普及,并不断实现创新。

同时,与展览相关的经验互鉴在全国范围内展开。2006 年,我国举办首届全国公共图书馆展览资源共建共享交流研讨会。2007 年,召开全国公共图书馆延伸服务经验交流会,倡导利用馆藏文献和设施等拓展展览等图书馆的社会教育功能。2009 年,国家图书馆举办全国公共图书馆讲座工作研讨会,成立公共图书馆讲座联盟,为展览奠定了良好的基础。2011 年,国

---

① 中华人民共和国文化和旅游部:《文化部、财政部关于推进全国美术馆、公共图书馆、文化馆(站)免费开放工作的意见》,http://zwgk.mct.gov.cn/zfxxgkml/ggfw/202012/t20201205_916532.html(2011 年 1 月 26 日),最后浏览日期:2021 年 3 月 10 日。

家文化部和教育部要求公共图书馆的基础服务中包含讲座和展览。①

这些具备前瞻意识的制度设计及其落地,实现了展览发展的实践探索、平台打造,并由此明确方向。

2. 档案馆系统

从档案馆系统来看,随着其制度框架的日趋完善,档案馆展览具备了强有力的外部保障。

一是档案工作有法可依。中华人民共和国建立后,为了尽快完成档案工作的统一管理,以适应国家机关和科学研究对档案的迫切需要,1956年国务院颁布了《关于加强国家档案工作的决定》。② 在经历了初期发展后,由于受到"文革"的影响,国家档案局被迫撤销了十年,直到1979年才恢复正常工作。③ 1987年,我国档案界的最高大法——《中华人民共和国档案法》颁布,包括档案展览在内的档案工作自此有法可依。

二是助推档案馆及其展览建设。1982年,在《关于开放历史档案问题的报告》中,国家档案局明确指出,"为了满足各方面对档案利用的需要,各级档案馆应积极热情举办历史档案展览"。④ 同时,继1980年国务院转批《科学技术档案工作条例》,提出"大中城市应当建立城市基本建设档案馆"后,1983年的《一九八三年至一九九〇年档案事业发展规划》和1992年的《全国档案馆设置原则和布局方案》皆旗帜鲜明地倡导要建立大中企事业单位的档案馆。⑤ 正因如此,我国档案馆的布局由原来单一的国家综合档案馆向多类型的档案馆拓展,囊括专门档案馆、部门档案馆和企事业档案馆等类型。其中,新建成的档案馆通常会辟有展厅,并配套基本陈列。

三是积极开展国际交流。1980年,中国正式加入国际档案理事会,开始与国外同行展开密切交流。1996年,20世纪的最后一届档案大会——第十三届国际档案大会在中国北京召开,这是第一次在发展中国家召开的国

---

① 中华人民共和国中央人民政府:《关于推进全国美术馆公共图书馆文化馆(站)免费开放工作的意见》,http://www.gov.cn/zwgk/2011-02/14/content_1803021.htm(2011年2月14日),最后浏览日期:2021年3月10日。

② 中华人民共和国国家档案局:《国务院关于加强国家档案工作的决定》,http://www.saac.gov.cn/daj/fzxgzcfg/201809/56afa3d721404d968d138e846302d168.shtml(1983年9月18日),最后浏览日期:2021年3月10日。

③ 国家档案局:《中华人民共和国档案法规汇编 1949.10—1992.6》,法律出版社1992年版,第675页。

④ 国家档案局办公室:《档案工作文件汇集 第二集》,档案出版社1985年版,第212页。

⑤ 傅西路:《党的秘书工作概要》,人民日报出版社2004年版,第241页。

际档案大会,会议通过了《第十三届国际档案大会决议和倡议》。① 随着以省档案局(馆)为代表的赴国外考察的活动逐年增多,档案界的国际交流日渐深入,并且由原来的展示档案工作向展示档案内容转变。②

四是善加利用网络资源。自 1999 年肇始,档案馆着手网络建设,因此这一年被誉为"政府上网年"。档案馆网站功能由最初的公布各类信息、查阅档案,开始延伸至网上展览。同时从 1983 年以来,全国档案事业开始采取统计年报制度,从国家档案局的公开数据中,可获知每年各级各类档案馆举办实体和网上展览的数量。

五是探索爱国主义教育。1994 年,中共中央宣传部颁布《爱国主义教育实施纲要》,随后作为行业标准的《国家档案馆爱国主义教育基地工作规范》(DA/T 34—2019)明确指出:"国家档案馆爱国教育基地是指经各级党委、政府或相关部门批准命名、公开挂牌,由国家档案馆管理,以馆藏档案为主要资源,向社会开展爱国主义、革命传统教育和国情、省情、市情、区情、县情教育和科技文化知识教育的活动场所。"③由此,一批达到上述要求的档案馆相继获得"爱国主义教育基地"认证。

可见,通过五方面的制度构建,档案馆社会教育功能彰显,策展理念和实践均发生转变,类型多样的展览相继问世,并得以普及。

3. 方志馆系统

我国的方志事业是伴随着中华人民共和国的建立而兴起的,其发展与地方志小组的创建休戚相关。该小组成立于 1956 年,后由于受到"文革"影响被迫中止工作,于 1983 年再次建立。新建后的地方志小组于 1983 年、1984 年和 1992 年先后通过中国社会科学院党组织向中央宣传部上呈《关于地方志工作情况和意见的报告》《关于加强全国地方志编纂工作的报告》和《关于加强全国地方志领导的报告》等重要文件。④ 同时,该小组还完成了对全国地方志工作的整体规划,通过《1983—1990 年中国地方志事业发展规划及设想(草案)》。

2006 年,《地方志工作条例》颁布,这是方志馆系统中第一部由中央政府正式发布的行政法规,是两千年来中国方志史上首次立法。正是在地方

---

① 国家档案局、中央档案馆编:《第十三届国际档案大会文件报告集》,中国档案出版社 1997 年版,第 20—24 页。
② 崔恬:《我国国家档案馆展览演变研究》,辽宁大学硕士学位论文,2019 年,第 28 页。
③ 国家档案局、中央档案馆:《中国档案年鉴 2006》,中国档案出版社 2008 年版,第 155 页。
④ 诸葛计:《中国方志史上两件划时代意义的大事(上)》,《中国地方志》2007 年第 9 期。

志小组的不懈努力及一系列政策法规出台的背景下，一批新的方志馆应运而生。1990年，浙江省地方志编撰室等联合发出《关于征集地方志筹建方志馆的通知》，1992年，上海市地方志办公室也提交了《关于申请建立上海通志馆的报告》。2009年，山东率先召开全省方志馆建设工作会议，发布《关于加快方志馆建设的若干意见》，全国各地开始大力兴建方志馆。

与此同时，国家级、省市级综合档案馆的评估制度得以构建。如2006年、2007年，《市、县级国家综合档案馆测评细则》和《档案事业发展综合评估指标体系及其评分细则》出台，浙江省、黑龙江省、江西省和湖北省等各省相继制定评估指标、体系或细则等。①

随着一批方志馆的破土动工和评估制度的制定实施，方志展览先后出现在20世纪50至70年代的地志博物馆、20世纪70年代至20世纪末的专业方志馆，以及21世纪的综合地情馆。

(二) 管理体制

1. 图书馆的管理体制

当前我国公共图书馆的上级主管部门是文旅部社会文化图书馆司。事实上，其隶属关系几经变革："1949，与博物馆系统一起，都由文化部下设的文物局负责管理；此后三十年，主管机构又改名为文化部社会文化事业管理局、群众文化事业管理局和国家文物事业管理局内设的图书馆处；1980年，文化部图书馆事业管理局建立，接管公共图书馆事业；1989年，又更名为文化部图书馆司；1998年，文化部图书馆司和其他两个司合并成社会文化图书馆司，其下设图书馆处。"②同时，县以上的地方图书馆的上级主管部门主要是文旅局，如市图书馆为市文旅局，区图书馆是区文旅局，但有些则是由地方宣传部门主管，如上海图书馆隶属于上海市委宣传部。

2. 档案馆的管理体制

1992年由国家档案局印发的《全国档案馆设置原则和布局方案》规定："各级国家档案馆，归中央或地方各级档案行政管理部门(或与有关部门)直接管理。"③当时，档案局和档案馆通常是两块牌子一套班子，属于市委、市政

---

① 潘捷军、顾志兴、吕克军等：《中国方志馆》，方志出版社2016年版，第363页。
② 付立宏、袁琳：《图书馆管理教程》，武汉大学出版社2005年版，第458页。
③ 国家档案局政策法规研究司、监察部法规司、国家公务员局培训与监督司：《〈档案管理违法违纪行为处分规定〉释义》，中国方正出版社2014年版，第231页。

府的直属事业单位,隶属于市委管理,承担行政管理和档案保管利用的双重职责。存在两类编制:公务员编制和事业编制。但是经过2018年的机构改革后,全国档案馆的管理体制有所改变,且不尽相同。目前,多数省市基本是档案局和档案馆分家,档案局职能被划入省市委办公厅,成为办公厅的内设机构,对外增挂档案局牌子;而档案馆则成为办公厅管理的参公单位。由此可见,档案局和档案馆分别是两套人马。但也不乏例外,以上海市档案局(馆)为例,该单位仍然采取两块牌子一套人马的合署办公模式,上海市档案局(馆)现为市委工作机构,由市委秘书长直接分管。由于是合署办公,所以上海市档案局(馆)也同样直属于市委管理。因此,上海档案局(馆)属于正厅局级单位。其中,上海档案局为公务员编制,而档案馆则属于参公编制。

3. 方志馆的管理体制

首先,从归属权来看,各级地方志机构迥然不同,有的归属政府,有的归属党委,有的归属地方社科院。其次,从编制来看,与档案系统一样也存在两类编制:事业编制和公务员编制。最后,从规格来看,各级地方志机构差别很大,同样是省级机构,有些是正厅级,有些是副厅级,而有些则是正处级。2018年,随着地方政府机构改革完成,一部分地方志机构与档案部门合并,一部分与党史研究机构合并,还有一部分其行政职能被划走。①

二、自身发展

面对公共文化事业的政策利好,文献收藏机构不断提高服务意识,创新服务内容。展览由此迎来了前所未有的发展机遇。无论是在硬件的空间建设上,还是在软件的经验积累上,文献收藏机构展览都锋芒初露。但在新的发展形势下,这类展览将面临严峻复杂的挑战。

(一) 图书馆展览的自身发展

随着信息技术革命的日新月异,各种各样的网络媒体层出不穷,图书馆传统功能正面临挑战,"收藏"和"利用"矛盾突显,展览不再是图书馆可有可

---

① 谢伏瞻:《高举习近平新时代中国特色社会主义思想伟大旗帜 努力开创新时代地方志事业高质量发展新局面》,中国方志网:http://difangzhi.cssn.cn/qk/qkgl/zgnyj201901_121955/201908/t20190812_4955553.shtml(2019年8月12日),最后浏览日期:2021年3月10日。

无的锦上添花之举,而成为其谋求生存的必然选择。同时,公共图书馆创建展览至少具备三方面优势:一是地理位置良好、硬件条件优越和社会资源丰富;二是各省文化厅重视展览业务,积极推动展览联盟的建立;三是展览被纳入全国省级图书馆评估体系,逐步成为图书馆的基础业务。① 因此,近年来图书馆展览在硬件建设和软件经验方面业绩斐然。

在硬件的展览空间方面,图书馆新馆建设的高潮迭起,为图书馆策展奠定了坚实的硬件基础(见表4)。我们知道,自20世纪80年代以来,图书馆已经历过三轮新馆建设的高潮。② 第一次是在改革开放后,百废待举的博物馆迎来建设的第一轮高潮,代表性成果有1987年启用的北京图书馆、国家图书馆一期工程。90年代,随着经济发展的一日千里,一批新馆异军突起,第二次建设高潮汹涌而至,如1996年上海图书馆问世。21世纪,由于文化教育的大繁荣,新馆建设的第三次高潮接踵而至,公共图书馆和高校图书馆竞相完成改建、扩建和新建,如首都图书馆(2001年)、深圳图书馆(2006年)、南京图书馆(2007年)、国家图书馆二期工程暨数字图书馆工程(2008年)、湖北省图书馆(2012年)、辽宁省图书馆(2015年)等。尤其是在"十一五"期间,为响应繁荣文化事业的号召,新馆步入了史无前例的建设快车道。③ 而新建成的图书馆往往会预留好展览空间,为举办展览提供了重要的空间基础。一般来说,当前的大型公共图书馆都拥有展览空间,举办艺术展、科技展、图书展和教育展等各类展览。④

表4 中国部分国家级、省级公共图书馆的展厅面积一览表(截至2012年12月)

图书馆	国家图书馆	上海图书馆	山东省图书馆	广西壮族自治区图书馆	陕西省图书馆	黑龙江省图书馆	广东省立中山图书馆	湖南图书馆	福建省图书馆
展厅面积(m^2)	1 300	1 750	2 500	900	800	700	380	550	100

* 引自张明涓:《全媒体时代下的公共图书馆展览服务》,《图书馆》2013年第6期。

① 郑健:《浙江省公共图书馆展览联盟研究》,《大学图书情报学刊》2014年第6期。
② 程焕文:《图书馆有多大 舞台就有多大》,《公共图书馆》2013年第2期;王世伟:《专业智库研究》,上海社会科学院出版社2018年版,第131—132页。
③ 中国图书学会、金陵图书馆主编:《图书馆服务 公益性·创新性与政策法规保障》,南京出版社2011年版,第32页。
④ 杨泰伟:《浅论公共图书馆展览服务》,《图书馆杂志》1999年第10期。

在软件的经验积累方面，成效主要集中在六个方面：将展览与会展明确区分、不断提升展览质量、打造综合性展览、重视展览品牌建设、加强馆际合作、探索网上展览模式。

一是将展览与会展明确区分。1851年，伦敦举办首届世界博览会，现代会展业诞生。这里的会展通常包含业务会议（meeting）、奖励旅游（incentive travel program）、协会/团体组织会议（convention）和展览（exhibition）四项内容。① 尽管有时图书馆的展览会配套会议、讲座等活动形式，但从性质来看，与会展存在本质区别，前者是面向市场的经济行为，而后者则是面向读者的教育行为。与此同时，我们还需要进一步厘清"展览会"概念，因为在图书馆展览早期，展览会是一种常见形式，指的是"一种综合运用各种媒介，通过现场展览和示范来传递所有与图书馆有关的信息，推荐图书馆、图书馆行业协会及图书馆相关企业形象的专业展览"②。其前身是与中国图书馆学会年会（2012年更名为中国图书馆年会）同步发展起来的年会展览。可见，从本质上看，展览会类似行业品牌展览，而非传统意义上的会展，因此这类展览也并非本书的研究对象，即以文献为材料的展览。

二是展览质量不断攀升。这体现在四个方面：第一，展览主题日趋多元，除了艺术展、科技展、图书展和教育展，还出现了创意作品和咨询类展览。第二，展览形式不断创新，除配备独立空间、专业展柜、照明系统之外，展览开始使用情景再现、模型、视频、互动装置和图文版等辅助手段。第三，展览流程逐步规范，基本形成策划展览、对外宣传、展区布展、信息反馈等分阶段的实施步骤。第四，展览场次不断增加。③ 随着外部政策的倡导和内部软硬件的改善，展览数量不断增加，传播效果显著提升。相关统计显示，2014年9—10月，全国43个副省级以上公共馆（另有8个公共馆因修建馆舍、搬迁闭馆、建设网站等原因不在统计之列）共推出251场展览，每馆平均达5.8场。④

三是实现展览与其他服务的联动。将展览与图书馆的图书推广活动、日常借阅和专题讲座等相结合，如在展厅设置阅读角，便于观众随时阅读。

---

① 王世伟：《图书馆展览服务初探》，《图书馆杂志》2006年第10期。
② 董喜萍：《国内图书馆展览会的现状分析与发展方向初探》，《图书馆工作与研究》2013年第6期。
③ 程远：《公共图书馆展览服务中嵌入图书推荐的实践探索——以江西省图书馆为例》，《国家图书馆学刊》2015年第5期。
④ 湖南图书馆：《2014年9—10月各馆活动结构形式分类统计表》，载湖南图书馆：《公共图书馆阅读与推广活动情况报告》，湖南图书馆，2014年。

四是重视展览的品牌建设。部分图书馆重视展览宣传,使观众在观展前提升对该展览的认识,同时借此机会大力宣传机构本身。

五是加强展览的馆际合作。一方面资源共享或构建联盟有助于各馆资源的有效整合,另一方面也有助于缓解大小馆的资源不均、人财匮乏,难以自主策划大型展览的现实压力。以"浙江省公共图书馆展览联盟建设"为例,2010年由浙江省文化厅牵头,浙江省图书馆主导,各市县公共图书馆参与成立了联盟,该联盟成立后将由各地市级图书馆收集需求,向组织提出申请,统一调度后安排巡展,为保证资源公平,每馆每年被限制申请3场。[①] 该举措有效地缓解了市县级小馆人力、物力匮乏,策展专业性不强的难题。

六是探索网上展览模式。互联网使展览资源的线上共享和持续交流成为可能。如上海博物馆自2008年起创设"上图展览"网站,该"网上展厅"囊括了数十个业已策划过的展览,这些网上展览无疑成为吸引网民重要窗口,其与实体展览共融相生且优势互补,助推展览信息的多渠道传播。

(二)档案馆展览的自身发展

档案展览是档案创新利用的一种独特方式,是促使受众走进档案世界的实用媒介。自中华人民共和国成立以来,尤其是20世纪80年代后,随着档案开放政策的出台,档案馆在传统功能日臻完善的基础上,由"重藏"向"重用"转型,进而孕育出档案展览这一符合时代要求的新功能,该功能是档案馆服务社会化的集中体现。自21世纪以来,档案展览无论是在硬件的空间创建上,还是软件的经验积累上,均发生了日新月异的改变。

首先,在硬件的展览空间上,我国档案馆兴起了新馆建设的数次高潮。1983年,国家档案局印发《一九八三年至一九九〇年档案事业发展规划》,在"四、档案馆工作"的第二条"新建一批档案馆"中指出,"全国省辖市(州、盟)、县尚未建立档案馆的,在一九八五年底以前都应将档案馆建立起来。全国大中城市,在一九八四年以前都要建立起城市建设档案馆"[②]。

由于档案馆整体功能的完善和服务功能的增强,一批于20世纪90年代中期前建成的档案馆,遭遇到档案事业可持续发展的困境,所以新建成的档案馆,尤其是21世纪后新建的,不能只囿于满足其传统的保管利用功能,

---

① 郑健:《浙江省公共图书馆展览联盟研究》,《大学图书情报学刊》2014年第6期。
② 国家档案局办公室:《档案工作文件汇集 第二集》,档案出版社1985年版,第31页。

还应致力于实现它的"五位一体功能"①。鉴于此,在 2000 年,国家层面"加强档案馆等公共文化设施建设"的政策倡导之际,新一轮档案馆的建设高潮来临之时,一批具备现代意义的档案馆得以问世。如 2004 年,广东省率先修建了一座面积达 3.5 万平方米的现代化档案馆,该馆功能齐备,设施先进。据统计,截至 2011 年年底,47 家省级或副省级市档案馆中,完成新馆建设且已达标的有 11 家,还未建成或已列入"十二五"规划的共 33 家。②

除了省市级档案馆外,县级档案馆的建设也呈现出一派方兴未艾之势。2010 年后,国家发改委和国家档案局共同组织实施《中西部地区县级综合档案馆建设规划》,由中央财政投资补助中西部地区符合条件的县级综合档案馆进行新建和改造,目前已有超过四百家县级档案馆相继落成。2016 年,为了配合国家发改委制定的《中西部地区县级综合档案馆建设项目管理办法》,对已经实施的项目展开监督检查,国家档案局颁布了《关于做好"十三五"期间中西部地区县级综合档案馆建设的通知》。

至此,随着各级各类档案馆在全国范围内的遍地开花,展厅成为这类新建场馆的标配,从而使档案展览的启动具备了优质的硬件基础和空间条件。因此,近十余年来,档案馆平均每年举办的展览数量可观,约达 6 171 场(2006—2018 年),除了个别年份数量较为突出,其余年份则相对均衡(见图 1)。

其次,在软件的经验积累上,我国档案馆的发展主要表现在四个方面:第一,展览主题从单一的宏大主题转变为宏大和小微主题并举。很长一段时间内,档案展览主题聚焦的是档案工作本身或是国内外重大活动,服务对象通常为档案馆同行或机关内部。这类展览往往使公众难以亲近,而公众对其也漠不关心。但自 20 世纪 90 年代末开始,展览主题逐步呈现多元化趋势,除了传统的宏大主题外,还出现了专为普通受众打造的小微主题。这类展览通常以馆藏的珍贵档案为资料,重视档案所承载的文化价值,致力于发挥其记忆保存功能,尤其针对地域文化的记忆保存功能,如北京市档案局(馆)推出的禄米仓胡同、西镇江胡同等有关北京地域特色的街巷胡同档案展。同时,部分展览还会选择与当前息息相关的热点主题。尽管如此,"政治"仍然是多元主题中的

---

① 档案馆"五位一体功能"是指档案馆是党和国家重要档案的保管基地和爱国主义教育的基地,是依法为公众提供档案信息服务的中心,是电子文件中心,同时又是公众了解政府公开信息、利用已公开现行文件的法定场所。见冯丽伟:《绿色档案馆建筑理论与实践》,中国书籍出版社 2016 年版,第 54 页。

② 崔恬:《我国国家档案馆展览演变研究》,辽宁大学硕士学位论文,2019 年,第 31 页。

图 1　全国档案事业统计年报中呈现的中国档案展览数量（2006—2018 年）

* 资料来源：中华人民共和国国家档案局：《全国档案行政管理部门和档案馆基本情况摘要》，http://www.saac.gov.cn/daj/zhdt/lmlist.shtml（2020 年 6 月 24 日），最后浏览日期：2021 年 3 月 10 日。

重要构成，如围绕抗战纪念日、革命运动纪念日、改革开放 40 周年等重大国是的展览，但与此前相比，此类展览也呈现出弱政治化、强社会性趋势。

第二，展览的举办方从一家发展至数家。"从一家发展至数家"包含两层含义：一是举办展览的主体不再仅局限于档案馆，而是被延伸至街道等政府机构，甚至企业、个人等外部力量。二是举办展览的主体不再仅局限于档案馆，而是由档案馆联合其他机构合作完成。如"印记——法国文化在中国"展便是由北京新文化运动纪念馆和法国蒙达尔纪市法中友好协会主办、北京市档案馆协办。

第三，展览的服务时空日益拓展。首先，展览时间上，从临时性展览拓展到永久性展览。其中永久性展览，即基本陈列的相继问世，得益于档案馆的兴建及其标配的独立展厅，当档案馆拥有基本陈列时，展出时间便相对固定，通常为 9:00—16:30，节假日可能会延时，如延长半小时。[①] 此举有助于培养稳定的观众群，并推动展览的专业化发展。遗憾的是，尽管档案展览数量与日俱增，但相当一部分场馆仍保留着机关作风，展览并非全天开放，看展需要提前预约，有些场馆的下午开馆时间迟至 14:00。

其次，展览场地上，打破"藏于深闺无人识"的被动局面，由室内展览拓展到室外展览，开始向更为广阔的馆外天地进军。这种方式使观众在家门口便可参观展览，有助于拉近档案馆与公众的距离，使公众对其公共服务产生新的认知。如西安市档案馆自 2010 年开始，每年会走出档案馆，在学校、

[①] 李圆圆：《1949 年以来我国档案展览概述》，《档案学研究》2009 年第 6 期。

社区、广场、机关等公共空间举办巡展。北京市档案馆也会选择赴大观园省亲别墅含芳阁,举办"北京商品票证回顾展"。

最后,网上展览异军突起。自2000年起,档案系统首个网上展览问世,观众可以突破时空在线参观。尽管网上展览无法取代实体展览,但作为一种新型展览方式,其能够激活潜在观众,将他们吸引至展厅,客观上有助于拓展参观人群。2002年,国家档案局颁布《全国档案信息化建设实施纲要》,2006年,《全国档案事业发展"十一五"规划》指出"积极推进城建档案信息化建设,即建设'三网一库'和'数字信息资源'"[1]。在国家政策的力推下,目前各省市级、县级档案馆都纷纷举办各类主题的网上档案展。2009年的数据统计显示,约88%的省级行政区档案信息网都曾推出过网上展览,其中北京、上海总量最大,占到总数的43%,天津、福建和中东部省份次之,而新疆、西藏和内蒙古数量最少。[2] 可见,网上展览的发展情况与当地经济、人文素养等因素密切相关。与此同时,各地纷纷开始探索数字档案馆。从2002年开始,各个场馆相继建设和规划数字档案馆,如杭州市档案馆、天津开发区档案馆等。2003年起,一些大学数字档案馆也被纳入校园建设的工程规划中,如上海交通大学、浙江大学。但这类网上展览目前仍存在选题单一、以图片展为主、访问量少、利用率低等问题,亟待实效提升。

(三) 方志馆展览的自身发展

方志馆与图书馆、档案馆等不同,作为地情馆,它是一种利用二维的地方志成果,立体再现地方志文化的一种新生事物。近几年,无论是硬件的场馆布局和建设,还是软件的经验积累和交流,都获得了突破性进展。

一方面,在硬件的布局和建设上,全国方志馆已初步形成国家、省、市、县四级体系,跻身重要公共文化机构之列。但是方志馆目前仍处于探索阶段,并出现了多种发展模式,主要包括分馆建设、创立合作基地和驿站,以及与图书馆、档案馆共建等模式。如国家方志馆建立黄河分馆、中原分馆,北京市方志馆挂牌北京首个离退休干部活动基地,广州市方志馆创建全国首批6所高校地方志分馆和27个方志驿站,辽宁省方志馆探索与图书馆共

---

[1] 中华人民共和国住房和城市建设部:《关于印发〈全国城乡建设档案事业"十一五"规划〉的通知》,http://www.mohurd.gov.cn/wjfb/200701/t20070117_153516.html(2006年6月12日),最后浏览日期:2021年3月10日。

[2] 李圆圆:《1949年以来我国档案展览概述》,《档案学研究》2009年第6期。

建,吉林省方志馆则与档案馆共建。① 方志馆在积极完成布局和模式探索的同时,数量也突飞猛进。截至 2018 年 5 月,全国已建成方志馆 597 家,其中国家方志馆 1 个,省级方志馆 25 个,市级方志馆 131 个,县级方志馆 439 个。② 相较于 2015 年的两百多家,平均每年增加一百多家。③ 除数量大幅攀升之外,展览的规模也日益扩大。当前建筑规模在 2 万平方米以上的方志馆有 2 个,1 万平方米以上的有 6 个,且呈现出增长趋势。④

另一方面,随着体系布局和工程建设的全面展开,各馆还及时地进行经验的总结、反思和分享。自 2018 年起,方志馆每年都会召开全国建设经验交流会,目前已经举办过两届。⑤ 此举开创了中国方志馆建设经验集中探讨的先河,其对方志馆未来建设的指导意义毋庸置疑。综上,随着方志馆建设的有序推进,馆藏资源的日益丰富,方志馆展览在一批先行者的摘埴索涂中成效初现。随着信息革命浪潮的到来,信息化全面引领创新,依托网络资源和电子技术,方志馆又相继推出了一批网上展览。

第三节 小结与讨论

在近一百年的发展历程中,三类文献收藏机构的展览基本都经历了三至四个阶段,大致包括初创阶段、探索阶段、停滞阶段、发展和繁荣阶段,期间虽然都经历过一次低谷反弹,但彼此之间的具体发展历程略有差异。其

---

① 王伟光:《加强方志馆建设,让地方志"立"起来——在首届全国方志馆建设经验交流会上的讲话》,中国方志网:http://www.difangzhi.cn/ldjh/201806/t20180604_4944616.shtml(2018 年 6 月 4 日),最后浏览日期:2021 年 3 月 10 日。

② 邱新立:《方志馆建设的春天——在首届全国方志馆建设经验交流会上的总结讲话》,中国方志网:http://www.difangzhi.cn/ldjh/201806/t20180605_4944617.shtml(2018 年 6 月 5 日),最后浏览日期:2021 年 3 月 10 日。

③ 中国地方志指导小组办公室秘书处:《冀祥德与北京市园林绿化局领导及专家磋商国家方志馆升级改造方案》,http://www.difangzhi.cn/zgdfz/tpxw/201805/a5893f896f1e4022bf1c0134176849e1.shtml(2018 年 5 月 17 日),最后浏览日期:2021 年 3 月 10 日。

④ 邱新立:《方志馆建设的春天——在首届全国方志馆建设经验交流会上的总结讲话》,中国方志网:http://www.difangzhi.cn/ldjh/201806/t20180605_4944617.shtml(2018 年 6 月 5 日),最后浏览日期:2021 年 3 月 10 日。

⑤ 《首届全国方志馆建设经验交流会在东营召开》,中国方志网:http://www.difangzhi.cn/fzg/gsjs/201805/t20180530_4942624.shtml(2018 年 5 月 30 日),最后浏览日期:2021 年 3 月 10 日;《全国方志馆建设经验交流会暨方志馆业务培训班在东营市举办》,中国方志网:http://www.difangzhi.cn/fzg/gsjs/201911/t20191125_5048392.shtml(2019 年 11 月 25 日),最后浏览日期:2021 年 3 月 10 日。

中,图书馆的展览实践出现得最早,约在1929年,并经历了四个阶段:初创阶段(1929—1983年)、探索阶段(1984—2005年)、常态发展阶段(2006—2012年)和多元发展阶段(2013年至今)。而档案馆和方志馆的展览则是在中华人民共和国建成后才气候渐成的。前者同样经历了四个阶段:初创阶段(1949年—20世纪60年代中期)、停滞阶段(1966—1976年)、发展阶段(1979—1996年)和繁荣阶段(1997年至今)。后者的展览实践则源自20世纪50年代,通常分为三个阶段:引入和初创展览阶段(20世纪50年代—改革开放)、专业方志馆出现阶段(改革开放—20世纪晚期)和综合地情馆转型阶段(21世纪至今)。不同机构的阶段划分虽然有所差异,且图书馆展览的起步相对最早,而方志馆展览的发轫则相对稍晚,但三类机构展览峰谷的波动节奏趋向一致,并且其改变始终与机构的理念、馆藏和制度三方面休戚相关。更深层的原因在于彼时中国的社会及其变迁,与国家从积贫积弱,经艰苦卓绝的奋斗,到独立富强的复兴之路相伴相生。在此背景下,民众的文化需求日益增长且呈现多元化,收藏和利用的矛盾突显,文献收藏机构开始由"被动"地服务机关或研究人员等少数群体,转变为"主动"地服务广大受众,展览成为传播信息的有效手段,并逐步走向常态化。

当前,展览已经成为三类机构文献利用的重要手段,无论是在宏观的顶层设计、硬件的场馆建设,还是软件的经验积累上,都获得了令人瞩目的累累硕果。根据国家统计局每年2月公布的《中华人民共和国国民经济和社会发展统计公报》,近五年来(2015年底—2019年底),全国公共图书馆的数量分别为3 136个[1]、3 172个[2]、3 186个[3]、3 173个[4]、3 189个[5];档案馆的

---

[1] 国家统计局:《中华人民共和国2015年国民经济和社会发展统计公报》,http://www.stats.gov.cn/tjsj/zxfb/201602/t20160229_1323991.html(2016年2月29日),最后浏览日期:2021年3月10日。

[2] 国家统计局:《中华人民共和国2016年国民经济和社会发展统计公报》,http://www.stats.gov.cn/tjsj/zxfb/201702/t20170228_1467424.html(2017年2月28日),最后浏览日期:2021年3月10日。

[3] 国家统计局:《中华人民共和国2017年国民经济和社会发展统计公报》,http://www.stats.gov.cn/tjsj/zxfb/201802/t20180228_1585631.html(2018年2月28日),最后浏览日期:2021年3月10日。

[4] 国家统计局:《中华人民共和国2018年国民经济和社会发展统计公报》,http://www.stats.gov.cn/tjsj/zxfb/201902/t20190228_1651265.html(2019年2月28日),最后浏览日期:2021年3月10日。

[5] 国家统计局:《中华人民共和国2019年国民经济和社会发展统计公报》,http://www.stats.gov.cn/tjsj/zxfb/202002/t20200228_1728913.html(2020年2月28日),最后浏览日期:2021年3月10日。

数量分别为 4 196 个[①]、4 193 个[②]、4 237 个[③]、4 210 个[④]、4 136 个[⑤]。从近五年的数量及其变化可见，公共图书馆和档案馆的数量基本持平，甚至不增反减。以其中的档案馆为例，对标数量日趋稳定的档案馆，近五年（2014 年底—2018 年底）各级综合档案馆举办的档案展览，数量分别为 4 265 个[⑥]、7 721[⑦]个、3 667 个[⑧]、3 207 个[⑨]和 3 155 个[⑩]，可见除了 2015 年之外，档案展览的整体数量趋向平稳。由此可判定当文献收藏机构步入发展和繁荣阶段时，全国性的体系布局已基本完成。同时，随着建设工程的推进和展览实践的推广，各馆及时总结和反思经验，在展览主题选择、内容策划、形式设计、合作模式和时空拓展等方面均积累起一些颇具价值的应用性成果。此外，异军突起的网上展览也成为本阶段展览的重要构成和时代命题，其既是技术发展的产物，也是服务拓展的宠儿。

[①] 国家统计局：《中华人民共和国 2015 年国民经济和社会发展统计公报》，http://www.stats.gov.cn/tjsj/zxfb/201602/t20160229_1323991.html（2016 年 2 月 29 日），最后浏览日期：2021 年 3 月 10 日。

[②] 国家统计局：《中华人民共和国 2016 年国民经济和社会发展统计公报》，http://www.stats.gov.cn/tjsj/zxfb/201702/t20170228_1467424.html（2017 年 2 月 28 日），最后浏览日期：2021 年 3 月 10 日。

[③] 国家统计局：《中华人民共和国 2017 年国民经济和社会发展统计公报》，http://www.stats.gov.cn/tjsj/zxfb/201802/t20180228_1585631.html（2018 年 2 月 28 日），最后浏览日期：2021 年 3 月 10 日。

[④] 国家统计局：《中华人民共和国 2018 年国民经济和社会发展统计公报》，http://www.stats.gov.cn/tjsj/zxfb/201902/t20190228_1651265.html（2019 年 2 月 28 日），最后浏览日期：2021 年 3 月 10 日。

[⑤] 国家统计局：《中华人民共和国 2019 年国民经济和社会发展统计公报》，http://www.stats.gov.cn/tjsj/zxfb/202002/t20200228_1728913.html（2020 年 2 月 28 日），最后浏览日期：2021 年 3 月 10 日。

[⑥] 国家档案局政策法规司：《2014 年度全国档案行政管理部门和档案馆基本情况摘要（三）》，http://www.saac.gov.cn/daj/zhdt/201611/0af9b5d7e11949dba62d1e0a55c41f6a.shtml（2016 年 11 月 16 日），最后浏览日期：2020 年 7 月 6 日。

[⑦] 国家档案局政策法规司：《2015 年度全国档案行政管理部门和档案馆基本情况摘要（三）》，http://www.saac.gov.cn/daj/zhdt/201611/f4bef7a53afc4648a2fbc6a450cb7055.shtml（2016 年 11 月 16 日），最后浏览日期：2020 年 7 月 6 日。

[⑧] 国家档案局政策法规司：《2016 年度全国档案行政管理部门和档案馆基本情况摘要（三）》，http://www.saac.gov.cn/daj/zhdt/201710/d8d3a6378bf747f1a84adc4aa87dc073.shtml（2017 年 10 月 17 日），最后浏览日期：2020 年 7 月 6 日。

[⑨] 国家档案局政策法规司：《2017 年度全国档案行政管理部门和档案馆基本情况摘要（三）》，http://www.saac.gov.cn/daj/zhdt/201809/a2ea00f9f4b24b8b8dd3e3310e2d2f97.shtml（2018 年 9 月 10 日），最后浏览日期：2020 年 7 月 6 日。

[⑩] 国家档案局政策法规司：《2018 年度全国档案行政管理部门和档案馆基本情况摘要（三）》，http://www.saac.gov.cn/daj/zhdt/201909/768be44569544f30ad6421c391e4d514.shtml（2019 年 9 月 26 日），最后浏览日期：2020 年 7 月 6 日。

总体而言，当前三大机构展览各自独立发展，虽然在政策、硬件和软件上都取得了不菲的业绩，但是随着展览实践的深入，也遭遇到难以突破的专业瓶颈——业已形成的理论和经验由于机构之间的行政壁垒，导致互通互鉴困难。若各大机构的展览仅止步于追求各自为政的经验获取，那么很长时间内，展览可能将停留在缺乏理论支撑的行业实操讨论，或以现象问题作为研究目标的理论探究，导致实践上盲目效仿，长此以往，将难以创造出实质性的策展理论。这种研究态势带来的可能是自以为是的学术虚假繁荣，想给文献收藏机构的策展工作提供理论基础将成为"可笑的自负"。那么，对于目前正处于功能转型期的文献收藏机构而言，若欲实现线上线下相容的专业策展，首先需要明确的是其在理论建构、模式创新和路径设计上究竟存在哪些问题。为此，我们需要采用严谨且科学的研究方法，基于多种证据材料对文献收藏机构展览的现存问题进行普查和揭示，进而探寻其成因并展开深入分析。

第二章
文献收藏机构展览的问题聚焦

目前看来,与文献收藏机构展览相关的成果仅有部分用于文献发表,还有部分机构虽然也曾策划过展览,并获得了一些重要发现,但并未通过论著形式对外发表,然而它们一起构成了我国文献收藏机构展览的现实面貌,实际推动着这类机构展览的专业发展。鉴于此,本章一方面采用文献分析法进行观点提炼,另一方面则运用问卷调查法和访谈法展开实证调研,希望通过不同材料证据的三角互证,能较为客观地揭示并聚焦当前展览中的现存问题,进而探寻其表象和深层原因。

第一节　基于文献维度的问题聚焦

通过爬梳近二十年来与文献收藏机构展览相关的研究成果,尤其是针对案例的实证研究,本节运用文献分析法,提取其中的论点和论据,以构建我国文献收藏机构展览问题的研究基础。

一、我国近二十年的相关文献概览

近二十年来,随着文化服务的深入推进和持续创新,以及倡导展览业务的政策的相继出台,有关文献收藏机构展览的文献逐年递增。其中,引用率较高的代表性文献有十篇:《高校图书馆展览服务与校园文化建设》[①]《公共图书馆展览业务的发展与探索——以天津图书馆为例》[②]《公共图书馆优化

[①] 谈鹤玲:《高校图书馆展览服务与校园文化建设》,《图书馆工作与研究》2008 年第 4 期。
[②] 高原春:《公共图书馆展览业务的发展与探索——以天津图书馆为例》,《图书馆工作与研究》2008 年第 6 期。

跨界合作的展览服务思考》①《关于公共图书馆展览工作的几点思考》②《公共图书馆展览服务探微》③《图书馆讲座展览活动的品牌建设研究》④《对国内网上档案展览的调查与分析——以省级以上综合档案馆网站为调查对象》⑤《优化网上档案展览的思考——基于省级档案馆网上展览的分析》⑥《档案展览要有"档案味"》⑦《档案展览成果开发工作研究》⑧。核心作者则以杨泰伟、于竹军、那艳、程远、李颖、于淼和徐亮为代表。笔者于2020年12月31日利用中国知网"中文期刊全文数据库",分别以"图书馆展览""档案馆展览"和"方志馆展览"为主题进行了检索,显示论文各有357篇、209篇和23篇。

从纵向演进看,研究成果呈现快速递增之势。其中,1999—2009年的十年间分别为73篇、39篇和2篇,而2010—2020年的十年间则分别为216篇、116篇和21篇。可见,图书馆领域增长1.96倍,档案馆领域增长1.97倍,而方志馆领域自2009年起,实现由无到有的突破,90%的论文都出现在近十年。同时,共有91位作者参与了近二十年的467篇文章的撰写,其中,约72.53%的作者只出现在1篇论文的署名中,而约27.47%的核心作者则贡献了2篇或2篇以上。

从横向呈现看,研究成果主要涵盖基础理论和应用理论两方面。其中,基础理论研究包括展览内涵12篇、展览历史13篇、展览价值或功能25篇。应用理论研究则存在三种情况:本土化实践探索、国外经验借鉴,以及两者兼而有之的文章。总体而言,文献中应用理论研究占绝对优势,约为82.58%,相较于基础理论,成果多出约65.16%。同时,应用理论研究中虽涉及三种情况,但是多数偏重于经验讨论,在这部分讨论中总体以国内经验居多,约占93.67%,而国外经验仅占6.33%。其中,国内经验讨论又包含两类:个案经验演绎类和普遍经验探讨类,分别占比35.68%和65.32%。而个案演绎经验类中还囊括有介绍性文章。

---

① 程远:《公共图书馆优化跨界合作的展览服务思考》,《图书馆建设》2015年第12期。
② 梁丽霞:《关于公共图书馆展览工作的几点思考》,《图书馆论坛》2008年第1期。
③ 吕晓凤:《公共图书馆展览服务探微》,《现代情报》2009年第12期。
④ 陈昌茂:《图书馆讲座展览活动的品牌建设研究》,《图书馆杂志》2011年第10期。
⑤ 陈丽萍:《对国内网上档案展览的调查与分析——以省级以上综合档案馆网站为调查对象》,《档案管理》2009年第4期。
⑥ 李颖、平现娜:《优化网上档案展览的思考——基于省级档案馆网上展览的分析》,《档案管理》2013年第1期。
⑦ 姜之茂:《档案展览要有"档案味"》,《档案学通讯》2003年第5期。
⑧ 王贞:《档案展览成果开发工作研究》,《北京档案》2010年第4期。

二、基于文献维度的问题聚焦

笔者在完成上述近二十年的文献概览后,对其中论及展览问题的成果进行进一步筛选、研读与分析,进而厘清了这些文献中的重要论点、论据及论证过程,最后,从中提炼出基于文献维度的展览问题。问题主要包括四个方面:硬件设施、展览业务、公共服务和网上展览。其中,前三者主要指向的是实体展览。

(一) 硬件设施方面

1. 硬件设施不足

主要表现为展厅面积小、设施设备未达到专业展览的基本要求,如展具、照明、安保等方面。以福建省图书馆为例,馆舍在规划时并没有独立展厅,目前能用于展示的公共空间为 100 平方米左右。展厅内设有 62 个展位,45 厘米×35 厘米的展板 16 个,以及 110 厘米×85 厘米的展板 46 个。① 这样的硬件设施通常无法举办规格较高的展览。又如绍兴图书馆,目前该馆只有一个展厅,面积仅占三百多平方米,难以推出大规模、高档次的展览,也无法同时举办多个展览,展厅内可用于展览的设施、设备欠缺。② 同时,硬件设施不足的问题在基层文献收藏机构表现得尤为突出。基层图书馆"大多数没有专门展厅,且馆舍中展览条件十分有限"③,"大部分基层图书馆不具备举办大型展览的条件"④。除了基层图书馆,基层档案馆的展览硬件设施也不容乐观。"基层单位的档案用房通常较为紧张,基本没有专门展厅。展览通常是在会议室、大堂或走廊等地,空间不足导致展览效果大打折扣的同时,也难以保障展品安全"⑤。

2. 地区发展不平衡

硬件设施上,区域发展不平衡的问题显而易见,其至区域内也存在

---

① 王建兵:《浅谈福建省图书馆展览工作现状及对策》,载福建省图书馆学会:《福建省图书馆学会 2010 年学术年会论文集》,海峡文艺出版社 2010 年版,第 3 页。
② 那艳:《公共图书馆展览服务的思考》,《贵图学刊》2007 年第 2 期。
③ 李红、石焕发:《公共图书馆展览资源的共建共享——以山西省图书馆"文源视界"为例》,《科技情报开发与经济》2014 年第 21 期。
④ 陈文眉:《基层图书馆的展览工作》,《图书馆研究与工作》2011 年第 4 期。
⑤ 余武南:《基层单位举办档案展览存在的困难及对策》,《北京档案》2012 年第 6 期。

不平衡问题。如"山东、江苏、广东等东部省份方志馆通常规模大、数量多、质量高,同时即使是东部地区的省份,有些省份有百余家,而有些仅有数家"①。

(二) 展览业务方面

1. 不重视展览业务

这一理念上的认知偏差,主要源自主管部门和机构内部两方面。主管部门在对文献收藏机构进行功能定位时,认为展览业务无关紧要、可有可无,将文献收藏机构定位为"仅仅是图书馆、资料室或书库,不能真正将其理解为一个现代化的新型文化场馆"②,"这种定位不明、职责不清,通常会带来工作上的被动"③。部分机构员工对展览业务"重要性认识和工作积极性不够高"④,"馆内策展缺乏系统的策展理念,办展方针、办展经验都未得到保存和推广"⑤。同时,对展览业务的不重视同样突出表现在基层文献收藏机构中。"基层单位的工作通常仅限于传统业务,它们仍未意识到展览的重要性,即便是策划展览,通常不定期,主题也较为随意,缺少总体规划和系统安排"⑥。上述两方面的认知偏差也导致"社会公众对展览业务的认知度较低"⑦,他们对文献收藏机构的展览服务知之和体验甚少。除了观念上不重视展览业务,付鑫还提到观众定位的理念问题,而该问题也是观念革新的重要内容。他指出"在档案展览中,无论主题的确定、展品的选择,还是展览布置、参观路线,都仍未考虑到观众定位,而观众定位能起到贴近观众需求,事半功倍的展览效果"⑧。

2. 展览内容贫乏

首先,展览主题不明或失调。一方面,"展览主题不明,似乎面面俱到,

---

① 和卫国:《对方志馆建设与发展问题的几点思考》,《黑龙江史志》2018 年第 8 期。
② 同上。
③ 管先海、孙洋洋、王凤珍:《1981 年～2014 年我国档案展览研究综述》,《档案管理》2015 年第 4 期。
④ 李红、石焕发:《公共图书馆展览资源的共建共享——以山西省图书馆"文源视界"为例》,《科技情报开发与经济》2014 年第 21 期;高研:《实体档案展览研究》,苏州大学硕士学位论文,2014 年,第 3 页。
⑤ 张明涓:《全媒体时代下的公共图书馆展览服务》,《图书馆》2013 年第 6 期。
⑥ 陈文眉:《基层图书馆的展览工作》,《图书馆研究与工作》2011 年第 4 期。
⑦ 管先海、孙洋洋、王凤珍:《1981 年～2014 年我国档案展览研究综述》,《档案管理》2015 年第 4 期。
⑧ 付鑫:《新时代关于办好档案展览的若干思考》,《档案时空》2019 年第 4 期。

但实际却如蜻蜓点水,毫无特色"①。而展览若缺乏鲜明主题,就会成为"一个个杂乱模糊的大排档,难以给参观者留下深刻印象"②。另一方面,展览主题失调。"以江苏公共图书馆为例,各馆通常利用馆藏资源举办爱国主义教育主题的展览,而文化艺术类和普及知识教育主题的展览,所占比例相对较小。"③其次,内容挖掘较少。当下的文献展览通常"固定化、简单化和媚俗化,缺乏对深厚历史文化内涵和城市文化魅力的挖掘"④。以档案馆展览为例,展览内容高度重复,缺少档案味,以歌功颂德的发展成就展为主,多用以粉饰"政绩","存在浮躁化、浅表化倾向"。⑤ "前几年主要展示档案工作的成就展,近十几年、七八年甚至一两年来重点展示社会建设的成就展。多为仓促上阵的应景之作,缺乏应有的大气和历史的厚重。"⑥最后,展品资料单一。展览通常是有什么展什么,"可供展览的较为有限或紧缺,难以成为系列或专题"⑦。该问题在档案馆表现得尤其明显,"档案的接收范围窄,载体单一,多为纸质,以文书档案为主,多党政会议纪要、年度工作总结和计划、干部任免等,缺少代表地方特色的档案资料"⑧。特别是在基层档案馆,档案的接收"基本仅限于本单位"⑨,因此,资源匮乏现象屡见不鲜。而展品资料类型单一的问题也间接导致"展品重复、图像不丰富,以及展板文字量大"⑩。

3. 展览形式单一

展览基本采取"以图文相配的平面展板为主,而辅之以声像资料或相

---

① 管先海、孙洋洋、王凤珍:《1981 年~2014 年我国档案展览研究综述》,《档案管理》2015 年第 4 期。
② 程静:《高校图书馆展览项目管理初探》,《潍坊学院学报》2011 年第 4 期。
③ 黄世刚:《建立协作机制 有效利用资源——公共图书馆展览工作的再思考》,《新世纪图书馆》2013 年第 10 期。
④ 刘安东、王兆辉:《图书馆历史文献展览活动刍议——写在抗战胜利 70 周年之际》,《大学图书情报学刊》2015 年第 4 期。
⑤ 管先海、孙洋洋、王凤珍:《1981 年~2014 年我国档案展览研究综述》,《档案管理》2015 年第 4 期。
⑥ 姜之茂:《档案展览要有"档案味"》,《档案学通讯》2003 年第 5 期。
⑦ 王建兵:《浅谈福建省图书馆展览工作现状及对策》,载福建省图书馆学会:《福建省图书馆学会 2010 年学术年会论文集》,海峡文艺出版社 2010 年版,第 3 页。
⑧ 刘秀娟:《面对休闲 迎接挑战——公众假期档案展览对外开放的启示》,《北京档案》2003 年第 10 期。
⑨ 余武南:《基层单位举办档案展览存在的困难及对策》,《北京档案》2012 年第 6 期。
⑩ 刘迪、徐欣云:《知识、视觉与空间:实体档案展览定位与策展路径探究》,《档案与建设》2018 年第 7 期。

应实物的展览却极少"①,换言之,缺乏"高科技、情境化和互动型展示"②。因此"虽然在制作展览时,精挑细选资料,展出内容丰富,但却因为缺少音频和实物资料"③,使展览形式显得"乏味、单调,观众体验度和参与度都无法提高"④。在图书馆领域,目前"图片展"的情况仍较为普遍⑤,展品制作"依然停留在写写画画、贴贴刻刻的手工操作,对展览设计的实践几乎一片空白"⑥。在档案馆领域,展览由于受到资金、场地和技术等因素影响,"载体往往是纸质档案或照片文档,配以说明文字,形式主要是展板,较为单一,影响阐释效果的发挥"⑦。

4. 文献展品保护不力

日常展览中经常看到馆藏档案破损⑧,或者保护不科学的情况。这类展品以纸质文物为主,通常比较脆弱,不适合长期陈列,因此对"展厅光环境、温湿度、气体成分的构成以及稳定程度都有严苛的要求"⑨。从横向呈现看,目前问题主要集中于"光照不够合理,温湿度未必适宜,展览方式还未与照明系统统一考虑,安保措施在制度、设施、技术上仍不完善"⑩。从纵向过程看,问题则主要表现为"展览前未统筹规划、防患未然;展览中未做到实时保护、全程监控;展览后未进行检测修复、及时补救"⑪。

5. 展览评估不到位

目前评估水平参差不齐,且评估方法仍不够科学。主要借助两种渠道

---

① 黄世刚:《建立协作机制 有效利用资源——公共图书馆展览工作的再思考》,《新世纪图书馆》2013年第10期;和卫国:《对方志馆建设与发展问题的几点思考》,《黑龙江史志》2018年第8期。
② 刘迪、徐欣云:《知识、视觉与空间:实体档案展览定位与策展路径探究》,《档案与建设》2018年第7期;管先海、刘夏楠、白桦等:《档案展览中存在的问题与对策》,《档案管理》2016年第6期。
③ 黄世刚:《建立协作机制 有效利用资源——公共图书馆展览工作的再思考》,《新世纪图书馆》2013年第10期。
④ 刘威、谭小华:《重庆图书馆特藏文献展览服务探究》,《图书馆研究与工作》2018年第3期。
⑤ 王慧:《关于县级少儿图书馆展览工作的思考》,《黑龙江科技信息》2012年第35期。
⑥ 柯静:《对公共图书馆展览业务的思考》,《图书馆杂志》2002年第10期。
⑦ 余武南:《基层单位举办档案展览存在的困难及对策》,《北京档案》2012年第6期;王琼瑶:《新形势下档案展览中存在的问题与对策》,《兰台世界》2016年第21期。
⑧ 张婧洁、李莹:《档案部门举办档案展览研究综述》,《档案管理》2014年第1期。
⑨ 刘畅:《浅析营造对话语境对典籍展示的作用——以国家图书馆"大英图书馆的珍宝"展览为例》,《新世纪图书馆》2018年第4期。
⑩ 管先海、孙洋洋、王凤珍:《1981年~2014年我国档案展览研究综述》,《档案管理》2015年第4期。
⑪ 管先海、刘夏楠、白桦等:《档案展览中存在的问题与对策》,《档案管理》2016年第6期。

实施评估:一是通过"读者留言""微信平台"①等互动媒介来获取观众的声音,二是根据举办展览的次数进行简单的业务评估,"只有展览年场次数及分值,没有内容质量评估指标,且每年展览场次达到 25 次以上可获得最高分值"②。这导致展览重量不重质,专业化发展受限。

6. 展览保障不健全

主要表现为人才不足和资金短缺。"资源的匮乏被认为是制约展览工作开展的重要因素。"③在人才方面,"除上海图书馆、国家图书馆等少数图书馆外,多数公共博物馆仍未设置专门的策展队伍,通常由其他部门兼任,导致专业人才欠缺,展览质量难以保证"④。除了图书馆,档案馆人才匮乏问题同样不容小觑。"基层档案馆通常只设了专职档案员,其他均为兼职,该档案员不但要做好日常的档案收集、整理等工作,还要进行档案归档,因此举办展览只是领导交代的应付型工作。"⑤上述问题导致"不少档案部门将展览外包,并与策展公司联合布展,承担展览设计的不懂档案业务,而懂业务的却不懂设计"⑥,由此造成展览的自主创新不够。而在资金方面,"黑龙江省图书馆与省委宣传部、省教育厅、外事办、老龄委和新华社黑龙江分社等多家单位联合举办展览,用以解决经费不足等问题"⑦。"相对于综合馆,基层馆由于受经费限制,办展通常更为困难。"⑧

(三) 公共服务方面

1. 服务质量低下

高质量的服务有赖于软硬件的完美组合,但显然软件更为关键。当前,软件问题主要表现在服务意识淡薄、服务水平不高两方面。一是"服务意识淡薄"方面,"不少展览仍然保持高高在上的态度,对特殊人群的服务和帮助

---

① 徐健晖:《高校图书馆展览服务改进刍议》,《大学图书情报学刊》2018 年第 6 期。
② 程远:《公共图书馆优化跨界合作的展览服务思考》,《图书馆建设》2015 年第 12 期。
③ 李红、石焕发:《公共图书馆展览资源的共建共享——以山西省图书馆"文源视界"为例》,《科技情报开发与经济》2014 年第 21 期。
④ 张明涓:《全媒体时代下的公共图书馆展览服务》,《图书馆》2013 年第 6 期。
⑤ 余武南:《基层单位举办档案展览存在的困境及对策》,《北京档案》2012 年第 6 期。
⑥ 王琼瑶:《新形势下档案展览中存在的问题与对策》,《兰台世界》2016 年第 21 期。
⑦ 王殿杰、翟文君:《公共图书馆的展览功能——基于黑龙江省图书馆展览活动的思考》,《图书馆建设》2009 年第 6 期。
⑧ 张婧洁、李莹:《档案部门举办档案展览研究综述》,《档案管理》2014 年第 1 期。

也较为欠缺"①。二是"服务水平不高"方面,由于展览业务仍不成熟,公共服务经验匮乏,文献收藏机构相关人员往往"统筹能力和协调能力不足"②,"难以提供全面、周到和细致的服务"③,从而导致观众观展体验不佳。除了软件问题,硬件问题同样不容轻视。如"上海市档案馆门前环境嘈杂、车来车往;苏州园林档案馆没有规划停车位,公众常因停车问题发生纠纷;广州市档案馆无直达的公交车或地铁,造成公众出行不便"④,这些硬件问题联动软件问题,引发服务质量问题,使观众难以享受高品质的展览体验,也无法吸引他们反复前来。

2. 交流共享欠缺

展览通常各自为政、难以得到多方支持,而机构本身又缺乏足够的资源,呈现独木难支之势,即"资源共享和合作互助"欠缺。⑤ 一方面,馆际之间的沟通和协作机制尚未建立。以图书馆为例,如绍兴图书馆每年要举办十多场展览,但城市之间的交流展却极为有限。⑥ 该问题在高校图书馆展览中显而易见。⑦ 再以方志馆为例,方志馆通常难以与其他成熟场馆建立合作关系,也无法融入当地的场馆系统,呈现出自娱自乐之形貌。⑧ 另一方面,尽管馆际沟通与协作机制已建立起来,但尚不完善。目前图书馆界虽已创建展览联盟,但是相当一部分图书馆还未加入,联盟的工作进展也较为缓慢。如"江西省建立公共图书馆讲座与展览联盟,但近40%的县(区)公共图书馆未加入,申请加入的进度也不快"⑨。

3. 媒体宣传和品牌意识不强

第一,媒体宣传方面,多数展览缺乏专业的宣传人员,且宣传内容较为简洁或表述太过专业,方式普遍单一,缺乏展前宣传或跟踪式的深度报道。⑩ 同时,由于展览并非文献收藏机构的传统业务,有时会被创建在"机构办公

---

① 高研:《实体档案展览研究》,苏州大学硕士学位论文,2014年,第17页。
② 柯静:《对公共图书馆展览业务的思考》,《图书馆杂志》2002年第10期。
③ 王慧:《关于县级少儿图书馆展览工作的思考》,《黑龙江科技信息》2012年第35期。
④ 高研:《实体档案展览研究》,苏州大学硕士学位论文,2014年,第15页。
⑤ 陈文眉:《基层图书馆的展览工作》,《图书馆研究与工作》2011年第4期。
⑥ 那艳:《公共图书馆展览服务的思考》,《贵图学刊》2007年第2期。
⑦ 徐健晖:《高校图书馆展览服务改进刍议》,《大学图书情报学刊》2018年第6期。
⑧ 和卫国:《对方志馆建设与发展问题的几点思考》,《黑龙江史志》2018年第8期。
⑨ 周青、程远:《公共图书馆展览资源区域共享的思考——以江西公共图书馆为例》,《图书馆学刊》2014年第9期。
⑩ 张梦柳、周亚、刘敏:《方志馆宣传工作提升策略研究》,《山东图书馆学刊》2018年第4期;王琼瑶:《新形势下档案展览中存在的问题与对策》,《兰台世界》2016年第21期。

大楼或党政机关大院深处"①,因此,媒体宣传的问题不可等闲视之。第二,品牌意识方面,社会大众普遍认为只有博物馆才提供展览,而文献收藏机构的展览虽然"数量有所增加,但知名度较低"②,这与机构的展览品牌意识差、缺乏持续规划等不无关联。同时,虽然有些机构展览的知名度有所提升,但仍未形成名重一时的品牌。如"福建省图书馆展览已推出五年,通过口碑、媒体等宣传,获得一定知名度,但是还未打出品牌"③。

(四) 网上展览

1. 展览数量欠缺

尽管网上展览能弥补实体展览硬件不足等方面的缺憾,但小型的公共文化机构仍然"没有足够的人财、技术和设备投入网上展览"④,如福建高校图书馆中仅有厦门大学的德旺图书馆推出了网上展览⑤,清华大学图书馆虽然有展览专栏,但主要是为了校庆而创设⑥。同时,统一规范的缺失客观上阻碍了网上展览的深度开发和健康发展。⑦

2. 展览内容贫乏

多数网上展览只是机械地将实体展览、展品转化为图片、数模搬上网络⑧,并未有效地组织加工,如图片未按照阅读习惯进行重新安排,也未发挥空间优势,呈现更多的关联信息⑨。以档案馆为例,网上展览往往"主题单调、信息量少"⑩,其主题又多偏向"政治形势,对民生关注不够"⑪,而信息的组织未"重视关联内容的揭示,以及公众的充分参与,以提升展览的

---

① 管先海、孙洋洋、王凤珍:《1981 年~2014 年我国档案展览研究综述》,《档案管理》2015 年第 4 期。
② 刘安东、王兆辉:《图书馆历史文献展览活动刍议——写在抗战胜利 70 周年之际》,《大学图书情报学刊》2015 年第 4 期。
③ 王建兵:《浅谈福建省图书馆展览工作现状及对策》,载福建省图书馆学会:《福建省图书馆学会 2010 年学术年会论文集》,第 3 页。
④ 张明涓:《全媒体时代下的公共图书馆展览服务》,《图书馆》2013 年第 6 期。
⑤ 方银洁:《福建高校图书馆展览服务的实践与思考——以福建农林大学图书馆展览为例》,《农业图书情报学刊》2017 年第 11 期。
⑥ 谈鹤玲:《高校图书馆展览服务与校园文化建设》,《图书馆工作与研究》2008 年第 4 期。
⑦ 张婧洁、李莹:《档案部门举办档案展览研究综述》,《档案管理》2014 年第 1 期。
⑧ 张明涓:《全媒体时代下的公共图书馆展览服务》,《图书馆》2013 年第 6 期。
⑨ 杨婷:《网上档案展览的制作实践及反思》,《办公室业务》2017 年第 16 期。
⑩ 陈丽萍:《对国内网上档案展览的调查与分析——以省级以上综合档案馆调查网站为研究对象》,《档案管理》2009 年第 4 期。
⑪ 管先海、刘夏楠、白桦等:《档案展览中存在的问题与对策》,《档案管理》2016 年第 6 期。

吸引力"①。

3. 展览制作水平不高

由于当前"技术不成熟,且受制于网络宽带、机房设备等条件,除少数网上展览外,多数展览加载速度慢、真实感不强、互动性较弱"②,如"缺乏声音、视频,无法在线提问、留言,无站内搜索和利用统计的工具",因此观众只能被动接受信息③,用户体验较差④。

4. 网上更新速度慢

尽管网上展览具备成本低、速度快、修改便捷等优势,但不少展览的更新速度慢,"有些场馆一年更新数次,有些仅在设置之初上传,尔后从未更新"⑤。

5. 宣传力度和保护意识不强

在宣传力度上,尽管目前诸多网上展览的知名度不高,但文献收藏机构对其的投入却依然有限,使得业已出现的网上展览仍然无法影响甚至改变观众的参观习惯,展览的影响力整体较弱。⑥ 在保护意识上,部门领导和相关人员法律意识淡薄,知识产权相关的法律和预案尚未出台,机构仍未对相关的权利和义务加以明确。同时,一旦发现侵权行为,仍难以及时采取措施,从而避免事故的恶化。⑦ 此外,对展出的图片不少未标注"某某馆",展示中引用他人观点时,也未清晰地注明作者、来源等重要信息。⑧

第二节 基于实证维度的问题聚焦

以上基于文献维度的时间逻辑,对近二十年来与文献收藏机构展览有关的文献进行了爬梳与提炼,并将展览中的现存问题聚焦至四个方面:硬

---

① 李颖:《对数字档案展览的几点思考》,《北京档案》2016年第3期。
② 张明涓:《全媒体时代下的公共图书馆展览服务》,《图书馆》2013年第6期。
③ 陈丽萍:《对国内网上档案展览的调查与分析——以省级以上综合档案馆调查网站为研究对象》,《档案管理》2009年第4期。
④ 王琼瑶:《新形势下档案展览中存在的问题与对策》,《兰台世界》2016年第21期。
⑤ 陈丽萍:《对国内网上档案展览的调查与分析——以省级以上综合档案馆调查网站为研究对象》,《档案管理》2009年第4期。
⑥ 张明涓:《全媒体时代下的公共图书馆展览服务》,《图书馆》2013年第6期。
⑦ 刘颖:《展览、培训及讲座业务版权授权在国家数字图书馆工程中的应用》,《数字与缩微影像》2018年第3期。
⑧ 陈丽萍:《对国内网上档案展览的调查与分析——以省级以上综合档案馆调查网站为研究对象》,《档案管理》2009年第4期。

件设施、展览业务、公共服务和网上展览。为了就上述四方面问题展开进一步的验证和补缺，我们尝试继续通过实证维度的空间逻辑，即选择上海、长沙、成都——我国东部、中部、西部三座重点城市，运用问卷调查、焦点小组和半结构访谈等调研方法，获取一手的调研数据集。通过对这些数据集的筛选与分析，以提取其中的问题，并与前一阶段文献维度下凝练出的四方面问题进行整合，最终通过文献和实证两种材料的三角互证，来确定文献收藏机构展览中的现存问题。

一、研究案例的选定因素

本研究从我国东、中、西部三座重点城市——上海、长沙和成都中各选取 3 家或 4 家文献收藏机构作为调查对象，这些文献收藏机构均为市一级单位，类型涵盖图书馆、档案馆和方志馆，具有一定的代表性，兼能反映现实问题。同时，由于案例均为市一级单位，有助于发现同类水平下的共性问题，以及横向揭示地区之间的差异。上述研究案例基本囊括了我国文献收藏机构的主要类型和展览的不同水平，因此大致符合案例选定的目标标准、典型标准、现实标准和问题标准。

二、案例研究的问题描述

为了借由案例更好地洞悉文献收藏机构的展览概貌，真实地归纳出现象问题，进而揭示其中的本质问题，并对问题进行客观描述及高度聚焦，本书在文献维度"扫描"现状的基础上，提出实证维度普查的思路及方法，以期准确获取研究所需要的调研数据集，从而实现从现象问题的归纳到深层问题的演绎。本次调研主要指向实体展览，问题共设九题，包括展览定位、展览现状、展览主题、策展流程、成功经验、面临问题、原因溯源、对策建议和发展趋势。

三、基于实证维度的问题聚焦

本次实证调研一方面采取问卷调查法进行定量研究，另一方面结合半结构访谈和焦点小组访谈开展定性研究。调研对象共计 10 个，分别为东部城市上海市属的上海图书馆、上海市档案馆和上海通志馆;中部城市长沙市属的长沙图书馆、长沙市档案馆和长沙方志馆、中国共产党长沙历史馆(下文简称为长沙党史馆);西部城市成都市属的成都图书馆、成都市档案馆和成都方志馆。从调研数据的结果分析来看,实证维度揭示出的问题与文献维度基本一致,也主要聚焦在硬件设施、展览业务、公共服务和网上展览四个方面,展览业务同为四个方面中最棘手的,但与文献维度显示的结果略有差异。

(一)运用问卷调查法围绕三地各馆进行定量研究

1. 调查概述

(1)问卷调查过程与方法

① 调查对象

本次调查抽样的对象为前往图书馆、档案馆和方志馆等文献收藏机构参观展览的观众。调查项目包含观众对展览软件、展览硬件和公共服务的重视程度与满意度,以及观众人口变量等内容。

② 调查抽样地点与时间

本次抽样的地点与时间是根据三地各馆调研的实际情况分别确定的(见表5)。抽样的时间平均分配于高峰时段与离峰时段、平日及节假日,以正确反映观众的参观意见与服务需求。

表5 针对文献收藏机构(三地十馆)展览的问卷调查之抽样地点与时间

调查对象		抽样时间	抽样地点	问卷份数	地区总份数
上海市	上海图书馆	2020年7月21—31日	各馆出入口	273	695
	上海市档案馆	2020年7月17—31日		405	
	上海通志馆	2020年7月21—31日		17	
成都市	成都图书馆	2020年7月17日—8月2日		599	1 142
	成都市档案馆	2020年7月27日—8月6日		183	
	成都方志馆	2020年7月27日—8月6日		360	
长沙市	长沙党史馆	2020年7月21—31日		200	561
	长沙图书馆	2020年7月21日—8月12日		46	
	长沙市档案馆	2020年7月27日—8月15日		310	
	长沙方志馆	2020年7月27日—8月15日		5	

③ 抽样方法

本次问卷调查采用的是系统抽样,即每隔三位观众抽取一位填写问卷。调研人员于各馆以问卷调查方式进行,当调研人员进行问卷调查时,先简单向观众说明本次调查的目的,若受访者无意愿填写问卷,则改由下一位观众填写,以确保受访者意见能真实反映母群体的代表性。问卷调查期间,所有抽样皆按此方式实施。共回收问卷 2 398 份,上海市、成都市、长沙市三类机构分别回收问卷 695 份、1 142 份和 561 份。根据不同规模人口所需的样本量,若人口规模达到 1 000 人,样本量为 516 份,即能保证 3% 以内的样本误差[①],由于本研究对各馆的抽样时间为 11—22 天不等,平均约 15 天,故人口规模可满足 2 000 人,而通过后续访谈获悉,各馆每月观众量基本不超过 2 000 人,因此,目前各馆的样本量能保证 3% 以内的样本误差。

④ 调查内容设计

本研究共分为四部分,第一部分为"观众行为调查",第二部分为"观众重要(重视度)-表现(满意度)程度调查",第三部分为"受访者基本数据调查",第四部分为"其他意见调查"。在量表部分,采用李克特量表(Likert Scale)五点计分评量法来计分,填答选项分为(5) 非常满意/非常重要、(4) 满意/重要、(3) 普通、(2) 不满意/不重要、(1) 非常不满意/非常不重要,并设计不适用的选项,以排除遗漏题项。关于各部分的调查说明如下。

● 观众行为:主要了解参观观众的基本行为特征,内容包含参观展览频次、信息取得渠道、参观原因、停留时间、同行者和展览主题偏好。

● 受访者基本数据:主要了解参观观众的基本特征,以便掌握某些特定群体的特征,包含性别、年龄、受教育程度、职业和居住地区。

● 观众满意度及重视程度:主要了解参观观众对各项服务的满意度及重视程度,其中包含展览软件、硬件和服务等。

● 忠诚度及推荐度:主要了解参观观众"再访"及"推荐"意愿。

(2) 数据处理与分析

本研究的问卷数据处理与分析将采用:

① 频次分析。

② 重要-表现程度分析(Importance-Performance Analysis,IPA):IPA

---

① J. Diamond, J. J. Luke, and D. H. Uttal, *Practical Evaluation Guide: Tools for Museums and Other Informal Educational Settings*, 2th ed., Rowman & Littlefield Publishers, INC., 2009, p.49.

分析法是为了解观众对于某项服务的重视程度与实际的感受程度,并可为各馆在改善服务质量优先级方面提供参考。操作方式是先计算个别题目的重要与表现程度平均数,将这些平均值置入二维矩阵中,再以所有题目的平均值为分隔点,形成四个象限,利用个别题目的相对位置,描述此服务项目的表现情形,并提出服务的改善策略与建议。重要-表现程度分析矩阵图如图2所示。

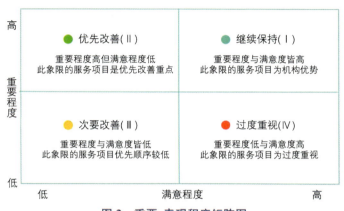

图2 重要-表现程度矩阵图

2.调查结果分析
(1)观众人口统计特征分析
①性别
【上海】

本次研究结果显示(见表6、图3),上海图书馆、档案馆和通志馆三馆,女性观众略多于男性,女性观众占比高出男性12.66%。其中,上海图书馆与上海市档案馆皆是女性观众多于男性,上海图书馆女性观众占比为51.84%,上海市档案馆女性观众占比为60.3%。上海通志馆则男性观众多于女性,男性观众占比达64.71%。

表6 上海三馆的观众性别比例统计表

项目	三 馆		上海图书馆		上海市档案馆		上海通志馆	
	次数	百分比	次数	百分比	次数	百分比	次数	百分比
男	300	43.67%	131	48.16%	158	39.7%	11	64.71%
女	387	56.33%	141	51.84%	240	60.3%	6	35.29%
总计	687	100%	272	100%	398	100%	17	100%

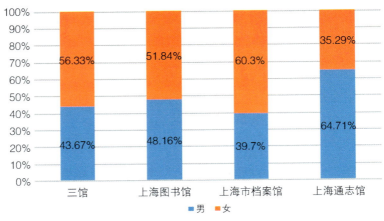

图 3　上海三馆的观众性别比例统计图

【成都】

本次研究结果显示（见表 7、图 4），成都三馆皆是女性观众多于男性，成都市档案馆女性观众占比最多，为 76.03%；其次为成都方志馆，女性观众占

表 7　成都三馆的观众性别比例统计表

项目	三　馆		成都图书馆		成都市档案馆		成都方志馆	
	次数	百分比	次数	百分比	次数	百分比	次数	百分比
男	470	44.09%	287	49.91%	35	23.97%	148	42.9%
女	596	55.91%	288	50.09%	111	76.03%	197	57.1%
总计	1 066	100%	575	100%	146	100%	345	100%

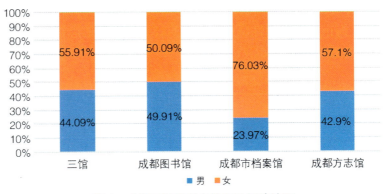

图 4　成都三馆的观众性别比例统计图

比为 57.1%;成都图书馆男女比例则较为平均,但女性观众仍略多,占比为 50.09%。这与国内外相关博物馆观众研究中普遍以女性观众居多的情况相符,显示出女性观众在展览参与上,较男性观众更为积极。

【长沙】

本次研究结果显示(见表 8、图 5),长沙三馆皆是女性观众多于男性,长沙市档案馆女性观众占比最多,为 69.44%;其次为长沙党史馆,女性观众占比为 60.33%;长沙图书馆男女比例则较为平均,但女性观众仍较多,占比为 53.49%。这也与国内外相关博物馆观众研究中普遍以女性观众居多的情况相符,显示出女性观众相较于男性,参观展览的积极性更高。由于长沙方志馆调查样本仅 5 人,后文专节另述。

表 8 长沙三馆的观众性别比例统计表

项目	三馆		长沙党史馆		长沙图书馆		长沙市档案馆	
	次数	百分比	次数	百分比	次数	百分比	次数	百分比
男	185	35.04%	73	39.67%	20	46.51%	92	30.56%
女	343	64.96%	111	60.33%	23	53.49%	209	69.44%
总计	528	100%	184	100%	43	100%	301	100%

图 5 长沙三馆的观众性别比例统计图

② 年龄

【上海】

在三馆中(见表 9、图 6),上海图书馆的年龄组成以"25—34 岁"占比最

表 9　上海三馆的观众年龄层统计表

项　目	三　馆		上海图书馆		上海市档案馆		上海通志馆	
	次数	百分比	次数	百分比	次数	百分比	次数	百分比
14 岁及以下	29	4.22%	21	7.75%	8	2%	0	0%
15—19 岁	41	5.96%	38	14.02%	3	0.75%	0	0%
20—24 岁	84	12.21%	52	19.19%	32	8%	0	0%
25—34 岁	229	33.28%	91	33.58%	134	33.5%	4	23.53%
35—44 岁	193	28.05%	45	16.61%	142	35.5%	6	35.29%
45—54 岁	77	11.19%	10	3.69%	64	16%	3	17.65%
55—64 岁	23	3.34%	9	3.32%	12	3%	2	11.76%
65—69 岁	7	1.02%	1	0.37%	5	1.25%	1	5.88%
70 岁及以上	5	0.73%	4	1.48%	0	0%	1	5.88%
总　计	688	100%	271	100%	400	100%	17	100%

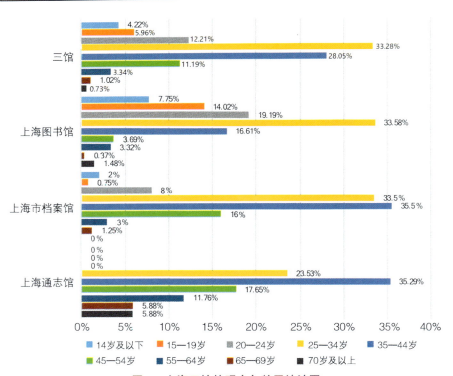

图 6　上海三馆的观众年龄层统计图

高,为33.58%,其次是"20—24岁",占比19.19%。上海市档案馆则以"35—44岁"占比最高,为35.5%,再者为"25—34岁",占比33.5%。上海通志馆以"35—44岁"占比最高,为35.29%,其次是"25—34岁",占比23.53%。通过三馆的综合比较可发现,上海图书馆的观众年龄层较低,属青壮年人群,而上海市档案馆及上海通志馆的观众人群则偏向中年人群,继而为青壮年。

【成都】

在三馆中(见表10、图7),成都图书馆的年龄组成以"15—19岁"占比最高,为31.18%,其次是"20—24岁",占比为30.31%。成都市档案馆则以"25—34岁"占比最高,为36.3%,其次是"20—24岁",占比为26.71%。成都方志馆以"20—24岁"占比最高,为27.11%,其次是"25—34岁",占比为23.91%。通过三馆的综合比较可发现,成都图书馆的观众年龄层较低,属于学生群体,而成都市档案馆和成都方志馆的观众人群则偏向青年人群。

表10 成都三馆的观众年龄层统计表

项　目	三　馆		成都图书馆		成都市档案馆		成都方志馆	
	次数	百分比	次数	百分比	次数	百分比	次数	百分比
14岁及以下	20	1.88%	12	2.09%	3	2.05%	5	1.46%
15—19岁	245	23.05%	179	31.18%	4	2.74%	62	18.08%
20—24岁	306	28.79%	174	30.31%	39	26.71%	93	27.11%
25—34岁	213	20.04%	78	13.59%	53	36.3%	82	23.91%
35—44岁	163	15.33%	76	13.24%	29	19.86%	58	16.91%
45—54岁	76	7.15%	31	5.4%	15	10.27%	30	8.75%
55—64岁	30	2.82%	17	2.96%	3	2.05%	10	2.92%
65—69岁	9	0.85%	6	1.05%	0	0%	3	0.87%
70岁及以上	1	0.09%	1	0.17%	0	0%	0	0%
总　计	1 063	100%	574	100%	146	100%	343	100%

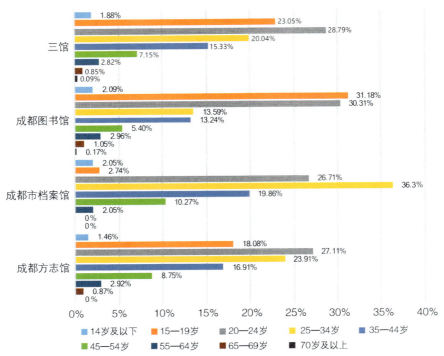

图 7 成都三馆的观众年龄层统计图

【长沙】

在三馆中(见表11、图8),长沙党史馆的年龄组成以"35—44岁"占比最高,为27.96%,其次是"45—54岁",占比为24.73%。长沙图书馆则以"20—24岁"占比最高,为28.57%,其次是"25—34岁"与"35—44岁",占比皆为21.43%。长沙市档案馆占比最高者是"45—54岁",为26.58%,其次是"35—44岁",占比为22.59%。通过三馆的综合比较可发现,长沙图书馆的观众年龄层较低,属于青年群体,而长沙党史馆和长沙市档案馆的观众人群则偏向中年群体。

表 11 长沙三馆的观众年龄层统计表

项 目	三 馆		长沙党史馆		长沙图书馆		长沙市档案馆	
	次数	百分比	次数	百分比	次数	百分比	次数	百分比
14岁及以下	18	3.4%	6	3.23%	3	7.14%	9	2.99%
15—19岁	32	6.05%	18	9.68%	6	14.29%	8	2.66%

（续　表）

项　目	三　馆		长沙党史馆		长沙图书馆		长沙市档案馆	
	次数	百分比	次数	百分比	次数	百分比	次数	百分比
20—24 岁	100	18.9%	23	12.37%	12	28.57%	65	21.59%
25—34 岁	100	18.9%	35	18.82%	9	21.43%	56	18.6%
35—44 岁	129	24.39%	52	27.96%	9	21.43%	68	22.59%
45—54 岁	129	24.39%	46	24.73%	3	7.14%	80	26.58%
55—64 岁	13	2.46%	5	2.69%	0	0%	8	2.66%
65—69 岁	6	1.13%	1	0.54%	0	0%	5	1.66%
70 岁及以上	2	0.38%	0	0%	0	0%	2	0.66%
总　计	529	100%	186	100%	42	100%	301	100%

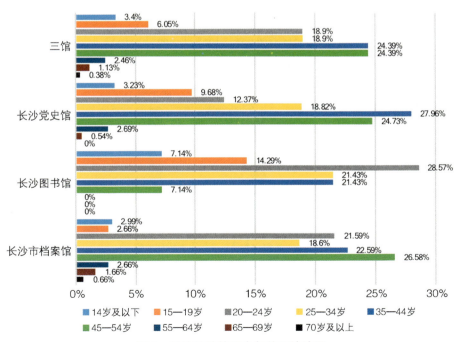

图 8　长沙三馆的观众年龄层统计图

③ 受教育程度

【上海】

本次调查结果显示(见表12、图9),"大学/大专"教育程度的观众为上海图书馆和上海市档案馆的主要观众,占比分别为55.39%、60.25%,其次则为"硕士及以上",占比分别为19.7%、36.25%。而上海通志馆最高的则是"硕士及以上",占52.94%,其次才是"大学/大专",占23.53%。这显示出此三馆的观众皆属于高受教育水平。

表12 上海三馆的观众受教育程度统计表

项 目	三 馆		上海图书馆		上海市档案馆		上海通志馆	
	次数	百分比	次数	百分比	次数	百分比	次数	百分比
初中(含)以下	32	4.66%	25	9.29%	6	1.5%	1	5.88%
高中/职高	53	7.73%	42	15.61%	8	2%	3	17.65%
大学/大专	394	57.43%	149	55.39%	241	60.25%	4	23.53%
硕士及以上	207	30.17%	53	19.7%	145	36.25%	9	52.94%
总 计	686	100%	269	100%	400	100%	17	100%

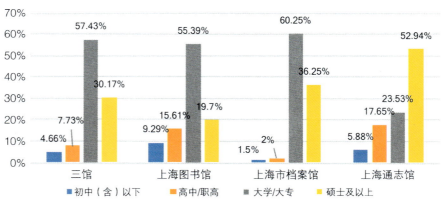

图9 上海三馆的观众受教育程度统计图

【成都】

本次调查结果显示(见表13、图10),"大学/大专"教育程度的观众为成都三馆的主要观众,占比分别为成都图书馆57.74%、成都市档案馆

69.18%、成都方志馆 63.56%。次高者均为"高中/职高",占比分别为成都图书馆 35.65%、成都市档案馆 23.97%、成都方志馆 28.57%。尽管三馆的观众都属于高受教育水平,但相较于上海受教育水平略低。

表 13　成都三馆的观众受教育程度统计表

项目	三馆		成都图书馆		成都市档案馆		成都方志馆	
	次数	百分比	次数	百分比	次数	百分比	次数	百分比
初中(含)以下	31	2.91%	15	2.61%	7	4.79%	9	2.62%
高中/职高	338	31.77%	205	35.65%	35	23.97%	98	28.57%
大学/大专	651	61.18%	332	57.74%	101	69.18%	218	63.56%
硕士及以上	44	4.14%	23	4%	3	2.05%	18	5.25%
总　计	1 064	100%	575	100%	146	100%	343	100%

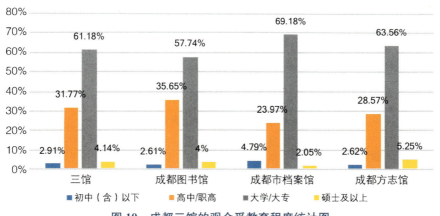

图 10　成都三馆的观众受教育程度统计图

【长沙】

本次调查结果显示(见表 14、图 11),"大学/大专"教育程度的观众为长沙三馆的主要观众,占比分别为长沙党史馆 60.54%、长沙图书馆 78.57%、长沙市档案馆 51.84%。而长沙党史馆和长沙市档案馆的次高者是"高中/职高"教育程度的观众,占比分别为 20%、22.74%,但长沙图书馆的次高者为"初中(含)以下"教育程度的观众,占比为 14.29%,原因可能在于图书馆有较多的使用者为在校学生。

表 14　长沙三馆的观众受教育程度统计表

项　目	三　馆		长沙党史馆		长沙图书馆		长沙市档案馆	
	次数	百分比	次数	百分比	次数	百分比	次数	百分比
初中(含)以下	75	14.26%	15	8.11%	6	14.29%	54	18.06%
高中/职高	107	20.34%	37	20%	2	4.76%	68	22.74%
大学/大专	300	57.03%	112	60.54%	33	78.57%	155	51.84%
硕士及以上	44	8.37%	21	11.35%	1	2.38%	22	7.36%
总　计	526	100%	185	100%	42	100%	299	100%

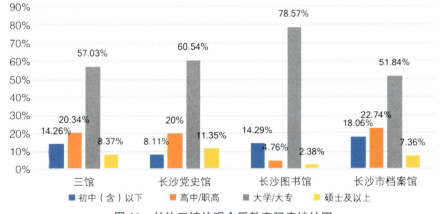

图 11　长沙三馆的观众受教育程度统计图

④ 职业

【上海】

本次调查结果显示（见表15、图12），上海三馆的观众职业均以"企、事业单位"为主，占比分别为上海图书馆43.45%、上海市档案馆71.93%、上海通志馆58.82%。其次，上海图书馆的观众中"在校学生"占34.83%，上海市档案馆和上海通志馆"政党机关"分别占17.54%和23.53%。这显示出观众职业构成可能与各馆的属性有关。

【成都】

本次调查结果显示（见表16、图13），成都图书馆和成都方志馆的观众职业均以"在校学生"为主，占比分别为61.85%和41.52%。而成都市档案馆则以"企、事业单位"为最多，占比52.86%。这也表明职业构成可能与各馆的属性相关。

表 15　上海三馆的观众职业统计表

项　目	三　馆		上海图书馆		上海市档案馆		上海通志馆	
	次数	百分比	次数	百分比	次数	百分比	次数	百分比
政党机关	84	12.3%	10	3.75%	70	17.54%	4	23.53%
企、事业单位	413	60.47%	116	43.45%	287	71.93%	10	58.82%
个体户、自由职业者	50	7.32%	39	14.61%	11	2.76%	0	0%
在校学生	115	16.84%	93	34.83%	22	5.51%	0	0%
已退休	21	3.07%	9	3.37%	9	2.26%	3	17.65%
总　计	683	100%	267	100%	399	100%	17	100%

图 12　上海三馆的观众职业统计图

表 16　成都三馆的观众职业统计表

项　目	三　馆		成都图书馆		成都市档案馆		成都方志馆	
	次数	百分比	次数	百分比	次数	百分比	次数	百分比
政党机关	24	2.27%	3	0.52%	9	6.43%	12	3.51%
企、事业单位	250	23.67%	82	14.29%	74	52.86%	94	27.49%
个体户、自由职业者	221	20.93%	116	20.21%	23	16.43%	82	23.98%

（续　表）

项　目	三　馆		成都图书馆		成都市档案馆		成都方志馆	
	次数	百分比	次数	百分比	次数	百分比	次数	百分比
在校学生	529	50.09%	355	61.85%	32	22.86%	142	41.52%
已退休	32	3.03%	18	3.14%	2	1.43%	12	3.51%
总　计	1 056	100%	574	100%	140	100%	342	100%

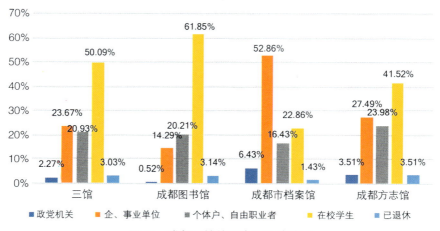

图 13　成都三馆的观众职业统计图

【长沙】

本次调查结果显示（见表17、图14），长沙党史馆与长沙市档案馆的观众职业均以"企、事业单位"为主，占比分别为41.67%和48.14%，其次则是"个体户、自由职业者""在校学生"。而长沙图书馆则以"在校学生"为最多，占比为48.84%，其次才是"企、事业单位"。这表明长沙图书馆与其他两馆有所不同，观众构成以学生为主。

表17　长沙三馆的观众职业统计表

项　目	三　馆		长沙党史馆		长沙图书馆		长沙市档案馆	
	次数	百分比	次数	百分比	次数	百分比	次数	百分比
政党机关	42	8.11%	21	11.67%	1	2.33%	20	6.78%
企、事业单位	228	44.02%	75	41.67%	11	25.58%	142	48.14%

(续 表)

项 目	三 馆		长沙党史馆		长沙图书馆		长沙市档案馆	
	次数	百分比	次数	百分比	次数	百分比	次数	百分比
个体户、自由职业者	115	22.2%	38	21.11%	10	23.26%	67	22.71%
在校学生	116	22.39%	38	21.11%	21	48.84%	57	19.32%
已退休	17	3.28%	8	4.44%	0	0%	9	3.05%
总 计	518	100%	180	100%	43	100%	295	100%

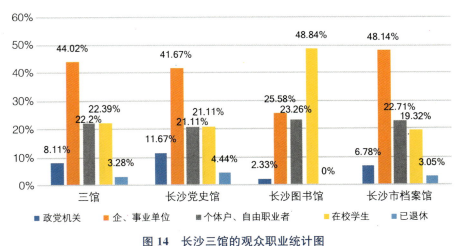

图 14 长沙三馆的观众职业统计图

⑤ 居住地区

【上海】

统计显示（见表18、图15），上海三馆的观众主要居住地点均为"上海市（市区及郊区）"，其中又以市区居多，上海图书馆占比为56.51%，上海市档案馆占比为97.75%，而上海通志馆则占比为82.35%。这显示出三馆的观众均以当地居民为主。同时，上海图书馆有43.49%的观众来自"上海市以外的省级行政区"。

表 18　上海三馆的观众居住地统计表

项　目	三　馆		上海图书馆		上海市档案馆		上海通志馆	
	次数	百分比	次数	百分比	次数	百分比	次数	百分比
上海市区	487	70.99%	109	40.52%	366	91.5%	12	70.59%
上海郊区	70	10.2%	43	15.99%	25	6.25%	2	11.76%
上海市以外的省级行政区	129	18.8%	117	43.49%	9	2.25%	3	17.65%
港澳台地区	0	0%	0	0%	0	0%	0	0%
国　外	0	0%	0	0%	0	0%	0	0%
总　计	686	100%	269	100%	400	100%	17	100%

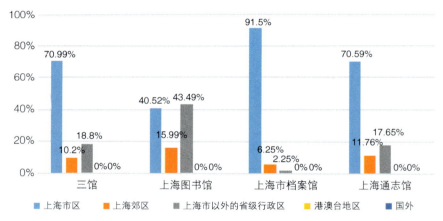

图 15　上海三馆的观众居住地统计图

【成都】

统计显示(见表 19、图 16),成都三馆的观众主要居住地点均为"成都市",成都图书馆占比为 94.97%,成都市档案馆占比为 47.97%,而成都方志馆则占比为 80.8%。这显示出三馆的观众均以当地居民为主。同时,成都市档案馆有三成观众来自"四川省以外的省级行政区",占比为 31.08%,以及两成来自"成都市以外的四川省地区",占比为 20.27%。

表 19　成都三馆的观众居住地统计表

项　目	三　馆		成都图书馆		成都市档案馆		成都方志馆	
	次数	百分比	次数	百分比	次数	百分比	次数	百分比
成都市区	901	83.89%	548	94.97%	71	47.97%	282	80.8%
成都市以外四川省地区	74	6.89%	13	2.25%	30	20.27%	31	8.88%
四川省以外的省级行政区	95	8.85%	15	2.6%	46	31.08%	34	9.74%
港澳台地区	3	0.28%	0	0%	1	0.68%	2	0.57%
国　外	1	0.09%	1	0.17%	0	0%	0	0%
总　计	1 074	100%	577	100%	148	100%	349	100%

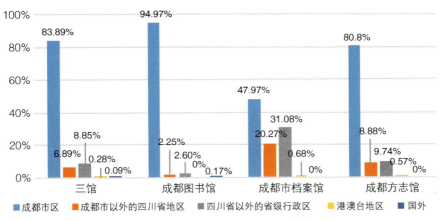

图 16　成都三馆的观众居住地统计图

【长沙】

统计显示(见表 20、图 17),长沙三馆的观众主要居住地点均为"长沙市",长沙党史馆占比为 53.44%,长沙图书馆占比为 86.05%,而长沙市档案馆则占比为 78.36%。这显示出三馆的观众均以当地居民为主。同时,长沙党史馆的另外约一半观众来自"长沙市以外"的地区,其中以"长沙市以外的湖南省"占比最大,为 23.81%,"湖南省以外的省级行政区"次之,占比为 22.22%。

表 20　长沙三馆的观众居住地统计表

项　目	三　馆		长沙党史馆		长沙图书馆		长沙市档案馆	
	次数	百分比	次数	百分比	次数	百分比	次数	百分比
长沙市	377	70.2%	101	53.44%	37	86.05%	239	78.36%
长沙市以外的湖南省	100	18.62%	45	23.81%	6	13.95%	49	16.07%
湖南省以外的省级行政区	58	10.8%	42	22.22%	0	0%	16	5.25%
港澳台地区	2	0.37%	1	0.53%	0	0%	1	0.33%
总　计	537	100%	189	100%	43	100%	305	100%

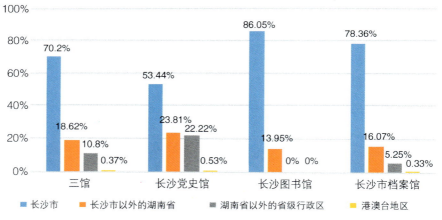

图 17　长沙三馆的观众居住地统计图

（2）观众行为调查分析

① 观众参观频率

【上海】

分别于上海图书馆、上海市档案馆和上海通志馆询问观众因看展来本馆的次数（见表 21、图 18），三馆皆以 0 次为主，占比分别为上海图书馆 72.01%、上海市档案馆 77.48%、上海通志馆 62.5%。同时，这显示出有六七成观众均为第一次参观。

表 21 观众过去一年参观上海三馆(个别场馆)的统计表

项 目	三 馆		上海图书馆		上海市档案馆		上海通志馆	
	次数	百分比	次数	百分比	次数	百分比	次数	百分比
0次	516	75%	193	72.01%	313	77.48%	10	62.5%
1—2次	116	16.86%	42	15.67%	70	17.33%	4	25%
3—4次	39	5.67%	22	8.21%	17	4.21%	0	0%
5次及以上	17	2.47%	11	4.1%	4	0.99%	2	12.5%
总 计	688	100%	268	100%	404	100%	16	100%

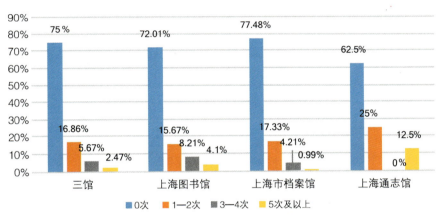

图 18 观众过去一年参观上海三馆(个别场馆)的统计图

【成都】

分别于成都图书馆、成都市档案馆和成都方志馆询问观众因看展来本馆的次数(见表 22、图 19),三馆均以 0 次为主,占比分别为成都图书馆 55.38%、成都市档案馆 68.79%、成都方志馆 73.13%。同时,这显示出成都方志馆和成都市档案馆大约有七成观众均为第一次参观,而成都图书馆参观 3 次以上者达 18.46%,说明近两成的观众为经常性观众。

【长沙】

分别于长沙党史馆、长沙图书馆和长沙市档案馆询问观众因看展来本馆的次数(见表 23、图 20),三馆均以 0 次为主,占比分别为长沙党史馆 77.78%、长沙图书馆 47.73%、长沙市档案馆 73.44%。同时,这显示出长沙党史馆和长沙市档案馆约有七成观众均为第一次参观,而长沙图书馆参观 3 次以上者达 36.36%,说明长沙图书馆有近四成的观众为经常性观众。

表 22　观众过去一年参观成都三馆(个别场馆)的统计表

项　目	三　馆		成都图书馆		成都市档案馆		成都方志馆	
	次数	百分比	次数	百分比	次数	百分比	次数	百分比
0 次	253	68.01%	36	55.38%	119	68.79%	98	73.13%
1—2 次	74	19.89%	17	26.15%	31	17.92%	26	19.4%
3—4 次	28	7.53%	4	6.15%	18	10.4%	6	4.48%
5 次及以上	17	4.57%	8	12.31%	5	2.89%	4	2.99%
总　计	372	100%	65	100%	173	100%	134	100%

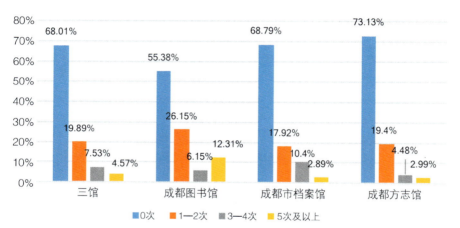

图 19　观众过去一年参观成都三馆(个别场馆)的统计图

表 23　观众过去一年参观长沙三馆(个别场馆)的统计表

项　目	三　馆		长沙党史馆		长沙图书馆		长沙市档案馆	
	次数	百分比	次数	百分比	次数	百分比	次数	百分比
0 次	399	72.94%	154	77.78%	21	47.73%	224	73.44%
1—2 次	86	15.72%	30	15.15%	7	15.91%	49	16.07%
3—4 次	25	4.57%	8	4.04%	5	11.36%	12	3.93%
5 次及以上	37	6.76%	6	3.03%	11	25%	20	6.56%
总　计	547	100%	198	100%	44	100%	305	100%

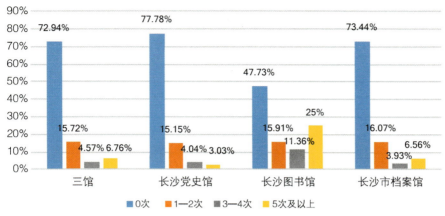

图 20 观众过去一年参观长沙三馆(个别场馆)的统计图

② 观众获取信息渠道(多选)

【上海】

本次调查统计显示(见表 24、图 21),来馆观众的主要信息来源为"微信",其中上海图书馆占比 44.49%、上海市档案馆(除去"团体参观")占比 32.1%、上海通志馆占比 82.35%。就上海图书馆来看,次高者依次为"路过" 41.18%、"官网"18.01%、"微博"13.6%、"亲友介绍"13.24%;上海市档案馆次高者依次为"官网"30.86%、"微博"13.09%、"其他纸质宣传资料"10.86%,由于"团体参观"比例较高,未来需要关注该群体,以比较这一群体与普通观众的比例构成;上海通志馆次高者依次为"官网"47.06%、"微博"23.53%。

表 24 观众获知上海三馆相关信息的渠道统计表

项 目	三 馆		上海图书馆		上海市档案馆		上海通志馆	
	次数	观察值百分比	次数	观察值百分比	次数	观察值百分比	次数	观察值百分比
微 信	265	38.18%	121	44.49%	130	32.1%	14	82.35%
微 博	94	13.54%	37	13.6%	53	13.09%	4	23.53%
官 网	182	26.22%	49	18.01%	125	30.86%	8	47.06%
大众点评	38	5.48%	20	7.35%	17	4.2%	1	5.88%
地铁海报	34	4.9%	22	8.09%	12	2.96%	0	0%
院内海报	39	5.62%	31	11.4%	8	1.98%	0	0%

(续　表)

项　目	三　馆		上海图书馆		上海市档案馆		上海通志馆	
	次数	观察值百分比	次数	观察值百分比	次数	观察值百分比	次数	观察值百分比
商场海报	4	0.58%	3	1.1%	1	0.25%	0	0%
其他纸质宣传资料	61	8.79%	14	5.15%	44	10.86%	3	17.65%
亲友介绍	73	10.52%	36	13.24%	35	8.64%	2	11.76%
团体参观	227	32.71%	3	1.1%	224	55.31%	0	0%
路　过	124	17.87%	112	41.18%	10	2.47%	2	11.76%

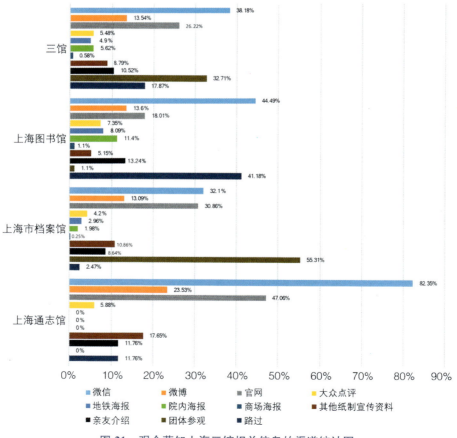

图 21　观众获知上海三馆相关信息的渠道统计图

【成都】

本次调查统计显示(见表25、图22),来馆观众的主要信息来源为"微信",其中成都图书馆占比57.3%,成都市档案馆占比69.36%,而成都方志馆则占比62.22%。就成都图书馆来看,次高者依次为"微博"25.84%、"路过"23.6%、"官网"19.1%;成都市档案馆次高者依次为"微博"36.42%、"官网"31.79%、"亲友介绍"16.18%;成都方志馆次高者依次为"微博"39.26%、"官网"31.11%、"亲友介绍"18.52%。

表25 观众获知成都三馆相关信息的渠道统计表

项 目	三 馆		成都图书馆		成都市档案馆		成都方志馆	
	次数	观察值百分比	次数	观察值百分比	次数	观察值百分比	次数	观察值百分比
微 信	255	64.23%	51	57.3%	120	69.36%	84	62.22%
微 博	139	35.01%	23	25.84%	63	36.42%	53	39.26%
官 网	114	28.72%	17	19.1%	55	31.79%	42	31.11%
大众点评	54	13.6%	9	10.11%	23	13.29%	22	16.3%
地铁海报	48	12.09%	10	11.24%	19	10.98%	19	14.07%
院内海报	19	4.79%	5	5.62%	8	4.62%	6	4.44%
商场海报	22	5.54%	6	6.74%	10	5.78%	6	4.44%
其他纸质宣传资料	32	8.06%	1	1.12%	16	9.25%	15	11.11%
亲友介绍	64	16.12%	11	12.36%	28	16.18%	25	18.52%
团体参观	22	5.54%	2	2.25%	9	5.2%	11	8.15%
路 过	35	8.82%	21	23.6%	6	3.47%	8	5.93%

【长沙】

本次调查统计显示(见表26、图23),来馆观众的主要信息来源为"微信",其中长沙党史馆占比为67.02%,长沙图书馆占比54.76%,而长沙市档案馆则占比为65.15%。就长沙党史馆来看,次高者依次为"官网"35.11%、"微博"19.68%、"亲友介绍"18.62%;长沙图书馆次高者依次为"亲友介绍"33.33%、"路过"21.43%、"官网"16.67%;长沙市档案馆次高者依次为"亲友介绍"26.06%、"官网"20.52%。

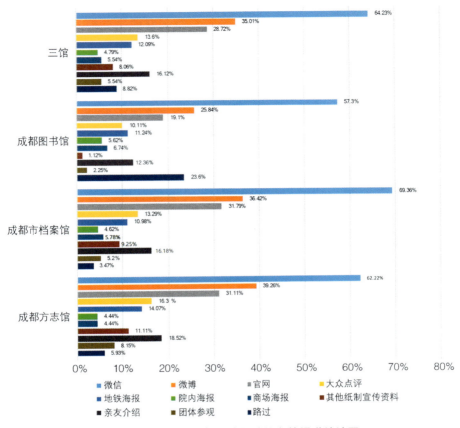

图 22 观众获知成都三馆相关信息的渠道统计图

表 26 观众获知长沙三馆相关信息的渠道统计表

项 目	三 馆		长沙党史馆		长沙图书馆		长沙市档案馆	
	次数	观察值百分比	次数	观察值百分比	次数	观察值百分比	次数	观察值百分比
微 信	349	64.99%	126	67.02%	23	54.76%	200	65.15%
微 博	86	16.01%	37	19.68%	5	11.9%	44	14.33%
官 网	136	25.33%	66	35.11%	7	16.67%	63	20.52%
大众点评	31	5.77%	9	4.79%	3	7.14%	19	6.19%
地铁海报	33	6.15%	12	6.38%	2	4.76%	19	6.19%

（续　表）

项　目	三　馆		长沙党史馆		长沙图书馆		长沙市档案馆	
	次数	观察值百分比	次数	观察值百分比	次数	观察值百分比	次数	观察值百分比
院内海报	21	3.91%	4	2.13%	1	2.38%	16	5.21%
商场海报	7	1.3%	1	0.53%	1	2.38%	5	1.63%
其他纸质宣传资料	39	7.26%	13	6.91%	2	4.76%	24	7.82%
亲友介绍	129	24.02%	35	18.62%	14	33.33%	80	26.06%
团体参观	40	7.45%	28	14.89%	1	2.38%	11	3.58%
路　过	70	13.04%	19	10.11%	9	21.43%	42	13.68%

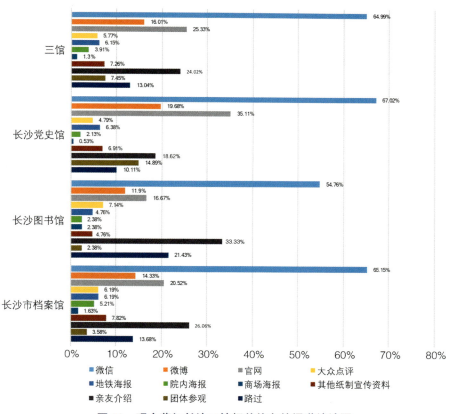

图 23　观众获知长沙三馆相关信息的渠道统计图

③ 参观原因（多选）

【上海】

本次调查结果显示（见表27、图24），参观上海图书馆展览的原因中，占比最高的是"兴趣爱好"，为55.68%，次高者依次为"旅游观光"34.07%、"学习某些事情"33.7%、"看特别的展览"27.84%；上海市档案馆除去"团体参观"70.37%，参观原因中占比最高的是"学习某些事情"，为42.22%，次高者为"看特别的展览"23.7%；上海通志馆参观原因中占比最高的是"兴趣爱好"，为52.94%，次高者为"旅游观光"和"专业研究"，均占29.41%。

表27 观众参观上海三馆原因统计表

项 目	三 馆		上海图书馆		上海市档案馆		上海通志馆	
	次数	观察值百分比	次数	观察值百分比	次数	观察值百分比	次数	观察值百分比
旅游观光	120	17.27%	93	34.07%	22	5.43%	5	29.41%
兴趣爱好	205	29.5%	152	55.68%	44	10.86%	9	52.94%
消磨时间	32	4.6%	27	9.89%	4	0.99%	1	5.88%
看特别的展览	175	25.18%	76	27.84%	96	23.7%	3	17.65%
随意的参观	93	13.38%	65	23.81%	25	6.17%	3	17.65%
追求娱乐	12	1.73%	12	4.4%	0	0%	0	0%
学习某些事情	271	38.99%	92	33.7%	171	42.22%	8	47.06%
团体参观	294	42.3%	9	3.3%	285	70.37%	0	0%
教育子女	50	7.19%	27	9.89%	21	5.19%	2	11.76%
向朋友分享经验	29	4.17%	17	6.23%	12	2.96%	0	0%
参加本馆活动	48	6.91%	21	7.69%	26	6.42%	1	5.88%
顺路经过	42	6.04%	39	14.29%	3	0.74%	0	0%
专业研究	42	6.04%	21	7.69%	16	3.95%	5	29.41%

第二章　文献收藏机构展览的问题聚焦　87

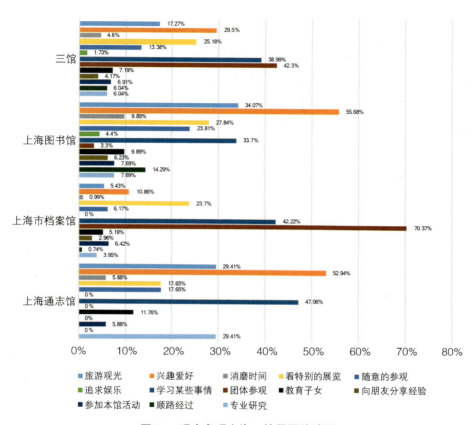

图 24　观众参观上海三馆原因统计图

【成都】

本次调查结果显示（见表 28、图 25），参观成都市档案馆和成都方志馆展览的原因中，占比最高者均是"兴趣爱好"，分别为 44.38%、46.05%。成都市档案馆其次为"旅游观光"35.5%、"学习某些事情"30.77%；成都方志馆其次为"旅游观光"34.87%、"看特别的展览"28.95%。而参观成都图书馆展览的原因中，占比最高者则是"学习某些事情"，为 64%，其次是"兴趣爱好"，占比为 61.33%。

表 28 观众参观成都三馆原因统计表

项 目	三 馆 次数	三 馆 观察值百分比	成都图书馆 次数	成都图书馆 观察值百分比	成都市档案馆 次数	成都市档案馆 观察值百分比	成都方志馆 次数	成都方志馆 观察值百分比
旅游观光	140	22.54%	27	9%	60	35.5%	53	34.87%
兴趣爱好	329	52.98%	184	61.33%	75	44.38%	70	46.05%
消磨时间	70	11.27%	25	8.33%	24	14.2%	21	13.82%
看特别的展览	102	16.43%	11	3.67%	47	27.81%	44	28.95%
随意的参观	79	12.72%	12	4%	32	18.93%	35	23.03%
追求娱乐	40	6.44%	15	5%	13	7.69%	12	7.89%
学习某些事情	281	45.25%	192	64%	52	30.77%	37	24.34%
团体参观	13	2.09%	0	0%	8	4.73%	5	3.29%
教育子女	58	9.34%	16	5.33%	18	10.65%	24	15.79%
向朋友分享经验	28	4.51%	4	1.33%	13	7.69%	11	7.24%
参加本馆活动	21	3.38%	4	1.33%	9	5.33%	8	5.26%
顺路经过	24	3.86%	7	2.33%	9	5.33%	8	5.26%
专业研究	17	2.74%	3	1%	10	5.92%	4	2.63%

【长沙】

本次调查结果显示（见表29、图26），观众参观长沙三馆展览的主要目的均为"兴趣爱好"，其中长沙党史馆占比为30.26%；长沙图书馆的观众同时也为"学习某些事情"而来，均占比为46.51%；而长沙市档案馆则占比为45.21%。就长沙党史馆来看，参观原因中次高者依次为"旅游观光"28.72%、"看特别的展览"27.18%、"学习某些事情"27.18%；长沙图书馆次高者依次为"消磨时间"23.26%、"教育子女"23.26%、"看特别的展览"18.6%；长沙市档案馆次高者依次为"看特别的展览"28.71%、"旅游观光"27.06%、"学习某些事情"26.07%。

第二章 文献收藏机构展览的问题聚焦 89

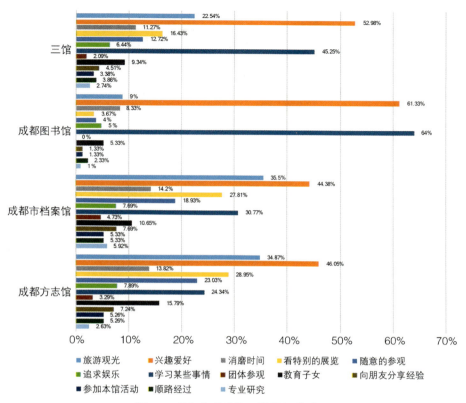

图 25 观众参观成都三馆原因统计图

表 29 观众参观长沙三馆原因统计表

项 目	三 馆		长沙党史馆		长沙图书馆		长沙市档案馆	
	次数	观察值百分比	次数	观察值百分比	次数	观察值百分比	次数	观察值百分比
旅游观光	144	26.62%	56	28.72%	6	13.95%	82	27.06%
兴趣爱好	216	39.93%	59	30.26%	20	46.51%	137	45.21%
消磨时间	43	7.95%	9	4.62%	10	23.26%	24	7.92%
看特别的展览	148	27.36%	53	27.18%	8	18.6%	87	28.71%
随意的参观	89	16.45%	27	13.85%	4	9.3%	58	19.14%
追求娱乐	19	3.51%	2	1.03%	4	9.3%	13	4.29%
学习某些事情	152	28.1%	53	27.18%	20	46.51%	79	26.07%

（续　表）

项　目	三　馆		长沙党史馆		长沙图书馆		长沙市档案馆	
	次数	观察值百分比	次数	观察值百分比	次数	观察值百分比	次数	观察值百分比
团体参观	46	8.5%	31	15.9%	2	4.65%	13	4.29%
教育子女	99	18.3%	24	12.31%	10	23.26%	65	21.45%
向朋友分享经验	28	5.18%	9	4.62%	1	2.33%	18	5.94%
参加本馆活动	34	6.28%	13	6.67%	3	6.98%	18	5.94%
顺路经过	22	4.07%	4	2.05%	1	2.33%	17	5.61%
专业研究	18	3.33%	3	1.54%	4	9.3%	11	3.63%

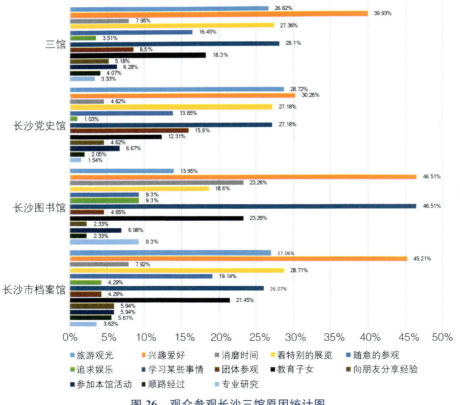

图 26　观众参观长沙三馆原因统计图

④ 停留时间

【上海】

在停留时间上（见表30、图27），上海图书馆和上海通志馆观众的停留时间大多为"1小时以内"，分别占56.3%、42.86%，其次为"1—1.5小时"。上海市档案馆则以"1—1.5小时"者居多，占50.5%，其次为"1小时以内"，占33.17%。这显示出上海三馆观众的停留时间多在1.5小时以内。

表30 观众于上海三馆停留时间统计表

项 目	三 馆		上海图书馆		上海市档案馆		上海通志馆	
	次数	百分比	次数	百分比	次数	百分比	次数	百分比
1小时以内	292	42.44%	152	56.3%	134	33.17%	6	42.86%
1—1.5小时	286	41.57%	78	28.89%	204	50.5%	4	28.57%
1.5—2小时	72	10.47%	22	8.15%	47	11.63%	3	21.43%
2—3小时	28	4.07%	12	4.44%	16	3.96%	0	0%
3小时以上	10	1.45%	6	2.22%	3	0.74%	1	7.14%
总 计	688	100%	270	100%	404	100%	14	100%

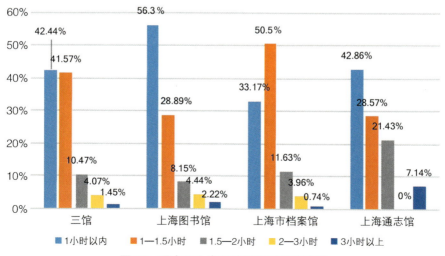

图27 观众于上海三馆停留时间统计图

【成都】

在停留时间上（见表 31、图 28），成都市档案馆和成都方志馆观众的停留时间大多为"1 小时以内"，分别占 32.14%、34.62%，其次为"1—1.5 小时"。成都图书馆则以"1.5—2 小时"者居多，占 30.91%，其次为"1—1.5 小时"和"1 小时以内"。这显示出观众在成都图书馆的停留时间较长。

表 31　观众于成都三馆停留时间统计表

项目	三馆		成都图书馆		成都市档案馆		成都方志馆	
	次数	百分比	次数	百分比	次数	百分比	次数	百分比
1 小时以内	112	31.73%	13	23.64%	54	32.14%	45	34.62%
1—1.5 小时	94	26.63%	13	23.64%	50	29.76%	31	23.85%
1.5—2 小时	89	25.21%	17	30.91%	38	22.62%	34	26.15%
2—3 小时	33	9.35%	5	9.09%	17	10.12%	11	8.46%
3 小时以上	25	7.08%	7	12.73%	9	5.36%	9	6.92%
总计	353	100%	55	100%	168	100%	130	100%

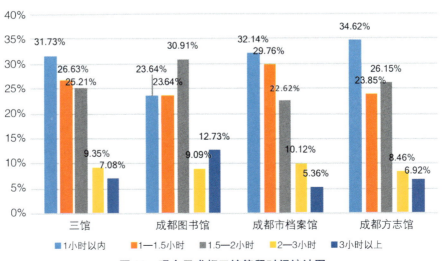

图 28　观众于成都三馆停留时间统计图

【长沙】

在停留时间上(见表32、图29),三馆观众的平均停留时间为"1—1.5小时",其中长沙党史馆占比为38.97%,长沙图书馆占比27.91%,而长沙市档案馆则占比23.86%。同时,长沙市档案馆观众的停留时间大多为"1小时以内",占比为46.08%,而长沙图书馆停留2小时以上的观众占46.52%。这显示出观众在长沙图书馆的停留时间最长。

表32 观众于长沙三馆停留时间统计表

项 目	三馆		长沙党史馆		长沙图书馆		长沙市档案馆	
	次数	百分比	次数	百分比	次数	百分比	次数	百分比
1小时以内	207	38.05%	63	32.31%	3	6.98%	141	46.08%
1—1.5小时	161	29.6%	76	38.97%	12	27.91%	73	23.86%
1.5—2小时	94	17.28%	38	19.49%	8	18.6%	48	15.69%
2—3小时	52	9.56%	15	7.69%	10	23.26%	27	8.82%
3小时以上	30	5.51%	3	1.54%	10	23.26%	17	5.56%
总 计	544	100%	195	100%	43	100%	306	100%

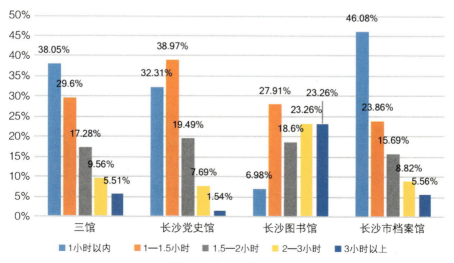

图29 观众于长沙三馆停留时间统计图

⑤ 同行者

【上海】

本次统计数据显示(见表33、图30),上海图书馆的观众主要是"独自参观"者,占比为49.63%,其次是与"朋友家人"一起参观者,占比为48.53%。上海市档案馆主要是"单位组织"前来者,占比为87.38%,其次则是与"朋友家人"一起参观者,占比为7.43%。上海通志馆主要是"独自参观"者,占比为50%,其次为与"朋友家人"一起、"单位组织"前来的,均占25%。

表33 上海三馆观众同行者所属类型统计表

项 目	三 馆		上海图书馆		上海市档案馆		上海通志馆	
	次数	百分比	次数	百分比	次数	百分比	次数	百分比
独自参观	157	22.69%	135	49.63%	14	3.47%	8	50%
朋友家人	166	23.99%	132	48.53%	30	7.43%	4	25%
单位组织	362	52.31%	5	1.84%	353	87.38%	4	25%
学校团队	5	0.72%	0	0%	5	1.24%	0	0%
旅游团队	2	0.29%	0	0%	2	0.5%	0	0%
总 计	692	100%	272	100%	404	100%	16	100%

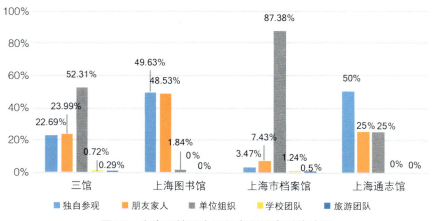

图30 上海三馆观众同行者所属类型统计图

【成都】

本次统计数据显示(见表34、图31),成都市档案馆和成都方志馆的观众大多与"家人朋友"一同前来,占比分别为57.14%、46.97%,其次则是"独自参观"者。成都图书馆占比最多的是"独自参观"者,为53.42%,其次是与"朋友家人"一起前来的,占比为42.47%。

表34 成都三馆观众同行者所属类型统计表

项 目	三 馆		成都图书馆		成都市档案馆		成都方志馆	
	次数	百分比	次数	百分比	次数	百分比	次数	百分比
独自参观	127	34.05%	39	53.42%	49	29.17%	39	29.55%
朋友家人	189	50.67%	31	42.47%	96	57.14%	62	46.97%
单位组织	37	9.92%	2	2.74%	15	8.93%	20	15.15%
学校团队	12	3.22%	1	1.37%	5	2.98%	6	4.55%
旅游团队	8	2.14%	0	0%	3	1.79%	5	3.79%
总 计	373	100%	73	100%	168	100%	132	100%

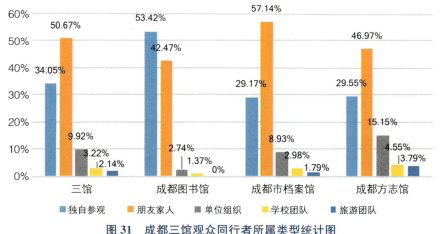

图31 成都三馆观众同行者所属类型统计图

【长沙】

本次统计数据显示(见表35、图32),参观长沙三馆的观众大多是与"家人朋友"一同前来的,其中长沙党史馆占比为55.96%,长沙图书馆占比为72.09%,而长沙市档案馆占比则为57.24%。其次是"独自参观"者,长沙党史馆占比为22.28%,长沙图书馆占比为23.26%,而长沙市档案馆占比则为33.22%。

表 35　长沙三馆观众同行者所属类型统计表

项　目	三　馆		长沙党史馆		长沙图书馆		长沙市档案馆	
	次数	百分比	次数	百分比	次数	百分比	次数	百分比
独自参观	154	28.52%	43	22.28%	10	23.26%	101	33.22%
朋友家人	313	57.96%	108	55.96%	31	72.09%	174	57.24%
单位组织	45	8.33%	25	12.95%	0	0%	20	6.58%
学校团队	25	4.63%	16	8.29%	1	2.33%	8	2.63%
旅游团队	3	0.56%	1	0.52%	1	2.33%	1	0.33%
总　计	540	100%	193	100%	43	100%	304	100%

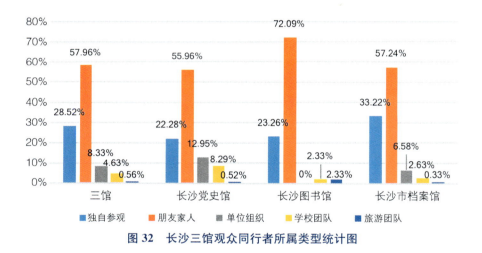

图 32　长沙三馆观众同行者所属类型统计图

⑥ 展览主题偏好(多选)

【上海】

本次调查研究显示(见表 36、图 33),上海市档案馆与上海通志馆观众最为偏好的展览主题均是"中国文明类",分别占 64.44%、70.59%。就上海市档案馆来看,次高者依次为"科技类",占 43.21%,"艺术类",占 42.96%,"世界文明类",占 41.98%。上海通志馆次高者为"世界文明类""艺术类""跨界类",均占 41.18%。而上海图书馆最高的则为"艺术类",占 62.27%,其次为"中国文明类",占 60.44%,"科技类",占 50.18%,"世界文明类",占 49.82%。

表36　上海三馆观众偏好的展览主题统计表

项目	三馆		上海图书馆		上海市档案馆		上海通志馆	
	次数	观察值百分比	次数	观察值百分比	次数	观察值百分比	次数	观察值百分比
世界文明类	313	45.04%	136	49.82%	170	41.98%	7	41.18%
中国文明类	438	63.02%	165	60.44%	261	64.44%	12	70.59%
艺术类	351	50.5%	170	62.27%	174	42.96%	7	41.18%
科技类	318	45.76%	137	50.18%	175	43.21%	6	35.29%
自然类	297	42.73%	124	45.42%	168	41.48%	5	29.41%
跨界类	128	18.42%	65	23.81%	56	13.83%	7	41.18%
亲子教育类	103	14.82%	51	18.68%	46	11.36%	6	35.29%

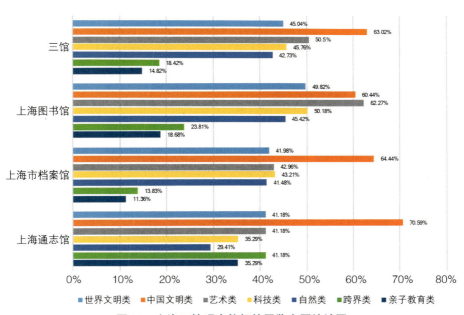

图33　上海三馆观众偏好的展览主题统计图

【成都】

本次调查研究显示(见表37、图34),成都三馆观众最为偏好的展览主题均是"中国文明类",其中成都图书馆占76.27%,成都市档案馆占57.99%,而成都方志馆则占75.9%。就成都图书馆来看,次高者依次为"世界文明类",占59.96％,"自然类",占30.62％,"科技类",占28.8％。成都市档案馆次高者依次为"世界文明类",占49.11％,"艺术类"和"自然类",均占36.69％。成都方志馆次高者依次为"世界文明类",占46.39％,"自然类",占29.22％,"科技类",占26.81％。

表37 成都三馆观众偏好的展览主题统计表

项目	三馆		成都图书馆		成都市档案馆		成都方志馆	
	次数	观察值百分比	次数	观察值百分比	次数	观察值百分比	次数	观察值百分比
世界文明类	568	53.94％	331	59.96％	83	49.11％	154	46.39％
中国文明类	771	73.22％	421	76.27％	98	57.99％	252	75.9％
艺术类	239	22.7％	99	17.93％	62	36.69％	78	23.49％
科技类	305	28.96％	159	28.8％	57	33.73％	89	26.81％
自然类	328	31.15％	169	30.62％	62	36.69％	97	29.22％
跨界类	63	5.98％	27	4.89％	16	9.47％	20	6.02％
亲子教育类	86	8.17％	17	3.08％	37	21.89％	32	9.64％

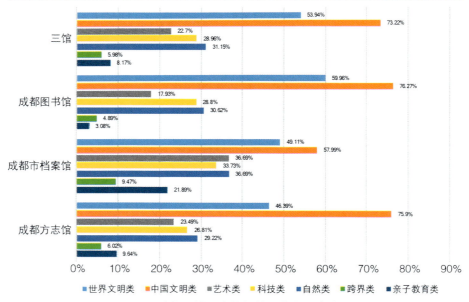

图34 成都三馆观众偏好的展览主题统计图

【长沙】

本次调查研究显示(见表38、图35),长沙三馆观众最为偏好的展览主题均是"中国文明类",其中长沙党史馆占75.26%,长沙图书馆占53.66%,而长沙市档案馆则占73.7%。就长沙党史馆来看,次高者依次为"世界文明类",占43.3%,"科技类",占36.6%,"艺术类",占34.02%。长沙图书馆次高者依次为"世界文明类"和"艺术类",均占34.15%,"科技类",占31.71%。而长沙市档案馆次高者则依次为"世界文明类",占41.23%,"自然类",占36.69%,"艺术类",占36.36%。

表38 长沙三馆观众偏好的展览主题统计表

项目	三馆		长沙党史馆		长沙图书馆		长沙市档案馆	
	次数	观察值百分比	次数	观察值百分比	次数	观察值百分比	次数	观察值百分比
世界文明类	225	41.44%	84	43.3%	14	34.15%	127	41.23%
中国文明类	395	72.74%	146	75.26%	22	53.66%	227	73.7%
艺术类	192	35.36%	66	34.02%	14	34.15%	112	36.36%
科技类	184	33.89%	71	36.6%	13	31.71%	100	32.47%
自然类	187	34.44%	63	32.47%	11	26.83%	113	36.69%
跨界类	61	11.23%	16	8.25%	3	7.32%	42	13.64%
亲子教育类	111	20.44%	43	22.16%	9	21.95%	59	19.16%

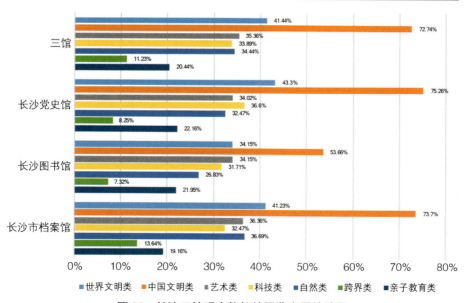

图35 长沙三馆观众偏好的展览主题统计图

(3) 各项服务满意度分析

【上海】

① 上海图书馆

从上海图书馆服务满意度统计图表中可知(见表39、图36),观众对于上海图书馆所提供的展览硬件服务、软件服务和公共服务满意度,除了"提供语音/人工导览或手册""多媒体/参与装置"外,得分平均数均在4以上,显示观众普遍感到满意。其中观众感到最为满意的是"展品说明牌清楚",平均数为4.3;其次是"展览主题""展品内容丰富""展览环境舒适度(展具、灯光、温度、色彩、空间)""参观路线顺畅",平均数均为4.28。

表39 上海图书馆服务满意度统计表

项目		非常满意	满意	普通	不满意	非常不满意	总计	平均数
展览主题	次数	97	153	21	0	0	271	4.28
	百分比	35.79%	56.46%	7.75%	0%	0%	100%	
展览宣传	次数	84	160	26	0	0	270	4.21
	百分比	31.11%	59.26%	9.63%	0%	0%	100%	
展品内容丰富	次数	92	160	17	0	0	269	4.28
	百分比	34.2%	59.48%	6.32%	0%	0%	100%	
展览信息量	次数	90	158	21	0	0	269	4.26
	百分比	33.46%	58.74%	7.81%	0%	0%	100%	
展示手段	次数	81	157	25	0	0	263	4.21
	百分比	30.8%	59.7%	9.51%	0%	0%	100%	
展品保护	次数	97	149	22	1	0	269	4.27
	百分比	36.06%	55.39%	8.18%	0.37%	0%	100%	
展览环境舒适度(展具、灯光、温度、色彩、空间)	次数	102	143	26	0	0	271	4.28
	百分比	37.64%	52.77%	9.59%	0%	0%	100%	
参观路线顺畅	次数	101	146	22	2	0	271	4.28
	百分比	37.27%	53.87%	8.12%	0.74%	0%	100%	

（续　表）

项　目		非常满意	满意	普通	不满意	非常不满意	总计	平均数
展品说明牌清楚	次数	103	148	19	1	0	271	4.3
	百分比	38.01%	54.61%	7.01%	0.37%	0%	100%	
提供语音/人工导览或手册	次数	68	126	58	7	1	260	3.97
	百分比	26.15%	48.46%	22.31%	2.69%	0.38%	100%	
多媒体/参与装置	次数	61	128	59	10	0	258	3.93
	百分比	23.64%	49.61%	22.87%	3.88%	0%	100%	
基本服务(水、厕所、餐饮)	次数	73	147	43	5	0	268	4.07
	百分比	27.24%	54.85%	16.04%	1.87%	0%	100%	
预约/购票方式	次数	67	157	39	2	0	265	4.09
	百分比	25.28%	59.25%	14.72%	0.75%	0%	100%	
展览配合活动的提供	次数	70	146	43	3	0	262	4.08
	百分比	26.72%	55.73%	16.41%	1.15%	0%	100%	
多样性的展览文创产品	次数	73	140	40	5	0	258	4.09
	百分比	28.29%	54.26%	15.5%	1.94%	0%	100%	

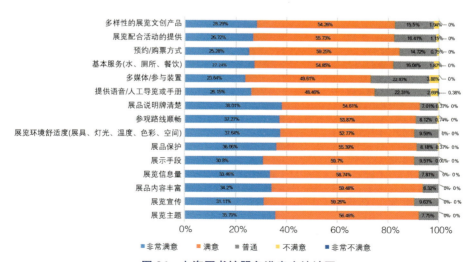

图 36　上海图书馆服务满意度统计图

② 上海市档案馆

从上海市档案馆服务满意度统计图表中可知(见表40、图37),观众对于上海市档案馆所提供的展览硬件服务、软件服务和公共服务满意度得分平均数均在4以上,显示观众普遍感到满意。其中观众感到最为满意的是"展览主题",平均数为4.45;其次是"展览环境舒适度(展具、灯光、温度、色彩、空间)",平均数为4.44,"展品保护",平均数为4.43,"展览宣传",平均数为4.37。

表 40 上海市档案馆服务满意度统计表

项目		非常满意	满意	普通	不满意	非常不满意	总计	平均数
展览主题	次数	192	175	19	0	0	386	4.45
	百分比	49.74%	45.34%	4.92%	0%	0%	100%	
展览宣传	次数	162	195	21	1	0	379	4.37
	百分比	42.74%	51.45%	5.54%	0.26%	0%	100%	
展品内容丰富	次数	160	190	22	1	0	373	4.36
	百分比	42.9%	50.94%	5.9%	0.27%	0%	100%	
展览信息量	次数	161	183	31	2	0	377	4.33
	百分比	42.71%	48.54%	8.22%	0.53%	0%	100%	
展示手段	次数	153	167	51	1	0	372	4.27
	百分比	41.13%	44.89%	13.71%	0.27%	0%	100%	
展品保护	次数	186	172	20	1	0	379	4.43
	百分比	49.08%	45.38%	5.28%	0.26%	0%	100%	
展览环境舒适度(展具、灯光、温度、色彩、空间)	次数	182	176	18	0	0	376	4.44
	百分比	48.4%	46.81%	4.79%	0%	0%	100%	
参观路线顺畅	次数	168	170	34	4	0	376	4.34
	百分比	44.68%	45.21%	9.04%	1.06%	0%	100%	
展品说明牌清楚	次数	158	191	25	1	1	376	4.34
	百分比	42.02%	50.8%	6.65%	0.27%	0.27%	100%	
提供语音/人工导览或手册	次数	118	133	68	11	0	330	4.08
	百分比	35.76%	40.3%	20.61%	3.33%	0%	100%	

(续 表)

项 目		非常满意	满意	普通	不满意	非常不满意	总计	平均数
多媒体/参与装置	次数	130	164	44	7	1	346	4.2
	百分比	37.57%	47.4%	12.72%	2.02%	0.29%	100%	
基本服务(水、厕所、餐饮)	次数	135	175	32	2	1	345	4.28
	百分比	39.13%	50.72%	9.28%	0.58%	0.29%	100%	
预约/购票方式	次数	133	180	43	3	0	359	4.23
	百分比	37.05%	50.14%	11.98%	0.84%	0%	100%	
展览配合活动的提供	次数	130	164	50	1	0	345	4.23
	百分比	37.68%	47.54%	14.49%	0.29%	0%	100%	
多样性的展览文创产品	次数	130	138	51	5	0	324	4.21
	百分比	40.12%	42.59%	15.74%	1.54%	0%	100%	

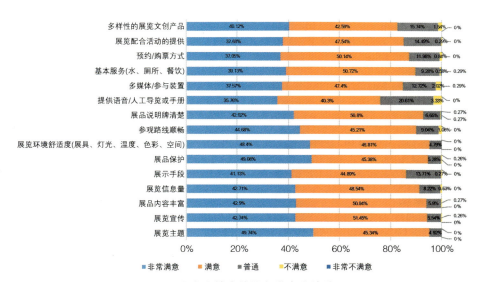

图 37 上海市档案馆服务满意度统计图

③ 上海通志馆

从上海通志馆服务满意度统计图表中可知(见表41、图38),观众对于上海通志馆所提供的展览硬件服务、软件服务和公共服务满意度,除了"多媒体/参与装置""基本服务(水、厕所、餐饮)""多样性的展览文创产品"外，得分平均数均在4以上，显示观众普遍感到满意。其中观众感到最为满意的是"展品保护"，平均数为4.27；其次是"参观路线顺畅"，平均数为4.25，"展览宣传"和"展览信息量"，平均数均为4.13。

表41 上海通志馆服务满意度统计表

项目		非常满意	满意	普通	不满意	非常不满意	总计	平均数
展览主题	次数	2	12	2	0	0	16	4
	百分比	12.5%	75%	12.5%	0%	0%	100%	
展览宣传	次数	4	9	2	0	0	15	4.13
	百分比	26.67%	60%	13.33%	0%	0%	100%	
展品内容丰富	次数	2	12	1	0	0	15	4.07
	百分比	13.33%	80%	6.67%	0%	0%	100%	
展览信息量	次数	3	12	1	0	0	16	4.13
	百分比	18.75%	75%	6.25%	0%	0%	100%	
展示手段	次数	4	10	1	1	0	16	4.06
	百分比	25%	62.5%	6.25%	6.25%	0%	100%	
展品保护	次数	5	9	1	0	0	15	4.27
	百分比	33.33%	60%	6.67%	0%	0%	100%	
展览环境舒适度(展具、灯光、温度、色彩、空间)	次数	2	12	1	0	0	15	4.07
	百分比	13.33%	80%	6.67%	0%	0%	100%	
参观路线顺畅	次数	4	12	0	0	0	16	4.25
	百分比	25%	75%	0%	0%	0%	100%	
展品说明牌清楚	次数	4	10	1	1	0	16	4.06
	百分比	25%	62.5%	6.25%	6.25%	0%	100%	
提供语音/人工导览或手册	次数	3	11	1	1	0	16	4
	百分比	18.75%	68.75%	6.25%	6.25%	0%	100%	

(续 表)

项 目		非常满意	满意	普通	不满意	非常不满意	总计	平均数
多媒体/参与装置	次数	2	12	1	0	1	16	3.88
	百分比	12.5%	75%	6.25%	0%	6.25%	100%	
基本服务(水、厕所、餐饮)	次数	3	10	2	1	0	16	3.94
	百分比	18.75%	62.5%	12.5%	6.25%	0%	100%	
预约/购票方式	次数	3	9	3	0	0	15	4
	百分比	20%	60%	20%	0%	0%	100%	
展览配合活动的提供	次数	2	12	2	0	0	16	4
	百分比	12.5%	75%	12.5%	0%	0%	100%	
多样性的展览文创产品	次数	2	11	2	1	0	16	3.88
	百分比	12.5%	68.75%	12.5%	6.25%	0%	100%	

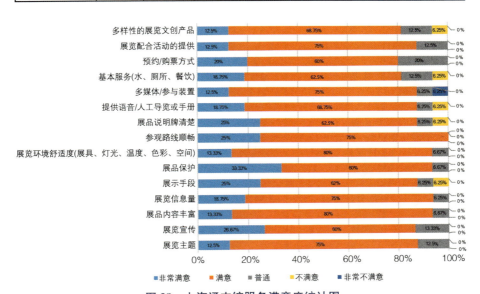

图 38 上海通志馆服务满意度统计图

【成都】

① 成都图书馆

从成都图书馆服务满意度统计图表中可知(见表 42、图 39),观众对于成都图书馆所提供的展览硬件服务、软件服务和公共服务满意度,除了"展览信息量""提供语音/人工导览或手册""基本服务(水、厕所、餐饮)""预约/购票方式""展览配合活动的提供""多样性的展览文创产品"外,其余得分平均数均在4以上,显示观众普遍感到满意。其中观众感到最为满意的是"展览环境舒适度(展具、灯光、温度、色彩、空间)",平均数为4.18;其次是"展品保护",平均数为4.12,"展览主题"和"展品内容丰富",平均数均为4.08。

表42 成都图书馆服务满意度统计表

项目		非常满意	满意	普通	不满意	非常不满意	总计	平均数
展览主题	次数	13	18	5	1	1	38	4.08
	百分比	34.21%	47.37%	13.16%	2.63%	2.63%	100%	
展览宣传	次数	9	19	6	1	0	35	4.03
	百分比	25.71%	54.29%	17.14%	2.86%	0%	100%	
展品内容丰富	次数	10	23	4	0	1	38	4.08
	百分比	26.32%	60.53%	10.53%	0%	2.63%	100%	
展览信息量	次数	8	21	6	0	1	36	3.97
	百分比	22.22%	58.33%	16.67%	0%	2.78%	100%	
展示手段	次数	9	18	6	0	1	34	4
	百分比	26.47%	52.94%	17.65%	0%	2.94%	100%	
展品保护	次数	11	18	3	2	0	34	4.12
	百分比	32.35%	52.94%	8.82%	5.88%	0%	100%	
展览环境舒适度(展具、灯光、温度、色彩、空间)	次数	9	23	1	1	0	34	4.18
	百分比	26.47%	67.65%	2.94%	2.94%	0%	100%	
参观路线顺畅	次数	4	21	4	0	0	29	4
	百分比	13.79%	72.41%	13.79%	0%	0%	100%	
展品说明牌清楚	次数	10	18	5	1	1	35	4
	百分比	28.57%	51.43%	14.29%	2.86%	2.86%	100%	

(续　表)

项　　目		非常满意	满意	普通	不满意	非常不满意	总计	平均数
提供语音/人工导览或手册	次数	9	15	9	2	2	37	3.73
	百分比	24.32%	40.54%	24.32%	5.41%	5.41%	100%	
多媒体/参与装置	次数	10	20	4	1	1	36	4.03
	百分比	27.78%	55.56%	11.11%	2.78%	2.78%	100%	
基本服务(水、厕所、餐饮)	次数	6	24	2	0	2	34	3.94
	百分比	17.65%	70.59%	5.88%	0%	5.88%	100%	
预约/购票方式	次数	8	21	6	2	0	37	3.95
	百分比	21.62%	56.76%	16.22%	5.41%	0%	100%	
展览配合活动的提供	次数	5	18	7	2	1	33	3.73
	百分比	15.15%	54.55%	21.21%	6.06%	3.03%	100%	
多样性的展览文创产品	次数	7	18	5	0	1	31	3.97
	百分比	22.58%	58.06%	16.13%	0%	3.23%	100%	

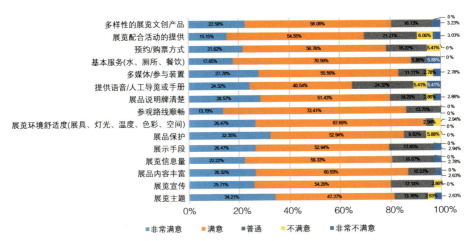

图39　成都图书馆服务满意度统计图

② 成都市档案馆

从成都市档案馆服务满意度统计图表中可知(见表43、图40)，观众对于成都市档案馆所提供的展览硬件服务、软件服务和公共服务满意度得分平均数均在 4 以上,显示观众普遍感到满意。其中观众感到最为满意的是"展览主题",平均数为 4.34;其次是"展品内容丰富",平均数为 4.29,"基本服务(水、厕所、餐饮)",平均数为 4.28,"展品说明牌清楚",平均数为 4.26,"展览宣传"和"展览配合活动的提供",平均数均为 4.25。

表 43　成都市档案馆服务满意度统计表

项　目		非常满意	满意	普通	不满意	非常不满意	总计	平均数
展览主题	次数	57	76	9	0	0	142	4.34
	百分比	40.14%	53.52%	6.34%	0%	0%	100%	
展览宣传	次数	47	75	13	0	0	135	4.25
	百分比	34.81%	55.56%	9.63%	0%	0%	100%	
展品内容丰富	次数	47	73	9	0	0	129	4.29
	百分比	36.43%	56.58%	6.97%	0%	0%	100%	
展览信息量	次数	45	65	12	0	1	123	4.24
	百分比	36.59%	52.85%	9.76%	0%	0.81%	100%	
展示手段	次数	37	69	14	1	0	121	4.17
	百分比	30.58%	57.02%	11.57%	0.83%	0%	100%	
展品保护	次数	41	77	11	0	0	129	4.23
	百分比	31.78%	59.69%	8.53%	0%	0%	100%	
展览环境舒适度(展具、灯光、温度、色彩、空间)	次数	41	72	12	0	0	125	4.23
	百分比	32.8%	57.6%	9.6%	0%	0%	100%	
参观路线顺畅	次数	37	74	18	0	0	129	4.15
	百分比	28.68%	57.36%	13.95%	0%	0%	100%	
展品说明牌清楚	次数	48	64	13	1	0	126	4.26
	百分比	38.1%	50.79%	10.32%	0.79%	0%	100%	
提供语音/人工导览或手册	次数	38	69	18	1	0	126	4.14
	百分比	30.16%	54.76%	14.29%	0.79%	0%	100%	
多媒体/参与装置	次数	43	71	11	1	0	126	4.24
	百分比	34.13%	56.35%	8.73%	0.79%	0%	100%	

(续 表)

项 目		非常满意	满意	普通	不满意	非常不满意	总计	平均数
基本服务(水、厕所、餐饮)	次数	46	72	8	1	0	127	4.28
	百分比	36.22%	56.69%	6.3%	0.79%	0%	100%	
预约/购票方式	次数	43	73	13	0	0	129	4.23
	百分比	33.33%	56.59%	10.08%	0%	0%	100%	
展览配合活动的提供	次数	47	62	12	2	0	123	4.25
	百分比	38.21%	50.41%	9.76%	1.63%	0%	100%	
多样性的展览文创产品	次数	44	66	14	0	0	124	4.24
	百分比	35.48%	53.23%	11.29%	0%	0%	100%	

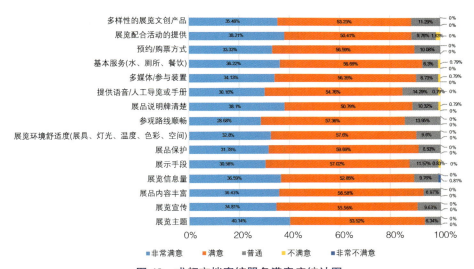

图 40　成都市档案馆服务满意度统计图

③ 成都方志馆

从成都方志馆服务满意度统计图表中可知(见表44、图41),观众对于成都方志馆所提供的展览硬件服务、软件服务和公共服务满意度得分平均数均在4以上,显示观众普遍感到满意。其中观众感到最为满意的是"展览主题",平均数为4.4;其次是"展品说明牌清楚",平均数为4.35,"展品宣传"和"展览配合活动的提供",平均数均为4.34。

表 44　成都方志馆服务满意度统计表

项　目		非常满意	满意	普通	不满意	非常不满意	总计	平均数
展览主题	次数	53	52	8	0	0	113	4.4
	百分比	46.9%	46.02%	7.08%	0%	0%	100%	
展览宣传	次数	49	56	10	0	0	115	4.34
	百分比	42.61%	48.7%	8.7%	0%	0%	100%	
展品内容丰富	次数	47	47	8	3	0	105	4.31
	百分比	44.76%	44.76%	7.62%	2.86%	0%	100%	
展览信息量	次数	46	51	9	2	0	108	4.31
	百分比	42.59%	47.22%	8.33%	1.85%	0%	100%	
展示手段	次数	43	48	15	1	0	107	4.24
	百分比	40.19%	44.86%	14.02%	0.93%	0%	100%	
展品保护	次数	47	50	8	1	1	107	4.32
	百分比	43.93%	46.73%	7.48%	0.93%	0.93%	100%	
展览环境舒适度（展具、灯光、温度、色彩、空间）	次数	45	50	12	1	0	108	4.29
	百分比	41.67%	46.3%	11.11%	0.93%	0%	100%	
参观路线顺畅	次数	39	59	10	2	1	111	4.2
	百分比	35.14%	53.15%	9.01%	1.8%	0.9%	100%	
展品说明牌清楚	次数	48	52	8	1	0	109	4.35
	百分比	44.04%	47.71%	7.34%	0.92%	0%	100%	
提供语音/人工导览或手册	次数	45	45	17	3	0	110	4.2
	百分比	40.91%	40.91%	15.45%	2.73%	0%	100%	
多媒体/参与装置	次数	46	50	16	0	0	112	4.27
	百分比	41.07%	44.64%	14.29%	0%	0%	100%	
基本服务（水、厕所、餐饮）	次数	47	53	11	1	1	113	4.27
	百分比	41.59%	46.9%	9.73%	0.88%	0.88%	100%	

(续　表)

项　目		非常满意	满意	普通	不满意	非常不满意	总计	平均数
预约/购票方式	次数	49	48	18	0	0	115	4.27
	百分比	42.61%	41.74%	15.65%	0%	0%	100%	
展览配合活动的提供	次数	47	49	11	0	0	107	4.34
	百分比	43.93%	45.79%	10.28%	0%	0%	100%	
多样性的展览文创产品	次数	47	49	10	2	0	108	4.31
	百分比	43.52%	45.37%	9.26%	1.85%	0%	100%	

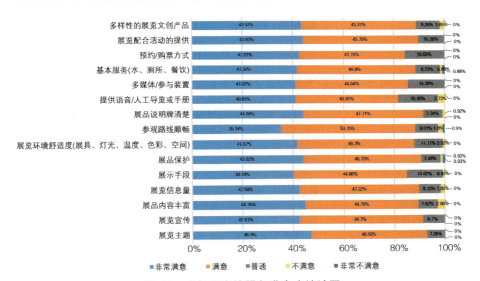

图 41　成都方志馆服务满意度统计图

【长沙】

① 长沙党史馆

从长沙党史馆服务满意度统计图表中可知（见表 45、图 42），观众对于长沙党史馆所提供的展览硬件服务、软件服务和公共服务满意度得分平均数均在 4 以上，显示观众普遍感到满意。其中观众感到最为满意的是"展览主题"，平均数为 4.58；其次为"展览环境舒适度（展具、灯光、温度、色彩、空间）"，平均数为 4.55，"展品保护"，平均数为 4.53，"展览宣传"和"展品内容丰富"，平均数均为 4.51，"参观路线顺畅"，平均数为 4.5。

表 45　长沙党史馆服务满意度统计表

项　　目		非常满意	满意	普通	不满意	非常不满意	总计	平均数
展览主题	次数	108	68	2	0	1	179	4.58
	百分比	60.34%	37.99%	1.12%	0%	0.56%	100%	
展览宣传	次数	96	75	3	0	1	175	4.51
	百分比	54.86%	42.86%	1.71%	0%	0.57%	100%	
展品内容丰富	次数	82	67	4	0	0	153	4.51
	百分比	53.59%	43.79%	2.61%	0%	0%	100%	
展览信息量	次数	83	66	5	0	1	155	4.48
	百分比	53.55%	42.58%	3.23%	0%	0.65%	100%	
展示手段	次数	86	68	5	0	1	160	4.49
	百分比	53.75%	42.5%	3.13%	0%	0.63%	100%	
展品保护	次数	87	60	6	0	0	153	4.53
	百分比	56.86%	39.22%	3.92%	0%	0%	100%	
展览环境舒适度（展具、灯光、温度、色彩、空间）	次数	93	63	5	0	0	161	4.55
	百分比	57.76%	39.13%	3.11%	0%	0%	100%	
参观路线顺畅	次数	88	67	7	0	0	162	4.5
	百分比	54.32%	41.36%	4.32%	0%	0%	100%	
展品说明牌清楚	次数	80	73	7	0	0	160	4.46
	百分比	50%	45.63%	4.38%	0%	0%	100%	
提供语音/人工导览或手册	次数	76	66	13	2	1	158	4.35
	百分比	48.1%	41.77%	8.23%	1.27%	0.63%	100%	
多媒体/参与装置	次数	81	68	7	1	0	157	4.46
	百分比	51.59%	43.31%	4.46%	0.64%	0%	100%	

(续 表)

项　目		非常满意	满意	普通	不满意	非常不满意	总计	平均数
基本服务(水、厕所、餐饮)	次数	84	60	11	0	0	155	4.47
	百分比	54.19%	38.71%	7.1%	0%	0%	100%	
预约/购票方式	次数	80	74	4	1	0	159	4.47
	百分比	50.31%	46.54%	2.52%	0.63%	0%	100%	
展览配合活动的提供	次数	71	75	7	0	1	154	4.4
	百分比	46.1%	48.7%	4.55%	0%	0.65%	100%	
多样性的展览文创产品	次数	71	56	9	14	0	150	4.23
	百分比	47.33%	37.33%	6%	9.33%	0%	100%	

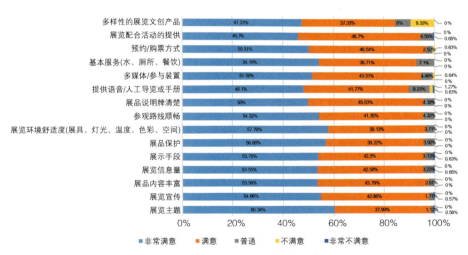

图 42　长沙党史馆服务满意度统计图

② 长沙图书馆

从长沙图书馆服务满意度统计图表中可知(见表 46、图 43)，观众对于长沙图书馆所提供的展览硬件服务、软件服务和公共服务满意度得分平均数均在 4 以上，显示观众普遍感到满意。其中观众感到最为满意的是"展览信息量"，平均数为 4.41；其次是"展览主题"，平均数为 4.4，"展览宣传"，平均数为 4.39，"基本服务(水、厕所、餐饮)"，平均数为 4.38。

表 46 长沙图书馆服务满意度统计表

项目		非常满意	满意	普通	不满意	非常不满意	总计	平均数
展览主题	次数	18	14	2	1	0	35	4.4
	百分比	51.43%	40%	5.71%	2.86%	0%	100%	
展览宣传	次数	13	17	1	0	0	31	4.39
	百分比	41.94%	54.84%	3.23%	0%	0%	100%	
展品内容丰富	次数	13	15	4	0	0	32	4.28
	百分比	40.63%	46.88%	12.5%	0%	0%	100%	
展览信息量	次数	15	11	3	0	0	29	4.41
	百分比	51.72%	37.93%	10.34%	0%	0%	100%	
展示手段	次数	12	13	5	0	0	30	4.23
	百分比	40%	43.33%	16.67%	0%	0%	100%	
展品保护	次数	13	15	2	0	0	30	4.37
	百分比	43.33%	50%	6.67%	0%	0%	100%	
展览环境舒适度（展具、灯光、温度、色彩、空间）	次数	14	13	3	0	0	30	4.37
	百分比	46.67%	43.33%	10%	0%	0%	100%	
参观路线顺畅	次数	14	14	3	0	0	31	4.35
	百分比	45.16%	45.16%	9.68%	0%	0%	100%	
展品说明牌清楚	次数	14	13	3	0	0	30	4.37
	百分比	46.67%	43.33%	10%	0%	0%	100%	
提供语音/人工导览或手册	次数	14	9	6	0	0	29	4.28
	百分比	48.28%	31.03%	20.69%	0%	0%	100%	
多媒体/参与装置	次数	12	11	3	1	0	27	4.26
	百分比	44.44%	40.74%	11.11%	3.7%	0%	100%	
基本服务（水、厕所、餐饮）	次数	19	11	2	2	0	34	4.38
	百分比	55.88%	32.35%	5.88%	5.88%	0%	100%	

(续　表)

项　目		非常满意	满意	普通	不满意	非常不满意	总计	平均数
预约/购票方式	次数	17	14	4	0	0	35	4.37
	百分比	48.57%	40%	11.43%	0%	0%	100%	
展览配合活动的提供	次数	14	13	4	0	0	31	4.32
	百分比	45.16%	41.94%	12.9%	0%	0%	100%	
多样性的展览文创产品	次数	14	11	4	0	0	29	4.34
	百分比	48.28%	37.93%	13.79%	0%	0%	100%	

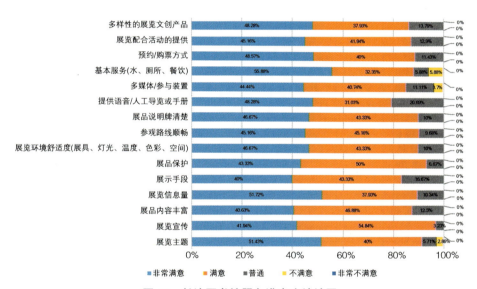

图 43　长沙图书馆服务满意度统计图

③ 长沙市档案馆

从长沙市档案馆服务满意度统计图表中可知(见表 47、图 44),观众对于长沙市档案馆所提供的展览硬件服务、软件服务和公共服务满意度得分平均数均在 4 以上,显示观众普遍感到满意。其中观众感到最为满意的是"展览主题",平均数为 4.37;其次为"展品保护",平均数为 4.36;再者为"展览环境舒适度(展具、灯光、温度、色彩、空间)""展品说明牌清楚"和"多样性的展览文创产品",平均数均为 4.33。

表47 长沙市档案馆服务满意度统计表

项　　目		非常满意	满意	普通	不满意	非常不满意	总计	平均数
展览主题	次数	112	157	10	0	0	279	4.37
	百分比	40.14%	56.27%	3.58%	0%	0%	100%	
展览宣传	次数	99	152	14	0	0	265	4.32
	百分比	37.36%	57.36%	5.28%	0%	0%	100%	
展品内容丰富	次数	102	146	16	1	0	265	4.32
	百分比	38.49%	55.09%	6.04%	0.38%	0%	100%	
展览信息量	次数	97	150	16	0	0	263	4.31
	百分比	36.88%	57.03%	6.08%	0%	0%	100%	
展示手段	次数	96	152	14	0	0	262	4.31
	百分比	36.64%	58.02%	5.34%	0%	0%	100%	
展品保护	次数	109	140	15	0	0	264	4.36
	百分比	41.29%	53.03%	5.68%	0%	0%	100%	
展览环境舒适度（展具、灯光、温度、色彩、空间）	次数	101	156	12	0	0	269	4.33
	百分比	37.55%	57.99%	4.46%	0%	0%	100%	
参观路线顺畅	次数	105	149	17	0	0	271	4.32
	百分比	38.75%	54.98%	6.27%	0%	0%	100%	
展品说明牌清楚	次数	105	145	17	0	0	267	4.33
	百分比	39.33%	54.31%	6.37%	0%	0%	100%	
提供语音/人工导览或手册	次数	97	141	26	4	0	268	4.24
	百分比	36.19%	52.61%	9.7%	1.49%	0%	100%	
多媒体/参与装置	次数	95	138	32	2	0	267	4.22
	百分比	35.58%	51.69%	11.99%	0.75%	0%	100%	
基本服务（水、厕所、餐饮）	次数	101	149	18	2	0	270	4.29
	百分比	37.41%	55.19%	6.67%	0.74%	0%	100%	
预约/购票方式	次数	99	140	25	1	0	265	4.27
	百分比	37.36%	52.83%	9.43%	0.38%	0%	100%	

(续　表)

项　　目		非常满意	满意	普通	不满意	非常不满意	总计	平均数
展览配合活动的提供	次数	92	152	21	1	0	266	4.26
	百分比	34.59%	57.14%	7.89%	0.38%	0%	100%	
多样性的展览文创产品	次数	104	146	13	2	0	265	4.33
	百分比	39.25%	55.09%	4.91%	0.75%	0%	100%	

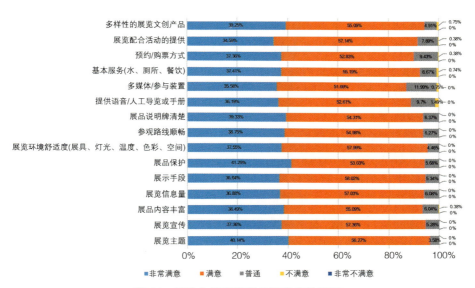

图44　长沙市档案馆服务满意度统计图

（4）重要-表现程度分析

本次调查使用重要－表现程度分析法（Importance-Performance Analysis, IPA），以李克特五点量表为尺度，针对各馆"展览要素与公共服务"两大板块开展观众调查，根据观众对两大板块中各项内容的重视程度与满意程度，掌握观众对三地各馆展览及服务的感受与需求，并以此量化研究结果为基础，作为揭示展览现存问题的重要依据。

根据本研究量表的设计，填答选项设计如下："非常重要"为5分，"重要"为4分，"普通"为3分，"不重要"为2分，"非常不重要"为1分；计算公式为"各观众填答分数总和÷有效样本数＝该题平均值"，为该题的总平均重视程度。

【上海图书馆】

① 预期重要性

调查结果显示(见表48),观众对上海图书馆的整体预期重要性平均值为4.11,表示观众对上海图书馆展览及服务有相当程度的重视。其中,观众普遍最为重视的项目依次为"展品保护""展览环境舒适度"与"展览内容丰富",平均值分别为4.33、4.29、4.23,重视程度较低的项目为"提供语音/人工导览或手册",平均值为3.95。

② 参观满意度

调查结果显示(见表48),观众对上海图书馆的整体参观满意度平均值为4.17。其中,观众最为满意的项目是平均值为4.3的"展品说明牌清楚",次之为"展览主题""展品内容丰富""展览环境舒适度"与"参观路线顺畅",平均值均为4.28。与此同时,观众满意度最低的项目为"多媒体/参与装置",平均值为3.93。

③ 重要-表现程度落差

为了解观众的事前预期程度与参观后满意程度的关系,本分析法将满意程度的平均值减去重视程度的平均值,以得出重视-表现程度之落差。"正值"表示满意程度大于重视程度(表现程度高于观众的预期重要性,观众整体满意度高),"负值"表示满意程度小于重视程度(预期重要性高于表现程度,观众整体满意度低),此为衡量观众重视程度与参观满意度关系的重要指标。

本次调查结果中(见表48),整体项目的重要-表现落差为0.06,显示整体满意度大于重视程度。

"正值"项目包含:"展览主题""展览宣传""展品内容丰富""展览信息量""展示手段""参观路线顺畅""展品说明牌清楚""提供语音/人工导览或手册""基本服务(水、厕所、餐饮)""预约/购票方式""展览配合活动的提供"和"多样性的展览文创产品"。

"负值"项目包含:"展品保护""展览环境舒适度(展具、灯光、温度、色彩、空间)""多媒体/参与装置"。

④ 重要-表现程度分析(IPA分析)

本次调查结果显示(见图45),0项内容位于第二象限(Ⅱ)。而第二象限表示重视程度高、但是满意程度不佳,所以此象限的服务属性是应当优先加强改善的重点,但目前没有一项内容落在该象限中。

表 48　上海图书馆重要-表现程度分析表

项　目	重视程度（I）	满意程度（P）	重要-表现程度落差（P－I）
总平均数	4.11	4.17	0.06
1. 展览主题	4.07	4.28	0.21
2. 展览宣传	4.1	4.21	0.11
3. 展品内容丰富	4.23	4.28	0.05
4. 展览信息量	4.17	4.26	0.09
5. 展示手段	4.09	4.2	0.11
6. 展品保护	4.33	4.27	－0.06
7. 展览环境舒适度（展具、灯光、温度、色彩、空间）	4.29	4.28	－0.01
8. 参观路线顺畅	4.16	4.28	0.12
9. 展品说明牌清楚	4.21	4.3	0.09
10. 提供语音/人工导览或手册	3.95	3.97	0.02
11. 多媒体/参与装置	3.96	3.93	－0.03
12. 基本服务（水、厕所、餐饮）	4.04	4.07	0.03
13. 预约/购票方式	4.01	4.09	0.08
14. 展览配合活动的提供	3.97	4.08	0.11
15. 多样性的展览文创产品	4.09	4.09	0

"展品内容丰富""展览信息量""展品保护""展览环境舒适度（展具、灯光、温度、色彩、空间）""参观路线顺畅""展品说明牌清楚"这 6 项内容均位于第一象限（Ⅰ）。而第一象限表示重视程度与满意程度的评价皆高，落在此象限中的项目应该继续保持。

在第三象限（Ⅲ）中，"提供语音/人工导览或手册""多媒体/参与装置""基本服务（水、厕所、餐饮）""预约/购票方式""展览配合活动的提供""多样性的展览文创产品"的重要与满意程度两者皆差，所以此象限的属性为次要改善项目。

而落在第四象限（Ⅳ）表示重视程度低、但是满意程度高，"展览主题""展览宣传""展示手段"都位于该象限。由于此象限的属性是观众较不重

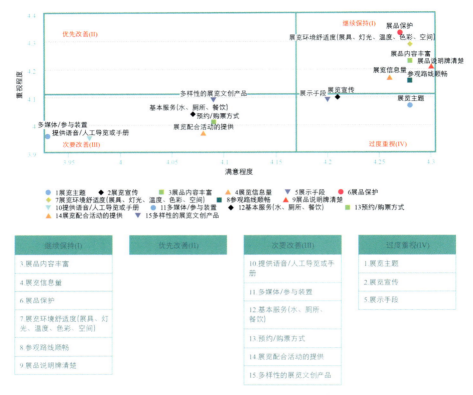

图 45　上海图书馆重要-表现程度矩阵图

视,所以可考虑将此象限的资源改投至位于第二象限的各项内容之上。

【上海市档案馆】

① 预期重要性

调查结果显示(见表49),观众对上海市档案馆的整体预期重要性平均值为4.35,表示观众对上海市档案馆展览及服务有相当程度的重视。其中,观众普遍最为重视的项目依次为"展品保护""展品内容丰富"与"展览信息量",平均值分别为4.45、4.39、4.37,重视程度较低的项目为"基本服务(水、厕所、餐饮)",平均值为4.26。

② 参观满意度

调查结果显示(见表49),观众对上海市档案馆总体的整体参观满意度平均值为4.3。其中,观众最为满意的项目是平均值为4.45的"展览主题",次之为"展览环境舒适度"与"展品保护",平均值分别为4.44、4.43。与此同时,观众满意度最低的项目为"提供语音/人工导览或手册",平均值为4.08。

③ 重要-表现程度落差

本次调查结果中(见表49),整体项目的重要-表现之落差为－0.05,显示出整体满意度小于重视程度。

"正值"项目包含:"展览主题""展览宣传""展览环境舒适度(展具、灯光、温度、色彩、空间)""基本服务(水、厕所、餐饮)"。

"负值"项目包含:"展品内容丰富""展览信息量""展示手段""展品保护""参观路线顺畅""展品说明牌清楚""提供语音/人工导览或手册""多媒体/参与装置""预约/购票方式""展览配合活动的提供"和"多样性的展览文创产品"。

表 49 上海市档案馆重要-表现程度分析表

项　　目	重视程度(I)	满意程度(P)	重要-表现程度落差(P－I)
总平均数	4.35	4.3	－0.05
1. 展览主题	4.41	4.45	0.04
2. 展览宣传	4.34	4.37	0.03
3. 展品内容丰富	4.39	4.36	－0.03
4. 展览信息量	4.37	4.33	－0.04
5. 展示手段	4.32	4.27	－0.05
6. 展品保护	4.45	4.43	－0.02
7. 展览环境舒适度(展具、灯光、温度、色彩、空间)	4.35	4.44	0.09
8. 参观路线顺畅	4.36	4.34	－0.02
9. 展品说明牌清楚	4.41	4.34	－0.07
10. 提供语音/人工导览或手册	4.35	4.08	－0.27
11. 多媒体/参与装置	4.28	4.2	－0.08
12. 基本服务(水、厕所、餐饮)	4.26	4.28	0.02
13. 预约/购票方式	4.33	4.23	－0.1
14. 展览配合活动的提供	4.28	4.23	－0.05
15. 多样性的展览文创产品	4.29	4.21	－0.08

④ 重要-表现程度分析(IPA分析)

本次调查结果显示(见图46),0项内容位于第二象限(Ⅱ)。而第二象限表示重视程度高、但是满意程度不佳,因此该象限的服务属性是应当优先加强改善的重点,但目前未有一项内容落在此象限中。

"展览主题""展品内容丰富""展览信息量""展品保护""展览环境舒适度(展具、灯光、温度、色彩、空间)""参观路线顺畅""展品说明牌清楚"这7项内容均位于第一象限(Ⅰ)。第一象限表示重视程度与满意程度的评价皆高,落在此象限中的项目应该继续保持。

在第三象限(Ⅲ)中,"展示手段""提供语音/人工导览或手册""多媒体/参与装置""基本服务(水、厕所、餐饮)""预约/购票方式""展览配合活动的提供""多样性的展览文创产品"重要与满意程度皆差,因此该象限的属性为次要改善项目。

而落在第四象限(Ⅳ)表示重视程度低、但是满意程度高,"展览宣传"位于此象限。因为该象限的属性是观众较不重视,所以可考虑将此象限的资

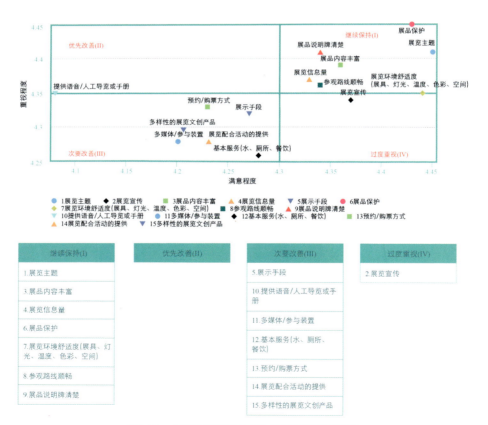

图46　上海市档案馆重要-表现程度矩阵图

源改投至第二象限的各项内容之上。

【上海通志馆】

① 预期重要性

调查结果显示（见表50），观众对上海通志馆的整体预期重要性平均值为4.28，表示观众对上海通志馆展览及服务有相当程度的重视。其中，观众普遍最为重视的项目依次为"展示手段""展品说明牌清楚"和"展品保护"，平均值分别为4.44、4.44、4.4，重视程度较低的项目为"展览宣传""预约/购票方式""展览配合活动的提供"，平均值均为4.13。

② 参观满意度

调查结果显示（见表50），观众对上海通志馆的整体参观满意度平均值为4.05。其中，观众最为满意的项目是平均值为4.27的"展品保护"，次之为"参观路线顺畅"，平均值为4.25，"展览宣传"与"展览信息量"，平均值均为4.13。与此同时，观众满意度最低的项目为"多媒体/参与装置"和"多样性的展览文创产品"，平均值均为3.88。

③ 重要-表现程度落差

本次调查结果中（见表50），整体项目的重要-表现之落差为-0.23，显示出整体满意度小于重视程度。

"正值"项目包含："展览宣传"。

"负值"项目包含："展览主题""展品内容丰富""展览信息量""展示手段""展品保护""展览环境舒适度（展具、灯光、温度、色彩、空间）""参观路线顺畅""展品说明牌清楚""提供语音/人工导览或手册""多媒体/参与装置""基本服务（水、厕所、餐饮）""预约/购票方式""展览配合活动的提供"和"多样性的展览文创产品"。

表50　上海通志馆重要-表现程度分析表

项　　目	重视程度（I）	满意程度（P）	重要-表现程度落差（P－I）
总平均数	4.28	4.05	－0.23
1. 展览主题	4.19	4	－0.19
2. 展览宣传	4.13	4.13	0
3. 展品内容丰富	4.33	4.07	－0.26
4. 展览信息量	4.31	4.13	－0.18

(续　表)

项　　　目	重视程度(I)	满意程度(P)	重要-表现程度落差(P－I)
5. 展示手段	4.44	4.06	－0.38
6. 展品保护	4.4	4.27	－0.13
7. 展览环境舒适度(展具、灯光、温度、色彩、空间)	4.27	4.07	－0.2
8. 参观路线顺畅	4.31	4.25	－0.06
9. 展品说明牌清楚	4.44	4.06	－0.38
10. 提供语音/人工导览或手册	4.38	4	－0.38
11. 多媒体/参与装置	4.25	3.88	－0.37
12. 基本服务(水、厕所、餐饮)	4.25	3.94	－0.31
13. 预约/购票方式	4.13	4	－0.13
14. 展览配合活动的提供	4.13	4	－0.13
15. 多样性的展览文创产品	4.31	3.88	－0.43

④ 重要-表现程度分析(IPA分析)

本次调查结果显示(见图47),"提供语音/人工导览或手册""多样性的展览文创产品"2项内容位于第二象限(Ⅱ)。而第二象限表示重视程度高、但是满意程度不佳,所以落入此象限的项目是应当优先加强改善的重点。

"展品内容丰富""展览信息量""展示手段""展品保护""参观路线顺畅""展品说明牌清楚"这6项内容均位于第一象限(Ⅰ)。第一象限表示重视程度与满意程度的评价皆高,落在此象限中的项目应该继续保持。

在第三象限(Ⅲ)中,"展览主题""多媒体/参与装置""基本服务(水、厕所、餐饮)""预约/购票方式""展览配合活动的提供"重要与满意程度皆差,所以此象限的属性为次要改善项目。

而落在第四象限(Ⅳ)表示重视程度低、但是满意程度高,"展览宣传""展览环境舒适度(展具、灯光、温度、色彩、空间)"位于此象限。因为该象限的属性是观众较不重视,所以可考虑将此象限的资源改投至第二象限的各项内容之上。

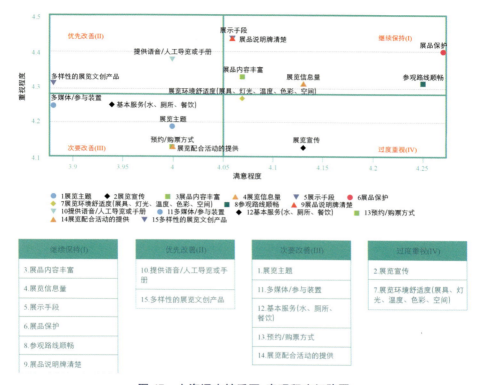

图 47　上海通志馆重要-表现程度矩阵图

【成都图书馆】

① 预期重要性

调查结果显示(见表 51),观众对成都图书馆的整体预期重要性平均值为 4.1,表示观众对成都图书馆展览及服务有相当程度的重视。其中,观众普遍最为重视的项目依次为"展品说明牌清楚""展品保护"和"展览环境舒适度",平均值分别为 4.29、4.26、4.26,重视程度较低的项目为"多样性的展览文创产品",平均值为 3.81。

② 参观满意度

调查结果显示(见表 51),观众对成都图书馆的整体参观满意度平均值为 3.99。其中,观众最为满意的项目是平均值为 4.18 的"展览环境舒适度",次之为"展品保护""展览主题""展品内容丰富",平均值分别为 4.12、4.08、4.08。与此同时,观众满意度最低的项目为"提供语音/人工导览或手册""展览配合活动的提供",平均值均 3.73。

③ 重要-表现程度落差

本次调查结果中(见表51),整体项目的重要-表现之落差为－0.11,显示出整体满意度小于重视程度。

"正值"项目包含:"展览主题""参观路线顺畅"和"多样性的展览文创产品"。

"负值"项目包含:"展览宣传""展品内容丰富""展览信息量""展示手段""展品保护""展览环境舒适度(展具、灯光、温度、色彩、空间)""展品说明牌清楚""提供语音/人工导览或手册""多媒体/参与装置""基本服务(水、厕所、餐饮)""预约/购票方式"和"展览配合活动的提供"。

表51 成都图书馆重要-表现程度分析表

项 目	重视程度(I)	满意程度(P)	重要-表现程度落差(P－I)
总平均数	4.1	3.99	－0.11
1. 展览主题	4.03	4.08	0.05
2. 展览宣传	4.11	4.03	－0.08
3. 展品内容丰富	4.16	4.08	－0.08
4. 展览信息量	4.25	3.97	－0.28
5. 展示手段	4.12	4	－0.12
6. 展品保护	4.26	4.12	－0.14
7. 展览环境舒适度(展具、灯光、温度、色彩、空间)	4.26	4.18	－0.08
8. 参观路线顺畅	3.93	4	0.07
9. 展品说明牌清楚	4.29	4	－0.29
10. 提供语音/人工导览或手册	4.05	3.73	－0.32
11. 多媒体/参与装置	4.11	4.03	－0.08
12. 基本服务(水、厕所、餐饮)	4.09	3.94	－0.15
13. 预约/购票方式	4.08	3.95	－0.13
14. 展览配合活动的提供	3.91	3.73	－0.18
15. 多样性的展览文创产品	3.81	3.97	0.16

④ 重要-表现程度分析(IPA分析)

本次调查结果显示(见图48),"展览信息量"1项内容位于第二象限

(Ⅱ)。而第二象限表示重视程度高、但是满意程度不佳,所以落入此象限的项目是应当优先加强改善的重点。

"展览宣传""展品内容丰富""展示手段""展品保护""展览环境舒适度(展具、灯光、温度、色彩、空间)""展品说明牌清楚""多媒体/参与装置"这7项内容均位于第一象限(Ⅰ)。第一象限表示重视程度与满意程度的评价皆高,落在此象限中的项目应该继续保持。

在第三象限(Ⅲ)中,"提供语音/人工导览或手册""基本服务(水、厕所、餐饮)""预约/购票方式""展览配合活动的提供""多样性的展览文创产品"重要与满意程度皆差,所以此象限的属性为次要改善项目。

而落在第四象限(Ⅳ)表示重视程度低、但是满意程度高,"展览主题""参观路线顺畅"位于此象限。因为该象限的属性是观众较不重视,所以可考虑将此象限的资源改投至第二象限的各项内容之上。

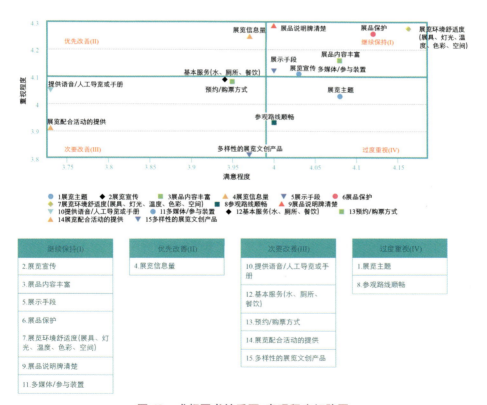

图48 成都图书馆重要-表现程度矩阵图

【成都市档案馆】

① 预期重要性

调查结果显示（见表52），观众对成都市档案馆的整体预期重要性平均值为4.15，表示成都市档案馆观众对该展览及服务有相当程度的重视。其中，观众普遍最为重视的项目依次为"展品说明牌清楚""展览信息量"与"基本服务（水、厕所、餐饮）"，平均值分别为4.26、4.24、4.23，重视程度较低的项目为"参观路线顺畅"，平均值为4.02。

② 参观满意度

调查结果显示（见表52），观众对成都市档案馆的整体参观满意度平均值为4.24。其中，观众最为满意的项目是平均值为4.34的"展览主题"，次之为"展品内容丰富"及"基本服务（水、厕所、餐饮）"，平均值均分别为4.29、4.28。与此同时，观众满意度最低的项目为"提供语音/人工导览或手册"，平均值为4.14。

③ 重要-表现程度落差

本次调查结果中（见表52），整体项目的重要-表现之落差为0.09，显示整体满意度大于重视程度。

"正值"项目包含："展览主题""展览宣传""展品内容丰富""展览信息量""展品保护""展览环境舒适度（展具、灯光、温度、色彩、空间）""展品说明牌清楚""提供语音/人工导览或手册""多媒体/参与装置""基本服务（水、厕所、餐饮）""预约/购票方式""展览配合活动的提供"和"多样性的展览文创产品""参观路线顺畅"。

"负值"项目包含："展示手段"。

表52　成都市档案馆重要-表现程度分析表

项　　目	重视程度（I）	满意程度（P）	重要-表现程度落差（P－I）
总平均数	4.15	4.24	0.09
1. 展览主题	4.13	4.34	0.21
2. 展览宣传	4.13	4.25	0.12
3. 展品内容丰富	4.19	4.29	0.1
4. 展览信息量	4.24	4.24	0

(续 表)

项　目	重视程度 (I)	满意程度 (P)	重要-表现程度 落差(P−I)
5. 展示手段	4.18	4.17	−0.01
6. 展品保护	4.22	4.23	0.01
7. 展览环境舒适度(展具、灯光、温度、色彩、空间)	4.21	4.23	0.02
8. 参观路线顺畅	4.02	4.15	0.13
9. 展品说明牌清楚	4.26	4.26	0
10. 提供语音/人工导览或手册	4.13	4.14	0.01
11. 多媒体/参与装置	4.12	4.24	0.12
12. 基本服务(水、厕所、餐饮)	4.23	4.28	0.05
13. 预约/购票方式	4.05	4.23	0.18
14. 展览配合活动的提供	4.09	4.25	0.16
15. 多样性的展览文创产品	4.09	4.24	0.15

④ 重要-表现程度分析(IPA 分析)

本次调查结果显示(见图 49),"展示手段""展品保护""展览环境舒适度(展具、灯光、温度、色彩、空间)"3 项内容位于第二象限(Ⅱ)。而第二象限表示重视程度高、但是满意程度不佳,所以落入此象限的项目是应当优先加强改善的重点。

"展品内容丰富""展览信息量""展品说明牌清楚""基本服务(水、厕所、餐饮)"4 项内容均位于第一象限(Ⅰ)。第一象限表示重视程度与满意程度的评价皆高,落在此象限中的项目应该继续保持。

在第三象限(Ⅲ)中,"参观路线顺畅""提供语音/人工导览或手册""多媒体/参与装置""预约/购票方式"重要与满意程度皆差,所以此象限的属性为次要改善项目。

而落在第四象限(Ⅳ)表示重视程度低、但是满意程度高,"展览主题""展览宣传""展览配合活动的提供""多样性的展览文创产品"位于此象限。因为该象限的属性观众较不重视,所以可考虑将此象限的资源改投至第二象限的各项内容之上。

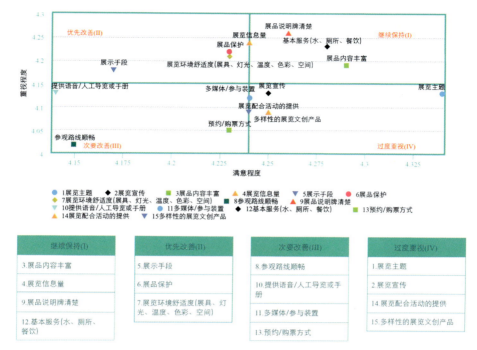

图 49 成都市档案馆重要-表现程度矩阵图

【成都方志馆】

① 预期重要性

调查结果显示(见表 53),观众对成都方志馆的整体预期重要性平均值为 4.24,表示观众对成都方志馆展览及服务有相当程度的重视。其中,观众普遍最为重视的项目依次为"基本服务(水、厕所、餐饮)""展品内容丰富"和"展品说明牌清楚",平均值分别为 4.33、4.32、4.32,重视程度较低的项目为"参观路线顺畅",平均值为 4.15。

② 参观满意度

调查结果显示(见表 53),观众对成都方志馆的整体参观满意度平均值为 4.29。其中,观众最为满意的项目是平均值为 4.4 的"展览主题",次之为"展品说明牌清楚""展览宣传""展览配合活动的提供",平均值分别为 4.35、4.34、4.34。与此同时,观众满意度最低的项目为"参观路线顺畅"与"提供语音/人工导览或手册",平均值为 4.2。

③ 重要-表现程度落差

本次调查结果中(见表 53),整体项目的重要-表现之落差为 0.05,显示出整体满意度大于重视程度。

"正值"项目包含:"展览主题""展览宣传""展览信息量""展示手段""展品保护""展览环境舒适度(展具、灯光、温度、色彩、空间)""展品说明牌清楚""多媒体/参与装置""预约/购票方式""展览配合活动的提供"和"多样性的展览文创产品""参观路线顺畅"。

"负值"项目包含:"展品内容丰富""提供语音/人工导览或手册""基本服务(水、厕所、餐饮)"。

表53　成都方志馆重要-表现程度分析表

项　目	重视程度(I)	满意程度(P)	重要-表现程度落差(P-I)
总平均数	4.24	4.29	0.05
1. 展览主题	4.22	4.4	0.18
2. 展览宣传	4.24	4.34	0.1
3. 展品内容丰富	4.32	4.31	-0.01
4. 展览信息量	4.23	4.31	0.08
5. 展示手段	4.18	4.24	0.06
6. 展品保护	4.26	4.32	0.06
7. 展览环境舒适度(展具、灯光、温度、色彩、空间)	4.25	4.29	0.04
8. 参观路线顺畅	4.15	4.2	0.05
9. 展品说明牌清楚	4.32	4.35	0.03
10. 提供语音/人工导览或手册	4.23	4.2	-0.03
11. 多媒体/参与装置	4.21	4.27	0.06
12. 基本服务(水、厕所、餐饮)	4.33	4.27	-0.06
13. 预约/购票方式	4.2	4.27	0.07
14. 展览配合活动的提供	4.21	4.34	0.13
15. 多样性的展览文创产品	4.2	4.31	0.11

④ 重要-表现程度分析(IPA分析)

本次调查结果显示(见图50),"展览环境舒适度(展具、灯光、温度、色彩、空间)""基本服务(水、厕所、餐饮)"2项服务位于第二象限(Ⅱ)。而第二象限表示重视程度高、但是满意程度不佳,所以落入此象限的项目是应当优先加强改善的重点。

"展览宣传""展品内容丰富""展品保护""展品说明牌清楚"4项服务位于第一象限(Ⅰ)。第一象限表示重视程度与满意程度的评价皆高,所以落在此象限中的项目应该继续保持。

在第三象限(Ⅲ)中,"展示手段""参观路线顺畅""提供语音/人工导览或手册""多媒体/参与装置""预约/购票方式"重要与满意程度皆差,所以此象限的属性为次要改善项目。

而落在第四象限(Ⅳ)表示重视程度低、但是满意程度高,"展览主题""展览信息量""展览配合活动的提供""多样性的展览文创产品"位于此象限。由于该象限的属性是观众较不重视,所以可考虑将此象限的资源改投至第二象限的各项内容之上。

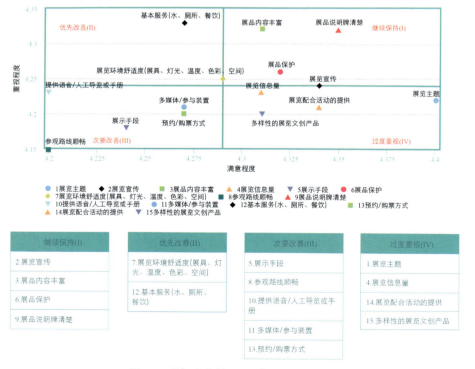

图50　成都方志馆重要-表现程度矩阵图

【长沙党史馆】

① 预期重要性

调查结果显示(见表54),观众对长沙党史馆的整体预期重要性平均值为4.46,表示观众对长沙党史馆展览及服务有相当程度的重视。其中,观众普遍最为重视的项目依次为"展览说明牌清楚""参观路线顺畅""展品内容丰富"和"展品保护",平均值分别为4.53、4.52、4.5、4.5,重视程度较低的项目为"预约/购票方式",平均值为4.36。

② 参观满意度

调查结果显示(见表54),观众对长沙党史馆的整体参观满意度平均值为4.47。其中,观众最为满意的项目是平均值为4.58的"展览主题",次之为"展览环境舒适度(展具、灯光、温度、色彩、空间)""展品保护""展览宣传""展品内容丰富",平均值分别为4.55、4.53、4.51、4.51。与此同时,观众满意度最低的项目为"多样性的展览文创产品",平均值为4.23。

③ 重要-表现程度落差

本次的调查结果中(见表54),整体项目重要-表现之落差为0.01,显示出整体满意度高于重视程度。

"正值"项目包含:"展览主题""展览宣传""展品内容丰富""展览信息量""展示手段""展品保护""展览环境舒适度(展具、灯光、温度、色彩、空间)""基本服务(水、厕所、餐饮)""预约/购票方式"。

"负值"项目包含:"参观路线顺畅""展品说明牌清楚""提供语音/人工导览或手册""多媒体/参与装置""展览配合活动的提供"和"多样性的展览文创产品"。

表54 长沙党史馆重要-表现程度分析表

项 目	重视程度(I)	满意程度(P)	重要-表现程度落差(P—I)
总平均数	4.46	4.47	0.01
1. 展览主题	4.44	4.58	0.14
2. 展览宣传	4.47	4.51	0.04
3. 展品内容丰富	4.5	4.51	0.01
4. 展览信息量	4.48	4.48	0

(续　表)

项　　　目	重视程度 (I)	满意程度 (P)	重要-表现程度 落差(P－I)
5. 展示手段	4.46	4.49	0.03
6. 展品保护	4.5	4.53	0.03
7. 展览环境舒适度(展具、灯光、温度、色彩、空间)	4.48	4.55	0.07
8. 参观路线顺畅	4.52	4.5	－0.02
9. 展品说明牌清楚	4.53	4.46	－0.07
10. 提供语音/人工导览或手册	4.44	4.35	－0.09
11. 多媒体/参与装置	4.48	4.46	－0.02
12. 基本服务(水、厕所、餐饮)	4.37	4.47	0.1
13. 预约/购票方式	4.36	4.47	0.11
14. 展览配合活动的提供	4.41	4.4	－0.01
15. 多样性的展览文创产品	4.42	4.23	－0.19

④ 重要-表现程度分析(IPA 分析)

本次调查结果显示(见图 51),"展品说明牌清楚""多媒体/参与装置"2 项内容均位于第二象限(Ⅱ)。而第二象限表示重视程度高、但是满意程度不佳,所以落入此象限的项目是应当优先加强改善的重点。

"展览宣传""展品内容丰富""展览信息量""展品保护""展览环境舒适度(展具、灯光、温度、色彩、空间)""参观路线顺畅"这 6 项内容均位于第一象限(Ⅰ)。第一象限表示重视程度与满意程度的评价皆高,落在此象限中的项目应该继续保持。

在第三象限(Ⅲ)中,"提供语音/人工导览或手册""预约/购票方式""展览配合活动的提供""多样性的展览文创产品"重要与满意程度皆差,所以此象限的属性为次要改善项目。

而落在第四象限(Ⅳ)表示重视程度低、但是满意程度高,"展览主题""展示手段""基本服务(水、厕所、餐饮)"位于此象限。因为该象限的属性是观众较不重视,所以可考虑将此象限的资源改投至第二象限的各项内容之上。

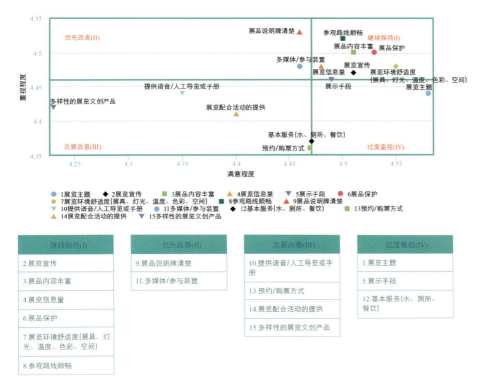

图 51　长沙党史馆重要-表现程度矩阵图

【长沙图书馆】

① 预期重要性

调查结果显示（见表55），观众对长沙图书馆的整体预期重要性平均值为4.36，表示观众对长沙图书馆展览及服务有相当程度的重视。其中，观众普遍最为重视的项目依次为"基本服务（水、厕所、餐饮）""参观路线顺畅""展品保护""展览环境舒适度（展具、灯光、温度、色彩、空间）"和"展品说明牌清楚"，平均值分别为4.56、4.52、4.43、4.43、4.43，重视程度较低的项目为"展示手段"，平均值为4.13。

② 参观满意度

调查结果显示（见表55），观众对长沙图书馆的整体参观满意度平均值为4.34。其中，观众最为满意的项目是平均值为4.41的"展览信息量"，次之为"展览主题""展览宣传""基本服务（水、厕所、餐饮）"，平均值分别为4.4、4.39、4.38。与此同时，观众满意度最低的项目为"多媒体/参与装置"，平均值为 4.26。

③ 重要-表现程度落差

本次的调查结果中(见表55),整体项目重要-表现之落差为-0.02,显示整体重视程度高于满意度。

"正值"项目包含:"展览主题""展览宣传""展览信息量""展示手段""提供语音/人工导览或手册""预约/购票方式"。

"负值"项目包含:"展品内容丰富""展品保护""展览环境舒适度(展具、灯光、温度、色彩、空间)""参观路线顺畅""展品说明牌清楚""多媒体/参与装置""基本服务(水、厕所、餐饮)""展览配合活动的提供"和"多样性的展览文创产品"。

表55 长沙图书馆重要-表现程度分析表

项　　目	重视程度(I)	满意程度(P)	重要-表现程度落差(P－I)
总平均数	4.36	4.34	－0.02
1. 展览主题	4.17	4.4	0.23
2. 展览宣传	4.32	4.39	0.07
3. 展品内容丰富	4.41	4.28	－0.13
4. 展览信息量	4.31	4.41	0.1
5. 展示手段	4.13	4.23	0.1
6. 展品保护	4.43	4.37	－0.06
7. 展览环境舒适度(展具、灯光、温度、色彩、空间)	4.43	4.37	－0.06
8. 参观路线顺畅	4.52	4.35	－0.17
9. 展品说明牌清楚	4.43	4.37	－0.06
10. 提供语音/人工导览或手册	4.17	4.28	0.11
11. 多媒体/参与装置	4.37	4.26	－0.11
12. 基本服务(水、厕所、餐饮)	4.56	4.38	－0.18
13. 预约/购票方式	4.31	4.37	0.06
14. 展览配合活动的提供	4.39	4.32	－0.07
15. 多样性的展览文创产品	4.41	4.34	－0.07

④ 重要-表现程度分析（IPA 分析）

本次调查结果显示（见图 52），"展品内容丰富""多媒体/参与装置""展览配合活动的提供"3 项内容均位于第二象限（Ⅱ）。而第二象限表示重视程度高、但是满意程度不佳，所以落入此象限的项目是应当优先加强改善的重点。

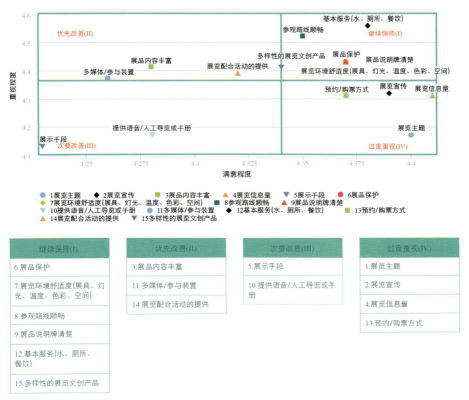

图 52　长沙图书馆重要-表现程度矩阵图

"展品保护""展览环境舒适度（展具、灯光、温度、色彩、空间）""参观路线顺畅""展品说明牌清楚""基本服务（水、厕所、餐饮）""多样性的展览文创产品"这 6 项内容均位于第一象限（Ⅰ）。第一象限表示重视程度与满意程度的评价皆高，落在此象限中的项目应该继续保持。

在第三象限（Ⅲ）中，"展示手段""提供语音/人工导览或手册"重要与满意程度皆差，所以此象限的属性为次要改善项目。

而落在第四象限（Ⅳ）表示重视程度低、但是满意程度高，"展览主题""展览宣传""展览信息量""预约/购票方式"位于此象限。由于该象限的属性是观众较不重视,所以可考虑将此象限的资源改投至第二象限的各项内容之上。

【长沙市档案馆】

① 预期重要性

调查结果显示(见表56),观众对长沙市档案馆的整体预期重要性平均值为4.27,表示观众对长沙市档案馆展览及服务有相当程度的重视。其中,观众普遍最为重视的项目依次为"展品保护""展品说明牌清楚""展品内容丰富""展览环境舒适度(展具、灯光、温度、色彩、空间)",平均值分别为4.34、4.33、4.3、4.29,重视程度较低的项目为"展览宣传",平均值为4.21。

② 参观满意度

调查结果显示(见表56),观众对长沙市档案馆的整体参观满意度平均值为4.3。其中,观众最为满意的项目是平均值为4.37的"展览宣传",次之为"展品保护""展览环境舒适度(展具、灯光、温度、色彩、空间)""展品说明牌清楚""多样性的展览文创产品",平均值分别为4.36、4.33、4.33、4.33、4.33。与此同时,观众满意度最低的项目为"多媒体/参与装置",平均值为4.22。

③ 重要-表现程度落差

本次的调查结果中(见表56),整体项目重要-表现之落差为0.03,显示整体满意度高于重视程度。

"正值"项目包含:"展览主题""展览宣传""展品内容丰富""展览信息量""展示手段""展品保护""展览环境舒适度(展具、灯光、温度、色彩、空间)""参观路线顺畅""展品说明牌清楚""提供语音/人工导览或手册""基本服务(水、厕所、餐饮)""预约/购票方式""展览配合活动的提供"和"多样性的展览文创产品"。

"负值"项目仅包含:"多媒体/参与装置"。

表56 长沙市档案馆重要-表现程度分析表

项目	重视程度(I)	满意程度(P)	重要-表现程度落差(P—I)
总平均数	4.27	4.3	0.03
1. 展览主题	4.25	4.37	0.12
2. 展览宣传	4.21	4.32	0.11
3. 展品内容丰富	4.29	4.32	0.03
4. 展览信息量	4.27	4.31	0.04

(续　表)

项　　目	重视程度 (I)	满意程度 (P)	重要-表现程度 落差(P—I)
5. 展示手段	4.27	4.31	0.04
6. 展品保护	4.34	4.36	0.02
7. 展览环境舒适度(展具、灯光、温度、色彩、空间)	4.3	4.33	0.03
8. 参观路线顺畅	4.27	4.32	0.05
9. 展品说明牌清楚	4.33	4.33	0
10. 提供语音/人工导览或手册	4.23	4.24	0.01
11. 多媒体/参与装置	4.23	4.22	—0.01
12. 基本服务(水、厕所、餐饮)	4.27	4.29	0.02
13. 预约/购票方式	4.23	4.27	0.04
14. 展览配合活动的提供	4.22	4.26	0.04
15. 多样性的展览文创产品	4.26	4.33	0.07

④ 重要-表现程度分析(IPA 分析)

本次调查结果显示(见图 53),"基本服务(水、厕所、餐饮)"1 项内容位于第二象限(Ⅱ)。而第二象限表示重视程度高、但是满意程度不佳,所以落入此象限的项目是应当优先加强改善的重点。

"展品内容丰富""展览信息量""展示手段""展品保护""展览环境舒适度(展具、灯光、温度、色彩、空间)""展品说明牌清楚"这 6 项内容均位于第一象限(Ⅰ)。第一象限表示重视程度与满意程度的评价皆高,落在此象限中的项目应该继续保持。

在第三象限(Ⅲ)中,"提供语音/人工导览或手册""多媒体/参与装置""预约/购票方式""展览配合活动的提供"重要与满意程度皆差,所以此象限的属性为次要改善项目。

而落在第四象限(Ⅳ)表示重视程度低、但是满意程度高,"展览主题""展览宣传""参观路线顺畅""多样性的展览文创产品"位于此象限。因为该象限的属性是观众较不重视,所以可考虑将此象限的资源改投至第二象限的各项内容之上。

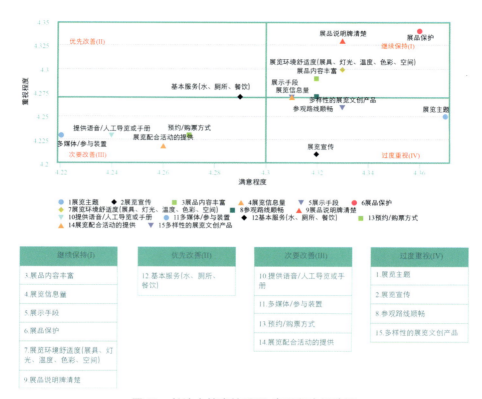

图 53　长沙市档案馆重要-表现程度矩阵图

(5) 参观的整体满意度、再访与推荐分析

① 整体满意度

【上海】

从本次调查研究的结果可知（见表 57、图 54），在整体满意度上，上海三馆九成以上的观众均感到满意，其中上海图书馆占 96.32％，平均数为 4.33；上海市档案馆占 95.23％，平均数为 4.4；上海通志馆占 93.75％，平均数为 4.31。

表 57　上海三馆整体满意度统计表

机构		非常满意	满意	普通	不满意	非常不满意	总计	平均数
三馆	次数	289	367	28	2	0	686	4.37
	百分比	42.13％	53.5％	4.08％	0.29％	0％	100％	

(续 表)

机 构		非常满意	满意	普通	不满意	非常不满意	总计	平均数
上海图书馆	次数	102	160	9	1	0	272	4.33
	百分比	37.5%	58.82%	3.31%	0.37%	0%	100%	
上海市档案馆	次数	181	198	18	1	0	398	4.4
	百分比	45.48%	49.75%	4.52%	0.25%	0%	100%	
上海通志馆	次数	6	9	1	0	0	16	4.31
	百分比	37.5%	56.25%	6.25%	0%	0%	100%	

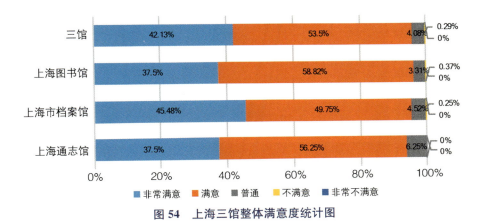

图 54 上海三馆整体满意度统计图

【成都】

从本次调查研究的结果可知(见表58、图55),在整体满意度上,成都三馆九成以上的观众均感到满意,其中成都图书馆占99.83%,平均数为4.88;成都市档案馆占95.1%,平均数为4.41;成都方志馆占97.95%,平均数为4.77。

表 58 成都三馆整体满意度统计表

机 构		非常满意	满意	普通	不满意	非常不满意	总计	平均数
三馆	次数	842	199	13	0	2	1 056	4.78
	百分比	79.73%	18.84%	1.23%	0%	0.19%	100%	

(续　表)

机　构		非常满意	满意	普通	不满意	非常不满意	总计	平均数
成都图书馆	次数	503	68	1	0	0	572	4.88
	百分比	87.94%	11.89%	0.17%	0%	0%	100%	
成都市档案馆	次数	67	69	6	0	1	143	4.41
	百分比	46.85%	48.25%	4.2%	0%	0.7%	100%	
成都方志馆	次数	272	62	6	0	1	341	4.77
	百分比	79.77%	18.18%	1.76%	0%	0.29%	100%	

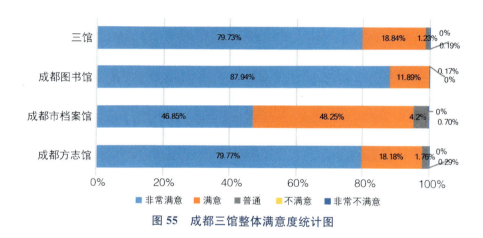

图 55　成都三馆整体满意度统计图

【长沙】

从本次调查研究的结果可知（见表 59、图 56），在整体满意度上，长沙三馆九成以上的观众均感到满意，其中长沙党史馆占 96.25%，平均数为 4.49；长沙图书馆占 95.24%，平均数为 4.48；长沙市档案馆占 93.25%，平均数为 4.39。

表 59　长沙三馆整体满意度统计表

机　构		非常满意	满意	普通	不满意	非常不满意	总计	平均数
三馆	次数	267	229	22	1	6	525	4.43
	百分比	50.86%	43.62%	4.19%	0.19%	1.14%	100%	

(续表)

机构		非常满意	满意	普通	不满意	非常不满意	总计	平均数
长沙党史馆	次数	108	72	2	0	5	187	4.49
	百分比	57.75%	38.5%	1.07%	0%	2.67%	100%	
长沙图书馆	次数	24	16	1	0	1	42	4.48
	百分比	57.14%	38.1%	2.38%	0%	2.38%	100%	
长沙市档案馆	次数	135	141	19	1	0	296	4.39
	百分比	45.61%	47.64%	6.42%	0.34%	0%	100%	

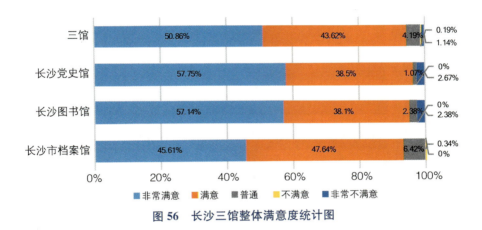

图 56　长沙三馆整体满意度统计图

② 观众再访与推荐意愿

【上海】

从本次调查研究的结果可知（见表 60、图 57），上海三馆八成以上的观众均表示会再访，其中上海图书馆占 93.75%，平均数为 4.28；上海市档案馆占 85.2%，平均数为 4.22；上海通志馆占 93.75%，平均数为 4.31。

表 60　上海三馆再访意愿统计表

机构		一定会	会	不确定	不会	一定不会	总计	平均数
三馆	次数	247	357	73	3	0	680	4.25
	百分比	36.32%	52.5%	10.74%	0.44%	0%	100%	

(续 表)

机　构		一定会	会	不确定	不会	一定不会	总计	平均数
上海图书馆	次数	94	161	16	1	0	272	4.28
	百分比	34.56%	59.19%	5.88%	0.37%	0%	100%	
上海市档案馆	次数	146	188	57	1	0	392	4.22
	百分比	37.24%	47.96%	14.54%	0.26%	0%	100%	
上海通志馆	次数	7	8	0	1	0	16	4.31
	百分比	43.75%	50%	0%	6.25%	0%	100%	

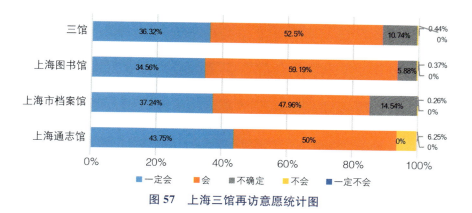

图 57　上海三馆再访意愿统计图

而从推荐意愿统计表可得知(见表61、图58),上海三馆八成以上的观众都愿意推荐给其他人,其中上海图书馆占91.55%,平均数为4.24;上海市档案馆占87.91%,平均数为4.26;上海通志馆占93.75%,平均数为4.38。

表 61　上海三馆推荐意愿统计表

机　构		一定会	会	不确定	不会	一定不会	总计	平均数
三馆	次数	245	368	71	1	0	685	4.25
	百分比	35.77%	53.72%	10.36%	0.15%	0%	100%	
上海图书馆	次数	87	162	23	0	0	272	4.24
	百分比	31.99%	59.56%	8.46%	0%	0%	100%	

(续 表)

机构		一定会	会	不确定	不会	一定不会	总计	平均数
上海市档案馆	次数	151	198	47	1	0	397	4.26
	百分比	38.04%	49.87%	11.84%	0.25%	0%	100%	
上海通志馆	次数	7	8	1	0	0	16	4.38
	百分比	43.75%	50%	6.25%	0%	0%	100%	

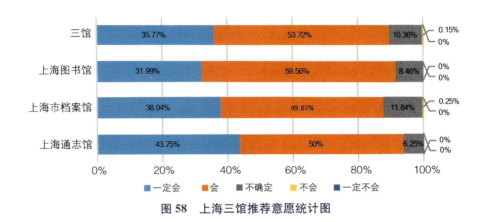

图 58 上海三馆推荐意愿统计图

【成都】

从本次调查研究的结果可知(见表 62、图 59),成都三馆九成以上的观众均表示会再访,其中成都图书馆占 99.13%,平均数为 4.87;成都市档案馆占 92.91%,平均数为 4.38;成都方志馆占 96.78%,平均数为 4.76。

表 62 成都三馆再访意愿统计表

机构		一定会	会	不确定	不会	一定不会	总计	平均数
三馆	次数	842	188	24	0	2	1 056	4.77
	百分比	79.73%	17.8%	2.27%	0%	0.19%	100%	
成都图书馆	次数	506	63	4	0	1	574	4.87
	百分比	88.15%	10.98%	0.7%	0%	0.17%	100%	

(续　表)

机　构		一定会	会	不确定	不会	一定不会	总计	平均数
成都市档案馆	次数	64	67	10	0	0	141	4.38
	百分比	45.39%	47.52%	7.09%	0%	0%	100%	
成都方志馆	次数	272	58	10	0	1	341	4.76
	百分比	79.77%	17.01%	2.93%	0%	0.29%	100%	

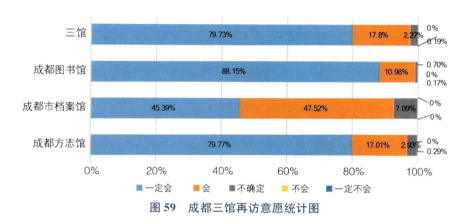

图 59　成都三馆再访意愿统计图

而从推荐意愿统计表可得知（见表 63、图 59），成都三馆九成以上的观众均愿意推荐给其他人，其中成都图书馆占 99.3%，平均数为 4.88；成都市档案馆占 92.91%，平均数为 4.37；成都方志馆占 96.48%，平均数为 4.76。

表 63　成都三馆推荐意愿统计表

机　构		一定会	会	不确定	不会	一定不会	总计	平均数
三馆	次数	841	189	26	0	0	1 056	4.77
	百分比	79.64%	17.9%	2.46%	0%	0%	100%	
成都图书馆	次数	508	62	4	0	0	574	4.88
	百分比	88.5%	10.8%	0.7%	0%	0%	100%	
成都市档案馆	次数	62	69	10	0	0	141	4.37
	百分比	43.97%	48.94%	7.09%	0%	0%	100%	

(续 表)

机构		一定会	会	不确定	不会	一定不会	总计	平均数
成都方志馆	次数	271	58	12	0	0	341	4.76
	百分比	79.47%	17.01%	3.52%	0%	0%	100%	

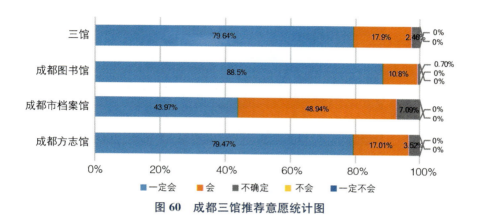

图60 成都三馆推荐意愿统计图

【长沙】

从本次调查研究的结果可知（见表64、图61），长沙三馆九成以上的观众均表示会再访，其中长沙党史馆占90.76%，平均数为4.39；长沙图书馆占93.03%，平均数为4.53；长沙市档案馆占92.98%，平均数为4.31。

表64 长沙三馆再访意愿统计表

机构		一定会	会	不确定	不会	一定不会	总计	平均数
三馆	次数	238	247	36	2	3	526	4.36
	百分比	45.25%	46.96%	6.84%	0.38%	0.57%	100%	
长沙党史馆	次数	89	78	17	0	0	184	4.39
	百分比	48.37%	42.39%	9.24%	0%	0%	100%	
长沙图书馆	次数	28	12	2	0	1	43	4.53
	百分比	65.12%	27.91%	4.65%	0%	2.33%	100%	

（续　表）

机　　构		一定会	会	不确定	不会	一定不会	总计	平均数
长沙市档案馆	次数	121	157	17	2	2	299	4.31
	百分比	40.47%	52.51%	5.69%	0.67%	0.67%	100%	

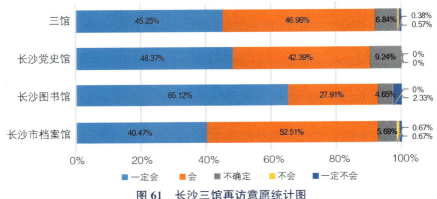

图 61　长沙三馆再访意愿统计图

而从推荐意愿统计表可得知（见表65、图62），长沙三馆九成以上的观众均愿意推荐给其他人，其中长沙党史馆占95.7%，平均数为4.46；长沙图书馆占90.47%，平均数为4.48；长沙市档案馆占94.2%，平均数为4.33。

表 65　长沙三馆推荐意愿统计表

机　　构		一定会	会	不确定	不会	一定不会	总计	平均数
三馆	次数	234	258	28	1	0	521	4.39
	百分比	44.91%	49.52%	5.37%	0.19%	0%	100%	
长沙党史馆	次数	94	84	8	0	0	186	4.46
	百分比	50.54%	45.16%	4.3%	0%	0%	100%	
长沙图书馆	次数	24	14	4	0	0	42	4.48
	百分比	57.14%	33.33%	9.52%	0%	0%	100%	
长沙市档案馆	次数	116	160	16	1	0	293	4.33
	百分比	39.59%	54.61%	5.46%	0.34%	0%	100%	

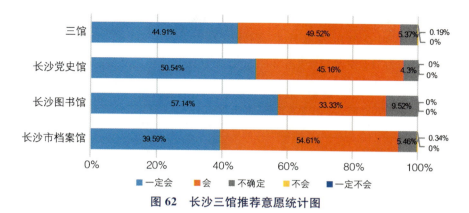

图 62　长沙三馆推荐意愿统计图

3. 针对长沙方志馆未来建造的调查分析

(1) 观众人口统计特征分析

① 性别

本次研究结果显示(见表 66、图 63),在就长沙方志馆未来建造进行调查时,调查对象中男性占比 100%,与国内外相关博物馆观众研究中,普遍以女性观众居多的情况不符。但由于本次调查样本数仅有 5 人,所以未来还需要搜集更多数据,以体现实际观众的样本构成。

表 66　长沙方志馆观众性别比例统计表

项　目	次　数	百分比
男	5	100%
女	0	0%
总　计	5	100%

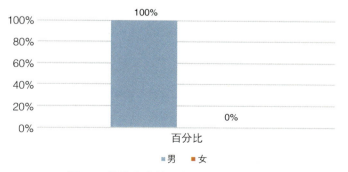

图 63　长沙方志馆观众性别比例统计图

② 年龄

调查的观众群以年龄"35—44 岁"和"55—64 岁"的居多,分别各占 40%,其次为"14 岁及以下"占 20%(见表 67、图 64)。

表 67　长沙方志馆观众年龄层统计表

项　目	次　数	百分比
14 岁及以下	1	20%
15—19 岁	0	0%
20—24 岁	0	0%
25—34 岁	0	0%
35—44 岁	2	40%
45—54 岁	0	0%
55—64 岁	2	40%
65—69 岁	0	0%
70 岁及以上	0	0%
总　计	5	100%

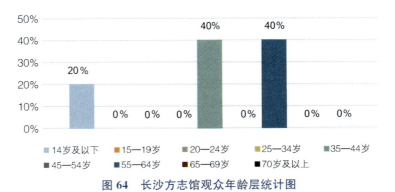

图 64　长沙方志馆观众年龄层统计图

③ 教育程度

本次调查结果显示(见表 68、图 65),教育程度以"大学/大专"和"硕士及以上"为主,各自均占 40%,其次为"高中/职高",占 20%。

表 68　长沙方志馆观众受教育程度统计表

项　目	次　数	百分比
初中(含)以下	0	0%
高中/职高	1	20%
大学/大专	2	40%
硕士及以上	2	40%
总　计	5	100%

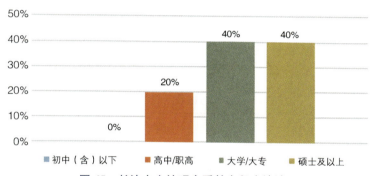

图 65　长沙方志馆观众受教育程度统计图

④ 职业

根据本次调查结果(见表 69、图 66),60%的观众之职业为"政党机关",其次为"企、事业单位",占 40%。

表 69　长沙方志馆观众职业统计表

项　目	次　数	百分比
政党机关	3	60%
企、事业单位	2	40%
个体户、自由职业者	0	0%
在校学生	0	0%
已退休	0	0%
总　计	5	100%

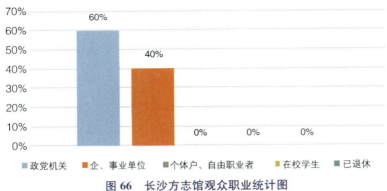

图66　长沙方志馆观众职业统计图

⑤ 居住地

根据本次调查结果（见表70、图67），100%的观众均为"长沙市"本地人士。

表70　长沙方志馆观众居住地统计表

项　　目	次　　数	百分比
长沙市	5	100%
长沙市以外的湖南省	0	0%
湖南省以外的省级行政区	0	0%
港澳台地区	0	0%
总　　计	5	100%

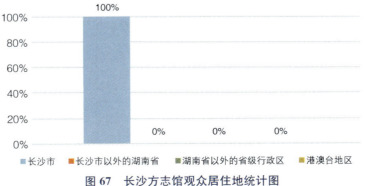

图67　长沙方志馆观众居住地统计图

(2) 观众行为调查分析

① 若长沙方志馆建成,是否会参观

从本次调查研究的结果可知(见表71、图68),100%的观众表示若长沙方志馆建成,他们会来参观。

表71 长沙方志馆参观意愿统计表

结果	一定会	会	普通	不会	一定不会	总计	平均数
次数	5	0	0	0	0	5	5
百分比	100%	0%	0%	0%	0%	100%	

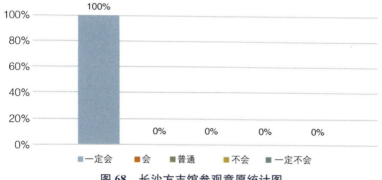

图68 长沙方志馆参观意愿统计图

② 若长沙方志馆建成,预计停留多长时间看展

在停留时间上(见表72、图69),40%的观众表示将在馆内停留"1小时以内",40%的观众将停留"1.5—2小时",另外有20%的观众表示预计停留"3小时以上"。

表72 观众于长沙方志馆停留时间统计表

项 目	次 数	百分比
1小时以内	2	40%
1—1.5小时	0	0%
1.5—2小时	2	40%
2—3小时	0	0%
3小时以上	1	20%
总 计	5	100%

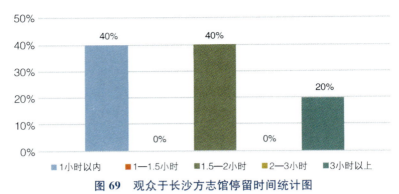

图 69　观众于长沙方志馆停留时间统计图

③ 若长沙方志馆建成,可能与谁同行

本次统计数据显示(见表 73、图 70),观众大多表示将要与"朋友家人"一同前来,占 60%,其次为"独自参观"或"单位组织",均占 20%。

表 73　长沙方志馆观众同行者所属类型统计表

项　目	次　数	百分比
独自参观	1	20%
朋友家人	3	60%
单位组织	1	20%
学校团队	0	0%
旅游团队	0	0%
总　计	5	100%

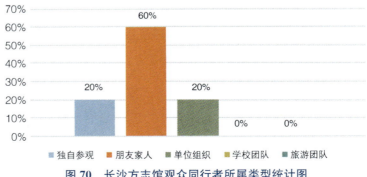

图 70　长沙方志馆观众同行者所属类型统计图

④ 若长沙方志馆建成，可能信息来源（多选）

本次调查统计中显示（见表74、图71），观众主要通过"微信"获取相关信息，占100%；其次则为"官网"，占60%；而"大众点评""地铁海报""院内海报""其他纸质宣传资料""亲友介绍"和"团体参观"则均占40%。

表74　观众获知长沙方志馆相关信息渠道统计表

项　目	次　数	观察值百分比
微　信	5	100%
微　博	1	20%
官　网	3	60%
大众点评	2	40%
地铁海报	2	40%
院内海报	2	40%
商场海报	1	20%
其他纸质宣传资料	2	40%
亲友介绍	2	40%
团体参观	2	40%
路　过	1	20%

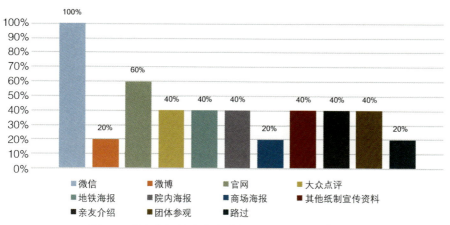

图71　观众获知长沙方志馆相关信息的渠道统计图

⑤ 若长沙方志馆建成，来馆目的（多选）

本次调查结果显示（见表75、图72），观众预计参观长沙方志馆的原因主要为"看特别的展览",占 100%。其次为"旅游观光",占 80%,而"兴趣爱好"则占 60%。

表 75　观众参观长沙方志馆原因统计表

项目	次数	观察值百分比
旅游观光	4	80%
兴趣爱好	3	60%
消磨时间	1	20%
看特别的展览	5	100%
随意的参观	1	20%
追求娱乐	1	20%
学习某些事情	2	40%
团体参观	1	20%
教育子女	1	20%
向朋友分享经验	1	20%
参加本馆活动	1	20%
顺路经过	1	20%
专业研究	1	20%

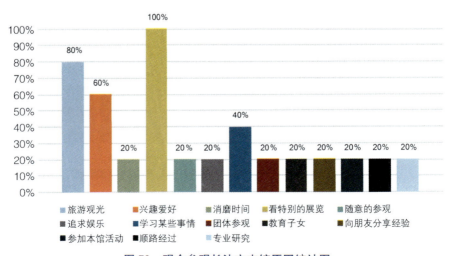

图 72　观众参观长沙方志馆原因统计图

⑥ 若长沙方志馆建成,喜欢的展览主题(多选)

本次调查研究显示(见表76、图73),观众对于展览主题的偏好以"中国文明类"为最多,占100%,其次是"亲子教育类"主题,占60%。

表76　长沙方志馆观众偏好的展览主题统计表

项　目	次　数	观察值百分比
世界文明类	2	40%
中国文明类	5	100%
艺术类	2	40%
科技类	2	40%
自然类	2	40%
跨界类	2	40%
亲子教育类	3	60%

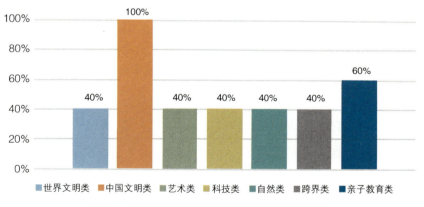

图73　长沙方志馆观众偏好的展览主题统计图

(3) 各项服务重要程度分析

从长沙方志馆重视度统计中可知(见表77、图74),观众对于长沙方志馆所提供的展览及服务的期望度得分皆在4以上。观众最重视的是"基本服务(水、厕所、餐饮)"和"多样性的展览文创产品",平均值均为4.8。

表 77　长沙方志馆服务重要度统计表

项　目		极为重要	重要	普通	不重要	非常不重要	总计	平均数
展览主题	次数	2	3	0	0	0	5	4.4
	百分比	40%	60%	0%	0%	0%	100%	
展览宣传	次数	3	2	0	0	0	5	4.6
	百分比	60%	40%	0%	0%	0%	100%	
展品内容丰富	次数	3	2	0	0	0	5	4.6
	百分比	60%	40%	0%	0%	0%	100%	
展览信息量	次数	3	2	0	0	0	5	4.6
	百分比	60%	40%	0%	0%	0%	100%	
展示手段	次数	3	2	0	0	0	5	4.6
	百分比	60%	40%	0%	0%	0%	100%	
展品保护	次数	2	3	0	0	0	5	4.4
	百分比	40%	60%	0%	0%	0%	100%	
展览环境舒适度（展具、灯光、温度、色彩、空间）	次数	2	3	0	0	0	5	4.4
	百分比	40%	60%	0%	0%	0%	100%	
参观路线顺畅	次数	2	3	0	0	0	5	4.4
	百分比	40%	60%	0%	0%	0%	100%	
展品说明牌清楚	次数	3	2	0	0	0	5	4.6
	百分比	60%	40%	0%	0%	0%	100%	
提供语音/人工导览或手册	次数	2	3	0	0	0	5	4.4
	百分比	40%	60%	0%	0%	0%	100%	
多媒体/参与装置	次数	3	2	0	0	0	5	4.6
	百分比	60%	40%	0%	0%	0%	100%	
基本服务（水、厕所、餐饮）	次数	4	1	0	0	0	5	4.8
	百分比	80%	20%	0%	0%	0%	100%	

第二章　文献收藏机构展览的问题聚焦　159

(续　表)

项目		极为重要	重要	普通	不重要	非常不重要	总计	平均数
预约/购票方式	次数	3	2	0	0	0	5	4.6
	百分比	60%	40%	0%	0%	0%	100%	
展览配合活动的提供	次数	2	3	0	0	0	5	4.4
	百分比	40%	60%	0%	0%	0%	100%	
多样性的展览文创产品	次数	4	1	0	0	0	5	4.8
	百分比	80%	20%	0%	0%	0%	100%	

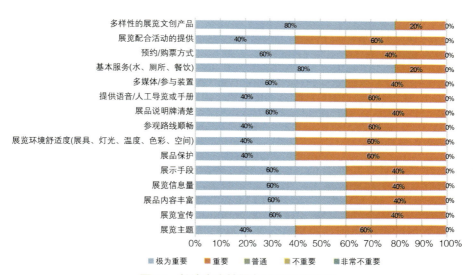

图 74　长沙方志馆服务重要度统计图

4. 调研结论与问题聚焦

本研究中的问题聚焦采用的是文献和实证双重资料的相互验证，其中，问卷调查是实证调研的重要方法，其有效避免了文献分析和访谈调研中的机构导向——或是站在机构研究者，或是站在机构从业者的视角来揭示问题，而是选择以观众为导向——从机构使用者的视角去发现问题。本次调查内容主要包括四个方面：观众行为、受访者人口变量、观众对展览及服务的满意度与重视程度、忠诚度与推荐。尽管观众视角下的外部评估和机构视角下的内部评估涉及的内容不尽相同，但是展览业务和公共服务却始终是评估的关键内容,也是本次问卷调查的重中之重。因此,下文将首先从"人口统计变量和观众行为分析"的结论出发,揭示观众特征,再立足"观众对展览及服务的满意度与重视程度分析"的结论,进行展览问题的聚焦。

整体而言,目前上海图书馆、上海市档案馆、上海通志馆、成都图书馆、成都市档案馆、成都方志馆、长沙党史馆、长沙图书馆和长沙市档案馆在展览及服务上,皆得到多数观众的肯定与支持。同时,本次调查发现,上海三馆、成都三馆和长沙三馆观众的满意度、再访意愿及推荐意愿都较高,显示出此九馆的各项服务水平均维持在一定水准上。起初,问卷调查的对象包括十个馆,但由于长沙方志馆正在建造中,该馆样本量过少,所以无法完整反映母群体特征,即便进行了进一步的深入分析,也难以获得较为准确的结果和发现,所以本研究将该馆的数据独立出来加以分析,以便作为此前整体数据分析之参考。

(1) 基于"人口统计特征和观众行为分析"结论的观众特征揭示

① 基于各地三馆"人口统计特征与观众行为分析"结论的观众特征揭示

【上海三馆】

本次调查研究结果显示,上海图书馆观众的年龄层主要为 20—34 岁的青壮年人群。教育程度以大专院校和硕士以上高学历者居多。职业以企、事业单位工作人员和学生为主。通过"微信"来获取上海图书馆相关信息。前来看展的主要原因是兴趣爱好。以独自参观以及与朋友、家人一起参观为主。偏好艺术类、中国文明类的展览主题。

上海市档案馆观众的年龄层主要为 25—44 岁的青中年人群。教育程度以大专院校和硕士及以上高学历者居多。职业以企、事业单位和政党机关工作人员为主。主要通过"微信"来获取上海市档案馆相关信息。前来看展的主要原因除了团体参观外,还为了学习某些事情。以单位组织参观为主。偏好中国文明类、科技类的展览主题。

上海通志馆观众的年龄层主要为 25—44 岁的青中年人群。教育程度以大专院校以上学历者居多,同时硕士及以上者比大专院校占比更高,为高学历的精英人群。职业以企、事业单位和政党机关工作人员为主。主要通过"微信"来获取上海通志馆相关信息。前来看展的主要原因是兴趣爱好。以独自参观为主。偏好中国文明类、艺术类、世界文明类和跨界类的展览主题。

【成都三馆】

本次调查研究结果显示,成都图书馆观众的年龄层主要为 15—24 岁的青年人群。教育程度以大专院校以上高学历者居多,高中/职高次之。职业以学生为主。主要通过"微信"来获取成都图书馆相关信息。前来看展的主要原因是学习某些事情。以独自参观以及与朋友、家人一起参观为主。偏好中国文明类和世界文明类的展览主题。

成都市档案馆观众的年龄层主要为 20—34 岁的青壮年人群。教育程度以大专院校以上高学历者居多。职业以企、事业单位工作人员及学生为主。主要通过"微信"来获取成都市档案馆相关信息。前来看展的主要原因是兴趣爱好。以与朋友、家人一起参观为主。偏好中国文明类和世界文明类的展览主题。

成都方志馆观众的年龄层主要为 25—34 岁的青壮年人群。教育程度以大专院校以上学历者居多。职业以学生为主,其次是企、事业单位工作人员。主要通过"微信"来获取成都方志馆相关信息。前来看展的主要原因是兴趣爱好。以与朋友、家人一起参观为主。偏好中国文明类和世界文明类的展览主题。

【长沙三馆】

本次调查研究结果显示,长沙党史馆观众的年龄层主要为 35—54 岁的中年人群。教育程度以大专院校以上学历者居多,其次为高中/职高。职业以企、事业单位工作人员为主。主要通过"微信"来获取长沙党史馆相关信息。前来看展的主要原因是兴趣爱好。以与朋友、家人一起参观为主。偏好中国文明类和世界文明类的展览主题。

长沙图书馆观众的年龄层主要为 20—34 岁的青壮年人群。教育程度以大专院校以上高学历者居多,其次为初中以下。职业以学生为主。主要通过"微信"来获取长沙图书馆相关信息。前来看展的主要原因是兴趣爱好和学习某些事情。以与朋友、家人一起参观为主。偏好中国文明类、世界文明类和艺术类的展览主题。

长沙市档案馆观众的年龄层主要为 45—54 岁的中年人群。教育程度以大专院校以上学历者居多,其次为高中/职高。职业以企、事业单位工作人员为主。主要通过"微信"来获取长沙档案馆相关信息。前来看展的主要原因是兴趣爱好和看特别的展览等。以与朋友、家人一起参观为主。偏好为中国文明类、世界文明类的展览主题。

② 基于三地九馆"人口统计特征与观众行为分析"结论的观众特征揭示

本次调查结果显示,上海、成都和长沙三地九馆观众的年龄层主要为25—34岁的青壮年人群,占23.75%;其次为20—24岁的青年人群,占21.47%(见图75)。教育程度以大专院校以上高学历者居多,占72.05%,其中大学/大专学历者占59.09%(见图76)。职业以企、事业单位工作人员为主,占39.48%;其次为学生,占33.67%(见图77)。主要通过"微信"来获取各个文献收藏机构相关信息,占53.38%;其次为官网,占26.54%(见图

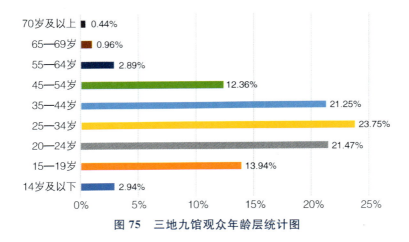

图75 三地九馆观众年龄层统计图

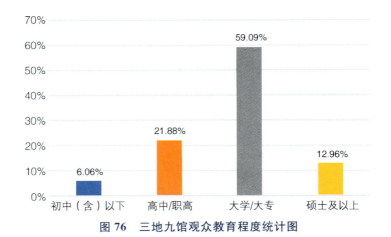

图76 三地九馆观众教育程度统计图

78)。前来看展的主要原因是兴趣爱好、学习某些事情和看特别的展览，占比分别为 40.39%、37.91% 和 22.89%（见图 79）。观众在看展时，停留时间以 1 小时以内为主，占 38.55%；其次是 1—1.5 小时，占 34.13%（见图 80）。同行者以朋友、家人为主，占 41.62%；其次是单位组织，占 27.66%（见图 81）。偏好中国文明类、世界文明类、自然类、科技类和艺术类的展览主题，占比分别为 70.01%、48.28%、35.44%、35.22% 和 34.13%（见图 82）。

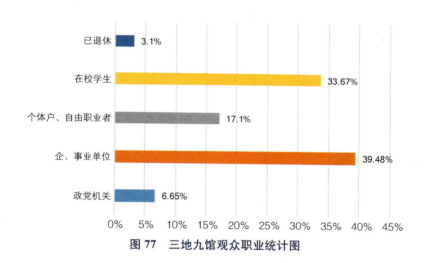

图 77　三地九馆观众职业统计图

图 78　观众获知三地九馆相关信息的渠道统计图

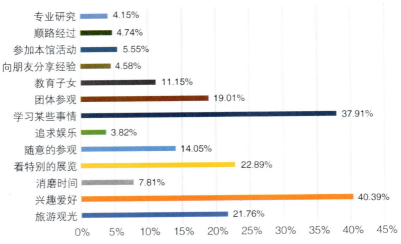

图 79　观众参观三地九馆原因统计图

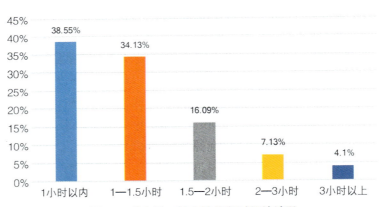

图 80　观众于三地九馆停留时间统计图

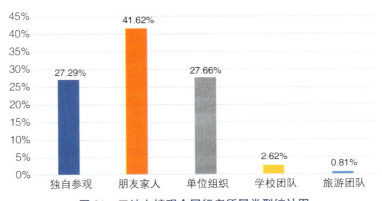

图 81　三地九馆观众同行者所属类型统计图

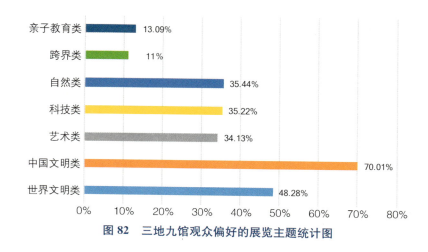

图 82 三地九馆观众偏好的展览主题统计图

(2) 基于"展览及服务的满意度与重视程度分析"结论的问题聚焦

① 各项服务满意度的分析结论

三地九馆的调查结果显示,多数观众对于馆内所提供的展览及服务感到相当满意,仅有少部分项目平均数较低。

上海图书馆:观众对于上海图书馆所提供的各种展览要素及公共服务的满意度,除了"提供语音/人工导览或手册""多媒体/参与装置"外,其他得分平均数均在4以上,显示出观众普遍感到满意。

上海市档案馆:观众对于上海市档案馆所提供的各种展览要素及公共服务的满意度得分平均数均在4以上,显示出观众普遍感到满意。其他应加以改善的项目需要参考 IPA 分析。

上海通志馆:观众对于上海通志馆所提供的各种展览要素及公共服务的满意度,除了"多媒体/参与装置""基本服务(水、厕所、餐饮)""多样性的展览文创产品"外,得分平均数均在4以上,显示出观众普遍感到满意。

成都图书馆:观众对于成都图书馆所提供的各种展览要素及公共服务的满意度,除了"展览信息量""提供语音/人工导览或手册""基本服务(水、厕所、餐饮)""预约/购票方式""展览配合活动的提供""多样性的展览文创产品"外,其余得分平均数均在4以上,显示出观众普遍还是较为满意的。

成都市档案馆:观众对于成都市档案馆所提供的各种展览要素及公共服务的满意度,得分平均数均在4以上,显示出观众普遍感到满意。其他应加以改善的项目需要参考 IPA 分析。

成都方志馆：观众对于成都方志馆所提供的各种展览要素及公共服务的满意度，得分平均数均在 4 以上，显示出观众普遍感到满意。其他应加以改善的项目需要参考 IPA 分析。

长沙党史馆：观众对于长沙党史馆所提供的各种展览要素及公共服务的满意度，得分平均数均在 4 以上，显示出观众普遍感到满意。其他应加以改善的项目需要参考 IPA 分析。

长沙图书馆：观众对于长沙图书馆所提供的各种展览要素及公共服务的满意度，得分平均数均在 4 以上，显示出观众普遍感到满意。其他应加以改善的项目需要参考 IPA 分析。

长沙市档案馆：观众对于长沙市档案馆所提供的各种展览要素及公共服务的满意度，得分平均数均在 4 以上，显示出观众普遍感到满意。其他应加以改善的项目需要参考 IPA 分析。

② 展览及服务重要-表现程度的分析结论

从本次针对上海三馆、成都三馆和长沙三馆所做的 IPA 分析中可明显看出，观众普遍对此九馆展览及服务抱有极高的重视程度，因此使得本次调查中部分项目在重要-表现程度的落差值呈现"负值"。由于本项分析是围绕观众对各调查项目的重视程度与满意程度进行的整体分析，所以应当对坐落在第二象限（优先改善）和第三象限（次要改善）的项目首先予以关注。

在上海图书馆的 IPA 分析中，虽然优先改善的项目显示"无"，但次要改善的项目包括"提供语音/人工导览或手册""多媒体/参与装置""基本服务（水、厕所、餐饮）""预约/购票方式""展览配合活动的提供""多样性的展览文创产品"。

在上海市档案馆的 IPA 分析中，尽管优先改善的项目显示"无"，但次要改善的项目涵盖"展示手段""提供语音/人工导览或手册""多媒体/参与装置""基本服务（水、厕所、餐饮）""预约/购票方式""展览配合活动的提供""多样性的展览文创产品"。

在上海通志馆的 IPA 分析中，需要优先改善的项目为"提供语音/人工导览或手册""多样性的展览文创产品"，次要改善的项目为"展览主题""多媒体/参与装置""基本服务（水、厕所、餐饮）""预约/购票方式""展览配合活动的提供"。

在成都图书馆的 IPA 分析中,需要优先改善的项目为"展览信息量",次要改善项目为"提供语音/人工导览或手册""基本服务(水、厕所、餐饮)""预约/购票方式""展览配合活动的提供""多样性的展览文创产品"。

在成都市档案馆的 IPA 分析中,需要优先改善的项目为"展示手段""展品保护""展览环境舒适度(展具、灯光、温度、色彩、空间)",次要改善项目为"参观路线顺畅""提供语音/人工导览或手册""多媒体/参与装置""预约/购票方式"。

在成都方志馆的 IPA 分析中,需要优先改善的项目为"展览环境舒适度(展具、灯光、温度、色彩、空间)""基本服务(水、厕所、餐饮)",次要改善的项目为"展示手段""参观路线顺畅""提供语音/人工导览或手册""多媒体/参与装置""预约/购票方式"。

在长沙党史馆的 IPA 分析中,需要优先改善的项目为"展品说明牌清楚""多媒体/参与装置",次要改善项目为"提供语音/人工导览或手册""预约/购票方式""展览配合活动的提供""多样性的展览文创产品"。

在长沙图书馆的 IPA 分析中,需要优先改善的项目为"展品内容丰富""多媒体/参与装置""展览配合活动的提供",次要改善的项目为"展示手段""提供语音/人工导览或手册"。

在长沙市档案馆的 IPA 分析中,需要优先改善的项目为"基本服务(水、厕所、餐饮)",次要改善的项目为"提供语音/人工导览或手册""多媒体/参与装置""预约/购票方式""展览配合活动的提供"。

③ 基于展览及服务满意度与重视程度分析结论的问题聚焦

经由对上述三地九馆的展览及服务的满意度与重视程度分析,我们获悉了各馆需要优先改善和次要改善的项目,尔后将这些分析结果进行整合,得出观众视角下的展览业务和公共服务问题集中表现在以下方面。

在展览业务方面,问题主要聚焦于展览形式、展览内容和展品保护三方面。首先,展览形式的问题最为突显。观众认为,约占 89% 的机构中"多媒体/参与装置"需要改善,其中约占 22% 的机构中该项目需要优先改善;约占 56% 的机构中"展示手段"需要改善,其中约占 11% 的机构中该项目需要优先改善;约占 22% 的机构中"展览环境舒适度(展具、灯光、温度、色彩、空间)"需要优先改善;约占 22% 的机构中"参观路线顺畅"为次要改善项目。其次,问题还呈现于展览内容上。观众认为,约占 11% 的机构中"展览信息量""展品说明牌清楚""展品内容丰富"项目需要优先改善。最后,展品保护问题也不可轻视。观众认为,约占11%的机构中"展品保护"为需要优先改善的项目。

在公共服务方面,问题突出表现在服务水平不高,包括软件和硬件两方面,又以软件为主。在软件方面,观众认为,100%的机构中"提供语音/人工导览或手册"需要改善,其中约占11%的机构中该项目需要优先改善;约占89%的机构中"预约/购票方式"是次要改善项目;约占78%的机构中"展览配合活动的提供"需要改善,其中约占11%的机构中该项目需要优先改善;约占56%的机构中"多样化的展览文创产品"需要改善,其中约占11%的机构中该项目需要优先改善。在硬件方面,观众认为,约占67%的机构中"基本服务(水、厕所、餐饮)"项目需要改善,其中约占22%的机构中该项目需要优先改善。

(二) 运用访谈法围绕三地各馆进行定性研究

本次定性研究主要采取半结构访谈法,共获取个别访谈样本21个和焦点小组访谈样本5个。受访对象为展览业务的负责人及其相关人员,因此他们对本馆展览业务较为熟悉,均为高质量的访谈样本。访谈于2019年6月至2020年8月间实施,执行时间共计16个小时,访谈文本达207 033字(见表78)。研究中我们基于对26份访谈数据的文本分析,提取出有意义的主题词,并通过类属三级编码形成质性分析报告。在话语分析中,坚持基于材料的扎根原则,对文本进行深层归纳与抽象。现将分析报告中文献收藏机构所呈现的展览问题概括如下。

表78 针对文献收藏机构(三地九馆)展览的访谈分类统计情况

对象类型	受访对象	半结构访谈(人次)	焦点小组访谈(次数)
图书馆	上海图书馆	2	1
	长沙图书馆	3	1
	成都图书馆	2	/
档案馆	上海市档案馆	1	/
	长沙市档案馆	2	1
	成都市档案馆	2	/

(续　表)

对象类型	受访对象	半结构访谈(人次)	焦点小组访谈(次数)
方志馆	上海通志馆	1	/
	长沙方志馆	4	1
	成都方志馆	4	1

1. 硬件设施方面

由访谈文本分析获悉,文献收藏机构展览中硬件设施方面存在的问题突出表现在"硬件设施不足"和"地区发展不平衡"上。在针对硬件设施主题词的一级编码中,除了上海通志馆和成都市档案馆,所有受访者均提到硬件设施不足的问题,占比达78%,主要认为缺乏展厅、多使用公共空间、展览以图片为主等。如成都图书馆受访者表示,目前馆内没有展厅,展览只能在一楼大厅、二楼和三楼的楼道进行布展;正是受场地所限,馆方没有办法策划实物展,只能推出图片展。长沙市档案馆受访者指出,由于展览室被用于基本陈列,所以临时展览没有空间,只能放到长沙图书馆展出。同时,部分受访者提出地区发展不平衡问题,在针对硬件设施主题词的一级编码中占比达56%。受访者认为,中西部地区展览意识不及东部省市,硬件条件不适合展览等。如长沙市档案馆,受访者指出与东部地区相比,馆内无论是展览空间还是设施设备,都存在较大差距。

2. 展览业务方面

通过访谈文本分析发现,展览业务方面存在"内容贫乏、评估不到位、保障不健全"等突出问题,但是"重视不足、形式单一"问题并不显见,而"展品保护"问题未有涉及。

(1) 展览内容贫乏

100%的受访者都谈到该主题词。在"展览主题、内容挖掘和展品资料"的一级编码中,后两者出现的频次最高。围绕"内容挖掘"问题,78%的受访者认为展品研究广度或深度不够,因此无法通过对展品所载信息的解读来构建有意义的叙事。如受访者表示,成都方志馆"蜀藏"单元使用通柜展示了数十卷由成都市地方志编撰委员会办公室和四川大学历史地理研究所联合出版的历史文献丛书《蜀藏》,尽管这部丛书是巴蜀珍稀文献的集大成者,但是展览中直接将这部丛书展示出来,只能使观众感受到它是一部数量庞大的恢宏巨制,观众对这部丛书中的文化精髓却仍然不得而知。围绕"展品资料"问题,78％的受访者认为现在的展品资料多数是文献,形式比较单一,他们并没有持续看下去的兴趣。如成都市档案馆受访者表示,目前征集的档案主要为红头文件,而这类资料可视化效果差,所以他们在策展时面临着严重的资料困境。由于中华人民共和国成立前警察署的管理范围比较宽,所以当时征集的档案呈现多样化态势,包括各类标语,由此创建的展览通常要素丰富、生动形象。成都方志馆受访者也指出,方志馆创建之初并没有藏品,征集也几乎没有开展,所以目前不少展品是通过借展的方式获得,因此每年都需要支付一笔借展费用。可见,展品资料的缺失或者单一化使得策展工作在实施时举步维艰。

(2) 展览评估不到位

在收集的访谈数据中,一级编码为"展览数量"的占67％,受访者普遍认为,展览在效果评估时,只强调数量而非质量。如成都图书馆受访者提出,在当前图书馆评估定级中,展览共占18分,如果举办展览25场,可得10分,40场得15分,网上展览得3分。因此,尽管该馆场地和人员不足,但每年仍会坚持举办40场展览,同时为了获取网上展览的分值,他们还会积极策划此类展览。成都市档案馆受访者也表示,目前国家档案局开展展览评估时,也会对档案使用的数量有所要求。

(3) 展览保障不健全

该主题词在全部受访者的访谈文本中均被涉及,展览普遍遭遇"人才"和"资金"的短板。100％的受访者都谈到了"人才"问题,和文献维度的分析结论相似,他们认为该问题主要表现在没有专门的展览部门,缺乏专业策展人员,策展工作通常由其他人员兼任,甚至外包。如长沙市档案馆指出,由于部门里面没有专业的策展人,所以只能邀请长沙博物馆等相关专家来协助策展。"资金"问题在本次访谈调研中被所有访谈样本提及,主要表现为经费少且每年都需要申请。如成都市档案馆、成都方志馆每年的经费都要申请,而成都图书馆经费每年仅3万元。

(4) 重视不足、形式单一

这两个主题词在本次访谈数据中出现的频次并不多。针对"重视不足"问题,33％的受访者的访谈文本显示,各馆并非不重视,而是很重视,只是系统内部业务思想未实现转变。如成都方志馆受访者表示,中国地方志指导小组办公室、成都市地方志编纂委员会办公室和地方财政都支持方志馆展览,但是地方志系统内部不少人一心旨在修志,易与社会脱节,难以发挥其资政、育人功能。其中，11%受访者认为这种思想未转变这一点，也体现在当传统功能和展览功能产生冲突时的取舍上。如成都图书馆受访者表示，在2005年策展之初，图书馆拥有约200平方米的展厅，后来由于图书数量增加，为了便于观众借阅，展厅就被改造成开放式阅读区。长沙图书馆受访者指出，展览主要是在一些周边的公共空间举办的。

围绕"形式单一"问题，67%受访者指出对于不少馆，尤其是新馆来说，"形式单一"问题已不是问题，甚至可能是亮点。相当一部分展览为了阐释更系统、更形象，采用辅助展品，运用"情境再现、模型、互动装置"等多种多样的展示手段。如成都市档案馆"成都故事"大量使用情境再现重现百业百态，成都方志馆在基本陈列中采用了声音定向、全息投影、虚拟现实等展示手段。尽管如此，上海图书馆受访者仍然表示由于经验、人力和财力等不足，展览中还是以实物展示为主，展示手段尚不够多元丰富。

3. 公共服务方面

立足访谈文本分析得见，公共服务方面"服务质量低下"问题较为严峻，但"交流和共享缺乏""媒体宣传与品牌意识不强"问题在访谈文本中并未涉及。从公共服务的软件来看，67%的受访者表示无论参观方式还是参观时间，都无法像博物馆那样，满足观众自由观展之需，因为机构本身仍然带有行政机关团体特征。进一步分析可知，上述反馈者100%来自档案馆和方志馆，而非图书馆，所以该问题主要集中在前两类机构中。首先，在参观方式上，除了图书馆外，其他两类机构的展览普遍采取预约制，不少展览只能由单位集体预约，观众个人无法预约参观。如成都方志馆通常由总工会预约，个人无法预约和入馆。同时，参观时间有严格规定，如成都市档案馆受访者告知，每周一到周五展览对外开放，开放时间为上午9:00—11:30，下午14:00—17:00，其他时间均不开放。上海市档案馆受访者也强调了该馆的预约制度。从公共服务的硬件来看，56%受访者表示由于硬件条件较差，展览空间有的在办公大楼内部，有的处于远郊，因此在为公众提供公共服务时也极其不易。如成都方志馆受访者表示该馆处于11层，对普通受众而言如同"养在深闺人未识"，进入时还需要通过安保人员登记确认。上海通志馆受访者指出，由于该馆位于距离市区较远的华东路，并与酒店建筑相邻，所以观众前往该馆交通较为不便，且不易找到。

4. 网上展览方面

访谈文本分析显示，网上展览问题主要体现在"展览内容贫乏"和"展览制作水平不高"两方面。56%的受访者表示自己所在馆已经开始创建网上展览,其中100%的图书馆受访者指出其单位已经拥有官网,此为网上展览奠定了良好基础。在56%表示已创建网上展览的受访者中,44%认为目前推出的网上展览更接近于图片展,而非具备阐释意义的展览。针对"展览内容贫乏"问题,56%的受访者表示,网上展览没有设定传播目的和内容结构,以图片加解说的形式为主。如成都方志馆受访者指出,他们的网上展览以"图说成都""耳听蓉城"和"成都影像"展开。44%受访者提出,网上展览的主题多关注政治,而非民生。如成都市档案馆受访者告知,该馆举办了"第七批'中国梦'主题歌曲创作展""红色印记——党史党建文献展"等五大展览。针对"展览制作水平不高"问题,44%的受访者表示,多数网上展览直接将图片搬上网络,缺乏真实性和现场感,所谓的互动性只不过是设置了提问、留言、搜索等平台。如成都市档案馆受访者指出,"老成都·新成都"展虽然有观后感,但缺乏能让观众实时参与互动的平台。33%的受访者表示,网上展览在官网上的位置通常较为隐蔽或居后。如成都方志馆的网上展览在成都地方志官网的"多媒体地情"栏目中,通常不易发现。成都图书馆和成都市档案馆分别是在官网最底层栏目"成图展厅"和"档案展览"中。

第三节 基于三角互证的问题聚焦

三角互证(Triangulation)是人种学研究的一种方法论,后来在教育学、社会学等其他学科研究中经常被使用。它指的是"在研究中使用多种研究方法、多种来源的数据,甚至是不同的研究者。从多种视角看待事物。背后的原理是如果能从不同的位置看待研究对象,研究者可以对它有更好的理解"[①]。鉴于此,本书针对同一研究对象——"文献收藏机构展览",分别采取文献分析法和实证调研法两种研究方法,通过二手文献和一手数据(含定量数据和定性数据)两种资料来源,揭示文献收藏机构展览中的现存问题。由于借助的是两种方法和两种资料的互证与完善,所以可有效避免单一方法

---

① [英]马丁·登斯库姆:《怎样做好一项研究——小规模社会研究指南(第3版)》,陶保平等译,上海教育出版社2011年版,第115页。

或资料所带来的局限和缺陷，从而保证研究效度，以降低误差。运用上述的三角互证法，文献收藏机构展览问题最终被聚焦至四个方面（见表79）：第一，硬件设施上，设施不足、资源不均；第二，展览业务上，策展不专业、评估不到位、保障不健全；第三，公共服务上，服务被动、开放不足；第四，网上展览上，策展意识不强、以图片展为主（见表79）。至此，本研究已基本归纳出文献收藏机构展览的四方面问题。然而笔者并不满足于现象层面的问题揭示，更希望能够抓住这些问题背后的"根本"运作逻辑，以真正帮助洞察问题发生的前因后果，而非为表象所左右，以致影响后续对原因的准确把握和对策的有效制定。

表79 基于文献资料和实证资料三角互证的问题聚焦

表现方面	三角互证的问题聚焦			双重维度问题聚焦
	文献维度问题聚焦	实证维度问题聚焦		
		运用问卷调查法围绕三地各馆进行定量研究	运用访谈法围绕三地各馆进行定性研究	
硬件设施	展览设施不足	/	展览设施不足	设施不足、资源不均
	地区发展不平衡	/	地区发展不平衡	
展览业务	不重视：认为无关紧要、工作不积极，未考虑观众	/	不突显。并非不重视，而是很重视，更表现为系统内部业务思想未转变	策展不专业、评估不到位、保障不健全
	内容贫乏：展览主题不明或失调、内容挖掘少、展品资料单一	极为突显。展览信息量、展品说明牌清楚、展品内容丰富三项依次需要加以改善	内容贫乏：内容中展品研究广度或深度不够、展品资料缺失或单一	
	形式单一：采取图文相配的平面展板，缺少高科技、情境化和互动型展示	突显。多媒体/参与装置、展示手段、展览环境舒适度（展具、灯光、温度、色彩和空间）、参观路线顺畅四项依次需要加以改善	不突显。采用多样化展示手段	

（续　表）

表现方面	三角互证的问题聚焦			双重维度问题聚焦
	文献维度问题聚焦	实证维度问题聚焦		
		运用问卷调查法围绕三地各馆进行定量研究	运用访谈法围绕三地各馆进行定性研究	
展览业务	文献保护不力：展品破损、保护不科学	不可轻视。展品保护需要加以改善	/	策展不专业、评估不到位、保障不健全
	评估不到位：通过互动平台或依据数量评估	/	评估不到位：依据数量评估	
	保障不健全：人才不足、资金短缺	/	保障不健全：人才不足、资金短缺	
公共服务	服务质量低下：意识淡薄、水平不高、服务设施不足	服务质量低下：软件方面，提供语音/人工导览或手册、预约/购票方式、展览配合活动的提供、多样化的展览文创产品四项依次需要加以改善；硬件方面，基本服务（水、厕所、餐饮）需要加以改善	服务质量低下：行政机关团体服务特征，采取集体预约制、开放时间有限、位置在大楼内部	服务被动、开放不足
	交流和共享缺乏：馆际之间的沟通和协作机制未建立或不完善	/	/	
	媒体宣传和品牌意识不强：缺少人才、事后宣传、品牌意识差、无长期规划	/	/	

(续 表)

表现方面	三角互证的问题聚焦			双重维度问题聚焦
	文献维度问题聚焦	实证维度问题聚焦		
		运用问卷调查法围绕三地各馆进行定量研究	运用访谈法围绕三地各馆进行定性研究	
网上展览	仍然欠缺	/	/	策展意识不强、以图片展为主
	内容贫乏：图片为主、编排和组织不力、主题单调、信息量少、民生关注不够	/	内容贫乏：图片为主，缺乏传播目的和内容结构、民生关注不够	
	制作水平不高：真实感不强、互动性较弱	/	制作水平不高：真实感不强、互动性较弱、位置比较隐蔽或居后	
	更新速度慢	/	/	
	宣传和保护意识不强：宣传力度不强、知识产权保护的权利和义务未明确	/	/	

第四节　展览问题的原因溯源

本节将基于上述文献与实证三角互证中发现的问题，从思维定式、起步较晚、功能转型和专业不强等方面，探究文献收藏机构展览问题产生的原因，进而揭示诸此问题形成的社会机理。

一、展览问题产生的原因

（一）受展览思维定式的影响，未认识到文献类展品展览的独特属性

由于展览是博物馆的重要业务和核心产品，所以长期以来，研究者们先

后尝试对展览做出清晰定义,围绕其内涵进行界定。严建强提出,"展览"是指"在一系列时间、空间或内容上具有相关性的藏品中提炼出主题,然后根据这个主题对它们进行符合认识论和审美要求的有机组合,构成一个能反映自然生活或社会生活某些事实、现象和规律的形象体系"①。陆建松认为,"陈列展览"是指"在特定空间内,以文物标本和学术研究成果为基础,以艺术的或技术的辅助展品为辅助,以展示设备为平台,依据特定传播或教育目的,使用特殊的诠释方法和学习次序,按照一定的展览主题、结构、内容和艺术形式组成的,进行观点和思想、知识和信息、价值与情感传播的直观生动的陈列艺术形象序列"②。可见,博物馆展览拥有三点显著特征:依托器物、借助视觉传播、属于一种形象体系。众所周知,在公共博物馆三百余年的发展史中,展览一直是博物馆的传统业务和主打产品,因此博物馆领域的策展理念和做法"水到渠成"地成了所有领域效仿的臬圭。这种根深蒂固的惯性思维对各行各业都产生了深刻影响,文献收藏机构一样未能"幸免于难"。

图书馆、档案馆和方志馆等机构的策展人往往会以博物馆展览作为参照模板,致力于依托器物进行视觉传播。这种沿袭博物馆策展的"保物派"思维带来的结果是:文献收藏机构通常热衷于"征集"或"借贷"各种器物,尔后通过展示这些器物达成视觉形象的信息传播。这一"盲目效颦"的做法无疑会使文献类展品展览和器物类展品展览趋于同质化,造成文献资源难以物尽其用,最终导致此类展览的价值弱化。事实上,文献类展品展览和器物类展品展览乃是两种迥异的展览类型。在器物类展品展览中,展品本身拥有传播能力,因为其表层信息是显性的和多样的,如造型、颜色、纹饰,观众在参观时通过视觉观察,便能直接获取这些物化信息,并为这些真实且唯一的信息所吸引和动容。而文献展览则不然。首先,文献是通过记录在册的语词符号进行信息传播的,而这类信息只有通过阅读才能被接收,所以并非直观生动的显性信息。其次,文献的信息载体通常是纸质媒介,而这种媒介形式单一,审美价值较低。再次,观众在展厅中主要是站立或行走着参观的,如果面对的展品是借助抽象的语词符号进行表达的,那么观众将遭遇短时快速识读并理解的挑战,加之文献展品的载体同质化较高,易受曝光效应影响,加剧观展疲劳。虽然文献中也不乏视觉图像等非语词符号,但是脱离

---

① 严建强:《博物馆的理论与实践》,浙江教育出版社1998年版,第224页。
② 陆建松:《博物馆展览策划:理念与实务》,复旦大学出版社2016年版,第11页。

了文献中的具体语境,也只能从审美意义上获得表层信息,而无法洞悉其所载的深层意蕴。

可见,两类展览所使用的"原材料"截然不同:器物包含有物质外壳和内载信息,而文献通常只包含可视的符号外壳,只有通过识读才能获取。当前,文献收藏机构正是深受博物馆展览的惯性思维影响,而忽视了两类展览的根本差异。文献类展品展览只有通过"解读与重构文献信息,并使之可视化",才能符合其传播属性,所以在文献类展品展览中,将文献直接当作物证进行展示,或者一味追求使用票据、标语、画报等具有一定传播能力的图像,这些做法与文献展览的独特属性并不相符。

综上,文献类展品展览不应对器物类展品展览亦步亦趋,而应站在文献特征及其自身资源优势的基础上,明确文献类展品展览区别于器物类展品展览的异质性,否则文献的价值将难以被发掘和呈现,从而造成文献策展的偏向和错位,这无疑是对文献利用的一种极大浪费。但从目前来看,这种现象屡见不鲜,文献类展品展览往往不立足于文献信息的解读,借助传播技术进行空间转换和表达,进而导致文献与受众的沟通受阻,由此造成展览中内容贫乏和形式单一等问题的相继产生。

(二)受业务起步较晚的影响,展览蓬勃发展的条件仍不充分

国外文献收藏机构的展览实践可追溯至18世纪50年代的英国不列颠博物院图书馆,而我国基本是20世纪20年代以后的事,因此起步相对滞后。具体而言,图书馆领域的展览实践肇始于1929年国立北平图书馆所举办的文献展览,而档案领域则兴起于20世纪五六十年代,当时一批宣传政治、普及档案工作的展览先后问世,同时出现了部分以历史类、技术类为主题的专题展览。而方志馆的展览实践最早源自1956年山东省博物馆"山东地志陈列"的对外开放。受展览业务起步较晚的影响,目前文献收藏机构的展览仍不具备蓬勃发展的良好条件,由此造成一系列连锁反应。硬件上,展览设施不足、资源分配不均;软件上,策展不专业、评估不到位、保障机制不健全;网上展览上,内容贫乏、制作水平不高、宣传和展品保护意识不强。其中,影响业务能力提升的最大制约因素是展览的理论匮乏和经验缺失。究其原因,至少有三点。

首先,随着公共服务理念的逐步深入,传统的收藏、研究和借阅等工作模式已不能适应文献开发利用的时代需求,展览作为一种开发利用的创新手段得到前所未有的重视,但由于引入时间不长,机构仍无法在短时间内完

成组织结构调整。当前,不少图书馆、档案馆和方志馆尚未设置展览部门,创建又面临编制不足的现实困境,因此,策展工作多由编研人员兼任。以图书馆为例,"图书馆人员缺少展览策划这方面的专业知识"[①],"由于专业人才不足,使图书馆展览始终停留在简单的低层次状态"[②]。南京图书馆2019年策划的"家国书运——八千卷楼藏书特展"主要由身兼数职的历史文献部完成,四川图书馆"文库暨展览"的基本陈列也是以特藏部为主,由多个部门借调人员共同策划的。这部分人通常没有策展经历,且身兼数职、精力有限,因此经验积累也相对滞缓,不利于兼具经验与理论的专业化人才培养。

其次,由于展览起步较晚,仍未实现常态化,基本无专项经费。为了缓解经费不足,文献收藏机构策展的方式或是通过场地出租,或是采取外部合作。这些都将限制立足馆藏资源进行策展的经验探索和理论构建。

最后,由于展览起步较晚,馆藏基础较为薄弱,不仅数量少,且种类单一,编研成果主要服务于科研而非展览。所谓"巧妇难为无米之炊",当前服务于展览的文献及其研究相对匮乏,因此机构通常选择较易把握的书展主题或者应景主题,但这一做法并不利于展览的主题开发以及成体系的长期规划。而围绕文献的研究及其主题规划却能为展览的经验发展和理论建设提供材料保障。

综上,正是因为策展整体起步较晚,各方准备不足且仓促应对,所以展览蓬勃发展的综合条件尚不具备。为此,文献收藏机构无论是经验借鉴,还是理论构建,都应当参考起步相对较早的国外文献收藏机构,或是专精于展览业务的博物馆行业,因为该行业早在15、16世纪就已出现了展示大量奇异物件的"珍奇柜"(Cabinet of Curiosities,也译作珍奇室)。

(三)受机构功能转型的影响,文献类展品展览策划面临专业化提升的挑战

人类社会发展的历史证明,没有文字,就没有现代社会文明,而文字的功用是通过文献体现出来的,文献又是通过图书馆、档案馆和方志馆来收藏和使用的,所以文献收藏机构是人类信息交流的重要平台。[③] 读者通过利用图书馆、档案馆和方志馆按一定体系布局排列的文献资料,能突破直接经验

---

① 陈文眉:《基层图书馆的展览工作》,《图书馆研究与工作》2011年第4期。
② 黄世刚:《建立协作机制 有效利用资源——公共图书馆展览工作的再思考》,《新世纪图书馆》2013年第10期。
③ 员莉萍编著:《图书馆学基础与工作实务》,北京交通大学出版社2014年版,第2页。

的时空和存储局限,丰富学识、提升品质和改善生活。但随着信息时代的到来,互联网和移动互联网的普及,人们即便足不出户,也能借助各类电子媒介随时随地地轻松阅读,信息资源的网络化无疑给文献收藏机构的生存和发展带来了严峻的挑战,典藏、整理、借阅和咨询等传统服务手段已无法满足当代读者的文献需求,因此亟须转变观念、改革管理和创新服务。这便要求我们对文献收藏机构的身份进行重新定位,使其由原先的文献保存中心转变为信息服务中心和文化休闲场所,文献收藏机构的功能边界由此获得拓展,由单一功能向多元功能转型。展览作为一种全新功能,在功能转型中脱颖而出。它以直观和粗放的传播方式,吸引不同背景的多元观众,体现出开发馆藏、创新服务和空间育人等优势,为机构带来意想不到的人气,推动信息的共享和传播,促进公众对于机构的公共服务产生新的认知。

同时,正是功能转型使得公共文献收藏机构在营建新建筑及空间规划时,专门辟出一定的展览空间,用来满足机构新功能的拓展之需。从20世纪末到21世纪初,随着一批新馆的建设落成,文献收藏机构纷纷开辟展厅,并且为创建展览配备好相应的设施设备。如2004年竣工的广东省档案馆新馆,是国内目前规模最大、设备最先进的省级档案馆,内部设有4 000平方米的展厅,长期推出各类展览。[①]

可见,受功能转型影响,展览已从边缘业务一跃成为机构的核心业务,新馆的落成和展厅的创建更为该业务的发展奠定了硬件基础。如何抓住这一转型契机,提升文献收藏机构的策展质量迫在眉睫。目前不少展览采取的是直接展示文献的方式,同时视觉转化也并非建立在对文献信息的深入解读之上,导致文献最具价值的内蕴信息实际并未被观众获悉,造成展览在信息利用和创新服务上的收效并不显著。所以,目前机构功能的转型仍然很不彻底,并由此带来了服务被动、开放性不足等诸多问题。如何以不同收藏机构的文献类展品展览作为研究对象,围绕散落至不同机构、不同学科的文献类展品展览展开整体研究和经验互鉴,以推动这类机构策展的专业化,是摆在我们面前的一道现实难题。

(四)受展览专业程度偏低的影响,展览评估的标准和方法均不到位

评估是评判展览水准的重要尺度,也是推动展览业务发展的不竭动力。

---

① 钟其炎:《论档案展览的服务创新》,《云南档案》2011年第5期。

而评估标准的设定和方法的选择则是对策展专业性的一大考验。目前展览评估呈现的主要问题是标准和方法不到位,该问题又间接引发了展览导向上的问题,包括展览硬件设施、展览内容和形式、展览保障、展览公共服务和网上展览的问题,无法引导其朝着科学化方向发展。而评估标准和方法不到位的问题本身又集中体现在两方面:评估标准与评估方法粗放,评估标准与评估方法偏位,而后者更加明显。

第一,评估标准与评估方法粗放。当前文献收藏机构的展览仍未构建科学的评估体系,因此评估的依据较为随意,如借助于展区留言或网上评论等。第二,评估标准与评估方法偏位。这在图书馆领域表现得尤其明显。目前全国公共图书馆的展览基本有三种实现方式:一是图书馆提供展览场地的租用或与外部合作策展,如四川省图书馆、上海图书馆等的部分展览;二是图书馆根据馆藏资源策划实体展览和网上展览,如浙江省图书馆、南京图书馆等;三是图书馆无固定展区,利用馆舍的公共空间组织临时展览,如青海省图书馆、成都图书馆等。无论是通过文献分析还是实证调研均发现,图书馆虽然展览经费受限,但仍会通过各种实现方式不遗余力地推出一定数量的展览。

这种现象之所以出现,与图书馆领域的展览评估机制休戚相关。正如前文所述,自2003年起,在文化部社会文化图书馆司的推动下,展览活动被纳入"全国省级公共图书馆评估标准"中,直至2017年的第六次全国公共图书馆评估定级中,展览活动不仅占有一席之地,而且地位不断提升。尔后,展览活动在整个评估体系中的位置又被调整,同时分值也得以相应增加,位置由"读者活动"中的第六项[①]被调整到"阅读推广与社会教育"第二项。调整后规定"年展览次数达到25次,可获得10分。另设5分的加分项,如年展览次数达到40次,可加2分,如有网上展览,则可加3分"。虽然图书馆在评估定级中的一系列变动客观上促使展览从次要业务变为主要业务,但这种单纯以数量作为评估依据的举措,也会造成整个图书馆系统只重视展览数量而非质量,客观上影响了其展览专业水准的稳步提升。

综上,尽管一些文献收藏机构的评估指标中涵盖了展览,这不失为推动展览发展的有力信号,但评估标准和方法的不到位,既是展览专业性不强造

---

① "展览"处于"读者活动"第六项,指标为"展览(次)",评估细则为"提供有关材料,如计划、照片、宣传报道、总结和读者反馈意见等材料"。

成的结果,同时又加剧了展览的去专业化,使之陷入专业程度不高的恶性循环之中,可见对文献策展理论及其方法的探讨任重道远。

二、展览问题产生的根源及其制约瓶颈

文献是储存信息的重要载体,而文献收藏机构是保存这些文献的专门场所,但长期以来重藏轻用。随着这类机构的功能由"被动"地服务少数群体(如机关或研究人员等),转变为"主动"地服务广大受众,收藏和利用的矛盾突显,展览由此应时而生,成为提高文献利用率的重要手段。但时至今日,展览的质量和水平仍不尽人意,还无法将文献中所蕴含的信息转化为能为观众感官所感知的物化信息,以实现馆藏文献的创新利用,从而达到理想的传播效应和最佳的教育效果。上文已经从思维定式、起步较晚、功能转型、专业不强四方面追溯了文献收藏机构在展览硬件、展览业务、公共服务和网上展览方面存在问题的成因,本部分将继续追根求源,进一步剖析问题产生的根源及其制约瓶颈。

(一)展览问题产生的根源

文献收藏机构举办展览由来已久,但我们对于文献资源的价值和优势,以及文献类展品展览的自身属性尚且认识不清,所以这类机构即便采用了展览这一传播媒介,也难以使其特色资源得到最优发挥,因此资源的利用效果始终不佳,收藏和利用的矛盾依然显著。究其原因在于展览在实施过程中,深受"重藏"观念影响,通常直接展示重要文献,并未认识到文献所载信息才是其价值所在和受众的真正需求。而导致该问题产生的根源在于处在功能变革中的文献收藏机构仍未完成从"文献中心"到"受众中心"的转向。

这与我国文献收藏机构"重藏轻用"的观念息息相关,而此观念的形成也非一蹴而就,有其特殊的历史渊源。中华人民共和国成立伊始,由于图书、画册、手稿、档案、方志等资料来之不易,"藏"的意识和目的强烈,资料安全处于文献收藏机构工作的首要位置,方便公众则被置于次要位置,形成了机构"重藏轻用"的办馆理念。直至 20 世纪 80 年代后,"全面质量管理"理念对图书馆等机构产生冲击,服务效能获得普遍重视,机构才逐步由"重藏轻用"向"用户中心"转变。但这种转变首先发生在机构的传统业务上,如针对"借阅"功能,由现实馆藏向现实、虚拟馆藏并存转移;通过问卷调查、网上

推荐等措施加强与读者的沟通；对观众使用的数据进行分析，以作为文献采购的依据。

然而，随着信息时代的降临和服务能力的增强，这种转变不能仅止步于传统业务，还需要被拓展至新兴业务，因为传统业务正遭遇学习媒介多元化的冲击，而新兴业务中文献价值尚未被发现和充分利用。其中一个突出的问题是：被保存至今的文献中，有相当一部分仍"养在深闺""秘而不宣"，这些文献留存至今极为不易，其中不少是撰书者穷其一生而成，书成人已殁，价值不言而喻，但诸此文献目前只能被研究者、爱好者等少数群体所使用，多数使用者识读起来极其困难，它们被收藏保存的意义由此大打折扣。在这一形势下，展览因直观形象、内容丰富和形式生动等特点吸引了广大民众，成为文献收藏机构创新服务和文献利用的一大亮点，不再是"可有可无"的"锦上添花"之举，而是文献收藏机构谋求生存发展的必然选择，逐步成长为这些机构的主流业务。该业务不仅使文献价值获得深度开发，还契合了当今公众的学习需求和认知水平。但遗憾的是，机构人员"重藏轻用"的理念根深蒂固，文献类展品展览的策划仍未触及馆藏资源的核心价值，以及针对核心价值的开发利用。

（二）展览问题产生的制约瓶颈

通过此前三角互证的问题聚焦，我们获悉展览存在四方面问题，根源在于"藏用矛盾"，即未实现由"文献中心"向"公众中心"的转向，而策展理论研究失衡则成为影响这种转向的制约瓶颈。这主要表现在两个方面。

第一，我国相关研究主要停留在应用层面的操作探索阶段，而国外已经步入专业层面的深入研究阶段。首先，我国研究成果虽然在近二十年数量激增，以学术文章为例，2010—2020年的十年间，较前十年增加了239篇，其中以应用研究为主，超出了基础研究约65.16%，而应用研究又以经验讨论类为主，占比约达93.67%。可见，我国文献收藏机构的展览研究多是基于应用所需的经验探索，不少是立足现象问题的对策解决，且问题的揭示和解决的对策如出一辙。鲜有学者围绕展览中较为本质的问题展开探究，以获得经过反复验证、可重复使用的结论。因此，策展研究虽然有所发展，但整体水平仍亟待提升。其次，正如前文所述，从国内外比较来看，我国文献收藏机构的策展被看成各个机构独有的问题，而国外则致力于发现文献收藏机构策展中的普遍问题，如出现旨在解决图书馆、档案馆和博物馆策展共性问题的《图书馆、档案馆和博物馆创建成功网上展览的指南》(*Creating a Winning Online Exhibition: A Guide for Libraries, Archives, and Museums*)和《博物馆、图书馆和档案馆举办展览手册》(*Organizing Exhibitions: A Handbook for Museums, Libraries, and Archives*)两本专著,但在我国诸此综合性较强的研究专著基本付之阙如。

第二,尽管我国文献收藏机构出现策展理论研究失衡现象,但却未系统地借鉴相关领域业已成熟的研究成果。如成都市档案馆受访者指出,该馆的展览策划主要由档案编研人员承担,而编研人员缺乏展览相关专业的受训背景。总体来说,这类机构并未像国外图书馆、档案馆等同类机构一样,注重吸纳博物馆学等相关学科的理论和方法。尽管我国文献收藏机构的展览研究肇始于20世纪50年代,博物馆领域早在16世纪初已着手展览研究,其走向专业化基本是19世纪末20世纪初的事。1599年,弗兰特·因皮里托在他著名的自然史专著《论自然历史》中描述奇珍陈列室,探讨了准博物馆的藏品展示,包含收藏目录。时至今日,文献收藏机构创建展览时所遭遇的诸多问题,如传播目的、主题选择、内容构建、传播手段、观众研究、公共服务、数字建设等,博物馆在其展览发展历程中几乎都曾面临过。该领域在展览的策划、设计、评估和工程建设上已初步构建起理论框架,如物件阐释与符号学理论、文本策划与叙事学理论、展览设计与环境心理学理论等策展理论,有助于文献收藏机构把握策展的方法及其规律,为其专业化之路提供一定的理论依据。

综上,文献收藏机构策展理论发展的滞后性,以及向博物馆等相关学科学习的封闭性和被动性,导致并加剧了文献收藏机构策展理论的研究失衡,而这种失衡犹如一道难以逾越的屏障,阻碍着文献收藏机构由"文献至上"向"用户至上"的华丽转身,这种转身的不彻底反映到展览业务上,即表现为展览未能"真正"从观众的利益出发,而是将馆藏重要文献的"露脸"视为机构的唯一职责所在。长此以往,迈向图书馆展览高质量发展之路,以发挥展览在开发馆藏、优化服务和空间育人等方面的资源优势和创新收效将可能成为"一纸空文"。

第三章

文献类展品的特点、价值及其传播的难点

本章将通过与器物类展品的比较研究,阐明文献类展品的特点,并对此类展品的价值进行再认识,由此揭示依托文献类展品,有效传播信息的三大难点。

第一节 文献类展品的特点

当以文献这一"记录有知识信息的物质载体"作为创建展览的材料时,需要明确这类文献类展品相较于文物、标本等器物有何特殊性。笔者认为,两者之间的差异主要表现在三方面。

其一,与器物类展品不同,文献类展品通常观赏性不强,载体和本体信息趋同,所以难以持续吸引观众的注意。具体而言,文献类展品多采用语词符号加以表达,载体主要为纸张,因此,表达方式、材质、外观、功能等信息都较为相似。而器物类展品则本体信息丰富,材质、形制、纹饰和功能等信息千差万别,不少正是由于具备精美绝伦的审美品质,或拥有匠心独运的稀缺性而被收藏和展示。将文献类展品《新唐书》与太阳神鸟金箔、座头鲸标本等器物类展品同时展出,后者通常会由于本体信息独特而多样吸引到更多观众,观众驻足观察并学习的时间相对也会更长。

其二,文献类展品所载的信息通常为隐性信息,而器物类展品则多为显性信息,因此相较于器物类展品,文献类展品的信息传播较为困难。我们不妨从三个维度加以讨论。首先,文献类展品的记录方式虽然包含文字、符号、图像、音频和视频等,但仍以文字为主,这些隐性信息相较于器物类展品的显性信息,存在短时间内难以大量阅读的问题。其次,谱录、奏稿档案、手稿等文献类展品还与我们当前的阅读材料在字体、用法、标号、阅读方向等

方面迥异,因此除古文字专家、历史学家等专业人员之外,普通受众在阅读时通常会遭遇习惯、能力和技巧等障碍,无法轻松地解读并获得理解。而器物类展品因多为显性信息,展览可通过为观众搭建一个观察平台,使他们先通过多感官感知获得表层的具象信息,而这些信息有助于关联展品的深层信息,从而帮助观众实现由具象到抽象的成功认知。最后,博物馆的学习体验主要是在站立和行走中完成的,若要观众集中精力阅读大量语词符号,将极易导致他们的"博物馆疲劳",而展览又是由观众自由选择的非强制性媒介,所以一旦观众感到疲劳,就可能选择直接跳过或匆匆离开。

其三,如果器物类展品为一手物证,那么文献类展品则是二手物证,所以将文献由现实情境抽离而置于博物馆情境,使之成为"文献类展品"时,必须经由严格的内外部考证。正如段勇所言,器物是承载史实的一手物证,而无论如何,原始的文献都只是二手物证,因为文献本身属于对史实的加工解读。笔者认为,如果说器物是无意传播的资料,那么自有文字记载以来,文献大概存在两种类型——有意传播的文献和无意传播的文献,且多数文献都为有意传播的文献。有意传播的文献即二手物证,指的是专为面向大众传播而创作的文献,如图书馆、方志馆馆藏的图书、名人日记、志书等;而无意传播的文献某种程度上等同于一手物证,是指具备某种实用功能,但并非出于传播目的而创作的文献,如档案馆馆藏的往来文书、契约、护照、图书借阅证等。因此,基于展览媒介的"真实性"属性,在策划文献类展品展览时应当优先遴选无意传播的文献类展品。

第二节 文献类展品价值的再认知

在厘清"文献类展品特点"这一基础性问题后,为寻找针对文献类展品展览策划的专门举措,我们还需要解决一个观念层面上的问题,即对文献类展品价值进行再认知。结合对这类展品特点的价值判断,将有助于我们思考如何借助展览,发挥这类展品无与伦比的优势,以实现其真正价值。

其一,正如前文所述,文献是储存信息的重要载体,而展览已成为传播文献信息的有效媒介。但受"重藏"观念影响,展览通常将文献类展品直接予以展示,未虑及观众的信息需求和文献类展品的真正价值,因此需要实现由"文献中心"向"受众中心"的观念转向,而这种转向目前还缺乏科学的策展理论指导。

其二，我们需要明白所谓的"受众中心"，并非只是强调在当时代以观众为中心，还应主张文献类展品中的"以人为中心"，即文献这一"物"揭示出的特定时空背景下的"人""事"及其关联。① 文献不仅是由"人"书写的，代表着写作者的视角和观点，而且通常是对"人"做"事"的过程或结果的记录，是构建"人""事"关联的信息载体，研究和展示"物"事实上就是为了揭示相关的"人"与"事"。这才是收藏、研究和展示文献的价值所在，也是文献作为独特"物证"的意义所在。展览需要将文献类展品中的信息进行反过程重构，因为文献都是由"人"撰写的，记录着人类历史某一时期发生的"事"、撰写者对"事"的认识以及由"事"反映的"人"的精神，正是借助这些"人"与"事"及其关系，展览将构建出一个有别于现实世界的第二客观世界。

综上，以文献类展品作为展示材料进行策展时，一方面要认识到文献类展品的特殊性所带来的信息阐释的迫切性，另一方面还要洞悉文献类展品的更大价值是重构那个远去的世界及其对时下生活的关联和启示，所以我们应明白，不能仅仅展示作为"物"的文献，只有其所载的信息才是独特、生动且富有生命力的。同时，还需要利用观众认知系统中的"隐喻"和"转喻"机制，即"相似性"与"相关性"，来捕获观众的注意，借由这些信息激发观众的情感，唤起记忆，促动想象，并鼓励他们展开探索。②

第三节 文献类展品传播的难点

明确了文献类展品的特点及其价值，如果想借助展览这一传播媒介实现文献类展品所载信息的成功传达，那么难点也就显而易见了。由于文献类展品观赏性不强，载体和本体信息较为趋同，且物载信息多为隐性信息，所以相较于器物类展品，如果这类展品想要通过展览构建起与观众之间的交流系统，那么对信息的解读、转化和重构就势在必行。假如说以文献作为展示对象的展览还允许创建单纯审美意义的文献定位型展览，那么以文献作为展示材料的展览，若直接将文献作为物证进行展示，就显得毫无意义。

---

① 王恒：《科学中心的展示设计》，科学普及出版社2019年版，第15页。
② [英]史蒂芬·威尔：《博物馆重要的事》，张誉腾译，五观艺术事业有限公司2015年版，第33、30页。

由此获悉,基于文献类展品的展览亟须借鉴博物馆策展中信息定位型展览的理念和做法,避免直接将文献类展品以物件形式陈列在通史展中,而应深入挖掘文献所载信息,提炼主题,并以故事线进行可视化阐释。其中可能存在三方面难点:一是对文献类展品中的信息进行科学准确的解读(文献研究),二是将专家解读的信息转化为观众能明白的信息(受众研究),三是将观众明白的信息转化为能被其感官所感知的可视化表达(媒介研究)。

第四章

从结构层面提炼文献收藏机构策展理论的构成要素

第二章我们从文献收藏机构展览现存问题的表层原因出发,认识到其根源在于"藏用矛盾",而策展理论研究的失衡则成为有效缓解矛盾的制约瓶颈。为了解决上述问题,第三章返至问题产生的逻辑起点,即立足于文献类展品的特点及其价值,深入考察此类展品的传播难点,主要包括:科学准确地解读文献中的符号化信息、将符号化信息转化为受众明白的信息、将受众明白的信息转化为视觉表达。而这三方面难点分别涉及文献、受众和媒介三大要素。鉴于此,我们尝试从结构层面抽象出文献收藏机构展览的"文献、受众、媒介"三大要素。本章将引入博物馆学等相关学科的策展理论,对文献收藏机构展览所涉的三大要素进行内涵界定,继而明确各要素所处的地位及其作用,同时主张三大要素都应体现出受众要素导向,以促成文献中心向受众至上的彻底转向。

第一节 借鉴博物馆学策展理论的原因与历史

一、借鉴博物馆学策展理论的原因溯源

为何文献收藏机构的策展理论需要借鉴博物馆学等相关学科?因为展览作为文献收藏机构信息利用的一种手段,从一开始就夹带着显见的破圈、跨界和重构的特点。

其一表现为图书馆、档案馆等基于展览业务所需,主动加盟博物馆"大家庭"。1974年国际博物馆协会哥本哈根会议上,图书馆、档案馆的常设展

览室被纳入博物馆范围。其实,早在 1753 年英国不列颠博物院图书馆创建之初,就拥有图书馆和博物馆两个部分,尽管两者在 1973 年被分立,但也彰显出早期的某种关联,而博物馆一直是以展览作为根本业务的。① 现今,还存在一些将图书馆和博物馆合二为一的机构,如斯洛伐克国家博物馆和图书馆(National Czech and Slovak Museum and Library)。

其二表现为某些博物馆承担了文献收藏机构的部分功能,即设立研究文献藏品并为其策展的专业部门,同时开辟出专门的展厅,以博物馆化的流程和方式处理文献。甚至出现了以文献类展品展览为主要业务的专题博物馆,如中国现代文学馆(2000 年)、国家典籍博物馆(2014 年)和蒙古文字文献博物馆(2017 年)等。

因此,虽然展览并非文献收藏机构的业务专长,却是博物馆一直以来的工作重点和核心业务,而博物馆较为成熟的展览实践已推动理论获得初步发展,为此我们需要借助博物学等跨学科的理论资源和思维动力,去探讨图书馆、档案馆和方志馆等文献类展品展览的阐释和传播问题。我们应将所有文献收藏机构的展览视为同一研究对象,把文献收藏机构展览这一专业命题置于大背景中进行系统思考和研究,从而突破长期以来形成的人为壁垒,以整体提升此类展览的策划质量及传播效益。此外,由于博物馆在策划此类藏品的展览时,面临的问题亦为同宗同源,因此其理论构建也能对博物馆的文献类展品展览产生借鉴与启迪。

二、借鉴博物馆学策展理论的历史回顾

国际上,博物馆、图书馆、档案馆被归于"内存部门""文物部门"和"文化部门"等机构②,而我国的博物馆、图书馆、档案馆和方志馆则分别隶属于"文旅局""政府办公厅""党委系统""社科院"等机构,各馆的合作和互鉴无论是在理论上还是实践上均处于起步阶段。最早的相关成果发表于 2003 年,探讨的是数字资源共享问题。③ 目前的研究主要集中在合作的必要性、可行性、数字整合和国外经验等方面。

而国际上图书馆、档案馆与博物馆的合作实践,则可追溯至 20 世纪 80

---

① 王世伟:《图书馆展览服务初探》,《图书馆杂志》2006 年第 10 期。
② 夏忠刚:《档案馆博物馆图书馆社会功能之比较》,《浙江档案》2001 年第 1 期。
③ 刘家真:《我国图书馆、档案馆与博物馆资源整合初探》,《中国图书馆学报》2003 年第 3 期。

年代。其中,最具代表性的是 2008 年国际图书馆协会联合会发布的"公共图书馆、档案馆和博物馆:合作趋势"(*Public Libraries Archives and Museums: Trends in Collaboration and Cooperation*)报告。该报告指出合作可以产生明显的社会效益。① 而对博物馆领域的借鉴和合作亦始于西方发达国家。2000 年,英国专设博物馆、图书馆和档案馆理事会(Museums, Libraries and Archives Council, MLA),尽管后来该理事会被撤销,但其职能却被移交至英格兰艺术委员会(Arts Council England, ACE)和英国国家档案馆(The National Archives, TNA),随后两者缔结合作协议,表示将继续促进博物馆、图书馆和档案馆的深入合作。② 1996年,美国成立博物馆和图书馆服务管理署(Institute of Museum and Library Services),以经济援助等方式推动博物馆、图书馆和档案馆三方合作,同时管理署在图书馆津贴(Library Grant)中创设图书馆-博物馆合作(Library-Museum Collaboration),以支持两者之间的合作项目。③ 1989 年,日本设立艺术文献协会(Japan Art Documentation Society),促成图书馆、博物馆、美术馆等相关机构达成合作关系。④

综上,西方发达国家已颁布相关政策并设置专门机构,推动图书馆、档案馆借鉴博物馆成功经验,并开展全面合作。由此,促使图书馆、档案馆等文献收藏机构的展览研究"渐入佳境",实现由"应用层面的探讨"向"专业层面的深化"的过渡,文献策展专著等一批颇具价值的成果横空出世。而我国目前还未出现推动双方互鉴与合作的协调机构或扶植政策。尽管 1992 年发布的《中华人民共和国学科分类与代码国家标准》(GB/T 13745—92)将"博物馆学""图书馆学""文献学""情报学""档案学"并列为二级学科,同列入"图书馆、情报与文献学"一级学科之下,但现况却是"鸡犬相闻,不相往来"。事实上,博物馆与文献收藏机构均承担着"社会记忆"保存者和传播者的角色,目标同为依托物证提供珍贵信息,而博物馆在展览领域已积累较为科学的理念和相对成熟的做法。文献收藏机构与其在缺乏策展理论指导的情况下苦苦探寻,不如引入博物馆学的关联性成果,以避免文献收藏机构在

---

① 卢家利:《欧美国家公共图书馆、档案馆和博物馆合作案例述评——有关国际图联的研究之八》,《情报探索》2012 年第 5 期。
② 阎琳:《国外博物馆、图书馆、档案馆合作现状》,《山东图书馆学刊》2015 年第 4 期。
③ N. Allen and L. Bishoff, "Collaborative Digitization: Libraries and Museums Working Together", *Advances in Librarianship*, 2002, 26, pp.43-81.
④ 阎琳:《国外博物馆、图书馆、档案馆合作现状》,《山东图书馆学刊》2015 年第 4 期。

理念或做法上"重蹈覆辙"或"误入歧路"。

第二节　从结构层面提炼策展理论的三大要素

博物馆领域针对策展"受众、物件、媒介"三大要素，已拥有一些较为成熟且被证明行之有效的成果积累、前沿发现与学术创新。为此，文献收藏机构在策展时需要通过甄别，选择性地吸收其中适用的部分，以帮助达成文献策展理论所涉要素的内涵界定，进而厘清三大要素在该理论框架中所处的位置，并推动实现其功能的发挥。下文将就此展开具体论述（见图83）。

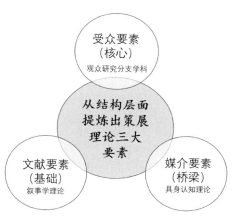

图83　针对文献收藏机构展览的策展理论的三大要素

一、吸收叙事学理论中的"历史故事化"概念，突显出"文献"要素

"文献"要素是指以文献作为展示材料，使展览成为文献所载信息物化呈现的产物。此时，文献的信息载体和信息形式已经无关宏旨，展览只将文献的信息内容视为重中之重。面对"文献"要素，任何人都不会怀疑，作为加工原料的文献，自然应被纳入策展要素之中。因此，文献要素是文献收藏机构策展的必备条件，在三大要素中发挥"基础"作用。

从当前文献收藏机构展览的相关研究中，可以发现国外研究虽然已论及提炼个性化主题[1]、挖掘内在关联[2]等内容开发，但探究其理论依据的并不多，即便提出阐释理论和美学理论，更多的也只是从展示手段的角度进行

---

[1] M. Laeaene, "Exhibition of Caricatures at the National Archives", *Tuna Ajalookultuuri Ajakiri*, 2012, 15(4), pp.150-151.

[2] A. Crookham, "Curatorial Constructs: Archives in Fine Art Exhibitions", *Archives and Records: the Journal of the Archives and Records Association*, 2015, 36(1), pp.18-28.

论述。国内研究则多为问题解决型的经验研究,如主张文献展览应立足馆藏分析①,聚合主题材料②,展示史、志、情③等。虽然郑国中④已洞察到不宜直接展示文献,并倡导展示区域文化内涵,但遗憾的是仍未深度思考展览中文献的特殊性及其背后可能的行为逻辑。反观博物馆学领域,正如前文所述,展览已经历过三个阶段的演进,虽然现如今前两个阶段的展览——直接展示器物(第一阶段)和传授器物相关知识(第二阶段)依然并存不悖,但第三阶段的展览却代表着当前的诉求和未来的方向,从而促使以叙事为代表的博物馆阐释大行其道。具体而言,博物馆展览的第一阶段大约出现在16世纪,此阶段出现了用以展示奇异物件的珍奇柜。从展览结构来看,一件件珍宝点状式地分布于展厅内,呈现出一种多中心散点状态,其内部并不存在整体关联。当展览步入第二阶段后,意味着一个庞杂的知识体系需要被重构和呈现,所有展览要素需要通过某种逻辑进行勾连,但即便如此,也不代表展览具备叙事能力。因为讲故事通常需要拥有某些特定要素,如与人有关、存在明确的时间和地点等。⑤ 当展览进入以人为导向的第三阶段,意味着观众由封闭、被动的客体变身为开放、不稳定的能动主体,受邀加入展览现场并与展示内容进行对话,使自我和镜像的想象性呈现处于暂时的统一,从而实现自我意义的构建。在这一阶段,借助叙事来传递有情节、有构造的信息,开始在展览界备受推崇。因为故事无处不在,从襁褓之中的摇篮曲,到孩提时代的童话歌谣⑥,讲故事是我们理解并分享这种理解的重要方式。鉴于此,为了促使作为后起之秀的文献收藏机构展览能契合当前国际展览的趋势流变,淋漓尽致地发挥其后发优势,需要借鉴博物馆展览叙事的有益成果,从中提炼适用于文献收藏机构策展的相关内容,以实现对"文献"要素的信息解读与内容重构。

  为此,我们可能需要回答两个问题。问题一:博物馆领域的展览叙事

---

  ① 霍向玉、方太合、郭晓梅:《档案馆举办档案展览的意义》,《广东档案》2006年第4期;张健:《浅谈高校图书馆的展览服务》,《东方企业文化》2011年第8期;陈本峰:《公共图书馆展览服务及其发展策略》,《河南图书馆学刊》2014年第11期。
  ② 李文伟:《以"展"吸"览",以"览"促"展"——岳阳市档案局做活展览文章》,《档案时空(业务版)》2004年第12期;陈强:《地方志资源开发利用的探索与思考》,《中国地方志》2014年第11期。
  ③ 潘捷军:《方志馆建设面面观》,《中国地方志》2015年第9期。
  ④ 郑国中:《图书馆要有"展览"意识》,《图书馆理论与实践》1992年第4期。
  ⑤ P. Mckenna-Cress, J. A. Kamien, *Creating Exhibitions: Collaboration in the Planning, Development, and Design of Innovative Experiences*, John Wiley & Sons, Inc., 2013, p.111.
  ⑥ 张婷婷:《云南少数民族电影叙事变迁与传播研究》,云南美术出版社2017年版,第5页。

究竟有哪些代表性成果？这里的成果至少要从两方面加以归结：一是围绕"叙事材料"开展的研究，二是针对"如何叙事"开展的研究。如果前者涉及的是信息解读问题，那么后者涉及的则是信息重构问题。先说围绕"叙事材料"开展的研究。由于博物馆领域的叙事材料主要是器物，所以成果大致包括两部分：在理念层面上讨论如何界定物的内涵和地位，在实践层面上探究如何开展物的收藏和研究。理念层面上，主要探究物的内涵及其地位。1955年、1969年，瑞兹根(Razgon)和兹贝克·特朗斯基(Zbyněk Z. Stránský，又被译作史斯坦斯基、汤斯基、斯塔浪斯基、斯特朗斯基)分别提出了实物和博物馆化实物的概念。[1] 贝切尔(M. Belcher)曾指出："只有展览给真实、可信的物品提供了一种可控的接触，也正因此，使得博物馆展览显得如此重要。"[2] 宋向光认为，实物具有可感知的物质性和真实性，包括物件、标本、文书档案、照片、记录性影视资料和非当代艺术作品等。[3] 毋庸置疑，实物是博物馆最具价值的核心资源，但随着博物馆与公众主次关系的哲学转向，实物的角色和地位已经不能简单地从单一维度上予以理解，换言之，其重要性不再只表现为实物数量的多寡，或是过分依赖物质外壳，而是更加重视实物所蕴藏的文化意义及其关联信息。吊诡的是，相较于20世纪初，尽管实物资料依然举足轻重，但各类博物馆的实物展品却大大减少：艺术博物馆曾经到处挂满藏品，被称为"沙龙"风格，而今却只剩下几幅代表作品；自然历史类博物馆琳琅满目的文物、化石、标本原本被束之玻璃柜中，现在却相继被一些互动展项、微缩景观、模型、雕塑等所取代。[4] 同时，一方面展厅中的实物日胺月削，另一方面阐释展览的各类辅助展品粉墨登场。以史蒂文·康恩(Steven Conn)[5]、严建强[6]为代表的学者虽然承认实物仍是多数博物馆展览的物质基础，但也提出并非所有类型的博物馆都需要实物，博物馆已出现真实的"物"与"现象"并存共舞的现象。实践层面上，主要围绕物的收藏和研究展开讨论。严建强主张参考《巴拉宪章》中关于文化遗产的分解，将实物展品分为"物质构件"和"文化意义"两部分，且认为在信息定位展览中实物

---

[1] [荷]彼得·冯·门施：《论博物馆学的方法论》，祁德贵译，《中国博物馆》1994年第4期。
[2] M. Belcher, *Exhibitions*, Leicester University Press, 1991. 转引自[英]帕特里克·博伊兰主编：《经营博物馆》，国际博协中国国家委员会、中国博物馆学会译，译林出版社2010年版，第136页。
[3] 宋向光：《博物馆陈列的实物性元素及内容结构析》，《东南文化》2016年第2期。
[4] S. Conn, *Do Museums Still Need Objects?*, University of Pennsylvania Press, 2009, p.33.
[5] [美]史蒂芬·康恩：《博物馆是否还需要实物?》，傅翼译，《中国博物馆》2013年第2期。
[6] 严建强：《博物馆与实物》，《中国博物馆》1999年第2期。

展品的"文化意义"格外重要。① 陆建松倡导要挖掘文物背后的信息,做到见物、见人、见精神。② 彼得·冯·门施(Peter van Mensch)提出了开发实物信息结构的模式,将信息分为四层:自然物质信息(或物的结构性特征)、功能信息(或意义特征)、与其他事物的关联信息(或联系性特征)、记录性信息。③ 蒂莫西·阿姆布罗斯(Timothy Ambrose)和克里斯平·佩恩(Crispin Paine)则主张将实物的信息结构分成三层:内在信息,即通过检查和分析物品的物理特性了解到的相关信息;外在信息,即从其他资源了解到的物品相关信息;被赋予的特殊信息或含义,即物品对不同的人曾具有的含义和现有的特殊含义。④

再说针对"如何叙事"开展的研究。长期以来,叙事因具备平民特色和田野操作的特点而一直难登"大雅之堂",但它却是人类天生就被赋予的能力。杰罗姆·布鲁纳(Jerome Bruner)提出,人们是通过故事来筛选和理解自身经验的。⑤ 然而将叙事作为研究对象纳入研究视阈却是近几十年的事。叙事学,又称叙述学(Narratology),发轫于20世纪20年代的西方文学研究。1928年,俄国学者弗拉基米尔·雅可夫列维奇·普罗普(Vladimir Propp)在《故事形态学》中论述了民间童话故事结构,从而为现代叙事学的诞生奠定了基石。⑥ 1968年,法国学者茨维坦·托多罗夫(Tzvetan Todorov)发表《诗学》,论述叙事学中的关键概念,尔后又在《"十日谈"语法》中正式确立"叙事学"这一名称。20世纪60年代,受结构主义思潮影响,叙事学作为一门学科在法国"呱呱坠地"。结构主义叙事学的研究主要聚焦至文学领域,其倡导的是对叙事虚构作品的抽象性和内在性的研究。⑦

在历经数十年的"春生秋长"后,叙事学这门学科曾一度归于沉寂,但近三四十年来又表现出卷土重来之势,呈现两大发展阶段:由"结构主义叙事

---

① 严建强:《新的角色 新的使命——论信息定位型展览中的实物展品》,《中国博物馆》2011年第Z1期。
② 陆建松:《如何讲好中国文物的故事——论中国文物故事传播体系建设》,《东南文化》2018年第6期。
③ [荷]彼得·冯·门施:《论博物馆学的方法论》,祁德贵译,《中国博物馆》1994年第4期。
④ [英]蒂莫西·阿姆布罗斯、克里斯平·佩恩:《博物馆基础(第3版)》,郭卉译,译林出版社2016年版,第136—137页。
⑤ J. Bruner, *Actual Minds, Possible Worlds*, Harvard University Press, 1986, pp.11-43.
⑥ 李明倩:《博物馆叙事研究综述——兼论展览叙事核心议题》,《自然科学博物馆研究》2019年第6期。
⑦ 龙迪勇:《空间叙事学》,生活·读书·新知三联书店2015年版。

学"到"新叙事学理论",或者也被称为从"经典叙事学"到"后经典叙事学"。之所以会出现这样的阶段性转向,是因为尽管"结构主义叙事学能对叙事作品复杂的内部机制进行细致准确的分析",但却易于局限在虚构作品中,忽视作品与社会语境、历史语境与文化语境之间千丝万缕的关联。所以,20世纪90年代以来,"新叙事理论"或"后经典叙事学"在西方(主要是美国)问世,研究重心开始转向探究结构特征与读者阐释互动的规律,重视作者、文本和读者与社会历史语境之间的紧密联系,诞生了一批针对叙事现象的跨学科、跨媒介研究,研究领域由此进一步得以拓展。

博物馆领域的展览叙事也大致始于 20 世纪 90 年代。1991 年,美国学者杰罗姆·布鲁纳率先发现叙事在博物馆教育中的意义不可估量。[①] 次年,巴尔在分析美国自然历史博物馆展览时,首次运用了叙事理论中的叙事基调和叙事时间等概念,后续研究还主张在观众参与中采用叙事研究。[②] 2011年,美国学者莱斯利·贝德福德(Leslie Bedford)提出"博物馆的真正工作是讲故事"[③]。2013 年,美国博物馆联盟(American Alliance of Museums)召开年会,将会议主题确定为"故事的力量"。[④] 次年,北美科学中心协会会刊《维度》(Dimensions)开辟"故事的力量"专栏。[⑤] 21 世纪后,欧洲学者也纷纷涉足博物馆展览的叙事研究。英国学者托尼·本尼特(Tony Bennett)探讨了作为政治和知识表征空间的博物馆,以及博物馆如何在新的民族叙事中完成历史的书写。[⑥] 2010 年,诺丁汉大学建筑环境系和莱斯特大学博物馆研究所两校合办主题为"叙事空间"(Narrative Space)的国际会议,两年后《博物馆创造:叙事、建筑、展览》(*Museum Making: Narratives, Architecture, Exhibitions*)新书付梓。

---

① J. Bruner, "The Narrative of Reality", *Critical Inquiry*, 18(1), pp.1-21.
② M. Bal, "Telling Showing, Showing off", *Critical Inquiry*, 1992, 18 (3), pp.556-594; "The Discourse of the Museum", in B. W. Ferguson, R. Greenberg, S. Nairne, *Thinking about Exhibitions*, Routledge, 1996, pp.201-218; "Exhibition as Film", in S. Macdonald, P. Basu, *Exhibition*, Blackwell Publishing, 2008, pp.71-93.
③ L. Bedford, "Storytelling: The Real Work of Museums", *Curator*, 2001, 44(1), pp.27-34.
④ 王芳:《活力与故事的力量:美国博物馆联盟 2013 年年会纪实》,《中国博物馆》2013 年第 3 期。
⑤ 朱幼文:《"故事"让科技博物馆更有"力量"——读〈维度〉杂志专栏"故事的力量"有感》,《自然科学博物馆研究》2016 年第 1 期。
⑥ T. Bennett, "Stored Virtue: Memory, the Body and the Evolutionary Museum", in S. Radstone, K. Hodgkin, *Regimes of Memory*, Routledge, 2003, pp.50-51; T. Bennett, *Pasts beyond Memory: Evolution, Museums, Colonialism*, Psychology Press, 2004, pp.19-24, 32-37, 135, 149.

我国博物馆学界对叙事理论的引入基本是21世纪以后的事。最初关注该主题的是建筑学领域①，2009年，以刘佳莹、宋向光等为代表的学者开始将叙事理论运用至博物馆展览中。② 2014年，台湾学者张婉真撰写了首部叙事理论的研究专著《当代博物馆展览的叙事转向》。③ 笔者在2020年7月利用中国知网"中国期刊全文数据库"检索，发现有关博物馆叙事的论文呈激增之势。以"博物馆叙事"为主题进行检索，共有166篇，其中涉及"展览叙事"的共有84篇。核心议题包含四方面：展览叙事的内涵及其意义，展览的叙事内容（内容文本的主题、视角、结构和模式），展览的叙事手段（形式设计、空间布局和数字设计），与政治、历史的关系。

问题二：博物馆领域的叙事展览研究，对图书馆、方志馆和档案馆中文献要素的认知、定位及功能有何借鉴意义？对"文献"要素的启发首先是理念上的。无可厚非，文献是一种区别于器物的另类"物证"，具备可感知的"真实性"。"真实性"无论对文献类展品展览还是器物类展品展览来说，都既是一种立身之本，更是一种资源优势。但是我们不能将这种"真实性"单层次地等同于物的真实性，展览的现场事实上允许真实的"物"与真实的"现象"辅车相依。换言之，如果将大量的"文献"直接用以展示，尽管它们等同于真实的"物"，但必然导致展品同质化和文献价值流失。为此，文献类展品展览应当借助展览促使受众理解文献内蕴的信息，鼓励策展者基于文献进行解读和重构，恰如其分地添加辅助展品，并采用多元而创新的表达方式，以提高观众现场感强的观展体验。

对"文献"要素的启发还突显在展览实践上。文献的特性及其价值决定了文献收藏机构展览应当特别重视文献内载信息及其文化意义，而叙事性展览则要求策展人对展品及其所载信息按照一定主题和结构进行有效组织。为此，在处理文献类展品展览的文献要素时，一方面要注重挖掘文献资源，动用所有的记忆载体，对文献内容进行深入探究，从中提炼出富有特色的展览主题和传播目的，并以线性逻辑将文献中"人""事"串成有情节、有构造的故事线。同时，要将展览主题、传播目的和内容结构转变为一种感官上和空间上的实体设计，通过创建真实体验，使公众不仅能够关联知识，还能

---

① 庄元：《博物馆展示的情节设计》，南京艺术学院硕士学位论文，2007年。
② 刘佳莹、宋向光：《博物馆的媒介优势——结构主义叙事学视角的博物馆展览试析》，《博物馆研究》2009年第4期。
③ 张婉真：《当代博物馆展览的叙事转向》，台北艺术大学、远流出版事业股份有限公司2014年版。

连接情感。

综上,借助博物馆领域数量可观的研究成果,针对文献类展品展览中的"文献"要素,笔者提出要树立"解读并重构文献信息"的理念,实践上注重文献资源无可取代的特性和价值,以明确信息解读和信息重构的目标、内容与方法,并掌握如何将文献故事及叙事逻辑转化为一种物化实体的表达与呈现。

二、借鉴博物馆学观众研究中的"受众导向",提炼出"受众"要素

所谓"受众"要素,是指展览的所有方面皆要为受众服务,通过阐释实现他们的身心参与,以促使受众理解展览,并引发其思考。此时,展览不再只是关注物,而是为了人。面对"受众"要素,首先要明白在文献收藏机构展览中,无论是文献要素,还是媒介要素,最终都是为了服务受众。因此,不仅要将受众要素纳入策展要素之中,还应明确三大要素中,"受众"要素发挥"核心"作用。

通过对我国文献收藏机构展览研究的全面梳理,我们发现其主要聚焦微观层面的问题解决,且各自为政,成果多浮于表层,实操意义并不很大。这些包括强调图书馆要发挥面向公众的社会教育职能[1];主张档案馆[2]、方志馆坚持用户导向[3];提出图书馆应当重视读者变化及其需求[4];认为图书馆在征集资源时,要注意调动社会力量[5]。而博物馆展览此前已有所涉及,至少经历过三个阶段的变迁:第一阶段是单纯地展示器物,第二阶段是传授器物相关的知识,第三阶段是关注展览之于观众的意义建构。其中,第三个阶段大致出现在20世纪中后期,第二次世界大战以后,博物馆数量的激增导致政府资助显著下降,"穷则思变"的博物馆不得不转而诉诸个人和社会的捐赠以及博物馆的自营收入来固本强基。尤其是20世纪70年代的世界性经济危机开始颠动时局,加剧政府资助的锐减,倡导服务社会公众的思

---

[1] 张燕:《深化图书馆教育职能 促进大学生素质教育》,载湖北省图书馆学会、中国图书馆学会社区乡镇图书馆专业委员会、全国中小型公共图书馆联合会等:《新环境下图书馆建设与发展——第六届中国社区和乡镇图书馆发展战略研讨会征文集(下册)》,武汉出版社2007年版,第3页。

[2] 李颖、平现娜:《优化网上档案展览的思考——基于省级档案馆网上展览的分析》,《档案管理》2013年第1期。

[3] 陈强:《地方志资源开发利用的探索与思考》,《中国地方志》2014年第11期。

[4] 柯静:《对公共图书馆展览业务的思考》,《图书馆杂志》2002年第10期。

[5] 朱斐:《图书馆举办展览经验浅析》,《河南图书馆学刊》2010年第2期。

想火花形成燎原之势,迎来一个具有颠覆意义的新纪元。同时,随着政治独立运动、民族主义和工业革命所引发的民主化变革,博物馆成为"非营利组织"大家庭中的一员,其首要目标变成社会价值的最大化。因此,处于第三阶段的博物馆展览正在努力寻找与受众的相关性,为受众创建有用和有意义的个性化体验。此时,受众地位凸显、荣宠万千,一跃成为策展中不容忽视的关键要素,这一背景下,自20世纪70年代起,博物馆观众研究领域急剧升温。因此,可以适当参考博物馆观众研究领域的代表性成果,从中获取能为文献收藏机构受众要素借鉴的先进理念与最佳做法。

为此,我们同样需要回答两个问题。问题一:博物馆观众研究领域究竟有哪些代表性成果?观众研究(visitor studies)是博物馆学母体中的一个重要分支学科。该领域最早的文献可追溯至1884年,始于利物浦博物馆对馆内观众的行为观察。[①] 20世纪二三十年代,这一领域虽然出现过几项代表性成果,但此后很长一段时间内,成果并不多见。直至20世纪70年代,观众研究领域的成果出现"井喷"。此时,美国博物馆协会(现改称为博物馆联盟)之下的观众研究与评估委员会(Committee of Audience Research and Evaluation,CARE,1974)成立。80年代,随着第一次观众研究年会的召开和研究论著数量的攀升,观众研究如火如荼地展开。约90年代,美国的观众研究协会(Visitor Studies Association,VSA,1990)、英国的观众研究团体(Visitor Studies Group,VSG,1998)、澳大利亚的博物馆观众研究中心(Australian Museum Audience Research Centre,AMARC,1999)等负责观众研究的专门组织横空出世。此时,观众研究的相关文章不再只以工具论文和调查报告的形式发表,*Curator*[②]、《博物馆新闻》(*Museum News*)和《博物馆研究杂志》(*Museum Studies Journal*)等期刊也不再只为其提供有限版面,而是出现观众研究的专门出版物,如《观众行为》(*Visitor Behavior*)[③]、《观众评估》(*Visitor Evaluation*)[④]。到了21世纪,观众研究发展成为"热门

[①] 刘婉珍:《博物馆观众研究》,三民书局2011年版,第1页。

[②] 中文中并没有与"curator"相对应的词汇。"curator"于20世纪90年代初由台湾的陆蓉之译为"策展人",这一概念最初由艺术界引入大陆,而后在博物馆界也使用起来。博物馆学界对"curator"的翻译各有观点,包括策展人、研究馆员/研究员、业务主管/管理人、主任研究员、管理主任、负责人、馆长、学艺员等。但目前博物馆学界对"策展人"这一译法仍有相当争议。所以本书中"curator"都使用英文,不予翻译。

[③] R. J. Loomis, "The Contenance of Visitor Studies in the 1980's", *Visitor Studies*, 1988, 1 (1), p.14.

[④] R. J. Loomis, *Visitor Evaluation*, American Association for State and Local History, 1987.

领域",内容涉及展览、教育、服务和营销等各项业务,但主要还是针对展览业务展开。

通过对博物馆观众研究领域百年发展史的回溯,笔者认为,首先,在纵向演变上,观众研究大致经历了从"单一直线"到"多元并行"发展的历程。具体表现为:20世纪20年代,行为主义一统天下。以希金斯(Higgins)[1]、吉尔曼(Benjamin Gilman)[2]、爱德华·罗宾逊(Edward Robinson)和亚瑟·梅尔顿(Arthur Melton)[3]、伍尔夫(Wolf)[4]、贝隆(Veron)[5]为代表的学者围绕场馆内的观众行为开展研究。到20世纪中后期,受人本主义、认知心理学、环境心理学、市场营销学、后现代主义等学术流派影响,观众研究呈现"百花齐放"的多元并行发展态势。此时出现了关注观众内在的人本主义和认知心理学,将用户进行分众的市场营销学,重视环境认知的环境心理学,强调情境、批判和关注少数群体的后现代主义取向等不同学科流派。随着20世纪70年的成果激增,其至21世纪发展为显学,由重视观众的外在行为,逐步转向关注观众的内在变化。博物馆学习、体验效果等方面的研究出现,代表学者有密苏里(Theano Moussouri)[6]、约翰·福尔克(John H. Falk)[7]、艾琳·胡珀-格林希尔(Eilean Hooper-Greenhill)[8]、史蒂夫·比特古德(Stephen Bitgood)[9]、罗斯·卢米斯(Ross J. Loomis)[10]和史吉祥[11]。当前,以胡德(Hood)[12]、麦克马

---

[1] G. E. Hein, *Learning in the Museum*, Routledge, 1998, p.104.
[2] B. I. Gilman, "Museum Fatigue", *The Scientific Monthly*, 1916, 2(1), p.62.
[3] A. Melton, *Problems of Installation in Museums of Art*, New Series No. 14, American Association of Museums, 1935, pp.91-151.
[4] G. E. Hein, *Learning in the Museum*, Routledge, 1998, p.104.
[5] Ibid., p.105.
[6] J. H. Falk, T. Moussouri, D. Coulson, "The Effect of Visitors' Agendas on Museum Learning", *Curator*, 42(2), 1998, pp.107-120.
[7] J. H. Falk, "An Identity-centered Approach to Understanding Museum Learning", *Curator*, 2006, 49(2), 2006, pp.151-164.
[8] E. Hooper-Greenhill, *Museum and the Interpretation of Visual Culture*, Leicester University Press, 2000.
[9] S. Bitgood, "Environmental Psychology in Museums, Zoos, and Other Exhibition Centers", in eds. R. Bechtel, A. Churchman, *Handbook of Environmental Psychology*, John Wiley & Sons, 2002, pp.461-480.
[10] R. J. Loomis, "Planning for the Visitor: the Challenge of Visitor Studies", in eds. S. Bicknell and G. Farmelo, *Museum Visitor Studies in the 90s*, Science Museum, 1993, pp.13-24.
[11] 史吉祥:《博物馆观众研究是博物馆教育研究的基本点——对博物馆观众定义的新探讨》,《东南文化》2009年第6期。
[12] M. G. Hood, "Staying away: Why People Choose not to Visit Museums", *Museum News*, 1983, 61(4), pp.50-57.

努斯(McMannus)[①]和斯莱特(Slater)[②]为代表的学者又开始热衷于探究观众的社会文化背景等非直接因素。不难发现，在这一纵向演进的发展历程中，拥有不同受训背景的学者，如心理学、教育学、博物馆学等，都参与其中，呈现出百家争鸣且深入发展的特点。其次，研究所采用的方法不一而足，存在鲜明的时代特征，后出现的方法总是试图去弥补前者的局限，但又不得不带着自身的缺陷。最后，数据收集的方式无外乎三种：观察观众的行为、对话、反应，与观众进行对话，让观众写出参与的想法或感受。整体而言，观众研究的视角日趋多元，成果也愈加完善，但各流派始终保持各自的独立性与专业性，问题的指向也不断趋近观众研究的本质。

问题二：博物馆领域的观众研究成果，对图书馆、方志馆和档案馆中受众要素的认知、定位及其功能发挥有何启示？这主要表现在理念树立、重点确定和方法参考三方面。首先，在理念树立上，一要放弃长期以来秉持的"藏品首位"理念，实现由"藏品中心"向"受众为先"的价值重置，以促使"物人关系"的理念转向。二要认识到"将受众要素纳入策展要素"并不简单地等同于"邀请观众参与策展"，而应树立将受众要素纳入所有展览要素的理念。其次，在重点确定上，博物馆的观众研究经历了由场域内到场域外、由直接因素到间接因素，即从最初对博物馆场域内的行为研究，转向对博物馆学习、体验效果等的内在变化研究。当前，学者又热衷于观众社会文化背景等非直接因素的研究，该过程还经历了从人工采集数据到设备采集数据（如采用RFID、Beacon、人脸辨识等）的转变。[③] 因此，文献收藏机构策展时，针对受众要素的研究相较于外在的行为研究，更需要关注的是受众的内在变化，并重视社会文化背景等间接因素。最后，在方法参考上，根据所处阶段和研究目的的不同，博物馆观众研究的方法可分为前置性评估（front-end evaluation）、形成性评估（formative evaluation）、补救性评估（remedial evaluation）和总结性评估（summative evaluation）。

目前从我国国情来看，文献收藏机构展览的质量和水平，多数仍未达到

[①] P. M. McManus, "Making Sense of Exhibits", in ed. G. Kavanagh, *Museum Language: Objects and Texts*, Leicester University Press, 1991.

[②] A. Slater, "Escaping to the Gallery: Understanding the Motivations of Visitors to Galleries", *International Journal of Nonprofit and Voluntary Sector Marketing*, 2007（12），pp.149-162.

[③] 周婧景、林咏能：《国际比较视野下中国博物馆观众研究的若干问题——基于文献分析与实证调研的三角互证》，《东南文化》2020年第1期。

总结性评估的基准,因此需要优先采取前置性评估和形成性评估,尤其是前置性评估,并将评估结果切实地应用至策展实践中,以针对性地提升展览传播效应。前置性评估是指普查观众对某一展览主题的知识水平、兴趣、需求和疑问,当创建展览时,将这些预先获得的评估结果纳入其中,以提升展览的相关性、参与度和体验感。根据研究问题与范式的不同,观众研究的方法还可以区分为定量研究、定性研究和自然主义研究。目前,更多研究热衷于采取自然主义研究法。该方法虽然强调质性研究,但并不反对量化研究,其核心在于将研究者作为研究工具,在自然情境下使用多种资料对现象进行整体性研究。这一方法强调的是研究紧跟设计,在博物馆的真实处境中与研究对象进行互动,采用扎根理论获得解释性理解,以发现多种隐蔽的结果。因此,英国教育展览评估专家罗杰斯·迈尔斯(Roger Miles)认为,在"软"(质性研究)和"硬"(量化研究)之外,观众研究还可采用自然主义方法。[1] 亚伯拉罕森(Abrahamson)及其同事也使用了不引人注目的观察和分析统计的自然主义方法,实施展览评估。[2] 可见,这种方法已开始大行其道。[3]

综上,借助博物馆领域的观众研究成果,围绕文献类展品展览中的"受众"要素,笔者主张树立两大基本理念,并有效把握当前受众研究的重点及其趋势。我们应当针对参观前特定群体的动机和需求等社会文化背景,参观中的观众心理和行为,参观后的观众长、短期效果等展开深入探究。此外,还要注意综合选用,甚至是专门设计恰当的研究方法,如针对结果导向的采取定量研究,针对过程导向的使用定性研究,而两者兼具的则选用定性和定量相结合的自然主义研究。

三、汲取具身认知理论中重视"生理体验"的做法,抽象出"媒介"要素

所谓"媒介"要素,是指在展览中用以促成受众与展品有效对话的传播

---

[1] R. J. Loomis, "Planning for the Visitor: The Challenge of Visitor Studies", in S. Bicknell and G. Farmelo, *Museum Visitor Studies in the 90s*, Science Museum, 1993, pp.26-27.
[2] R. Miles, "Grasping the Greased Pig: Evaluation of Educational Exhibits", in S. Bicknell and G. Farmelo, *Museum Visitor Studies in the 90s*, Science Museum, 1993, p.27.
[3] E. Hooper-Greenhill, "Studying Visitors", in S. Macdonald, *A Companion to Museum Studies*, Wiley-Blackwell, 2006, p.790.

手段。它包括适用于实物展品的"语境化展示、组合化展示"等方式,适用于辅助展品的"造型、媒体和装置"等手段,以及借助文字、声讯等语词符号的表达。其中,针对文字、声讯等语词符号,虽然我们明白观众前来观展并非为了阅读、聆听文字,但是若要对物和现象做出更深入的阐释,依然离不开它们。① 可见,展览是一种空间形态的视觉传播系统,以实物展品和辅助展品及其组合作为载体,视觉、参与和符号三大系统既互相独立,又相互融合。当我们要将展览中所涉的专业语言转化为普通受众易于理解的非专业语言,让文献中所记录的信息实现空间内的视觉转化和表达时,通常需要借助多元化并具备创新性的传播手段,这种相得益彰的传播方式能帮助受众获得轻松愉悦的生理体验。因此,之所以将"媒介"要素纳入,其目的在于把二维图文转化成三维呈现,促成信息在文献、受众之间的双向传播,所以在三大要素中,"媒介"要素起着"桥梁"的作用。

从我国文献收藏机构展览的媒介研究中,不难发现国内相关研究仍主要停留在较为浅层的应用理论方面,尚未步入深层的专业化探究阶段。一是针对策展质量提升的问题,图书馆、档案馆、方志馆主张从遴选主题②、树立品牌③、关注特殊群体④、建立联盟⑤、规范内容⑥、重视形式⑦、应用技术⑧等方面入手;二是针对策展流程规范的问题,档案馆和方志馆分别提出采用七大环节⑨和七项步骤⑩等,图书馆对该问题并未涉及。因此从整体来看,文献收藏机构策展还未构建起一套策展流程和参考做法。而博物馆作为长期专注于展览的空间形态的视觉传播机构,通过三百余年的实践探索,已初

---

① 严建强:《缪斯之声》,浙江大学出版社 2021 年版,第 75 页。
② 杨泰伟:《公共图书馆策展人的创意和选题》,《图书杂志》2006 年第 10 期;王建兵:《浅谈福建省图书馆展览工作现状及对策》,载福建省图书馆学会:《福建省图书馆学会 2010 年学术年会论文集》,海峡文艺出版社 2010 年版,第 3 页。
③ 刘建:《公共图书馆展览服务未来发展策略》,《品牌(理论月刊)》2010 年第 11 期。
④ 宋丽斌:《公共图书馆展览工作之我见》,《图书馆学刊》2011 年第 1 期。
⑤ 陈瑛:《试论公共图书馆展览联盟的构建——以浙江图书馆实践为例》,《新世纪图书馆》2011 年第 3 期;郑健:《浙江省公共图书馆展览联盟研究》,《大学图书情报学刊》2014 年第 6 期。
⑥ 汤敏华:《试论方志馆的对外运行服务》,《广西地方志》2014 年第 3 期。
⑦ 柴亚娟:《区县档案馆档案展览形式探索》,《黑龙江科技信息》2011 年第 23 期。
⑧ 黄河:《信息时代的档案展览——记珠海市档案馆〈走进珠海〉大型档案文献展》,《广东档案》2012 年第 4 期。
⑨ 李丽云:《档案展览的设计与管理实践——以中国科学院档案馆〈档案见证历史——馆藏档案展览〉为例》,载中国档案学会:《档案与文化建设:2012 年全国档案工作者年会论文集(中)》,中国文史出版社 2012 年版,第 6 页。
⑩ 杨龙波:《浅谈方志馆设计与布展的规范化操作》,《黑龙江史志》2013 年第 16 期。

步形成了一套策展实操方面的理论与方法。所以博物馆领域相关研究成果，可为文献收藏机构策展切实提供行之有效的参考，而这方面贡献在三大要素中也将是最直接和最显著的。

为此，我们也需要回答两个问题。问题一：博物馆领域在展览传播方面究竟有哪些代表性成果？这通常包括两大范畴：策展理论和策展实操，其中策展实操又囊括策展流程、传播方法和空间经营等方面的研究。博物馆策展中已被运用或关注的相关理论包括：历史学家弗里曼·蒂尔登（Freeman Tilden）提出的阐释理论，文学批评家罗兰·巴特（Roland Barthes）等提出的结构主义叙事学，心理学家西奥多·R. 萨宾（Theodore R. Sarbin）提出的叙事心理学，文学批评家约瑟夫·弗兰克（Joseph Frank）等提出的空间叙事学，心理学家史蒂夫·比特古德、罗伯特·B. 柏克德（Robert B. Bechtel）等提出的环境心理学，《博物馆策展：在创新体验的规划、开发与设计中的合作》（Creating Exhibitions: Collaboration in the Planning, Development, and Design of Innovative Experiences）一书中讨论的完形心理学，乔治·莱可夫（George Lakoff）等主张的具身认知理论，约翰·福尔克提出的情景学习模型，以及史密森政策分析办公室佩卡里克（Andrew J. Pekarik）等构建的体验偏好理论等。其中，需要重点强调的是认知科学领域的具身认知理论。因为归根到底，展览提供给受众的是基于真实物件的真实体验。那么，文献类展品展览究竟该如何为受众提供积极且有意义的真实体验？在认知科学领域，随着20世纪70年代中后期第一代认知科学所主张的身心二元认知范式受到质疑，20世纪80年代，以具身认知为代表的第二代认知科学兴起，该理论指出认知是具身的，它依赖具备特殊知觉和运动能力的身体[1]，人首先通过各种感官看、听和触摸世界，然后才将这种身体经验的刺激传至大脑。而观众在参观博物馆时，他们的生理体验与心理状态同样存在强烈的耦合关系，因此具身认知理论告诉我们，观众在参观展览时，他们的生理体验能激活大脑认知。所以，博物馆领域可以学习并吸纳具身认知心理学的真知灼见和创新做法，并且应当强调人、物与环境三者之间的互动对于观众认知生成的作用，正因如此，具身认知理论得以在博物馆展览领域强力生根、茁壮成长。

---

[1] E. Thelen, G. Schöner, C. Scheier et al, "The Dynamics of Embodiment: A Field Theory of Infant Perservative Reaching", *Behavioral and Brain Sciences*, 2001, 24 (1), pp. 1-34, discussion 34-86.

在策展实操方面，针对策展流程，《博物馆展览手册》(Manual of Museum Exhibitions)第一与第二版、《博物馆策展：在创新体验的规划、开发与设计中的合作》《博物馆展览策划：理念与实务》《博物馆设计：故事、语调及其他》《展览标签：一种阐释的方法》(Exhibit Labels: An Interpretive Approach)第一与第二版、《在展览中的文本》(Text in the Exhibition Medium)分别围绕展览策划的主题、内容、步骤和方法及人员合作，甚至说明标签著书立说。针对传播方法，除了上述国外专著有所涉猎外，国内也涌现出一批可圈可点的重要著作，如《博物馆展览策划：理念与实务》《博物馆的理论与实践》《博物馆策展实践》《博物馆陈列设计十讲》等。此外，部分学术文章也围绕策展实践，或就某一手段进行研析，如《关于博物馆、纪念馆情境再现的实践与思考》，或探讨传播方法的创新，如《博物馆展览设计的新手段》。由于博物馆空间的特殊性及由此带来的传播与认知的独特性，一些学者开始钻研传播空间问题，如《多感官博物馆：触摸、声音、嗅味、空间与记忆的跨学科视角》(Multisensory Museum: Cross-Disciplinary Perspectives on Touch, Sound, Smell, Memory, and Space)即从多感官体验的角度，论及博物馆空间经营等一系列问题。莫斯卡多(Moscardo)也曾提出，博物馆环境中所产生的注意力与其他迥然不同，因此博物馆的环境影响至关重要。[①]

问题二：博物馆领域传播方面的研究成果，对图书馆、方志馆和档案馆中媒介要素的认知、定位及其功能发挥有何参鉴价值？首先，我们要认识到媒介要素在文献收藏机构策展方面具有无与伦比的重要性。正如前文所述，符号信息和器物信息存在本质差异，文献收藏机构策展成功的重中之重在于将文献中记录的隐性符号，变成受众感官可感知的可视化表达，因此媒介的桥梁作用成为策展成功的"分守要津"。文献收藏机构不能一味执着于从卷帙浩繁的文献中选取明星文献以便精彩亮相，而放弃基于文献中符号表征的三维再造。这类展览不同于传统的器物类展品展览，可能会大量甚至全部使用辅助展品去重构第二客观世界，但只要其依据的是可靠的文献内容，就符合展览真实性和科学性的原则和底线。而只有通过这样的方式所创建的展览，才是鲜活生动而极具个性的。尽管媒介要素在文献收藏机

---

① G. Moscardo, *Making Visitors Mindful: Principles for Creating Quality Sustainable Visitor Experiences through Effective Communication*, Sagamore Publishing, 1999.

构策展中举足轻重，但由于这类机构并非因展览而生，所以对媒介要素的掌握及应用相对"生手生脚"。其次，对阐释、叙事、体验等前沿策展理论，尤其是具身认知理论的深层思考，有助于策展团队有效把握文献类展品展览的本质特征及其传播方法，从而找到适用于文献收藏机构策展实操的理论抓手。最后，博物馆策展所遵循的标准做法，也能直接为文献收藏机构所用，提供其策展可资参考的实施步骤、传播方法和空间经营上的典型范例。

综上，针对媒介要素，无论是在明确该要素的定位和作用上，还是提供理论资源和实操经验上，博物馆均能够通过回望来时路以提供专业理论和方法引导，促使文献收藏机构善用展览这一兼具综合性、复杂性和特殊性的传播媒介，让深藏馆内的"死"文献释放创新潜能，成为寻常百姓尽飨的"活"资源。

第五章

从理论层面构建文献收藏机构策展理论的阐释模型

在前一章中,笔者通过对文献收藏机构展览中文献类展品的特点揭示及其价值的再认识,从结构层面提炼出此类机构策展理论中的三大构成要素——"受众、文献、媒介"要素,同时借鉴博物馆学等相关学科的策展理论,对各大要素进行了内涵界定和地位确立,进而整理并分析博物馆领域在三大要素上的代表性成果,探究这些成果对文献收藏机构策展中各大要素功能发挥所给予的借鉴与启示。这些内容为本章构建以受众为中心的文献收藏机构策展理论奠定了坚实基础和重要前提。因此,在本章中,我们将通过关联策展理论的三大要素,运用传播学编码解码理论,尝试为文献收藏机构策展理论构建阐释模型。鉴于此,本章将主要囊括三方面内容:树立全新理念、倡导三大要素和构建阐释模型。在文献收藏机构策展理论的阐释模型中,受众不再是信息的被动接受者,而成为信息的主动生产者,该模型旨在创新受众与文献的沟通方式,引导两者建立起有效的对话,以促成信息互动的双向传播。

第一节 重构一套区别于博物馆展览的阐释理念

正如前文所述,器物类展品与文献类展品之间存在根本差异,因此基于这两类展品所策划的展览,理所当然拥有两套截然不同的阐释理念,所以亟须从思维定式上打破三点陈见,以点亮我们的认知盲区。

陈见一:文献类展品和器物类展品的传播重点并无差异,但事实上两者在传播上各有侧重。器物类展品拥有物质外壳和内载信息,而文献类展品实质上只拥有语词符号信息。因此前者是信息和载体的统一体,而后者的信息和载体却可以剥离。虽然文献也属于一种物证,但是其物化载体在信息传播上几乎没有太大意义。因此,如果器物类展品展览是依托信息和载体进行传播的,那么文献类展品展览只需要依托信息,而非载体。如果文献类展品展览像器物类展品展览一样,直接将载体用以展示,那么文献的传播价值必然大打折扣,因为记录在载体上的语词符号即便和载体一同被展出,也会由于这些符号多为隐性信息,未转化成可视化表达,所以观众难以快速直接获取,其传播效果也必不尽如人意。

陈见二:在构建完整主题时,文献类展品展览和器物类展品展览一样困难,但事实并非如此。因为相较于器物类展品展览,文献类展品展览的展品资料通常系统而丰富,所以能够创建出兼具个性化和整体性的展览。而器物展览的展品资料基本是七零八落或残缺不全的,因为留存至今的各类器物是偶然的和非均质的。尤其是在自然界或人类社会早期,受到物件材质、随葬观念、保存环境等因素影响,即使是被有幸保存的实物,也并未必能被发现,被发现的也未必能进入博物馆。[①] 因此,器物类展品展览立足的是碎片化的物证,即有什么展什么,这些先天不足的展品资料必然会给器物类展品展览的主题遴选和系统阐释带来一定的困扰。而这一点在文献类展品展览中并没有"荆棘塞途",因为若不是遭遇严重的自然灾害、战争或其他不能预见的不可抗力,文献的收藏和保存通常是完整且有序的。而这些丰富的文献资料能为提炼富有特色的主题,开展系统的内容阐释奠定较为扎实的材料基础。

陈见三:文献类展品展览和器物类展品展览的信息编码过程大体相同,但事实上两者迥乎不同。如果我们将器物类展品展览的信息编码过程定义为"信息的物化—物化信息的符号化—符号化信息的再物化"三个阶段,那么文献类展品展览则主要经历了"信息符号的再符号化—再符号化信息的物化"两个阶段。器物展览中,展品是信息物化的产物,需要借助考古学、地质学和历史学等学科不断优化理论和方法,以提炼出器物所携带的各类信息,尔后再通过语词符号进行科学解释,最终遵循观众的认知特点和学习方式实现研究成果的再物化。而文献展览中的展品则不同,大部分材料

---

① 周婧景:《博物馆现象的内在逻辑及其研究价值初探——从〈博物馆策展〉一书谈起》,《博物馆管理》2020年第2期。

都是文字信息,基本是对人类思想和行为的直接记录或说明。可见,文献类展品是语言锁定的,与相关研究者的语言系统基本一致,具备明确的时代、特定的人或物。所以文献资料再符号化的过程(即通过文献研究来撰写相关论著),虽然会因手稿书写潦草、缺乏句读等问题遭遇研究困境,但相较于器物研究,无论是在学科综合方面,还是在证据支撑方面,难度显然都更小。因为器物研究需要"透物见人",即借助实物来探索人的发展史(环境、人口、生计和社会结构变迁等),而在这一过程中,需要研究者提出问题、假设结论、设计方法、寻找数据/证据,尔后再进行数据分析和呈现,并展开讨论与总结。所以整体而言,"信息的再符号化"相较于"物化信息的符号化"更加易于实现,这也说明在策划展览时,相较于器物类展品展览,文献类展品展览学术支持资料的产出相对难度更低,以便为后续的展览阐释夯实内容基础。

综上,文献类展品展览在"展品传播重点、构建完整主题和信息编码过程"上与器物类展品展览大相径庭,因此需要重构一套有别于博物馆器物类展品展览的阐释理念。总体而言,文献类展品展览不应大规模地直接展示作为载体的文献,而是应该将文献中的语词符号与载体相分离,重点对这些语词符号进行解读、转换和重构。同时,由于文献在材料研究的难度和阐释材料的丰度上具备天然优势,有助于实现符号信息的解读、转换和重构,所以文献类展品展览和器物类展品展览在阐释理念上是完全不同的。文献收藏机构不可"邯郸学步",不假思索地效仿博物馆的策展理念,而应坚持走载体和信息相分离的道路,致力于符号所载信息重构后的再物化表达。否则,文献类展品展览将会陷入"世俗化迷思",即缺乏这方面的意识又不去注意,从而造成更深的偏见及无知,最后造成文献收藏机构创新利用文献的方式——展览,因阐释理念的定位混淆或错位难以发挥最佳使用效益,导致文献资源的隐性浪费、无形流失。

第二节 实现对文献、受众和媒介三大要素的倡导

文献类展品展览的核心任务是促进"文献与受众的对话成功"。这里涉及三方面问题:一是对"文献"的倡导;二是对"受众"的倡导;三是对"媒介"的倡导,即传播技术的倡导。三类倡导中的任何一类对策展成功都至关重

要,只有同时做好三方面工作,才能获得理想的传播效应。当然,由于每个展览的背景、预算和规模不同,参与展览策划、设计、制作和布展的人数及构成往往不尽相同。因此,针对"文献、受众、媒介"三大要素的倡导,在规模较小的机构中可能会由一人身兼数职,而在规模较大的机构中,即便其中的一类倡导也可能是由多人承担的。

一、"文献"要素的倡导

(一)对"文献"要素的倡导及其要求

对"文献"要素的倡导,指的是策展时坚持展览材料主要源自文献所记录的信息。该要素的倡导者可能是一个人,也可能是一群人。随着文献收藏机构的职能由"管藏型"向"利用型"转变,这些机构的服务领域拓宽,服务手段创新,受众的主体地位昭彰。因此,对"文献"要素的当代倡导,理所当然要突显出"受众"导向。"文献"的倡导者不再只是文献的研究者,还是文献的传播者,在博物馆领域,被称为"Curator"。从职业范围来看,这类人通常能从学术的角度明确主题、帮助团队确定最重要的信息,并删除无关信息,准确地说出可使用的文献、保护方法,还需哪些文献以及从何处获取。从职业精神来看,他们不仅需要拥有从事文献研究的热情,还需要有将研究成果传播给团队成员,且最终传播给受众的热情。[①]

当前,我国文献收藏机构中,"文献"要素的倡导者通常包括两类:一类是文献专家,这部分人会扎根于文献,做原创性研究;一类是传播专家,他们具备加工组织文献的研究技能,同时能够寻找到审核和研究文献的专家。目前两类倡导者各有其适用空间,但最佳的"文献"要素倡导者应是两者的有机结合(见图84)。然而,无论是哪类倡导者,都必须确保展览内容准确无误。

图 84 "文献"要素倡导者的角色定位

---

① P. Mckenna-Cress, J. A. Kamien, *Creating Exhibitions: Collaboration in the Planning, Development, and Design of Innovative Experiences*, John Wiley & Sons, Inc., 2013, p.25.

从第二章展览问题聚焦中，我们获悉上海、长沙、成都——我国东部、中部、西部三座重点城市的十家调研对象较少会从策展的需求出发，设置类似"curator"的专岗。只有上海市档案馆和上海图书馆两家机构在岗位设置上存在相近的岗位类型。上海市档案馆创建了利用服务部，该部门有四位负责陈列展览的工作人员，而上海图书馆则设有会展中心展览部，每年的年度大展主要是由会展中心联合典藏中心、历史文献中心等多部门牵头，但策展团队却主要是由历史文献中心的人员构成的。可见，文献收藏机构的策展任务主要交由"文献"要素的倡导者承担，他们通常为图书馆的典藏中心、历史文献中心，档案馆的编研展览部、编研部，方志馆的研究部、馆藏部、编研部等部门的研究人员。从角色定位来看，他们更多的是研究者，而非传播者，因此仍然无法与"curator"岗位相提并论。其中只有上海市档案馆和上海图书馆设置了负责展览的部门，但人员多属于传播者，而非研究者。

综上，目前各馆的"文献"要素倡导者多为文献研究者，他们的传播意识相对较弱，加之受博物馆策展理念影响，很少会在解读文献的基础上进行信息重构，并由此完成视觉与空间的转化，即使实现了信息重构，也难以实现视觉与空间的表达。总体来看，这部分人由于具备丰厚的学养和专业的积淀，所以易于将普通受众认知起点不高的事实忽略，除少数展览之外，更多的是直接将文献作为展示对象或类似博物馆通史展，将文献嵌套其中，导致观众实际并不理解甚至未曾使用过文献中的信息，其作为记忆载体的功能未能真正得以践行。

（二）倡导"文献"要素是展览策划的基础

对"文献"要素的倡导，是策展成功实施的基础，因为它决定了我们要告诉观众什么。基于"文献"要素所提炼出的主题和内容，是文献收藏机构独特的、原创的和有意义的产品，它既是展览存在的理由，也是提升观众认知、唤起情感和启发思考的源泉。其中，主题通常具备普适性和独特性。普适性代表它能在多大范围内能引起受众的共鸣，如爱、自由、信念、坚持、正义、守护等，独特性则代表文献所反映的核心观点和价值取向。可见，展览前期的文献研究是生产内容和深化阐释的重要基础。以美国华盛顿特区的国会图书馆（Library of Congress）举办的"不可否认：妇女为投票而战"（Shall Not Be Denied-Women Fight for the Vote）展为例，该展的亮点之一便是对文献进行了多层次的深入解读。整个展览围绕美国妇女选举权运动，在纵向逻辑上按照时间来讲述该运动的发展进程，在横向逻辑上关联不同时段的历史背景、社会环境和相关议题,从而生动再现了这段历史中的"人"和"事",为观众构建起一个过程完整而又层次丰满的故事。如在"选举权运动下的家庭、友谊和个人"单元中,展览借助书信、讽刺刊物、手稿等描述了妇女们在平衡家庭责任和追求事业中所面临的内心冲突和外界挑战。这些文献通过信息重构实现了历史故事化,观众被悄悄带入历史舞台的中央,洞察并深谙故事发生的来龙去脉,跌宕起伏的情节引起他们深浅不一的直觉联想或情绪波动,让他们感悟到隐含在文献中的广博深厚的精神内涵与文化忧思。

(三) 倡导"文献"要素的叙事策略

通过"文献"要素的倡导,我们需要明确的是展览究竟想要展出什么。倡导团队应该就关键问题达成一致,并为展览叙事创建一套阐释方案。而这套方案通常包含两方面内容:一是"这是关于什么的展览",二是"该展览将如何讲故事"。由于该方案立足"文献"要素,为展览提供了可行的叙事策略,所以能为机构负责人、项目经理、展览设计师等关照展览的内容、目标和范围提供借镜。

1. 这是关于什么的展览?

"这是关于什么的展览",即展览的中心思想是什么,在博物馆领域称之为"传播目的"。贝弗利·瑟雷尔(Beverly Serrell)指出,"一切背后,皆应有一个传播目的"[1]。传播目的是指关于展览内容的表述,通常是一个完整有效但不复杂的句子,由主语、谓语和结果构成[2],主要是用来阐明主语是怎么样的或什么样的。如台湾文学馆以《安妮日记》等文献作为展示材料,策划出"安妮与阿妈相遇——看见女孩的力量"展,该展的传播目的即为"以女性视角洞悉战争样貌"。但需要明确的是,传播目的并非展览的主题、产出或目标。[3] 如"这个展览是有关美国《独立宣言》的",这是展览主题;"该展围绕《华阳国志》呈现中国古代西南地区地方历史、地理和人物等",此为展览产出;"观众将通过展览增进对图书装帧技术的了解",则是展览目标。它们都未明确表达主语是怎么样或什么样的,所以都不属于传播目的。因此,一个界限分明的传播目的,既要能说明、聚焦和约束展览内容,为策展提供明确的目标,以实现展览的集中性和连贯性[4],又要能为展览质量的评估提供依

---

[1] B. Serrell, *Exhibit Labels: An Interpretive Approach*, 2nd ed., Rowman & Littlefield, 2015, p.7.
[2] Ibid., pp.7-9.
[3] Ibid., p.10.
[4] B. Serrell, *Paying Attention: Visitors and Museum Exhibitions*, American Association of Museums, 1998, pp.7-18.

据。有效的传播目的该如何制定？这需要整个团队反复讨论编辑，以达成共识。这意味着它既不依靠主要策展人的专断独行，也并非团队成员简单投票的结果，而是在所有人确实理解的基础上形成较为一致的判断。此外，在整个策展过程中，传播目的应当被置于显而易见的位置，使每位团队成员都能对其了然于胸，以保证全部展览要素皆服务于传播目的，而非离题万里。

2. 该展览将如何讲故事？

通过倡导"文献"要素明确展览内容后，有关"讲故事应包含哪些要素"以及"如何来组织故事结构"的问题便跃然纸上。史蒂文·康恩说"博物馆不再需要实物"[①]，指的是随着公共服务意识的觉醒和深化，我们需要保证展览能系统地阐释主题，以便公众能更好地理解，而展品本身的物理属性或展厅的展陈条件等却给故事重塑带来一定的局限，此时展览不能再只依赖"展品原件"，而是需要形式各异的替代品，使其在展览的深度阐释和现象的活化呈现上发挥无与伦比的作用。我们知道，文献类展品展览所展示的对象是文献，而文献的价值蕴藏在符号化信息之中，所以替代品要替代的对象并非"文献原件"，而是"符号化信息"。可见，符号化信息是创制文献类展品展览的展品资料之来源和依据，因此，倡导"文献"要素的重要性不言而喻。以美国国家档案博物馆（National Archives Museum）"权利档案"（Records of Rights）展为例，该展包含六个部分：平等权（Equal Rights）、公正自由权（Rights to Freedom and Justice）、隐私权和婚恋权（Rights to Privacy and Sexuality）、工作中的权利（Workplace Rights）、第一修正案权（First Amendment Rights）、原住民的权利（Rights of Native Americans）。每一个部分都包含同主题的系列故事，这些故事都服务于展览主题，即帮助观众全面理解美国人是如何争取和拥有自己的权利的。因此，展览除了采用与主题内容直接相关的报纸、卷宗、图片和影像等文献展品外，还大量使用触控式电脑、交互式墙面、灯箱、交互式桌面触控屏、情绪标签等辅助展品。这些展品在实现文献信息可视化的同时，革新观众获取信息的途径，调动并延伸他们的综合感知，提高他们的兴趣点和注意力，最终促使观众在互动中实现与文献的双向沟通。

（1）展览叙事需要包含哪些要素？

博物馆领域已经证明叙事是重构符号化信息的有效手段，那么文献

---

① S. Conn, *Do Museum Still Need Objects?*, University of Pennsylvania Press, 2009.

收藏机构在策划叙事型展览时,究竟需要包含哪些要素,以便在开展"文献"研究时,能够拥有明确的目标与坚定的方向呢?英国学者卡里瑟斯(Carrithers)指出,"讲故事是最强有力的人类活动,是为了懂得一系列行动中一个人自己和他人的心情、计划和信仰,还有精神状态的变化。从这一角度来看,人类能够懂得社会环境的长期性和复杂性,他们懂得这个环境里的变化,而且还能超越这一切互相要求得到关于这一系列行动的信息和解释,这种叙事思维是社会性的中心"①。格雷厄姆·斯威夫特提出,"人类是一种讲故事的动物。不管一个人走到哪里,他想留下的绝不是一团混沌,一段空白,而是能抚慰人心的故事的浮标和印痕"②。如上所述,尽管我们自孩提时代就开始接触故事,而今各种跌宕起伏的故事也扎根于我们的现实生活甚至梦境之中,但这并不意味着讲好故事是一件轻而易举的事。那么,一个好的故事究竟是怎样被创造出来的?若要回答该问题,逻辑起点是厘清一个好故事应当包含哪些要素。张婉真指出,"叙事要素"不但可以肯定既有对于叙事成立要件的思考传统,也可以容许不同学科领域因为其特定的言说方式或关注焦点而有不同的叙事运用手法。③

目前来看,围绕"叙事要素"问题最具代表性的观点出自安迪·古德曼(Andy Goodman),他是作家、演讲者和公共沟通领域的咨询专家。安迪·古德曼主张叙事应包含十大要素(也被称为十大铁律)。④ 一是与人有关。故事的主角必须是一个人,这个人将通过故事引导听众,我们需要为他进行一些富有特色的外貌描绘,从而有助于听众在大脑中形成人物相关的画面。二是主角必须有目标。讲清楚你的主角想要得到什么或者改变什么,且最好采用主动语态。三是有明确的时间和地点。帮助听众快速弄明白故事发生的时空,以便他们易于进入故事情节,去探索更为深层的意义。四是让角色自己说话。直接引用角色自己特有的声音来说话,让故事更具真实性、即时性和紧迫感。五是给听众带来惊奇。必须让你的听众感到好奇,"接下来会发生什么?"通常,故事中的人物在追求目标时,会遭遇困难和意外等。六是故事需要适合它的听众。讲述要直白,能够符合听众普遍的阅读水平。

---

① [英]麦克尔·卡里瑟斯:《我们为什么有文化:阐释人类学和社会多样性》,陈丰译,辽宁教育出版社1998年版。
② [英]格雷厄姆·斯威夫特:《水之乡》,郭国良译,译林出版社2009年版,第55页。
③ 张婉真:《当代博物馆展览的叙事转向》,台北艺术大学、远流出版事业股份有限公司2014年版,第98页。
④ A. Goodman, *Storytelling as Best Practice*, 8th ed., Goodman Center, 2015, pp.16-17.

七是能激发情感。激发情感不是浮夸性和操控性的,而是传达出一些值得关注的信息。八是并非告知而是展现。故事有时不是用语言直接表达,而是通过画面和细节加以呈现的。九是至少有一个真相大白的时刻。故事最好能够给我们展示某种真知灼见。十是故事富有意义。这一点最为重要,就是听众能回答该故事到底是在讲什么。

关于"叙事要素"问题,除了安迪·古德曼外,先后有一批学者依托不同的受训背景,在不同层面展开过讨论和争鸣。在文学领域,以童庆炳[①]、胡家才[②]为代表的学者分别认为叙事要素包括"叙事者、人物、事件、情节、环境、时间"或"叙事主体、叙事客体和叙事文体"。而在博物馆领域,有关展览叙事的首部中文专著《当代博物馆展览的叙事转向》也有一节专门涉及展览要素。在书中,里蒙-凯南(Rimmon-Kenan)提出构成叙事的最低要素包括双重的时间性和叙述主题。而双重的时间性指的是故事必然存在两个时间,即故事发生的时间和叙述故事当时的时间。[③] 张婉真在里蒙-凯南观点的基础上,主张叙事要素还包括从始至终的过程、主角行动的一致性、因果关系造成的状态改变和接受方的存在等。[④]

综上,笔者发现五位学者的观点均强调了展览应包含人、事、时间、地点、情节五大要素,其中文学领域的童庆炳、胡家才还强调了叙事者这一主体要素。博物馆领域的里蒙-凯南和张婉真更看重叙事的过程,而安迪·古德曼则创造性地提出优质故事还应拥有目标、情感和意义等自成一格的要素。鉴于此,笔者主要采纳安迪·古德曼之卓见,并适当借鉴其他学者观点的基础上,提出文献收藏机构展览叙事可包含五大要素(见图85):一是叙事者,允许由策展人以代言人

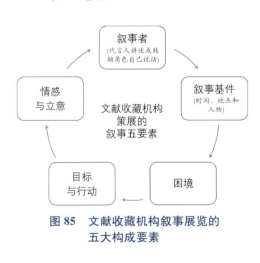

图 85 文献收藏机构叙事展览的五大构成要素

---

① 童庆炳主编:《文学理论新编》,北京师范大学出版社 2010 年版,第 184—190 页。
② 胡家才:《新编美学概论》,东方出版社 1999 年版,第 377—378 页。
③ 张婉真:《当代博物馆展览的叙事转向》,台北艺术大学、远流出版事业股份有限公司 2014 年版,第 99 页。
④ 同上。

身份进行讲述,但仍要尽可能地鼓励角色自己说话;二是叙事基件,讲故事中最为基本的元件,主要是指时间、地点和人物;三是困境,包括生活中所遭遇的各种现实难题和生存困境,有深藏于内心的,也有外显于言行的,但最具戏剧冲突的是二选一困境;四是目标和行动,一旦困境足够大,目标足够强,两者之间的强烈反差就需要依赖行动加以解决,随着困境难度的无法逾越,行动的艰巨将会吸引受众进入情绪氛围之中;五是情感和立意,用相似性和相关性引发受众情感共鸣,借助这种共鸣来达成展览耐人寻味的立意。笔者主张在为叙事型文献类展品展览倡导文献要素时,需要对上述这五个要素加以提炼、组织和加工。

此处以台湾文学馆的"逆旅·一九四九——台湾战后移民文学"特展为例。1949年后91万人退居台湾,"逆旅·一九四九——台湾战后移民文学"特展就是依托这批移民撰写的文学作品,去窥见1949年巨轮之下的人性与悲凉。① 展览整体的叙事者虽然是策展人,但是各个团块故事的叙事者却是这批精彩纷呈的文学作品的撰写者。该展的时间、地点和人物等叙事基件也是相对明确的。困境是显而易见的,即这批移民都经历了一场难以置信的巨变,度过了一段无法忘却的生命历程。但是由于这群人并非均质的统一体,他们中既有达官贵人、中流砥柱,也有出身贫寒者、流浪者,这种贫富差距和利益对立成为冲突之源,相互之间都处于失语、无法理解的状态,甚至导致彼此的创伤。目标和行动在于通过文学作品及其隐喻的解读、转化以及展览的重构,让移民和本省人重新正视这段历史,最终促使个人与家族的离散故事得以安放。该展在唤起这群人及其后代创伤体验的同时,也使其得到疗愈与和解,这便是展览的情感和立意。

(2) 展览该如何来组织叙事结构?

在明确展览的叙事要素后,我们又该如何对展览的叙事结构加以组织?试想,观众步入展厅,从某一处开始参观,然而抵达某一位置结束,这一过程便构成了他们独一无二的故事体验。然而,在边走边看的过程中,一个复杂的知识系统被装进了人沿着时间线行进的认知和体验过程,真实的空间通过统一故事线被赋予虚拟的时间。对于展览所策划内容的理解和思考,即便与观众的特定视角和个性观点休戚相关,如果探本溯源,影响的源头也还

---

① "【逆旅·一九四九】台湾战后移民文学特展",https://event.culture.tw/NMTL/portal/Registration/C0103MAction?actId=90005,最后浏览日期:2021年3月10日。

是来自策展人所构建的物人交流系统。隐藏在幕后的策展人是否预先组织好叙事结构,并利用有形空间塑造好故事情节,决定了与传播目的相关的意义能否由此得以揭示。换言之,策展人需要决定观众先看到什么、尔后看到什么、每次呈现的信息带如何分布、高潮和低谷分别设在何处等。通常来说,按照逻辑关系,叙事结构可分为线性和非线性两种(见图86)。我们生活在一个无论自然界、人类社会还是意识宇宙都高度复杂的世界,"近代和现代的思维模式却是从单一的、线性的因果角度对复杂世界做还原论和确定论的思考,但这种机械的、平衡的、静态的还原论和确定论并不能解释和解决人类本来就存在的复杂性问题"①。因此,自20世纪以来,有学者提出,以往局限于因果线性逻辑的叙事已经无法囊括具有复杂结构的现代和后现代的叙事。他们于是在线性叙事基础上提出非线性叙事类型,龙迪勇亦将其称为"分形叙事"。② 鉴于此,可将文献收藏机构叙事展览的展览结构大致分为两类:线性叙事和非线性叙事。其中,线性叙事可采用定向式空间规划,而非线性叙事则可采用放射状空间规划、随机式空间规划或开放式空间规划。

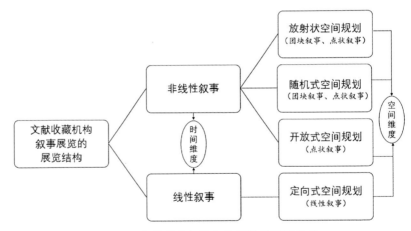

图86 文献收藏机构叙事展览的展览结构

① 线性叙事及其定向式空间规划

"线性叙事"是指按照对象事件的发展顺序叙述,通常这种顺序和受众

---

① 叶向东、吴章霖、黄晨曦:《人类未来的希望——蓝色科技》,中国经济出版社2005年版,第146页。
② 龙迪勇:《空间叙事学》,生活·读书·新知三联书店2015年版,第215页。

的认知顺序一致,所以易于把故事讲清楚,受众也容易理解。① 同时,根据故事线的多寡,"线性叙事"又可分为三类:单线叙事、复线叙事和多线叙事。其中,单线叙事是指以一条故事线为主的叙事,通常包括开端、发展、高潮和结尾四个部分;复线叙事是指以一条故事线为主,枝蔓性故事线为辅,或一条故事线为正,一条故事线为反的叙事;多线叙事是指具备或正或反、或主或副、或明或暗三条及以上故事线的叙事。②

美国国会图书馆在2019年6月至2020年9月推出的"不可否认:妇女为投票而战"展就属于线性叙事中的单线叙事展。现围绕该展的叙事线索、各部分内容及其叙事亮点展开简要论述。本展主要依托的展品资料是文件、图像、视频和音频等,讲述了美国超过七十年的妇女选举权运动,包括起因、发展历程、结果和最新研究动态。展览的内容主要按照时间逻辑展开,分为五个部分:第一部分"塞内卡·福尔斯(Seneca Falls)会议和运动初始(1776—1890年)"介绍了妇女选举权运动的肇始及由此带来的社会动荡。该部分的展品主要包括会议文件、报纸、私人书信等,在历史的官方叙事中加入个人视角成为本部分的叙事亮点。第二部分"新一代的新策略:1890—1915年女性主义的早期启示"介绍了新一代女性在争取妇女投票权时所面临的社会环境及其采取的相应对策,配套采用了照片、宣传单、商品、文件等展品。第三部分"对抗、牺牲与民主斗争(1916—1917年)"介绍了妇女在选举权运动中的波折及障碍,呈现的展品有照片、社论、书信、漫画、法院传票等。该部分的叙事特色在于:一方面将妇女选举权运动置于同期发生的第一次世界大战大背景之下,展现了历史语境对于这场运动深切着明的影响。另一方面,针对同一事件,克服机构本位,将多元主题的不同评论纳入。如在呈现妇女上街游行集会照片的同时,展示对该活动的质疑之声——"阻碍交通或行使自由集会权?"以及呈现反选举权主义者的相关文献。这些多元视角的不同看法激发了观众的逆向思考和批判思考,使他们能更全面客观地围绕本主题极深研几。第四部分"听到我们的吼声:胜利(1918年及以后)"介绍了妇女选举权运动的初步告捷,展品主要包括妇女活动的照片、修正后的法案、妇女的笔记等。受后现代叙事的影响,该部分还论述了获得初步胜利后,非裔、亚裔和原住民妇女的选举权仍有待进一步

---

① 王振宇:《电视新闻深度报道》,河南大学出版社2015年版,第49页。
② 李勇强:《荧屏之戏:中国戏剧与电视剧改编研究》,中国电影出版社2018年版,第106页。

扩大。第五部分"更多运动"介绍了关于妇女选举权运动的最新研究方向——亚裔、拉丁裔和美国原住民对妇女选举权运动的贡献,参与运动的其他族裔妇女的照片成为本部分的主要展品。在这一部分中,有两点值得称颂:一是受博物馆界"多样性、公平性、可及性和包容性"(Diversity, Equity, Accessibility, and Inclusion)趋势影响,展览揭示出不同族裔在这场运动中的参与情况;二是在部分说明文字中,存在鼓励观众利用馆藏继续探究的内容,若观众对该主题萌生兴趣或者对此展品产生新问题,可以借助国会图书馆推陈出新的藏书,主动获取其他族裔妇女参与选举活动的新发现。

成都市档案馆新馆的基本陈列"成都故事"则属于线性叙事中的多线叙事展。该展于2017年正式向公众开放,是一个大型的档案情景展。展览以成都自秦筑城以来两千年的时间脉络展开,聚焦的是成都发展史中的城池变迁和各行各业的不同故事。该展主要通过情景再现对不同时期的典型事件进行多线呈现,如开工劝业、城市管理、求学海外、辛亥保路、传播马列、迎接解放等,使观众能在流淌的历史中品味包罗万象的千年成都及其旧貌新颜,从而感悟到这座锦绣之城的文脉与灵魂。

可见,如果是针对某一人物或某一事件的主题展,可考虑使用单线叙事或复线叙事,借助彼此关联的时间流线来呈现人物的成长历程或事件的演进过程。但针对一般的主题展览,尤其是历史主题展览,则可借鉴博物馆领域同类展览的惯常做法,优先采取多线叙事,即将一个个故事并行展开。正如严建强所言,犹如藤蔓上长出若干个瓜,这些瓜独立地发荣滋长,但又被串在一棵完整植株中。

相较于其他媒介的叙事,展览叙事最鲜明的特征是空间叙事。展览是一种在特定空间中以视觉为主的形象传播体系,空间成为展览叙事的重要"容器"。但空间的作用并非仅限于此,它更是参与叙事的重要元素。拥有时间属性的展览故事,一旦发生在展厅现场,同时又具备了空间属性,而空间本身是有结构的,就能保持与时间逻辑同构。无论我们是否承认,在展厅中的学习和体验中,时间与空间如影随形,如果为了研究的方便,强行将时空分离,那必然会给叙事的整体安排及其理解带来盲区,不符合展览述行空间的本来面貌。① 因此,文献收藏机构在策划线性展览时,应当按照故事的

---

① 龙迪勇:《空间叙事学》,生活·读书·新知三联书店2015年版,第135页。

时间逻辑进行定向式空间规划,使观众只能沿着设计的展览动线行走,在限定的选择中理解展览的安排及内容。耳熟能详的案例即迪士尼的受控体验,观众常被蓄意安排在一个可移动的座位中,以确保观众按照预定顺序完整地体验整个故事线。空间的结构由此与叙事结构保持一致,使得诉诸笔端的文本叙事变成展厅内依托文本重构的事件现场,三维空间成为创建故事和传递线索的重要媒介。

② 非线性叙事及其三种空间规划

"非线性叙事"是指打乱事件发展顺序的叙述,即事件的发展顺序与受众的认知顺序是不一致的。① 受众很可能只会选择其中最能引起他们兴趣的内容,以构成独树一帜的个性化动线。一般来说,根据叙述单位的大小,可将非线性叙事分为团块叙事和点状叙事。笔者认为团块叙事主要是指展览中的某个部分或某些部分采用叙事予以阐释,而点状叙事则是指针对某个展品或展品组合,采用叙事进行阐释。如果和线性叙事一样,将空间属性纳入叙事结构的考虑范畴,那么非线性叙事通常可包含三种空间布局。此三种布局连同上述定向式空间规划都是由约翰·福尔克和琳恩·迪尔金(Lynn Dierking)在他们的开创性著作《博物馆体验》(*The Museum Experience*)中提出的。在该书的第四章"环境背景:参观动线"(Physical Context:Visitor Pathways)中,对三种非线性的空间布局进行了描述和解释。②

第一种是放射状空间规划。这类布局通常有一个中央核心区域,周边开辟呈辐射状的支持性空间。这一类型易于为观众提供导向,因为中央核心区域往往是一个公共聚众之所,观众在参观完其外围的支持性空间后,可轻松地返至中央核心区域,然后再去参观剩余的支持性空间。在这种布局中,中央核心区域无疑是至关重要的,需要经过精心规划,可通过重点展品展示或中心主题传达,将该空间打造成关联众多支持空间的展览焦点。在放射状的空间布局中,团块叙事往往可被安置在周边的支持性空间中,而点状叙事则既可被安排在中央核心区域,也可被纳入支持性空间。在博物馆界,这种空间布局多出现在自然科学类博物馆,如闻名遐迩的美国国家自然历史博物馆(National Museum of Natural History)和菲尔德博物馆(Field

---

① 王振宇:《电视新闻深度报道》,河南大学出版社 2015 年版,第 49 页。
② J. H. Falk, and L. D. Dierking, *The Museum Experience*, Whaleback Books Howells House, 1992.

Museum),前者有中央圆形大厅和标志性非洲雄象,后者则有中央中庭——斯坦利·菲尔德大厅(Stanley Field Hall)。

第二种是随机式空间规划。这类布局由于缺乏中心叙事,所以策展人通常不会控制观众的观展顺序,更多的则是鼓励他们自由选择。各个展区既可设置团块故事,又可安排点状故事,它们彼此可能存在关联,但这种关联通常没有先后顺序,所以观众能以交叉、回溯甚至缺漏的方式观看展览。可在入口处提供给观众事先规划好的平面图,以便他们根据展区内容、数量和规模来自行设计参观动线。以大英图书馆(British Library)的网上展览"发现儿童读物"(Discovering Children's Books)展为例,由于网上展览的展示空间可以依据内容进行灵活调整,所以策展人通过多层次解读文献,凝练出丰富多元的展览主题,展览共设13个部分,分别为"行为与举止""家和归属""恐惧""魔术和幻想""食物""会说话的动物""改变世界""弹出式和可移动的书""纪实童书""诗歌、童谣和文字游戏""学校故事和阅读工具""童话和民间故事""大和小"。这些主题乃是相互平行的独立系统,不存在先后顺序,但每一主题之下又不乏点状故事。如第三部分"恐惧"选择的是一些黑暗却迷人的童话故事,而第四部分"魔术与幻想"中则展示了中世纪的凤凰城、菲利普·普尔曼(Philip Pullman)的北极光等魔幻而神奇的故事。

第三种是开放式空间规划。这类布局通常是让空间内的所有展览内容都变得一览无遗,可为观众提供开阔的视野,使他们能高度自主地选择参观动线。观众置身于这样一个全开放空间,该怎么走以及在各区域待多久,基本都出于自我意愿,基本属于受控体验的对立面。开放式空间内的叙事展览往往不适合采取团块叙事,一般都会选用点状叙事。在博物馆界,最典型的案例即旧金山的探索宫(Exploratorium)。该馆是一个巨大的车库式开放空间,创建者弗兰克·奥本海默(Frank Oppenheimer)不想受传统展览按学科和主题有序规划的影响,而是选择了摊位式的开放展厅以供观众自主地探奥索隐。文献类展品展览以"含英咀华——阅读与书房"展中的"古代文人的理想书房"区域为例,这是一个开放式的展览空间,文人书桌、文房用品、声光多媒体和说明文字等尽收眼底。此时文物已不再是单纯意义上的物,而是通过特定位置的摆放和空间的语境化营造,成为交流系统中的物,观众不仅能欣赏文物的精妙造型和高超工艺,还能穿越至明代,到书房现场一睹为快,再借助说明文字等信息组团,将文物故事的前世今生娓娓道来。这些物不仅成为故事叙事的主角,还成为故事的一部分。如果依照前文的叙述单位大小划分,"古代文人的理想书房"可被归为点状叙事;而若根据叙事分层,"古代文人的理想书房"则类似于最低层叙事中的"次叙述层"。①

(四)叙事策略中值得注意的三个问题

倡导"文献"要素时,我们主张从"讲什么"和"如何讲"两大视角探究展览的叙事策略,该策略主要包括"传播目的、叙事要素和叙事结构"三方面内容。而在运用叙事策略时,还存在三个引人注目的问题:一是展览信息量的上限是多少?二是展览信息如何既能尊重策展人的专业热情,又能服务好观众的兴趣和需求?三是有限的展览信息如何满足观众的多元动机?

问题一:展览信息量的上限是多少?在采取叙事策略时,首先要考虑的是展览想要做什么,以及为谁而做,这两方面前文均已提及,都会直接影响到信息量的上限。"文献"要素的倡导者虽然强调要重视文献,并主张对文献所载信息进行翻译与转化,但如何才能避免文献中海量的专业信息不会压垮观众?尽管文献记录的事实很重要,但展览中名义上输出的大量信息未必能为观众全部接收,同时,互联网的出现使获取各类信息变得轻而易举,因此展览作为一种大众传播媒介,不能只热衷于传递尽可能多的信息,而需要优先考虑如何通过文献及其反映的事实去吸引观众的注意,唤起他们的情感,进而引发其思考。因此,展览不应是提供给外行和初学者的一部百科全书,而应成为激发他们学习兴趣的一部入门导读。如果采取百科全书式的展示,带来的结果可能是占用了大量的展览资源,且策展人认为重要的事实,观众可能并不觉得兴味盎然。

以成都市档案馆新馆基本陈列"成都故事"为例,由对该展策展人的访谈获悉,起初展览的主题定为"百年成都",但是由于战乱和人为因素,现存的档案并非百年成都的完整记录,由此将主题调整为"成都故事",以避免采取无所不包的通史式陈列。同时,受访者还表示,由于档案原件中不少是手写体,书法潦草难以辨认,有些类似八股,前面废话颇多,没有逗点,非专业人士阅读起来步步维艰,所以为了保证尽可能多的观众走进档案馆,一品成都故事,"成都故事"的传播定位是让小学毕业生都能看得懂。为此,策展团队在整个过程中花费了大量的时间与精力去研究档案,从三千多份档案中

---

① 谭君强:《叙事学导论》,高等教育出版社 2008 年版,第 37—45 页。

提取重要信息,并将其编码成六个部分,同时把符号信息转化为情境、视频等,以保证在没有讲解的情况下,小学毕业生也能看得明白、了然于心。

为了实现海量信息与观众兴趣之间的平衡,通常可采用三种应对之策:第一,策展专家通过重新审视过往经历,去回忆某一主题最初是如何使得自己一时兴起的;第二,策展团队通过正式和非正式的观众调查、评估和研究,收集和分析观众对该主题最初的想法,并于此基础上进行信息编码与重构;第三,为了避免观众参观时的视觉混乱,使他们能轻松获取重要信息,可以对信息进行分层,并通过可识别的设计,使不同层次的信息清晰可见。如美国丹佛自然历史博物馆(Denver Museum of Nature & Science)的史前展览(Prehistoric Journey)为三类观众分别打造了不同的信息系统,包括针对儿童的"发现类"信息,针对普通成人的"探索类"信息,以及针对专家的"学习类"信息。[1]

问题二:展览信息如何既能尊重策展人的专业热情,又能服务好观众的兴趣和需求?此处我们需要重提书中曾论及的"文献"要素倡导者之角色定位问题。该倡导者不应只是文献专家,还应是传播专家,且文献研究最终是要为传播服务的。"文献要素"的倡导者始终需要明白展览并非其一展丰厚学养的平台,而是实现文献信息变为传播媒介的工具。为了保障受众在公共领域的文化权益,共享研究成果以促进其价值普及化,可采取两种解决方法:培养拥有博物馆学基础的专业策展人,培养具备合作能力的职业策展人。

其中,培养拥有博物馆学基础的专业策展人是首选。这部分人最好是文献收藏机构的内部人员,将来能够成长为内源式策展人。而培养这部分人才的最大障碍往往在于观念革新。应当使他们意识到,展览已告别知识传授的阶段,其使命在于成功地阐释并传播文献信息,所以不必在意由于内容肤浅而导致同行品头论足。文献研究成果只不过是信息编码的原材料,而编码时实际上还涉及传播的对象和手段。我们知道研究成果通常是采用文字进行表征的科学论著,但在策展时却不可直接对其加以运用,而是需要经由二次转化与编码,再借由展品的情态和序列,让信息、信息载体合成为一个空间表达的视觉系统。

---

[1] P. Mckenna-Cress, J. A. Kamien, *Creating Exhibitions: Collabration in the Planning, Development, and Design of Innovative Experiences*, John Wiley & Sons, Inc., 2013, p.25.

可见,文献的研究虽然是信息编码中最为基础的一项工作,因而地位坚不可摧,但要完成信息传播的使命,还需要开展针对传播对象如何阐释文献所载信息的博物馆学研究。博物馆学作为一门学科,既包含指向博物馆的性质、特点、目标和历史等基础理论,也囊括辐射各项业务及其开展方法等应用理论,能为策展的理性实践提供科学依据。① 如果这类策展人不熟悉博物馆学视野下的策展理论与方法,则可以通过组织职业培训、招聘博物馆学专业人才或外聘展览顾问等举措予以弥补。当然,如果策展团队中缺乏主题专家,还要考虑外聘学术顾问。

以国家典籍博物馆2015年推出的"甲骨文记忆"展为例,该展通过对馆藏甲骨及其负载信息的研究,将展览分成"重现的文明""神奇的文字""传奇的王国"和"探索的旅程"四部分。我们发现,该展的可贵之处在于它并未将海量的甲骨文研究成果直接用来展示,而是从观众本位出发,带领观众从甲骨的发现开始,尔后探寻甲骨背后的秘密,最终共同揭开甲骨作为占卜道具和文字载体的神秘面纱。比如,为了说明商代是如何用甲骨进行占卜的,观众可站在感应区,伸出手抓取所需占卜的内容,随后进行灼烧和兆纹,占卜结果会在龟甲模型中呈现,并被宣读出来,让观众能够切实体验一回商代占卜的复杂程序和卦象解读。再如,为了使观众直观地识别神奇的甲骨文字,策展人将35个被刘鹗释读的甲骨文字与现代汉字进行立体化对比展示,促使观众在感性欣赏这些字形的同时能理性理解其字义(见图87)。此外,展览还在立体画卷中采用象形的甲骨文进行装饰(见图88)。可见,策展人立足于甲骨文的相关学术研究,如已被破译的甲骨文字,提取出观众可能感兴趣的占卜等主题,并采用情境再现、模型、拓印、多媒体等多样化手段,为观众搭建起视听和操作等互动平台。

第二种方法是培养具备合作能力的职业策展人。职业策展人多数是来自文献收藏机构以外的外源式策展人,他们通常拥有博物馆学受训背景或具备策展经验,但并非主题专家。当机构要策划某个特定领域的展览时,为保证展览开发的信息准确且凝练恰当,策展人需要提前对主题专家进行咨询或访谈,甚至聘请其担任展览的学术顾问。职业策展人可在大学或相关机构找到主题专家,并与之建立伙伴关系,需要为如何利用好馆内外优质的专业资源,做出妥善安排。

---

① 周婧景:《博物馆以"物"为载体的信息传播:局限、困境与对策》,《东南文化》2021年第2期。

图 87 "甲骨文记忆"展中将释读出的 35 个甲骨文与成熟的汉字进行对比,呈现于玻璃展板上

* 图片由国家典籍博物馆提供。

图 88 "甲骨文记忆"展中采用象形甲骨文(木、林、水、鱼、鸟)进行立体画卷的装饰

* 图片由国家典籍博物馆提供。

问题三：有限的展览信息如何满足观众的多元动机？前来博物馆参观的观众是一个极为复杂的异质群体[1]，他们不仅拥有千差万别的个人背景，学习方式也多种多样，还携带着迥然相异的参观动机。动机，是消费者行为学中一个重要而古老的概念，指的是"由目标和价值观驱动的行为"（goals and value drive behavior）[2]。而参观动机是"一个复杂的社会学和心理学构造的问题"[3]，是指"鼓励公众朝向特定目标行动的内在驱动力量，驱使满足个人的社会与心理需求，是个人选择参观的重要原因"[4]。它本质上是一种内在的心理活动，主要受到内在需求和外在刺激的双重影响[5]，为多种因素共同作用的结果[6]。有关参观动机问题的探讨已有近五十年的发展史。率先将该问题引入展览领域的是格雷博恩（Grabum）。格雷博恩在1977年首先把参观动机分成三类：社交娱乐、教育和崇拜。[7] 1983年，胡德基于对六十年来相关文献的整理与分析，提出参观的六类动机：与他人相处或社交互动、做值得做的事、在周围环境中能轻松自处、新经验的挑战、有学习机会和主动的参与机会。[8] 1991年，麦克马纳斯（McManus）又将参观动机分成了五类：追求个人兴趣、希望发现新信息、追求快乐、放松、社交因素。[9] 其中，除了"希望发现新信息"外，其他四类基本都属于休闲类的非直接认知动机。1996年，詹森-韦贝克（Jansen-Verbeke）和范兰多姆（van Redom）提出，参观动机有四类，即"学习一些新东西、观看一些新东西、出去一天、逃避日常生活"[10]，其中后三类与非直接认知的休闲类动机相关度更高。1997

---

[1] R. J. Loomis, "Planning for the Visitor: The Challenge of Visitor Studies", in S. Bicknell and G. Farmelo, *Museum Visitor Studies in the 90s*, Science Museum, 1993, pp.13-24.

[2] P. D. Bouder, "A Model for Measuring the Goals of Theatre Attendance", *International Journal of Arts Management*, 1999, 1(2), pp.4-15.

[3] J. H. Falk, "An Identity-Centered Approach to Understanding Museum Learning", *Curator: The Museum Journal*, 2006, 49(2), p.153.

[4] 林咏能：《台北市立美术馆观众参观动机研究》，《博物馆与文化》2013年第6期。

[5] 同上。

[6] J. L. Crompton, "Motivations for Pleasure Vacation", *Annals of Tourism Research*, 1979, 6(4), pp.408-424.

[7] N. H. Grabum, "The Museum and the Visitor Experience", *Roundtable Reports*, 1977, pp.1-5.

[8] M. G. Hood, "Staying Away: Why People Choose not to Visit Museums", *Museum News*, 1983, 61(4), pp.50-57.

[9] P. M. McManus, "Making Sense of Exhibits", in G. Kavanagh, *Museum Language: Objects and Texts*, Leicester University Press, 1991.

[10] M. Jansen-Verbeke, J. van Redom, "Scanning Museum Visitors: Urban Tourism Marketing", *Annals of Tourism Research*, 1996, 23(2), pp.364-375.

年,密苏里主张的六类动机情况如出一辙,"教育、地点、生命周期、社会活动、娱乐和实际问题"动机中[1],后五类更倾向于休闲类的非认知因素。参观动机研究中的扛鼎人物是斯莱特,在2007年的一项研究中,斯莱特通过影响因子分析,发现参观动机可分为"逃离、学习、家庭与社交互动"三类,除"学习"动机之外,其他两类都更强调动机中的休闲因素,且"逃离"成为最重要的动机构成。[2] 多德(Dodd)等在较为近期的一项动机研究中总结出十类动机,其中有一半动机是非直接的休闲因素,包括路过、节假日出游、家人或朋友共同前往等。[3] 可见,有关参观动机的因素分析中构成因素日渐完善,且呈现出一种趋势,即从一开始就区分出直接的认知动机(如学习、教育)和非直接的认知动机(如休闲),同时相较于直接的认知动机,非直接的休闲因素正在逐步增加。

鉴于此,笔者认为可将多元化的参观动机归纳为两类:认知动机和非认知动机,且非认知动机越来越突显。那么,为何会呈现出这一趋势?可以从外因和内因两方面加以论述。随着民众休闲需求的增长和休闲方式的丰富以及休闲空间的拓展,以休闲动机为代表的非认知动机正日益成为观众参观动机的重要构成。除了这些外因之外,由于展览既是一种特定空间内的传播媒介,又是一种非强制的教育工具,观众的参观主要是在站立和行走中完成的,这决定了观众不会逗留太久,并且停驻和离开都由他们自由选择,所以寓教于乐和智能休闲成为展览区别于其他媒介的最显著特征。针对"有限的展览信息如何满足观众的多元动机"这一问题,实现寓教于乐和智能休闲,以满足当前"休闲主导型的动机"成为解决该问题的关键。以台湾文学馆的"扩增文学·数位百工"特展为例,这是一场服务于观众休闲动机的典型案例。该展以日本侵占时期的台湾为背景,观众化身为当时的作家蔡培火和赖和等,借助任务关卡、数字化内容和多媒体互动,以了解这些作家的经历及其文本故事、重要团体以及台湾史上著名的文学争论。这种以故事主角身份介入的展览阐释,使观众能身临其境地体验作品跌宕起伏

---

[1] T. Moussouri, *Family Agendas and Family Learning in Hands-on Museums*, University of Leicester, 1997, pp.73-80.
[2] A. Slater, "Escaping to the Gallery: Understanding the Motivations of Visitors to Galleries", *International Journal of Nonprofit and Voluntary Sector Marketing*, 2007, 12(2), pp.149-162.
[3] J. Dodd, C. Jones, A. Sawyer et al., *Voices from the Museum: Qualitative Research conducted in Europe's National Museums*, Linköping University Electronic Press, 2012.

的情节,感受到作家们构思作品时呈现的真性情,并能真正接触和品读文献所载信息,从而获得启蒙。综上,参观动机深刻决定着观众的参观行为及其体验效果,动态化地掌握观众的动机构成及其影响因素,有助于从信息内容上实现与观众的相关性,从而真正服务于各类、多代观众的特定动机,是文献收藏机构展览追求价值最大化的重要实现手段。

(五) 小结

倡导"文献"要素,首先要明确该要素的内涵,确保策展材料源自文献所载信息。理想状态下的"文献"要素倡导者,应该既是文献专家,又是传播专家。其次,"文献"是整个策展工作的基础,决定着展览的主题、内容、框架等方案设计,还影响着设计开发、施工图设计等各个环节,因而重要性不言而喻。最后,文献收藏机构在创建展览时可优先使用叙事策略。因此,我们主要探究了展览讲什么故事以及如何讲好故事两大问题。在"展览讲什么故事"方面,我们强调展览传播目的的重要性、什么是传播目的以及如何制定传播目的。在"怎样讲好展览故事"方面,提出文献收藏机构叙事展览的五大构成要素——叙事者、叙事基件、困境、目标与行动、情感与立意,并于此基础上深入讨论两类不同结构的叙事展览——线性叙事和非线性叙事,以及承载两类展览的四种空间规划——定向式、放射状、随机式和开放式。最后,在明确"文献"要素的内涵、倡导者及其地位并制定展览叙事策略后,提出还有三方面问题尤其值得注意,它们分别是:展览信息量的上限是什么、尊重策展人专业的同时怎样服务好观众、有限的信息如何满足观众的多元动机。

笔者在厘清这些问题的内部矛盾与外部冲突的基础上,尝试提出相应的解决之策。通过上述回顾,我们进一步认识到,展览叙事不同于文本叙事。前者是通过实物展品、辅助展品、说明文字及其所构建的空间形态来传播信息的,而后者借助的则是语词符号系统。通过阅读文本中的语词符号,读者能较为轻而易举地理解文本讲述的故事,因为阅读和书写的符号是同构的。但是展览叙事却是一种静态的片段呈现,这种呈现并非连续的和动态的,且与我们日常用于信息交流的符号并不同构。所以,为了使呈现的结果直观易懂,策展人需要对具有时间逻辑、因果关系的重点信息进行可视化表达,尔后由观众通过完形心理学来填补静态呈现的展览故事之不完整性,从而构建出观众自己或长或短、或大或小的独特故事。

二、"受众"要素的倡导

(一)"受众"要素的倡导者及其要求

倡导"受众"要素,是指在策划文献收藏机构展览时,所有的展览要素都要为受众服务,通过阐释这些要素,使受众全身心地参与其中,从而理解展览甚至获得启蒙。而"受众"要素的倡导者,主要负责思考受众在展览中会获得怎样的体验,并为此设定认知、情感和体验目标。包括:面向受众整合展览资源,以保证最好的文献材料得以使用;最重要的信息是否获得清晰表达;展览能否吸引不同年龄段和兴趣各异的人;学校的课程标准是否被虑及;是否存在具备吸引力且令人铭记于心的想法;信息的阐释是否具备逻辑性和整体性,而非简单堆积;认知、情感和体验目标是否得以贯彻;观众的整体收获是否大于局部之和等。总之,该类倡导者的职责是时刻提醒所有参与策划的人,观众满意才是他们团队奋斗的终极目标。

在传统的展览策划中,这类倡导者通常并不存在,是一种新的角色设定,被称为展览开发者,也可能被唤作释展者(interpretive planner)或教育人员(在一些大型博物馆,"受众"要素的倡导者可能是一种专设的独立岗位)(见图89)。[①] 该角色的诞生可追溯至20世纪60年代。当时,仍担任波士顿儿童博物馆馆长的迈克尔·斯波克(Michael Spock)深感博物馆的展览质量和服务品质是同等重要的,因此在"火炬者"项目中创设了"活动开发者"一职,主要负责对观众体验进行开发,包括在主要想法、馆校活动、原型设计、藏品资料、展览基调等方面的开发。除了波士顿儿童博物馆外,同时代的其他博物馆也跃跃欲试,纷纷开始在观众体验方面创设新岗位。同样是在60年代,旧金山探索宫在弗兰克·奥本海默的支持下,为了开发原型,在车间里设置了主攻原型设计的展览创意之人,这些人会在车间里反复进行测试和完善,最终经馆长批准后付诸使用。20世纪80年代,菲尔德博物馆针对策展工作发明了"团队工作法",即将一位"受众"要素的倡导者引入该馆传统的策展队伍之中。时至今日,西方一些大型博物馆会在策展团队中安排专门的释展者,如加拿大皇家安大略博物馆、美国迪美博物馆等,以

---

① P. Mckenna-Cress, J. A. Kamien, *Creating Exhibitions: Collaboration in the Planning, Development, and Design of Innovative Experiences*, John Wiley & Sons, Inc., 2013, p.26.

通俗易懂的方式向不同背景和知识水平的受众阐释展览的深层文化内涵。卡罗琳·布莱克蒙(Carolyn Blackmon)认为,展览确实是与"物"高度相关的,但是最终愿望是使展览对受众而言有意义、有用且有趣。因此,"受众"要素的倡导者与展览开发者、释展者、教育人员和评估人员的工作息息相关,有时候,这四类人员即为"受众"要素的主要倡导者,他们是策展团队中非同小可和被高度信任的人。同时,策展团队中其他要素的倡导者也需要为更好地服务受众并肩作战。此外,"受众"要素的倡导者可以是个人,也可以是团队,决定因素在于展览的规模大小及其复杂程度。

图 89 "受众"要素倡导者的角色定位

(二)倡导"受众"要素是一种视角转向

"文献"要素是文献收藏机构策展的基础,倡导该要素有时并不特别困难,"curator"制度能较好地保障展览业务的知识性和学术性,但困难的是如何策划一场适合自身受众的展览。因为公共博物馆方兴未艾的前提是社会需求,它的存在合理性需要我们去解释博物馆为谁而建,而不完全是做了什么。① 因此倡导"受众"要素,代表的是对以往机构本位的视角转向,目的在于保证受众能获得优质的观展体验,以彰显当代展览的民主性、包容性和体验感。之所以倡导该要素,究其根源,在于博物馆职能与时代需求之间存在矛盾,导致公共服务的供需差正在扩大。当前受众已经从教育、知识和启蒙时代(Education,Enrichment/Enlargement,Enlightenment,3E)的被动接受者,转变为博物馆知识生产全过程的主动参与者。② 现代博物馆曾经较为稳定的模式正逐步瓦解,博物馆现象正在被各种更加开放的方式重新演绎。从本质上讲,博物馆展览的当代转向主要源自与社会互动中的自省,如同公共博物馆诞生之初,欧洲国家与社会互动的自省一样——它们当初为了彻

---

① [美]史蒂芬·威尔:《博物馆重要的事》,张誉腾译,五观艺术事业有限公司2015年版。
② 潘守永、王思怡、付丽:《叙事博物馆学:再议观众研究的质性方法》,《自然科学博物馆研究》2020年第4期。

底从中世纪的宗教愚昧中挣脱出来,寄希望于通过有效途径来传播科学和真理,由此塑造出当时博物馆重知识输出的精神内核。[①] 但是大致在两个多世纪后,尤其是近五十年,社会又发生了巨大变迁,知识的民主化进一步拓展,后现代主义思潮对现代主义的绝对真理和统一权威展开挑战并提出质疑,这种去中心化趋势使得个体更为关注身边的世界,强调通过沟通来形成自我判断,公众不仅能够共享知识,还能共建知识,"对话""差异""过程"等成为其中的关键词。展览作为"可被感知的形象传播体系"走向以人为本,强调受众体验、个体感受和主体表达的新时代。[②]

即便如此,新观念在付诸实践时受各种旧有的利益关系影响,依然面临多重"艰难险阻"。以往文献收藏机构展览比较习惯使用"学术的、官方的"的口吻,但这类展览对于非专业受众而言是不可亲近、也无法亲近的,而非专业观众通常是展览的核心观众,所以希望促成他们有效学习也就变成了一纸空文。虽然日常生活中,我们对于不同媒介的不同口吻愈加兼容并包,会选择看报纸、听广播,抑或上网冲浪等,但当受众选择前往文献收藏机构观看展览时,更多的时候是出于"好奇或怀旧"[③],具备休闲学习的属性,而非升学或考试,所以过于正式的灌输口吻,并非他们喜闻乐见的沟通方式。为了使展览能吸引和留住受众,让他们在参观中充满学习热情,应当放弃自上而下的专家灌输型口吻,而选用上下兼顾或自下而上的观众友好型或专家友好型口吻。美国明尼苏达州的圣保罗历史中心正在策划一场1862年的"印第安战争"展。策展团队并未急于通过严肃理性的口吻进行展览开发,而是在展览筹建的地方,使用微缩模型、CAD软件效果图和大纸印制的文字模型,提前向公众开放尚未成熟的展览,同时向当地的部落成员发出邀请,以征集他们的想法。部落成员包括对抗州民兵、联盟军队的士兵后代、前往营地的亲人、被迫参与反文化运动的家人等。团队询问他们是否认识老照片中的人,希望将来的展览如何来讲述故事,以及其中是否存在信息错误等。此外,工作人员还走进印第安人的社区,因为展示对象的后代仍然生活于此。这种共创故事的做法将当地民众的声音纳入,他们不再是沉默的

---

① 李德庚:《当代博物馆展览的叙事设计结构研究》,清华大学博士学位论文,2018年,第2页。
② 潘守永、王思怡、付丽:《叙事博物馆学:再议观众研究的质性方法》,《自然科学博物馆研究》2020年第4期。
③ 2020年广东省博物馆线上培训班中,陈建明在题为"博物馆社会使命与功能在馆舍建设中的体现——以湖南省把握我国改扩建工程为例"的授课中提及。

客体，专家友好型口吻的引入也能拉近与受众的距离，使展览变得鲜活丰满、富有生机，并促使观众重思战争。①

(三) 倡导"受众"要素的观众研究策略

对"受众"要素的倡导，旨在让文献收藏机构的策展团队明白展览究竟为谁而做。我们知道，"参观展览的受众是一个多元群体，他们接受过相当良好的教育，多数人是中产阶层，以文化艺术为导向，追求休闲的社交出行。这些人带着各种各样的兴趣来到博物馆，尽管他们的构成不同，但却有着不少共同的需求和期待"②。倡导"受众"要素的展览阐释主要包括：展览向谁讲述，用哪种声音讲述，以及为什么这样做。据此提出基于研究观众的展览策略主要包括两方面：一是针对展览的观众研究应包含哪些内容？二是针对展览的观众研究该如何落实？

第一，针对展览的观众研究应包含哪些内容？（见图 90）首先，根据研究内容的不同，它可以分为两类：常规研究和专题研究。常规研究是指每年持续开展的研究，以明确展览的质量、变化及其趋势，从而针对性地提高展览传播效益。而专题研究还可进一步细分为两类：一是针对本年度资源投入最大的展览，如 2019 年金沙遗址博物馆围绕年度大展"金玉琅琅——清代宫廷仪典与生活"展组织的前置性评估；二是针对常规研究中普查到的

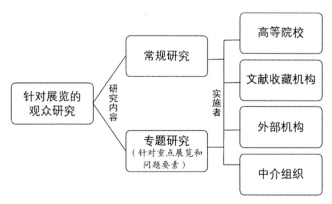

图 90 针对文献收藏机构展览的观众研究内容

---

① ［美］皮特·萨米斯、米米·迈克尔森：《以观众为中心：博物馆的新实践》，尹凯译，科学出版社 2018 年版，第 87 页。

② B. Serrell, *Exhibit Labels: An Interpretive Approach*, 2nd ed., Rowman & Littlefield, 2015, p.49.

问题专门开展深入研究,如当南京博物院运用 IPA 检测出需要优先改善的展览要素时,可再进一步围绕该要素开展专项研究。

其次,根据参观阶段的不同,可将观众研究分为三类:包括"参观前"的人口变量、类型、动机、期待、经济效益等人口和统计分析;"参观中"的参观动线、停留时间、注意力分布、博物馆学习、环境影响等观众/展览符合分析;"参观后"的观众满意度、IPA、重复参观率、改善建议、长短期影响等观众受益分析。①

再次,根据实施主体不同,还可将观众研究分为四类:一是实施主体为高等院校的研究者,这些不同学科的学者们会基于自身的受训背景和学术视角,开展差异化的观众研究。由于观众研究是一门高度整合的新兴分支学科,所以需要依赖学者持续开展多学科的精细化研究,并在实践规范、模型构建和制度设计等方面不断展开探究。一般来说,此类研究要求研究者采取严谨的方法,持续测试假设,并获得结论可复制的研究发现。二是实施主体为文献收藏机构的内部员工,该项工作应由专人负责,并且进行长期规划和积极实践。如英国、澳大利亚的博物馆创设有观众研究部门。三是实施主体为外部机构,作为开展观众研究的第三方,应具备针对性较强的专业能力与业务水平。当第三方对于文献收藏机构的展览尚不熟悉时,应主动提出并由机构来确定内容需求、研究问题和研究思路。但当机构自身也存在业务不够专精的问题时,第三方可以聘请外部专家以顾问身份介入,以避免出现研究分析很全,可是结论意义不大且适用性不强等情况。四是实施主体为中介组织,中介组织可创建观众研究专委会,有选择地将上述三类实施主体纳入,以协助文献收藏机构开展针对展览的观众调查、观众评估和观众研究,且围绕学术界和实务界普遍关心的主题组织研讨会,创建专业期刊或专题,为相关人士搭建内部交流和外部提升的学术平台。

第二,针对展览的观众研究该如何落实?正如第四章第二节"从结构层面提炼策展理论的三大要素"第二点所言,根据策展所处阶段的不同,观众研究的方法可分为前置性评估、形成性评估、补救性评估和总结性评估。这种围绕展览评估程序的三层次评估最早是由钱德勒·斯克里文(Chandler

---

① 周婧景、林咏能:《国际比较视野下中国博物馆观众研究的若干问题——基于文献分析与实证调研的三角互证》,《东南文化》2020 年第 1 期。

Screven)提出的。为了就各个阶段的评估分门别类地展开研究,笔者提出针对性的实施策略,即策展前的前置性研究、策展中的形成性研究、策展后的总结性研究。事实上,早在1991年,罗斯·卢米斯就创造出了"观众投入(visitor commitment)、参观过程(visit process)和参观结果(visitor outcomes)"三个维度的观众研究模型。① 笔者将借鉴钱德勒·斯克里文倡导的三层次评估和罗斯·卢米斯创建的观众研究模型,提出文献收藏机构展览评估的三阶段实施策略(见图91)。

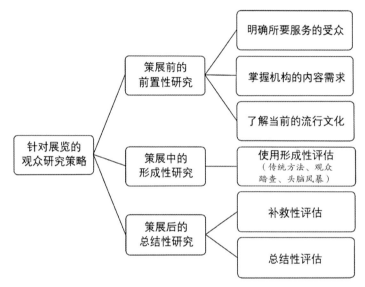

图91 针对文献收藏机构展览的观众研究策略

1. 策展前的前置性研究

策展前的前置性研究主要包括三方面:明确展览所要服务的受众、掌握展览的内容需求、了解当前的流行文化。一是明确展览所要服务的受众。英国学者罗杰斯·迈尔斯将观众细分成实际观众(actual audience)、潜在观众(potential audience)和目标观众(target audience)三类,其中目标观众是

---

① 卢米斯指出,"观众投入"是指到访频次、群体、教育水平、不同年龄的兴趣、期望和动机等,展览对观众的投入水平会影响观众的时间安排、是否会重复参观;"参观过程"的研究能为展览设计提供数据,如展览定位是否清晰、观众能否感到舒适等;"参观结果"的研究主要是定义和分析观众从参观中得到的满足和好处,如共享社交体验、逃避工作、去新的地方和学习等。引自 R. J. Loomis, "Planning for the Visitor: The Challenge of Visitor Studies", in S. Bicknell, G. Farmelo, *Museum Visitor Studies in the 90s*, Science Museum, 1993, pp.15-16。

指博物馆陈列时假设的主要服务对象。① 既然如此,是否每个展览都需要设定目标观众?如果答案是肯定的,那么该展的受益者必然只能局限于某一特定人群,而这与文献收藏机构意欲追求文化产品的公共性和公益性是相悖的。为此,笔者认为可针对基本陈列和临时展览进行区别对待。由于基本陈列主题宏大且较为稳定,所以原则上应致力于服务尽可能多的受众;而临时展览由于主题小微且频繁更换,因此可将主要服务对象设定为某一类型的受众。一旦上述结论成立,那么按照该结论推断,是否意味着策展人在创建基本陈列时,在明确服务对象上就无可作为了?

事实并非如此,尽管没有"普遍受众"的说法,但从观众研究的相关成果中不难发现,就特定展览而言,同类受众会表现出某种较为一致的共通性。贝弗利·瑟雷尔指出,受众在参观展览时,通常会表现出某些惊人的相似之处:"很多人是出于社交目的前来的;男女性别的比例基本持平;在不同类型的展览中,青少年观众比例不足;展览中最受欢迎的展品能吸引各类观众;观众会选择阅读短标签而非长标签;当观众不理解展览或者无法建立与展览的联系时,会选择直接跳过;各个年龄段的观众都喜欢更具体而非抽象的展品。"② 由此可见,尽管受众的参观体验千差万别,但多数时候仍会受某些共同因素所支配或影响。

由于文献收藏机构的展览业务气候初成,而博物馆的展览业务已蔚然成势,同时相关研究显示,前往档案馆、图书馆参观展览的受众事实上与博物馆的受众构成趋同,也多为接受过良好教育的中产阶层,所以可借由博物馆受众的观展特征来推断参观文献收藏机构展览的受众情况。通常来说,我国博物馆受众的观展特征大致包括六方面:第一,观众数量激增,规模日益扩大。从 2012 年到 2019 年,博物馆年参观量从 5.640 1 亿人次增长至 11.473 2 亿人次(见图 92)。③ 第二,各省市博物馆的参观量相差悬殊。根据国家文物局《2019 年度全国博物馆名录》统计,2019 年参观人数前十的省市分别为江苏、浙江、北京、陕西、四川、山东、广东、河南、湖北、湖南,其中江苏

---

① 严建强:《博物馆观众研究述略》,《中国博物馆》1987 年第 3 期。
② B. Serrell, *Exhibit Labels: An Interpretive Approach*, 2nd ed., Rowman & Littlefield, 2015, p.49.
③ 根据历年《中国文化文物统计年鉴》和《文化和旅游发展统计公报》统计。见中华人民共和国文化部编:《中国文化文物统计年鉴》,国家图书馆出版社 2007—2019 年版;中华人民共和国文化和旅游部:《文化和旅游发展统计公报》,http://so.mct.gov.cn/s?siteCode=bm23000001&qt=文化和旅游发展统计公报,最后浏览日期:2021 年 3 月 10 日。

图 92　2012—2019 年中国博物馆参观人数统计图(单位：万人次)①

居于首位,全省累计参观人次达 9 036.71 万。而最少的五个省市则是西藏、青海、海南、新疆、宁夏,观众合计不足 2 200 万。第三,不同类型的博物馆参观人数大相径庭。《2019 年度全国博物馆名录》的统计数据同样显示,大中型博物馆的参观人数在总人数中占比较高。如 2019 年有 262 家博物馆的观众人数超过 100 万,参观总人数达 5.56 亿,占总人数的 45.3%。第四,境外观众占比整体较低。根据《中国文化文物统计年鉴》可知,2012—2017 年,我国境外观众的人数从 1 308 万人次增长到 1 761 万人次(增长 34.6%),但境外观众占比仍然不高,如故宫博物馆只占约 17.6%②,广东省博物馆约占 3.84%③。但反观国外大型博物馆,如卢浮宫 2018 年外国参观者占比约达总人数的 75%。④ 第五,我国观众结构呈现多元化,未成年观众正逐步增加。在博物馆参观人数递增的同时,老人、未成年人、城镇居民、低收入群体的参观人数也大幅提高,观众结构日趋丰富。⑤ 如从 2012 年到 2017 年,未成年观众基本占总人数的 28%。⑥ 第六,网民日渐成为观众的重要构成。

---

①　根据历年《中国文化文物统计年鉴》和《文化和旅游发展统计公报》统计。见中华人民共和国文化部编:《中国文化文物统计年鉴》,国家图书馆出版社 2007—2019 年版;中华人民共和国文化和旅游部:《文化和旅游发展统计公报》,http://so.mct.gov.cn/s?siteCode=bm23000001&qt=文化和旅游发展统计公报,最后浏览日期:2021 年 3 月 10 日。

②　《故宫博物院越开放越美丽》,人民日报海外版,http://collection.sina.com.cn/2019-04-09/doc-ihvhiqax1119525.shtml(2019 年 4 月 9 日),最后浏览日期:2021 年 3 月 10 日。

③　伍策、楠雪:《2018 年广东省博物馆累计接待游客 7 117 万人次》,http://travel.southcn.com/l/2019-05/27/content_187642934.htm(2019 年 5 月 27 日),最后浏览日期:2021 年 3 月 10 日。

④　J. Klimberger, "The Races of Mankind Exhibition at the Detroit Public Library", *Library Journal*, 1944, 69(19), pp.919-921.

⑤　单霁翔:《从"数量增长"走向"质量提升"——关于广义博物馆的思考》,天津大学出版社 2014 年版,第 333 页。

⑥　中华人民共和国文化部编:《中国文化文物统计年鉴》,国家图书馆出版社 2012—2019 年版。

尤其是新冠疫情期间，博物馆运用新媒体打造云端博物馆，推出网上展览两千多项，观众访问量超过五十亿次。① 因此，文献收藏机构在策划基本陈列时，可借鉴我国博物馆受众观展的普遍现状，且努力发现不同类型、多代观众共同的认知特征、学习行为及其体验规律，从而为创建文献收藏机构展览提供理论渊源和现实依据。

然而，当策展人创建临时展览时，情况就迥乎不同了。如果基本陈列是寻找"普遍受众"的共性，那么临时展览则是寻找"目标受众"的特性。因为临时展览通常会设定目标受众，但明确目标受众并不意味着放弃拓展其他非目标受众，而是意味着展览将主要服务于目标受众的认知特点及其体验偏好，保证他们在观看展览时能发现所需要和所期待的东西，希望此类受众的参观体验既轻松欢愉又意义非凡。如前文所述，尽管受众在认知、情感和体验上拥有共性，但是这些碎片化的受众同时还存在着显而易见的殊异性。这突出表现在儿童群体和成人群体之间，如"儿童观众普遍不喜欢参观艺术博物馆；相较于成人观众，他们更有可能会触摸和操作互动装置；儿童观众不太会阅读标签；尽管他们和成人团队的参观时间可能一样，但是参观安排应当不一样"②。既然临时展览是针对目标受众量身定做的，那么就应当尽可能地把握这类受众在人口变量、行为与心理等方面的潜在规律及其差异化表现。同时，其他非目标观众也可能从中找到自身感兴趣的物件、互动、思想或社交体验。

美国国家宪法中心（National Constitution Center）曾开发和设计了一个巡展"美国精神：禁酒令的兴衰"（American Spirit: The Rise and Fall of Prohibition）。禁酒令，曾被誉为美国历史上的奇葩政令之一，1919年由美国国会通过，1920年正式实施，但在1933年即被废止，可见整个禁酒令产生作用大致是在20世纪20年代起的14年间。因此，该展的目标受众主要是对酒文化或历史感兴趣之人，抑或在该时期成长起来的一代。但实际上，策展人通过重建地下酒吧，使普通受众都能够沉浸于美国"兴旺的20年代"，同时满足了绝大多数观众好奇或怀旧的观展需求。③ 2007年，密歇根州立大学图书馆（Michigan State University Library）推出了"获得读写能

---

① 黄维、郭冠华、韦衔行：《"云展览"开启"互联网＋"时代文博新形态》，《收藏快报》2020年6月10日。
② B. Serrell, *Exhibit Labels: An Interpretive Approach*, 2nd ed., Rowman & Littlefield, 2015, p.51.
③ P. Mckenna-Cress, J. A. Kamien, *Creating Exhibitions: Collaboration in the Planning, Development, and Design of Innovative Experiences*, John Wiley & Sons, Inc., 2013, p.90.

力：废奴运动的胜利"(Acquiring Literacy: Triumph over Slavery)展,该展讲述的是美国内战前后奴隶们培养自身读写能力的故事。虽然图书馆员布朗(Brown)在接到这一展览任务时,被告知是为了配合大学活动而策划的一场与奴隶相关的展览,即这场临时展览主要的目标受众是高校师生,但布朗在策划该展时还是在考虑目标观众的前提下,兼顾了不同文化背景的受众,并努力激发多元受众的参观兴趣。其一,确定以奴隶的识字教育为主题,以便与更多观众建立关联并引发共鸣,因为教育既是社会进步的渠道,也是个人发展的手段,非裔美国人面对困境所做出的努力,同样也会使不同参观者为之振奋。其二,谨慎遴选展品、精心撰写展板,并反复调整叙事口吻。如在奴隶学习识字单元中,展览通过非裔母亲的视角,记录了女儿借助积木和童书学习识字的故事。故事形象生动地告诉我们当时的奴隶是使用哪些工具和采取何种方式展开学习的。

二是掌握展览的内容需求。此处"展览的内容需求"指的是已经被"文献"要素倡导者认可的内容,那么围绕该内容,受众将会存在怎样的需求,即受众为什么要关心机构所关心的这一内容?"受众"要素的倡导者可以提问:"针对本展览内容,有什么东西会让成年人感兴趣,而孩子又会对什么着迷?"正如约翰·福尔克、琳恩·迪尔金和乔治·海因(George Hein)所主张的,"当策展人为观众提供构建自己知识(无论观众在特定主题上储备的知识多么少)的方法时,展览通常能最大程度地获得成功,而不是试图用策展人认为对他们而言重要的知识去填鸭式地灌输"[1]。这就表明"受众"要素倡导者首先要收集受众所拥有的、与展览内容相关的事实、想法、感受和问题,并将其与展览内容相关联。只要在最终呈现的展览中,这种关联能尽可能丰富,便可为观众创造足够多的"进入方式"。

可见,展览不应一味沉溺于向观众输出多少新知识,也不要指望所有的信息和事实都能被观众掌握,而是要期待它们能在多大程度上连接观众,以引起观众的注意,进而触动他们的心弦和情绪。2013年大英图书馆曾推出"宣传——权力与说服力"(Propaganda: Power and Persuasion)展,该展的展品资料形形色色:从纳粹宣传文稿到现代生活中的物件,如徽章、钞票和日常推文,这些展品资料,尤其是与日常生活过从甚密的普通物件,让观众

---

[1] P. Mckenna-Cress, J. A. Kamien, *Creating Exhibitions: Collaboration in the Planning, Development, and Design of Innovative Experiences*, John Wiley & Sons, Inc., 2013, p.94.

感受到国家的影响及其说服公民的宣传方式是五花八门的。策展人裘德·英格兰(Jude England)声称:"我们希望邀请观众思考'宣传'在他们当下生活中所扮演的角色,并邀请观众来审视历史上的国家宣传。"为了让习惯使用民间话语体系的普通受众对国家话语体系产生兴趣,大英图书馆网站、博客和推特(twitter)均创设了有关该展览的讨论平台。观众可以依托这些社交平台就展览内容相关的话题畅所欲言。同时,为了使拥有不同背景的多层次受众都能更好地理解展览内容,展览还在第一部分安排了一段四分钟的视频——美国电影《宣传技术》的节选内容。这样的设计不仅能为观众打造出自然介入展览内容的情景语境,还能为观众强行铺垫相关知识背景,使他们在后续参观中易于识别出不同的宣传手段,拓展他们的认知地平线,从而建立自身与展览的关联。

三是了解当前的流行文化。生活没有彩排,每天都是现场直播,个体被圈围在特定的时间坐标体系中,无意识地被打上了相同的时代烙印。流行文化便是时代的标签,再现某一时期的文化语境,形塑特定群体的心理特征。因此,在策划展览时,"公众"要素倡导者需要了解的是:当前的流行文化对于目前展览的主题、内容持怎样的看法?倡导者可以借助琳琅满目的传播平台:网站、博客、抖音、电影、电视、新闻头条和书籍等,去了解不同年龄、兴趣各异的多元受众对于某一展览内容拥有什么样的观点。事实上,这些受众便是携带着这些"先有的观点"步入展厅的,后续的信息加工都以此为起点。通过对流行文化及其信息源的捕捉,策展人可以洞察到围绕展览内容,最吸引非专业观众的主题有哪些,他们的期待、兴趣、需求和疑问是什么,以及根植在这些人身上固有的成见或误解。

以大英图书馆的基本陈列"探索 20 世纪文学作品"(Discovering Literature: 20th Century)展为例,该展呈现的是 20 世纪文学作品的作者们认知世界的方式,他们拒绝传统的创作模式,开始尝试新的主题和形式,包含机械战争、城市生活、录音、电影、时间、意识、性别政治、种族认同、反乌托邦等。整个展览共分为十三个部分,其中第四部分是"捕捉和创造现代",在该部分中,现代主义作家通过新主题和新形式拓展出新空间,从日常生活、感知、时间再到现代生活的破碎本质,邀请观众共同探索这些作家体察和捕捉现代世界的方式。这一内容与我们当前流行的意识形态和社会话语休戚相关,不仅如此,该部分还进一步探讨了当代主流话语是如何被创造出来的。此外,第十三部分为创意活动,该部分包括创建自己的故事和为自己制作一个故事笔记本,更是直接地为观众构筑起与展览对话的平台,以便把握观众当下的注意力和兴奋点(见图93)。如在创建自己的故事中,展览还特意为观众传授写作故事的技巧并给予提示,这些技巧包括在撰写自己的故事时,应当如何设置故事结构、人物剧情,以及寻找灵感来源和有效安排对话等诸多方面。同时,现场还为观众提供一些支架式的建议,以激起他们的创作灵感:如针对当下世界冲突的话题,"冲突可以与全球终结一样大,也可以与找到停车位一样小。开头可以是响亮而戏剧性的,也可以是安静而谦逊的。冲突可以推动故事向前发展",也鼓励采用当前较为流行的多感官或跨界等方式讲述故事,如"故事可以通过诗歌和抒情艺术来讲述。一首自由诗不需要结构,也不需要押韵。用感官来描述:视觉、声音、嗅觉、触觉和味觉"。这些做法无疑为观众深入参与提供了有力的基石和铺垫。

图93 "探索20世纪文学作品"展第十三部分"创意活动"

再以大英图书馆的另一个网上展览"宣传:权力与说服力"展为例,该展是2013年举办的一场临时展览。它除了使用图书馆馆藏的标志性宣传作品(如世界大战、冷战和越战的海报)外,还积极关注当下,使用2012年奥运会时的宣传材料,甚至曾在推特中露过脸的宣传材料。除了文献收藏机构,博物馆界也不乏有效使用流行元素的典型案例。菲尔德博物馆曾在2017年为该馆的展览发起过一场"标本独白"(Specimens Monologues)活动,主要是邀请当地居民为馆内的展品配上讲解词(见图94)。该馆在芝加哥市内投放快闪录音室,市民均可在录音室自愿录制动植物标本、恐龙化石等的讲解词。而这些讲解词一旦被博物馆采用,即会出现在博物馆内或由馆方发送给观众。众所周知,"快闪"(Flashmob)是国际上近年来流行的一种令人耳目一新的艺术行为,肇始于 2003 年 5 月美国纽约市的曼哈顿。当时,一个名叫比尔的组织者召集了五百多人,在纽约时代广场的玩具反斗城中朝拜一条机械恐龙,五分钟后众人突然快速离开,"快闪族"由此闻名。[①] 菲尔德博物馆为避免馆内讲解词千篇一律,应时对景地引入这种新型的沟通方式,在提高博物馆曝光率的同时,也将公众想法与才华以众筹方式整合至展览要素的有机构成之中。

图 94 菲尔德博物馆"标本独白"(Specimens Monologues)活动,邀请当地居民为馆内的藏品录制配音

* 图片由菲尔德博物馆提供。

以上,在论述前置性研究时,我们主要涉及了三个方面:明确展览所要服务的受众、掌握展览的内容需求和了解当前的流行文化。而前置性研究主要是通过前置性评估加以落实的。借助该方法可以检测并获悉上述三方

[①] 〔东汉〕许慎著,马松源主编:《说文解字 第 6 册图文珍藏版》,线装书局 2016 年版,第 2278 页。

面内容,尤其是帮助我们掌握观众对于展览的内容需求。所谓前置性评估,指的是在任何实际工作开展前的评估,该项评估中研究者需要明确问什么问题、收集什么数据以及如何使用。① 囿于当前文献收藏机构的展览质量仍未达到总结性评估的水平,因此笔者主张现阶段可优先开展前置性评估,以掌握观众对于本展览内容的背景知识、需求、兴趣和疑问,并在策展时将评估结果纳入其中,从而帮助提升受众与展览的关联度,以吸引他们真正参与其中,并久久不忘。2012年美国自然历史博物馆(American Museum of Natural History)决定对北美哺乳动物展厅(Hall of North American Mammals)进行改陈,由于该展是在1942年布展的,所以当时观众的感受和认知并未受到足够重视,无论是展品还是标签,使用效果均不佳。为此,阐释团队在展览改陈前组织了一场前置性评估,即在展厅的两个场景中设置了临时收集观众声音的"问题帖子",并于此基础上召开头脑风暴会议,最终确定了撰写标签的新想法和新做法,如提倡使用更多层次的标签,将大块信息进行分段,以及从场景中直接获取信息等。②

2. 策展中的形成性研究

为了考察策展意识是否得以贯彻、展项开发能否符合预期,以及排除开展前的各项故障,以提升展览质量并减少资源浪费,曾一度迫于成本压力而受到冷遇的形成性研究逐渐在传统展览向现代展览转向的过程中脱颖而出,并发挥出全新的作用。一般来说,形成性研究的常用方法是形成性评估,此外还包括观众踏查(exhibition walkthrough)和头脑风暴(brainstorming)等。其中,形成性评估是指在展品正式生产前,运用模型(mock-ups)或原型(prototypes)去评估展品的传播潜能。钱德勒·斯克里文指出,此类评估还可用于检测观众潜在的情感反应,但当前少有以此为目的开展的评估。③ 目前,前置性评估主要被运用在概念开发和内容策划的早期,而形成性评估则多是在设计开发和施工图设计的中期阶段被采用的。在这一阶段我们往往需要针对特定的展览要素,组织形成性评估。博物馆学者严建强认为,"形成性评估的正确做法是用轻便的替代性材料,等比在

---

① R. Miles, "Grasping the Greased Pig: Evaluation of Educational Exhibits", in S. Bicknell, G. Farmelo, *Museum Visitor Studies in the 90s*, Science Museum, 1993, pp.24-33.

② B. Serrell, *Exhibit Labels: An Interpretive Approach*, 2nd ed., Rowman & Littlefield, 2015, pp.55-56.

③ R. Miles, "Grasping the Greased Pig: Evaluation of Educational Exhibits", in S. Bicknell, G. Farmelo, *Museum Visitor Studies in the 90s*, Science Museum, 1993, pp.24-33.

现实的展厅空间中布置,将二维图纸转化为三维的空间关系。在这样的空间里,评估者对每一个展项的位置、大小、高矮、体量、逻辑合理性、重点提示、亮度、各要素配合关系、组合视觉效果、文字适宜度以及观众对展览的利用方式等逐一评估,并做出合理的调整。施工团队根据这份改善性评估报告才能正式进入放样施工"①。

  这一方法囊括六项要点:对象为展览中的特定要素,多为重点展品或展项;邀请人员主要是观众,有时也会邀请有经验的专业人员;样本量通常不少于 25 个;工具是简易、粗糙的模型或原型;评估场所主要在场馆内,但当面向特殊群体时,如针对学生或教师,也可将模型或原型移至教室内,以发现学生是否感兴趣,如何使用以及使用它们的目的②;适用对象主要为自然科学主题和儿童主题的展览,但随着强调参与的阐释性展览的普及,这种形成性评估已在各类展览中得以推而广之。实施步骤主要是邀请观众体验某个或某些模型或原型,由策展人员对他们进行观察或提问,鼓励他们尽可能回答,最后再由策展人员撰写观察报告并将观众的解答详细记录下来。

  总之,这是一种用非正式方法对半成品进行"试用和修改"的方法。2012 年美国自然历史博物馆中北美哺乳动物展厅改陈的案例在前文中已有所涉及,实际上围绕标签撰写,展览团队除了开展前置性评估外,还将经过改写的标签样本搁在展厅内,并邀请观众向展览人员和教育人员进行实时反馈。结果发现,"仔细观察""基本概况"等板块使观众查找信息变得更容易了,增设的新功能也受到成人和儿童观众的欢迎。最终旧标签被替换后,在英语使用者中,阅读人数增加 150%,近两倍的观众阅读了标签,当观众在相同数量的展品前停留时,花费时间也延长了 30%。③ 伦敦运输博物馆(London Transport Museum)通过形成性评估,发现观众竟没有抓到任何知识点,如他们依然不知道电车(Trolley-bus)是什么,而这些知识点对于理解展览至关重要,所以该馆决定重新审视展览的结构和设计,以及展览中由文字、图片等构成的信息层。④

---

  ① 严建强:《当代博物馆展览建设的质量保障系统:以形成中评估为中心》,《博物馆管理》2019 年第 1 期。
  ② B. Serrell, *Exhibit Labels: An Interpretive Approach*, 2nd ed., Rowman & Littlefield, 2015, p.124.
  ③ Ibid., pp.55—56.
  ④ [英]杰克·洛曼、[澳]凯瑟琳·古德诺:《博物馆设计:故事、语调及其他》,吴蘅译,复旦大学出版社 2019 年版,第 79 页。

现阶段我国仍处于展览评估的早期，相当一部分展览仍未按照科学的理念和做法进行策划，为了从过程中把控和提高展览的传播效益，除了前文中主张优先开展前置性评估外，策展团队还应积极探索形成性评估，围绕重点展品及其信息的传达制作原型或模型，虽然此时展品仍不完善，评估也多为低级的经验归纳，但如同工厂需要建立质量检验科，这类评估有助于通过用户参与发现问题，并及时找到改进对策，以促使展品被观众有效利用并达成预期目标。① 在欧美国家，制造用以评估的原型样本的经费往往占展览工程造价的 10%，而评估费用则占总造价的 5%。②

如果说形成性评估是针对特定展览要素进行的质量检验，那么观众踏查则是针对所有展览要素开展的全面检验。观众踏查是指"从用户的角度描述将要诞生的展览，解释观众在每个展区将会看到什么、会做什么，以及可能学到什么和感受到什么"③。它是从观众亲身体验的角度来描述展览的一种书面叙事④，通常由展览策划者撰写，其他重要的团队成员参与其中。在欧美国家，该文件不仅是具备说服力的评审材料，也是筹款方案的重要构成。但在我国，它仍是一个标新立异的概念，是倡导"受众"要素的一种集中体现。观众踏查意味着对于展览效果的评估并非出自策展机构或者策展人员，而是让观众面对真实物件，完整体验由展览要素所构建的立体传播体系，并对此及时做出反馈，因此该文件在实践改进中极具指导意义。同时，由于观众认知、情感和体验的无形要素在此时变得具体可感，能有效避免最终的实体设计让观众感受不佳，因此观众踏查是设计开发和施工图设计的重要参考文件。如明尼苏达历史中心（Minnesota History Center）通过观众踏查获悉，普通观众花费在某一展览上的时间大约是 20 分钟，其中包括 7 分钟看视频。⑤ 同时，观众踏查也可以告诉我们，当展览以多种方式吸引观众时，他们更容易被吸引，也意味着观众将学到更多。如"家庭招待会：如

---

① 周婧景、林咏能：《国际比较视野下中国博物馆观众研究的若干问题——基于文献分析与实证调研的三角互证》，《东南文化》2020 年第 1 期。

② 在德语系国家，展览建设的经费结构为：规划 20%，制作 60%，调整变更 10%，评估（包括总结评估）5%，其他 5%。详见［澳］费德利希·瓦达荷西：《博物馆学：德语系世界的观点》，曾于珍等译，五观艺术事业有限公司 2005 年版，第 138 页。

③ P. Mckenna-Cress, J. A. Kamien, *Creating Exhibitions: Collaboration in the Planning, Development, and Design of Innovative Experiences*, John Wiley & Sons, Inc., 2013, p.115.

④ Ibid., p.231.

⑤ ［美］皮特·萨米斯、［美］米米·迈克尔森：《以观众为中心：博物馆的新实践》，尹凯译，科学出版社 2018 年版，第 84 页。

果这些墙会说话"展览中,展厅重现圣保罗地区的一个真实家庭,一百多年间在这个屋子里曾生活过德国人、意大利人、非洲裔美国人和苗人,观众可依次参观各个房间,感受居民所生活的年代,整个展览只有一件来自明尼苏达历史学会的展品,但当观众步入房间、打开抽屉时,可以看到写有故事片段的照片或卡片等(见图95)。① 该展中真实的故事和熟悉的环境,尤其是多种展示方式并存,易于让观众浸入其中以获得不同寻常的体验,并感同身受。事实上,观众踏查除了让观众体验展览并解释其体验过程和结果外,还可用来检测旨在拓宽或深化展览的教育活动,如工作坊、推车展示和剧场表演等。

图95 明尼苏达历史中心"家庭招待会:如果这些墙会说话"展

* 图片来源:[美]皮特·萨米斯、[美]米米·迈克尔森:《以观众为中心:博物馆的新实践》,尹凯译,科学出版社2018年版,第85页。

如果说形成性评估和观众踏查主要是由受众对展览要素进行质量检验,那么形成性研究中的头脑风暴还可邀请工作人员加入其中,包括机构内

---

① [美]皮特·萨米斯、[美]米米·迈克尔森:《以观众为中心:博物馆的新实践》,科学出版社2018年版,第83页。

部的释展者、教育人员、宣传人员、安保人员、观众服务人员,以及机构外部的专业顾问、文化顾问和社区顾问等。

头脑风暴通常围绕三方面内容展开:一是组织材料的策略,如究竟是按照时间来组织材料,还是根据类型来组织材料,或是遵循主题来组织材料,策展团队可依据策展前期制定的认知、情感和体验目标,对这几种可能性进行讨论,并最终明确材料采取何种方法呈现。二是组织材料的策略一旦被确定后,可绘制出平面图草图,此时实体体验已经能够被描述,团队可据此展开头脑风暴。欧美博物馆界所创造的专业名词"展览拟稿"(Exhibit Pre-Write)便与此有关。这是展览开发人员为与观众进行有效对话所拟定的一份文档,该文档试图列举出观众在参观过程中需要的所有信息,以及各类信息(图像、方位、操作说明、物件说明)将在哪个地方呈现。[1] 因此,"展览拟稿"成为形成性研究的对象和工具,用来帮助确定标签的基调,检查信息的缺漏、展品位置的摆放以及视觉辅助工具的运用。随着建筑平面图、立面图等的逐步完善,"展览拟稿"日渐丰富,不仅可以提供策展中期的内部讨论,还可以用作策展中期结束后的验收依据。此外,由"人、地点和设计研究公司"(People, Places & Design Research)[2]的杰夫·海沃德(Jeff Hayward)发明的故事线检测(Storyline Testing)方法,也可借助头脑风暴加以讨论,以审视观众整体体验、展览成本要素等,并从中获得一些建议,以帮助做出各项设计决策。三是围绕内容的传播方式展开头脑风暴,以便提供给展览开发者和设计师参考。为此,可提前创建一份"测试清单",如究竟是采用普通模型、复制照片、实体模型,还是使用多媒体;是运用互动装置,还是让观众自己创建内容;是从普通视角来观察事物,还是从外太空等全新视角来观察;是带着观众在当下时空中体验,还是让他们重返至历史时期的旧城?总之,讲故事的过程中,展品的观感和营造的空间等形象传播系统都可以获得讨论,从而为展览开发者和设计师提供可资借鉴的原则或标准。

蒙特利湾水族馆(Monterey Bay Aquarium)曾推出一场名为"深海任务:与蒙特利湾水族馆研究所一起探索海洋"(Mission to the Deep:

---

[1] P. Mckenna-Cress, J. A. Kamien, *Creating Exhibitions: Collaboration in the Planning, Development, and Design of Innovative Experiences*, John Wiley & Sons, Inc., 2013, p.123.

[2] 该公司成立于1984年,通过定制化的研究和咨询,专门从事非营利组织的受众研究。服务主要集中于四个类别:观众分析、展览开发的观众研究、观众体验问题的解决,以及社区研究和市场研究。更多信息可查阅 http://ppdresearch.com/。

图 96
蒙特利湾水族馆"深海任务：与蒙特利湾水族馆研究所一起探索海洋"展（Mission to the Deep: Exploring the Ocean with the Monterey Bay Aquarium Research Institute）

＊图片由蒙特利湾水族馆提供。

Exploring the Ocean with the Monterey Bay Aquarium Research Institute) 的展览, 该展在观众体验方面可谓匠心独运。其通过模拟控制器和高清视频的结合, 使观众有机会体验蒙特利湾水族馆科学家们正在从事的工作, 即让观众借助水下机器人前往海洋最深处"旅行", 可以领略到深海之中的别样风景, 还可以记录下黑暗环境下的浮游、游泳和底栖生物。这种另类体验采用的是反转型的专家视角, 可为观众创建一种与众不同的全新体验。事实上, 即便是对该馆的科学家来说, 这种依托机器人的深海之旅也是他们的首次尝试（见图 96）。

3. 策展后的总结性研究

当负责展览制作的开发商对设计师的施工图做出回应, 并根据图文进行制作, 尔后所有展品按照计划完成组合和布展时, 展览作为一项文化产品最终得以问世。此时, 策展人员需要围绕展览成品进行总结, 并针对展览质量进行检测, 通常会采用补救性评估和总结性评估。钱德勒·斯克里文提出"补救性评估"是指在展览完成后, 为补救和改进工作所开展的评估。[①] 随着展览即将开幕, 机构会邀请外部专家或团队成员步入展厅, 就展览各个要素进行预检, 以发现无法向观众传达传播目的的要素, 处理难以有效运作的展项, 发现标签中存在的错误, 检查照明系统的位置和角度等。我们把这类评估称为补救性评估。由于补救性评估也属于总结性评估, 所以罗杰斯·迈尔斯主张舍弃补救性评估, 但笔者认为应当予以保留, 因为总结性评估强调的是对展览成果的检测, 而补救性评估

---

① R. Miles, "Grasping the Greased Pig: Evaluation of Educational Exhibits", in S. Bicknell, G. Farmelo, *Museum Visitor Studies in the 90s*, Science Museum, 1993, pp.24-33.

倡导的则是补救性改进,如上述展览在试运行中根据内部同行或外部专家的意见进行纠偏的做法。

"总结性评估"是指在展览成品中就真实展品展开的评估,有时是针对预先设定的目标,有时没有目标,只是为看事实上发生了什么,用以本次或下次改进之借鉴。① 因此,总结性评估是针对展览整体表现进行的一项系统评估。从评估内容来看,总结性评估主要检测的是认知、情感和体验目标,但重中之重在于检测展览的总传播目的和内容结构。从研究方法来看,总结性评估主要使用的是定量、定性方法,目前广受推崇的是将定量和定性相结合的自然主义方法。该方法已在第四章"从结构层面提炼文献收藏机构策展理论的构成要素"中的第二点进行过详细论述。同时,在开展总结性评估时,我们需要认识到展览本是一门遗憾的艺术,多数策展人早已在这方面达成共识,很难想象一场满分的展览应该是怎样的。尽管如此,我们依然希望能无限接近这种完美状态,而对"受众"要素的倡导将有助于改进展览质量、提升专业水准,使展览"整体得分"更高。波利·麦肯纳-克雷斯(Polly McKenna-Cress)由此提出"接近近似值理论"(Closer Approximations),指出在整个策展过程中,当我们收集、组织、选择和编辑材料时会注意到总是处于"靠近,但尚未达到"的状态,换言之,策展团队可能虽然从项目伊始就知道展览的预算有多少,但仍会发现过程中需要不断重新制定成本,并放弃不少原计划中的展览要素,直到最后开幕,还需要再次对展览过程中的物质和安排进行检查。

可见,在整个展览的创建过程中,所有评估涉及的内容、流程和模板都在保证展览按照预期的方向发展,重要的事情需要被反复考虑,只有这样,展览的初衷才可能得以实现。以密歇根州立大学图书馆的临时展览"获得读写能力:废奴运动的胜利"展为例,该展在前文曾被简单提及,主要是从教育视角展示了1830—1950年废奴运动的进程,从"禁止教授奴隶读写"到"废除高等教育中的种族门槛"。该展的策展人是大学图书馆的管理员,观众主要为密歇根州立大学学生,因此策展人尤其关注此展能否成为一种教学资源并实际发挥作用。所以展览一经推出后,策展人就从教学角度对展览实施了总结性评估,结果显示该展难以让学生有效获得信息。痛定思痛

---

① R. Miles, "Grasping the Greased Pig: Evaluation of Educational Exhibits", in S. Bicknell, G. Farmelo, *Museum Visitor Studies in the 90s*, Science Museum, 1993, pp.24-33.

后,策展人又在线下展览的基础上推出线上展览,同时还附上一个小测试,专门用以检测展览作为图书馆教学产品的功能发挥。可见,"获得读写能力:废奴运动的胜利"展通过总结性评估发现了现存问题,策展人在此基础上进行批判性思考并采取改进性措施,展览的潜在教育价值由此得到重视和彰显。

(四) 观众研究策略中值得注意的三个问题

倡导"受众"要素时,应在明确该要素倡导者的角色定位的前提下,实现由"文献至上"到"受众为先"的视角转向,进而围绕"研究什么"和"如何实施"两方面提出服务受众的展览策略。在实施该策略时,还有三个问题惹人注目:一是如何始终保持使命清晰,又能体现观众意志?二是如何将抽象的想法变成观众的具体体验?三是不可或缺的想法与卓尔不群的想法之间有何差异?

问题一:如何始终保持使命清晰,又能体现观众意志?尽管我们倡导由"文献至上"到"受众为先"的视角转向,但这并不意味着主张单层次的非专业导向,以及无边界地迎合观众。我们不能将受众要素窄化成与受众相关的现象,"受众为先"事实上还包括对"文献"中涉及的"人"之因素的解读与呈现。当然,在倡导"受众为先"的认识论背后,还存在这样一个事实:当前"受众"要素是我们相对陌生且问题最为突出的方面,我们对展览空间中受众的学习行为和认知特点并不熟悉,但万不能以此为理由矫枉过正。因此,笔者主张在策展时,除了要重视观众意志,还应高度重视机构的使命达成。

在博物馆界,每座博物馆通常拥有一个使命陈述,即我们为什么要关心这座博物馆,其价值建构是什么。[①] 而图书馆、档案馆和方志馆等作为公共文化服务机构,同样需要明确它们存在的社会价值,从而使这些机构能保持各司其职、责任清晰。因此,文献收藏机构一旦着手创建展览,首先应召开一至两次会议,根据机构的使命来制定展览的传播目的,进而明确该展览意欲达成的观众目标。传播目的前文已有所涉及,此处不再赘述。无论如何,使命、传播目的和观众目标应当成为展览要素取舍的重要依据。

---

① G. D. Lord, B. Lord, *The Manual of Museum Management*, 2nd ed., Rowman & Littlefield Publishers, Inc., 2009, pp.1-12.

第一，针对使命问题，如果机构还未制定使命，其原因通常有二，"一是机构不关注使命，没有讨论使命这一程序；二是在价值取向上，机构就使命难以达成一致"①。而当机构在制定使命时，需要坚持三个原则：简洁明了，切实可行，能激发员工的热情和投入。尽管如此，机构一旦制定使命，却并非一成不变，使命应始终处于动态变化之中。以英国自然历史博物馆（Natural History Museum）为例，1986 年该馆制定的使命为"发现并向科学领域提供藏品形象，服务儿童和成人受众的娱乐、兴趣和教育"，但 1990 年、1992 年、2006 年馆方又先后三次对使命进行了调整，至 2012 年，其使命已被确定为"维护和开发藏品，利用藏品去发现、理解、负责任地利用和享受大自然"。

第二，针对观众目标问题，前文也曾简单涉及，其包括认知、情感和体验三重目标，即观众将会掌握哪些新的知识和事实，引发什么样的情感共鸣，如害怕、愉悦、伤心等，以及获得怎样的独特体验，如穿越星际、重返远古等。谢林达研究协会（Selinda Research Associates）是一家帮助非正式教育机构为观众提供有效体验的中介组织，正如该协会的底波拉·佩里（Deborah Perry）所言，观众目标应当是我们希望通过展览要素实现的东西，而当我们要对其进行表达时，往往会以"观众将要……了解、欣赏、做、感到"等来开头，尔后宾语是教育信息，最后是身体、情感和社交等方面的体验。因此，"观众目标"被认为是"面向观众这一群体的语言"②，此类语言可以用来描述观众从步入展厅到离开之后所获得的全方位的收效。如"观众将了解到大英图书馆馆藏的四百多种 20 世纪的文学宝藏，还可以浏览超过 130 篇文章、纪录片短片和教师笔记，感受到当时作家工作的社会、政治和文化背景，从而引发他们采用新颖的创作模式去捕捉世界的思考"。这些目标需要被反映到展览的各个要素中，以便指导我们对展览要素进行取舍、组织和表达。

问题二：如何将抽象的想法变成观众的具体体验？策展前我们可以拥有很多奇思妙想，但是并非所有的想法都适用于展示，尤其是适用于某个特定展览。首先，我们需要在截止日期前停止文献研究和信息收集，否则难以

---

① V. Beer, "The Problem and Promise of Museum Goals", *Curator: The Museum Journal*, 1990, 33(1), pp.5–18.

② P. Mckenna-Cress, J. A. Kamien, *Creating Exhibitions: Collaboration in the Planning, Development, and Design of Innovative Experiences*, John Wiley & Sons, Inc., 2013, p.105.

获得重要想法,并据此制定出传播目的和观众目标。同时,在获得重要想法时应避免"集体迷失",即为团队内部达成共识而彼此顺从,在众多对立想法中选择毫无新意的折中想法,而是要让每个人都有表达机会,在了解他人想法的基础上选择大家共同认可的最佳想法。其次,在方案设计阶段,通过"文本大纲"整合信息并呈现初始想法。此文本大纲应包含展览使命、目标观众、主要的目标和想法,此外还应涉及展览的规模、地点、预算、收益(如果是收费类特展)和预期影响等。"文本大纲"往往还附有概念图(Concept Mapping)和泡泡图(Bubble Diagram),以反映展览的重点内容及其彼此关系。再次,需要绘制"概念平面图",将想法变成一个连贯的叙事,即把想法抛入空间,实现特定空间内的组合,以构建一个完整的实体叙事。从次,在设计开发阶段,应将展览中的物件、互动和体验等细节加以明确,确定具体信息、进行原型测试,并邀请相关人员参与。最后是施工文件阶段和制作、布展阶段。尽管最初的想法为策展人员提供了多项选择和多条思路,但最终需要围绕展览拟定目标,并将其转化为由实物展品、辅助展品和说明文字所构建的三维故事。

以大英图书馆2018年推出的临时展览"疾风世代:陌生土地上的歌"(Windrush: Songs in a Strange Land)展(见图97)为例。"1948年,帝国疾风号承载着数百名来自加勒比海的人,前往埃塞克斯的蒂尔伯里港(Port of Tilbury)。这些人为何而来?他们究竟留下了什么?他们又是如何塑造英国的?"为了将上述想法转换成一种能被观众感官感知的实体体验,七十余年后,"疾风世代"展邀请我们去观看、了解和思考在英国和加勒比海地区发生的故事。整个展览被分成四个部分:历史的浪潮(Wave of History),抵达者(The Arrivants),作家、艺术家和社会活动者(Authors, Artists and Activists)和疾风世代丑闻(The Windrush Scandal)。展览主要依据的初始想法是"移民为何而来,抵达后发生的事,以及重塑英国"。而这样的想法如果是从政治、经济角度展开,很容易变成观点输出类的历史述评,观众也很难被展览内容所吸引。因此,策展人将这些想法通过文献进行演绎,使其成为带有文化底色的文本故事,最后再转化为由信件、音乐等展览要素构成的真实体验。为此,展览最后选择了借助漂洋过海的"疾风移民"所撰写的多种文学作品,讲述他们饱经风霜的人生经历和其间发生的常人故事,这类群体不再是被讨论的客体,以某一种政治或经济的符号意义出现,而是成为讲故事的主体,"叙述"着自己曾经生活的实况及其经历的心路历程。

图 97　大英图书馆"疾风世代：陌生土地上的歌"(Windrush: Songs in a Strange Land)展

* 图片由大英图书馆提供。

问题三：不可或缺的想法与卓尔不群的想法之间有何差异？云集优秀的想法固然很好，但在创建展览时，若一味热衷于把各色各样的想法强硬捆绑在一起，那么展览很可能就会变成不知所云的大杂烩，为此我们应明确展览的主要想法（使命、传播目的、观众目标），并始终致力于实现展览的主要想法，以保证展览阐释辅车相依的整体性。弗里曼·蒂尔登指出，"阐释呈现的是一个整体而非部分，必须面向整个过程而不是任何阶段"①。因此，任何展览的背后都应有主要想法，最终打造出的是具备整体性的信息共享体。

而拥有诸多好想法的展览通常表现为：展览中每个展品或某些展品能反映出策展人别出心裁的想法，具备很强的阐释性，但它们彼此之间既没有逻辑关系，也缺乏凝聚力，以至于展览不存在主要想法或整体立意。这样带来的结果必然是观众参观完后一头雾水，所见所闻和所思所感难以形成统一整体，策展人的策展意图也无法被解读。事实上，将所有优秀的想法都囊括在展览之内，很容易让展览变成百科全书式的说教，因为展览要素并未根据主要想法进行筛选和重构。尽管我们希望向观众传递尽可能多的信息，但如果这些信息是非程序化的，观众真正能获取的信息事实上极其有限。以历史主题的展览为例，相当一部分文献类展品展览偏好面面俱到的通史展形式，将政治、经济、文化、社会等都网罗其中，最终呈现的展览必然信息量过载，令观众望而生畏，最重要的是无法突显文献的主题特色或地域特色，有时候"多即是少"。

---

① F. Tilden, *Interpreting Our Heritage* (fourth edition, expanded and updated), ed. R. B. Craig, The University of North Carolina Press, 2008, p.31.

（五）小结

对"受众"要素的倡导，是指展览中的所有要素都要为受众服务。"受众"要素的倡导者应负责思考观众在参观展览时将获得怎样的体验，同时为展览设定观众认知、情感和体验三重目标。总体来说，"受众"要素的倡导者属于一类标新立异的角色，该角色的诞生可追溯至20世纪60年代的波士顿儿童博物馆。根据展览的规模和复杂程度，"受众"要素的倡导者既可以是个人，也可以是团队。而在大型博物馆中，该角色则可能是单独设立的职位，通常被称为展览开发者、释展者或教育人员等。

那么，为何要倡导"受众"要素？究其原因在于以人为本的时代，服务受众是文献收藏机构发展的根基和使命。而若要倡导"受众"要素，则需要回答三方面问题：展览向谁讲述？以哪种声音讲述？以及为什么这样做？据此，我们提出应当围绕展览开展观众研究，策略涉及两方面：观众研究应涵盖哪些内容？如何落实观众研究？

首先，针对第一方面，从研究内容来看，观众研究通常包含常规研究和专题研究。常规研究是指每年都会持续开展的研究，而专题研究既可以针对常规研究中普查出的问题，也可以围绕本年度投入资源最多的项目（如展览、教育活动等）。无论是常规研究，还是专题研究，其核心议题都包括参观前的观众类型、动机研究，参观中的行为、心理变化研究，参观后的长、短期效应研究等。整体的研究趋势是从外在行为的研究，到内在变化的探索，再到社会文化背景等间接因素的讨论。从实施主体来看，研究者不仅可以来自高等院校，也可以来自文献收藏机构，还可以来自社会第三方。此外还需要"鼎"高校、馆方和社会等多方之力，组建观众研究专委会，举办专题研讨会，并创设专业期刊或主题。

其次，针对第二方面，即如何落实观众研究，根据策展所处阶段的差异，笔者提出了三阶段实施对策：策展前的前置性研究、策展中的形成性研究和策展后的总结性研究。其中，策展前的前置性研究包含三方面内容：明确所要服务的受众，掌握受众对内容的需求，洞察当前的流行文化。策展中的形成性研究主要采用形成性评估，但还可通过观众踏查和头脑风暴等手段加以实施。策展后的总结性研究通常会采取补救性评估和总结性评估等方法。

在使用上述三阶段策略时，还有三方面问题需要引起我们目注心凝：

一是如何始终保持使命清晰，又能体现观众意志；二是如何将抽象的想法变成观众的具体体验；三是不可或缺的想法与卓尔不群的想法之间有何差异。因此，倡导"受众"要素，既不意味着策展时要非专业和无边界地迎合公众，也不意味着要将具备受众导向的所有想法都囊括其中，更不意味着仅将想法停留在头脑中与口头上，而是要通过展览要素的选择和组织，在空间内予以形象化表达。

三、"媒介"要素的倡导

（一）"媒介"要素的倡导者及其要求

"媒介"要素的倡导，是指通过展览空间内的实体设计来提升观众的整体体验，以强化并达成展览的传播效应。这类倡导通常表现得最为直观。但是需要注意的是，倡导"媒介"要素时，美只不过是展览成功的前提，而非目标，被理解才是展览成功的目标，所以应当探讨的是如何依托设计来表达内容，怎样借助空间经营实现实体阐释，以及如何通过三维呈现来吸引观众使之感、知觉参与等。"媒介"要素的倡导者，通常被称为设计师或制作人员，其与"文献"要素的倡导者一样，需要在某一特定领域拥有专门的受训背景，如平面设计、工业设计、建筑和舞台设计等。从事这类岗位的人员通常会采用外聘方式。同时，从策展团队的构成来看，这部分工作也最易于借用外部力量。

当前此类倡导者主要存在三种情况：其一，在机构内部设置此类岗位以实现自给自足；其二，机构提供内容文本并告知使命、传播目的和观众目标等有关信息，通过招投标交由外部机构完成，机构根据招标方的招标文件要求，完成概念设计、深化设计和制作；其三，机构采取"交钥匙"的管理办法，委托中标的外部机构全权负责整个展览的设计和制作。

在美国，不少中大型的博物馆会配备自己的设计团队，但是在我国即便是大型博物馆，很多也未培养专门的设计师。所以，通过招投标可以缓解内部专业人才匮乏的问题。但该举措有利有弊，优点在于外部人员能优化解决方案，态度好且效率高，便于管理。同时，他们也能关注到最新材料和尖端技术，并将其运用至展览实践中。缺点在于为了追求经济效益最大化，一旦企业规模初成并拥有一定经验，便易于在设计上陷入模板化操作，导致传播方式千篇一律，如都采取雕塑、模型、多媒体等。因此，无论倡导者属于何种类型,文献收藏机构都需要明确其展览正在寻找的是什么,需要清晰阐明设计或制作上哪些已经确定,哪些尚待设计或制作团队去创意发挥。

综上,"媒介"要素的倡导者不仅需要具备设计才能,还需要拥有理解能力。正如波利·麦肯纳-克雷斯所言,这类倡导者需要掌握"空间规划和导向规则(要考虑残疾人法案要求和安全问题,如紧急出口的需求或材料的防火等级);定制展柜的设计、平面设计、室内设计(颜色和纹理系统、物件布展、照明和身体舒适度评估);互动设计(尤其是可能用于解释或演示过程或现象);了解媒体、备选媒体以及支持其运行的技术;通用设计(明白允许所有观众使用的准则,无论其形体、年龄、语言或残疾与否);绿色设计(大体了解材料、材料来源、材料属性及其对展览可能产生的影响);具备绘制、测量、细化和记录等方面的能力"[1]。一般来说,"媒介"要素的倡导者还会代表策展团队去监督展品的制作和安装。

(二) 倡导"媒介"要素强调的是一种体验

倡导"媒介"要素,要求我们以受众为导向,通过展览要素在空间内的精心安排,为他们创建出一种美观且有意义的实体和感官体验。当人们有意识地选择要去的地方时,总是希望能获得某种别出心裁的体验,无论是在剧场看电影,还是在游乐园里坐过山车,或是在健身房挥汗如雨地做运动。当观众走进图书馆、档案馆或方志馆参观展览时,也会怀着同样的目的和期许。事实上,先贤们已围绕观众的参观体验开展过不少具备开拓意义的研究,且成果初显,主要包括经验型和思辨型两类研究。

首先是经验型研究,虽然观众在参观时间、兴趣和知识等方面呈现明显的差异,但是仍存在三种典型的体验类型:第一种是个人的初次体验或偶尔性体验,第二种是个人的经常性体验,第三种是团队体验。[2] 研究显示,三类体验的过程各不相同,"初次/偶尔性体验"通常会经历四个阶段:持续3—10 分钟适应、持续 15—40 分钟专注观赏、持续 20—40 分钟浏览、持续

---

[1] P. Mckenna-Cress, J. A. Kamien, *Creating Exhibitions: Collaboration in the Planning, Development, and Design of Innovative Experiences*, John Wiley & Sons, Inc., 2013, p.29.

[2] [美]约翰·福尔克、琳恩·迪尔金:《博物馆经验》,林洁盈、罗欣怡、皮淮音等译,五观艺术事业有限公司 2002 年版,第 103 页。

3—10分钟准备离开。① "经常性体验"往往会经历两个阶段：集中精力参观和准备离开，整个时长也差不多是1—2小时。② 而"团队体验"大致会经历三个阶段：长时间的专注导览欣赏、短暂的自由参观浏览、准备离开。③

其次是思辨型研究，参观展览是一种借由站立和行走来完成的空间体验，受个人、社交和环境等因素的交互影响。据此，有学者创造出"行为场景"概念，此概念指的是将人们受到空间影响进行概念化的方法。而探讨如何运用环境空间的分支学科则被称为"人类空间统计学"（Proxemics）。④ 吉安娜·莫斯卡多（Gianna Moscardo）提出在博物馆环境中所产生的注意力，其他心理活动并不存在，所以博物馆的环境影响至关重要。⑤

事实上，观众参观展览所获得的体验主要借助"媒介"要素得以实现。该要素包括设计理念、空间规划、观众动线、恰当的媒体、个性化设计等，同时还要兼顾环境的可持续性和设计的易于使用。可见，"媒介"要素的倡导者某种程度上也可被归为"受众"要素的倡导者。同时，由于"媒介"要素始终要与展览内容保持一致，所以该要素的倡导者又要与"文献"要素的倡导者彼此配合。综上，在构建观众体验时，各类设计应当立足展览的传播目的和内容结构，在反复改进的基础上创造出满足受众多元需求的有用的实体体验。"权利档案"展是美国国家档案博物馆的基本陈列，该展主要利用档案馆的历史文献、图像和视频展示美国争取自由的历史，探索美国如何发扬建国精神以争取自由、平等和公正等权利。展览采取的环境色是米色、黄色和黑色，同时为了模仿历史文件的纸张质感，展柜和展板都以米色为主。展厅中心的交互装置在营造沉浸式体验上发挥着重要作用。该互动装置包括一个长约5米的触控桌面和与周围环绕着的交互式墙面，当观众靠近触控桌面时，屏幕会显示波纹以回应观众，从而为不同类型的多代观众创造出一种个人定制的体验，借助他们的感知觉来帮助其达成理解美国"追求正义和平等"的设计意图（见图98）。

---

① ［美］约翰·福尔克、琳恩·迪尔金：《博物馆经验》，林洁盈、罗欣怡、皮淮音等译，五观艺术事业有限公司2002年版，第103页。
② 同上书，第107页。
③ 同上。
④ L. Nahemov, "Research in a Novel Environment", *Environment and Behavior*, 1971(3), pp.81-102.
⑤ G. Moscardo, *Making Visitors Mindful: Principles for Creating Quality Sustainable Visitor Experiences through Effective Communication*, Sagamore Publishing, 1999.

图 98 美国国家档案博物馆"权利档案"(Records of Rights)展中的沉浸式体验,当观众走进展区,靠近触控桌面时,屏幕会显示波纹以回应观众

* 图片由美国国家档案博物馆提供。

(三)倡导"媒介"要素的体验策略

通过对"媒介"要素的倡导,希望观众的参观体验变得舒适,具备吸引力且有意义,这就需要策展团队在实体设计时,致力于展览传播目的的达成,并与内容结构在逻辑上保持同步,使观众乐意看、看得懂、记得住,真正从"眼球运动"变为"心脑运动",受到启蒙与感动。[①] 为此,策展团队需要通过个性化的设计使展览富有节奏感且亮点突出,优秀的展览设计不仅能提升观众的认知,还能埋下情感的引爆点,让观众留下隽永的记忆。为了达成上述目标,体验策略可以从两方面着手:如何在设计体验时发挥展览独有的特征? 信息阐释怎样才能被感官成功感知,以创建出有意义的实体体验?

1. 如何在设计体验时发挥展览独有的特征?

文献收藏机构的展览特征主要包括:真实的文献、社交的空间和亲身的体验(见图 99)。相较于其他公共文化机构,文献收藏机构最难能可贵的资源是真实的文献。一般来说,文献是指用文字、图像、音频、视频等技术手段记录在一切载体上的人类知识,其中文字是最主要的技术手段,它是人类与外部世界进行信息交流的重要工具,也是记录事件或传达思想的核心手

[①] 严建强:《缪斯之声》,浙江大学出版社 2021 年版,第 58 页。

段。因此,纵观人类发展的历史长河,用文字书写的文献内容精彩纷呈、思想蕴涵丰富。尽管文献多为隐性信息,有时阅读不易,但是作为知识积累和文化传播的有力工具,这些文字演绎出的故事是感性的、生动的,同时也是真实的。因此,首先可通过对真实文献的解读,提炼出"已逝时空的真实故

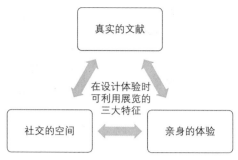

图 99　在设计展览体验时可利用的展览三大特征

事",再经由策展人借助展览要素实现视觉和空间的三维呈现,如此,观众便可在一则立体的文献故事中徜徉,克服生命个体的时空压缩,获得耳目一新的体验和旷日持久的影响。需要明白的是,观众之所以前来看展,并非为了阅读文献,相较于形形色色的物件,文献并不具备太多显性信息和审美价值,因此更需要依赖设计师及其团队来帮助文献更好地实现空间叙事。"媒介"要素的倡导者,需要发挥实体与情境作用,承担好感官的转化者和阐释者角色,展示他们拔新领异的创意和技能。

尽管文献具备真实性特征,观众前来参观展览也希望看到真实信息,但这并不意味着文献收藏机构的展览不能使用造型、媒体和装置等辅助展品。相反,由于文献收藏机构主要收藏的是文献,而文献本身并不是为展览而创造的,因此并不具备很强的展示价值,所以为了重构立体的文献故事,文献收藏机构的策展团队需要依据文献中的真实信息制作大量的辅助展品,以帮助生成并构建文献中的文本故事。以牛津大学博德利图书馆(Bodleian Libraries, University of Oxford)2018 年策划的"托尔金:中土世界的创造者"(Tolkien: Maker of Middle-earth)临时展览为例,该展主要展示的是托尔金一生的个人生活、学术生涯和惊世之作。整个展览被分成十部分,其中第三部分为"中土世界 3D 世界"。在这一部分中,策展人并未直接展示文献《指环王》,而是借助 3D 浮雕地图来呈现《指环王》中的各地地形、主人公所处的地理位置和他的旅程轨迹(见图 100)。该地图的动画效果是由上下两个方向的投影所塑造的。上方投影仪投射出几组主人公的旅程轨迹,下方投影出自一个 85 英寸的电视屏幕,主要提供的是地图的补充信息。可见,通过 3D 浮雕地图的设计和制作,《指环王》作者笔下所描绘的旅程旋即变得形象、个性而立体。

图 100　牛津大学博德利图书馆"托尔金：中土世界的创造者"(Tolkien: Maker of Middle-earth)展中的 3D 浮雕地图

＊ 图片由牛津大学博德利图书馆提供，Ian Wallman 摄。

正如前文所述，展览本质上是一种寓教于乐的智能休闲，所以拥有"社交的空间"成为展览的基本特征之一。约翰·福尔克等人在《博物馆体验》一书中创造了"社交脉络"(Social Context)一词，指出社交体验是伴随着观众参观展览而同时发生的。① 因为当人们在看书、看电影甚至上网时，基本不会与他人交流，但当他们在参观展厅时，有时就会有同行之人，即使没有同行之人，也会注意正在与自己一起看展的那些人，在获得体验的那一刻就会不自觉地与之发生交流。从目前来看，针对展览中的社交体验，已有部分学者展开过研究，但多数是围绕家庭观众展开的，因为家庭观众在参观展览时会将大量时间花在彼此的互动上。② 正如罗森费尔德(Rosenfeld)所言，对于家庭观众来说，展厅是相当重要的社交场所。③ 但当我们将目光锁定在成人观众时，就会发现不少展览空间实际上是为观众的被动观察而设计的。尽管在纯审美的艺术类展览中，我们希望鼓励观众静静地凝视展品，但对于具备教育意义的历史类和自然科学类展览来说，展览空间还应当是一个提供互动交流的场所，以帮助观众更好地提升认知和建构自我。正是由于展览拥有社交空间的属性，所以当文献收藏机构在创建展览时，应致力于将自身打造成为一个"参与式文化机构"(participatory cultural institution)。妮

---

① J. H. Falk, and L. D. Dierking, *The Museum Experience*, Whaleback Books Howells House, 1992, pp.15-16.

② R. A. Lakota, *The National Museum of Natural History as a Behavioral Environment: Final Report*, Office of Museum Programs, Smithsonian Institution, 1975, Part 1; J. Diamond, *The Social Behavior of Adult Child Groups in the Science Museum*, University of California, Berkeley, 1979.

③ A. Hofstein, S. Rosenfeld, "Bridging the Gap between Formal and Informal Science Learning", *Studies in Science Education*, 1996, 28(1), pp.87-112.

娜·西蒙(Nina Simon)指出:"参与式文化机构是指观众能围绕其内容进行创作、分享并与他人交流的场所。与以往机构不分彼此地给所有受众灌输内容不同,参与式文化机构会与观众携手收藏和分享多样的、有个性的、不断更新的内容,邀请观众对展览中的手工艺品、科学装置和历史文献做出回应和补充,让观众表达来自专家以外的意见和创意。"①

可见,通过展览促成观众与文献的关联,使其成为观众交换想法的社交空间已经变得愈发重要。约翰·福尔克和琳恩·迪尔金也认为,"无论是哪个参观团队,博物馆体验中的社交脉络影响非凡。而展览中对信息的获取和理解是整个团队共同努力的结果"②。美国国家档案博物馆"权利档案"展对社交空间的设计成为该展的一大亮点。展览不仅设计出5米长的交互式桌面触控屏,还制作了多点触控互动触摸墙。以其中的交互式桌面触控屏为例,该设计符合社会文化学(sociocultural theory)学习理念,由于多个用户可在同一时间内一并使用,所以使得观众之间的社交互动成为可能,观众能够按照各自节奏对内涵丰富的"权利档案"进行程度不一的探索(见图101)。该媒介的设计还鼓励观众通过彼此交流分享自我发现。如观众可通过添加情绪标签,有趣的(fascinating)、愤怒的(maddening)和启发性的(inspiring)等,呈现个体就展品所产生的情绪反应,并将这些感受发布到邻近的交互墙面,以供其他观众查看(见图102)。当某位观众的信息被发布到墙面后,触控桌面就会将该信息通知邻近的观众。这一匠心独运的设计有助于鼓励观众围绕展览进行实时交流,加深陌生人群体之间的互动,促使他们在理解展品的同时,能就某些特定议题实现情感的无障碍流动。

"真实的体验"是展览的另一个本质属性,不同于全息、VR、AR、裸眼3D等利用双眼立体视觉原理制造出的假三维,展览提供给观众的是一种穿梭于真实空间的真实体验。因为前来观展的人拥有不同背景,动机各异,当他们步入展厅后,面对被刻意营造出的同一展场氛围,将获得千差万别的观展体验。而这些体验有时在日常生活中并不能被轻易经验到,因此观众在参与期间可能会留下难以磨灭的印记以及困心衡虑的思考。

---

① [美]妮娜·西蒙:《参与式博物馆:迈入博物馆2.0时代》,喻翔译,浙江大学出版社2018年版,第3页。
② J. H. Falk, and L. D. Dierking, *The Museum Experience*, Whaleback Books Howells House, 1992, p.54.

图 101 美国国家档案博物馆"权利档案"(Records of Rights)展中的互动装置,观众可使用点击、移动等功能进行多点触控

＊ 图片由美国国家档案博物馆提供。

图 102 美国国家档案博物馆"权利档案"(Records of Rights)展中的互动装置,观众可通过添加情绪标签表达自己对展品的反应并发布在附近的墙面上

＊ 图片由美国国家档案博物馆提供。

如在"安妮与阿妈相遇——看见女孩的力量"展中,观众可走进安妮因害怕纳粹迫害而长期躲避的一幢房子的夹层。又如"遗我双鲤鱼——上海博物馆藏明代吴门书画家书札精品展"展中,观众有机会体验到内阁首辅、吴门才子等文人雅士为柴米油盐而发愁的人间烟火世界。因此,通过"媒介"

要素的倡导,策展人可精心设计和创建"真实的环境",如模拟出太阳表面、水下世界、荒漠戈壁和热带雨林等不同寻常的自然环境,或者再造史前时代、帝国时期、知青岁月等光阴荏苒的历史场景,由此在博物馆领域"模拟沉浸"(stimulated immersion)[①]、"注意力恢复"(attention restoration)等概念得以创建。[②]

毋庸置疑的是,这种真实体验中最为深层,也是最为柔软的一部分,便是真实的情感体验。"人亡物在""睹物思人""触景生情",观众在参观过程中,不仅能够获得信息、增长知识,还能积蓄情感、沉浸其中,引发似曾相识的共鸣,甚至忘却时空。可见,展览是一种充盈着真情实感的渗透性媒介。以美国的威廉斯堡(Williamsburg)城为例,该城实际上是一座露天博物馆,在观众体验的空间经营上堪称经典。这是一座完全按照殖民时期的原样修建的小镇(见图103)。小镇禁止机动车辆入内,殖民时代的总督府、法院、打铁工厂等建筑保留完好,工作人员身穿当时的服装,以第一人称进行交流,在殖民大道上随处可见殖民时代的场景……这一切的一切将带着观众穿梭回两百多年前大英帝国在北美的一处重要殖民地。再以文献收藏机构大英图书馆2017年推出的一场展览为例,该展名为"地图和20世纪:画出界限"(Maps and the 20th Century: Drawing the Line),诺索弗与布朗(Northover & Brown)设计公司利用空间设计打造出一种身临其境的观展体验。为了与展览主题高度契合,营造出一种整体的"地图感",无论是展览动线,还是地板和墙壁,都被设计成整体地图的一部分(见图104)。此外,地板上还绘出带有3D效果的图案,比如台阶。诺索弗与布朗设计公司总监梅尔·诺索弗(Mel Northover)表示,"让观众置身于地图,会让他们产生惊喜的感受并沉浸在体验中,地板、展柜底座和墙壁都是地图画布的构成部分,给人以'展开地图'的印象"。梅尔·诺索弗认为,"整个展厅的空间设计能够起到辅助作用,支持展览所想传递的故事与思想"。这些独特的体验将为观众的情感生成提供环境上的隐喻、象征和暗示。

---

① S. Bitgood, *Attention and Value: Keys to Understanding Museum Visitors*, Left Coast Press, Inc., 2013, p.59.
② S. Kaplan, "A Model of Person-Environment Compatibility", *Environment and Behavior*, 1983(15), pp.311-332.

图 103　威廉斯堡殖民时代的建筑和马车

图 104　大英图书馆"地图和 20 世纪：画出界限"(Maps and the 20th Century: Drawing the Line)展，无论是展览动线，还是地板和墙壁都是地图的一部分

* 图片由大英图书馆提供。

2. 信息阐释怎样才能被感官成功感知，以创建出有意义的实体体验？

展览是观众在空间行进过程中获得体验的一种媒介，策展人通常很期待观众在离开时，深感本次博物馆之旅是物有所值，甚至物超所值的。事实上，展览最终能被观众观察、参与和体验到的是一种物化信息，那么，物化信息将如何被阐释，以及由此呈现的实体体验是否被感知和理解，这些将直接影响到观众对这场博物馆之旅的评价。鉴于此，我们提出基于"媒介"要素的体验策略，该策略的基本思路是从"内部要素"辐射至"外部条件"，而内部要素又包含"原则—空间（含动线）—展示手段—说明文字—辅助要素—整体感知"。这些策略将主要囊括以下七个方面：展览设计的原则、空间规划和参观动线、展示手段和高潮阐释、说明文字、展柜和照明、多元感官的整体感知、展览预算与进度。

(1) 内部要素：展览设计的原则

所谓原则，是指"观察处理问题所依据的准则，换句话说，就是说话或行动所依据的法则或标准"①。而展览设计的原则，指的是"媒介"要素的倡导者在思考使用什么设计要素，以及这些要素将会如何影响观众体验时，应当坚持怎样的原则以保证倡导者的设计初衷得以实现。由于设计要素包罗万象且日趋丰富，我们试图遵循本质主义的逻辑，从具体要素中抽象出一些拥有共性的准则或标准。

波利·麦肯纳-克雷斯曾经提出过设计的五点原则②：一是参与，构建和促进观众的参与体验；二是舒适，使得观众感到身心舒适；三是超出预期，观众应该怀着惊喜离开；四是激发好奇心、共鸣和奇妙感，提供给观众激发这三点体验的机会；五是具有颠覆性或沉思性，观众的感受不是寻常的或者无聊的。

除了通用的设计原则外，也有学者围绕特定类型的观众或某一种展览要素，探讨展览设计的原则问题。敏达·博伦（Minda Borun）提出面向家庭观众的七大设计特征，在笔者看来，这些特征与设计原则较为接近③：一是多面的，家庭成员可以围绕展品聚集在一起；二是多用户的，允许多双手（或多个人）互动；三是无障碍的，无论是儿童，还是成人，都能舒适使用；四是多结果的，观察和互动足够复杂，以促成群体讨论；五是多种模式的，对于拥有不同学习风格和知识水平的观众都具备吸引力；六是可读的，文本由易于理解的小段文字构成；七是相关的，能够提供观众与现有的知识和体验的关联。

严建强针对空间规划问题也曾列举出四大原则④：展品的布置应该符合人体工程学；符合观众的视觉习惯，并利用这种联系创造出优美的视觉效果；展示设计要遵循设计的形式法则，包括比例、和谐、对比、节奏和韵律等；调动各种视觉元素，使得展览更加精致和丰富多彩。

笔者在思考、吸收和借鉴上述学者观点的基础上，提出设计可遵循以下六点原则：

一是美观，设计要素整体上让观众感到赏心悦目；二是舒适，此点与波

---

① 米永仁：《把握你自己：成功人生50讲》，九州出版社2006年版，第174页。
② P. Mckenna-Cress, J. A. Kamien, *Creating Exhibitions: Collaboration in the Planning, Development, and Design of Innovative Experiences*, John Wiley & Sons, Inc., 2013, p.141.
③ M. Borun, J. Dritsas et al., *Family Learning in Museums: The PISEC Perspective*, Philadelphia Camden Informal Science Education Collaborative (PISEC), The Franklin Institute, 1998.
④ 严建强：《博物馆的理论与实践》，浙江教育出版社1998年版，第249—253页。

利·麦肯纳-克雷斯的观点类似,即观众在体验展览的过程中感到身体放松、心情愉悦;三是匹配内容,设计要素应与展览内容保持一致,并为展览内容选择最佳的表达方式;四是身心参与,不单纯追求感官刺激,而是努力寻找激发身心参与的方式;五是环境设计,让环境也成为展览阐释的构成要素;六是经济性,并非考核经费投入的绝对数量,而是考核每分钱是否带来相应回报,以避免人、财浪费和防止返工。

在倡导"媒介"要素时,六点原则需要始终贯彻其中。尽管如此,由于这六点原则看似"平淡无奇",所以在处理展览细节问题时,通常极易被忽视或遗忘。这些原则事实上主张的是一种理性逻辑,但当我们拿到施工图时,通常会不顾理性逻辑,而采取现场逻辑去思考选择什么饰面、展柜、色调和照明等,却将传播目的、展览内容和观众目标等都抛诸脑后,被现场逻辑所左右,所以最后呈现出的展览有时偏离理性逻辑,有时甚至背离理性逻辑。

(2) 内部要素:空间规划与参观动线

① 空间规划

展厅是一个将一系列展品置于其中,以供观众观察、互动与体验的空间。展区的空间规划通常是由建筑设计师和展览设计师负责的,他们会考虑展厅内的空间布局,包含信息空间(展示空间)、参观空间和辅助空间。[①] 首先,展览空间的范围和大小是空间规划的先决条件,它们既为未来设计提供了容器和舞台,也影响且制约着设计功能的最佳发挥。尽管对于新建造的展厅而言,建筑设计师和展览设计师有权决定展览空间的大小和范围,但更多时候是展厅早已建造完成,展览必须在现有空间下"看菜做饭"。波利·麦肯纳-克雷斯提出博物馆领域存在五类典型的展览空间[②]:

- 100 平方英尺(约 9.29 平方米),约 3 米×3 米的极小展厅;
- 1 000 平方英尺(约 92.9 平方米),小型展厅(包括画廊);
- 2 500 平方英尺(约 232.26 平方米),中型展厅(包括画廊);
- 5 000 平方英尺(约 464.51 平方米),大多数的大型展览空间;
- 10 000 平方英尺~20 000 平方英尺(约 1 393.55 平方米~1 858.06 平方米),较大型展览或"巨型"巡展的标配。

其次,展览空间的规划与其他空间迥异,不仅需要考虑作为故事构成部

---

① 严建强:《博物馆的理论与实践》,浙江教育出版社 1998 年版,第 245 页。
② P. Mckenna-Cress, J. A. Kamien, *Creating Exhibitions: Collaboration in the Planning, Development, and Design of Innovative Experiences*, John Wiley & Sons, Inc., 2013, p.144.

分的实物和辅助展品之间的关系及其最佳位置,还要考虑参与其中的观众的整体体验。① 当前,不少空间设计存在分割不当、使用不便、无法满足布展要求等问题,尚未达到空间布局的理想效果,因此亟须制定空间的设计标准,清晰描述预期达成的结果,并据此组织评估,做出相应调整。

第一,探讨空间设计标准的制定依据,主要包括使命导向和功能导向。其一是以使命为导向的设计标准,即围绕展览的使命确定空间的整体概念。如互动式的科学展览,重在通过动手体验来实现教育使命,其审美要求相对不高,所以可采用开放式的天花板。而对于重视审美性的艺术展览来说,情况就迥乎不同了,为了保证较高的审美品质,不宜采用开放式天花板,因为需要隐藏管道和照明系统等。其二是以功能为导向的设计标准。这种导向需要考虑的是空间使用的灵活性,并呈现出某种当代趋势。如泰特现代美术馆(Tate Modern Art Gallery)中用以展示体验式艺术作品的空罐空间,该空间不仅可根据展示所需随时改变布展环境,还可适应处于更新中的各种展示材料。

第二,制定具体的空间设计标准。用以衡量的标准既是目标又是方向,展览可以通过普查收集相关数据,以便测试设计结果,并为改进展览提供可靠依据。具体的设计标准主要包括②:对展品空间要求的分析,拟容纳最大的、技术最复杂的或要求最高的艺术品、人工制品、自然标本、多媒体等的空间要求;对观众参观情况预测,当观众达到最大流量时,可能会有多少人进入展厅;根据规划预测展览的类型和规模,以支持既定的展示或教育活动;检查展览空间规划和实际落地时的配合程度;审查安全系统、照明、结构和机械系统的要求,使其符合建筑和防火等规范。其中针对第一点,在博物馆领域,不同类型展览空间的楼面荷载标准大致如下(见表80)。

表 80　展厅楼面荷载标准③

展览空间的类型	展 品 类 型	楼面荷载标准
艺术展厅	绘画、图片、小雕塑等	5 kN(约 520 kg)/m² ~ 7.5 kN(约 765 kg)/m²
一般博物馆和艺术博物馆	各种艺术/手工艺品/标本等,范围波及大尺寸展品	7.5 kN(约 765 kg)/m² ~ 10 kN(约 1 020 kg)/m²

---

① B. Lord, M. Piacente, *Manual of Museum Exhibitions*, Rowman & Littlefield, 2014, p.104.
② Ibid., pp.104-163.
③ Ibid., p.125.

(续　表)

展览空间的类型	展品类型	楼面荷载标准
开放式库房展厅	装饰艺术、人类学、考古方面的物件，自然历史标本等	8 kN(约 816 kg)/m² ～10 kN (约 1 020 kg)/m²
专门博物馆	军事、科学、技术、交通方面的物件，沉重的纪念性雕塑和建筑等	超过 10 kN(约 1 020 kg)/m² ～50 kN(约 5 200 kg)/m²

为了保证展览的空间规划符合上述要求，策展团队应始终与建筑师保持顺畅沟通。一旦展览空间获得机构领导的批准，空间规划和展厅建造的各个环节就需要按照具体的设计标准予以落实。一般来说，展览空间的变化不能由建筑师、承包商或领导随意决断，而应由建筑师、内容策划和设计团队的所有成员等经过深思熟虑和权衡利弊后综合加以确定。

② 参观动线

参观动线(visitor path)，有时也被称为观众流(visitor flow)、观众步调(visitor pacing)，是指一条贯穿展览空间且经过规划的路线，这一路线能引领观众参与到展览故事之中。[①] 因此，动线安排在空间规划中至关重要，尤其是对于具有定向参观要求的展览而言。先贤们通过实证研究发现，大部分观众在参观过程中会受到日常的行为习惯影响，而这种影响基本是无意识的，且与展览本身毫不相干。亚瑟·梅尔顿是首位提出"观众进入展示会场后会习惯向右转"的学者，并指出约 75% 的观众会遵循该模式。[②] 此后不少研究者证实了这种"右转倾向"，而这种倾向与展示内容和形式并无太多关联。[③] 梅尔

[①] B. Lord, M. Piacente, *Manual of Museum Exhibitions*, Rowman & Littlefield, 2014, p.148.

[②] A. W. Melton, *Problems of Installation in Museums of Art*, New Series, No. 14, American Association of Museums, 1935, pp.91-151.

[③] M. C. Porter, "Behavior of the Average Visitor in the Peabody Museum of Natural History", *Yale University Publication of the American Association of Museum*, New Series, No. 16, 1938; S. F. deBorhegyi, "Testing of Audience Reaction to Museum Exhibits", in eds. S. F. deBorhegyi and I. A. Hanson, *The Museum Visitor*, Milwaukee Public Museum Publications in Museology, 1968; R. J. Loomis, C. F. Hummel, "Observations and Recommendations on Visitor Utilization Problem of the Denver Museum of Natural History", *Working Paper in Visitor Studies*, 1975(1); B. Serrell, J. G. Shedd, "Survey of Visitor: Attitude and Awareness at an Aquarium", *Curator: The Museum Journal*, 1977(1), pp.48-52; Taylor Samuel McElroy, *Understanding Processes of Informal Education: A Naturalistic Study of Visitors to a Public Aquarium*, University of California, 1986, pp.16-21.

顿还观察到，出口也具备吸引观众前往的倾向。① 因此，展品摆放的位置尤为重要，一般来说，一楼和入口处的展示，观众参观的时长和频次明显更多。研究还显示，展览规模将对观众的环境感知力产生影响，进而改变他们的参观路径。一般来说，相较于大型展览，观众在小型展览中会花更多时间去看感兴趣的展品，或许是因为大型展览中存在更多易于分心的事物。② 此外，引人入胜或新奇有趣的实物或现象也会影响观众的参观安排。

当前，由于展览的动线规划不良而造成观众参观受阻的问题屡见不鲜。通常来说，动线规划需要符合观众的参观习惯，同时避免出现交叉、回溯、缺漏等现象。为了助推动线合理规划，我们提出三大原则：其一，习惯性。由于公众在观展中的右转倾向，我们在动线安排上尽量采取逆时针方向，将重要展区置于空间右侧。同时，若一定要采取顺时针方向，则可考虑借用标牌等媒介让观众明确参观动线。此外，还要在保证观众方便的前提下，认真考虑展示空间的有效利用问题。其二，流通性。步入展厅的公共空间，观众最初会面临寻路压力，应通过平面图等的视觉传达，使展览空间的安排对于观众而言了然于目。同时，公共空间也需要释放出热情欢迎观众的信号，因为该导介区是观众进入展厅的缓冲地带和入口。展厅除了展示空间外，有时还包括辅助空间，如影音室、手工活动室和展览商店等。进入和邻接这类空间的标识也应当显而易见。其三，便利性。参观动线通常要易于识别，并且将无障碍设计或通用设计纳入规划之中，以便为展览创建出一个富有包容性的环境，无论是残疾人还是普通受众都能受益。为了检查参观动线是否得到有效安排，策展成员可将自己当作某一类别的观众，预先对展览空间进行实地踏查。

除了遵循参观动线的规划原则外，设计参观动线以引导观众的做法通常包含两种：一是采用显而易见的指示标志，二是通过有趣的展品或特殊的场景。当观众面临多重选择时，这些视觉或身体要素可以引领或暗示他们，促使其步入展览预设的故事线中。这种做法往往既能让观众感到兴奋，又能避免他们的迷茫。以大英图书馆2013年推出的"宣传——权力与说服力"展为例，该展在参观动线的规划上独树一帜。展览的各个单元主要通过

---

① A. W. Melton, *Problems of Installation in Museums of Art*, New Series, No. 14, American Association of Museums, 1935, pp.91-151.
② "A Technique for Studying the Behavior of Museum Visitors", *Journal of Educational Psychology*, 1946, 37(2), pp.103-110.

三类要素加以区分：戏剧性的装置、颜色鲜明的展板和大型的图标（见图105）。同时，展览中还出现人体造型的展板，用以撰写观点、引文和背景信息等说明文字。这种设计和表达除了形式创新外，事实上还承担着参观动线的指向作用。科学有效地规划参观动线，能够给观众提供直观且明确的方向，让他们既能洞察目前所处位置，又能安排好未来参观路线。

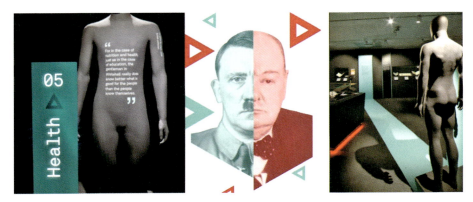

图105　大英图书馆"宣传——权力与说服力"（Propaganda: Power and Persuasion）展中的指示牌

＊ 图片由大英图书馆提供。

（3）内部要素：展示手段与高潮阐释

① 展示手段

一般来说，展览有别于书籍、报纸等，其传播信息主要依托的是三维物件，但这类展览主要指向的是博物馆领域的器物类展品展览。文献收藏机构展览则有所不同，其主要依托的是文献所载的平面图文，需要我们把信息从这些文献中剥离出来，借由三维物件和空间再造，将其转换成为一种视觉表达，使观众能够感知并了然于胸。因此，文献类展品展览的阐释与传播之所以能成功，更加依赖恰如其分且类型纷呈的展示手段。展览通过空间及镶嵌其中的物件加以表达，虽然具备静态和瞬间呈现的劣势，但也存在显见的优势，即"无所不包"。换言之，展览是一个创意工程，设计师和制作者可将他们能想到的任何展示手段无边界地引入展厅以实现展览阐释，如绘画、模型、雕塑、蜡像、景箱、互动装置、地图、实验室、演播厅、工厂和剧场等。那么展览中究竟主要包含哪些展示手段？尽管目前手段包罗万象，但主要可采取两种标准予以分类。

第一,按照构成要素进行分类。消逝的奇事之博物馆(Museum of Lost Wonder)的杰夫·霍克(Jeff Hoke)根据构成要素的不同,提出七种展示手段,并制定了相应指南(见表81)。① 其中,"情景再现"可能是最为昂贵的展示方式,但"有了情景再现,你就可以为展厅里的全部物件还原它所在世界的背景"。"重建"被看作"缺乏背景且细节已消逝的可触摸实景模型。它们可完全遵循结构和大小创造出一种环境,把你的观众带到一个不同的世界"。"视听"是"把大量信息压缩成一部引人入胜的纪录片,通过情绪激发为你的展览内容添加真实的戏剧效果和氛围"。"互动"可"将被动的体验变成具有个人意义的体验。但想一想当你在创造互动装置时——观众究竟是发现自己的意义,还是发现策展人的意义?""模型"有助于"你感受真实情境。由于尺寸缩减而缺少的部分,可通过更具有吸引力的元素来填补——观众的想象力"。"图像"是"当你无法采用三维进行展示时,可以选用的表达方式。图像能提供你大量可及时获取的信息,而不必费心阅读"。"标签"即说明文字,"当你用其他方式都失败了,只需要告诉观众你想说的。在任何展览的主干部分,标签会告诉观众,他们正在看的是什么,以及作为策展人,你认为它意味着什么"②。后面的章节会就"标签"议题专门加以论述。

表81 按照构成要素对博物馆的展示手段进行分类③

序号	展示手段	主 要 类 型				
1	情景再现	环绕的实景模型	接触性的实景模型	栅栏围起来的实景模型	嵌在玻璃里的实景模型	微缩模型
2	重建	有机重建	建筑重建	人体模型	框架装置	表面构造
3	视听	视频动画	纪录片	音频叙述	环境音乐	照明效果
4	互动	机电互动	电脑游戏	讲解员互动	机械互动	标签拍击器
5	模型	自然的模型	动画的模型	图解的模型	触摸的模型	图样的模型
6	图像	插图	照片	示意图	壁画	装饰图
7	标签	寻路标签	导向标签	阐释性标签	识别性标签	说明牌

① "The Museum of Lost Wonder", http://www.lostwonder.org, accessed Mar. 10, 2021.
② Ibid.
③ Ibid.

在上述七种展示手段中,由于"互动"方式能通过富有挑战的活动和深入的互动,提供观众参与学习的机会,所以其在现代展览中备受推崇,故我们将对这种方式稍加拓展。总体而言,"互动"大致包含五类①:第一类是活化某些现象或原理,在自然科学主题的展览中较为常见;第二类是"动手"展示,是指协调手眼的精细化或富有创造力的活动,如使用魔方、木块搭建、制作模拟飞行器;第三类是认知互动,要求体验者使用既有知识对内容加以理解、分析和运用,如记忆或测试游戏;第四类是感官体验,开发听觉、味觉、嗅觉和触觉等五感的参与互动,在第五章"内部要素:多元感官的整体感知"将进行详述;第五类是角色扮演,让观众处在参与抉择的情形之中,有时还需要与他人合作。上述五种类型不仅形式各异,而且在参与程度上也会有所差异,大致存在四种模式:贡献型、合作型、共同生产型、主人翁型。在第五章"五、从物化信息到信宿"中将会具体涉及。如邀请观众在留言本上留言属于贡献型,而在馆方主导下让观众参与策展则属于合作型。无论如何,我们可将传统意义上的互动简单归纳成三类:"动手型"(如按按钮,无须大脑参与)、"动脑型"和"手脑结合型"。近年来,由于互联网、社交媒体和视频游戏等新技术、新媒体的推陈出新,读屏的年轻一代正在逐步成长,由于他们熟谙各种技术和媒体,当展览中引进类似互动时,他们往往乐于尝试并易于介入。即便如此,我们也不可忽视一些技术含量较低但颇具价值的多感官体验。这类互动虽然门槛不高,但常常受到各年龄段观众的普遍喜爱,同时多层次的感官体验也能丰富展览的体验方式,以吸引不受限的各类观众厕身其间。

虽然杰夫·霍克针对展示手段的类型划分较为全面,但相对细碎。笔者认为,当以构成要素为标准进行分类时,我国部分学者所提出的类型组合概括性相对更强。如严建强认为,当前展览在展示中业已形成多元混合的展览要素体系,可以将其分为"实物展示"和"造型、媒体和装置等非实物展示"两类,其中,后者又包括情景再现、教具化模型、虚拟现实、游戏装置、多种媒体综合等方式。随后他又进一步提出,观众可借助实物展品和辅助展品进行观察,通过体验装置和操作装置进行参与,借由语言和文字进行聆听和阅读。② 陆建松也依据构成要素对展示手段进行了分类,提出至少可将其分成五类:文物标本、文物标本复制品、图文版面、辅助艺术品、新媒体和科

---

① B. Lord B, M. Piacente, *Manual of Museum Exhibitions*, Rowman & Littlefield, 2014, pp.456-458.
② 严建强:《缪斯之声》,浙江大学出版社2021年版,第73、156—157页。

技装置。其中,辅助艺术品又包括灯箱、地图、模型、沙盘、景箱、场景、壁画、油画、漆画、半景画、雕塑和蜡像等。①

第二,根据利用方式分类。《博物馆展览手册》一书按照利用方式的不同,将展示手段分成四种模式②:审美型、叙事型、过程型和仓储型(见表82)。第一种是审美型展示,通常出现在艺术类展览中,对象往往是艺术品、外观突出的标本或手工制品。展示手段并不丰富,常常以直接展示为主,重点在于呈现展品本身。因为这类展品的内容即是形式,所以背景资料较少,阐释性也不强。在审美型展示中观众主要通过观察和沉思进行体验。如大英博物馆 2017 年重新开放的 33 号展厅"何鸿卿爵士中国与南亚馆",该馆直接展示了闻名遐迩的元青花、精美雅致的手卷、美轮美奂的唐三彩以及一些当代艺术品,类型囊括书画、玉器、青铜器、印刷品、纺织器、陶瓷等(见图106)。第二种是叙事型展示,往往出现在历史学、考古学或民族类展览中,对象通常是手工制品、标本和艺术品。展示手段极为丰富,会围绕信息创建语境并组织故事,以便成功地传达信息。在叙事型展示中,观众需要通过"理解"来体验展览,相关内容在"倡导'文献'要素的叙事策略"中已做过详述。2017 年,为了向中德建交 45 周年献礼,中央美术学院美术

表82 按照利用方式将博物馆展示手段分成四种模式③

展示模式	通常发生在 (但不限于)	观众利用方式	特征
审美型	艺术类展览	观察、沉思	对特定作品的个人看法
叙事(或主题)型	历史、考古、民族学展览	理解	对内容或与主题有关的文物的关联性观点
过程型	科学类展览	互动	对刺激的动态反应
仓储型	自然科学类展览	探索发现	对分类成组的标本的探索发现
与原生社区、现场观众和用户讨论型	特定的文化类展览和其他有民族藏品的展览	参与	从理性与感性地参与到意义构建

① 陆建松:《博物馆展览策划:理念与实务》,复旦大学出版社 2016 年版,第 27—28 页。
② B. Lord, M. Piacente, *Manual of Museum Exhibitions*, Rowman & Littlefield, 2014, pp. 202-212.
③ Ibid.

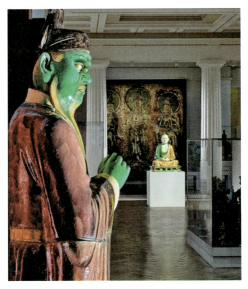

图 106　大英博物馆 33 号展厅"何鸿卿爵士中国与南亚馆"的部分展示

*　图片由大英博物馆提供。

馆推出"文献展的神话——阿尔诺德·博德与他的后继者们"展,该展由中央美术学院、德国柏林自由大学文化与媒体管理学院共同策划,同时得到卡塞尔文献展档案馆的支持。展览围绕德国卡塞尔定期举办的文献展(Documenta)——"卡塞尔文献展",讲述了一个 1955 年发轫于德国小城的欧洲展览逐步走向世界的故事。该展虽然展示的是一个艺术展览权威如何被养成的艰难历程,但它却犹如一面历史的镜子,折射出世界文化交流和欧洲社会演进的轨迹(见图 107)[①]。第三种是过程型展示,通常出现在科学类展览中,但历史、艺术等各类展览也会运用,对象往往是某种现象或原理。多采取互动装置以展示某种现象、原理的发生过程,或某类展品的制作流程,可能会提供一些背景或故事信息,但是重点在于揭示导致结果发生的系列行动或行为。在过程型展示中,观众主要是通过互动、参与对展览进行体验,如麻纸如何制作、光电作用如何发生、智能语音交互如何实现。大英图书馆 2019 年策划的"书写:创造符号"(Writing:Making Your Mark)展,展示的是书写技术的变化过程,具体来说就是五千多年来,从语音到符号、从路牌到社交媒体的书写变化,进而探寻书写的发展前景,即人类未来将选择什么做记号(见图 108)。第四种是仓储型(或称为开放式库房型)展示,往往出现在自然科学类展览中,历史、艺术类展览也会使用,对象通常是成套的标本或装饰艺术品等。展示手段较为简单,将物品分门别类地集中展示,或借由数字技术加以呈现。这种展示最大的好处是提高藏品利用率,较为适合专业人员或藏品爱好者。在仓储型展示中,观众主要通过探索、发现来体验展

[①]　《一座城市　一个展览　一段叙事:卡塞尔文献展第一次大型回顾展亮相央美》,《中国美术报》2017 年 3 月 20 日。

第五章 从理论层面构建文献收藏机构策展理论的阐释模型　　273

图 107 "文献展的神话——阿尔诺德·博德与他的后继者们"展览开幕式

＊图片来源：《一座城市 一个展览 一段叙事：卡塞尔文献展第一次大型回顾展亮相央美》，《中国美术报》2017 年 3 月 20 日。

图 108 大英图书馆"书写：创造符号"（Writing: Making Your Mark）展中视频正在为观众介绍印刷术，其后方是呈现印刷流程的辅助展品

＊图片由大英图书馆提供。

览。在 2014 年的国际博物馆日,南京博物院即在特展的中央展厅内搭建起 4 座 6.5 米的"多宝格"(见图 109)。该"多宝格"展示的文物多达 896 件,加之四面的"文物墙",类似一座小型文物库房。与上述依据利用方式进行类型划分较为接近的是拜伦·洛德(Barry Lord)和盖尔·洛德(Gail Dexter Lord)所主张的另外四类展示模式①:审美型展示、解析型展示、探索型展示和交流型展示。后三类可以分别对应过程型、仓储型和叙事型展示。

图 109　南京博物院的仓储型展示,4 座 14 层的"多宝格"中的部分

* 图片来源:朱凯、王婧:《4 座 14 层"多宝格"亮相南博　摆放 896 件文物》,《南京日报》2014 年 5 月 19 日。

② 高潮阐释

优秀的展览犹如一首交响曲,舒缓有致、高潮迭起。那么在展览中该如何呈现出这种节奏感,高潮阐释又该如何实现?策展的困难之处不仅在于内容建构,还在于如何通过形式恰到好处地表达内容。从现状来看,后者的提升需求相对更为迫切。为此,我们首先需要弄明白展览的形式表达大致包含哪些层次,那么高潮部分就可以借助多种层次对其进行综合表达。

一般来说,展览的形式表达主要包含三大层次,它们分别为核心层次、中间层次和外围层次。核心层次是第一层次,该层次展示的是物件、物件组合及其相关辅助材料;中间层次是第二层次,处于核心层次的周围,通常会安排人工制成的景观或模型,配合介绍历史背景或说明相关原理,其往往具备自我表达的能力;外围层次是第三层次,主要是色彩、灯光等背景处理,它们本身往往不进行自我表达,只起到烘托氛围以引起观众注意或加深理解的作用。②

---

① 陆建松:《博物馆展览策划:理念与实务》,复旦大学出版社 2016 年版,第 24—25 页。
② 严建强:《博物馆的理论与实践》,浙江教育出版社 1998 年版,第 270 页。

无独有偶，1923 年，人类学家马林诺夫斯基(Malinnowski)在给奥格登(Ogden)和理查兹(Richards)所著的《意义的意义》一书撰写补录时，创造性地提出了"语境"一词，此概念与展览形式表达的层次构成有着异曲同工之妙。马林诺夫斯基认为，"语境"包含两方面内容：文化语境和情景语境。换言之，当我们创建展览时，为了帮助观众重构时空，以促进他们对展览内容心领神会，需要通过反过程去复原语境，以弥合或拉近展览与受众的距离。而三大层次的形式表达说到底就是要通过实物展品、非实物展品和说明文字三个系统，来复原展览相应的文化语境和情景语境。当观众"漫步"展厅，为了将他们的注意力成功地导向重点展品或重点信息，需要根据观众的认知特征和行为习惯去营造展览的高潮或兴奋点，而营造往往就需要依靠上述三个层次的形式表达。对于重点展品或重点信息来说，三个层次的形式表达应当全部上阵；而对于非重点展品或信息，可能只需要第一层次，当这些展品或信息缺乏实物支撑时，甚至只需要采用第一层次的部分表达，即图文版面。

同时，研究显示，展览的高潮或兴奋点一般会设置在展览的前段、中后段和结尾处。首先，如果将展览的高潮或兴奋点设置在序厅，会在一开始就给观众带来强有力的震撼感；其次，也可在展线大约 3/5 的地方形成高潮，以缓解观众的观展疲劳；最后，如果在展览的出口附近营造高潮，往往可让观众在回味的同时，带着思考离开。[①] 中国台湾省的世界宗教博物馆在序厅部分便尝试为观众掀起一浪小高潮（见图 110）。该序厅由一方水幕墙和一条朝圣之路构成，当观众从喧闹的商场移步展厅时，会经过一堵水幕墙，说明牌上提示他们将双手置于墙面。当观众按提示将双手放到墙面时，会感受到墙面自上而下的清水从指尖缓缓流过，这种颇具仪式感的做法似乎意味着在尘世或心灵的污垢被洗涤一清。尔后观众便开始踏上朝圣步道，屋顶投射下来的柔和灯光使得这条步道黑不见底，观众在这条道上踽踽前行。此时，侧墙上呈现出一幅幅朝圣者的群像，而观众脚下的道路也由最初的坎坷粗糙，逐渐变得光滑平坦。这种富有强烈表征意义的场景，使观众感受到涤去杂垢宿罪后的身心净化，似乎由此获得了一种朽木生花的新生力量。于是，无论你是谁、来自何方，都将带着纯真洁净的自我开启一段朝圣之旅。这样的序厅无疑是直击心灵的，它能引领观众

[①] 严建强：《缪斯之声》，浙江大学出版社 2021 年版，第 73、164 页。

远离车马喧嚣,在灵魂深处修篱种菊,带着一份淡泊明净,去体味这场不拘一格的展览。

图 110　台湾世界宗教博物馆序厅中的水幕墙和朝圣步道

* 图片由台湾世界宗教博物馆提供。

(4) 内部要素:说明文字

说明文字是文献类展品展览中不可或缺的构成要素。它不仅能传递文献的重要信息,也能揭示展览的特定背景,还能借由不同语态,成为情感激发的因子。贝弗利·瑟雷尔将其比作"话语简洁的小信使"[①]。然而"有关观众究竟看不看说明文字"的问题曾一度引发广泛争议。虽然阅读说明文字并非观众参观展览时的核心行为,但却始终是他们无意识的习惯动作。因为符号表征是我们日常生活中与外部沟通的重要方式,所以观众会不自觉地被展览中的语词符号所吸引,产生"资料定向"等浑然不知的惯常反应。因此具备阅读能力的观众,会选择性地阅读展览中的说明,但通常不会全部都读。麦克马纳斯在针对团队观众的研究中发现,10 类团队观众中超过 8 类会阅读说明文字。[②]

目前,与说明文字相关的研究主要探究三方面内容:说明文字的阅读时间、说明文字的内容(变化和长短)和说明文字的形式。由于本部分聚焦的是设计体验问题,所以笔者主要针对时间和形式两项内容加以论述。首先,在时间方面,大量研究显示,观众平均花费 10 秒或以下的时间来阅读说

---

① 大卫·沃利斯:《博物馆展览说明牌展现新意义》,湖南省博物馆译,https://news.artron.net/20150528/n745292.html(2015 年 5 月 28 日)。此为作者对原著中内容的一种概括,原著相关内容引自 B. Serrell, *Exhibit Labels: An Interpretive Approach*, 2nd ed., Rowman & Littlefield, 2015, pp.1-3。

② P. M. McManus, "Oh, Yes, They Do: How Museum Visitors Read Labels and Interact with Exhibit Texts", *Curator: The Museum Journal*, 1989, 32(3), pp.174-189.

明文字。[1] 有趣的是，尽管我们在研究时会采用观众阅读说明文字的平均时间进行讨论，但事实上观众在阅读行为上总是表现为"双模式"（bi-model），即有一类观众会阅读多数甚至是全部的说明文字，另有一类观众则几乎不阅读。针对这一现象，罗伯特·B. 柏克德给出的理由是"有些人愿意花时间学习，而有些人不愿意花时间，也不喜欢展示"[2]。同时研究也发现，大部分的阅读行为事实上发生在参观之初的 20—30 分钟之内。约翰·福尔克尝试在观众分众的基础上对该问题加以深入讨论，并指出"经常去看展览的人，会知道阅读说明文字将花费很多时间，因此会合理安排阅读时间。但是对于大部分的首次或偶发性观众来说，他们一开始会观看每件展品，阅读每个说明牌，但很快他们意识到如果按照这样的做法根本看不完展览，在参观 5—15 分钟后，他们通常会停止阅读，在 30—40 分钟后，将会更加有选择地进行阅读，一般会选择满足好奇心或回答问题的说明牌"[3]。

其次，在形式方面，乔治·海因等提出，"有文字说明牌与根本没有相比，将对观众的注意力产生巨大影响。他们引用佩尔特在 1984 年的一项调查结论，发现给动物展增添文字说明牌、图片和声音后，观众的参观时间和所得知识均增加了一倍"[4]。虽然在展览设计中始终应强调视觉传达的重要性，但如果想要对物和现象进行深入阐释，仍然离不开文字、声音等符号表征。为了有效地控制观众的注意力，针对说明文字问题，除了应重视说明文字的内容撰写外，其形式设计也不容小觑，主要表现在颜色、字体、字号、着重号、图形表达等方面。以颜色为例，说明文字的颜色需要符合整个展览的主题、风格及氛围。一般来说，如果采用黑白色调将不太会喧宾夺主，但如果使用带文字的大型彩照就较为容易引人注意，通常应将色彩的影响程度

---

[1] J. H. Falk, "The Use of Time as a Measure of Visitor Behavior and Exhibit Effectiveness", *Roundtable Reports*, 1982, 7(4), pp.10-13; M. Borun, M. Miller, *What's in a Name? A Study of the Effectiveness of Explanatory Labels in a Science Museum*, The Franklin Institute Science Museum, 1980; C. G. Screven, *The Measurement and Facilitation of Learning in the Museum Environment: An Experimental Analysis*, Smithsonian Institution Press, 1974; W. M. Laetsch, "An Overview of Research on Museum Visitors", in J. Glaser, *Proceedings of "Children in Museums: An International Symposium"*, Smithsonian Institution, 1982.

[2] R. B. Bechtel, "Hodometer Research in Museums", *Museum News*, 1967, 45(3), pp.23-26.

[3] ［美］约翰·福尔克、琳恩·迪尔金：《博物馆经验》，林洁盈、罗欣怡、皮淮音等译，五观艺术事业有限公司 2002 年版，第 125 页。

[4] 美国博物馆协会编：《博物馆教育与学习》，路旦俊译，外文出版社 2014 年版。该书由《卓越与平等》《博物馆：学习的地方》两本书合并而成，合称《博物馆教育与学习》，这部分内容引自乔治·E. 海因、玛丽·亚力山大《博物馆：学习的地方》(第 50 页)。

降到最低,并借助其适当增加展品的传播价值。这就意味着说明文字不能主导观众的展览体验,只能作为提升阐释与增强传播的策略之一。

与此同时,说明文字在整个展览设计中也不能过于黯然失色,使其徒劳无益,它既要服务于展览故事,又要虑及观众的接受程度。有时说明文字还需要结合图形以构成图文关系,成为展览故事讲述的重要媒介。除非展品本身就具有很强的阐释性,否则不少时候需要依靠图文阐明谁在讲故事,并实现更好地讲故事。因此,美国很多展览公司在设计图文时,会邀请环境图形设计师参与其中,这类员工的职责是提出具有视觉吸引力和有意义的图文综合解决方案,以有效反映图文的尺寸、空间和位置等需求。[1] 事实上,环境图形设计在设计领域是一个专业性很强的分支学科,它强调的是无论距离远近,设计和展示的文字、图像都能传达成功,并且当它们被置于不同空间时,可读性和感知条件都需要发生相应变化,以便为视觉的有效传播提供帮助。[2] 总之,为了促使观众在观察或体验展品与现象时,能够通过说明文字感受到它们与自身相关,设计师需要与展览的开发人员和评估人员进行合作,以促使他们成功地构建传播体系,让观众能够轻而易举地介入,并乐于探究其之于自我的意义。

既然说明文字的作用不可置否,那么它们究竟又应当如何设计,才能持续对受众产生吸引力,使他们在便于介入、驻足阅读的同时,增强对展品、现象以及展览整体的理解和思考?众所周知,自 2008 年起,美国博物馆联盟每年都会举办"展览标签写作卓越奖"(Excellence in Exhibition Label Writing Competition)。该奖项是由"典藏研究员委员会(Curators Committee)、教育委员会(Education Committee)、全国博物馆展览协会(National Association for Museum Exhibition)和华盛顿大学博物馆学系(Museology Graduate Program)共同设立的。美国博物馆联盟之所以要围绕展览说明文字进行年度评选[3],是因为高质量的标签撰写对于优秀展览而言必不可少,并鼓励专业人士创作出他们的最佳作品"[4]。有趣的是,该奖项

---

[1] P. Mckenna-Cress, J. A. Kamien, *Creating Exhibitions: Collaboration in the Planning, Development, and Design of Innovative Experiences*, John Wiley & Sons, Inc., 2013, p.165.
[2] Ibid.
[3] 首届竞赛是由芝加哥历史博物馆阐释和教育副总裁约翰·罗斯克(John Russick)组织的,罗斯克现为年度竞赛协调人。
[4] American Alliance of Museum, "Excellence in Exhibition Label Writing Competition", https://www.aam-us.org/programs/awards-competitions/excellence-in-exhibition-label-writing-competition/, accessed Mar. 1, 2019.

并不存在整齐划一的评选标准,而主要是由评委各自来撰写获奖理由。目前,此项竞赛已经持续十余年,期间获奖作品的推陈出新和评委们的精彩点评不仅给从业者提供了可参考的成功做法,也为研究者获取一手资料开辟了渠道。结合获奖作品及其点评,笔者尝试提出说明文字在设计上的四点策略,以促使其通过积极启发、唤起和有意义的方式,为观众的整体体验做出一定贡献。①

第一,保持设计清晰易读。参观展览的行为是观众在站立和行走中完成的,在这样的行为方式中,如果让观众阅读长篇累牍的文字,极易导致他们很快就感到身心俱疲。因此,在设计上应首先保持信息层次清晰,文字的字体和字号与版面对比一目了然。文字与版面背景的关系不仅需要考虑审美需求,更要关注辨识度和可读性。字号过大或过小都将影响观众的有效阅读。其次,标签要尽可能短,大语段应被分成小语段(见表83)。如史密森尼国家自然历史博物馆的哺乳动物展厅为了揭示哺乳动物的特性,说明文字采用洗练的公式"哺乳动物=毛发+乳汁+特殊耳骨"予以表达(见图111)②。再次,字体的选择要契合主题风格,慎重使用美术字体。因为在上墙文字中出现美术字体,极易给观众的阅读造成障碍。立体美术字一旦被置于由透明材料制成的展板上,当灯光投射下来时将会造成字体变化,既不美观,又容易产生重影。最后,采用灵活度较高的低压 LED 光板,可对每个标签的亮度进行调整,从而确保版面图文能了然于目。

表 83 不同级别说明文字相应的撰写目标及其建议字数

阐释性标签的主要类型	目 标	字数(个)
展览标题	吸引注意力	1～7
	告知主题	
	辨识	
前言	介绍主题	20～125
	定位观众的空间	

---

① B. Serrell, *Exhibit Labels: An Interpretive Approach*, 2nd ed., Rowman & Littlefield, 2015, p.19.

② 严建强:《缪斯之声》,浙江大学出版社 2021 年版,第 73、75—76 页。

(续　表)

阐释性标签的主要类型	目　标	字数(个)
组标签	阐释具体的一组器物	20～75
	介绍次主题或者章节	
说明牌	阐释具体的器物、模型和现象	20～75

* 引自 B. Serrell，*Exhibit Labels: An Interpretive Approach*，2nd ed.，Rowman & Littlefield，2015，p.43.

图111　美国史密森尼国家自然历史博物馆中有关哺乳动物特征的说明文字

* 图片来源：严建强《缪斯之声》，浙江大学出版社 2021 年版，第 73、75—76 页。

第二，追求设计多样性。为了构建信息的等级序列，使观众对于信息的等级高低和重要程度一目了然，需要依赖多样性的设计，如改变句子长短与语态、增强色彩明亮度、加粗字体、使用着重号、改变字体和尺寸等。设计师要有意识地将观众的注意力引向高等级信息，同时促使他们先掌握概要性内容，再去阅读细节化信息。明尼苏达儿童博物馆的"超级棒的冒险"展为提示观众在等待时能预先演练激光迷宫活动，使用了"熟练造就完美的忍者"(practice makes perfect ninjas)加以表达。这些字排版清晰灵动，在吸引观众参与练习的同时，充满文字小游戏的乐趣(见图112)。[①] 在芝加哥科学院、佩姬·诺特巴尔特自然博物馆的"气候变化：不断变化的世界"展中，作为重点展项的"今天你穿了什么？"的说明文字被描述成"你当天的服装搭配反映着所在地区的即时天气；你衣柜内的衣物储备则反映出该地区的整体气候"。为配合内容进行情境营造，标签被设计成挂在衣架上的蓝色 T 恤

[①] 周婧景：《注意力机制：试论展览说明文字撰写的理论中介——以美国 2016—2018 年"展览标签写作卓越奖"作品为例》，《中国博物馆》2019 年第 4 期。

造型,字体活泼,背景和文字采取对比度高的蓝白两色(见图113)。① 同时,说明文字的多样性还可借助各类载体加以实现,如可采用图文版、语音、视频等。不列颠哥伦比亚皇家博物馆(Royal British Columbia Museum)中展示了一批被置于壁柜中的面具,当观众坐在壁柜的对面时,其中的某个面具被点亮,此时第一人称的语音响起,向观众说明该面具的内涵以及其对于制造者和使用者来说的意义。②

图112 明尼苏达儿童博物馆标签获奖作品"熟练造就完美的忍者"

* 图片来源:周婧景《注意力机制:试论展览说明文字撰写的理论中介——以美国2016—2018年"展览标签写作卓越奖"作品为例》,《中国博物馆》2019年第4期。

图113 芝加哥科学院、佩姬·诺特巴尔特自然博物馆标签获奖作品"今天你穿了什么?"

* 图片来源:周婧景《注意力机制:试论展览说明文字撰写的理论中介——以美国2016—2018年"展览标签写作卓越奖"作品为例》,《中国博物馆》2019年第4期。

第三,设计分众化文字。贝弗利·瑟雷尔主张将观众的偏好纳入标签的设计之中,并提出三项设计要点:"为观众提供多种选择""使这些选择对

---

① 周婧景:《注意力机制:试论展览说明文字撰写的理论中介——以美国2016—2018年"展览标签写作卓越奖"作品为例》,《中国博物馆》2019年第4期。
② P. Mckenna-Cress, J. A. Kamien, *Creating Exhibitions: Collaboration in the Planning, Development, and Design of Innovative Experiences*, John Wiley & Sons, Inc., 2013, p.177.

观众而言清晰明了""这些选择必须是一加一大于二的"。① 弗里曼·蒂尔登在《阐释我们的遗产》(Interpreting Our Heritage)一书中提出了阐释的六点原则,其中有一条专门列出"针对儿童的阐释(例如,直到12岁)不应该是对成年人陈述的简化,而应该采用根本不同的方法。为了达到最佳状态,需要一个单独的计划"②。因此,成人和儿童的标签设计应当采取不同的文字系统,需要在颜色、元素、位置、大小等方面加以区分,如创建分别面向儿童和成人的两套文字系统,高低有别地置于同一展厅的不同位置。在澳大利亚维多利亚州国家美术馆,几乎所有特展都有分别服务儿童和成人的两套说明文字,儿童版提供给约七岁的孩子使用,基本陈列中也有针对儿童的另外一套文字,这套文字与学校的校本教育高度相关。③ 贝弗利·瑟雷尔认为,制作不同的文字系统成本通常更高,并且大多数成人如有选择,将更愿意阅读儿童标签,因为其看起来更容易、更短,字体也更大。④ 年龄只是观众分众的标准之一,对观众进行分众事实上还有其他多样化的标准,如参观频次、专业水平和学习风格等,但年龄无疑是最显而易见的分类标准。

第四,开展多类型评估。步入展厅的观众并非铁板一块,他们携带各自的动机和兴趣前来。以往的标签撰写者和设计师通常根据"既有经验来定义观众,并将经验视为理所当然,缺乏深入和精确的调查研究"⑤。面对诸此现状,我们主张围绕观众开展调查评估,根据目的的不同,评估方法通常分为三种。

第一种方法是当展览经费和人力不足时,可以采用以方便为导向、不强调严谨方法的"观众调查"。博物馆顾问露西·哈兰德(Lucy Harland)表示,她会鼓励员工密切注意在展厅里小声嘀咕的观众。⑥ 尽管调查说明文字可采用观察法,但也可结合访谈法,由员工或志愿者直接与观众进行非正式

---

① B. Serrell, *Exhibit Labels: An Interpretive Approach*, 2nd ed., Rowman & Littlefield, 2015, p.76.
② T. Freeman, *Interpreting Our Heritage* (fourth edition, expanded and updated), ed. R. B. Craig, The University of North Carolina Press, 2008, p.31.
③ 周婧景:《注意力机制:试论展览说明文字撰写的理论中介——以美国2016—2018年"展览标签写作卓越奖"作品为例》,《中国博物馆》2019年第4期。
④ B. Serrell, *Exhibit Labels: An Interpretive Approach*, 2nd ed., Rowman & Littlefield, 2015, p.87.
⑤ 周婧景、严建强:《阐释系统:一种强化博物馆展览传播效应的新探索》,《东南文化》2016年第2期。
⑥ 大卫·沃利斯:《博物馆展览说明牌展现新意义》,湖南省博物馆译,https://news.artron.net/20150528/n745292.html(2015年5月28日)。

对话,以收集观众反馈的质性数据。

第二种方法是当展览经费充足或人力有保障时,可采取严谨的方法,专门针对说明文字展开评估。事实上,我国南京博物院、长沙博物馆等馆在围绕基本陈列开展评估时,已发现说明文字存在问题且刻不容缓。以美国的宪法号博物馆(USS Constitution Museum)为例,该馆意识到其大部分观众是家庭观众,但馆方又对这部分观众知之甚少。所以,在策划互动展览"各就各位"(All Hands on Deck)时,博物馆围绕展项和说明文字进行了评估,评估对象不仅包括来馆观众,还囊括了不常来该馆的青少年。研究发现,大量的说明文字都很吸引人,观众都会去阅读,但只有写得好的文字,观众才会彼此交流。所谓写得好的文字是要保持简短,使用第一人称,会运用引语和多问问题等。①

第三种方法是围绕多套说明文字,使用严谨的方法开展观众研究。由于是针对多套说明文字,所以假设一般已得到验证,结论通常可复制。

因此,针对文献收藏机构展览中的说明文字,存在三种可供选择的评估方法,各馆应当根据既有条件,选择不同难度、水平各异的方法。同时,这三种方法可被分别运用至策展的前期、中期和后期,分别对应前置性评估、形成性评估和总结性评估。由于此三类评估的定义与方法前文已有所涉及,所以此处不再赘述。但我们不妨以两个案例来辅助解释,在这些案例中,策展团队分别围绕说明文字开展了形成性评估和总结性评估。美国圣地亚哥自然历史博物馆(San Diego Natural History Museum)曾针对其展览第三部分"查帕拉尔的野火"的说明文字进行过观众评估,采取的方法是把撰写好的说明文字样本交由五年级学生进行复审,这属于形成性评估。而在明尼苏达州探索中心(Minnesota Discovery Center),撰写者则针对"弗吉尼亚的枪战"的说明文字进行了总结性评估,结果显示100%的观众认为它与社区的历史相关联,认为能理解的占90%。②

总之,长期以来,说明文字都是"展览实践的一个重要话题"③。最早的文物说明牌可被追溯至公元前6世纪,在古巴比伦南娜(Ennigaldi-Nanna)

---

① B. Serrell, *Exhibit Labels: An Interpretive Approach*, 2nd ed., Rowman & Littlefield, 2015, p.132.
② 周婧景:《注意力机制:试论展览说明文字撰写的理论中介——以美国2016—2018年"展览标签写作卓越奖"作品为例》,《中国博物馆》2019年第4期。
③ 大卫·沃利斯:《博物馆展览说明牌展现新意义》,湖南省博物馆译,https://news.artron.net/20150528/n745292.html(2015年5月28日)。

博物馆遗址上发现的圆柱形泥墩三面都有文字。① 随着服务意识的树立和传播意识的增强,说明文字的撰写不能再只是从机构本位出发的,使其成为灌输相关知识的工具,而应以观众为导向,致力于撰写观众友好型标签。美国丹佛艺术博物馆(Denver Art Museum)的标签作家马琳·钱伯斯(Marlene Chambers)主张标签要对观众有用。② 朱迪·兰德(Judy Rand)在创建观众权利清单(Visitor's Bill of Rights)时,指出人存在11项重要需求,即"舒适、欢迎/归属感、享受快乐、社交、尊重、交流、学习、选择并掌控、挑战与信心、重振活力"③。为了能最终呈现吸引人且有意义的说明文字,策展团队需要明白受众已知道的和想要知道的,并掌握设计技巧和方法,致力于通过语言表征与图像构建,为观众搭建起一座动态对话且参与感强的桥梁。④

(5)内部要素:展柜与照明

① 内部要素:展柜

作为展览要素的展柜主要用来"展示"展品,以发挥安置、保护和烘托展品的功能,而照明则处于形式表达的外围层次,能起到照亮展品、引起注意或美化环境等作用,应兼具审美性和实用性。但无论如何,由于两类要素都无法独立表达,所以整体来说,它们都属于展览的辅助要素。

除展柜之外,展览常用设备还包括展台、展架、台座、展板、标签、屏风、假墙、护栏等,这些设备的主要功能在于保护与展示展品。因此,在设计展览设备时需要遵循四大原则:第一,保护性原则,一方面要保证设备牢固稳定,营造出适宜的小环境,从而保护好展品,另一方面又要经过倒角处理,以避免伤害观众;第二,展示性原则,为了更好地呈现和表达展品,设备的造型、规格、材质、颜色等应完全服务于展览的主题和内容所需,不仅能使观众获得视觉享受,还能配合展览做出适当阐释;第三,人性化原则,展览设备的

---

① 大卫·沃利斯:《博物馆展览说明牌展现新意义》,湖南省博物馆译,https://news.artron.net/20150528/n745292.html(2015年5月28日)。
② 相关论述请见马琳·钱伯斯的下列文章:"Is Anyone out There? Audience and Communication", *Museum News*, 1984, 62(5), pp.47-54;"Beyond 'Aha!': Motivating Museum Visitors", *Journal of Museum Education*, 1989, 14(3), pp.14-15;"After Legibility, What?", *Curator: The Museum Journal*, 1993, 36(3), pp.166-169。另见 J. Rand, "The 227-Mile Museum, or a Visitor's Bill of Rights", *Curator: The Museum Journal*, 2001, 44(1), pp.7-14。
③ J. Rand, "The 227-Mile Museum, or a Visitor's Bill of Rights", *Curator: The Museum Journal*, 2001, 44(1), pp.7-14。
④ A. George, *The Curator's Handbook: Museums, Commercial Galleries, Independent Spaces*, Thames & Hudson Ltd., 2015, p.21.

设计要符合认知心理学、人体工程学和教育行为学等相关要求,不能只是简单地采用普通公建中的装修知识与技能,而是要保证观众在参观过程中自然轻松、情绪良好,易于接收并理解展览信息;第四,环保性原则,虽然目前我国还没有关于环保设计或可持续设计的标准或认证,但采用环保、可回收、无毒和无污染的材料进行经济化设计,是一种面向未来的明智做法[1],有助于提升资源的利用和再利用率。

由于展柜在所有展览设备中,无论是功能还是影响上都举足轻重,所以本研究将重点围绕展柜及其设计展开论述,主要包括展柜类型、展柜功能和设计策略三方面内容。首先,针对展柜类型,至少存在三种分法。在《博物馆学概论》一书中,常用展柜按照规格被分成单柜和通柜两类,单柜是独立的,包括立柜、平柜、坡柜、斜柜、四面柜、双面柜、异型柜等;通柜也称大联柜,沿展线以单位长度展开,便于陈列连续性、时间线性展品。[2] 波利·麦肯纳-克雷斯依据安置方式将展柜分成两类:独立式与挂壁式(嵌入式和突出式)的玻璃柜、橱柜。[3] 拜伦·洛德结合规格和安置方式的双重标准,将展柜分为七类:桌柜、玻璃顶独立柜、带有集成照明罩的独立柜、圆形或弧形展柜、壁柜、可拆卸的/组合式展柜、展览抽屉柜。[4]

其次,针对展柜功能,由于展柜是展览设备中的一种,所以其功能应与展览设备保持一致,即发挥保护和展示作用。具体来说功能有三:一是保护展品的安全,既要防止灰尘、污染和昆虫的损害,又要避免展品被盗和招致破坏;二是打造柜内小环境(预防性保存),通过控制照明,保持恒温、恒湿条件,创造出适合展品的柜内小气候;三是展示和阐释展品。展柜不仅是一个盛装展品的容器,更是设计师为展品搭建的舞台,以协助完成展品的亮相与发声。海南博物馆"大海的方向——华光礁一号沉船"展中,从海底寻宝故事中获得"宝盒"灵感,由此创造出 280 个原木木箱。这些木箱大小不等,外部被做旧,海上丝绸之路的古地名被印制在箱子表面,仿佛正在码头整装待发,围网苫盖的辅助手段似乎在诉说岁月沧桑。事实上,在这批木箱中,

---

[1] P. Mckenna-Cress, J. A. Kamien, *Creating Exhibitions: Collaboration in the Planning, Development, and Design of Innovative Experiences*, John Wiley & Sons, Inc., 2013, p.184.
[2] 《博物馆学概论》编写组:《博物馆学概论》,高等教育出版社 2019 年版,第 177 页。
[3] P. Mckenna-Cress, J. A. Kamien, *Creating Exhibitions: Collaboration in the Planning, Development, and Design of Innovative Experiences*, John Wiley & Sons, Inc., 2013, p.164.
[4] B. Lord, M. Piacente, *Manual of Museum Exhibitions*, Rowman & Littlefield, 2014, pp. 447-523.

有些充当了独立展柜,有些充当了展台,还有些则充当了组合柜,用于展示文物、海螺等实物展品或陈列水下考古视频等辅助展品。

最后,针对展柜的设计策略,笔者提出九点建议。①

其一,保持气密性。气密性包括两种情况:被动气密性和主动气密性。前者是指使用特殊材料创造封闭环境,而后者是指主动引入机械手段来调节小气候。② 被动气密性较为常见,方法是把过滤过的空气注入展柜,稍微进行增压将灰尘或污染物排出,并配套使用密闭性好的铰链和门。但对于多数经费不足的展览而言,这类展柜通常价格过高。检查被动气密性的方法是确认展柜顶部和每一面是否存在明显裂缝,且柜门基本能够密闭关上。主动密闭性虽然不常见,但一些展品,如活体动植物等,往往会对小气候环境提出较为严苛的要求。这类展柜必须专门设计空气处理设备来调节展柜的气候,但不必担心漏气,因为符合条件的空气是可以定期补充的。主动密闭性不能产生大量死气,也不能让气流直接吹向展品。通常可借助温度记录仪器、探测棒或传感器来实现对其的监控。一般来说,空气处理设备会被置于展柜内部或某个隐蔽空间,有时还会被设在邻近的房间,以提供多个展柜共同使用。此外,在某些设计中可能还需要加湿的水,这就需要我们手动进行补充。以"一个梦想成真的世界福音——袁隆平与杂交水稻"展为例,设计师试图在一个20平方米的展柜里创造出完全符合水稻生长要求的微环境,而水稻生长所需的水、光等外部条件全部是由人工提供的。该微环境被分成了六个区块,涵盖了水稻植株正常从出芽到成熟的六大生长阶段。

其二,确保展柜稳固。展柜一旦不稳固,就像定时炸弹,将潜伏着难以预见的危险。有时为了减少原料、压低价格或单纯美观,展柜的柜体重而柜脚细,极易造成展柜底盘不稳,展品安全难以保障。

其三,上锁系统可靠。从保护角度上说,展柜是预防小偷偷盗的最后一道关卡,所以上锁系统应当进行周密设计,并加以测试。同时,尽管它是有效避免小偷盗取的一道防线,但对于管理者而言,应便于开合,否则过程中一旦摇晃,同样也会成为心腹之忧。

其四,展柜材料不损害展品。不少被用以制作展柜的材料会释放出戕

---

① [英]蒂莫西·阿姆布罗斯、克里斯平·佩恩:《博物馆基础(第3版)》,郭卉译,译林出版社2016年版,第136—137页。

② B. Lord, M. Piacente, *Manual of Museum Exhibitions*, Rowman & Littlefield, 2014, pp. 117-119.

害展品的气体。如纸板、胶合板等材料会挥发乙酸,而乙酸对羊毛纸、皮革、铜制品、铅制品等存在危害,某些黏合剂和复合板材则会释放出甲醛等。①

其五,保持柜内温湿度恒定。展柜的密闭性越好,受到温湿度的困扰就越小。如果含有预处理的硅胶,将会对展柜恒定湿度的保持有所助益,但需要定期更换。

其六,保证光照强度适当。光照强度和光源散发的热量都需要得到有效控制,如果柜内设置了用以照明的灯,那么建议将光源和其他设备置于柜外,并配备相应的通风设施。

其七,展柜高度和柜内展品的高度对于观众而言清晰可观。无论是展柜还是柜内展品,高度都应当适合观众观看,观众的最佳视觉区域为距离标准视线高以下40厘米与以上20厘米之间。若以我国成人平均身高167厘米计算,那么展示高度则应当在127厘米~187厘米之间。针对儿童观众,展览一旦确定目标年龄,即可依据该年龄段儿童的平均身高加以类推。除了儿童观众,设计师还需要考虑坐轮椅的残障人士等特殊人群之需。

其八,传递展品相关信息。一方面,在展品重要程度的表达上,展柜可发挥重要作用。重点展品的展柜通常尺寸更大,或被置于展区中央、入口的中心靠前等位置,或处于运动状态,或颜色鲜亮,或使用特殊材质并做工精湛。如策展团队通常会为"镇馆之宝"量身定制或使用精雕细刻的展柜。另一方面,展品数量及展柜规模也会传递重要信息。当展柜中展出的是一件展品时,那么策展团队想要强调的是该展品的独一无二性,如果展柜中堆满了展品,那么策展团队则想说明展品的规模性或它们之间的共性。

其九,与展厅设计融为一体。展柜的颜色、材质、造型和饰面等应与展览的主题、内容和传播目的保持一致,实现与所有展览要素的和谐统一。如大英图书馆的"地图和20世纪:画出界限"展,正如前文所述,该展主要用以展示地图是如何影响我们生活的世界,又是如何被我们生活的世界所影响的。其中,展厅中的所有展柜成为地图画布的一部分,当我们将展柜、地面和墙面展开时,便构建出一幅完整的地图(见图114)。

---

① [英]蒂莫西·阿姆布罗斯、克里斯平·佩恩:《博物馆基础(第3版)》,郭卉译,译林出版社2016年版,第137页。

图 114　大英图书馆的"地图和 20 世纪：画出界限"（Maps and the 20th Century: Drawing the Line）展中的展柜，展柜成为整个展览故事的一部分

* 图片由大英图书馆提供。

综上，展柜的设计既要重视科学性，又要符合艺术性，还要拥有创造性。由设计师煞费苦心设计出来的展柜，不但可以揭示展品独特的价值，还可以赋予展品特定的语境，但它们始终在展览要素中处于辅助地位，不可喧宾夺主。在一些大型展览中，设计师或技术人员有时会自己研制展柜，如上海博物馆的诸多临时展览都会由设计部创建展柜。但图书馆、档案馆和方志馆的展览通常设计人员匮乏，不具备研制展柜的条件和能力，所以一般都是从厂家直接购买展柜。而这些现成的展柜往往价格不菲，即便如此，有时也难以满足展览所需。无论是内部设计师，还是外部设计师，都应重视展柜的遴选和购买，在综合条件允许的情况下，选择与展览个性创意相匹配的展柜。针对某些有特殊阐释需求的展品，亦可考虑个别定制。

② 内部要素：照明

如果说展柜是策展常用的展览设备，那么照明便是策展重要的环境因子。就影院而言，首先考虑的环境因子可能是声效，而对展厅来说，可能需要将光效放在至关重要的位置，因为展览主要是通过视觉形态呈现出来的。在展览照明中，保护展品是前提，同时还要兼顾观众的视觉舒适和展品的展出效果。观众在参观展览的过程中,如何围绕展品进行观察与沉思,与光线是怎样投射到这些展品上的及其所呈现的面貌休戚相关。正如蒂莫西·阿姆布罗斯(Timothy Ambrose)所言,"好的灯光确实能改变枯燥的展览,通常只要重新设计灯光和标签就能使一个过时的展厅变得焕然一新"[1]。因此,在大型机构中,重要的展览可能会聘用专业的照明设计师或灯光顾问,照明设计师会和整个设计团队一起确定展览的流程,尔后与展览的概念设计和深化设计同步推进,最终促使照明和所有展览要素配合得浑然天成。但在我国,多数展览的照明系统是由中标公司按照国家标准向照明企业直接购买并安装的,然而为了压低总成本,灯具是否达标往往不得而知。尽管良好的照明能渲染展厅氛围,带给观众视觉盛宴,以促进他们更好地理解展览,但目前重视程度还不够。同时,照明设计的专业人才匮乏,需要设计师、工程师与设计团队的协同努力。达维尔德曾经指出,"提供充足的光线并不困难,但是难的是要把光线运用得巧妙、合理"[2]。下文将从照明设计的重要前提、三大原则、照度要求和照明方式四方面展开论述。

第一,照明设计的重要前提。在探讨照明设计的策略前,首先应当保证该系统是方便使用并易于维护的。复杂、昂贵的照明方案虽然照明效果良好,但使用和维护起来可能会大费周章,如包含数量众多的开关,且每天需要多次闭合。安装后的维护问题也会接踵而至,如灯管需要经常更换,更换工序复杂,同时购买价格高昂,部件也不易买到等。

第二,照明设计的三大原则。包括相对保护性、色彩显还原性和视觉舒适度。其中,色彩显还原性原则是指照明的光源能够尽可能地呈现展品原有的颜色,而不是改变。通常白炽灯光和自然光不存在色温(看起来是冷光还是暖光)与显色性(能否准确地反映物品的真实颜色)方面的问题,但是一旦选用其他类型的照明,就可能会出现上述问题。一般来说,在照明设计中能否坚持三大原则,将会对展品保护、观展效果和观众情绪产生立竿见影的效果。如书法展和绘画展持续的暗环境容易让观众感到空间阴暗狭小,从而给他们造成无形的压抑感和心理不适。

第三,各类展品及其照度要求。针对不同材质的展品,照明所造成的损害程度不一,应当加以区别对待。博物馆领域中的重要组织——国际博物

---

[1] [英]蒂莫西·阿姆布罗斯、克里斯平·佩恩:《博物馆基础(第3版)》,郭卉译,译林出版社2016年版,第133页。
[2] [英]Jonathn David:《论博物馆照明》,赵彬译,《博物馆研究》1994年第4期。

馆协会曾就该问题做出过相应规定(见表84),并明确指出各类展品的照度要求。照度是指光照强度,单位是勒克斯(Lux),当一平方米面积上所得的光通量是一流明时,它的照度为一勒克斯。不同材质对照度存在不同诉求,纸张、书画和纺织品对光照最为敏感,骨、角、漆器、牙、竹木等次之,最不敏感的则是石材、玻璃、金属和瓷器等。而文献收藏机构展览中最重要的实物展品一般即以纸张、纺织品等为载体,所以对这类展览的照明设计应倍加关注。此方面内容将在第六章中加以详述。

表84　博物馆界针对展览规定的光照等级

展品分类	展品举例	光照等级	年曝光
特别敏感	纸制品、纺织品、皮毛、染色皮革、水墨画	50 勒克斯	每年 120 000 勒克斯小时
敏感	油画、漆画、其他有机材料	200 勒克斯	每年 500 000 勒克斯小时
相对不敏感	大部分石头、玻璃、陶瓷未上漆材料	300 勒克斯	/

* 引自 B. Lord, M. Piacente, *Manual of Museum Exhibitions*, Rowman & Littlefield, 2014, p.116.

第四,可供选用的照明方式。主要包括自然、人工和混合三种。首先是自然照明。自然照明是指将室外的自然光引进展厅,以达到观展要求的照度。① 根据温度和色温的差异,自然光的光源可分为日光和天光两种。日光是指太阳直射的光线,通常内含大量紫外线。而天光则是指阳光经由水汽、微尘等介质反射或散射的光线,相对均匀、视感舒适。通常来说,自然光进入展厅的方式也有两种:顶光从天窗垂直照射进来,侧光从窗户或玻璃门投射进来。展厅照明往往更适合采用前者,因为后者容易造成部分区域昏暗,而我们的眼睛通常难以长期适应低光。选用自然光照明优势显而易见:天然、经济和可持续。同时,其劣势也昭然若揭:多变、难以控制,并且较易携带紫外线。因此,如果展品中存在大量纸质品、有机材料、有机与无机的混合材料,则不推荐使用自然光。但如果主要采用无机展品,则可考虑使用自然光,同时也要防止炫光。如文献收藏机构的展览一旦大量采用媒体、造型和装置等辅助展品,就可选用自然光照明。

无论如何,目前相当数量的展览还是热衷于采用第二种照明方式,即人

---

① 严建强:《博物馆的理论与实践》,浙江教育出版社 1998 年版,第 254 页。

工采光。① 在展厅内,大致存在三种不同功能的照明系统:一是展览照明,即展厅里围绕展品、展品组合及其展柜进行的照明;二是环境照明,即为了保证观众安全、舒适地观展进行的照明,如走廊照明;三是清扫和应急照明。这是在展览照明之外的独立系统。清扫照明通常采用白炽灯,在清洁人员打扫卫生时使用。应急照明则是在停电或者紧急状态下,由电池等来供电的备用照明。笔者将重点讨论的是第一类照明系统——展览照明。展厅内常用的人工照明包括白炽灯、荧光灯、发光二极管或LED。之所以选择人工照明,是因为该方式便于控制,容易打造出展览所需的视觉效果,但同时也存在成本较高,后期需要维护等缺点。常用的人工照明类型多样,优势和局限各异。白炽灯既有日常使用的圆形白炽灯,也有专为展览设计的白炽灯。白炽光的优势是紫外线辐射低,一般不会对展品造成损害,发出的暖光源也易于调节,但劣势在于散热大,且色温不易控制。所以在很多展览中,白炽灯会被节能的照明系统所取代。然而,当前的低压双向卤钨灯却能克服白炽灯常见的缺陷,发射光却不反射热,因为其发出的是热量不高的冷光束,所以耗电量相对少,同时也便于控制。荧光灯的优势在于颜色丰富、价格低廉、耗电较小,但发光效能高,劣势是显色性不太理性,灯光也有点偏冷、不够柔和,并且紫外线辐射强,灯管规格也不太适用于展览,但含有"卤化磷"的荧光灯却能有效改善显色效果。同时,无紫外线的荧光灯也已问世。当前最广为使用的人工照明无疑是发光二极管或LED。它们的优势在于耗电低、耐用、散射少,但美中不足的是发光二极管对一部分敏感于光线的展品来说,可能具有潜在危害,有时也难以实现色彩的精确辨别。

最后是混合照明。无论是自然采光,还是人工采光,都存在无法回避的优缺点。为了打造出优质的形式感和视觉效果,有时候更适合采用混合照明。混合照明不仅指既使用自然照明,又使用人工照明,有时也指一并采用白炽灯、荧光灯、发光二极管或LED等不同灯具。通常,展厅内的非展示区域会选用自然采光,而展示区域则会选用可控的人工采光。②

优秀的照明设计能增强展览的设计效果,打造出视觉焦点,并且为整体氛围营造添砖加瓦。但无论如何,照明要素必须要与展品、展柜、空间等其他要素密切配合。国外一部分文献类展品展览的照明设计,在融合展览要

---

① [英]蒂莫西·阿姆布罗斯、克里斯平·佩恩:《博物馆基础(第3版)》,郭卉译,译林出版社2016年版,第133—134页。
② 同上书,第133页。

素和打造整体体验上呈现出的效果令人记忆犹新。以牛津大学博德利图书馆的"托尔金：中土世界的创造者"展为例，该展的基本色调为黑色、金色、深蓝色和墨绿色，其中以深蓝色为主色调。在展览营造的暗环境中，通过灯光设计让观众身临其境地感受到托尔金笔下的奇幻世界（见图115）。美国国家档案博物馆的"权利档案"展也有着异曲同工之妙。整个展厅采用色温低的暖色光照明，颜色、风格与展览主题吻合，既体现了权利档案的庄严肃穆，又彰显了其维护权利的温暖人心之处（见图116）。大英图书馆的"宣传——权力与说服力"展的照明设计同样独辟蹊径。当观众步入展厅后，首先看到的是位于中心的问题"什么是宣传？"在其一侧有三段针对宣传的不同定义。

图115 牛津大学博德利图书馆"托尔金：中土世界的创造者"（Tolkien：Maker of Middle-earth）展中由灯光营造出的沉浸式氛围

* 图片由牛津大学博德利图书馆提供，Ian Wallman 摄。

图116 美国国家档案博物馆"权利档案"（Records of Rights）展中采用色温低的暖色光照明

* 图片由美国国家档案博物馆提供。

第五章 从理论层面构建文献收藏机构策展理论的阐释模型　293

图 117　大英图书馆"宣传——权力与说服力"（Propaganda: Power and Persuasion）展中柜底的照明设计

* 图片由大英图书馆提供。

这些白色的引文被印制在黑色墙壁上，通过灯光进行刻意强调，以邀请的方式激发观众对宣传的不同形式进行思考。同时，展柜的柜底被安装了红色灯带，在吸引观众注意的同时，也保证了他们的参观安全（见图 117）。博物馆领域的照明设计也不乏可圈可点的成功之作。德国港口博物馆（Deutsches Hafenmuseum）中的货帆船——北京号采用了"ERCO 定制"的特殊照明方案。高度约达 6 米的甲板结构被具有宽泛光分布（约 50°）的 Pullux LED 聚光灯均匀地照亮。为了让观众体验到船舱的宽敞开阔，照明设计选用了氛围光。甲板下面是被安装在轨道上的聚光灯，既可通过调整突显个别展品，又可用以灵活创建展览场景（见图 118）。

图 118　德国港口博物馆中的货帆船——北京号，采用"ERCO 定制"照明方案

* 图片由德国汉堡历史博物馆提供。

由于照明对于创建展览的整体体验至关重要,所以从展览伊始,照明设计人员就应当介入。完成概念设计后,还需要进一步深化概念并进行实体设计,在此过程中,方案逐步得以细化和完善。劳伦·赫(Lauren Helpern)和翠西·克莱尔·波里曼尼(Traci Klainer Polimeni)认为在照明设计的各个阶段,应当考虑到不同的影响因素。[①] 首先,在早期的概念设计阶段应考虑:光线是否适合展品?是漫射还是均匀发光?强光和阴影部分是否需要高对比度?展览氛围是怎样的?是暖光还是冷光?有特定颜色吗?展品需要使用多束光线来照射吗?是否需剧场效果或者使用光线进行提示?其次,当概念设计完成后,进入实体设计时,需要考虑的因素包括:空间是如何被规划的?天花板有多高?是否存在障碍物、梁、管道或暖通空调设备?采用什么样的饰面?墙面使用的是哪种颜色?地板是什么颜色?天花板是怎样的,是吊顶的、抹灰泥的,还是不加装饰的?灯具采用什么类型,是壁龛式的、轨道式的,还是原来旧有的?有很多灯泡可供选择吗,如白炽灯、荧光灯、卤素灯、LED灯、探照灯等?灯具安装在哪里?如何连接,是嵌入式吗?建筑是否电力充足?是否需要一个控制系统?打开或关闭灯的方式和位置是怎样的,需要远程控制吗?展览的环保要求如何?照明是否考虑到展品和观众的安全?是否有维护方案?设计方案是否在预算范围内?这些针对不同阶段的影响因素一旦被虑及并得以落实,照明系统便能按照预期的效果被设计、呈现与使用。

(6)内部要素:多元感官的整体感知

倡导"媒介"要素,最终希望呈现给观众的是一个相对完整的感知觉体验。毋庸置疑,展览是由各个部分、各类要素形塑而成的,它们拥有着各自的"局部特征",但呱呱坠地的展览应当达成的"整体大于各部分之和"的效果。心理学领域的"格式塔"(Gestalt)便是对这种现象及思想的学术表达。格式塔是西方现代心理学的流派之一,也被称为"完形心理学",完形即整体的意思。该理论强调的是经验和行为的整体性,它是作为构造主义元素学说的反对者和行为主义"刺激-反应"公式的抗议者登上学术舞台的,因为上述两大流派皆认为整体不等于部分之和,也认为意识并不等同于感觉元素

---

① P. Mckenna-Cress, J. A. Kamien, *Creating Exhibitions: Collaboration in the Planning, Development, and Design of Innovative Experiences*, John Wiley & Sons, Inc., 2013, p.154.

的集合,以及行为不等同于反射弧的循环。① 在格式塔理论兴起和发展之际,展览的相关理念也正在发生翻天覆地的变化,两者在局部和整体的关系辨析上存在某种暗合。20世纪中后期,尤其是七八十年代以来,展览经历了由物到事、由物到人的转向,即从展出孤立器物到演示有情节的事件。② 这一策展理念的转变深刻影响到了展览的媒介设计及其表达。时至今日,观众不再会仅满足于被动地欣赏一件件关联不大的展品,或是由馆方精心组织起来的知识,而是希望能主动参与,并获得感觉、智性、审美和社交相结合的综合体验。③ 同时,关于大脑及其认知功能的研究,也在不断获得新的突破,揭示出体验中的多感官特性。所以,策展团队如果想创建别具一格的展览体验,不仅应重视传统的视觉体验,还可关注触觉、听觉、嗅觉、味觉等的体验开发,以及由此所塑造的整体体验。

① 视觉体验

观察是观众参观展览的核心学习方式。尽管视觉只是人类获取信息的五种官能之一,但观众的展览体验主要是借助视觉来完成的,其构成了观众参观时无与伦比的感知体验。展览所呈现的物,无论是实物展品,还是雕塑、模型等辅助展品,它们的造型、尺寸、位置等信息通过编码实现空间表达,尔后便可被观众的视觉所感知。因此,展览体验主要是一种唤醒"眼睛"的视觉体验。即便展品被要求进行低光照或暗环境展示,我们也需要确保展览能被看得见且看得清。通常,展览中存在两类服务于观众视觉的设计,分别为用于观察的视觉设计和用于阅读的符号设计。其中,用于观察的视觉设计不仅能为观众构筑起观察平台,还能为展览营造出与众不同的氛围。之所以要构筑观察平台,表面上看是为了将观众看得见和看不见的东西实现可视化,但实际上是希望通过设计与表达技巧,有效地控制观众在展厅中的视觉注意力。阿什克拉夫特(Ashcraft)和瑞德万尼斯(Radvansky)在2010年出版的《认知心理学》一书中将注意力描述为"认知心理学中最重要的话题之一和最古老的谜题之一"④。正因如此,在展览领域有一批先贤曾围绕注意力问题开展过相关研究,代表学者有爱德华·罗宾逊、亚瑟·梅尔

---

① [瑞士] 皮亚杰:《教育科学与儿童心理学》,傅统先译,长江少年儿童出版社2014年版,第66页。
② 严建强:《博物馆的理论与实践》,浙江教育出版社1998年版,第275页。
③ [美] 妮娜·莱文特:《多感知博物馆:触摸声音嗅味空间与记忆的跨学科视野》,王思怡、陈蒙琪译,浙江大学出版社2020年版,第1页。
④ M. Ashcraft, G. Radvansky, *Cognition*, 5th ed, Prentiss Hall, 2010.

顿、钱德勒·斯克里文、约翰·科兰(John Koran)、约翰·福尔克、哈里斯·施特尔(Harris Shettel)、吉安娜·莫斯卡多、史蒂夫·比特古德等。从他们的研究成果中可获悉：观众在观展过程中，存在多个竞争性对象，这些对象通过体量、颜色、位置、动静、照明和声音等因素不断竞争观众的注意力。那么当观众身处这样一个充满视觉竞争的环境时，他们是怎样做出选择，又是以什么作为选择依据的呢？笔者认为说到底，依据的是被观察对象所拥有的潜在价值，有的展品具备低潜在价值，而有的则存在高潜在价值，只有当观众认为他们所观察的对象价值足够高时，才会愿意付出多种成本而选择驻足观察。

既然构筑观察平台是观众获得视觉体验的主要途径，那么策展团队应当使用哪些手段去构筑这一平台，从而使视觉设计不仅能引起他们的注意，而且能便于观察，并克服时空阻隔达成与现今的"相宜性"？通常来说，展示手段主要包括八种：单一展品展示、组合展示、语境化展示、放大/缩小展示、视频影像展示、模型展示、特殊介质展示和活态演示。①

第一，单一展品展示，主要适用于实物展品。其中，重要的实物展品往往会被置于专门定制或精美绝伦的展柜中，有时甚至被置于独立展厅。当专门为一件展品打造一个展厅时，展厅犹如一个黑盒子，能最大程度地避免干扰，促使观众注意力高度集中。如南京博物院的9号展厅，该展厅又被叫作"镇院之宝"展厅，每次只展出一件文物。在南京博物院的43万多件藏品中，镇院之宝仅有18件，作为世间珍品，它们将有机会在该展厅单独亮相，且展出的时间根据受观众欢迎程度而定。当展品被作为一件孤品在独立展厅中展示时，除了依靠展品本身及其展柜进行阐释外，还需要借助图像、声音、照明及其营造的环境，才能从视觉、认知和情感上引发观众注意，从而实现展品及其所携信息的成功传递。

第二，组合展示。组合展示是指展品之间由于某种关联而被组织在一起进行展示。这种关联可以表现在时间、地点、表层特征、生产目的、主要功用和内在意义等诸多方面。组合展示的对象既可以是实物展品，也可以是辅助展品，还可以是同时包含两者的混合展品。组合展示是构筑观察平台的常用手段。纽约科学馆(New York Hall of Science)将人类、黑猩猩、海豚、狗和乌鸦的大脑并置在同一个独立柜中以构成组合，这种规模化的展示不仅有助于吸引观众，还有助于展开比较，并促使他们就观察结果产生思考

---

① 周婧景：《博物馆学习的媒介：试论儿童展览阐释中的表达方式》，《博物院》2017年第4期。

（见图119）。可见，采用组合展示时，有时无须很多辅助手段，策展人只要将它们按某种序列、情态摆放在一起，其本身就具备了表达和解释能力，当观众对它们进行观察时，认知便由此发生了。①

图119　纽约科学馆独立展柜中人类、黑猩猩、海豚、狗、乌鸦大脑所构成的展品组合

第三，语境化展示。"语境化"是指"展品承载着一定的传播目的，被嵌入特定的故事线，成为故事叙事的有机构成部分，由此构成理解展品的语境"②。通过"语境化"处理，展览能够再造第二时空，使观众产生强烈的现场感，从而帮助理解展品内涵及其所处世界。邓肯·卡梅隆（Duncan Cameron）认为，"博物馆已从权威的'寺庙'转变为'论坛'"③，这种论坛通常是包含多种声音和观点，并经由语境化进行重构的。以"9·11"国家纪念博物馆（National September 11 Memorial & Museum）的纪念柱（见图120）为例④，该

---

① 严建强：《缪斯之声》，浙江大学出版社2021年版，第83页。
② 同上书，第82页。
③ D. Cameron, "The Museum: A Temple or the Forum", *Journal of World History*, 1972, 14(1), pp.197-201.
④ 周婧景：《具身认知理论：深化博物馆展览阐释的新探索——以美国9·11国家纪念博物馆为例》，《东南文化》2017年第2期。

柱高11米,屹立于地基大厅中央,是"9·11"事件后双子楼建筑留下的唯一立柱,如今该柱子上已被粘贴有各种留言、失踪者信息和纪念品。正是这些附着在立柱上的新信息,使得该柱拥有了超越物质层面的文化意义。为了创造出双子楼倒塌后亲人在废墟中寻找失踪者的独特语境,展览采取裸展结合多媒体展示的方法。中央立柱采用裸展,其上设触摸屏,对应着纪念柱上的留言、失踪者信息和纪念品,触摸屏上呈现的是"9·11"发生后的各种事件,观众只要点击屏幕,就能阅读到事件中的感人故事。通过实物展品和多媒体辅助展品的语境化展示,成功地打造出恐怖袭击后亲人生死永诀的悲恸环境,使观众易于沉浸其中而潸然泪下。

图120 "9·11"国家纪念博物馆中屹立于地基大厅中央的纪念柱

第四,放大/缩小展示。我们的感官是有尺度的,当我们身处这个深受感官局限的世界,会发现即使再先进的望远镜,也望不到宇宙的尽头,即便再精密的显微镜,也看不透微观世界的奥妙。可见,尽管由物质构成的实体世界多姿多彩,但我们肉眼所能窥探到的却相当有限。由此,将看不见的东西变得看得见,成了展览视觉体验中极具魅力的部分,也是观众前来观展的重要缘由。当宏观世界中的物件太大,观众无法极目穷尽而展览空间又难以容纳时,策展人可使用经过微缩的辅助展品;而当微观世界中的物件太小,观众也无法用肉眼进行直接观察时,策展人可采取经过放大的辅助展品补缺一二。此外,还有一类需要进行放大处理的辅助展品,这类展品在现实世界中虽然能被肉眼看到,但为了强调或方便观察,也会采用放大的展示手段。总之,通过放大/缩小展品,能让观众领略到日常世界之外难以企及的虚幻世界,或者现实世界中因司空见惯而易于被忽视的对象,由此为观众带来异乎寻常的另类体验。福尔杰莎士比亚图书馆(Folger Shakespeare Library)的"莎士比亚——偶像的生活"(Shakespeare, Life of an Icon)展中,策展团队受到舞台艺术的启发,在玻璃展柜的一旁放置了鲜红色的脚手架,从而制造出舞台布景的隐喻。中间展示的是经过放大处理的文献,此种方式有助于观众阅读文献细节。同时,展厅天花板的动画投影也采用了放大的展示手段,其中的文字、手稿、图案和纹样均来自莎士比亚的书籍,以便与展板中的放大效果形成上下呼应。

第五,视频影像展示。一般来说,展览中的展品多为静态的瞬间呈现,难以动态地反映过程信息。为了增强展览的阐释深度和叙事能力,策展人通常会选用其他展示手段加以弥补。视频影像便是其中的重要选项之一。这种手段既能传递历史信息,又能传递未来信息;既能传递实体信息,又能传递抽象信息。相较于平面媒体,视频影像展示的信息丰富翔实、生动有趣,同时随着虚拟仿真技术的运用,其还可帮助观众获得逼真的空间体验。[①] 因此,在策划展览时,往往会采用视频影像作为辅助手段,以增加展览中的信息容量,使得观众在短期内获得足够的信息,以帮助他们完整深入地理解展品。总体来看,视频影像的展示类型多样,存在不同的分法:根据形式差异,可分为二维、三维、单幕、多幅幕和多层幕[②];按照功能不同,可分成展厅型、图书馆型和影院型[③];依据位置差别,还可分为安放于展品一侧的阐释类和专设于小剧场的播放类。大英图书馆"书写:创造符号"展的第二部分为"人类与书写"(People and Writing)主题探讨的是人与写作的关系。在这一部分中设置有"用'calligraffiti[④]'连接文化"的视频。该视频由法国-突尼斯艺术家厄尔希德(El Seed)进行讲述,用以说明语言和文字对他身份认同的重要性,以及他在创作中是如何通过阿拉伯文字和阿

[①] 周婧景:《博物馆学习的媒介:试论儿童展览阐释中的表达方式》,《博物院》2017年第4期。
[②] 严建强:《缪斯之声》,浙江大学出版社2021年版,第138页。
[③] [日]高桥信裕:《新时代的博物馆展示》,载[日]加藤有次、西源二郎、米田耕司等:《博物馆展示法(新版 博物馆学讲座 第9卷)》,日本雄山阁2000年版。
[④] "calligraffiti"是一种将现代涂鸦、版式设计与书法字体融为一体的艺术形式。

拉伯书法将不同文化加以连接的。视频并未采用第三人称进行转述,而是由艺术家以第一人称口述,亲历者将其自己的故事娓娓道来,借助视频进行高保真呈现。再以上海博物馆2019年的"前文万华——中国历代漆器艺术"展为例,该展主要展示的是两百八十多件战国到20世纪的中国漆器珍品。整个展览基本以时间为序,以工艺为纲,由于漆器制作工艺讲究,且各个时期又不尽相同,所以展览采取强制性介入的展示手段。在展厅前段专门开辟了一处小剧场,并播放现代雕漆制作的视频。该视频由上海博物馆拍摄,借由这一视频,观众能了解到1毫米厚度的漆,竟然需要上20道,最多的时候一天两次,且不能间断,否则漆器会成为次品。可见,视频影像能为普通公众弥补认知局限,以实现参观中相关知识的关联,从而提高兴趣、增加参观驱动,孤立零星的信息会被整合成完整生动的画面。

第六,模型展示。模型可以将难以直接观察或者复杂的物件、现象进行可视化呈现。其中,"难以直接观察的物件或现象"至少包含两种情况:一是只能看到局部,无法看到全貌;一是只能看到外观,无法窥其内部及结构。而"复杂的物件或现象"则指的是只能看到物件或现象共时性的情形,但难以看到其历时性变化。因此,通过制作类型纷呈的模型,可以破解展示"无法直接观察或复杂的物件和现象"之难题,使得观众的观察与理解变得易如拾芥。一般来说,模型的类型至少有两种分法:根据功能不同,可以分为剖面模型、系列模型和微缩模型,其中剖面模型有助于观众观察到物件或现象的内部结构,系列模型能让观众了解过程中的变化,而微缩模型能让观众把握事物之间的彼此关联;按照对象差异,模型还可分成普通模型、动画模型、图解模型、可触摸模型、图样模型。① 德国的开姆尼茨国家考古博物馆曾创造性地设计出萨克森州的景观模型。该模型主要由五块絮状物构成,一开始它被悬挂在展览的门厅处,尔后每隔3小时在三层展区之间浮动,此时一部关于萨克森历史文化发展的电影会被投射至模型上,通过该模型,观众将获得一种别出心裁的动态体验。在中国科技馆的"国梦·科技梦——航天主题科普"展中,设计人员创制出一个内含7D影院的天宫一号等比模型,这一精密的航天器模型在声光电作用下变身成为充满感官刺激的互动设施。

第七,特殊介质展示。为了将某种难以言说的抽象原理转变成观众

---

① P. Mckenna-Cress, J. A. Kamien, *Creating Exhibitions: Collaboration in the Planning, Development, and Design of Innovative Experiences*, John Wiley & Sons, Inc., 2013, p.163.

肉眼可观察的现象,有时还可以借助一些特殊的介质。这类专门为视觉体验而开发设计的展示手段,通常会出现在科技主题的展览中。如在富兰克林机构(Franklin Institution)基本陈列的光合作用(Photosynthesis)展项中,植物被制成模型并放大数倍,模型内采用不同颜色的电流,动态模拟光合作用的发生过程。其中,蓝色电流表示可见光照射下,植物从根部吸收了水,并结合空气中的二氧化碳,加工成葡萄糖,同时释放出氧气,而释放的氧气则用红色电流表示(见图121)。

图121 在富兰克林机构光合作用展项中,借助电流将该现象的原理加以动态呈现

第八,活态演示。"活态"通常包括两种情况:一是有人参与①,二是为动态的②,或者两者兼而有之。如上海科技馆"机器人世界"展区的机器人表演就属于后者。活态演示是指将生产或演出直接搬进展厅,进行"现场"和"即时"演示的展示方法。③ 这是"过程"展示的重要手段,观众能以最直观的方式目睹过程,以保证信息的原真性,并且给观众带来趣味性和现场感。这种展示手段尤其适用于展示非物质文化的生产过程、抽象原理的发生过程和工业产品的加工过程等。一般可采用两种方法:其一,开辟独立展厅,专门用以展示非遗传承人、科学工作者的工作现场和工业产品生产的流水线;其二,在展厅的某一空间搭建一个小型剧场或一处表演场所,以便为非遗传承人或科学工作者等开辟一个现场表演的小舞台。在中国丝绸博物馆的纺织品文物修复展示馆中,一楼即被用以开展纺织品的提取、修复和研究工作,其中部分区域会向观众动态化地呈现纺织品保护修复过程,而这些被修复完成的纺织文物将会在二楼予以展示。可口可乐博物馆(Coca-Cola Museum)为了向来馆观

---

① 田青:《音乐类非物质文化遗产保护的理论和实践:个案调查与研究》,安徽文艺出版社2012年版,第106页。
② 彭树智:《我的文明观》,西北大学出版社2013年版,第538页。
③ 严建强:《缪斯之声》,浙江大学出版社2021年版,第66页。

众生动地再现可口可乐瓶自动化和机械化的生产流程,将生产瓶子的工厂局部地搬至展厅内,观众能看到瓶子经由验瓶机(bottle inspector)和压盖机(filler capper)等一道道标准化工序,最后批量"出炉"的全过程。

② 触觉体验

在17、18世纪早期,大量感官元素被用来丰富博物馆展览,但直至19世纪中期,随着博物馆对观众行为的严格限制与约束,观众只能通过远距离眼观来欣赏展品。此时,视觉占据着主导地位,展品通常被禁止触摸,原因可能在于观众素质不高,保护手段难以确保展品安全,展示技术也无法让观众接触展品等。但归根到底是机构的公共服务意识尚待提升,仅止步于提供观众的被动欣赏。① 然而,随着展示理念和水平的日新月异,策展人开始探索观众的触觉体验。触摸展览是沟通历史和当下的一种有力方式,这种真实的感知仿佛可以帮助我们跨越巨大的时间鸿沟。如卢浮宫有触摸画廊(Louvre's Touch Gallery),大英博物馆有动手柜台(Hands On Desks)。

触觉体验总体上包括直接触摸和互动体验两类。但在20世纪20年代,这种体验主要指向的是动手操作,直至60年代,动手操作才逐渐被互动体验所取代。如果说动手操作是一个诸如按按钮的机械化过程,那么互动体验则强调由手到脑的思考性过程。而推动这一革命性变革的重要人物便是前文已提及的迈克尔·斯波克馆长,这位馆长在博物馆界被誉为儿童博物馆之父。

尽管触摸是一种易于达成的肢体体验,但由于这种体验的真实性和独特性,还是会给观众带来意想不到的感官刺激。1995年,卢浮宫的触摸长廊开放,展厅内的全部展品观众都能触摸,该设计最初是为了服务视力残障者,而如今多数观众都是视觉正常者。展品包含15件铜制、石膏和陶瓦作品,每隔几年会更换一批。自2005年起,该展还在欧洲、亚洲和拉丁美洲进行巡展,在我国展出时,1个月就吸引了4万观众前往。② 触摸虽然是一种纯粹的触觉体验,但在触摸过程中往往会伴随视觉体验的发生。相关研究表明,视觉皮质区实际参与了触摸,如侧枕叶——视觉物体选择性区域,它在触觉形状感知中发挥作用。③ 正因为此,团队在策划展览时,应当鼓励观众触摸价值不高的展品或复制品,从而使他们交叉获取多种信息,以便大大

---

① [美]妮娜·莱文特:《多感知博物馆:触摸声音嗅味空间与记忆的跨学科视野》,王思怡、陈蒙琪译,浙江大学出版社2020年版,第12—13页。
② 同上书,第60页。
③ 同上书,第10—11页。

提升观众认知的积极性和主动性。

除摸一摸展品的直接触觉体验之外,还有操作设备的互动触觉体验,如借助放大镜和显微镜等辅助工具,以及利用视频和动画等多媒体装置。以澳大利亚当代艺术博物馆(Museum of Contemporary Art Australia)为例,该馆为了激发观众深度参与,开发了一个名为"Museum Insight 8"的移动应用程序,在该程序中观众可以观看对馆长和艺术家的访谈,并通过位置感应、交互式地图等导览参观。另外,该程序还具备一项功能,即观众可以将参观期间收集的展品添加至他们的在线展厅。馆方在对该程序的用户行为进行分析后发现,观众正在用手机拍照并将照片上传至 Instagram,作为一种及时回应,馆方又对实时发生的主题标签进行了宣传,并在展厅适当位置插入观众提供的最新照片。

现如今参与性文化盛行,观众希望在观展时也能像日常生活中一样,充满着个性和参与的机会。为此,文献收藏机构也应积极向民众展示该馆展览的存在价值,既勇于接受新事物,又不丢失旧传统,从而留住老观众,并培养新观众。2008 年,美国国家艺术基金会(National Endowment of the Arts)针对美国的艺术参与情况进行了一项全面调查,发现越来越多年轻人正在远离传统艺术,而选择通过不同的方式参与——这些年轻人更喜欢的独特活动。① 借助设施设备进行互动的触觉体验,正是由于把握住了参与性文化的新时代脉搏,所以成为近几十年来风靡一时的展示手段之一。该手段可追溯至 20 世纪 20 年代的科学中心,到了五六十年代后才在各类机构的展览中全面推广,并开始由科学主题的展览延伸至各类主题的展览。

针对触觉体验进行设计时,围绕难易不等的机械类设施设备和数字媒体类设施设备,应意识到不同的注意事项,并善加处理。首先,针对机械类设施设备,即技术含量较低的动手操作或互动设施设备,它们的所有控件对观众而言都必须是简单且易于操作的。其中,一些需要观众留言或者听音的设施设备需要考虑高度,应与使用者相匹配或者是可控的。台湾文学馆"逆旅·一九四九——台湾战后移民文学"特展中设置了一处互动设施设备,该展项的名称为"您籍贯在哪里?"它邀请观众将与其所属籍贯对应的球(带有不同颜色)投掷到墙面凿空的圆洞里。最后,无论观众选择什么颜色的球,它们都将汇入面

---

① B. Lord, M. Piacente, *Manual of Museum Exhibitions*, Rowman & Littlefield, 2014, pp. 263-309.

板后的一幅台湾地图之中。这意味着无论观众的籍贯为大陆的哪个省份,到了台湾后都将会融入这一地区,成为该地区多元人群的重要构成。

其次,针对数字媒体类设施设备,这一类展项通常包含硬件和软件两个部分。硬件有定制的和工业级的,软件则囊括专业软件、音频程序、三维软件包、创建内容框架的编程语言、基于 Web 的技术、浏览器工具、游戏引擎和其他新兴技术。[1] 由于设施设备是观众整体体验的构成部分,所以应在设计早期就予以考虑,以便减少互动体验时的物理障碍,如展厅是否拥有存放这类设施设备的空间、是否需要专门设置影音控制室等。

一般来说,在互动设施设备的设计中,需要考虑的因素包括可视度、放置区、屏幕方向、视差问题和环境照明。[2] 通常最佳水平的视角是在观看者的正前方。"建议将显示器的中心位置放在约 1.5 米的高度,不应当有靠近显示器的障碍物。显示屏需要适当倾斜,尽可能垂直观众的视线,用户的视线与屏幕表面至少保持 45 度。同时,由于显示屏在阳光和人工照明的情况下,会处于阴影之中,所以设计师要综合考虑如何善用阴影和选择好屏幕的颜色。"[3] 在大英图书馆"书写:创造符号"展中有一处互动设施设备,观众可以使用电子笔在屏幕上写字,装置将会对观众所写的字的字形进行一系列分析,如根据字形剖析观众的个性特征,将观众的字形与馆藏文献中的字形进行对比(见图 122)。

图 122　大英图书馆"书写:创造符号"(Writing: Making Your Mark)展中的书写装置

* 图片由大英图书馆提供。

---

[1] B. Lord, M. Piacente, *Manual of Museum Exhibitions*, Rowman & Littlefield, 2014, pp.535-539.

[2] Ibid., p.510.

[3] Ibid.

③ 声音体验

早期的展厅与图书馆、教室类似，是一处安静、沉思之所。但随着越来越多视音频技术的引入，以及展览体验的多感官开发，声音逐步成为某些展览中的构成要素，甚至出现了以声音为主题的艺术装置或专题展览。山东科学教育中心的研究显示，听觉记忆往往比视觉记忆的效果更好。由此，声音日渐成为设计师创新展览的一项工具，帮助他们营造逼真的展览氛围或创建生动的叙事体验。作为展览的全新要素之一，声音能够帮助观众成功地关注并获取信息，优缺点兼具。优点是具备渗透性和沉浸性，即声音容易遍布展厅的各个角落，同时，聆听声音有助于获得身临其境的感受。缺点则在于它的干扰性和短时性，即声音能够穿透至附近的空间而产生各种杂音，从而分散观众的注意力，传播过程也是短暂的，转瞬即逝。

当观众步入展厅时，可获得的声音体验大致包括三类：配合特定展览主题的背景声音；通过声音帮助解读展品，或以声音创制展品，或邀请观众留言；打造以声音为主题的展览。以下将围绕三类声音体验展开论述。

第一类是配合特定展览主题的背景声音。在这一类型中，声音成为烘托展览环境、引发观众情绪的催化剂。木心曾经说："我的美术馆应该是一个一个的盒子，人们可以听着莫扎特音乐从一个盒子走到另一个盒子。"① 一般来说，艺术主题或灾难主题的展览会较多地使用声音作为背景。在维多利亚和阿尔伯特博物馆（Victoria and Albert Museum，简称 V&A 博物馆）"你说你想要一场革命？1966—1970 年唱片与叛乱（You Say You Want a Revolution? Records and Rebels 1966—1970）"特展中，工作人员会向每位观众发放一个森海塞尔耳机，该耳机为自动感应式，全程都会播放 20 世纪 60 年代晚期的摇滚，它们将带领观众重返越战、刺杀与大学枪击等事件之中，观众由此将不自觉地产生感同身受的悲悯（见图 123）。"9·11"国家纪念博物馆的序厅"铭记"（We Remember）为一处开放式长廊。观众一旦步入该长廊，各国的声音就会此起彼伏地响起，幕布上幻影成像显示与声音相对应的照片和各国文字，他们陈述着同一件事——"9·11"事件发生时的所见所闻所感，如"我在夏威夷""我在埃及开罗""我在巴黎香榭丽舍大街""我们当时正在开会，突然有人闯进来说，天哪，一架飞机刚刚撞到世贸大厦上了"等，将观众直接拉回事故发生的历史现场，此时虽然语言不通，但情感却是流动和相通的。

---

① 物道编：《物道：选择一种与心一致的生活》，浙江人民美术出版社 2017 年版，第 171 页。

图 123　V&A 博物馆"你说你想要一场革命？1966—1970 年唱片与叛乱"（You Say You Want a Revolution? Records and Rebels 1966-1970）特展中，观众通过耳机倾听背景音乐或斜躺在软垫上讨论当年喜爱的歌手及其唱片

* 图片由 V&A 博物馆提供。

　　第二种是通过声音帮助解读展品，或以声音创制展品，或邀请观众留言。在这一类型中，声音成为展览的核心要素。如果说"通过声音帮助解读展品"还主要是由机构创制或阐释展品，那么"以声音创制展品或邀请观众留言"则属于邀请观众创制或阐释展品的新模式。在台湾天文馆有一处听音装置，观众可以现场聆听1987年老兵们返乡探亲运动聚会上合唱的歌曲《母亲你在何方？》，此时由声音演绎而成的歌曲成为帮助阐释展览的特殊展品。在台湾科学工艺博物馆的"纺织工业"单元，针对展品"太子龙制服"，除了提供说明牌之外，在展墙的较低位置还安装有中英文导览的按钮，儿童观众可通过按按钮来聆听"太子龙制服"的语音介绍，因为该群体通常不会阅读长篇累牍的说明文字，儿童的参观体验由此也变得趣味盎然且得心应手。"9·11"国家纪念馆博物馆可谓声音体验开发的经典力作。为了留住世界各地的人们对"9·11"事件的共同回忆，该展共收集了1900段生还者、救援者和遇难者的口述录音，这些录音分别来自48个国家和地区，包含有28种语言。以"历史展"（Historical Exhibition）的"9：59世贸中心内部"展区为例，该区域为一个半封闭的暗空间，观众可以坐到凳子上观看并倾听。展墙上清晰可见的是世贸中心内部的简易结构图，每当一个红点在一个楼层亮起，一段电话录音便被播放出来，通常是罹难者对于自己至亲之人的最后问

候或嘱托,当真实的声音在相对封闭的暗空间回荡,观众会不由自主地因为这种生死阔别而潸然泪下。

但无论如何,这些案例都属于"机构创制或阐释展品"模式,在这一模式中,策展者通过让展品"开口"说话,在保证展览阐释权威性的同时,较好地履行教育普及的使命。此外,我们还可为观众借由声音创制或阐释展品搭建平台。同样是"9·11"国家纪念博物馆,设计人员在展厅内专门开辟口述故事的隔间,隔间内的录音设备支持六种语言,来自世界各地的与这段伤痛记忆相关人士,都可以在此安静地回忆"9·11"事件当日那段难以忘却之经历。本书在"受众"要素倡导中曾提及菲尔德博物馆的"标本独白"活动,该活动也可被纳入邀请观众参与创制声音解读展品的新模式。

第三种是打造以声音为主题的展览。策展人对声音利用最为集中的表现,即为策划该主题展览,这种策展实践需要依赖基于声音体验的认知和传播研究,但目前看来,这类研究在我国文献收藏机构中并不多见,甚至在博物馆领域也屈指可数,因此相关实践捉襟见肘。浙江自然博物馆在2017年曾策划过中国第一个以鸟类鸣声为主题的展览"响宴——鸟类鸣声行为"展。该展前后花费15年,策展团队从野外所采集的素材不下数万段,并以此为基础精选出106种鸟的238段叫声,并结合各种多媒体设备,让观众真实感受鸟类的语言及其喜怒哀乐,进而帮助我们认识人类之外的另一个奇幻的鸟类世界(见图124)。相较而言,国外目前已经诞生出一批数量可观的声音主题展。总体来看,这类展览在20世纪六七十年代呈现出初步繁荣的态势,虽然当时数量还不多。自1979年起,声音主题展处于逐步趋热的发展期。[①] 据统计,1996—2013年,该类型展览已经推出了超过350场,如20世纪六七十年代闻名一时的芝加哥艺术博物馆"电话的艺术"(Art by Telephone)展、美国当代工艺博物馆的"声音秀"(Sound Show)展、旧金山概念艺术博物馆的"声音雕塑"(Sound Sculpture)展等。不得不提的是诞生于1973年的纽约艺术家空间,该空间曾经策划多场以声音为主题的展览。如海伦·维纳策划的"声音精选集:艺术家音频作品"(A Sound Selection:Audio Works by Artists)大型声音展,该展首先呈现了一组听音装置,观众可以不断重播经过精心编辑的磁带和黑胶唱片。同时展出的还有4个装

[①] [美]妮娜·莱文特:《多感知博物馆:触摸声音嗅味空间与记忆的跨学科视野》,王思怡、陈蒙琪译,浙江大学出版社2020年版,第89页。

置,其中 2 个分别为电话装置和无声作品。此外,该展又同期推出了一系列表演。20 世纪 80 年代"眼睛与耳朵"展应运而生,这是由柏林康斯特学院策划的,为一场里程碑式的标志展,此后该主题展在整个欧洲开始受到热捧。

图 124　浙江自然博物馆"響宴——鸟类鸣声行为"展,
通过视听设备领略鸟类的鸣声行为

* 图片由浙江自然博物馆提供,方堃摄。

　　一般来说,以声音为主题的展览若想让观众获得良好的听觉体验,通常会采取两种方法:一是限制音频作品的范围,如上述案例中提到的"響宴——鸟类鸣声行为展"和"声音精选集:艺术家音频作品"展等,展览往往会采用内置听音装置或耳机等;二是当观众接近某件展品或某个展区时,音频作品会自动开启或关闭,当该展品不处于独立专区时,一般会配合使用某种定向音响,使得声音沿着特定方向传播。

　　总之,当清晨我们坐在海边,海浪拍打海岸,海鸥在海面歌唱,这一刻必然是无限惬意的。但如果将风吹过林子的声音、海浪撞击礁石的声音以及鸟儿在林间呢喃的声音都一一滤去,那么这场美妙的体验必将会黯然失色。观众在穿过展厅时,看不见的声音会为他们创造出画面感和空间感,使他们的记忆烙下体验过的痕迹。斯蒂芬·R. 阿诺特提出,"我们要理解,复杂的听觉场景主要取决于声压波的成功传输与解码,从听觉神经到初级听觉皮层,以及一组广泛分布的脑区,它们在声音对象的识别(是什么)和定位(在哪里)过程中共同运作。此外,其他脑区的参与取决于每个复杂声音的特性,如一些动作声音刺激了负责执行动作的运动脑区,而其他区域则接入情感状态、记忆,以及社交与沟通的大脑处理区域"①。对于听觉处理及其认知关系的研究,有助于我们在设计声音体验时不断创新表达形式,让声音为我们的展览"上色",以丰富和强化观众的感知体验。同时,声音传播的缺陷也正在逐步得以弥补,如设计缓冲区、使用定向的扬声器、声棒、耳机等,可帮助避免声音对邻近区域的渗透和干扰。

④ 嗅觉体验

研究显示,在我们的永久性记忆中,气味和声音都会产生特别直接的共鸣。② 比如每当金秋十月,窗外丹桂飘香,可能会让人想起小时候外婆屋后的那株桂花树。同时,包括嗅觉在内的多元感知还有助于形成、发展和提升人类的认知能力。因为头脑的成长变化依赖输入的新奇性,新奇的输入会促使神经元重新分配,以形成神经联结,从而实现大脑的重组,多元感知的刺激输入是一种有效途径。③ 事实上,人类的嗅觉系统能够识别出多达一万多亿种的气味,远大于我们此前认定的一万种,并且相较于视觉和听觉,人类的嗅觉通常更为敏锐。④ 除了能够成为唤起人们记忆的引擎、帮助我们提高感知和认知的敏锐度外,气味还拥有着一个显著的特征,即能够调节人的情绪兴奋度,使人获得代入感强的心流体验,从而给观众带来直击心灵的情感震撼。尽管嗅觉体验具备上述诸多优点,但同样也面临不容回避的缺憾:过于刺激性的气味会影响空气质量,气味太多也将造成刺激负担。因此在展览设计中,尽管嗅觉不失为一种实惠且有用的工具,但仍然需要谨慎而为,否则可能会带来事与愿违的结果。正常情况下,艺术品易于被视觉感知,乐器易于被听觉感知,石质等坚硬展品易于被触觉感知,但很少有展品易于被嗅觉感知。理查德·J.史蒂文森指出,当我们在进行展览设计时,若

---

① [美]妮娜·莱文特:《多感知博物馆:触摸声音嗅味空间与记忆的跨学科视野》,王思怡、陈蒙琪译,浙江大学出版社 2020 年版,第 76—77 页。
② P. Mckenna-Cress, J. A. Kamien, *Creating Exhibitions: Collaboration in the Planning, Development, and Design of Innovative Experiences*, John Wiley & Sons, Inc., 2013, p.158.
③ [美]Eric Jensen:《适于脑的策略》,北京师范大学"认知神经科学与学习"国家重点实验室科学与教育应用研究中心译,中国轻工业出版社 2006 年版,第 92 页。
④ 邵忠良:《展示空间中嗅觉体验的应用研究》,南京航空航天大学硕士学位论文,2019 年,第 5 页。

存在以下两种情况,可以考虑开发嗅觉体验。①

第一种涉及在日常生活中由鼻子直接参与的活动,共包含三类。第一,香水主题的展览、携带香水元素或香料成分的展览。因为气味是这类展览的重要属性,所以在展览设计时应当高度重视并善加开发,如巴黎香水博物馆(Le Grand Musee du Parfum)、格拉斯国际香水博物馆(Musée International de la Parfumerie)、花宫娜香水博物馆(Nouveau musée du parfum Fragonard)以及由上海博物馆、巴黎池努奇博物馆共同策划的"中国芳香:中国古代的香文化"展。一旦文献类展品展览中的文献囊括有香水或香料等主题,也可考虑引入气味这一展览要素。

第二种是以食品和饮料为主题的展览。食品和饮料主要包括面条、芥末、葡萄酒和茶等。在中国国家图书馆、四川省文化和旅游厅、四川省中医药管理局合办的"默化——古籍的传统医学文化与当地生活、艺术的潜移"展中,中药气味成为这场文献类展品展览开发、设计的重要元素,因为气味是中药的固有属性,其各有厚薄,且阴阳有别。

第三种是以气味作为主题的展览,或对嗅觉体验进行重点开发的展览。"恶心的科学:人体(不礼貌的)科学"[The (Impolite) Science of the Human Body]展便属于后者。这一展览别具匠心地利用了人体常见的恶臭。如在"你的恶臭"(Yu Stink)互动展中,观众被邀请去挤压四个瓶子,并要求他们辨别出其中"脚、身体、呕吐物和肛门"散发的四类恶臭,显然这些气味并不美好,但是观众却跃跃欲试,并回"味"无穷。文献收藏机构馆藏文献也会记载与气味有关的人、事、物,当我们要将这些文献所载信息转化为展览时,同样也可考虑在嗅觉体验上"筚路蓝缕,以启山林"。

气味是氛围营造和场所体验的要素之一,使用方法至少包括两种。一是大范围使用同类气味或小范围使用个别气味,使之成为拟态环境的重要构成。在美国国家历史博物馆(American Museum of National History)"地球之外"(Beyond Planet Earth)展中,月岩散发出火药味。而在"'僧伽'自然保护区热带雨林"("Dzanga-Sangha" Rain Forest)展中,到处弥漫着热带雨林的植株气味,带着湿漉漉的水汽感和充满生机的氧气感。伦敦塔(Tower of London)的皇家卧室(Royal Bedchamber)展中,"中世纪"的气味弥漫其中。印第安纳波

---

① [美]妮娜·莱文特:《多感知博物馆:触摸声音嗅味空间与记忆的跨学科视野》,王思怡、陈蒙琪译,浙江大学出版社2020年版,第123—126页。

利斯儿童博物馆(Children's Museum of Indianapolis)的"恐龙的呼吸(霸王龙)"(Scented Dinosaur Breath T-rex)展中,霸王龙呼出的气味扑面而来。台州博物馆的"海滨之民"展区为了给观众打造出置身石塘渔村的临场感,该区域到处充斥着淡淡的鱼腥味。可见文献收藏机构展览中,一旦涉及植物、动物、人工制品和太空遗物等各类携带特殊气味的展品时,可以将气味作为重要的环境要素加以开发和表达,从而为观众创建一种栩栩如生且充满刺激的感官体验,这一点策展人员不应等闲视之。

二是利用互动装置发出某些特殊气味,使其变成一件展品,或者用来辅助其他展品的阐释。由于气味并非一种有形实体,且在流通环境中易于消散,所以需要采用某些装置加以收集和展示,从而确保观众能持续地使用它们。2008年,詹妮·阿克曼创造出了"闻一闻:DIY气味地图"交互式墙壁装置,在体验该装置时,他首先会邀请在展厅里观看美术作品的观众感受一下作品所蕴藏的气味,尔后请观众在"闻一闻:DIY气味地图"上记录下他们对于作品的内在感受。这种对气味环境富有探索性与思考性的做法,使得观众在欣赏风景画时感到情趣盎然。在"气味极限"展中,由苏南·斯坦科斯(Chrysanne Stathacos)制作的"愿望机(1997—2008)"也会让观众在离开展厅后,依然被美妙的气味所环绕。在这台机器中,观众只需支付1美元,就可购买一小瓶精油。该愿望机的独特之处在于它是由观众通过数码定制自行完成的,气味的倍数可以按需改变。

除了探究嗅觉体验的优缺点、讨论气味开发的适用情况外,嗅觉与情感之间的重要关联也是不容置喙的。嗅觉能自然引发特定时空下的生动回忆,因而往往能激活观众某种深层次的情感。正如嗅觉研究专家恩金(Engen)所言,"就功能性而言,嗅觉可能是情感行动,而听觉则是认知性的"[1]。这一点与人类处理嗅觉的方式有关,相当多的嗅觉处理发生在大脑前额皮层,而前额皮层在人的情绪和动机调节中作用显著,不仅如此,嗅觉信息甚至无须经过丘脑这位"守门员",就能直接抵达大脑皮层。[2] 迪恩·阿克曼(Diane Ackerman)在《感官之旅》(*A Natural History of Senses*)中写道:"气味就像威力强大的地雷,埋藏在由往日岁月和经历构成的草丛中,在我们的回忆中被轻轻引爆。即一旦我们触碰了气味的引爆线,各种记忆就

---

[1] T. Egan, *The Perception of Odors*, Academic Press, 1982.
[2] W. Tham, R. J. Stevenson, L. A. Miller, "The Functional Role of the Medio Dorsal Thalamic Nucleus in Olfaction", *Brain Research Reviews*, 2009, 62(1), pp.109-126.

会立刻全部爆发,一种错综复杂的景象就会从灌木丛的深处跃然而出。"①因此,相较于视觉,嗅觉有时更加具备现象学意义上的真实感,但不得不承认的是,因为每个人的记忆库存大相径庭,所以气味对人的影响拥有选择性,因此在展览设计中,应当尽量遴选具有普遍意义的象征性气味。

综上,我们可总结出展览设计中创建嗅觉体验的五种方法②:一是用气味提升整个展览的沉浸感与真实性;二是用独特的气味引发独特的回忆,并唤起观众的深层次情感;三是用淡淡的气味潜移默化地调控观众的情绪,引起他们轻微的情绪反应;四是用不太好的气味吸引观众,让他们产生恐惧、厌恶等负面情绪,以在全面认知世界的同时更好地探索自己;五是用气味协助视觉或听觉障碍者,实现展览中的定位和寻路。此外,收集气味的行动也可被存档并用以展示,如呈现合成所用的原料、方法和过程。相较于视觉、听觉等多感官要素,嗅觉要素的体验实现起来相对更加轻而易举,如在装置中放一些香料,打开一台小风扇或安装一个扩散器。最后不得不提的是,如果展览设计中使用的是刺激性较强的气味,甚至是令人作呕的气味,那么对现场布展者来说无疑是一种折磨,此时可考虑使用一些有趣的方法予以缓解。如策展机构主管克拉拉·乌尔西蒂(Clara Ursitti)建言献策,可在扩散器前专门放一个被切开的洋葱,以便掩盖展品让人不堪忍受的"独特"气味。

⑤ 味觉体验

"味觉和味觉的符号——食物,长期以来作为各类作品的主题出现于展览中,或作为精美的菜肴诞生在餐馆和咖啡馆中,而对味觉和食物的教育潜能,却鲜有人探索。"③无论是文献收藏机构展览还是博物馆展览,味觉一直是一种尚未"物尽其用"的感官体验。然而这种体验的优势却无可取代:较强的参与性和趣味性,既可成为一种文化体验,也可成为一种美学体验。然而,食品的卫生性、补给与保存食品的困难性和成本付出也是不容忽视的。在美国国家美洲印第安人博物馆(National Museum of the American Indian)中有一家米奇塔姆印第安人特色餐厅(Mitsitam Native Food Café),该餐厅被划分成五个服务区,分别代表南北美洲的五个文化场景,推出源自美洲各地的特色食品,包括加拿大育空的土豆鳕鱼饼、大平原

---

① D. Ackerman, *A Natural History of the Senses*, Vintage, 1991.
② [美]妮娜·莱文特:《多感知博物馆:触摸声音嗅味空间与记忆的跨学科视野》,王思怡、陈蒙琪译,浙江大学出版社2020年版,第133—134页。
③ 同上书,第159页。

的辣牛肉、南美洲的虾和咸猪肉等。这一餐厅采用的是传统美食配方,菜单会根据时令做出灵活调整。由此可见,该餐厅并不仅仅止步于满足观众果腹或味蕾之需,还致力于传播西半球的饮食文化。主题与展览内容休戚相关,但是传播场所并未发生在展厅而是在餐厅,这一做法使味觉和食物隐藏的文化与教育潜能可以得到极情尽致地开发,并实现"地尽其利"。

若要在展览设计中创建味觉体验,大致有两种做法:第一种是在味觉主题或与该主题相关的展览中,通过某种设施设备将食品和饮料等提供给观众,让他们在亲自品尝的同时产生心理变化。路易斯维尔科学中心(Louisville Science Center)"我们内在的世界"(World within Us)展是一场有关感知觉的展览,该展将展览内容与观众的味觉和嗅觉关联起来。如展览中设计有两块图文版,一块描绘的是舌头感知五味(酸甜苦辣咸)的示意图,另一块则展示了嗅觉及其工作原理。接着根据操作指南,观众可通过按按钮获得一粒软心豆粒糖,尔后捏住鼻子将软糖吞下。此时观众通过味觉能尝出软糖甜甜的味道,但却无法闻到任何气味。直到观众把捏着鼻子的手放下,一股菠菜的气味才窜进他们的鼻尖。这种感受是相当美妙和独特的,观众的情绪随之波动,毋庸置疑,这将是一场记忆深刻的体验。第二种是在生产某类食品或饮料的行业展览中,开辟一个空间甚至是一个展厅,让观众自由品尝食品或饮料,甚至通过DIY自制食品或饮料。在日本,为了纪念方便面的制造者安藤百福诞辰100周年,2011年,世界上第二家方便面博物馆在横滨横空出世,在该馆的二层体验工坊中,观众可参与两个项目:绘制包装方便面的杯子和手工制作符合自己口味的方便面。其中,方便面制作是从和面开始的,最后当方便面被装袋领取时,碎屑也会被倒至观众手中,于是观众便能津津有味地品尝这份独一无二的味道了。在美国可口可乐博物馆也有一个特别的展区——"尝一尝它"(Taste It)展区。该展区被分割成若干区域,分别提供来自欧洲、亚洲、非洲等各地的可乐。最后在展区出口,观众还可以喝到公司最新研发的口味和品种。在这样一个特别的展区中,观众不仅能获得尝遍全球可乐的机会,惊诧于各种口味的吊诡,还能感受到可口可乐文化的世界性与民族性(见图125)。

总之,味觉反映了食物所拥有的生物属性,展览不仅可以展示这些生物属性,还可以展示它们的烹饪过程及其烹饪艺术,更为重要的是,味觉还是某些人群身份和文化的重要载体,可用来揭示和表达与群体历史文化相关的信息。就群体而言,味觉是特定社会和文化的产物,带有某种群体的共同

图 125　可口可乐博物馆"尝一尝它"展区,观众正在品尝来自世界各地的可口可乐

意识和集体记忆,成为身份认同的重要表征。如民族食物反映的是当地的特色资源、集体需求及民族文化,具备一定的辨识度。除了群体记忆外,味觉还关联着个体记忆,我们都尝过不同的味道,其中一些熟悉的味道会带给我们无须想象的直接体验,这种个体的主观感受有助于我们参与展览并构建意义。因此,文献收藏机构在策划展览时,应充分认识到味觉体验的巨大潜力和内在魅力,通过展览设计将味觉要素纳入,积极开发并创新使用,从而为观众介入展览搭建平台,体验也将变得应有尽有且兴味盎然,以帮助推动展览和观众的双向互动。

(7) 外部要素:展览预算与进度

如果要将展览从内容文本变成一种实体体验,那么必然要经过设计与实施阶段。在设计阶段,设计人员需要借助洞察力、创造力和设计技能,将针对文献的研究转化为一种三维的实体表达。而实施阶段是指展览的制作和安装阶段,通常需要从确认设计图纸和建造规划开始。在这一过程中,我们需要确保展览按时间、按预算完成。然而为达成这一目标,仅仅依靠"媒介"要素的倡导是不够的,还需要依靠机构负责人和项目管理者(项目经理)共同参与其中。总体来看,预算和进度表应当在展览伊始就制作完成,尔后随着项目的推进,形式设计的各个细节得以明确,相应的成本被精确地计算出来。一般来说,展览的开幕时间是不能变动的。所以作为一个工程项目,展览深受经费和时间的束缚和限制。尽管良好的设计和精湛的制作对展览的成功至关重要,但如果在预算和时间上管理不善,也可能会导致展览的传播效果不佳,甚至最终失败。同时,在预算和进度还未确定前,展览不宜深入开发,否则将会在时间、经费和人力上造成劳师废财。

首先,从预算来看,一旦确定建筑方案,就可以采取面积估值的方法做出预算。但此时的预算相对粗糙,不过应基本符合展览的规模、质量要求和复杂性,并在过程中不断细化和修正方案。在展览预算分配上,一般制作费用占比最多,通常超过50%,设计费用次之,往往占18%~26%(见图126)。而设计费用的高低往往取决于企业知名度、展览规模和展览类型,其中互动性强和高沉浸式的展览一般设计费用相对较高。在展览的设计和制作中,不少展览会面

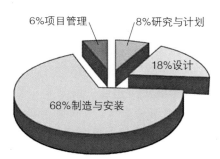

图126 展览预算中的费用构成

* 图片来源:B. Lord, M. Piacente, *Manual of Museum Exhibitions*, Rowman & Littlefield, 2014, p.576.

临费用不足的问题。因此,展览费用最好是用在能支持展览传播目的、对理解展览内容有用的关键要素上,以实现重点信息的阐释,并达成展览传播目的。策展中的相关人员要掌握费用的最佳用途,究竟是用于多媒体设计,还是重点展品设计,或被均衡地分配到各个展览要素中?① 在全部预算中占比最大、最具可塑性的是制作和安装阶段,该阶段的费用可在设计阶段通过评估加以明确。而该任务的完成需要依赖在成本估算方面有经验之士。他们有时是由经验丰富的团队成员或外部专家组成的,但更多的时候,预算是由设计团队或制作团队来提供的。在概念设计结束时,通常会进行设计估算,

---

① P. Mckenna-Cress, J. A. Kamien, *Creating Exhibitions: Collaboration in the Planning, Development, and Design of Innovative Experiences*, John Wiley & Sons, Inc., 2013, p.145.

但随着设计的深入,设计的每一阶段,如在设计开发 3/4 阶段和完成阶段,都需要出具详细的成本计算。因此,在签署制作和安装合同时,中标公司的最终报价应当是一份细致入微的成本预算,涉及展览设计中每一项目的具体构成。无论何时,展览都应当避免从未来的预算中提取一部分,以平衡早期阶段的预算不足。

其次,从进度来看,展览必须如期与观众见面,因此策展不可能无限期地延续下去。展览进度指的是展览从开始到结束的总体时间范围,有时展览计划是数月或一两年,有时却是三年或五年。可见,创建展览是在时间和预算双重压力下开展的一项富有挑战性的工作。策展的按期推进不仅取决于机构内部的团队成员,还依赖于机构外部的承包商,所以展览的创建往往呈现出难以预见的复杂性。但无论展览开发的过程如何复杂,做出每个重要决定的时间都应当尽可能地遵循展览的进度表,只有当策展团队在重要决定上达成共识时,策展工作才能向下一阶段推进。

影响展览进度的因素不一而足,一般来说至少包括四类:一是展览规模,通常规模越大,展览的规划、设计与实施所需的时间也越长。二是展览性质,常设展览和临时展览在策展时所花费的时间有所区别。常设展览因为持续时间较长,会具备高额的预算和精细的支出,所以创建展览所需的时间更长。这意味着策展团队需要针对内容开展深入研究,寻找更加优质的设计和制作团队,以及使用更高质量的展品资料和辅助材料。而所有这一切都需要更多的时间给予保障。三是展览经费,当前我国文献收藏机构用于策展的经费通常不高,且多数是从一开始就已基本确定。所以随着展览的推进,策展团队需要随时呈现可使用的资金和现金流,以保证经费支出不能偏离预算太远。四是善用时机,某些社会或政治活动的纪念日都可被用作展览的开幕日,如此,我们便能以倒推的方法明确本次策展的时间跨度。可见,通过展览的开幕时间可判定策展的结束时间,进而推断策展的开始时间,因为开幕时间已经确定无疑。同时,策展团队中的项目经理可以依据总体时间表(见表85),针对本次展览制定出一份详细的进度表。显然,这是一份理想的总体时间表,主要针对国际上的基本陈列,但事实上,我国展览的总体时间会受到现场逻辑影响,导致策展周期相对更短。策展并非花费的时间越多越好,尤其是临时展览,但这不意味着策展实践不需要遵循理性逻辑,越快越好。临时展览的策展周期之所以相较于基本陈列应当更短,是因为我们意识到围绕该展览的主题和内容,正在持续地诞生新成果或新发现，观众对该展览所涉猎的主题的热情和兴趣可能会有所转移，展览所使用的技术也在不断推陈出新。此外，策展过程中的核心成员需要尽快地完成各类审批，并提出调整或缩短时间的方案，通常设计制作、分阶段实施和招投标的合理安排，都有助于加快策展进度。

表85 展览理想的总体时间框架

规 模	总体时间范围	大概的时间段
50 m²～200 m²	18 个月（1.5 年）	规划——3 个月 设计——7 个月 实施——8 个月
200 m²～500 m²	24 个月（2 年）	规划——4 个月 设计——8 个月 实施——12 个月
500 m²～1 000 m²	30 个月（2.5 年）	规划——8 个月 设计——10 个月 实施——12 个月
1 000 m² 以上	48 个月（4 年）	规划——8 个月 设计——14 个月 实施——24 个月

* 引自 B. Lord, M. Piacente, *Manual of Museum Exhibitions*, Rowman & Littlefield, 2014, p.380。

（四）体验策略中值得注意的三个问题

本部分主要探讨的是针对"媒介"要素的倡导问题。笔者首先明确了文献收藏机构展览的三大特征：真实文献、社交空间、亲身体验，尔后于此基础上，提出创建展览身心体验的七大策略，包括：展览设计的原则、空间规划与参观动线、展示手段与高潮阐释、说明文字、展柜与照明、多元感官的整体感知、展览预算与进度。笔者认为，在使用此七大策略时，还需要全神贯注于三方面问题：第一，团队在设计和打造高质量的实体体验时，应如何契合展览内容并满足观众需求？第二，如何确保整个策展流程与展览呈现都清晰而完整？第三，如何打造出富有创意的展览实体体验？

问题一：团队在设计和打造高质量的实体体验时，应如何契合展览内容并满足观众需求？前文已围绕该问题屡次进行过探讨，一方面，形式设计要与展览内容在逻辑上保持同步，另一方面，应尊重观众的认知特征、参观习惯和体验偏好,即不仅要契合展览内容,还应满足观众的实际需求。由于设计与制作乃是策展最终落地的关键阶段,为观众与展览直接对话的媒介,所以凡是涉及该项工作者都需要郑重其事。一般来说,"媒介"要素的倡导者包括设计师和施工团队。其中,设计师又包括平面设计师、三维设计师、照明设计师、多媒体专家、声学师、工程师和建筑师等,而施工团队则囊括展览制作者、安装制造商、计算机硬件和软件公司、电影和互动媒体生产商、生产和安装产品的供应商等。这些倡导者通常来自各行各业,由于展览拥有的包容性和创新性极强,所以某些展览可能会存在一些特殊诉求。当前,我国图书馆、档案馆和方志馆在策划展览时,内容策划往往由馆内相关部门承担,而设计和制作则交由外部公司负责。由于公司通常以利润最大化为目标,所以有时习惯采取模式化的展陈手段,即从标准化素材库中选取元素或者基于以往的经验做法,导致原创性和思想性都不太强。因此,基于展览内容的个性化、定制化的设计在展览界仍不多见,最终展览可能变成一堆彼此没有关联的物件组合,或是图文、雕塑、模型和场景的模板化拼凑,或是挂在墙上的平面教科书。鉴于此,在策划文献收藏机构展览时,设计团队应在展览伊始就参与进来,考虑空间容量和特殊需求,并通过思维导图、概念图、泡泡图、草图、模型和比例图,不断将展览文本的想法可视化,使想法之间的关联一目了然,与内容团队保持深入沟通,真正理解并有效转化内容。

以"亚东图书馆遗珍——陈独秀胡适重要文献"特展为例,该展中《胡适留学日记》手稿、陈独秀《〈科学与人生观〉序》等都是20世纪初历史大变革的纸媒见证,推动着中国新文化运动和现代化进程。那么,究竟应当如何将文献中所记载的这些信息,转换为一种能为观众所感知的实体体验,使这种体验对于观众而言富有吸引力、易于理解且美观舒适?这就需要依赖设计和制作团队的专业技能、专业思想和专业情怀,仅仅直接呈现文献本身是无法达成的。相较于日本的纸张档案博物馆,尽管该馆馆藏4万件资料和1.5万本书籍,但是它并未将自身定位成珍贵资料展示室,即直接将重要资料或书籍加以展示,而是选择以"追溯纸的历史,了解现在和思考未来"为传播目的,将展览分成"纸与产业""纸的教室"和"纸与文化"三部分,且在各部分形式设计中分别使用了抄纸机模型、抄纸机示意图、抄纸原料、各种生活用纸、问题翻翻板、世界各地信息的承载媒介、造纸术传播地图、造纸原料和工具、造纸工艺模型等。通过结合展览内容的巧妙设计,展览最终为观众打造出用眼看、用手摸、用工具探索和用大脑思考的全新体验(见图127)。"纸"及其承载的文明,乃是文献收藏机构重要的展览主题,通过对这类二维藏品的信息解读,借助变化多端的设计制作,使得展览内容深入浅出,在增进观众认知的同时,体验过程也变得妙趣横生。

问题二:如何确保整个策展流程与展览呈现都清晰而完整?第一,策展流程的有序推进,很大程度上依赖于一份制定合理的进度表,以及在项目负责人的协调下,各项工作按进度分步实施。换言之,策展的顺利开展离不开整个团队有效且深入的合作。① 众所周知,自20世纪80年代起,随着展览的综合性和复杂性日趋凸显,西

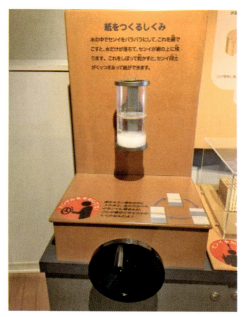

图127 纸张档案博物馆基本陈列中的"如何造纸"模型,观众通过转动手柄能够让造纸过程可视化呈现

* 图片由日本纸张档案博物馆提供。

方展览界的注意力已开始从"观众"转向"合作者","不少专家对此欣然接受,而且从一开始就帮助推动此事件的发展"。② 因此,合作成了一种重要趋势,良好的设计与制作团队应积极倡导合作且避免摩擦。一般来说,在展览的概念开发和方案设计阶段,提倡策展人员以团队形式开展工作,但是在设计开发、施工文件、招投标、布展、开放和开放后的维护阶段,策展团队则可以分开独立工作,但是仍需要时刻向团队汇报具体的工作进展与成果。尽管认识到合作在现代策展中至关重要,但开展有效的合作实属困难。就设计团队而言,其工作的难点在于究竟怎样才能为观众打造出精美、有趣且有意义的物理体验,并且过程中能满足"文献"要素倡导者的内容要求,还要确保每个成员能按照预算和时间执行各项任务。可见,设计与制作团队除了完成本职工作外,还需要配合团队中的其他成员,一起为展览目标而共同努

---

① P. Mckenna-Cress, J. A. Kamien, *Creating Exhibitions: Collaboration in the Planning, Development, and Design of Innovative Experiences*, John Wiley & Sons, Inc., 2013, p.X.

② Ibid.

力。但我们需要明白的是,合作从来不是一种本能,而是后天习得的,同时习得过程通常艰难又费时。合作之所以能获得成功,关键在于彼此能够达成共识。丧失信任、担心冲突、缺少契约、逃避责任、不重视结果都是合作成功的绊脚石。合作既不能顺从权威者,也不能选择折中观点。第二,如何保证最终呈现的展览能够清晰而完整,这一点在体验策略第六点"多元感官的整体感知"中已做过详尽论述,该策略强调的核心思想是展览应提供给观众"整体大于部分之和"的综合体验。此处不再赘述。但毋庸置疑的是,若要真正实现"多元感官的整体感知",在其余六点策略中也同样应当致力于"清晰而完整地呈现展览",如在展示手段、说明文字、展柜和照明等方面,都要能尽可能保证构成元素的整体性以及与展览主题的契合性。因为今天的观众不再会只满足于欣赏毫无生命的展品堆砌,而是想要了解和体验有情节的生动故事。

问题三:如何打造出富有创意的展览实体体验? 展览本是一项文化创意活动,"每个展览都是独特的:即便是相同的物件,当将其置于另一个空间进行展示时,看起来也完全不同"[①]。目前,我国展览界对于同质化现象的批评不绝于耳,那么究竟如何才能使不同展览各显千秋,将美妙的想法通过新颖的设计进行呈现,以达到出奇制胜的体验效果? 这是展览在设计时面临的现实问题。首先,笔者主张在开发阶段即要寻找可行的创意,以保证观众最终能获得与机构使命相关的有用体验。其次,展览主题的选择应足以引发观众的好奇,从而使其对体验真实展览充满期待。最后,将展览内容变成观众能理解的有形体验,预先掌握观众的观展体验,并为这些体验设置认知、情感和体验目标。可见,尽管创意最终需要依赖设计和制作才能完美呈现,但事实上从展览伊始就应当酝酿想法,而最佳的展览创意及其实现必然是一项立足观众视角、基于传播目的的系统工程。台湾文学馆的"扩增文学·数位百工"特展的展览创意和体验设计可谓独树一帜。该展为我们创建出穿越时空、斗智斗勇和具备45 760种不同结局的冒险故事,而这些故事的实体演绎则依赖于10位作家、6个文本、3个文学争论、2个文化组织、1张题字录和7道关卡。[②] 具体来说,这是一场借助现代数字科技,带领观

[①] P. Mckenna-Cress, J. A. Kamien, *Creating Exhibitions: Collaboration in the Planning, Development, and Design of Innovative Experiences*, John Wiley & Sons, Inc., 2013, p.XVIII.

[②] 台湾文学馆:《扩增文学·数位百工特展/台湾文学 X 数位内容》,https://event.culture.tw/NMTL/portal/Registration/C0103MAction?useLanguage=tw&actId=70056&request_locale=tw,最后浏览日期:2021年3月10日。

众重返至1895—1945年日本侵占时期台湾的有趣展览。当观众步入展厅时,首先需要从10位台湾早期文学家中选择一位,领取卡片进行角色扮演,每个展区都有相应展项需要通过刷卡读取,刷卡后会出现与该作者相关的信息,或邀请玩家参与互动的设计。通过这些角色扮演和媒体互动,观众完成了一场场精彩绝伦的故事历险,体会到文学家们在遭遇困境时的坚韧与无畏。

(五) 小结

对"媒介"要素的倡导,要求我们重视展览空间内的实体和感官设计。通常实体和感官设计是最为直观的,但需要注意的是,对于具有阐释要求的展览,在设计中"美"只是前提,"理解"才是目标。首先,我们应当明确,"媒介"要素的倡导者主要包括设计师、制作人员等。与"文献"要素的倡导者一样,他们需要在平面设计、工业设计、建筑和舞台设计等领域具备专业技能,当馆内缺乏此类人才时,可通过外聘方式实现。"媒介"要素倡导者的来源主要包括三种:自给自足式、内外合作式、"交钥匙"式。

其次,倡导"媒介"要素强调的是一种体验,而这种体验应当坚持以观众为先,通过展览要素的空间安排,为观众创建出美观且有用的实体体验。一般来说,存在三种较为典型的体验类型:个人的初次或偶发性体验、个人的经常性体验、团体体验。无论何种体验,都需要依赖对"媒介"要素的倡导,包括设计理念、空间规划、参观动线、恰当媒体和个性化设计,同时环境的可持续性和设计的可及性也不可忽视。因此从某种程度上来说,对"媒介要素"的倡导也可被归于对"受众"要素的倡导,或者说两者之间存在交叉,因为在打造观众的实体体验时,最终是为了满足观众的差异化和动态化的文化需求。

再次,提出倡导"媒介"要素的体验策略。为了呈现精美、富有节奏且亮点突出的实体设计,让观众在提升认知的同时,通过情感引爆而留下深刻记忆,体验策略可从两方面入手:一方面厘清展览作为一种媒介,可被善加利用的基本特征——真实的文献、社交的空间、亲身的体验;另一方面则从"内部要素"到"外部条件",探寻内外兼顾的体验策略,由此提出七大策略。

第一,展览设计的原则方面。在爬梳先贤研究成果的基础上,笔者提出美观、舒适、匹配内容、身心参与、环境设计和经济性六大原则。第二,空间规划与参观动线方面。针对空间规划,明确空间标准设计的依据、制定具体的空间设计标准、与建筑设计师保持沟通。针对参观动线,国内外已诞生不少高质量的研究成果,但是目前我国展览中仍存在动线规划不佳等问题。动线的规划应当给观众直观的方向指示,同时贯彻习惯性、流通性和便利性三大原则。第三,展示手段与高潮阐释方面。就展示手段而言,学者们依据不同标准先后提出七种、两种、四种和三种分类方法。就高潮阐释而言,在展览设计时需要围绕重点展品或重点信息,营造展览的高潮和兴奋点。策展团队可以对感官表达的三个层次善加利用:核心层次——对物件及其辅助材料的展示;中间层次——在核心层次周围安排的景观和模型;外部层次——对色彩与灯光的处理。此外,展览的高潮和兴奋点往往会被安排在三个位置:展览开端、中后段和结尾处。第四,说明文字。虽然阅读说明文字不是观众参观时的核心行为,但却是他们的习惯性动作。拥有阅读能力的观众往往会不自觉地阅读展览中的部分说明文字,但通常不会全部都读。当前有关说明文字的研究主要聚焦于时间停留、文字内容(变化和长短)和文字形式三方面。为了使说明文字持续对观众产生吸引力,让他们在轻松介入的同时,能理解展览并产生思考,需要在设计上力求清晰易读、保持多样性、实现分众化和开展评估调查。第五,展柜与照明方面。在明确展览设施设备保护性、展示性和人性化三大设计原则的基础上,探究设施设备中最为常见的一种类型——展柜。围绕展柜要素,分别就其类型、功能和设计策略展开论述。围绕照明,观众在参观展览时,对展品的欣赏、认知和沉思,与光线投射和呈现效果息息相关,大型机构的重要展览通常会聘用照明设计师和灯光顾问。照明设计的前提是方便使用和易于维护。原则是相对保护性、色彩显还原性和视觉舒适度。不同类型的展品对照度存在不同要求。一般来说,照明方式包括自然、人工和混合三种。各个阶段的照明设计需要考虑不同的影响因素。第六,多元感知的整体性方面。为打造别出心裁的展览体验,在设计时不仅要重视观众的视觉体验,还要重视他们的触觉、听觉、嗅觉和味觉等多感官体验,以及这些体验彼此之间的关联,从而实现"整体大于部分之和"的综合感知觉。其中,视觉体验包括单一展品展示、组合展示、语境化展示、放大/缩小展示、视频影像展示、模型展示、特殊介质展示和活态演示等。触觉体验除了触摸展品的直接体验外,还包括操作设施设备的互动体验。声音体验涵盖三种类型:配合特定展览主题的背景声音;通过声音帮助解读展品,或以声音创制展品,又或邀请观众留言;打造以声音为主题的展览。嗅觉体验的创建至少存在五种方法:用气味提升沉浸效果,用气味引发回忆和情感,用气味促使观众产生良好情绪,用气味让观众产生不良情绪,帮助视障者和听障者定位和寻路。味觉体验的设计主要存在两种方法:通过某种设施设备将食品和饮料等提供给观众,邀请他们品尝并促使其心情变化;开辟一个空间甚至是展厅,让观众自由品尝甚至自制食品或饮料。第七,预算与进度方面。尽管优质的展览设计与制作对展览的成功至关重要,但如果预算和时间管理不当,将会直接影响设计和制作水平的正常发挥,甚至造成设计和制作效果欠佳。其中,预算应当分阶段地进行细化与审核,经费应重点投掷在展览传播目的的达成和核心信息的阐释上。影响进度的因素包括展览规模、性质、预算和开幕时间。由于观众最终欣赏且体验到的是展览的物化阐释,以及由此带来的真实体验,所以上述七方面策略的成功实施举足轻重。

最后,在明确展览"媒介"要素的内涵、倡导者及其要求,并制定相应策略后,仍然有三方面问题值得我们倾耳注目:一是团队在设计和打造高质量的实体体验时,应如何契合展览内容并满足观众需求?二是如何确保整个策展流程与展览呈现都清晰而完整?三是如何打造出富有创意的展览实体体验?总之,对"媒介"要素的倡导,无论是规划、设计、还是制作,都旨在达成概念的可视化,给整个展览以形式支持,实现形式即是内容,提供观众一场物我相融且恰到好处的真实体验。

第三节 构建文献收藏机构策展理论的阐释模型

为了区别于博物馆传统的器物类展品展览,探索立足于文献的文献类展品展览,笔者以文献收藏数量最巨的图书馆、档案馆和方志馆为突破口,试图从历时性的发展演变和共时性的问题聚焦来剖析文献类展品展览问题产生的根源及其制约瓶颈,并于此基础上重思文献类展品展览中文献类展品的特点和价值,由此寻绎这类展览可能具备的普遍性和特殊性,以专门构建一套针对文献类展品展览的策展理论阐释模型。为此,笔者首先从结构层面抽象出"文献、受众、媒介"三大要素。其中,"文献"要素是基础,"受众"要素是核心,而"媒介"要素则是桥梁。如果要创建一个优秀展览,往往离不开对每一要素的成功倡导。然而,优秀展览的创建并不只与上述三大要素相关,还涉及机构使命的达成、信息阐释和传播的过程、谁参与了该过程以及由此带来的结果,它们都将影响展览成品的震撼亮相。所以,虽然在策展过程中倡导三大要素举足轻重,但其他几方面同样不可偏废。鉴于此,我们需要把策展视作一项创建"信息共享体"的系统工程,并试图思考位于该项工程最底层的本质问题可能是什么。笔者认为这一本质问题可以概括为:如何实现以"文献"为载体的信息阐释?如果我们将策展的目标确定为怎样实现以"文献"为载体的信息阐释,那么新的问题又随之浮现:这一信息阐释的过程是怎样的?它又具备什么样的规律性?具体来说,即当我们以文献中的符号信息作为信源进行编码时,探究它究竟会经历哪些阶段并呈现出一些可复制使用的结论,以促使信源经由全方位编码,成为传播成功的信息共享体,而对三大要素的倡导也将被纳入其中相应的环节。据此,笔者尝试将这一过程及其规律体系化,构建起文献收藏机构策展理论的阐释模型。

正因为此,本节将围绕文献收藏机构展览的信息阐释问题,研究文献从诞生之初,经由信息编码到信息重构的过程,即经历"信源—符号化信息—再符号化信息—物化信息(信息共享体)—信宿"四个阶段,揭示各阶段所呈现出的现象、规律,进而提出应对之策。其中,从"信源到符号化信息"阶段为"文献"和"受众"要素的倡导埋下种子,从"符号化信息到再符号化信息"阶段将对"文献"和"受众"要素的倡导落到实处,从"再符号化信息到物化信息"阶段需要同时倡导"文献""受众"和"媒介"三重要素,而从"从物化信息到信宿"阶段则应当深入贯彻"受众"要素。通过上述四阶段,最初的信源通过文献的符号化记录,经由策展团队全面的信息加工和物化阐释,最终成为观众心得意会、获得情感激发甚至思想启蒙的信息共享体。

一、为何要为文献收藏机构建立策展理论的阐释模型?

(一)文献收藏机构策展理论阐释模型的构建原因

尽管人类始终生活在一个有待开发的世界,但无论是过往的自然界,还是人类社会,均已开发并留下了无所不包、无奇不有的物质遗存和精神遗存(包含非物质文化和自然科学原理)。基本包括两类:一是以物为载体的,二是以人为载体的(或被人发现的)。其中,物质载体又可被分为两类:一类是被创造出的物件,一类是被记录下的符号。但创造的主体可能会有所不同,过程既有主动的,也有被动的。文化遗存(包括文献)、当代物件,各类装置、造型、媒体等都是由作为主体的人主动创造的,而自然遗存等则是由作为主体的自然界被动创造的。在传统意义上,我们可以这么认为,这个已经被开发的世界所留下的物质遗存和精神遗存为我们留下了三本卷帙浩繁的"天书"[①]:它们分别是由化石和地层构成的"过往自然(大自然所经历的地质变迁)",由文物和文化层构成的"过往社会(人类社会所经历的历史变迁)",由当代物件和标本等构成的"现生世界(各个行业、人群等近期发生或正在发生的变迁)"。就前两本"天书"而言,未经过考古学、生物学、地质学和历史学等专业训练的"读者"通常是"读"不懂的,而最后一本"天书"因隔行如隔山或异域文化区隔,"读者"也往往不得其解。为此,一种作为沟通桥梁的媒介应运而生,那就是展览。策展人通过展览媒介对物件及其所载信息进行二次转化,使其成为一种能被观众感知和认知的视觉表达。虽然展览主要展示的是纵横古今的自然社会三本"天书",但事实上,长期以来我们还忽视了第四本"天书",它同样被奉为至宝且不可多得,那就是过往的"文明"。这本"天书"通过文献,即文字、符号、图像等形式记录信息,无疑是远去世界遗留给我们的一笔精神财富,既是知识的海洋,又是理论的宝库,还是思想的源泉。

如果说前三本"天书"的信息载体是器物,难以不言自明,那么第四本"天书"的信息载体则为纸媒,是言之未明和研之才明的。英国哲学家卡尔·波普尔曾提出三个世界的划分,这一点在前文已有涉及,文献既不属于第一世界(物质和客体的世界),也不属于第二世界(意识和精神状态的世界),而属于第三个世界(科学思想、诗和艺术作品的世界),这是一个离开人脑和人体而存在的物化了的人类精神所构成的世界。[②] 如果说前三本"天书"中的物质遗存多属于第一和第二世界,不少是人类行为的创造,那么第四本"天书"——文献,却基本是人类思想的产物,因此文献价值不言而喻。尽管文献是人类思想的产物,但在现实世界中,每一时代、每一个体的认知地平线均受到历史、行业、族群、教育等因素的制约和形塑,使我们在识别文献的字体、书写和表达,以及理解文献的语境上存在难以逾越的鸿沟,未经过专业训练的普通受众通常无法驾轻就熟。因此,有必要通过某种媒介,实现这本"天书"与普通受众的目交心通,文献类展品展览由此引起笔者关切

---

① 参照严建强"展览内容策划"课程中的部分观点。
② [英]卡尔·波普尔:《客观知识——一个进化论的研究》,舒炜光、卓如飞、周柏乔等译,上海译文出版社1987年版,第114页。

瞩目,笔者认为正是由于文献得天独厚的价值,所以迫切需要将它们纳入展览"大家庭",成为未来亟须探讨的重要门类。

文献收藏机构之所以会诞生展览业务,除了上述内因外,功能转型也成为重要的外部催化剂,这一功能转型要求文献收藏机构必须由"被动"服务少数群体,转变为"主动"服务广大受众。因此,展览议题彰显出了重要的时代价值和社会意义。而当笔者欲立足于符号化展品——文献探讨文献类展品展览的策划问题时,发现相较于传统的器物类展品展览,这类展览携带着与生俱来的特殊性。主要表现为:文献所载信息多为符号化的隐性表达,且外在本体信息趋同,以及以文献为材料进行策展时,其真正价值在于文献所载的信息。这些特征决定了文献类展品展览不应只追求让受众欣赏字体、排版、装帧等外显信息,更应对其隐性的语词符号进行释读、翻译和转化。为此,我们需要从这些极富个性的一手文献中提炼展览主题,构建内容结构,而非直接采用面面俱到的通史式框架,只有这样,我们策划的展览才会是独一无二且鲜活生动的。所以作为认知世界的另类"物质遗存",文献类展品展览将成为展览门类中的一位新成员,文献材料也将成为展览内容的新来源,从而使展览世界变得视角更趋多元、内涵也愈加丰富。鉴于此,我们需要为文献收藏机构专门构建一套文献策展理论的阐释模型。

(二) 展览信息的传播成功离不开有效阐释

展览归根到底是要实现信息的成功传播,而此过程依赖信息的有效阐释。所谓信息传播,又称信息交流,是指借助某种载体,通过一定的信息通道,将信息从信源跨越时空,传送到信宿(信息接受体)的过程。①

而"阐释"(interpretation)一词,从语义学来看,前缀"inter"代表在"在……之间",词根"pret"等于"value",代表"价值、估价",引申为"表达",因此,"interpretation"的字面意义为(信息)由一方向另一方/多方的表达。②现代阐释之父弗里曼·蒂尔登指出:"阐释,属于一种教育活动,目标是通过对原生事物的利用、参观者亲身经历,并使用直观的媒介,揭示事物之间相互作用的关系,而非事实信息的简单传递。"③此概念基本包含四大要义:阐

---

① 宋余庆、罗永刚:《信息科学导论》,东南大学出版社 2001 年版,第 33—34 页。
② 周婧景、严建强:《阐释系统:一种强化博物馆展览传播效应的新探索》,《东南文化》2016 年第 2 期。
③ T. Freeman, *Interpreting Our Heritage*, 3rd ed., The University of North Carolina Press, 1977, p.8.

释的资源为原生事物、阐释会关注接受者、以相关媒介为手段、阐释的目的是帮助参观者揭示事物之间的相关关系。以贝弗利·瑟雷尔[①]、美国国家阐释协会[②]等为代表的观点认为，阐释应带有鲜明的观众取向，强调与观众发生联系，取决于观众的参与及其程度。结合弗里曼·蒂尔登、贝弗利·瑟雷尔等学者的观点，笔者将"阐释"界定为"采用某种沟通媒介，向观众传播展品及其相关信息，以促使观众身心参与的过程"。

同时，笔者认为"促进观众身心参与"是阐释概念得以创建的真正用意。而如果想"促进观众身心参与"，必然需要将展览打造成一个能与观众有效沟通的信息交流系统。这一认识早在20世纪中后期就已经被部分学者发现，最早的提出者是传播学巨匠马歇尔·麦克卢汉（Marshall McLuhan）和他的同事哈利·帕克（Harley Parker），这两位学者前文已有涉猎。1967年，在纽约市立博物馆举办的为期两天的研讨会中，马歇尔·麦克卢汉等率先指出博物馆的设计在当时是线性的，但是事实上世界正经历着非线性转变，因此主张博物馆展览应构建一个信息交流系统，但遗憾的是，与会者中并没有太多人能够听懂。次年，邓肯·卡梅隆又在 Curator 杂志上发表了《观点：作为交流体系的博物馆》一文，他在文中提出，博物馆的物并非一般的物，其信息交流体系建立在物的基础上，具备一个信息发送者和接收者。[③]由于邓肯·卡梅隆主张的观点相较于马歇尔·麦克卢汉等显得浅显易懂，所以逐步得到接受并广泛传播。20世纪90年代，克罗地亚-南斯拉夫的博物馆学家伊万·马罗维奇（Ivan Marović）指出博物馆学更像是信息科学、传播科学，从而引发学界的普遍关注。受他指导的博士彼得·冯·门施同样是此观点的忠实拥趸者。毋庸置疑，展览是博物馆的核心业务，此处的信息交流系统主要指向的是展览。在明确展览旨在打造信息交流系统的前提下，有必要参考传播学领域业已成熟的信息论传播模式。以下笔者将重点引入两组信息论学者的观点及其创建的信息交流模式。第一个是由美国的信息论学者克劳德·艾尔伍德·申农（Claude Elwood Shannon）和瓦伦·

[①] 瑟雷尔认为，"阐释目的是以积极、启发和有意义的方式为观众整体体验做出贡献"。见 B. Serrell, *Exhibit Labels: An Interpretive Approach*, 2nd ed., Rowman & Littlefield, 2015, p.19。

[②] 美国国家阐释协会（National Association for Interpretation）指出"阐释是基于使命的沟通过程，该过程在观众的兴趣和资源的内在意义之间建立情感和智性联系"。见 T. Freeman, *Interpreting Our Heritage (fourth edition, expanded and updated)*, The University of North Carolina Press, 2008, p.29。

[③] D. Cameron, "A Viewpoint: The Museum as a Communications System and Implications for Museum Education", *Curator*, 1968(18), pp.33-40.

韦弗（Warren Weaver）在1949年提出的"申农-韦弗模式"（见图128），其对后来新模式的创建起到奠基作用。另一个是德国学者格尔哈德·马莱兹克（Gerhard Maletzke）建立的马莱兹克模式，该模式将观众置于核心地位，在当前我国博物馆信息传播的研究中被最多地借鉴（见图129）。

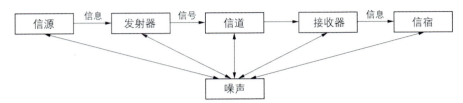

图128　信息论传播模式"申农-韦弗模式"（由信息论创始人1949提出，对后来模式的创立产生重要影响）

* 图片来源：辛万鹏等《高校信息素质教育基础教程》，兰州大学出版社2006年版，第22页。

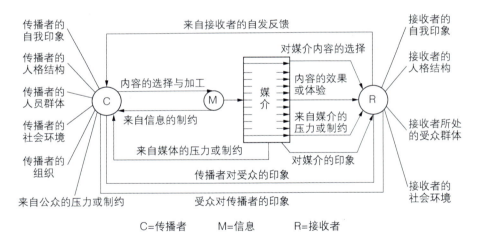

图129　以观众为中心的使用与满足传播模式"马莱兹克模式"（该模式在当前我国博物馆信息传播的研究中被最多地借鉴）

* 图片来源：赵曙光、王知凡《社会化媒体与公益营销传播》，复旦大学出版社2014年版，第112—113页。

尽管诸此信息交流模式给笔者带来不少启发，如信息传播的阶段划分、强调过程的信息反馈等，然而一旦将其应用至展览的信息交流系统时，还需要结合该类型展览的信息传播特征，以帮助推动观众在参与文献类展品展览的过程中实现信息沟通。为此，笔者将以"申农-韦弗模式"和"马莱兹克模式"作为蓝本，尝试构建一套文献类展品展览的信息阐释模式，以期能有助于该类型展览的价值彰显和使命达成。

二、展览信息阐释的第一阶段：从"信源"到"符号化信息"

信源，又称信息发送者，指的是发出信息的来源。① 如果要通过信息阐释实现信息的有效传播，信源是整个传播链条的起点。符号化信息的信源是当时代人用文字表达的同构世界。文献属于符号化信息，主要借由文字加以表达，而文字本身又是人类文明发生和发展的载体。恩格斯曾把文字的出现视为人类过渡到文明时代的重要标志，所谓"欲灭其国者，必先灭其史"②。文字的创造，使瞬间即逝的语言被记录在实物载体上，传到远方，留至后代，一定程度上克服了语言交流的时空限制。即便是在当前这样一个信息化时代，信息仍然主要依赖文字进行传播。图书馆、档案馆和方志馆等作为文献收藏机构，保存着数量可观的重要文献，这些文献所载信息跨越"千山万水"，带我们重返并领略当时代人所处的世界，以及其改造世界的生动图景。为了提升我们对本阶段的认知和理解，笔者将主要围绕从"信源"到"符号化信息"这一过程，从五个方面展开论述。

（一）符号化信息是当时代人用文字表达的同构世界

一般来说，文献的主要表达符号为文字，其与语言的关系甚为密切。因为文字是在语言的基础上产生的，是语言发展到一定阶段的产物。因此，它是代表语言、记录语言的工具，从属于语言，依赖于语言，无法离开语言而独立存在。③ "生产往前发展，出现了阶级，诞生了文字，产生了国家的萌芽，国家进行管理工作需要有条理的文书，商业发展了，更需要有条理的来往书信，出现了印刷机，出现了出版物——所有这一切都对语言的发展起着重大作用。"④正是由于文字的诞生，语言可被记录，传递到遥远的地方，同时得以长时间保存并世代相承，语言的传递效率和影响范围由此获得提升。可见，两者虽然属于不同的符号系统，但彼此依存并相互影响，更为根本的是，文字与语言的基础、结构和发音一脉相承，被语言所规定并不断适应着语言。鉴于此，如果想要弄明白文字问题，就需要首先洞悉语言问题。英国

---

① 邓家先、肖嵩、李英：《信息论与编码（第3版）》，西安电子科技大学出版社2016年版，第8页。
② 许晓芳：《守礼明德 儒雅修为：中学生德行修养的探究与实践》，上海教育出版社2015年版，第57页。
③ 张世禄：《汉字改革的理论和实践》，文字改革出版社1957年版，第7—8页。
④ ［苏］斯大林：《马克思主义与语言学问题》，人民出版社1953年版，第24—25页。

哲学家、数理逻辑学家路德维希·维特根斯坦(Ludwig Wittgenstein)是研究语言的权威学者,他在《逻辑哲学论》一书中提出过著名论断:"语言和世界是同构的。语言是对一件事情的图像式的描摹,代表我们思想的边际。在描述世界时,描述的是事实或事态,也就是对象之间的关系连接。"①后来,他又在《哲学研究》中提出:"语言不仅仅有描述性用法,还可以用来'做事'。"②据此,我们可以找到语言的信源,也即文字的信源,那就是当时的使用者们所描绘、理解以及改造的世界,因为语言是他们在世界中共处和表达的工具,甚至可以说是唯一的工具,而文字的主要用途就是将这些语言记录和固定下来。综上,我们可以说文字的信源是当时代人用文字表达的同构世界。

(二) 符号化信息是一种间接的摹状知识

英国哲学家伯特兰·罗素(Bertrand Russell)在《逻辑与知识》一书中,把人类的知识分为两种,其中之一是"摹状知识"(description knowledge)。"摹状知识"是指"得到理解但非直接经验的事实,是摹状的知识"③。摹状知识通常是由摹状词来表达的。摹状词是指"通过对某一对象某一方面特征的描述来指称该对象的表达形式"④。尔后,伯特兰·罗素又把"摹状词"分成两类:模糊的摹状词和限定的摹状词。而与"摹状知识"相对应的另一种知识是"亲知"(acquaintance knowledge),即"我们直接能够觉察的东西,是直接的知识"⑤。摹状词就好比一条环环相扣的链条,可以很长,但如果我们不断往上寻找,这条链子最终必然与亲知相关联,否则它就成了无水之源。也就是说,间接知识一定建立在直接知识之上。⑥而作为符号化信息的文献,便是一种间接的摹状知识,它的源头为直接知识,即前文所指的亲知。文献是语词符号锁定的材料,人们在认识和改造世界时存在符号化诉求,尽

---

① [奥]路德维希·维特根斯坦:《逻辑哲学论》,贺绍甲译,商务印书馆2017年版,第29—32页。
② [奥]路德维希·维特根斯坦:《哲学研究》,陈嘉映译,上海人民出版社2005年版,第1—7页。
③ [美]R. J. 内尔森:《命名和指称:语词与对象的关联》,殷杰、尤洋译,上海科技教育出版社2007年版,第69页。
④ 博文主编:《逻辑思维训练课》,北京工艺美术出版社2017年版,第30页。
⑤ [美]R. J. 内尔森:《命名和指称:语词与对象的关联》,殷杰、尤洋译,上海科技教育出版社2007年版,第69页。
⑥ [英]伯特兰·罗素:《逻辑与知识:1901—1950年论文集》,苑莉均译,张家龙校,商务印书馆2017年版。

管这种诉求有助于提升人们交际的效能，但文献本身较多采用的是象征性的表意符号，而非我们能直接觉察的东西。因此一旦以这类材料进行策展，就需要把间接知识变成直接知识，回溯到当时世界的发生现场和文化语境，更准确地讲就是要将限定的、而非模糊的摹状知识加工成能被观众所感知的真实体验。这将是一种极为有趣的反过程，也体现了人类知识链条的相通性，同时，直接知识通常是直观而田野的，因此对此类知识的学习与体验也易于为广大受众接受与理解。

（三）从信源到符号化信息：反映当时代人对世界的"成见"及其视域

当每一时代的成书者，把他们的所见、所闻、所思和所感付诸笔端时，都不可避免地怀着自己对所处世界的"成见"，即对于各种事实或事态的知识和看法，从而形成撰写者视域下浓重的时代烙印。如同地平线，你走到哪里，地平线就跟着拓展到哪里，地平线通常是我们的全部视力范围，既体现着我们的全部能力，又反映出我们的全部局限。这种局限性是历史条件下的产物，并始终存在。只有当我们被抛入一定视域之中，才有可能理解当时世界的全部事实或事态。

为此，我们需要从特定的视域出发，尝试跨越历史与文化的鸿沟，理解那一段过往及其间发生的故事，从而努力实现与当时代观众视域的相融。尽管亘古通今的文献都是由作为灵长目类的人所撰写的，但他们所书写的记号体系却随着社会演进不断嬗变。当一套记号体系已经不再适合实际语言的发展，也不再方便大众学习和使用时，这套记号体系就会面临改革。如中国、埃及和巴比伦的古代文字都源自图画文字，但这类文字不但书写复杂，且不易传递感情。因此，人们便将图画文字符号化，创造出表意文字，暑去冬来、物换星移，文字又与语音相结合，表音文字得以发明。早在公元前1000年，腓尼基人已拥有了19个字母，希腊人受其影响，创造出希腊字母。所以，当文献收藏机构进行策展，面对这样一批特殊的展览材料时，需要意识到文献反映的是当时代人对世界的"成见"及其视域，而不可想当然地以当代人的"成见"和视域去看待这些材料及其信息。即便我们看到的是较为熟悉的书写符号，甚至每一个字都认识，也还是极有可能会存在理解上的盲区和误区，这一点应当慎终于始。

同时，正是因为要重构当时世界的使用情境和文化语境，以实现与当代观众的视域融合，所以必然会引发另外一个问题，即如何避免主观冲动，不戴任何有色眼镜去看待各个时期、各个地域以及各个人群所遗留的文献。尽管我们不可能不受到当下情境和文化语境的耳濡目染,但策展人需要尽可能地保持"价值中立",通过身份边缘化地去阅读和走进他者世界及其文明。同时,"距离感和反思意识,能让我们尽可能摆脱无形中支配我们的好恶和预设,从而获得更大自由,进而更好地倾听他人,理解他者"①。

(四)并非所有的符号化信息都适合被用作展览材料

在第二点中,我们已提到文献是一种间接的摹状知识,通过摹状词加以表达。但摹状词究竟是否具备意义,取决于它是否建立在直接通过亲知认识的感觉材料上。② 尽管文献身处某一社会,记录有当时的事实或事态部分的真实信息,但它只是历史的产物,而非历史本身,因此复原历史本就是一种美丽的谬论。然而我们依然能够尽可能趋近亲知认识的感觉材料。但同时我们又发现,相较于器物,作为展览材料的文献,在真实性上往往面临更严峻的挑战和质疑。因为文献是人类书写的产物,带着历史、阶级和个体的立场,具有相当程度的主观色彩③,所以并非所有文献都适合被用作展览材料,必须经过批评性的取舍,尽可能选择接近亲知的摹状知识。而文献收藏机构通过多种渠道收藏的文献有时真假混合、前后无序,需要经过相关专家的整理和加工,去伪存真、去芜存菁。此外,当我们在使用这些符号化材料时,如果经过孜孜不息的努力,策展人仍无法准确把握相关信息,则可一改中心话语或权威面孔,在展览中呈现信息的探索过程或打造多种声音的发声平台,以构建一种更为开放的对话空间。

(五)小结

信源是文献收藏机构展览进行信息阐释与传播的起点。符号化信息的信源通常为当时代人用文字表达的同构世界。但是符号化信息并非我们直接能觉察的东西——亲知,而是一种间接的摹状知识,因此基于这类材料进行策展时,需要将间接知识变为直接知识,带着观众回溯到当时世界的发生现场和文化语境。然而在这样一个逸趣横生的反过程演绎中,至少存在两

---

① 梁治平:《观与思:我的学术旨趣与经历》,当代世界出版社2020年版。
② [英]伯特兰·罗素:《逻辑与知识:1901—1950年论文集》,苑莉均译,张家龙校,商务印书馆2017年版,第160—176页。
③ 李峰:《西周的灭亡:中国早期国家的地理和政治危机》,上海古籍出版社2016年版,第23页。

大难点：一是符号化材料反映的是当时代人对于世界的"成见"及其视域，我们和那个时空之间始终横亘着相宜性问题；二是符号化信息总是带有一定立场和主观色彩，所以面临真实性的考辨，为了选择趋近亲知的展示材料，我们需要具备批判与反思意识，因为并非所有符号化信息都适用于展览。

三、展览信息阐释的第二阶段：从"符号化信息"到"再符号化信息"

在未针对文献开展研究时，它们犹如被黑色灯罩笼罩着的灯，无论里面多么璀璨，外面却难觅一丝光亮，因此，我们需要针对这些符号化信息展开研究，解读其蕴藏的隐性信息，并以当代人能够理解的视域和方式进行符号的再表达，以促成两者之间的视域融合。笔者将这一过程称为"符号化信息的再符号化"。只有通过再符号化，我们才能将信息与信息载体分离，以构建与今人对话的材料基础。一般来说，再符号化可分为两个步骤：一是文献研究，二是内容策划。因此，再符号化信息一开始往往是学术性较强的研究成果，只能为本领域的少数专家或爱好者使用。所以为了富有成效地将文献中的符号信息转化成为展览语言，以高质量地推动下一阶段的物化阐释，策展人要在倡导"文献"要素的基础上，推动"受众"要素的贯彻。以下笔者将围绕从"符号化信息"到"再符号化信息"过程中涌现的问题，基于四方面展开论述。

（一）厘清各馆的馆藏文献及其所载符号化信息

在我国，文献主要被收藏于图书馆、档案馆和方志馆，部分被保留在博物馆，包括社会历史类（含革命纪念类）博物馆和古代艺术类博物馆，如苏州博物馆馆藏古籍九万多册。如果想将打破行政壁垒所造成的学术壁垒，将不同机构策划的文献类展品展览视为同一研究对象，首先需要对各大机构的这类文献类藏品全面地进行盘点。一是图书馆领域。近年来各类图书馆展览频现，无论是展览数量还是展厅使用率均大幅提升。事实上，图书馆办展具备一些潜在优势。第一，来馆借阅图书的读者有可能会顺便看展；第二，展厅面积不大，符合中小型展览的布展要求，观众参观时无须花费太长时间，通常会感到怡然自得；第三，对展览主题具备兼容性，能为各类展览提供适宜的平台。而图书馆展览最显著的优势无疑在于资源，因为图书馆犹如一汪知识的海洋,本身馆藏宏富、充籍盈架。如果按照出版形式和使用载体来划分,图书馆的馆藏资源主要包括印刷型、微缩型、视听型、机读型、光盘资料等。其中,印刷型又可分为图书、期刊、科技报告、专利文献、会议文献、政府出版物、学位论文、标准文献、产品样本、科技档案等,而微缩型指的是把印刷型文献的影像缩小,记录在感光材料上,再借由专门的阅读设备加以阅读的一种文献形式。[①] 基于图书馆馆藏的特殊性和材料的丰裕性,其策划的展览大致包括三类:一是自主办展;二是合作办展(馆方提供场地);三是外单位办展,图书馆支持(只提供场地)。由于本书的研究对象是以文献作为展示材料的展览,所以主要针对第一类,而第二类可能也会有所涉猎。显而易见,第一类展览展出的是图书馆的拳头展品,使用的文献主要包括质量上乘且富有特色的古籍、现当代的名家名作。这些文献乃是图书馆中最适合加工用以展览的原材料。如上海图书馆在每年的9—11月,由历史文献中心、典藏中心和会展中心等多部门合作推出年度大展。其中,历史文献中心负责研究,典藏中心负责文物古籍的收藏和保护,而会展中心则负责提供各项支持,目前该馆的年度大展以历史文献展为主,现已推出书信、古籍装帧和碑帖展览等。又如2015年开放的四川省图书馆新馆,其开馆的重要活动便是推出两大主题展览:"珍贵典籍展"和"百年馆史展",由于后者以文献作为展示对象,而非以文献作为展示材料,所以并非本研究的探讨对象,而前者则可被纳入。"珍贵典籍展"将主题确定为"籍中千秋",以省图入选的《国家珍贵古籍名录》《第一批四川省珍贵古籍目录》等文献作为材料基础,精选了一批珍贵的古籍,如宋至清各个年代的刻本。由此可见,古籍和现当代的名家名作是图书馆策展中最为核心的基础材料。

二是档案馆领域。国际上的档案展览可追溯至19世纪末20世纪初,而我国真正步入正轨是在中华人民共和国档案局设立之后。宣传政治、档案工作、历史或技术档案的第一批展览大致出现在1954—1965年。早期,我国档案馆主要服务于政治斗争。直至20世纪80年代初,档案馆才开始为经济建设服务,当时的展览数量少且规模小。近三十年,档案馆才开始向公共档案馆转型,以前所未有的姿态迎接公众。同时,伴随着几轮新馆建设的高潮,展览逐步呈现发展小高峰,档案馆也因此成为重要的爱国主义教育基地。馆藏主要分为两类:一是档案,二是资料。需要说明的是,档案馆不

[①] 程娟、张慧、裴雷副:《信息检索(第2版)》,天津大学出版社2014年版,第30—33页。

仅收藏了大量的原始档案,还保存着与档案有关的众多资料,包括书籍、报刊、传单、广告、样品、乐谱、证章、锦标、旗子等。其中,针对原始档案的收藏,法律有明文专门进行了范围规定。2011年,国家档案局9号令颁布了《各级各类档案馆收集档案范围的规定》[①],用来规范档案馆的馆藏结构,并明确各类档案的归宿。针对各个机构档案归属问题,《中华人民共和国档案法》也做出了相应规定,指出"博物馆、图书馆、纪念馆等单位保存的文物、图书、资料同时是档案的,可以按照法律和行政法规规定,由上述单位自行管理"[②]。同时,随着新的信息载体的出现,档案馆又开始征集视听型、微缩型和机读型材料。尽管现代档案馆馆藏正在不断拓展,但独一无二的策展材料仍是其中的珍贵档案。

根据参与情况的不同,档案馆展览通常可分为两类:一是自主办展;二是外单位办展,档案馆支持(只提供场地)。本书主要涉及的同样是第一类。自20世纪90年代末起,由档案馆自主创办的展览内容日趋包罗万象,涉及主题展、专题展和珍品展等。在诸此展览中,既有传统的宏大选题,也有新型的小微选题,并且越来越强调观众的参与和形式的多元。这些展览往往以馆藏的珍贵档案为材料,强调档案的记忆功能、地域特色与文化价值。如2008年开放的广州市国家档案馆新馆二期,该馆的整个工程投资高达3.56亿,其中"档案广州"历史记忆展的展区面积约达4 000平方米,共分为"历史名城馆""生活历史馆""地图印记馆"和"时光隧道"四个部分,展出的珍贵档案多达五百余件,包括各种文书档案、实物档案、照片档案和音像档案(见图130)。再如成都市档案馆展览,由于四川是抗战的大后方,所以该馆拥有相当数量的抗战档案,因此2005年该馆推出了名动一时的"天府抗战壮歌"展,展览共包含四个部分:"遭轰炸,生灵涂炭""赴国难,浴血疆场""大后方,坚实保障""以史为鉴,面向未来"。通过使用63件文书档案、197张照片档案和20册(本)资料档案以及7件实物档案,展览再现了这场战争给四川人民带来的深重灾难,以及四川人民始终众志成城,为抗战出兵、出钱、出力和出物的动人故事。

---

① 中华人民共和国国家档案局:《国家档案局发布〈各级各类档案馆收集档案范围的规定〉》,http://www.saac.gov.cn/daj/yaow/201112/ddffcf157f964943bd81560acc0b4103.shtml(2011年12月1日),最后浏览日期:2021年3月10日。
② 中华人民共和国国家档案局:《中华人民共和国档案法》,http://www.saac.gov.cn/daj/falv/202006/79ca4f151fde470c996bec0d50601505.shtml(2020年6月20日),最后浏览日期:2021年3月10日。

图 130　广州市国家档案馆新馆二期"档案广州"历史记忆展

虽然不少档案内容丰富、个性鲜明，但相较于其他类型的文献，它们在时效性上却呈现出显而易见的短板。2017 年修订的《中华人民共和国档案法实施办法》的相关条款规定："中华人民共和国成立以前的档案（包括清代以前的档案、民国时期的档案和革命历史档案），自本办法实施之日起向社会开放；中华人民共和国成立以来形成的档案，自形成之日起满 30 年向社会开放；经济、科学、技术、文化等各类档案，可以随时向社会开放。前款所列档案中涉及国防、外交、公安、国家安全等国家重大利益的档案，以及其他虽自形成之日起已满 30 年但档案馆认为到期仍不宜开放的档案，经上一级档案行政管理部门批准，可以延期向社会开放。"①换言之，被移交至档案馆的档案事实上存在时间的滞后性。除非是世博会、进博会等经济、科学、技术和文化上重大活动的档案，可以马上移交。此外，1949 年前的档案接收范围相对宽泛，无论是内容还是形式都一应俱全且饶有风趣，而 1949 年后的则以红头文件居多，形式也相对单一。

三是方志馆领域。自 20 世纪 50 年代起，伴随着两轮全国性的修志运动，方志馆的展览异军突起，直至 21 世纪，开始向综合地情馆转型，展览脱颖而出，成为方志馆的核心业务，在数量、质量和规模上都呈现出突飞猛进之势。2015 年，《国务院办公厅关于印发全国地方志事业发展规划纲要

---

①　中华人民共和国中央人民政府：《中华人民共和国档案法实施办法》，http://www.mofcom.gov.cn/article/h/zongzhi/201906/20190602873795.shtml，最后浏览日期：2021 年 3 月 10 日。

(2015—2020年)的通知》指出:"全国已建成国家方志馆1个,省级馆15个、市级馆60多个、县级馆近200个。主要任务之一是提高地方志资源的开发利用水平。"①

当前,立足方志展示地方文化,已成为方志馆中与查询、阅读和研究并举的重要功能,它们承担着方志馆存史、育人和资政的时代使命。总体来看,这类场馆的展览类型主要包括两种,一种是反映地方志及其发展的展览,如浙江省人民政府地方志办公室和浙江图书馆联合举办的"文化浙江 方志之乡——新中国成立七十周年浙江方志成果展",另一种则是综合地情展,如国家方志馆的"魅力中国"展、北京方志馆的"古都新韵"展。

后者才是本书意欲探讨的重要类型。但颇为遗憾的是,目前不少综合地情展已经演变成为"展示行政区域、物产和人文等方面内容的文化普及展"。它们热衷于采用实物、造型和多媒体等较为博物馆化的手段创建展览,尤为重视琳琅满目的形式表达,因此往往投入大,但内容中空,社会效益的发挥也不尽人意。笔者认为,这类综合地情展存在着众目共睹的缺陷,并未真正立足于自身的资源优势——方志,从富有特色的方志中创建内容。因此确切来说,它们做的并非方志展,而是文化普及展,这样的展览不仅方志馆能做,其他各类场馆甚至社会机构都能做。以2018年开放的国家方志馆黄河分馆为例,该馆是全国首个方志馆分馆,展陈面积多达10 928平方米,共分为4层,其中2—4层为主展厅(见图131)。展览主题为"大河奔流",分为"中华母亲河""魅力黄河口"两部分。其中,"中华母亲河"又包括"沧桑迭变""文明之光""治河大业""黄河体验厅"四单元,"魅力黄河口"则囊括了"印象东营""悠久历史""多彩风情""胜利之歌""河海明珠""逐梦未来"六单元。整个展览的最大特色是展示手段类型纷呈,包含实物、雕塑、标本、情景再现、电子沙盘、多媒体和展板等,分别用来展示黄河的自然风光、物产地形、文化遗迹和人文风情。尽管采用各色各样的展示手段有助于提升展览的可视化和趣味性,但相较而言,方志本身的内容开发尚且存在进一步提升的空间。

事实上,自中华人民共和国成立后,特别是改革开放新时期以来,全国各地的地方志已结出累累硕果。具体来看,20世纪80年代,我国开启了首

---

① 中华人民共和国中央人民政府:《国务院办公厅关于印发全国地方志事业发展规划纲要(2015—2020年)的通知》,http://www.gov.cn/zhengce/content/2015-09/03/content_10130.htm(2015年9月3日),最后浏览日期:2021年3月10日。

轮全国性的大规模修志,21世纪后又启动第二轮,由于各地启动时间有先后,所以两轮修志的起止时间并不存在明确的分界线。总体而言,现已问世的有十多万卷旧志和整理成果,已出版的省市县地方志书达七千多部,行业志、军事志、乡镇(街道)志、村(社区)志等两万多部,地方综合年鉴一万五千多部,专业年鉴七千多部。这些无疑将成为方志展览无可比拟的基础材料,各馆应精选其中价值最高的方志及其研究成果,作为展览加工的原材料。好的方志展览应当展示方志故事,将方志内容讲给观众听,使方志由平面的二维信息转化为立体的物化呈现,以实现方志史料的深度利用和价值发掘。

图131　2018年开放的国家方志馆黄河分馆

＊ 图片由国家方志馆黄河分馆提供。

综上,无论是图书馆,还是档案馆,抑或是方志馆,若想要策划出各具千秋的优秀展览,厘清其自身馆藏并加以分析,是策展成功的第一步。策展人员需要明确馆藏文献中究竟哪些是最具价值的,比如哪些是全国唯一,甚至是世界唯一的;哪些是民众所不知道的;哪些又是为他们深刻怀念的。客观来讲,文献的数量、质量、内容及研究是优质展览诞生的先决条件,因此"文献"倡导者(甚至是机构负责人)应从专业角度明确这些问题,并且研精覃思这些展览将会给谁看,他们的需求和期待又是什么,同时又该如何兼顾不同观众的普遍需求和多元偏好。

(二)明确针对文献信息进行再符号化时的研究要点

当专业人士对文献及其所载的符号化信息进行再符号化时,研究成果通常表现为用文字撰写而成的论著。尽管这些论著是策展人员策划文本的资料基础,但如果它们缺乏策展所需的主题、人物、情节和素材等,即使再多,也没有办法转化为创新且有意义的展览内容。为此,需要以策展为出发点和目标,探究文献再符号化时的研究要点。我们已认识到文献独一无二的价值在于其所载信息,但它们同时又是一种另类物证,所以研究要点需要从文献的两方面属性入手。

第一,当将文献视为物证时,它基本包含有哪些信息层?彼得·冯·门施在《博物馆学研究方法的探讨》一文中将物所承载的信息区分为四个层次,即自然物质信息(或称为实物的结构性特征)、功能信息(或称为意义特征)、与其他事物联系中的信息(或称为联系性特征)、记录性信息。① 蒂莫西·阿姆布罗斯和克里斯平·佩恩则将信息分为三个层次:内在信息,即通过检查和分析物品的物理特性了解到的相关信息;外在信息,即从其他资源中了解到的物品相关信息;被赋予的特殊信息或含义,即物品对不同的人曾经具有的含义和现有的特殊含义。② 不难发现,上述两种观点基本还停留在现象层面,但其论述的视角仍给笔者带来启发。对笔者产生更为深刻影响的是亚里士多德在探讨事物产生、变化和发展的原因时所提出的"四因说":质料因,构成事物最初的"基质";形式因,事物特定的形式或原型;动力因,事物变化或停止的来源;目的因,做一件事的"缘故"。③ 这一观点趋近本质且概括性强,稍显遗憾的是未明确指出物在时光流转的纵向逻辑上被添加的新信息,不过足以启迪笔者结合文献属性及其特征,提出针对文献的信息分层:一是本体信息,即文献的质料信息(封面、封底和内册的材质)、形式信息(材质、规格等)、功能信息(所载信息发挥的作用);二是衍生信息,即撰写文献的动力信息(该文献由谁通过什么方式成书)、目的信息(为何书写);三是流转信息,即新出现的动力和目的信息及由此生成新的本体信息(在历史变迁中出现新的写作动力和目的,被添加了新信息,从而使最初的质料、形式或功能信息得以拓展)。与器物有所不同的是,根据信息的加工程度,文献还可以被分成零次文献、一次文献、二次文献和三次文献,策展人可从二次和三次文献及其重组而生的再生信息中,找到一些流转信息。总之,当我们将文献视为物证时,需要厘清并明确它们所蕴含的信息要点,包括"本体信息、衍生信息和流转信息"三层信息,由此掌握文献诞生的时空背景及其内涵、意义,以及因为时空更迭而被添加的新内涵和新意义。

第二,从信息阐释的角度研究文献的要点。除了从物的角度明确研究

---

① 王宏均:《中国博物馆学基础》,上海古籍出版社2001年版,第136页。
② [英]蒂莫西·阿姆布罗斯、克里斯平·佩恩:《博物馆基础(第3版)》,郭卉译,译林出版社2016年版,第187—188页。
③ 北京大学哲学系外国哲学史教研室:《西方哲学原著选读(上卷)》,商务印书馆1985年版,第133页。

要点外,我们还可从信息阐释的角度对文献展开研究。正如本书第四章第二节"从叙事学理论中的'历史故事化'概念,突显'文献'要素"中所描述的,当前展览策划已经步入第三阶段,策展人不能再仅止步于直接展示物件或传播物件相关的知识,而是需要重视观众的主体性及其意义建构。正是在这样的背景下,叙事作为展览阐释与传播的重要手段,开始在展览界崭露头角并广为推崇,因为讲故事一直是我们日常生活中较为熟悉且喜闻乐见的传播方式。那么,当展览中欲基于文献及其所载信息来讲故事时,通常需要具备哪些要素?而这些要素实际上就是我们再符号化时的研究目标和任务,即所谓的研究要点。在本研究第五章"对'文献'要素的倡导"部分,笔者曾在先贤们诸多观点的基础上,提出过文献收藏机构策展的五大叙事要素,分别为"叙事者、叙事基件(时间、地点和人物)、困境(显见的和内在的,特别是二选一的困境)、目标和行动、情感和立意",以下将逐一展开论述。

首先是叙事者。叙事者是文本中隐含的作者,直接决定着叙什么和怎么叙。[①] 在展览中,叙事者通常包含三类:第一类由机构充当,换言之,策展人即为叙事者。绝大多数叙事展览都属于这一类型。罗伯特·斯科尔斯在《叙事的本质》中将此类型称为"博学家"视角,他们通常会用自己收集到的证据来构建一则展览故事。在对文献展开研究时,我们需要明确叙事者的实际情况,并由此决定叙事者的最佳类型。如《红楼梦》叙述就是从一个场景到另一场景,从一个人物到另一人物,整个故事更需要从博学家的视角进行组织。

第二类由故事亲历者充当,相较于"博学者",罗伯特·斯科尔斯将其称为"亲历者"。在这一类展览中,策展人通常会安排故事的叙事者,让叙述者以第一人称"我"来讲述故事,他们往往也是故事中的人物,以剧中人的身份参与故事情节的发展。常见于灾难类或人类学主题的展览中。口述是这类展览情有独钟的表达方式。而这一类型在文献研究中也较易辨识,如《孔乙己》这个故事的讲述者是一位从12岁起便在镇口咸亨酒店工作的伙计,他使用第一人称将故事娓娓道来,但这个"我"实际上是被鲁迅安排的。这样的叙事视角如能在文献研究中被揭示,那么对展览叙事的构建将颇具意义,但这一点却很少被专门加以讨论。

第三类由观众充当。观众既可以通过与策展人合作,共同完成展览,也

[①] 胡家才:《新编美学概论》,东方出版社1999年版,第377页。

可以在展览现场直接参与故事创造。后者是观众介入展览的最高形式,常出现在不同主题的新锐艺术展览中。如马丽娜·阿布拉莫维奇(Marina Abramovic)的行为艺术作品"节奏0",即是借助提前设定的规则和观众临时的参与来完成作品及其叙事的。规则是女艺术家正襟危坐在展厅内,桌上摆放着72件工具,观众现场用香水、口红、剪刀、斧子等友善与不友善的工具,对女艺术家的身体进行改造(见图132)。虽然这一类型与文献的展览叙事并不直接相关,但在开展文献研究时,也可作为一种新视角施以探索。

图132　马丽娜·阿布拉莫维奇(Marina Abramovic)的行为艺术作品"节奏0"

* 图片由马丽娜·阿布拉莫维奇提供。

其次是叙事基件,包括时间、地点和人物。一般来说,所有叙事都应具备这三大要素,因此,无论是展览的文献研究,还是展览的内容策划都应试图对它们加以明确。只有拥有这三大要素,才能构成故事发生的真实语境,让观众在极短的时间内完成定位,并走进故事之中而不能自拔。因为观众只有在展览创设的时空中才能获得现场感,跟着故事的节奏浸润其中,从而使自己成为故事的一部分。然而,欲打造一种拟态环境,仅仅依靠时间、地点和人物是不够的,还需要具备由困境、行动和目标所构建的连续情节等要素,但三大要素对故事的真实感、立体化和明朗性至关重要。此处不得不再次提及的是叙事时间中的"双重性"问题,即安德烈·戈德罗(André Gaudreault)和弗朗索瓦·若斯特(François Jost)所指出的"任何叙事都会强调两个时间性:其一是被讲述事件的时间性,其二是叙述行为本身的时间性"[①]。前者是指事件本身所经历的时间,后者是指经叙述者重新组织后

---

① [加]安德烈·戈德罗、[法]弗朗索瓦·若斯特:《什么是电影叙事学》,刘云舟译,商务印书馆2007年版,第19页。

事件经历的时间。在弄清楚叙事时间的"双重性"后,我们可以这样认为,"叙事的功能之一是在一个时间中处理另一个时间"①。因此,基于文献研究所策划的内容文本意味着一个新的叙事,即在一个时序中组织被叙述的事件。为了让展览在叙事中能够有效安排时空,内容文本需要明确的时间,如果叙事没有明确的时间或时序断裂,也需要加以说明。如"文学拿破仑——巴尔扎克"特展,由于是将巴尔扎克的一生作为叙事时间,所以为了策划出完整的叙事文本,需要获取与各阶段相对应的文献及研究资料。而"斯土斯民:台湾的故事"展则从台湾新石器时代开始叙述到当代并辐射未来,尽管展览的起始时间未严格界定,它是一个相对开放的展览,但在进行内容策划时,对于涉及的时间及其范围依然应当准确无误,以便在真实性与准确性原则下合理地重构时空。

再次是困境、目标和行动。故事一般都有启动、推进和结束,通常由所叙述的人物行为及其行为后果组成。一般来说,一个事件就代表一个基本的叙事单元,故事往往是由一系列叙述单元构成的,而困境、目标和行动就包含在这一系列的叙述单元之中。同样以《孔乙己》为例,这个故事由八个叙事单元(即事件)构成,如"我"12岁时到咸亨酒店做伙计,专管温酒;"我"从人家背地里的讨论中知道孔乙己的生平,包括偶尔偷盗的事;孔乙己给孩子们吃茴香豆……这一系列事件中包含着孔乙己的各种行动。其中,困境主要是"中秋前三天'我'听说孔乙己偷丁举人家的书,并被打折了腿",目标是借助孔乙己这一人物,揭示封建社会的冷酷与腐朽。因此,在对文献进行再符号化时,需要爬梳清楚故事是由哪些事件构成的,开头、过程和结局各是什么样的,即故事从始至终的过程,以明确人物的行动及后果。其中,故事中所设定的目标有时显而易见,但有时却隐晦其中,此时研究者需要跳脱出故事本身,从编撰该文献的历史和语境中去分析和揭示,目标对于制定展览的传播目的大有裨益。面向展览的文献研究和文本策划,还需要明确人物在追求目标或实现目标时,将遇到哪些困境,困境越大,故事越吸引人,如果困境是二选一,那么产生冲突将会更为激烈。之所以要明确困境,是因为困境通常是展览内容策划的重点,也可能是情感激发的因子。此外,为策展服务的文献研究和文本策划,还需要注意两种表述:叙述和描写。"女人看

---

① [加]安德烈·戈德罗、[法]弗朗索瓦·若斯特:《什么是电影叙事学》,刘云舟译,商务印书馆2007年版,第19页。

到孩子摔倒在地上,走上前扶起了她"是叙述,而"蔚蓝色的大海泛起层层涟漪"则是描写。杰拉德·杰奈特(Gerard Genette)在《叙事的边界》中提出:"叙述表现为行动与事件,而描写则表现为人物或物件。其中描写的功能主要有二:第一为装饰性的,延伸和详尽的描述可作为叙述的休息与暂歇;过于夸张的描述可能会破坏叙述的平衡。第二为解释性或象征性的,如巴尔扎克对小说人物的面相描述常常也是其心理的披露,描述因此同时是符号和因果。"①我们的再符号化信息通常需要包含叙述,因为它反映了因果关系所造成的状态改变,里面涵盖了讲故事的困境、目标和行动等要素,同时还应包括描写,因为描写有助于实现展览中故事片段的情景再现,给重构现场提供有据可依的细节和深化信息。

最后是情感和立意。面向策展的文献研究和内容策划,除了要重视故事中的事实外,也需要关注故事所蕴含的情感及立意。因为观众在参观展览时,有时并不在意展览内容,这并非因为他们没有看到,更多时候是因为他们没有被看到的内容所吸引,进而产生参与其中的冲动。为了讲好故事,我们通常需要在进行再符号化时,将故事表达得更富戏剧感,邀请观众情感参与,或感动、或兴奋、或吃惊,从而体悟到故事背后的深层意涵。

总体而言,受制于个人体验的局限,我们会遭遇"时空压迫",即一辈子只能生活在被框定的时空坐标中,但我们的精神却是自由流动的,渴望打破时空的禁锢,不再成为被限定的自我,而想去经历日常生活中从未有过的新奇体验。事实上,最让人记忆深刻的体验往往并非感官刺激,而是精神的启蒙和思想的颠覆。如对犹太大屠杀故事进行再符号化的研究时,不仅需要按照时间逻辑梳理出战争的线索,并对其内容进行概述,还需要重视故事中人物的情感变化,即由无知、恐惧到悲伤等。此后美国大屠杀博物馆(Holocaust Museum)的呱呱坠地,最为打动观众的也是由展览故事所引发的情感之旅。这场情感之旅的成功打造,主要取决于原始资料中对这些内容的研究与发现。传统的传播方式是用文字来传递知识和事实,但在创建旨在实现对话的现代展览时,还要用文字来传递情感及其立意,只有两者相得益彰,才能构筑起高效的叙事方式。因为叙事不仅是事实的传达,更是情感的流动。洛杉矶的失恋博物馆中,每件展品都讲述着捐赠者的分离故事。这些故事中所讲述的事实虽然千差万别,但是都隐藏着一段情感,当对这些

---

① G. Genette, "Frontières du récit", *Communications*, 1966, 8(1), p.156.

藏品进行研究时,研究者更应重视藏品背后的情感挖掘。同时,研究者或策展人员不应满足于此,还需要深入探索这种情感的共通性。由于分离的经历并非个人所独有,所以在展示此类事实及其情绪时,还可告诉倾听故事的各类观众:要学会自我疗愈,并且掌握处理情感的正确方式。

综上,当研究人员对文献进行再符号化时,为了更好地服务于未来展览的故事阐释,研究过程不能仅满足于传统的展览要素:叙述者、人物、地点、时间、情节和环境,更要从文献的基本属性出发,为了寻绎与观众有效对话的展览表达,提前规定好再符号化时的研究要点。首先,当我们将文献看作一种另类物证时,它属于一种物质存在,为此需要将其进行信息分层,分为本体、衍生和流转信息三个层次并逐层展开研究,以帮助掌握文献诞生的时空语境和文化意义,以及时空变迁产生的新信息及新意涵。其次,当将文献看作一种信息载体时,它属于一种传播媒介,可考虑采取叙事方式进行舒缓有致的传播。为此,我们在总结先贤重要观点的基础上,提出应加强五个方面内容的研究:叙事者、叙事基件(时间、地点和人物)、困境、目标和行动、情感和立意。经过研究人员对文献的研究,这些再符号化的信息应当是精选的现实,是从故事中挑选出来值得叙述的部分,在这一组织过程中冗余的都已被剔除,留下的是被研究人员认定的经典部分,同时叙事时还需要涵盖对于立意和情感的艺术加工,促使依据研究成果的内容策划变得更加引人入胜,为后期向展览实体转化奠定坚实的材料基础。

(三)再符号化不能只研究符号化信息,还要拓展至其他要素

当我们再次回顾展览发展史时不难发现,在15—16世纪(主要在16世纪)的前科学时代,展览主要展示的是展品本身,那个时代被称为"珍奇柜"时代(前文已有所涉及)。这个阶段的展览主要是出于收藏者对世界的好奇,因而无须开展太多研究工作。进入17世纪后,受科学化思潮影响,展览开始展示展品相关的知识,个人记忆由此转变为公共记忆,展览成了权威知识的传播媒介。此时,对于展品深入系统的研究变得相对重要。直至20世纪中叶后,展览又经历了由物到人的理念转变,需要为观众打造一个信息交流系统。此时,虽然对展品开展研究依然至关重要,但仅仅专注于展品研究本身显然已不足够,还需要拓展至对观众和媒介要素的研究。相关内容在本书的第四章和第五章第一、二节中都曾有过详细论述。因为围绕文献开展研究所获得的再符号化信息只不过是展览信息编码的原材料,而在信息

编码的过程中实际上还会涉及信息传播的对象与手段,所以我们还需要借助博物馆学针对展览阐释和传播所开展的研究,探究文献类展品展览策划的理论和方法,从而为文献收藏机构策展实践提供科学依据。展览作为博物馆学重要的研究领域,不仅包含展览历史、类型、特点和性质等基础研究,还涉及业务理论(如内容策划、形式设计)和方法论等方面的应用研究。应用研究具体如下:在内容策划理论方面,包含叙事学理论、阐释学理论、符号学理论、编码解码理论、学习理论、信息通道模式等;在形式设计理论方面,囊括空间叙事学、完形心理学、情境学习模型、多元感官理论、体验偏好理论、注意力-价值理论、环境心理学、色彩心理学、具身认知心理学等;在方法论方面,涉及展览概念的开发、展览大纲的撰写、内容策划的撰写、说明文字的撰写、平面图的绘制、立面图的绘制、投标和制作及布展、三阶段展览评估、开放和修改及归档等。但不容置疑的是,无论展览经历怎样的历史变迁和阶段划分,文献研究作为信息编码中最为基础的一项工作的地位始终不可动摇,否则文献类展品展览将失去其存在的根基和理由。正如卡里·纪伯伦所言,"不能因为走得太远,而忘记为什么出发"。

(四) 再符号化需要依赖跨学科和跨界合作的研究人员

文献的内容包罗万象,类型不可枚举,涵盖政治历史、法律道德、宗教经典、天文历法、农田水利、科技语文、文学唱词和迷信占卜等方方面面。基于文献的展览既可按照类型学进行组织,也可遵循时间逻辑进行安排,但无论如何,它们都需要依据某种关联被重构,而有效重构的前提即为对展览主题相关文献的穷尽和熟悉,这很大程度上需要依赖多学科、多专业、高质量的深入合作。早在2006年,《光明日报》就曾推出"跨学科研究:理论与方法"专栏,提出"打破学科界限,融合各学科知识,以发展出综合的、交叉的、比较新的领域的知识、概念、方法或技巧,无疑是跨学科研究超越传统分科研究以开创新领域的优势所在。学术研究的跨学科实际是对社会历史发展的跨学科的反映,因而受到越来越多的学者们的青睐"[1]。

但由于长期以来,学科划分过于精细,研究者们的知识结构受限,尤其是在传统的文献研究领域,这种受训背景的局限将导致研究人员无法一应俱全且巨细无遗地理解文献所涉猎的方方面面。以城市空间专题的古文献

---

[1] 佚名:《专栏"跨学科研究:理论与方法"编者按》,《光明日报》2006年3月28日。

为例,随着现代物理学的发展,我们对于空间的认知已发生巨变,多重空间对于古代文献的撰写产生了重要影响。比如城市空间,它本是故事发展的场所,政治斗争、权力角逐、市井传奇都在此上演,有关城市空间的书写早已超越地理空间,变成了一种政治、文化和生活的承载,从而促使民众获得身份与地域认同。而针对此类文献的研究如果只是由城市空间研究的相关学者承担,通常是难以深入挖掘并发现其中精髓的,研究人员需要具备历史学、政治学、民俗学等诸多方面的深厚学养,才能将空间载体及其负载的文明解读出来,并转化为趋近现实的再符号化成果。同时,多数从事文献研究的人习惯于使用本学科较为成熟的传统范式,难以洞察到自身学科的局限和困境,为了采用不同的假设和方法,关注到文献中的新问题和新视角,甚至是找出问题的解决对策,需要组建多学科的跨界合作团队。如图书馆、档案馆的策展通常由历史文献中心、编研部承担,这些专家们围绕展览开展研究,并基于文献研究完成文本策划,但对他们而言,由于受本专业研究范式的制约和影响,不熟悉博物馆学的研究范式,所以要突破学科本位,实现学科共融,客观上是极其困难的。而如果引进拥有博物馆学训练背景的人加盟历史文献中心、编研部,承担或者合作开展面向展览的文献研究,那么情况可能会大有改观。

同时,除了传统学科的研究者,合作对象还可以囊括新兴学科的专家。因为随着展览中"观众至上"的意识觉醒,建立与观众的"相关性"正变得越来越重要,研究团队中如果有部分新兴学科的专家加盟,以发现材料中的现当代要素,无疑将会给未来策展带来新的思想火花和创意连接。此外,为了拓展研究队伍,还可邀请身份各异的多类观众。如博物馆领域的市民科学(citizen science)项目,该项目由英国自然历史博物馆发起,馆方邀请市民借由转录手写记录、收集样本、观察记录等方式参与到馆内的科学研究中,公众既能去寻找档案,也可观察植物等,目前已有数千人参与该项目。[①] 总之,文献收藏机构是馆藏文献的信息中心,为了从多个视角全面且深入地洞悉文献,同时将相关内容进行格古通今的对比和关联,该项工作对人员构成的跨学科和开放性提出新要求,既要依靠机构内研究者的合作,也要依靠机构外专家的加盟,甚至还可依靠馆外的社会公众,从而大大拓宽文献研究的队伍及其范围。

---

① 见英国自然历史博物馆官网,http://www.nhm.ac.uk/(2020年4月25日)。

（五）小结

围绕文献中的符号化信息进行研究，解读文献所记录的隐性信息，并以当代人的视域进行符号化的再表达，能促进受众的视域融合，我们将该过程称为"符号化信息的再符号化"。这一过程需要将对"文献"和"受众"要素的倡导落到实处。为此，笔者围绕着"从符号化信息到再符号化信息"阶段中所呈现的四方面问题加以探究。首先，厘清并分析各馆的馆藏文献及其所载符号化信息，由此获悉：目前各类文献主要被馆藏至图书馆、档案馆、方志馆和部分博物馆。图书馆适合以富有特色且质量上乘的馆藏古籍和现当代名家名作进行策展；档案馆适合以沧海遗珠般的珍贵档案进行策展，它们通常是独一无二的，或是观众未知和怀念的；方志馆则适合以最具地方记忆功能、富含地域特色和文化价值的地方志策展。文献倡导者应当从专业角度确定最终使用哪些文献，并明确展览的未来受众是谁，他们的需求和期待为何以及如何满足。

其次，明确针对文献信息进行再符号化的研究要点。第一，当将文献看作物证时，我们要研究其包含的信息层，包括本体信息、衍生信息和流转信息。第二，从信息阐释的角度研究文献，为其策划出绘声绘色的叙事展览，在研究文献和策划内容时需要明确五大要素：叙事者、叙事基件、困境、目标和行动、情感和立意。

再次，再符号化不能只研究符号化信息，还要拓展至其他要素。因为符号化信息只是策展时进行信息编码的原材料，而信息编码同时还涉及信息传播的对象和手段，所以需要借鉴博物馆学针对展览阐释和传播开展的研究，包括策展的理论和方法，如内容策划、概念设计、深化设计和三阶段评估等。

最后，再符号化需要依赖跨学科和跨界合作的研究人员。因为文献的内容包罗万象，类型不胜枚举，展览需要将相关主题的文献穷尽并关联起来。而当前学科的划分和专业的精细使得研究人员的知识结构相对狭窄，需要跨学科、多专业广泛参与，才能全面深入地把握文献。同时，从事文献研究的人也会习惯于采用较为熟悉的研究范式，难以贯彻新的研究假设和研究方法，以发现新视角和新问题。此外，需要拓宽并建立与观众的关联，邀请部分新兴学科的专家加盟，以发掘文献中的现当代要素，提供策展时新的思想火花和创意连接。

四、展览信息阐释的第三阶段：从"再符号化信息"到"物化信息"

当承载着符号化信息的文献从图书馆、档案馆和方志馆的收藏序列中被抽取，尔后被置于展览序列时，它除了继续拥有原先的全部属性外，还被赋予了一种新的属性——成为展览中传播某一主题的信息媒介。文献收藏机构在策展时，有关文献的研究只是幕后的一项基础工作，而信息的传播才是台前的根本使命。可见，展览功能与文献收藏机构的借阅等传统功能不同，当履行传统功能时，机构无须开展幕后的信息研究，而只需执行台前的信息传播。而当它们在发挥展览功能时，如果幕后的信息研究不到位，就无法实现台前高质量的信息传播，但如果只是依靠幕后的信息研究，也一样难以实现台前高质量的信息传播。由此，在欧美博物馆界出现"curator"一职，该职业便是集"幕后信息研究和台前信息传播"于一体的实践者。在我国，由于文献收藏机构策展起步较晚，专业人才匮乏，策展人更多承担的是幕后的信息研究，尽管他们正努力实现由"信息研究"向"信息研究和信息传播兼具"的身份转换，希望变身为倡导"文献"要素的双栖专家——既是文献专家，又是传播专家，但是这一转换过程是漫长而艰难的。

通过文献研究获得新的符号化信息，这只是策展工作的第一步，却是具备关键意义的基础的一步，通常来说，再符号化信息包括针对展览的文献研究和内容策划两方面内容。第二步是将经由信息编码所获的内容文本转化成特定空间内的实体设计。第三步是进行场外制作和现场布展，经过上述三个步骤，符号化信息最终变成物化信息，相较于最初的符号化信息，物化信息是精选信息的三维呈现，本书将这一过程称为"再符号化信息的物化"。该过程要求我们遵循"文献"要素倡导之下的"产品"——内容文本，同时贯彻并实现对"受众"和"媒介"要素的双重倡导。为此，笔者将主要通过以下四方面对"再符号化信息的物化"进行探究。

（一）对再符号化信息进行物化时，保证文献安全是首要前提

一般来说，在文献收藏机构展览中，展示的实物主要为纸质文物。这类文物通常相对脆弱，对光照、空气和温湿度等都有着严苛要求，所以保证这类展品的安全是展览信息物化呈现的首要前提。图书馆、档案馆和方志馆展览一开始主要服务的是机构内部人员和外部专家，但随着这些机构服务

意识的提升和文化民主化的推进,展览主题日渐多元,阐释程度不断加深,参观人数逐年攀升,凤毛麟角且个性鲜明的手稿、书籍和档案正在获得深层次的开发和利用。但无论如何,保护文献安全是文献类展品展览必须首先遵循的原则。

在美国国会图书馆和大英图书馆等重要机构,配合纸质文物展示的需要,馆方开辟出卓诡不伦的阐释空间,并采用高科技手段解决《独立宣言》和《凯尔斯之书》等珍贵文献的保护问题。这些示范性做法客观上能促使文献展览顺利地迈入公共领域。过去很长一段时间里,文献收藏机构的展览通常是在一些小空间内进行展示的。而今随着大型甚至是超大型文献类展品展览的相继问世,中世纪、文艺复兴时期的地图、亚洲卷轴等大型纸质文物被搬至展厅,为此需要寻找新的保护对策。通常的做法是在较大的展览空间内打造小气候环境,这些小气候环境必须严格满足纸质文物的保存条件和保存要求。令人振奋的是,随着数字化技术的应运而生和推陈出新,不易保护的纸质文物可以通过数字化手段在不破坏原文献的前提下,向公众成功展示并传播文献中的表层及内蕴信息。尽管模型、雕塑、情景再现等造型展示,交互式触摸屏、触摸桌、多媒体墙等媒体展示,以及互动操作等装置展示,打破了传统文献类展品展览的单一展示模式,从而减少了直接用来展示的文献数量,但这并不意味着保护文献的问题应当被弱化或避而不谈,相反,该问题犹如悬挂在策展人头顶的达摩克利斯之剑,始终是文献类展品展览首先需要予以考虑的问题。我们知道,导致展览中纸质文物受损或变质的原因不一而足,但主要可概括为:温度、湿度、光照、空气纯净度和均质度五个方面。

其中,温度是表示空气冷热程度的物理量。[①] 它对展品的保存会产生一定的影响,既有可能加速生物性/化学性老化,又有可能改变空气中的湿度(湿度会随着温度升高而增加,降低而减少)。而由于温度所引起的湿度变化,可能会导致霉菌、昆虫等活动活跃,带来虫害和霉变等。根据范特荷夫规则,温度一旦增加10℃,化学反应的速率也会相应增至2~4倍。[②] 因此,通常情况下,展厅的温度应控制在20℃~25℃,尽管文献长期保存的最佳温度在18℃左右,但是虑及观众参观的舒适度,建议适当调高。此外,在设

[①] 《博物馆学概论》编写组:《博物馆学概论》,高等教育出版社2019年版,第126页。
[②] 同上。

定展厅温度时,除了应重视文献的特定要求外,还要考虑文献的展出时间、能耗等相关影响因素。

湿度是衡量空间干湿程度的物理量。① 它是引起展品质变最为关键的因素,应当郑重其事地加以对待,通常用"相对湿度"进行衡量。相对湿度是指空气中水汽压和饱和水汽压的百分比②,相对湿度低说明环境比较干燥,高则说明环境比较潮湿,如梅雨天。当我们在展示纸质文物时,相对湿度必须稳定在适合这类展品的湿度范围内,否则将造成展品的物理性损伤。因为在相对湿度较大的展示环境中,纸张纤维会吸收大量水分从而变得潮湿,由于纤维之间的距离扩大将产生溶胀现象,此时空气内的污染物便会伺机而入;而在相对湿度较小的展示环境中,展品材料中水分逸出,材料面积就会相应减小。③

除了上述的物理性损伤,相对湿度也会引发化学性损伤,因为水将参与很多化学反应,从而造成颜料的褪色等。此外,相对湿度高也会导致上文提及的生物或微生物活跃,使纸质文物受到真菌、霉菌等的侵袭与破坏。一般来说,展厅的相对湿度应保持在40%~60%之间,如果超过65%,有机材料将可能遭遇生物或微生物所带来的困扰。

光照虽然相对容易控制,但也是导致展品受损的重要缘由。由于光线一般会照射到展品表面,而纸质文物的信息及其价值就附着在表面,所以光照对这类展品的影响不容小觑。主要包括四方面:颜色消褪、颜色改变、材料变脆和遭受破坏。在整个可见光光谱中,对展品产生影响的主要是波长在400纳米~760纳米的可见光,有时也会涉及波长大于760纳米的可见光和小于400纳米的紫外线。虽然在照明时不需要红外线和紫外线,但日常光源中却携带着一定数量的紫外线和红外线。④ 同时,光照的伤害程度并非毫无二致,伤害程度由弱到强分别是从红色到紫色,其中紫外线辐射最强,甚至超过紫色光线。

尽管光照的破坏程度与不同类型的光源有关,但材料本身也是至关重要的影响因素。"纸是一种由极为纤细的植物纤维,经填料加工处理,相互牢牢交织而成的纤维薄片,其中纤维素纤维是最基本的造纸原料,而纤维素

---

① 《博物馆学概论》编写组:《博物馆学概论》,高等教育出版社2019年版,第126页。
② [英]蒂莫西·阿姆布罗斯、克里斯平·佩恩:《博物馆基础(第3版)》,郭卉译,译林出版社2016年版,第217页。
③ 严建强:《博物馆的理论与实践》,浙江教育出版社1998年版,第177页。
④ 《博物馆学概论》编写组:《博物馆学概论》,高等教育出版社2019年版,第128页。

纤维的主要成分是纤维素、半纤维素和木素。木素约占植物纤维原料的20%～30%，它在化学结构上不太稳定，温度、酸、碱都会造成木素结构的改变。因此当光照在纸上时，容易造成纸发黄、老化和破碎等。"①有鉴于此，我们应减少纸质文物的光照时间，将照明调整到观众能够舒适观看的最低强度，同时避免紫外线对它们造成辐射。② 其中，"减少文物的光照时间"理解起来并不困难，但"适宜观众观看的最低强度"究竟是多少则是一个相对专业的问题。当前展览存在一个令人百思不解的现象，对光最为敏感的文物照度却最高，可能是为了让观众容易辨识，如书画、丝织品等，照度低了就无法看清，所以非专业的策展人往往会选择将照度大幅提升。

在本书第五章第二部分，笔者曾围绕照明问题指出，"光照强度（照度）的度量单位是勒克斯，当照度为一勒克斯时，它代表着一平方米面积上所得的光通量是一流明"。针对纸质文物，如水彩画、手稿、票证等，笔者建议使用 50 勒克斯照度，这同时是观众在展厅能看清展品所需的最低照度，而油画等则推荐 200 勒克斯。那么，又该"如何避免紫外线造成的辐射"？我们知道日光、荧光灯都会发射强度较高的紫外线，为此可通过使用紫外线监控器对其强度进行实时监测，一旦超出 75 微瓦每流明（微瓦每流明是紫外线与光的比值），则认为紫外线强度超出了纸质文物所能承受的程度。

空气的纯净度与均质性也是造成此类展品质变的自然因素。空气是多种气体的混合体，其中包含 0.001% 的污染物，这些污染物多数与城市和工业有关，由化学燃料的燃烧所造成。其中破坏性最大的是二氧化硫。同时，气体中的污染物还有硫化氢，硫化氢能够与金属发生反应，造成含铅的绘画丧失光泽度。空气中的氯气和二氧化氮是强氧化剂，将导致油画颜料变得既干又硬。沿海地区的空气中可能还含有氯化钠，如果氯化钠吸附在展品上，可能会造成相对湿度的增加。此外，污染气体还包括氨、氢氧化氨、二氧化碳和一氧化碳等。同时，空气中还携带大量有害尘埃，其中化学微粒一旦遇水将会腐蚀器物。虫卵在合适的环境中也会繁殖，从而使纸质文物被蛀食。微生物还会滋生出霉菌。当灰尘吸附在纸张表面时，也会造成其色彩改变。空气除了存在纯净度的问题外，还存在均质度问题。如果展厅的空间结构复杂，存在各类障碍物，那么将会造成空气的不均质，从而引发展品

---

① 葛鸿雁：《视觉传达设计原理》，上海交通大学出版社 2010 年版，第 103 页。
② ［英］蒂莫西·阿姆布罗斯、克里斯平·佩恩：《博物馆基础（第 3 版）》，郭卉译，译林出版社 2016 年版，第 233 页。

变质,因此需要保持展厅内通风良好。

综上,为了有效保护用以展示的纸质文物,可采用以下几种方法。第一,可通过安装温度计和湿度计,定期检查温湿度。具体的做法是将仪器置于需要监测的地方,其中小型测量仪或记录带可被置于展柜内。在选用湿度计时,为了实现定点监测,不断对记录设备进行校正,建议使用电子湿度计。而针对较为复杂的展区监测系统,可采用一台中央计算机进行连接,通过某些软件完成对温湿度及其变化的监测。

第二,可通过增强展厅环境的可控性来保护纸质文物。具体的做法是创建用以展示的小环境,如展柜,从而实现对某些文献温湿度的有效监控和调整。

第三,可定期更换展品。由于纸质文物通常较为敏感,应每隔数月进行展品更换。一般来说,可通过展品曝光的勒克斯小时数(灯点亮的小时数乘以展示它们的勒克斯水平)计算出此类文物的精确展示时间。如苏州博物馆在2012—2015年推出了"吴门四家"系列学术展览,其中第四场为仇英展,但由于仇英作品全世界只有七十多件,除去台北故宫馆藏的二十多件,剩下的只有四十多件,最后苏州博物馆就展出了其中的30件,该展只维持了45天便结束了。为何辛苦筹备的展览,展期如此之短?究其原因就在于书画多为纸质文物,不能长期曝光,但囿于此次展览展品总量有限,缺乏可用来定期更换的替代展品,所以为了保护这些展品,只好不无遗憾地匆匆撤展。伦敦泰特美术馆(Tate Britain)是最早实行绘画作品更换的博物馆,该馆率先对基本陈列米尔班克(Millbank)画廊中的绘画作品进行了年度更换,这种创新之举既保证了绘画作品的安全,又可提高观众的回访率。

第四,如果展览的举办地是在城市或工业区,建议可购买空气调节或过滤系统。如果这些设施设备价格过高,而馆方又缺乏购买能力,也可采用其他办法来解决空气纯净度的问题,但这些办法需要在纸质保护专家的指导下完成。

第五,展厅可实现空调全覆盖,以保证温度控制在18摄氏度,相对湿度不超过60%,空气既均质而又纯净。

(二)文献收藏机构展览的物化呈现,不能盲目效仿博物馆的器物类展品展览

文献收藏机构展览在进行物化呈现时,所依赖的展览材料主要是文献,

而文献是通过文字、符号、图像、音频和视频等形式记录的知识信息,其中用文字加以记录的纸质媒介占据绝对多数。而博物馆展览在进行物化呈现时,所依赖的展览材料主要是器物,根据不同的分类标准,器物构成迥乎不同。如果按照材料进行划分,器物主要包括金、银、铜、铁、玉、石、棉、毛、骨、角等;根据用途进行划分,器物又包括生活工具、生产用具、交通用具、兵器、礼器和乐器等。[①] 可见,图书馆、档案馆和方志馆等文献收藏机构不同于博物馆,它们大致拥有两套截然不同的收藏系统。正如前文所述,笔者将它们分别概括为文献类展品和器物类展品。两类展品的本质差异在于:前者承载的是符号化信息,而后者承载的则是物化信息。符号化信息是隐性信息且载体同质性强,而物化信息则既包括显性信息,又包括隐性信息,且载体千差万别。

众人皆知,文献是符号化的产物,将语言记录下来,传至远方并长久保存。而语言和世界是同构的,是对事情的图像式描摹,因此文字是当时的使用者用以描绘、理解和改变世界的工具。所以符号化信息通常森罗万象无所不包,但是相较于物化信息,如果直接用来展示,观众则很难在短时间内一一观看并阅读。即便学习动机较强的观众可能会观看和阅读文字,在这样一个述行空间中,他们也将很快陷入疲劳而选择放弃。同时,愿意驻足观看并阅读的观众,也可能会发现由于文献在书写方式、标号特征和阅读方向等方面的不断迭代,他们会产生种种"水土不服"现象。此外,文献多以纸质媒介为载体,外观等表层信息比较接近,同类展品的重复也容易导致曝光效应,让观众感到筋疲力尽、意志消磨,加速注意力分散。而物化信息则有所不同,存在多种类型。依据创造目的的差异,大致可以分为三类:纯审美的物件、纯实用的物件、审美和实用兼备的物件。纯审美的物件,如绘画、雕塑等,它们本是为观看而创作,是一种直观的图像语言,艺术家将日常生活中熟悉的内容,结合自身观点进行创造,从而实现可视化,因此这类物件通常本身就拥有传播能力,形式即为内容,可以并且应当直接用来展示。而针对后面两类物件,无论是纯实用的还是审美和实用兼备的,它们并非为展示而创造,形式也并不等同于内容,策展人除了要对它们的表层信息进行直接展示外,更需要对深藏在物质之中的信息进行揭示和转化,从而使即便未接受

---

① [英]蒂莫西·阿姆布罗斯、克里斯平·佩恩:《博物馆基础(第3版)》,郭卉译,译林出版社2016年版,第173页。

过考古学、生物学、地质学等专业训练的观众也能一目了然。因此,当我们要对两类信息进行物化呈现时,应当采取两套完全不同的展示方式,中间可能存在纵横交叉的内容,但是两种信息有着本质差异,所以文献收藏机构展览不可盲目地效仿博物馆的器物类展品展览。

总体而言,文献收藏机构展览立足的是文献所载信息,展览需要在对文献进行研究和精选后,实现第二客观世界的重构与再现。而博物馆展览则基于器物的表层及内蕴信息,既可直接展示器物,也可追求对器物及其内在文化的阐释。因此,文献收藏机构的展览在实现信息物化时,尽管也可部分地展示文献,但直接展示文献只能用作辅助手段,更重要的是应当通过对文献信息的研究和精选进行编码,将其转变成有意义的展览叙事,并最终成为能被感官所感知的实体呈现。同时,由于文献类展品展览中的实物展品并不多,又以文献为主,所以当策展人在展览现场再造第二客观世界时,通常需要依赖大量的非符号展品(辅助展品),并且需要借助形式多样的传播方式。"书写:创造符号"展是大英图书馆具有里程碑意义的一个展览。正如前文所提及,该展展示的是从石刻铭文、中世纪手稿、早期印刷作品,到精美书法、标志性字体、表情符号的人类横跨五千年的最伟大的书写创造。在该展中,策展团队从四个角度对相关文献进行深入研究:一是文献的形式和动力信息,如作者、出版商和使用场景;二是文献的目的信息,如"这封信主要写了他对儿子生活和行为的指导";三是文献的深层动力信息,如文献所反映出的印刷术进步、社会经济、文艺观念和政治思潮;四是对同主题的展览进行类比,以帮助他们发现可以与观众发生关联的内容。如在介绍某些展品时,说明文字被用来引导观众注意力的分配,"在另一侧,我们再次看到老师的笔记",由此引导观众去看另一侧的展品。在对文献内容进行深入研究并开展内容策展的基础上,策展团队实现了对物化信息的完美呈现。

我们不难发现,最终问世的展览整体风格活泼明快,极具设计感,因为书写本身便是一门拥有设计感的艺术(见图133左图)。同时,为了将展览内容阐释得有声有色,该展还使用了大量辅助展品。首先,多处使用触摸屏、嵌入式屏幕和投影等各种多媒体,如邀请观众利用触摸屏创造属于自己的未来文字。其次,打造沉浸式体验。如在最后"书写的未来"单元,利用刻意降低照明的暗环境和地面简洁的蓝色荧光灯带,指引观众来到不断闪烁的荧幕前,荧幕上是代表现代书写的图片和表情符号(emoji)。此时,策展人向观众抛出了一个问题:"50年后,我们该如何送出祝福?"(见图133右图)综上,在文献收藏机构展览中,展示实物并非主要的传播方式,策展人应根据展览的主题和内容,打造出与它们的基调相匹配的展厅氛围,并主要采用辅助展品,如借助造型、媒体和装置等"绘影绘声"地实现文献信息的物化阐释,从而使展示内容昭然在目,并且令观众主动参与至文献内容之中。

图133　大英图书馆的"书写:创造符号"(Writing: Making Your Mark)展厅设计及多媒体装置

* 图片由大英图书馆提供。

因此,文献收藏机构展览不应放弃馆藏所拥有的展示材料——文献,而热衷于采取尽可能多的方式(捐赠、购买、采集、交换、出借和遗赠)获取尽可能多的器物,同时在物化呈现时,又照搬照抄博物馆器物类展品展览的思路,一味地将文献(甚至器物)直接镶嵌至展览之中。这种做法带来的结果必然是将文献收藏机构变成了另外一个博物馆,不仅丧失了文献收藏机构展览的特色,也放弃了其馆藏资源的优势。普林斯顿大学图书馆(Princeton University Library)"黑暗中穿过玻璃"(Through a Glass Darkly)展便很好地诠释了文献类展品展览该有的模样。该展由普林斯顿大学历史学副教授詹妮弗·拉普林(Jennifer Rampling)负责策划,在2021年4月推出。这场展览缘起于普林斯顿大学图书馆近期收藏的第二卷里普利炼金术卷轴(Ripley Alchem Scrolls)——一件谜一般的作品。对于绝大多数普通观众和非专业学生来说,炼金术是一个较为陌生的话题,然而里普利炼金术卷轴在炼金术知识及其传播的过程中却一直扮演着举足轻重的作用。该卷轴现存23卷,普林斯顿大学图书馆就馆藏了其中的2卷。"黑暗中穿过玻璃"展就根据里普利炼金术卷轴,探究炼金术的必要性、历史实践及其寓意意向,为我们展示了欧洲的炼金术是如何在希腊化的埃及、伊斯兰和中世纪晚期发展的基础上,开创出从16世纪到艾萨克·牛顿爵士时代的黄金时期的。事实上,由于以往我们对炼金术的了解不全或不够深入,所以就如同透过玻璃观察世界,这也是本次展览所拟标题——"黑暗中穿过玻璃"的真正意指。正是出于上述诸多原因,普林斯顿大学图书馆的这场文献类展品展览在物化呈现时,并未完全依据博物馆传统的策展思路。策展人通过对两卷里普利炼金术卷轴力透纸背的释读,揭示并展示了文献类展品展览根植文献的独有魅力,区别于器物展览,其体现出内容的系统化、深入性和个性化。我国同类展览中也不乏这样的典型案例。如上海博物馆书画部策划的"遗我双鲤鱼——上海博物馆馆藏明代吴门书画家书札"精品展,该展在进行物化呈现时,材料主要取自49封吴门文人的往来书信,而并未采取书画展的惯常做法,直接展示书法作品,却看中了这些书信所蕴藏的史料价值(见图134)。明代的吴门文人是我们耳熟能详的一群文人雅士,如果只是像以往那样将书法作品直接陈列,供给观众进行审美意义上的欣赏,那么我们将看到的是他们的不食人间烟火。但从上海博物馆书画部专家对这批书信的解读和研究来看,他们事实上和常人一样会为烦事缠身:朝政民生、家事儿女、艺苑交游、文章酬唱等。然而尽管他们和我们一样,会周旋于生活琐事之中,但依然可以沉浸在自己的精神桃源。该展正是通过发掘书札中所载的信息,使得传统的书画展焕然一新,为我们打开吴门文人的现实世界,让观众切实感受到艺坛先贤们的真性情,从中我们亦可窥见文献类展品展览的真正价值所在和不可替代性。

图134　上海博物馆"遗我双鲤鱼——上海博物馆馆藏明代吴门书画家书札"精品展

* 图片由上海博物馆提供。

人所共知，博物馆的器物类展品展览通常存在两种类型：一是偏审美的展示，二是偏阐释的展示。针对偏审美的展示，可将物件直接用以展示，而面对偏阐释的展示（展品多为纯实用的物件或审美、实用兼备的物件），则需要借助琳琅满目的辅助展品和各式各样的传播方式。但是与文献收藏机构展览不同的是，在博物馆的器物类展品展览中，围绕实物进行展示始终是展览应当倡导的核心方式。而之所以要立足展品进行阐释，其目的也是让观众更好地欣赏并理解器物。我们甚至可以这么认为：观众来博物馆看展，很大程度上是为了看"物"，而观众去图书馆、方志馆和档案馆刊看展，很多时候并非为一睹搁在展柜里的"文献"。因此，在对文献收藏机构展览和博物馆展览进行物化呈现时，后者主要的展示方式是呈现实物，而对前者而言，呈现实物只居于辅助地位。尽管博物馆的器物类展品展览也依赖类型纷呈的辅助展品和形式多样的传播方式，但这类展览同时允许将器物直接用以展示，而不借助任何辅助展品和其他传播方式。但前者则完全不同，一场优质的文献类展品展览绝不会是采用大量文献直接进行展示的。为了将文献所载内容进行二次转化和表达，这类展览必然要依赖种类繁多的辅助展品和展示手段，如果直接将文献用以展示，那么展览的阐释性和体验感必将大大削弱。这也是本书第五章中"对'媒介'要素的倡导"内容着墨颇多的原因所在。

（三）文献收藏机构展览的物化呈现可采取两种思路

本书聚焦的研究对象是文献收藏机构中以文献作为展示材料的展览，而以文献作为展示材料，通常存在两种情况：一是对文献所载信息进行编码后转化而成的实体展览，二是对文献编撰过程及其使用技术和工具进行阐释后转换而成的实体展览。前者是本研究的重中之重，因为此类展览有助于发掘文献收藏机构馆藏文献中不可多得的珍贵信息和独有千古的核心价值。而后者虽然在重要程度及其所处地位上不及前者，但也彰显出文献本身蕴含的非物质价值，这类展览通常包含着观众不太了解并深感好奇的过程性信息，能有助于观众认知非遗传承及其展现的匠人精神。所以，在以文献作为展示材料的文献收藏机构展览中，策展人进行信息物化时实际存在两种思路：一种是将文献所载信息进行物化，另一种是将文献编撰过程及相关信息进行物化。首先，第一种思路是将文献所载信息进行物化。文献通常包括文学作品和非文学作品两大类，根据文体不同，非文学作品又可分为记叙文、说明文、议论文、应用文四种。由于叙事在当代展览中扮演着越来越积极的角色，所以包含叙事要素的文献在展览中将作为重要的材料依据。张婉真将展览界出现的这种叙事趋势称为"当代博物馆展览的叙事转向"[①]。在对文献进行再符号化时，无论文献采用哪种类型，叙事类展览基本都是首选，而面对叙事类展览，正如前文所言，需要注意精选、组织和重构叙事中的基本要素。

我们知道，叙事并不仅仅指线性叙事，还包括非线性叙事中的团块叙事和点状叙事。虽然三种类型的叙事规模与篇幅不一致，但要讲好故事，都离不开叙事的核心要素。而被选择作为展示材料的文献往往应具备三大特征：文献或者是馆方独一无二的，或者是不为人知或所知甚少的，或者是令观众记忆深刻的。有关第一种"将文献所载信息进行物化"的策展思路及其实践，我们在以上第二点"文献收藏机构展览的物化呈现，不能盲目效仿博物馆器物类展品展览"中已做过条分缕析的论述，并进行过案例剖析，此处不再赘述。以下笔者将重点探讨第二种思路，即将文献编撰过程及相关信息进行物化。这一过程型展示又可分为两类：其一，对文献首次创作过程及相关信息的物化；其二，对文献再次修复过程及相关信息的物化。其中，针对文献创作过程及相关信息的物化，可以围绕整个文献创作中的材料选择、技术运用、工序步骤等，内容可涉及材料、技术、工序方面的内涵、特征、类型和运用等。

2018年上海图书馆推出了内地首个以古籍装帧为主题的展览"缥缃流彩——中国古代书籍装潢艺术馆藏精品文献"展，该展分为"护帙篇""书衣之美""饰观篇"和"书具之美"四个部分（见图135）。尽管展出了100件珍贵文献，品类涉及佛经、碑帖、书籍、尺牍，但本次展示的重点并不在于这些文献，而在于加工这些文献的"装潢"技术。正是因为装潢技术的形制演变和工艺发展，经典文献经过原装和重装才能整齐如新地展现在我们眼前。由于"装潢"技术属于过程中的非物质信息，所以需要兼顾功能和形式，它是一种实用与审美的艺术融合。正如上海图书馆副馆长周德明所言，"装潢技术中的雕版、书衣、函套、书匣这些工艺，表象之下隐含中国传统文化的底蕴，投射东方哲学的精神"[②]。所以该展既满足了观众对传统文化的审美需求，

[①] 见张婉真《当代博物馆展览的叙事转向》。

[②] 上海市人民政府：《上海图书馆将展出百件镇馆之宝》，http://www.shanghai.gov.cn/nw2/nw2314/nw2315/nw15343/u21aw1347731.html(2018年11月1日)，最后浏览日期：2021年3月10日。

更满足了他们对传统文化的认知需求,因为普通受众对装潢技术及其发展史知之甚少或根本不知,所以出现了在好奇心驱使下千里追展的盛况,导致原计划在11月15日结束的展览,在观众的强烈要求不得不延展三天。如果说上面案例的成功是因为运用了文献创作中的独到技术,那么下面案例的成功则是由于利用了创作中的材料特性。

图135 上海图书馆"缥缃流彩——中国古代书籍装潢艺术馆藏精品文献"展

* 图片由上海图书馆提供。

牛津大学博德利图书馆近期策划了"可感知的书"(Sensational Books)展,该展原计划在2020年推出,但受疫情影响而被迫延迟。展览主要通过甄选大英图书馆的部分文献,邀请观众使用听觉、嗅觉、触觉、味觉等感知方式,探索视觉之外的书籍体验。前来观展的观众将获得异乎寻常的多感官体验:将听到手稿被翻阅的声音,闻到古老牛皮纸的味道,摸到旧书封面等。在这个频繁使用电子书的时代,这类展览有助于唤醒和启蒙民众对纸质文献的兴趣,供养纸质文献复兴的再生力。如为了获取各种书材所散发的不同气味,牛津大学的阿列克西·卡列诺夫斯卡(Alexy Karenowska)博士及其研究团队对于不同藏书的香气进行了收集,观众不仅可以闻到《大宪章》中"混合了潮湿的小麦面包和阳光沙滩的芳香",还可以闻到从莎士比亚1623年第一本对开本的稀有版本中飘逸出来的"淡淡的苯甲醛和2-壬烯醛的甜味,以及伴随着的强烈烟草味"。此外,香味贴纸还可以帮助观众将这一展览带回家。

除了可以对这种创作过程及相关信息进行大规模物化外,文献收藏机构展览还可以在某一局部采用这种策展思路。以2019年木心美术馆"巴尔扎克:文学舅舅"特展为例,该展展出相关展品达百件,包括巴尔扎克的创作手稿、作品改编成电影的海报、剧照等(见图136)。为了向观众生动传神地呈现巴尔扎克创作时的一丝不苟及精益求精,由他反复涂改的手稿和多

图 136　木心美术馆"巴尔扎克：文学舅舅"特展《老处女》和《幻夜》修订稿（复印件）

* 图片由木心美术馆提供。

版印刷样稿都被展出，这些创作过程的呈现对于感受作者创作过程的穿荆度棘，以及达成对作品内容的融会贯通都是不无裨益的。

二是对文献修复过程及相关信息的物化。2020 年 9 月 1 日，国家典籍博物馆"妙手补书书可春——全国古籍修复技艺竞赛暨成果展"对外开放，该展被誉为迄今为止最大规模的古籍修复成果展（见图 137）。本次展览共展出珍贵古籍修复成果和修复竞赛作品多达 103 册/件，整个展览被分为四个单元①，分别是：第一单元"巧夺天工　古籍修复原则和技艺"，该单元全面介绍了修复古籍的原则、技法、步骤、使用工具、材料和设备等；第二单元"科学助力　古籍保护中现代科技的应用"，该单元周详地呈现了国家图书馆"古籍保护科技文化和旅游部重点实验室"的研究内容及其使用的高新设备，并展出古籍修复保护技术运用的最新成果；第三单元"生生不息　古籍保护人才的培养"，该单元完整介绍了各大古籍保护人才基地的现况及其培养成果，主要通过数字和图表等方式进行直观表达；第四单元"经典重光重点修复成果展示"，该单元细致展示了全国省、市级重点修复项目等，包括敦煌遗书、《永乐大典》、赵城金藏，对重要古籍修复成果进行系统梳理。为了立体呈现古籍修复技艺，让观众感到豁然确斯，除了对修复用纸、修复工具、修复成果等实物进行展示外，展览还借助修复师现场演示、修复专家视频讲解、观众互动体验等多种传播方式，吸引观众欣欣踊跃地参与体验修复技艺，以树立全社会保护古籍并传承修复技艺之风。

---

①　应妮：《最大规模古籍修复成果展亮相国家典籍博物馆》，http://news.china.com.cn/2020-09/01/content_76659721.htm（2020 年 9 月 1 日），最后浏览日期：2021 年 3 月 10 日。

图 137　国家典籍博物馆"妙手补书书可春——全国古籍修复技艺竞赛暨成果展"的展览现场与修复师的演示现场

* 图片由国家典籍博物馆提供。左图"展览现场",杜洋摄;右图"修复师现场演示",杜洋摄。

(四) 物化是一种相对客观的呈现,需要策展人将自我身份边缘化

当前,我们好像生活在一个信息充分流通的社会,但事实上,每个人所接触的信息却是能轻而易举地遭到控制和污染的。展览作为一种风靡一时的学习媒介,如何才能为公众提供可靠的信息,值得策展者高度警惕并迁思回虑。正如前面"一、从信源到符号化信息"中提到该过程"反映着当时代人对于世界的'成见'及其视域",说明在研究文献时,应坚持价值中立而非戴着有色眼镜,并保持一定距离。唯有如此,我们才有可能对他者及其世界洞若观火、看得明白。这一问题在信息物化阶段依然存在。当策展人员将符号化的内容文本转化为视觉的、形象的和过程的实体呈现时,也应当坚持将自我身份边缘化,尽量不凭主观强加。尽管公众期待物化信息是一种客观呈现,但我们不得不承认,事实上它是策展人主观意识的间接表达,这种表达多少会影响公众对于某一展览主题或文化的认知甚至判断。[1] 因此,当文献所载信息被转化为某种有意义的视觉呈现时,无论设计师还是制作者,都不应该依据主观想象,而是应根据文献中提炼出的信息进行转化和重构。明确物化信息究竟是为谁传播的、为何要传播、需要怎样保护、又该如何传播等。在处理存在争议或难以言说的信息时,可考虑配合内容使用较为开放的传播手段。

第一,搭建多种声音的发声平台,使不同声音拥有表达自我的话语权,

---

[1] 周婧景:《博物馆以"物"为载体的信息传播:局限、困境与对策》,《东南文化》2021年第2期。

而非以他者的身份完成想象性建构。以大英图书馆2019年推出的"列奥纳多·达·芬奇：动感的心"(Leonardo da Vinci：A Mind in Motion)展为例，这一案例在前文已有所涉及。该展以达·芬奇的三本著名笔记本(Codex Arundel，Codex Forster II，The Codex Leicester)作为重要的展示材料，主要采用镜面文字进行书写，反映了达·芬奇对自然现象(尤其是水)的深入研究，以及这些成果究竟如何影响着他在艺术和发明上的创造。正如策展人斯蒂芬·帕金(Stephen Parkin)在谈到这场展览时所说："通过把三个笔记本放在一起展出，提供给观众感受达·芬奇的思维魅力及其如何构建思想的机会。"但帕金还补充道："我们在策划这场展览时，想象自己去达·芬奇的工作室，想象自己和他一样画画、工作和思考。"[①] 由此可见，策展人事实上已经考虑到，由于这场展览是以达·芬奇三本笔记本作为材料基础的，为了有效避免策展者的主观视角和身份局限，所以在深入解读文献的基础上，策展者将自己想象成达·芬奇本人，以实现视角变换和身份翻转。同时，为了更加完善地进行物化呈现，策展团队专门在展厅内设置了三个触摸屏，用来投放达·芬奇笔记中的原始手稿(见图138)。这种传播手段一方面可以使受众接触原始文献，另一方面也可让他们自行解读，甚至将自己的解读和策展者的解读进行对比。另一个案例虽然不是来自文献类展品展览，但是其展览主题也有可能会在文献类展品展览中涉及，此展的主要亮点是打破策展团队的绝对话语权，创造多元发声的空间。该案例就是美国"被弄浊的水：石油泄露的概况"(Darken Waters：Profile of an Oil Spill)展，因为石油泄漏是一场影响多种人群的灾难，比如政府官员、阿拉斯加原住民、渔民、环保主义者和石油工人等。因此，展览在设计时让不同人群自己说话，以便呈现出他们真实的想法。该展并未试图去平衡各种声音，而是充当了一把价值中立的保护伞，由观众在观展时自己进行选择、关联和建构，以实现全面感知、深刻理解和中肯判断。

　　第二，探索物化呈现时宜积极入世，以发挥展览的社会纽带功能。文献收藏机构在策展时，很多时候策展人会以"博学家"身份掌握权威话语权，但他们通常只会关注到文献中与自己受训背景相关的内容，或者认为某些文献他们理解起来较为轻松，所以误以为观众也能心领神会，因而选择直接展

---

① 策展人的话来自大英图书馆Youtube视频"Leonardo da Vinci：A Mind in Motion"，https://www.youtube.com/watch?v=VWz7zLUzmW8(2019年6月18日)，最后浏览日期：2021年3月10日。

图 138 大英图书馆"列奥纳多·达·芬奇：动感的心"(Leonardo da Vinci: A Mind in Motion)展中的触摸屏，用以投放达·芬奇笔记的原始手稿

* 图片由大英图书馆提供。

示文献。产生这种现象的原因之一在于展览是由策展人"代言"的。尤其是策划以少数或弱势群体为对象的展览时，这种代言会让某些群体成为沉默的客体，被动地展现自身的文化认同和集体记忆。因此，当符号化信息经由物化向观众呈现时，应当积极探索如何入世，以发挥社会纽带功能，进而推动文化民主化。以大都会艺术博物馆(Metropolitan Museum of Art)1969年策划的"我心中的哈林区"(Harlem on My Mind)展为例，该展的展品均是由策展人和白人摄影师选择的，但事实上这是一场关于非裔社群生活的艺术展。我们可以看到在该展中非裔艺术由于"被代表"而处于失声状态，从而导致非裔群体在博物馆前抗议，最终由馆长出面道歉而收尾，自此少数族裔展览由白人学者或馆员垄断的现象不再。[①]

对于我国的文献收藏机构而言，目前如果只是由策展者"代言"，比如使用少数民族档案、地方志等作为展示材料，可能还不会招致抗议等轩然大波，但是真实的声音有可能被掩盖，视域的区隔也会让我们在掌握异域文化特性、文明形态精髓上难以得心应手。在这样一类展览中宜鼓励使用视频影像或活态演示等方式，以便高保真地采集并传播特定群体的口述等一手材料，这些方式对观众更好地知晓此类文献的微言大义是大有裨益的。尽管文献收藏机构展览是基于文献再造的一个客观世界，但该世界也不可能是真实历史的再现，即便如此，策展人在物化呈现时，仍应尊重文献记录的事实，并通过科学手段施以视觉和空间的转化和表达。

[①] 沈辛成：《纽约无人是客——一本37.5℃的博物馆地图》，中西书局2017年版，第45页。

(五) 构建纳入三大要素的阐释模型,以促进文献与受众的对话成功

正如前文所言,马歇尔·麦克卢汉和他的同事哈利·帕克早在1967年已率先指出博物馆需要构建一个信息交流系统。一年之后,邓肯·卡梅隆提出展览中的物不是一般的物,而是处在交流系统中的物[①],因为它一端连着物,一端连着人。此时,物已不再是展览早期单纯意义上的物,而是指展览最终的物化呈现。对文献收藏机构展览来说,这个物主要是指作为实物展品的文献和作为辅助展品的造型、媒体和装置等,它们是对文献所载信息加工后的三维再现。因此,当将文献再符号化信息进行物化呈现时,策展人需要构建一个促进物人对话的阐释模型。该模型主要包含文献、受众和媒介三大要素,此三大要素是实现展览传播目的不可或缺的有机组成部分。[②] 符号化信息的再符号化主要依据的是"文献"要素,需要对"文献"要素进行倡导,而再符号化信息包括针对文献的研究成果,以及在内化这些成果基础上完成的内容策划,"文献"要素是阐释模型中的基础要素。

除了"文献"要素外,还包括"受众"要素,即受众参观展览前的社会文化背景、学习习惯和认知特点,参观展览时的受众心理和行为,参观结束后的长短期效果等。对这一要素的倡导将贯穿始终,包括从信源到信宿的四个阶段。其中,在最初的"信源—符号化"阶段,信息的符号化也是受众对当时的物化世界图像式的描摹。展览应当根据受众的兴趣和需求来组织文献的信息发送,甚至邀请受众主动参与信息的编码。所以,"受众"要素是阐释模型中的核心要素。此外,"媒介"要素是展览特定空间中最终的三维呈现,指的是促成文献与受众对话的传播技术,这一要素在整个阐释模型中扮演着桥梁角色。

以下我们将围绕国外文献收藏机构的三大展览,对"文献""受众"和"媒介"三要素如何共生互融,以实现物化阐释加以论述和分析,其中有些案例在前文中已有所涉猎。

第一个展览是大英图书馆的"地图和20世纪:画出界限"展。[③] 该展主

[①] D. Cameron, "A Viewpoint: The Museum as a Communications System and Implications for Museum Education", *Curator: The Museum Journal*, 1968, 11(1), pp.33-40.

[②] 周婧景、严建强:《阐释系统:一种强化博物馆展览传播效应的新探索》,《东南文化》2016年第2期。

[③] British Library, "Maps and the 20th Century: Drawing the Line", https://www.bl.uk/events/maps-and-the-20th-century-drawing-the-line? (Mar. 1, 2017), accessed Mar. 10, 2021.

要探讨的是地图如何被我们生活的世界所影响,又如何影响我们生活着的世界。其承袭了大英图书馆一贯的"探寻"风格,通过物化阐释和空间设计为观众营造了一种重新深思地图功能的审视视角。从文献要素看,它展示了地图在20世纪所扮演的重要角色,包括两次世界大战、登月、数字革命、融合冲突、创造力、海洋和太空问题,似乎人类的一举一动都被标注在地图上。展品资料的范围囊括从第一张百木森林的地图到通过纽约地铁的秘密间谍地图,说明了有一百年历史的地图绘制技术正在监视并塑造我们的社会。在主题专家和策展人对文献进行深入解读的基础上,展览改弦易辙,为观众开辟了一种全新的视角,使普通的地图和相关文献呈现出别出心裁的故事线,有助于观众审视和反思地图在日常生活中的影响和价值。同时,该展的展品说明风格平实、通俗易懂,容量适当且言简意赅,寥寥数行却能重点突出,使观众对展品了然于心又能兴趣盎然。

从受众要素来看,为了让不同身份、兴趣各异的观众能多层次地理解展览,大英图书馆策划了配合展览的教育活动。如开展小组讨论"艺术、地图与世界";组织故事会"他是龙",由三位资深的叙事艺术家讲述虚拟地图描绘的民间童话;推出讲座"地图与20世纪"和"制图、政治权力和美洲";策划访谈"令人生畏的文化地理"。同时,大英图书馆还采取惯常做法,在Facebook、Instagram、Youtube等不同社交媒体上发布展览宣传片,并发起有关展览内容的大讨论,此举在为展览宣传造势之余,也吸引了一批年轻群体的瞩目。

从媒介要素来看,前文也已提及,展厅将观众置于一张地图之中,以支持展览所要表达的内容和思想。观众可在展开的地图上阅读故事,不同颜色的展厅讲述不同的故事,如20世纪中期的地图展厅选择了较浅的颜色(见图139)。同时,展厅入口处配备有"实时数字地图"。该数字地图可以即时监测、描绘观众的参观行为及参观密度。此外,展览还注重使用多媒体。除了展品和图文版外,视频、音频和触摸屏等亦被引入。可见,该展的实体呈现既基于内容,又考虑受众,打造出一场动态交互、奇妙立体的视觉盛宴。

第二个展览是福尔杰莎士比亚图书馆的"莎士比亚——偶像的生活"展,该展主要展示的是莎士比亚的生活及其作品。从文献要素来看,这场展览汇集了一些与莎士比亚的生活和职业相关的重要手稿和50本印刷书籍,它们主要来自收藏家福尔杰和一些英美国家的机构。文献主要包括莎士比

图139　大英图书馆"地图和 20 世纪：画出界限"（Maps and the 20th Century: Drawing the Line)展中"20 世纪中期的地图"展厅选择了较浅的颜色

* 图片由大英图书馆提供。

亚第一次被印刷的作品、他的购房合同、他帮助父亲获得徽章的记录、别人看他的戏剧和购买其作品的日记条目、他的初版剧作集。策展人希瑟·沃尔夫（Heather Wolfe）希望通过这些文献为观众讲述一则引人入胜的莎士比亚故事，让观众从一个新鲜而亲切的视角走近莎士比亚。

从受众要素来看，展览注重将观众的日常生活与文献内容相连接，让观众在参观时感受到展出的内容与自己的生活高度相关。未来新馆中的斯图尔特和咪咪罗斯珍本展厅（Stuart and Mimi Rose Rare Book and Manuscript Exhibition Hall）也将探索早期现代世界对我们所产生的潜移默化的影响。

从媒介要素来看，设计师借助文献、辅助展品和玻璃展柜等为观众打造出令人着迷的展览环境。如采用戏剧方法（theatrical approach）改变福尔杰大厅画廊的空间背景，为文献中的故事演绎打造生动语境，如玻璃展柜的鲜红色脚手架和天花板的动图投影（第五章对"媒介"要素的倡导中有详尽论述）。该图书馆在 2020 年进行大规模翻修，以扩大公共空间和改善其可及性，以便给所有来馆的观众创建更为多样的体验。新馆将有两个展示文献的场馆：莎士比亚展览馆（Shakespeare Exhibition Hall）、斯图尔特和咪咪罗斯珍本展厅。其中，莎士比亚展览馆的观众可通过一对开本的页面进入四个展区，在那里他们将沉浸在我们所熟悉的戏剧体验之中（见图140）。可见，该展和未来馆都从莎士比亚的手稿和印刷书籍出发，进行物化呈现时注重莎剧元素的发掘和融入，并虑及观众对戏剧的认知和熟悉程度。

图140 福尔杰莎士比亚图书馆莎士比亚展览馆(Shakespeare Exhibition Hall),观众从对开本的页面步入四个展区

* 图片由莎士比亚展览馆和设计公司 local projects 提供。

第三个展览是美国国家档案博物馆[①]的"权利档案"展。该展主要借助美国国家档案馆宏富的馆藏,含历史文献、图像和视频等,为观众展示美国争取自由的发展历程。观众通过参观此展,既可以探索美国世代是如何继承发扬建国文件中的精神的,又可以探索他们是如何争取言论自由、公正、平等、宗教信仰等方面的权利的。从文献要素来看,本次展览的选题是美国的公民权利。首先,该展的结构是平行的独立系统,共分六部分,这一点在本章第二节"'媒介'要素的倡导"中已有所论及,它们分别是:平等权(Equal Rights)、公正自由权(Rights to Freedom and Justice)、隐私权和婚恋权(Rights to Privacy and Sexuality)、工作中的权利(Workplace Rights)、第一修正案权(First Amendment Rights)和原住民的权利(Rights of Native Americans)。各个部分基本是按照三项标准来选择和组织展览内容的:一是选定与主题相关的,具备代表意义的小话题;二是梳理各项权利的历史变迁;三是选择各个时段的重要历史事件。由于策展人用文献为观众架构起完整的历史背景,即便是事先不了解美国历史的普通受众,也可根据展览打造的故事线以及策展人基于文献的展览阐释,来帮助他们融会贯通展览内容。

其次,该展的重要材料基础是两大文件:《大宪章》(Magna Carta)和《第十五条修正案》(15th Amendment)。《大宪章》作为民主史上最重要的法律文件之一,传递的是公民对个人权利的追求,这份文献也奠定了展览内容的总方向,即美国人是如何争取各项权利的。而《第十五条修正案》则讨论了有关非裔美国人投票权的问题。该文献不仅使展览内容变得丰富多

[①] 美国国家档案博物馆是美国国家档案馆承担展览、公众活动的主要区域。

元,而且更加发人深省。围绕这一文献,策展人创建了对"平等""自由"定义的讨论,并由此引发了妇女、儿童、原住民等少数族裔和同性恋权利等相关问题的观点碰撞。

再次,由于"权利"是一个极为复杂的话题,一方面与该话题相关的文献卷帙浩繁,另一方面该话题也充满着矛盾冲突。面对不同背景的受众,以何种角度来解读文献和呈现故事,是策展人面临的严峻挑战。但策展人最终采取的是不回避策略,将每项权利的复杂性和定义的矛盾点直接抛出。另外,策展人还采用后现代叙事的做法,选取了大量与妇女、少数族裔有关的内容。

最后,与展览主题相关的文献类型纷呈,为此策展人交替使用了法令、照片、报纸、信件、文章、书籍等,从而有效避免了同类展品的曝光效应和观众参观的视觉疲劳。同时,展览的说明文字容量适中,风格短小精悍。但由于该展涉及的政治内容较多,所以相较于上面的大英图书馆展览,其阐释风格还是较为审慎的,多用陈述语句,表达力求专业而准确,并且采用多层次信息,如"这个法律是关于……""这张照片记录了什么事件……""该条例是对……问题的回应",不刻意煽情或引导观众情绪。只是提供客观材料,而对结果的研判则由观众自己量力而行。

从受众要素来看,该展鼓励观众采用探究式的自主学习。主要表现在两个方面:一是导览媒介中的内容鼓励观众检索、聚焦、分析、思考并做出回应。而展览的物化设计也不只止步于视觉呈现,设计师还极其重视对内容的深入分析、凝练和反映。二是除了开辟儿童学习体验区——波音学习中心(Boeing Learning Center)外,美国国家档案博物馆还在网站上发布了针对"儿童观众的参观指南"(Visiting with Children)①,并为学生观众设计了配套展览使用的展厅学习套装(Gallery Pack for Students Visiting)②。馆方同时建议有儿童的观众团体,在参观展览前去波音学习中心③申领展厅套装(Gallery Pack)(见图141)。该套装适用于馆内的常设展览,考虑到家庭观众和学龄观众的特征和需求,它们可为这些群体的参观提供引导和协

---

① National Archives Museum,"Visiting with Children",https://museum.archives.gov/visiting-children,accessed Mar. 10,2021.
② National Archives Museum,"Gallery Packs",https://education.blogs.archives.gov/2017/04/05/gallery-packs/,accessed Mar. 10,2021.
③ National Archives Museum,"Boeing Learning Center",https://museum.archives.gov/learning-center,accesed Mar. 10,2021.

助。其中,"权利档案"展是馆方推荐儿童亦可参观的展览,因为该展中有儿童可触摸的交互式体验。学习套装共包含七套活动,皆配备有相关的活动卡。其中,与本展览有关的便有四套:第一是博物馆礼仪指南;第二是在展览的圆形大厅中,了解美国建国文件所用的材料以及它们是如何被保存在国家档案馆中的;第三是在圆形建筑上的"福克纳壁画"中,了解参与制定《宣言和宪法》的那些人;第四是在"权利档案"展中,分析与孩子相关的文档,思考这些资料对美国社会及其民众生活日渐月染的影响。而套装中的活动索引卡可通过探究(Inquiry)形式,培养儿童的可迁移能力,即观察、分析和评判性思考的能力。上述这些围绕儿童和家庭观众所开发的针对性服务,实际上源自对文献的多层次分析和深度解读,以及对于不同受众认知方式的准确掌握。

图 141　美国国家档案博物馆中儿童正在展厅内使用展厅套装(Gallery Pack)
* 图片由美国国家档案博物馆提供。

　　从媒介要素来看,该展主要采用的传播手段有图文版、触控式电脑、灯箱、可触控显示屏、交互式桌面触控屏和交互式墙面。多数使用的是橱窗式展示,展品组合也类型纷呈。展览各单元的说明被撰写于铜版纸或墙面上,颜色风格都较为统一。首先,媒介要素的主要亮点在于交互式的导览媒介(见图142),整个展览的中心设置有长达 5 米的互动式桌面触控屏,以及周围环绕的交互式墙面,各年龄段的观众都可集中于此进行多点触摸、互动操作。其次,导览媒介采用视觉叙事的方式,通过不同颜色将文献根据主题加以区分。可滚动时间线的装置营造出可扩展、可收缩和可交互的视觉效果。此外,观众对于感兴趣的文档或照片均可以点击、放大、对比和移动。最后,导览媒介鼓励观众彼此无障碍对话,有效交流他们所发现的内容。以上两点前文均有论述,此处不再重复。

图 142　美国国家档案博物馆"权利档案"(Records of Rights)展中的交互式导览媒介

* 图片由美国国家档案博物馆提供。

从上述三个展览案例中不难窥见，物化呈现的成功离不开团队对于文献的系统研究、多层解读和有效转化，离不开他们对于观众认知特点和学习行为的熟稔和把握，只有将三方面要素融为一体并纳入策展的相应阶段，才有可能保证为每一展览量身定做的物化阐释最终瓜熟蒂落而后马到成功，从而使观众在参观时不必依赖其他解释手段，就能理解展览的阐释内容和传播目的，在展厅现场为受众重构一个有别于现实世界但又能与现实世界产生共振的第二客观世界。

（六）小结

将再符号化的精选信息变成实体的三维呈现，我们将这一过程称为"再符号化信息的物化"。该过程要求贯彻并实现对"受众"和"媒介"要素的双重倡导，并始终依据"文献"要素倡导的产物——内容文本。笔者主要从四方面对"再符号化信息的物化"过程加以探究。首先，对再符号化信息进行物化时，首要前提是保证展品的安全。因为在文献收藏机构展览中，实物展品多为纸质文物，而这类展品通常较为脆弱，对空气的温度、湿度和光照等诸多方面都存在严苛要求。一般来说，展厅内的温度应控制在 20℃～25℃，尽管文献长期保存的最佳温度是 18℃ 左右，但是虑及展览期间观众参观的舒适度，所以可以适当调高一些。在设置温度时，除了考虑纸质文物的特定要求外，还要关注文献的展出时间、能耗等相关影响因素。展厅的相对湿度需要保持在 40%～60% 之间，如果超过 65%，有机材料将可能遭到生物或微生物破坏。同时，应当减少纸质文物的光照时间，将照明调整到观众适宜观看的最低强度，避免紫外线对其的辐射。[①] 建议使用的照度为 50

[①] ［英］蒂莫西·阿姆布罗斯、克里斯平·佩恩:《博物馆基础（第 3 版）》，郭卉译，译林出版社 2016 年版，第 233 页。

勒克斯，这也是观众在展厅能清楚观察展品所需的最低照度，而油画的推荐照度则是 200 勒克斯。

其次，文献收藏机构展览的物化呈现不能盲目效仿博物馆的器物类展品展览。因为文献类展品展览扎根于文献所记录的信息，需要对这些信息展开研究并进行精选，尔后于此基础上重构第二客观世界。而博物馆的器物类展品展览主要立足的是器物的表层及深层信息，既可直接展示器物，也可阐释器物信息。由此可见，文献收藏机构展览虽然也可以直接展示文献，但这种传播方式仅仅处于辅助地位，主要传播方式是将经过研究和精选的文献进行信息编码，重构为有意义的叙事，最终变成能被感官感知的实体呈现。所以为了再造这个能被感官感知的第二世界，文献类展品展览尤其要依赖形形色色的非符号展品（辅助展品）和不拘一格的传播方式。

再次，文献收藏机构展览物化呈现通常可采用两种思路。一种是将文献所载信息进行物化，另一种是将文献编撰过程及相关信息进行物化。前者是本研究重点关注、讨论的对象，因为该思路可将文献中最具价值的东西活化。而后者虽然在重要程度及其所处地位上均不及前者，但由这一思路所策划的展览通常包含着观众感兴趣或所知甚少的信息，能突显出文献蕴藏的非物质价值。后者一般拥有两种展示类型：一是对文献首次创作过程及相关信息的物化，二是对文献再次修复过程及相关信息的物化。

从次，物化是一种相对客观的呈现，需要策展人将自我身份边缘化。当文献的再符号化信息转化为某种有意义的视觉呈现时，无论是设计师还是制作者都要坚持价值中立，而不能凭借主观强加。通过搭建多种声音的发声平台，展览能使不同声音拥有表达自我的话语权，而非以他者的身份完成想象性建构。另外，当将文献符号化信息进行物化呈现时，应当积极探索如何入世，以发挥社会纽带作用，进而推动文化民主化。

最后，应构建纳入三大要素的阐释模型，以推动文献与受众的对话成功。我们明白物化呈现的成功离不开团队对于文献和观众的系统研究和深度把握，只有将三要素融为一体并纳入策展的相应阶段，才能使受众在观展时，无须其他解释手段便能神会心契。

五、展览信息阐释的第四阶段：从"物化信息"到"信宿"

文献收藏机构的展览功能不同于该机构的传统功能，两者在受众的学习过程中扮演着不同的角色。当读者在图书馆、档案馆或方志馆阅读图书、档案和方志时,工作人员并不会介入读者的学习过程,此时的信息传播是在作者和读者之间发生的,而文献收藏机构只扮演信息流通的管理者和服务者角色。但是当他们在参观展览时,情况便迥乎不同了,因为前来参观的观众多数是非专业观众,他们通常难以自行释读诸如古籍善本等专业性较强的文献,所以需要文献收藏机构扮演阐释者和传播者的角色,以帮助公众实现对于展出内容的全面理解。因此,相较于文献收藏机构的借阅等服务功能,展览功能的有效发挥要复杂得多,也困难得多。笔者认为,对符号化信息进行再符号化,只是文献收藏机构的内向型研究,而将再符号化信息进行物化,则是文献收藏机构的外向型阐释。然而,文献类展品展览的信息传播并非到此就结束,若欲实现信息对话的最终成功,还需要重视信息传播的最后阶段,即物化信息向信宿的传播,这一过程同样是外向型的,指的是观众在参观展览的真实体验中获取相应信息的过程。在该阶段中,"受众"要素得到全面倡导,且经历由被动向主动的转变。这种转变富有双重含义:观众由信息的被动接受者成为信息的主动建构者;展览由机构主导变成积极获取观众反馈,并将反馈所得应用至展览的改进和提升中。下文将围绕"从物化信息到信宿"阶段,着眼于三方面展开论述。

(一)"信宿"概念的界定及其影响因素

信宿,是指接受信息的客体[①],即信息的接受者。信源能否成功地抵达信宿,不仅取决于信源发出信息的概率分布、信道能否准确地将信息发送出去,还取决于信宿本身的状态。那么,影响信宿状态的因素又包含哪些?[②]

第一是信源与信宿之间是否存在共同的信息储备。如某人用西班牙语对一个只懂中文而不懂西班牙语的人说话,虽然作为信源的讲者夸夸其谈,讲得酣畅淋漓,但是听者却因为完全听不懂而一无所获,因为他们之间缺乏共同的信息储备。第二,信宿的需求(即目的、意图)将决定信息能否发挥作用及其作用的大小。如某小学语文老师本来对参观展览兴趣不大,但由于小学课本中出现了一篇有关孙中山小时候在私塾读书的故事——《不懂就要问》,所以决定利用社会实践机会,带学生集体参观一场孙中山主题的展

---

① 周文骏:《图书馆学情报学词典》,书目文献出版社1991年版,第501页。
② 江秀乐:《系统科学知识词典》,陕西人民教育出版社1991年版,第190—191页。

览。此时,受众往往只会从同一信源发出的多类或多层信息中吸收一部分,而如何提高他们的吸收程度,并非只是由信源和信道决定的,信宿一样是重要的影响方面。所以为了激活接受信息的客体,需要提高信源和信宿的共同信息储备,并立足于信宿的主体需求。笔者认为,可以从邀请观众主动参与和积极获取观众反馈两方面加以应对。

(二)邀请观众主动参与,成为信息的建构者

当观众被邀请参与展览时,他们已不再只是信息的被动接受者,还同时成为信息的主动建构者。我们知道展览服务的是当时代受众,真正的好展览应当是能与现实同声相应的。在这样的展览中,观众身份发生翻转,由被动的被灌输者变成主动的探究者,那么根据上述信宿影响因素,观众和信源必然需要具备共同的信息库。因此,策展团队中的文献倡导者作为信息研究和信息传播的双栖专家,不仅需要熟谙文献内容,还需要基于现实语境精选出与当时代相关的信息进行编码。而媒介的倡导者在文献倡导者的内容研究和文本撰写基础上,要选择当下观众喜好并易于感知和理解的方式,来进行物化阐释和实体呈现。

正因为此,为了更好地促使观众参与展览以实现自我建构,可引入博物馆领域当下热议的参与式博物馆。其中,参与式文化是由美国传播学家詹金斯(Jenkins)提出的,尔后该文化被移植至博物馆领域。感谢移植者妮娜·西蒙(Nina Simon),她在《参与式博物馆》一书中根据参与程度的不同,提出"贡献型、合作型、共同生产型、主人翁型"四种模式。① 诸此模式的分类主要依据的是观众的参与程度,其中前三种模式是由非正式科学促进中心(Center for Advancement of Informal Science Education)的里克·邦尼(Rick Bonny)在他所发起的一个名叫"公众参与科研"(Public Participation in Scientific Research)项目中提出的。"贡献型"是指馆方引导观众提供有限的、指定的实物和想法,并适时地参与进来,而整个过程由馆方掌控,如留言板和故事分享亭;"合作型"是指馆方邀请观众积极参与至项目制作中来,但项目从头到尾也都由文化机构掌控,如由观众投票来决定展览的内容文本和设计方案;"共同生产型"是指社区成员与馆方员工合作,基于社区的利

---

① [美]妮娜·西蒙:《参与式博物馆:迈入博物馆2.0时代》,浙江大学出版社2018年版,第11—12页。

益来确立和运作项目,如由工作人员和观众合作生产的展品要建立在社区成员的利益和馆方收藏的基础上。① 妮娜·西蒙在"公众参与科研"项目所创立的三种类型之外,又增加了一种新类型——"主人翁型",是指馆方将其部分设施和资源移交给公共团体或一般观众,并帮助他们去开发、实施和展示自己的项目,如文化机构可以将其藏品登记信息等部分资源或工具拿出,提供给社会公众或公益组织使用。

事实上,观众不仅可以参与博物馆,还可以参与其他文化机构,这种理念和实践早在一百多年前就已经被讨论。② 因此,这四种模式也可被引入文献收藏机构展览,但是应当注意的是,参与式技巧的运用需要根据展览的传播目的和实际情况综合决定,然而不容置疑的是,当这些技巧被引用至文献收藏机构展览时,展览将会变得更加动态、相关和多元。③ 所以,它们与文献收藏机构服务意识的转型恰好不谋而合。以先前提及的国家典籍博物馆"妙手补书书可春——全国古籍修复技艺竞赛暨成果展"为例,该展览事实上采取的便是"合作型"模式。因为这场展览中相当一部分展品出自修复技艺的竞赛作品。而这场竞赛指的是自中华人民共和国成立以来首次举办的全国性古籍修复技艺评比,获奖作品来自全国21个省43家单位,数量达到百余册。但是此次观众参与无论是过程还是进度都由馆方负责,馆方根据展览的传播目的、展品资料设定公众的参与规则,尔后再由公众共同加以实施,所以本次策展主要采用的是"合作型"模式。

(三) 重视观众的信息反馈,以作为补救和未来改进之用

一般来说,观众的信息反馈需要通过展览评估获取。反馈的根本目的在于提高展览传播效应,同时也是对公共问责的一种回应。总体来看,展览评估应以机构的使命和展览的传播目的作为评估基准,否则任何数据的收集、整理、描述和分析都将变得徒劳无益。因此,我们需要为展览评估设定目标,并将评估环节纳入展览开发、策划、设计和制作的全过程。在本章第二节"受众"要素的倡导中,笔者曾针对"受众"要素提出"认知、情感和体验"目标,这些目标可作为测试依据,但"受众"要素只是三大要素之一。

---

① [美] 妮娜·西蒙:《参与式博物馆:迈入博物馆2.0时代》,浙江大学出版社2018年版,第197—198页。
② 同上书,第2页。
③ 同上书,第11页。

除了针对"受众"要素进行"认知、情感和体验"目标的测试外,笔者还主张针对展览的整体效果加以检测。在《博物馆展览手册》一书中,盖尔·洛德围绕展览专门提出了五项评估标准:展览是否有效地传播了新知识?展览如何充分地利用时间与空间,为参观者创建变革性体验?展览怎样运用多种体验方式,以达成观众的预期?展览是否与多元观众产生了有效的互动?展览在多大程度上揭示其来源,并鼓励批评性思维?[1] 这五大标准涉及展览内容、展览体验、传播方式、参与互动和展览思想,不仅全面且实操性强。为此,我们可将"认知、情感和体验"目标作为观众导向的质量测试标准,以体现展览中以观众为先的发展趋势,而五项评估标准则作为机构导向的质量测试标准。但无论如何,每场展览在开展评估时,应当为其量身定制适用于本展的评估目标。

根据开展研究所依赖的哲学体系的不同,展览评估的方法可分为:定量、定性和自然主义方法三种,它们均属于社会学领域的常用方法。目前,最为推崇的是将定量和定性结合起来的自然主义方法,这种混合方法可依据情境进行设计。关于自然主义方法,笔者已经在第四章"借鉴博物馆学观众研究中的'受众'要素"和本章"针对展览的观众研究该如何实施?"中有过较为详尽的论述,但并未针对"定量研究"和"定性研究"进行过深入讨论。总体而言,定量研究主张采用概率抽样,通过"变量"来检验"假设",它关注的是经验科学,强调唯实论,重视客观知识,一般无涉价值。而定性研究则主张采用非概率抽样,关照个体经验,批判"客观"知识中隐藏的权力结构,它关注的是对"意义"的理解和阐释,强调唯名论,不仅要回答"是什么",还要回答"应该是什么"的问题,重视主观恰当性和因果恰当性,强调价值中立。当这些方法被引入展览领域,在设计研究时会有所区别,定量方法强调研究设计的可控性:可以借助定量数据、实验设计、实验组与对照组获得观众数量等统计数据;开展有关观众的假设检验;从客观的角度反映观众体验情况;研究时追求标准化的统一过程;借由统计分析得出客观结论。而定性方法则强调研究设计的及时灵活,能与观众体验相呼应:可以通过访谈、叙述、个案等获得定性数据;开展有关观众的归纳分析;从主观的视角(如观察者)靠近参观体验者;研究时追求对总体观众体验的理解,同时也强调体验

---

[1] G. D. Lord, B. Lord, *The Manual of Museum Management*, 2nd ed., Rowman & Littlefield, 2009, pp.61-63.

的独特性和多样性；借由主题、模式相关的内容分析推导出有关观众的意义。

以下笔者将定量、定性研究与"前置性、形成性、总结性"三阶段评估相结合，讨论定量、定性研究在三阶段评估中的具体运用，以及自然主义方法的三种实施策略。① 首先，针对定量研究，在前置性评估中的运用包括："投射测试"(projective techniques)方法②，适用于面向目标观众的问卷发放或焦点小组，测试展览设计团队正在开发或考虑的元素；适合采用结构访谈，由受访者描述有关展品的构成，或设想使用这些展品的结果。在形成性评估中的运用包括："性能测试"(performance tests)方法，适用于测试被调查对象的先验知识或理解展览所需的技能和策略等；而"Q 分类"(Q-sorts)方法③则适用于测试对展览要素或原型的偏好、优先级和态度。在总结性评估中的运用包括：一是"在展区观察观众行为及其反应"，适用于跟踪观众在展区的穿行及其停留情况，以及他们驻足观看的展品数量和实际展品数量的对比；记录观众阅读展板、图表和说明文字的时间以及参观时间；记录观众使用导览手册、宣传资料、活动卡片、语言导览和 APP 等的情况；记录观众与讲解员、教育人员、助推者等人员的互动。二是"填写问卷、开展各类访谈"，适用于收集有关观众位移、寻路、使用感兴趣展品等的定量信息；实施

---

① G. D. Lord, B. Lord, *The Manual of Museum Management*, 2nd ed., Rowman & Littlefield, 2009, pp.86—100.

② 投射测试，也称投射法。该方法源自临床心理学，是指让人们潜在的、隐匿的思想、动机态度、愿望、情绪或特征等不自觉地反映于测试中介的一种方法。投射法采用意义不明确的各种图形、墨迹、数字或故事情境等来激励被测试者表达出真实的想法。投射法主要包括联想技法、句子完形法、主题统觉法、第三者扮演法等。引自程曼丽、乔云霞主编：《新闻传播学辞典》，新华出版社 2012 年版，第 222 页。

③ Q 分类方法是心理学家斯蒂芬森(Stephenson)于 1953 年发展的一种测量方法。Q 是"Question"的首字母。它对 Q 分类材料进行等级排列，并对所得到的顺序数据进行分析，从而掌握研究对象的有关心理与行为的变化。Q 分类方法的基本程序是：1. 选择与编制 Q 分类材料。选择的问题数量一般在 60 个～120 个，最好在 100 个左右。每个问题都写在一张卡片上，如"我是一个精明的人""我自由表达自己的情感""我感到羞辱"。2. 确定分类标准。要求被试选择那些最能描述自己生活的语句，按正态分布进行排序、分堆。一般按 9 个或 11 个(奇数)等级进行排序(分堆)。3. 将卡片呈现给被试，让被试按某一等级进行评分，得到每个问题的等级分数。4. 数据处理。在多数情况下，应采用等级相关的方法进行数据分析。(1) 可计算出不同成员得分之间的相关系数，得出成员之间的相似程度。相关系数越大，两者的相似性就越高。(2) 可以比较同一个人在治疗前后的两次 Q 分类之间的相关系数，相关系数越大，治疗效果越差；反之，则治疗效果越好。(3) 可以计算理想自我(按自己的理想或自己应该达到的程度进行评价)与现实自我(按自己的实际情况进行评价)之间的相关系数，相关系数高时，个体心理可能较为健康；反之，个体心理可能存在某些问题。有时也可以求 Q 分类结果与标准 Q 分类的相关系数。引自郭春彦主编：《教育科学研究方法》，人民教育出版社 2011 年版，第 11、204—205 页。

有关观众的人口变量、观众行为、知识获取和情感变化等量化统计；开展年龄、性别、语言等变量引起的相关性分析；测试观众的预期度和满意度。三是"内容分析"，适用于分析观众留言簿；评估展览是否达成观众目标；获取观众人口变量等相关数据；掌握观众使用相关设备的情况、新观众和经常性观众点击量最高的内容，以及观众在特定内容上所花的时间。四是"通过实验或准实验设计，研究随机样本和对照组"，适用于在出口访谈、问卷调查中抽取随机样本，调查内容可以包括参观频次、逗留时间、参观原因、观众对内容的思考或对主题的表达等，以及在校师生对展览的使用及其有效性测试。

其次，针对定性研究，在前置性和形成性评估中的运用包括：一是"投射测试"方法，适用于在开展定量研究的数据采集和分析的过程中，探究公众对某些特定主题的认识、疑问和兴趣，随着阐释策略的修改与完善，每一阶段的测试将不断予以细化，如开发、检测和完善一项帮助学校教师深入理解展品要素的创新性活动；调查观众在体验展品和学习风格中的个人偏好，以及与这些偏好匹配的阐释工具，如资料包、面板、说明文字、视音频、交互式媒体；了解不太参观展览的观众，他们究竟是因何将展览拒之门外的；测试展览标题和形式设计，判断哪种对观众更具吸引力，也更能清楚地传达信息。

二是"焦点小组"方法，适用于协助策展团队明确展览中需要加以开发的要素，如一场有关四书五经的展览要询问古籍爱好者和非爱好者对于该主题的认知、偏好、疑问和补充；了解观众对目前展览的一些看法，如定位、信息分层、环境友好、与观众相关性，为该馆的策展等提供方向性参考；探究家庭学习的行为模式，以明确哪些传播方式有助于实现家庭学习的目标；掌握青少年自我认同的需求，以及他们对于展览有何期待；针对特定人群进行访谈，如阿尔茨海默病患者、视障者，从中获得真实的数据反馈，包括他们的经历、该展哪些方面最吸引人、如何影响他们以及怎样改进。其在总结性评估中的运用包括"内容分析"，不同主题的展览或媒介拥有不同的适用范围：第一针对历史主题展览，可通过观察员工和志愿者会议，以及一些配合展览的拓展性教育活动，来推动文献研究、想法确定和展示决策，以及帮助观众实现参观学习时的期待等；第二针对艺术主题展览，在展厅跟踪观众，观察他们欣赏了哪些展品，阅读了哪种信息及类型等，并于后续访谈中继续进行追踪；第三针对科技主题展览，掌握观众对于科学的新看法和他们认为科技对社会文化所产生的影响；第四根据在线调查，了解观众参观展览后，以哪些方式参与社区或者采取行动;第五根据新媒体内容,普查偏好者人数以及评价和转发等情况。

最后,针对自然主义研究,前文已多次提及,定量和定性研究的综合运用能帮助了解观众在观展时的行为表现及其心理反应,从而为展览决策提供较为客观的依据。多种研究方法交叉使用,既有助于避免研究者的主观偏见,又有助于确保研究结论的信效度。

这种交叉主要包括"数据收集的多样性、调查者的多样性和具体方法的多样性"三种策略。第一,数据收集的多样性,研究者可以在一定时间内针对不同情况展开数据收集。如在一天、一周、一月或一年等不同时间段获取数据,针对同种情况下某一特定类型(年龄、文化背景、性别、参观动机、参观频次)的观众获取不同数据。第二,调查者的多样性。调查者既可以是外部人员,也可以是内部人员,还可以是内外部人员的组合,以便为收集、整理和分析数据提供多种视角。同时,不同的调查者参与到同一过程中,还能彼此产生思维碰撞和展开讨论,补充分析结果并反思调研发现。第三,具体方法的多样性。研究者在收集、整理和分析数据时,可采用观察法、问卷调查法、访谈法、内容分析法和实验法等多种方法。如针对某一展览的前置性评估,可使用 MuseSurvey 等问卷调查系统,邀请观众从备选答案中选择有关展览主题、内容结构、说明文字、展览环境等题目的答案,同时结合较为开放的半结构访谈法,掌握观众对上述展览要素的认知、质疑和期待。无论如何,研究中若采取定性和定量相结合的多种方法,能让研究样本拥有更为丰富的底色,从而获得更为全面和可靠的研究结论。

(四) 小结

物化信息向信宿的传播,指的是观众在参观展览的真实体验中获取相应信息的过程。这是一个外向型的信息传播过程,也是整个信息传播的最后阶段。该阶段"受众"要素得到全面倡导,并经历由被动向主动的立场转变。这一转变包括两层含义:一是观众由信息的被动接受者转变为信息的主动建构者;二是展览由机构主导变成积极地向观众获取反馈,并将反馈结果应用至展览的改进和提升中。

我们可以从三方面对"物化信息到信宿阶段"展开论述。首先,信宿是指接受信息的客体(信息的接受者),其主要受两重因素影响:信源与信宿之间是否存在共同的信息储备,信宿的需求(即目的意图)将决定信息是否发挥作用及其作用大小。鉴于此，为了激活信息接受的客体，我们应当致力于提高它们的信息储备和立足信宿的主体需求。

其次，邀请观众主动参与，成为信息建构者。策展时，文献倡导者需要立足现实，精选出与当时代相关的信息进行编码。而媒介倡导者要在文献倡导者进行文献研究和文本撰写的基础上，选择当下观众喜好并易于理解的方式进行物化阐释与实体呈现。为了促使展览变得更加动态，与观众更加相关，且展览要素更加多元，文献收藏机构可以根据展览的传播目的和现实条件，从"贡献型""合作型""共同生产型"和"主人翁型"模式中选择最为相宜的方式加以运用。

最后，重视观众的信息反馈，以作为补救和未来改进之用。收集观众的信息反馈不仅是为了强化展览的传播效应，同时也是对公共问责的一种回应。一般可通过展览评估加以获取。为此，我们需要为展览设定评估目标，包括从"受众"要素的维度设定认知、情感和体验目标，以体现展览中观众为先的发展趋势，以及从整体要素的维度倡导五项评估准则，以体现机构为导向的展览质量检测。

但无论如何，展览评估应当为每场展览量身定制适用于本展的评估目标。按照开展研究所依赖的哲学体系的不同，展览的评估方法可分为定量方法、定性方法和自然主义方法三种。其中，定量研究多采取实证主义和后实证主义范式，使用数理统计和概率论，重视对世界的简要解释，而定性研究多运用建构主义和阐释主义范式，采用逻辑学和集合论，重视对世界复杂性的挖掘。但它们均可被运用至展览的三阶段评估之中，即前置性、形成性、总结性评估。而自然主义研究则需要混合使用定量和定性研究，实施策略包括收集多样化的数据、组建多样化的调查人员或运用多样化的研究方法。

六、小结与讨论

本节聚焦的是文献收藏机构展览的信息阐释问题，探索文献从对外部世界的反映，到经博物馆化再加以利用的信息编码过程，即从信源到符号化信息、从符号化信息到再符号化信息、从再符号化信息到物化信息、从物化信息到信宿，试图提取和归纳过程中的规律性现象，并探究四个阶段各种现象的应对之策（见图143）。同时，三大要素的倡导也被融入相应阶段：第一阶段为"文献"和"受众"要素的倡导埋下种子，第二阶段将"文献"和"受众"要素的倡导落到实处，第三阶段同时倡导"文献""受众"和"媒介"三重要素，而第四阶段则深入贯彻"受众"要素。本研究尝试将这一过程及其规律体系化，以构建起适用于文献收藏机构的策展理论阐释模型。希望依托该模型，最初的信源通过文献的符号化记录，再经由策展团队全方位的信息加工与物化阐释，最终变成观众直接感知、实际操作和亲身体验并促成物我两忘的信息共享体。

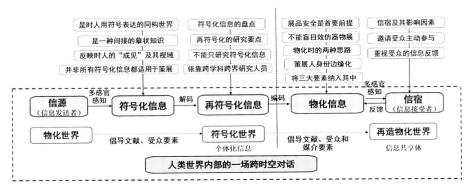

图143　文献收藏机构策展理论的阐释模型

在此对模型所涉的各个阶段逐一回顾并总结如下。第一阶段"从信源到符号化信息"，信源是信息阐释的起点，为当时代人用文献表达的同构世界。以文献作为展示材料，需要将间接知识变成直接知识，反过程地重构当时世界的发生现场及其文化语境。为此，我们需要克服"成见"，打破视域，选择趋近亲知的文献。

第二阶段"从符号化信息到再符号化信息"是当代人视域下的符号化再表达，包括文献研究和内容策划两个步骤。这需要我们在对文献收藏机构的文献进行盘点的基础上，明确再符号化的研究要点，既能从物的角度对文献的物本信息进行分层，又能从信息阐释的角度，厘清用它们讲故事的五大要素，以提升文献的内涵研究，强化与展览主题和内容相关的学术研究。

第三阶段"从再符号化信息到物化信息"，物化信息是精选的再符号化信息的三维呈现，而这种物化呈现首先要保证展品安全，因为这类展品通常较为脆弱，对温湿度和光照等存在朝督暮责的要求。其次，文献类展品展览不同于器物类展品展览，不可将大量文献直接用于展示，这种方式在文献类展品展览中只能处于辅助地位，关键是要对精选文献的信息进行重构，使其变成有意义的叙事，最终以感官能感知的实体进行呈现。这类展览在很大程度上依赖非符号的辅助展品和多样化的传播方式。再次，文献收藏机构展览的物化呈现可采取"对文献所载信息进行物化"和"对文献编撰过程及相关信息进行物化"两种思路，后者又包括首次创作和再次修复两种展示类型。最后，物化结果是一种相对客观的呈现，需要策展团队将自我身份边缘化。同时，阐释的成功离不开对文献的系统研究、多层解读和有效转化，也离不开对观众认知特点和学习行为的调研和掌握，需要将文献、受众和媒介三方面要素融为一体。

第四阶段"从物化信息到信宿"，当观众在参观体验中成功地获取信息，展览的阐释与传播任务才算暂告终结。这一阶段需要对"受众"要素进行全面倡导，并经历由被动向主动的立场转变。为此，我们一方面要积极邀请观众参与，使之成为信息的主动建构者，而非只是信息的被动接受者，另一方面要重视观众的信息反馈，通过展览评估获取有效信息，为展览补救和未来改进提供参考依据。

在对展览的信息传播进行阶段划分，并由此构建展览阐释模型的过程中，我们可以发现展览既是处理文献中符号化信息的传播媒介，又是向公众输出信息的教育媒介。正是通过展览这一中间环节，文献得以与受众对话。此类型展览与博物馆的器物类展品展览不同，本质上属于人类世界内部的一场跨时空对话。最初的文献反映的是当时代人所看到的物化世界，而展览再创造的物化世界则是借助文献这面镜子，呈现出那一时代局部的物化世界，因为这些文献就身处所在世界，犹如所在世界的沧海遗珠。当将文献中的符号化信息转变为主要由非符号信息所构成的形象传播体系时，公众便能体验到一个具备三维深度感的重构世界。收藏、保存和研究文献的图书馆、档案馆和方志馆，随着展览这一全新功能的开发，可以借助该媒介再一次证明其资源的独见独知和不可取代性，由此揭示文献收藏机构与人类现实生存实际是脉脉相通的。尽管新技术的更新换代和传播手段的铸新淘旧使得文献展览在物化呈现时变得日益縈然可观，但价值理性告诉我们，应当将注意力集中于文献所载信息，坚持社会担当，服务多元受众，进而促进社会包容共享、平等公正。此外，工具理性也告诉我们，展览本是资源（如时间、经费等）受限的工程项目，所以需要在传播目的导向下致力于追求各类资源的最优分配和最佳使用。

第六章

从实践层面设计线上线下融合的文献收藏机构展览
——实践模式及实现路径

本章将借助策展理论的阐释模型,尝试用线上线下共融互驱的方式来设计展览实践模式,进而根据对未来趋势的预判,提出分阶段渐进适应的实现路径及对策。

第一节 实践模式:策展阐释的步骤与方法

本节将研究如何把阐释材料,即"文献"要素和"受众"要素的研究成果进行信息重构和编码合成,在"理性到感性、符号到视觉"的原则指导下,实现展览空间的成功经营。文献收藏机构的策展大致由六个彼此独立又相互关联的环节构成:收藏规划和收藏政策制定,概念开发,内容策划,展览设计,展览投标、制作和布展,展览开放、修改和归档。其中,内容策划是整个阐释加工的核心环节,同时也是一个多元合作的动态过程。[①] 笔者将主要针对这六个环节,分别探究它们的内涵、参与主体、实施内容和方法,并主张对各个环节的成果都必须加以审核。虽然策划展览应当遵循一个基本的流程和方法,但是由于项目和团队不同,策展人员可根据实际情况创建自己的阶段和流程。传统的依靠文献图文材料进行较低层次的编码,虽然涉及的流程较为轻松简易,但是其不仅忽视了展览过程中的受众和其他策展主体,还

---

① 周婧景、严建强:《阐释系统:一种强化博物馆展览传播效应的新探索》,《东南文化》2016年第2期。

忽视了阐释资料所载信息层次的丰富性和生动性。

一、收藏规划和收藏政策制定阶段

从严格意义上讲,收藏规划和政策制定阶段(Collection Planning and Collection Policy-making Phase)不应被纳入展览阐释的实施步骤。但由于文献收藏机构策展的展示材料是文献,如果不从根本上明确文献收藏的规划和政策,将会直接影响展览能否筛选出恰如其分的主题,以及阐释能否顺利展开。因此,文献收藏机构应当首先拟定一份被管理机构认可的收藏政策并提出相应规划。尽管部分文献收藏机构在收藏或接收文献时,受制于政策法规的相关规定,如档案馆必须遵守《中华人民共和国档案法实施办法》(2017修订版)有关条款,但是文献收藏机构本身仍然拥有一定的收藏文献的规划权和批准权。

第一,文献收藏机构究竟应当收藏什么?这是所有机构一开始就应予以明确的关键问题。由于性质、特点和使命不同,不同类型的机构需要制定不同的收藏政策。收藏政策是藏品管理政策的构成部分。其中,有些是以国家政策法规的形式进行颁布的,如《关于征集革命文物的命令》《近现代文物征集标准》等。但目前国际上的不少收藏政策主要还是由机构制定和批准的,因此笔者将集中探讨收藏政策的内容构成,以供各类文献收藏机构(包括博物馆)参详。根据蒂莫西·阿姆布罗斯和克里斯平·佩恩①及吕军②有关博物馆收藏政策的研究成果,笔者认为文献收藏机构的收藏政策至少需要包含五方面内容(见图144)。

其一,收藏的对象和范围。收藏的对象和范围是指图书馆、档案馆和方志馆等机构计划收藏的领域。对于较大型的文献收藏机构来

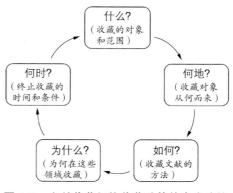

图144 文献收藏机构收藏政策的内容建议

---

① [英]蒂莫西·阿姆布罗斯、克里斯平·佩恩:《博物馆基础(第3版)》,郭卉译,译林出版社2016年版,第174—175页。

② 《博物馆学概论》编写组:《博物馆学概论》,高等教育出版社2019年版,第90—91页。

说,由于收藏的文献可能较多,所以表述起来相对冗长,但仍然要力求明确而具体。对确定不收藏的文献也要清晰表达,并说明理由。

其二,收藏对象从何而来?图书馆可从全球购买古籍和名家名作等印刷型、微缩型、视听型、机读型、光盘资料,或接受捐赠;档案馆可从全世界范围内收藏与本馆馆藏核心档案相关的资料和材料,如档案、书籍、报刊、传单、广告、样品、乐谱、证章、锦标、旗子等,类型还可辐射至视听型、微缩型和机读型材料;方志馆可从全国各地收藏与本地区有关的市县地方志书、行业志、军事志、乡镇(街道)志、村(社区)志、地方综合年鉴、专业年鉴等。区域性的文献收藏机构通常只收藏与本地区相关的文献,但区域性的图书馆、档案馆、方志馆和博物馆可开展基于特色展品的合作策展。

其三,收藏文献的方法。包括购买、长期租借、交换、鼓励社会捐赠或遗赠等,在收藏政策中都应当明确加以规定。

其四,为何在这些领域收藏?收藏政策应当清楚说明为什么要收藏某一特定领域或某种特定类型的文献。要对收藏历史进行说明,并对收藏政策加以论证,以证实当前政策是符合文献收藏机构总体政策的。

其五,终止收藏的时间和条件。按照机构规定的书面程序终止相关文献的收藏。终止通常存在两方面原因:法律和道德。一方面,由于收藏终止与否受到国家法律制约,所以藏品主管和机构管理者都应当熟悉与自己机构相关的法律法规;另一方面,文献收藏机构的首要功能是服务公众,并为后代妥善保存文献,所以终止文献收藏时需要相关管理机构的把关和批准,并征询捐赠者、购买者和专家的意见。如美国的艾弗森艺术博物馆(Everson Museum of Art)为了填补未能覆盖的历史时期的藏品,自2017年推出了收藏优先计划(Collection Priorities)。该馆的理事长杰西卡·阿布·丹尼尔(Jessica Arb Daniel)和馆长伊丽莎白·邓巴(Elizabeth Dunbar)都表示希望该馆未来能拥有反映社群多样化的藏品体系。所以2020年该馆委托了佳得士拍卖行出售其藏品——抽象画《红色构图》(Red Composition),以便用所获资金购买边缘化艺术家的作品,从而拓展该馆的藏品收藏结构。

综上,收藏政策的五项内容实际涉及的是"是什么、何地、何时、为什么和如何做"五大问题,而对五大问题的厘清能够帮助文献收藏机构明确究竟收藏什么,以及为回答该问题所需进行的一连串思考。收藏政策可简可繁,有些机构会制定两套,分别为适用于管理层的简本和适用于员工的详本。

第二,文献收藏机构还应当通过定期的动态评估,制定明确而清晰的藏品规划。此规划不仅要说明收藏理由,还要审视未来方向。美国博物馆联盟认证委员会在 2001 年通过的《对藏品保管的基本要求》中指出:"博物馆在获得新藏品并为此承担责任时,需要制定明确的规划,并且该规划最好是在已有的、制定完备的藏品规划框架内……博物馆的使命宣言决定着博物馆开发和使用这些藏品的政策、规定和做法。尽管这一点不言而喻,但有些博物馆却继续坚守那些与他们目前使命不相符的旧藏品,或把注意力放在购买一些对其使命意义不大的物件上。"[①]众所周知,国际上图书馆、档案馆的常设展馆是博物馆大家庭中的一员,所以该规定对文献收藏机构同样具备参鉴价值。目前并不存在标准化的规划模板,且制定规划也是一个反复循环的过程。伊丽莎白·E. 梅里特认为藏品规划可包含七部分:一是执行摘要(包括导言、背景),二是知识框架(藏品愿景),三是对现有藏品的分析(描述、历史、长处与不足、与其他机构及其藏品的联系),四是建设理想收藏(重点、策略和标准),五是实施战略(步骤、时间表和职责分配),六是评估,七是对藏品规划的评议。

二、展览概念开发阶段

概念开发阶段(Concept Development Phase)是指策展团队考虑并形成概念的阶段,它是国内策展中易于被忽视的一个环节,因为工具理性通常会让我们直奔主题,进入策展的首个环节——内容策划阶段。但是价值理性告诉我们,展览的立意及其传播目的乃是整个策展的灵魂所在,所以策展团队需要在诸此方面达成共识。概念开发阶段是内容策划和形式设计的共同起点,所以文献、受众和媒介的倡导者,需要就展览最初的立意和传播目的,彼此深入协商并达成认可,尔后再分头行动且持续互动。如常州博物馆在概念开发阶段,明确了展览主题是人文主义精神,因为设计师同步参与,所以由此确定该展的基调为浓重的书卷气。但事实上,展览创意的产生并非一蹴而就,需要在过程导向而非结果导向下,安排专门的时间和人员予以完成。鉴于此,我们将内容策划前易于被视若无睹,或者直接被并入内容策划的环节——概念开发,专门抽离出来设置为一个独立的阶段。

---

① 美国博物馆协会主编:《美国博物馆协会藏品规划与保护指南(英汉对照)》,路旦俊译,外文出版社 2014 年版,第 6 页。

概念开发阶段既可以被视为内容策划的初始阶段,也可以被看作形式设计的起步阶段,通常是在文献倡导者发现了一些有价值的创意后,由设计师借助各类反映思维过程的草图,加以明朗化和具体化的过程。[①] 在该阶段,展览使命、传播目的、短期和长期目标、目标观众等将被草拟或明确,并被形象化地绘制出来,它们既是内容策划和形式设计的基础,也是后期展览评估的依据。一般来说,此阶段需要围绕展览内容进行初步开发,并就叙事的逻辑线索及其重点进行大致安排。同时,需要对这些最初的概念进行面向观众的前置性评估,以及面向展览相关利益者的基本介绍。

此时,初步的预算和进度表都应当被编制完成。而这些工作通常是在较易开展的研究、便于获得的藏品,以及轻松掌握的专业技能的基础上拓展或者删减而成的。事实上,本阶段在国外博物馆策展中已得到相当程度的重视,而我国对该阶段的倡导尚未真正普及。因为针对策划和设计一体化的展览项目,内容策划往往交由设计公司完成,而设计公司由于受经济效益驱使,可能需要在较短时间内完成内容策划,甚至以内容大纲取代内容文本,因此并不乐意在概念开发上投入太多的资源和成本;而针对策划和设计分开的展览项目,形式设计的招投标通常较为滞后,也不具备内容和形式在一起进行概念开发的先决条件。但对于该阶段的抽离和专设却是极为必要的。因此,文献收藏机构可以后来者居上,在机构的展览业务处于尚未全面开花的起步期,探索一条相较于博物馆展览更为高标准、科学性和规范化的策展步骤与流程。

在概念开发的过程中,参与人员主要包括文献要素的倡导者、部分受众要素和媒介要素的倡导者,成员如下:馆内外主题专家、策展人(如果是非专家策展人)、释展者、教育人员(含评估人员)、设计师等,甚至还包括公众代表等。在某些展览策划中,尤其是参与式展览中,会成立一个内容开发团队或委员会,该团队通常由专业知识扎实和策展经验丰富的重要人士组成,以保证他们能从多角度开展充分的讨论、沟通和研究。如斯洛伐克国家博物馆和图书馆的"自由面孔:捷克斯洛伐克的故事"展,该展内容委员会的成员包括策展人、藏品经理、口述历史协调员、释展者、外部学者等。此委员会会定期地组织会议,讨论解决方案,检查工作进度,并对相关成果进行审核和批准。

[①] 缪莹莹、孙辛欣:《产品创新设计思维与方法》,国防工业出版社 2017 年版,第 91 页。

概念开发阶段的主要任务是厘清并回答一系列问题。首先,在正式进入概念开发阶段前,需要在宏观视角下考虑五方面问题:展览是否符合办馆宗旨和展览策略?目前机构拥有哪些用来策展的优势资源?展览能不能代表本馆的研究实力?观众可能想通过机构了解哪些方面的内容?在别的地方看到过哪些好的想法和做法能为我所用?其次,当策展团队正式步入概念开发阶段时,则需要在微观视角下考虑一系列更加具体的问题,它们将主要聚焦至某一展览,可能包括如下问题:一是本展览的使命和传播目的分别是什么,即这是一个关于什么的展览?二是对策展团队和外部观众而言,展览的长期目标是什么?三是可用以检测展览质量的短期目标是什么?四是展览的目标观众包括哪些人?五是展览的叙事大致将如何展开?六是我们希望观众在离开时会有什么样的收获?七是展览的基调和氛围是怎样的?八是本次展览具备哪些资源,还需要哪些资源,应当与哪些人合作?九是如何将各种想法和决策形象化地绘制或记录下来。

在回答上述问题后,概念开发阶段将会诞生一系列成果。一般来说,主要包括七项[①]:一是有关内容、观众、媒体和市场的背景研究;二是一份展览大纲;三是由作为媒介倡导者的设计师或设计团队制作完成的全景图草图或粗糙的效果图,以展示展览的基调和氛围;四是围绕概念开展的前置性评估及其结果;五是制作概念图和泡泡图;六是草拟包含展览开幕与阶段划分的日程表(其中,阶段划分不必很精细,只是大致区分);七是起草展览的总体预算(建议数字都采用每平方米多少成本等最小的单位进行标识)。同时,鉴于其中第五项成果中的"概念图"和"泡泡图"对相当一部分策展者来说较为新颖而又陌生,所以笔者将围绕此两大成果展开简要论述。

概念图是在思维导图的基础上发展而成的,简单来说,就是将一些概念搁在一张图表中,以更好地发现它们彼此之间的关系。[②] 有些策展人会将概念图绘制在纸张上,有些则会绘制在黑板上、电子文档或其他媒介上。同时,根据策展人员的偏好差异,图表形式也会略有不同,但要求能反映出主要概念及其相互关系。如一张有关鲨鱼的未完成展览的概念图(见图145)通过大小圆圈呈现出一个有组织的系统,从而使该系统中各种想法之间的逻辑关系一览无遗。而另一张有关媒体和性别关系的概念图(见图146)则

[①] P. Mckenna-Cress, J. A. Kamien, *Creating Exhibitions: Collaboration in the Planning, Development, and Design of Innovative Experiences*, John Wiley & Sons, Inc., 2013, p.272.

[②] [美]艾尔·巴比:《社会研究方法(第11版)》,邱泽奇译,华夏出版社2018年版,第386页。

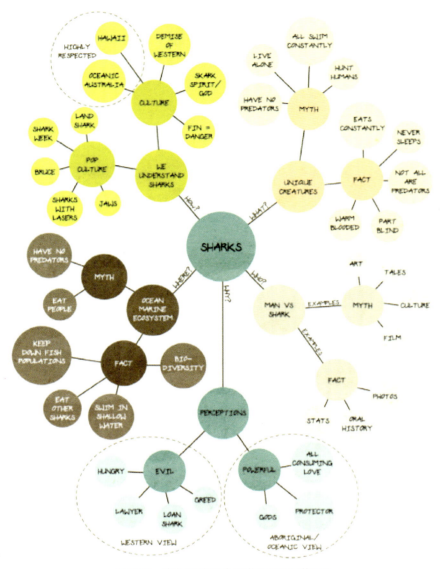

图 145　鲨鱼展的概念图草图（页面截图）

* 图片来源：P. Mckenna-Cress, J. A. Kamien, *Creating Exhibitions: Collaboration in the Planning, Development, and Design of Innovative Experiences*, John Wiley & Sons, Inc., 2013, p.227.

是通过长方形的组合进行联结的。总之，概念图采取"概念集群"的方式在图上标示，可反映出不同层次概念之间的关系，以促使大量概念及其关系得到完善和提升。如果在小的概念集群之间也存在关联，那么就可以绘制一个更大的图形,并可以为该组群另外命名。此外,波利·麦肯纳-克雷斯提出在寻找概念关联时,存在一种有助于深入展览主题核心的模式,即:"谁?是什么?在哪里?什么时候?怎么样?"

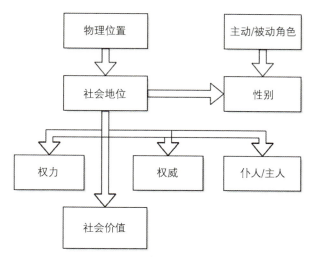

图 146　显示媒体与性别关系的概念图

* 图片来源:[美]艾尔·巴比:《社会研究方法(第 11 版)》,邱泽奇译,华夏出版社 2018 年版,第 387 页。

泡泡图,在设计初期绘制的功能分区图中,通常会用简练的自由曲线进行围合,使其看起来像充满气的气泡,因此被称为"泡泡图"。① 虽然以泡泡图命名,但它们的形状并不一定是圆的,气泡只是表示某个功能区,并不代表空间的具体形态。② 由于泡泡图不仅符号简单、方便使用,而且不必考虑整体布局,所以被引介至展览领域。当它们被运用到策展中时,不仅可以用来绘制主题是如何组织的,体现出概念之间的逻辑关系,还能呈现出概念区域的过渡,以及藏品体系的组合与排序。因此,泡泡图既是一项反映展览大纲的技术,又是一种体现概念图中互相关联的视觉表达。一般来说,在设计师绘制概念平面图之前,这是最后可用来改进概念及其关系的方法。

但事实上,设计师中有相当一部分人并不会使用泡泡图,而会选择直接绘制概念平面图。但泡泡图的功能却是毋庸置疑的,它既能保证概念的完

---

① 张峥、华耕、薛家勇:《图说室内设计制图》,同济大学出版社 2015 年版,第 39 页。
② [美]卢安·尼森,雷·福克纳,萨拉·福克纳:《美国室内设计通用教材(上)》,陈德民、陈青、王勇等译,上海人民美术出版社 2004 年版,第 190 页。

整和严谨,又能帮助展览开发者、设计师将符号化的展览大纲过渡到可视化的平面图,并且使其与内容保持一致。通过泡泡图,我们基本能判断出观众参观展览的路线图,可能的主要概念和初步的故事线等。那么,泡泡图究竟如何绘制,又应包含哪些要素?(见图147、图148)它通常包含主题、子集和各种连接,泡泡的大小基本能反映出内容的重要性及其体量。较大的泡泡说明这是一个重要的主题概念,将包含比较多的子主题。具体而言,概念开发阶段的泡泡图可以包含以下内容[①]:总体概念(总传播目的)、导介区、主题区(一般包括3—5个主题,否则观众不易记住)、次主题区、过渡区、出口。泡泡图与平面图不同,它的优势表现为不受制于特定的尺寸和比例,可让想法"自由驰骋"且便于"形象化沟通"。所以,本阶段的泡泡图较为粗糙,是在展览大纲的基础上转化而成的,当内容文本完成后,泡泡图的大小及其体量仍然可以进一步细化、完善和提升。

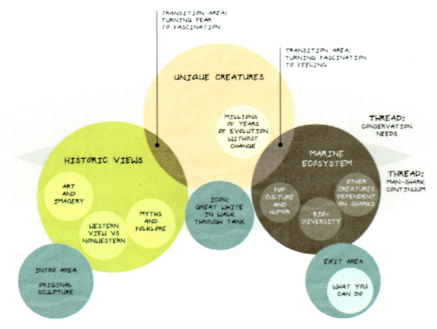

图147　鲨鱼展的泡泡图(页面截图)

* 图片来源:P. Mckenna-Cress, J. A. Kamien, *Creating Exhibitions: Collaboration in the Planning, Development, and Design of Innovative Experiences*, John Wiley & Sons, Inc., 2013, p.228.

---

① P. Mckenna-Cress, J. A. Kamien, *Creating Exhibitions: Collaboration in the Planning, Development, and Design of Innovative Experiences*, John Wiley & Sons, Inc., 2013, p.229.

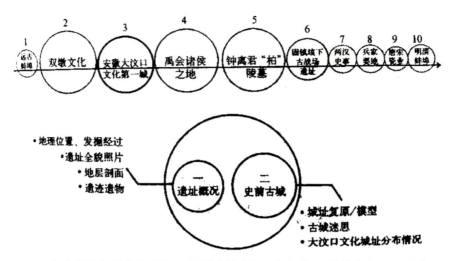

图 148　绍兴博物馆基本陈列第三单元"安徽大汶口文化第一城"的泡泡图(页面截图)

　　＊ 图片来源：陆建松：《博物馆展览策划：理念与实务》，复旦大学出版社 2016 年版，第 125 页。

当概念开发阶段结束时，展览负责人、文献倡导者、利益相关者和内外部有关人士需要对本阶段所完成的成果进行审核，以保证展览的总体方向、思路和内容的初步开发能符合本机构的使命和展览期待，否则将需要重整旗鼓，从头再来。

三、展览内容策划阶段

　　撰写内容文本是策展工作的核心环节，只有出类拔萃的内容文本，才能指导设计师和制作者创建出精彩绝妙的展览。[①] 即使展览经过精心设计，如果内容无法吸引人，观众的体验也将会是平淡无奇的，并对其嗤之以鼻。但撰写优质的内容文本并非轻而易举，相反难度颇高，因为这乃是一项融学术、文化、思想和技术于一体的创意活动。[②] 随着概念开发阶段的结束，策展过程中诸多模棱两可的想法或期待初见轮廓，此时我们将正式步入展览的内容策划阶段。

　　在内容策划阶段，参与人员实际与概念开发阶段大同小异，主要包括文献要素的倡导者、部分媒介要素和受众要素的倡导者。具体将囊括策展人

---

　① 陆建松：《博物馆展览策划：理念与实务》，复旦大学出版社 2016 年版，第 66 页。
　② 同上。

（如果是非专家策展人）、馆内外主题专家、释展者、教育人员（含评估人员）、设计师和团队其他相关成员。负责展览推进的项目经理，要确保所有工作按进度表有序推进，以便为后续反馈和补救赢得时间。

本阶段的主要任务包括五项：一是明确前一阶段的展览主题；二是立足总传播目的制定各级传播目的；三是构建展览的故事线；四是选择典型展品和传播手段；五是编写说明文字。但在完成诸此任务前，策展团队还需要认识到本阶段的所有工作并非孤立存在，相反，它乃是后续各个阶段工作的基石，并将对所有工作产生举足轻重的影响。需要说明的是，内容策划与撰写论文不同，前者是特定空间内的表达和呈现，涉及视觉的、审美的、空间的、认知的和情感的等诸多因素，所以相较于撰写论文，展览的内容策划更加综合而复杂。具体来说，一方面，空间是展览策划中最关键也最受限的因素，即便是同一主题，如果是在不同空间里策划，它的内容结构和信息分层也将迥乎不同。所以在撰写内容文本时，策展团队需要具备空间意识，甚至将建筑平面图置于左右，以明确是在该空间内进行内容安排。正是由于展览是在空间内进行表达和呈现的，所以它不同于别的学习媒介，虽然阅读图书、观看电影和课堂学习同样需要特定的空间，但这些空间只需要为公众提供安身立命之所，并不需要承担某些阐释和传播职责。但对展览而言，情况就截然不同了，在展览中，空间成为人们学习的对象，展品被置于空间之中，观众穿梭其间，通过观察、参与和体验进行欣赏和学习。[①] 所以，展览本质上是空间内的形象传播系统。另一方面，策展人员应重视内容与设计之间的动态关系。尽管作为文献倡导者的文本策划者并非专业设计师，但在策划的过程中，他们需要设想文本通过视觉所呈现的可能结果。所以，文本策划者应与设计师等媒介倡导者保持沟通并全程配合。下文将对本阶段的五项任务逐一进行概述。[②]

（一）明确前一阶段的展览主题

每个展览都会拥有一个主题，即便是大型且复杂的展览也一样。要实现文献所载信息的价值最大化，既不能单纯地展示文献，也不能简单地罗列文献中的人和事，而是需要从一批重要文献中挖掘最富特色的主题，并将精

[①] 严建强：《缪斯之声》，浙江大学出版社2021年版，第97页。
[②] 参考严建强"展览内容策划"课程中的部分观点。

选的内容进行重构,成为一个具备吸引力和号召力的展览叙事。一般来说,展览主题应符合两点要求:一是客观提取,二是具备特色。以复旦大学博物馆"现代性的五副面孔"展为例,该展的展品资料主要来自上海大学博物馆馆藏的七十多幅波兰招贴画,策展团队通过对波兰招贴画学术资料的解读和展品资料的分析,提炼和概括出五个单元:"极简与抽象""物质的隐喻""自我的探索""欲望与谎言"和"毁灭与重生",并以"现代性的五副面孔"作为展览主题,将各单元内容统摄在一起,用以揭示展览主题。再以布鲁内尔博物馆为例,该馆的展览主题是罗瑟西德(Rotherhithe)的布鲁内尔隧道。这一主题使得展览不受任何时间限制,能够全方位地讲述与隧道有关的人事代谢,并且所有的说明文字也表述为"隧道与……"①此外,扬州博物馆基本陈列"广陵潮——扬州古代城市故事"选择了以"扬州古代城市故事"作为展览主题,并以广陵潮做类比。因为扬州历史精彩纷呈、高潮迭起,如同著名的广陵潮,连绵不绝、大起大落。②从邗城、广陵城,再到唐城、宋城,最后是明清新城,扬州城市变迁反映的正是春秋列强争霸、汉朝郡县分封之争、唐朝对外交流频繁、宋朝南北对峙、明清外部压力等历史洪流中震古烁今的时代大事,形成了扬州城市富有特征的变迁节律。因此,该主题既有助于勾勒扬州历史发展的脉络,又可成为中国历史跌宕起伏的缩影,它将有关扬州记忆载体中最为核心的主题发掘出来,从而使资料取舍和内容构建具备重要依据。尽管上述案例都围绕的是博物馆展览,但文献收藏机构内容策划的理念和做法事实上与此存在异曲同工之妙。本阶段需要在概念开发的基础上,进一步明确展览主题,精选出与该主题相关的文献及其研究成果,并以此为据完成信息重构。

(二) 立足总传播目的,制定各级传播目的

在本书第五章的"倡导'文献'要素的叙事策略"中,笔者已明确指出:传播目的是指关于展览内容的表述,通常是一个完整有效但不复杂的句子,由主语、谓语和结果构成。③ 它主要是用来阐明主语是怎么样的或什么样的。在此前的概念开发阶段,策展团队已经就总传播目的达成共识,但策展

---

① [英]杰克·罗曼、[澳]凯瑟琳·古德诺:《博物馆设计:故事、语调及其他》,吴蘅译,复旦大学出版社 2019 年版,第 34 页。
② 参考严建强"展览内容策划"课程中提及的案例。
③ B. Serrell, *Exhibit Labels: An Interpretive Approach*, 2nd ed., Rowman & Littlefield, 2015, pp.7-9.

不仅需要总传播目的,还需要建立各级传播目的。最基本的要求是构建一级传播目的系统。该系统由展览各部分的一级传播目的构成,它是观众参观展览所获信息的底线,是展览中信息传播的重中之重,对文献能否获得有效利用影响深远。常用方法包括:第一,召开本领域专家研讨会。前一阶段,通过概念开发过程中的会议召开和头脑风暴,策展团队已提出总传播目的。而本阶段将邀请相关主题专家,围绕该总传播目的列出本领域观众需要重点掌握的核心内容,这便是一级传播目的的最初底本。而那些被邀请的专家应是本领域的扛鼎人物,且最好来自各学科、各领域。他们会从各自的受训背景出发,决定重点将告诉观众哪些内容,列出的一级传播目的,容量需要根据展览规模来确定,但一般最多不超过二十条,否则团队将难以付诸实施,或者观众将不堪重负。第二,召开馆内编研人员研讨会,包括历史文献中心或编研部等部门的馆内专家。尽管前一场会议中,各行各业的专家都曾围绕某一主题直抒胸臆,并初步拟定一级传播目的清单,但这些专家对馆藏资源和文献特征却并不熟悉。而文献收藏机构展览需要扎根文献本身,对文献所载内容进行重构,所以应当邀请馆内编研人员,根据实际馆藏删除或补充一级传播目的,以突显出本馆的馆藏优势。但清单总量仍不宜过多,一般不超过二十条。第三,召开观众座谈会。观众的来源应与展览未来的观众结构保持一致,若观众结构还不明朗,邀请的对象可以尽量多元,并突显目标观众。此外,随着儿童教育的普及和馆校合作的深入,家长和教师都可以成为观众座谈会的受邀对象。在观众座谈会上,被邀请的观众将依据相关性、选择性、启发性和趣味性原则,对前两轮专家提供的一级传播目的的清单进行排序,被选频次最高的传播目的将成为一级传播目的的系统的最终构成。通过三个层次的过滤和推进,展览想要传达给观众的内容便有可能实现雅俗共赏。笔者将通过前文已提及的案例"被弄浊的水:石油泄露的概况"展,对一级传播目的系统的构成加以说明。该展讲述的是因埃克森·瓦尔迪兹公司(Exxon Valdez)离开阿拉斯加海岸所引发的石油泄漏事故。[①] 展览构建的一级传播系统共包含七项内容,它们分别是:阿拉斯加是国家宝库,应当予以重点保护;石油泄漏是一场极为严重的灾难;这场灾难改变了人类的生活;人类难以将其消除干净;这场灾难

---

① B. Serrell, *Exhibit Labels: An Interpretive Approach*, 2nd ed., Rowman & Littlefield, 2015, pp.28-29.

是如何发生的;它并没有结束;我们将从这场灾难中得到哪些教训;可以做些什么进行补救。

(三)构建展览的故事线

构建展览的故事线是整个内容策划中最负重致远的一项任务。虽然在概念开发阶段,策展团队已经初步安排好故事线,但该故事线最多只是布局,还未创造故事情节。展览主题和一级传播目的系统如同人的心脏和关节,一旦明确了这两方面内容,无论是人体还是展览,其主要架构便将得以清晰呈现。尔后在开展内容策划时,只有与展览主题、传播目的相关的内容及其信息才会被精选入内。虽然主要构架已经基本完成,但展览还需要依赖情节和由情节所构成的故事线赋予其血肉。一般来说,故事线不宜是平铺直叙的,而是需要根据观众的认知特点和学习行为营造出高潮和兴奋点,使观众在参观中能保持一定的兴奋度和新鲜感。可见,故事线犹如人的骨架,使相关内容和信息据此有序地被组织,尔后有机地整合至展览主题之下。有关信息组织时,需要哪些叙事要素,我们在第五章"明确针对文献信息进行符号化时的研究要点"中已经有过相关讨论,此处不再赘述。经由主题和一级传播目的的确立,各类信息被过滤,重要信息被留下,而通过故事线的构建,这些信息得以重新组织,变得有构造和有情节。至此,信息通过筛选、组织和重构,拥有了喷薄而出的生命力、扣人心弦的吸引力。首先,来看以线性叙事构建故事线的展览案例,以国家典籍博物馆2015年推出的"甲骨文记忆"展为例。该展选择以"甲骨文记忆"作为展览主题,拟定的故事线由四部分构成,分别是"重现的文明""神奇的文字""传奇的王国"和"探索的旅程"。整个故事从甲骨的发现讲起,1899年的北京城发生了一件与中药有关的奇事,在名为"龙骨"的药上竟然存在刻划符号。尔后,策展人通过多层次和多方式的信息阐释,带领大家去探寻甲骨文背后所隐藏的秘密,以揭示甲骨文作为文字和占卜之物的神秘功能。如第一部分"重现的文明",该部分围绕"廉价龙骨""惊天发现""殷人刀笔""考释甲骨""寻找出处"五则故事展开。"廉价龙骨"讲的是自河南安阳剃头匠用龙骨治病成功后,村民纷纷挖取龙骨卖给药铺,随着龙骨数量增多,其价值被贬,并且由于滥用而遭遇破坏。"惊天发现"记述的是1899年国子监祭酒王懿荣发现龙骨上刻划了符号,于是按照一字一银两的标准回收,并决定对甲骨展开深入研究。"殷人刀笔"展示的是1900年八国联军攻陷北京,王懿荣之子为还清旧债将甲骨卖给刘鹗,刘鹗选拓成书,完成了第一本甲骨著作《铁云藏龟》,并指出甲骨文是殷人刀笔文字。"考释甲骨"呈现的是继刘鹗《铁云藏龟》出版后兴起的甲骨文之风。孙诒让 1904 年完成对《铁云藏龟》的考释,并出版《契文举例》。王国维在得到该书后经罗振玉资助出版。"寻找出处"告诉观众的是甲骨文大家罗振玉通过查询甲骨买卖,获知它们的出土地便是河南安阳小屯村,进而促成 1928 年以后殷墟大规模的科学发掘。整个展览故事以线性叙事架构,展示的是从认知甲骨到探究甲骨的发展历程,一则则生动的故事被娓娓道来、呼之欲出,吸引观众借助展览这一可视化和科普化的媒介一窥究竟。其次,来看以团块叙事构建故事线的案例,以大英图书馆的两场展览为例。第一场是 2013 年举办的"宣传——权力与说服力"展,该展在前文中已有所涉及。这是一场以宣传为主题的展览,围绕不同的宣传文献,探讨国家是如何借助各种宣传手段来影响公众的思想和情感的。由于此展是在 2013 年创建的,所以有关展览内容的一手资料已经寥寥无几,以下介绍主要出自二手资料——哈克(Richard J. W. Harke)所写的《展览回顾:宣传——权力与说服力》(Exhibit Review: *Propaganda: Power and Persuasion*)[1]。序厅中心展示的是一句问句"什么是宣传?"由该问题引发观众思考究竟何谓宣传,并带着此问题步入展览主题。展览第一部分是起源。这部分追溯了宣传的起源,通过展示图拉真柱、色雷斯硬币、1642 年教皇法令等文献及物件,回顾早期历史中所使用的宣传手段。这部分的展示让观众感受到"宣传"乃是一个中性词汇。第二部分是国家。此部分展示宣传在国家建立中所发挥的不可替代的作用,以及宣传手段已经且正在被各国兼收并采。这部分 L 形墙面上被放置了各国国旗和文献展品。第三至五部分分别是仇敌、战争和健康。三大部分展出了历史上知名的宣传品,包括诺曼·罗克韦尔(Norman Rockwell)的"四种自由"(Four Freedoms)海报、赫伯特·基奇纳(Herbert Kitchener)的"你的国家需要你"海报、1940—1941 年纳粹德国的宣传手册等。这些反映世界不同地区宣传手段的文献证明了宣传手段正在被各地政府普遍使用,而宣传文献所包含的信息则通过一个个团块故事得以呈现,分别讲述的是宣传与促进民族团结、实现健康生活、增强民族自豪感,甚至是宿敌之间碰撞出的故事。

---

[1] R. J. W. Harker, "Exhibit Review: *Propaganda: Power and Persuasion*", *The Public Historian*, 2013, 35 (4), pp.103-107.

第二场是大英图书馆于 2019 年举办的"列奥纳多·达·芬奇：动感的心"展。该展的总传播目的是：达·芬奇认为运动是"所有生命的原因"，因此在自己的作品中积极探索自然界背后的原理及其自然法则。正如前文所述，此展是紧紧围绕三本笔记本展开的。展览的第一部分是立足"Codex Arundel"笔记本施以策划的。这段时间内达·芬奇由于对水流的研究，受雇于佛罗伦萨政府，所以这部分手稿、作品、绘画和论文都体现出达·芬奇对流体运动的观察。如他研究佛罗伦萨阿诺河水流对拱门墙壁造成的影响。另外在这本笔记中，他还研究了水生动物的呼吸原理并据此探究水下呼吸装置。通过对有关流体运动的观察，达·芬奇提出了一系列与涟漪、波浪、涡流和气泡运动有关的理论，以及关于空间、光学的理论。展览通过他描绘的木管乐器的运行机理、空气和烟雾通过阀门运动等的素描作品，展示了达·芬奇的思想是如何在各种创作中得以体现的。可见，本部分是借由达·芬奇观察流体运动和据此提出相关理论两方面的故事展开的。第二部分是围绕"Codex Forster Ⅱ"笔记本进行策划的，涉及两方面内容：探索月球周期等天体事件及其影响陆地潮汐的方式，于此基础上进行了一系列有关月球照明的研究。从第一本笔记本到第二本，达·芬奇已经逐步发展出更加严谨、更具体系的思想。展览在此展示了达·芬奇的论文和说明图纸，让观众感受到他完整的宇宙观，以及覆盖自然科学和人类意识的多方面研究。第三部分是基于"Codex Leicester"笔记本展开的，同样包含两方面内容：与阳光反射有关的主题，对此前猜想所产生的结论。而达·芬奇对这些主题的兴趣和反思都一一呈现在他的手稿中。可见，该展基本属于团块叙事，展览以三本笔记本（三个部分）作为材料基础，条分缕析地记叙了"达·芬奇进行创造的思想和作品"与"他对水运动、天体运动和阳光反射研究"之间的逸闻趣事。综上，当策展人为展览构建故事线时，并非一定要求整个展览都按照时间逻辑，即采取一种严格的线性叙事，事实上也可允许以非线性叙事中的团块叙事与点状叙事展开。在第五章的"文献收藏机构展览物化呈现时可采用两种思路"中已就此阐明了其中事理。

（四）选择典型展品与传播手段

优秀的展览必然要选择典型的展品和恰当的传播方式。文献类展品展览不同于器物类展品展览，后者重在呈现，而前者则重在重构。当然，器物类展品展览也可以重构，但重构对其而言并非必须，可以只采用呈现。然而文献类展品展览却不同，必须要根据文献所载信息进行重构，采取呈现的方式意义并不大。所以文献收藏机构展览通常需要创建展品，而这些被创建的展品应与展览主题息息相关，用以实现传播目的，并在叙事过程中具备良好的阐释能力，而非以价格是否昂贵、工艺是否精湛等审美价值作为创建的标准。当然，个别较为稀缺或具备一定审美价值的文献也被允许直接用于展示，但不宜过多。同时，随着展示理念和传播技术的进步，展览要素与日俱增，辅助展品如造型物、媒体和装置等不断吐故纳新。在美国国家档案馆的"权利档案"展中，虽然也有个别的文献展示（见图149），但却广泛采用互动装置。大英图书馆的"列奥纳多·达·芬奇：动感的心"展无论是展览的选题还是内容的构建，均出自三本著名的笔记本 Codex Arundel、Codex Forster Ⅱ和 The Codex Leicester，为了动态地展现笔记本中达·芬奇的思考和研究过程，策展人通过视频、触摸屏等一系列辅助展品进行可视化和立体化呈现。美国国会图书馆举办的"不可否认：妇女为投票而战"展中除了展出馆藏的部分文献，如论文、书信、手稿等，还采用了影音资料，以及从贝尔蒙特·保罗妇女平等国家纪念碑处外借的雕塑等（见图150）。

图149　美国国家档案博物馆"权利档案"（Records of Rights）展中的文献展示和互动装置
　　＊　图片由美国国家档案博物馆提供。

　　不同类型的辅助展品需要在展览传播目的、主题和故事线的引导下，找到最适合呈现该辅助展品的传播方式，从而使展览的传播效应得到最佳发挥。常见的传播方式有：情景再现、雕塑、模型（微缩模型、微缩景观、透明模型、系列化模型、剖面模型、放大和缩小模型）、影像、剧场、活态演示、虚拟现实、光电解读、听音装置、图文系统等。牛津大学博德利图书馆的"可感知的书"展并未采取传统的视觉传播，而是选择对观众的多感官进行开发，采取了翻阅手稿、闻纸张味道、触摸旧书等形形色色的互动传播方式。中国国

第六章　从实践层面设计线上线下融合的文献收藏机构展览　　399

图150　美国国会图书馆"不可否认：妇女为投票而战"（Shall Not Be Denied-Women Fight for the Vote）展中的触摸式屏幕

* 图片由美国国会图书馆提供。

家博物馆的"证古泽今——甲骨文文化展"分为"契文重光""契文释史"和"契于甲骨"三个单元，不仅关注甲骨本身的发现、文例、字形和分组等特点，还重视商代社会等文化层面的内容。①由于甲骨文与今人使用的文字相去甚远，且内容晦涩难懂，所以展览选用了雕塑、光电解读等传播方式予以表达。该展创建有"从军行"雕塑，此展项是由甲骨文所构成的"军队"，整个雕塑使用的材质是木和金属，构成要素为战马、士兵、兵器等与军事相关的象形文字，而这些象形文字均取自甲骨文（见图151）。该立体雕塑别出心裁，淋漓尽致地展现了甲骨文的象形特征，同时以现实生活中的造型艺术加以呈现，以构建出一种现代、传统相融的审美表达。另一个则是"五行·射日"的多媒体展项，它围绕中国传统文化中的"五行——金、木、水、火、土"主题，创建出五组情景体验，即通过甲骨文打造一幅幅栩栩如生的画面，如金戈铁马、茂盛森林、风雨湖泊、部落篝火等。观众可以通过自由选择进行互动体验（见图152）。

---

①　黄丽巍：《不仅仅是甲骨文——走进"证古泽今—甲骨文文化展"》，《人民画报》：http://www.rmhb.com.cn/wh/201912/t20191212_800187504.html（2019年12月12日），最后浏览日期：2021年3月10日。

图 151　中国国家博物馆"证古泽今——甲骨文文化展"中的"从军行"雕塑

* 图片由中国国家博物馆提供，马悦摄。

图 152　中国国家博物馆"证古泽今——甲骨文文化展"中"五行·射日"光电解读展项

* 图片由中国国家博物馆提供，浦峰摄。

（五）编写说明文字

在第五章"倡导'媒介'要素的体验策略"中的"内部要素：说明文字"部分，我们已经围绕说明文字的设计问题，进行过较为详尽的论述，并且提出了"保持设计清晰易读""追求设计多样性""设计分众化文字""开展多类型评估"四项策略。虽然经由设计所呈现的说明文字是展览成品最终展露的"真颜",但事实上,说明文字所撰写的内容,才是向观众传递信息、交流思想和表情达意的源泉。在佛罗里达自然历史博物馆(Florida Museum of Natural History),说明文字的编写由四位拥有科普能力的专家承担,可见这项工作已发展为该馆的一种专门职业。编写说明文字与撰写书籍、文章有所不同,因为说明文字是展览要素中的特殊构成,会分别被用作标题、前言、部分和单元说明、结束语、各类面板、说明标签、操作说明以及视音频字幕等,其往往发挥着告知、指向、提问和促进等作用。虽然针对每个展览的一套说明文字是唯一的,但相关研究表明,编写说明文字拥有一些具备共通性的最佳做法。一般都由文献倡导者承担,如策展人、主题专家,也可能由专业作家负责。对某些大型展览来说,说明文字的编写可能需要多人承担。

笔者认为,编写说明文字通常可分为五大步骤。第一步,明确是否需要为展览配备文字,以及存在哪些具体需求,如确定何处可使用图像、哪里可采用视频传达。

第二步,明确说明文字的编写标准,即为信息取舍提供相对客观的依据,以实现内容的高度聚焦,使之成为一个有机整体。这里的编写标准即为笔者曾论及的总传播目的和各级传播目的。传播目的犹如为展览导航的灯塔,只有与之相关的内容,才需要被编写进说明文字,其中高度相关的便是核心内容,而无关的则可直接滤去。

第三步,正式编写说明文字。但是在正式编写前,务必要明确本套说明文字将要采取怎样的风格和口吻。尤其是在拥有多位撰写者的情况下,应确保展览中所有声音始终保持统一。究竟是以采用第一人称,还是第三人称?是使用权威型的输出,还是对话型的沟通?如果展览想为观众创建不同的视角和声音,以便更好地服务各类受众,可以考虑编写分众化的说明文字,如一套适用于儿童观众,而另一套则适用于成人观众。

第四步,在编写文字的过程中,从观众的主体因素出发,至少应遵循五点原则:一是使用观众能理解的词汇和表达。"本世纪中叶很多博物馆是'密码学的巅峰之作',说明牌寥寥数语,信息不明。"[1]赛博·陈(Seb Chan)[2]也指出:"人们常会觉得说明牌是为同行而写,而非给公众看的。"[3]从注意力的

---

[1] 大卫·沃利斯:《博物馆展览说明牌展现新意义》,https://news.artron.net/20150528/n745292.html(2015年5月28日)。
[2] 赛博·陈当时担任库伯·休伊特史密森设计博物馆数字与新媒体主管。
[3] 大卫·沃利斯:《博物馆展览说明牌展现新意义》,https://news.artron.net/20150528/n745292.html(2015年5月28日)。

运行机制可知,人对不理解的东西,即便首次看到时感到新奇,产生兴趣,也只是一时的,难以保持且将很快消逝,所以,说明文字应使用观众能理解的词汇及表达。贝弗利·瑟雷尔提出,说明文字中的词汇水平需要保持在"六年级以上或八年级以下"[①]。成都市档案馆资深研究员姬勇指出,在策划"成都故事"展时,他对说明文字的基本定位是小学毕业生都能看懂。因此,在编写说明文字时,需要明确其词汇水平。可采取"前置性评估"方法,评估词汇水平是否合适,以及观众能否理解其中的概念和术语。此外,鼓励使用"核心词汇",以便说明文字能简明扼要、掷地有声,编写者应删除一切无关信息,只保留支持传播目的的关键词汇。如明尼苏达科学博物馆(Science Museum of Minnesota)的"厕所紧急情况"说明文字为:"因在太空行走期间宇航员没有上厕所的机会,所以他们需穿着'吸水能力最强的衣服'。但是,这话要怎么说呢?这是纸尿裤的另一种称呼……"这段说明文字将专业性较强的太空生活和失重现象,用浅显易懂的科普词汇加以表达,展览中每块面板也只使用了四五十个字。二是重视说明文字的相关性。观众过往的知识经验能引发他们对说明文字的注意并使之趋于稳定。[②] 尽管不同类型的多代观众,其知识经验千差万别,但仍存在许多共通性,受不少相同因素的制约。所有年龄段的观众都容易与不抽象的、熟悉的东西建立连接。如美国国家自然历史博物馆(National Museum of Natural History)的"6 600万年距离我们多远?"的说明文字:"时间长得令人难以置信。试着这样想:快速地将双手打开再合拢。假设每做一次这个动作代表一年。……在未来的两年里,不分白天黑夜的重复这个动作的画面。你花费在这项工作的时间正好代表了6 600万年的长度。"双手合并打开的动作,几乎所有观众都熟悉且随时能体验,所以以此做类比,观众能轻松实现与认知和经验的连接。三是对信息进行分层。说明文字能给观众提供不同类型的内容选择,如文字标签、漫画、数字选项等。四是寻找情感的共鸣点。有学者认为,展览成功与否在于能否唤起观众情感。当今社会,每日海量信息扑面而来,观众实际上无须前来看展,就能轻易获知不可胜计的知识和事实。而文献收藏机构展览的可贵之处在于:文献所载的信息是独一无二的,能够与个

---

① B. Serrell, *Paying Attention: Visitors and Museum Exhibitions*, American Association of Museums, p.92.
② 钟建安:《探索心理的奥秘——心理学及应用》,浙江大学出版社2009年版,第99—100页。

人建立情感关联,引发他们好奇或怀旧的情感,从而获得对文献重构世界的独特体验。文献收藏机构借助展览,能为观众提供激活"镜像神经元(同理心)"的"物化信息",使得他们在真实体验中提升认知、产生共情。叙事心理学揭示故事实际是以情感为基础的,所以讲故事是引爆情感的重要手段。如明尼苏达州探索中心"矿井之下"的说明文字:"你在地下,漆黑一片。你沿着洞穴般的隧道在黑暗中穿行。空气中弥漫着炸药和骡子粪便的味道。灰尘堆积令人难以呼吸。数十种语言的叫喊声回响在岩石壁上。你点燃一支蜡烛。接下来的 10 到 12 个小时,你和两个搭档将在这里工作。你们可能不会说同一种语言,但你们的生命握在彼此的手中。……"这段对于矿工日常生活的白描,使观众仿佛置身于矿工所劳作的矿井,黑暗中夹杂着灰尘、骡子粪便和呼喊声,体会到环境如此恶劣且危机四伏,谁能不为矿工所受的非人待遇深深动容? 五是鼓励多元观众身心参与。这种参与存在两种情况,第一种是互动型说明文字,其功能本就是主动邀请观众身体参与。如台北世界宗教博物馆"情绪星球"说明文字:"这是一个能让沉重的心情转换成明亮好心情的神奇星球。勇敢地张开手臂,拥抱沉重的蓝紫色星球,看! 光球变色了,坏心情也会跟着转变。让我们一起用好心情与满满的爱,通过能量显示器的考验,一起前往各星球冒险喽。"第二种是以提问、引导、激发和对话等方式间接邀请观众心理参与。如西雅图历史与工业博物馆(Museum of History and Industry in Seattle)"B-1 水上飞机"说明文字:"想象这是在 1919 年,你正在新的 B-1 驾驶舱内,准备将木材、电线和钻机运往维多利亚,飞机正以每小时 80 英里飞行,发动机在你耳边咆哮。你不知道,你将要改变历史。"观众被邀请运用他们的想象力,加入故事情节之中,变成故事的一部分。

第五步,审核说明文字。大型展览的说明文字可能多达几十页,需要文献倡导者在不同阶段对其进行审核。如前期的风格和口吻,中期的事实、术语,后期的容量、语法和书写。同时,审核对于检查展览中潜在的敏感内容也显得至关重要,如是否存在历史、文化和信仰等方面的争议。总之,审核说明文字有助于确保说明文字友好、没有冗余且不存在冲突。

此外,尽管说明文字的编写者并非设计师,但他们需要考虑这些文学将以怎样的视觉方式呈现,并与图形设计师保持沟通、互动和合作。双方讨论的内容可以包括文字采用哪种载体、使用什么颜色、大小和字体,从而保证与内容的高度契合。

当完成上述五项任务后,展览的内容策划阶段基本完成,此时将产生一系列代表性成果,包括内容文本的终稿和最后的展品清单(含直接展示的文献和辅助展品资料汇编),以及重要传播方式的建议。由于展览设计耗时较长,前期也已经完成概念开发,所以本阶段设计团队可以开始着手概念设计了。

当内容策划阶段结束时,策展负责人、内部的文献倡导者和其他利益相关者(包括媒介要素和观众要素倡导者)以及外部相关专家需要对本阶段的内容文本、展品资料和传播方式进行审核。策展负责人和其他文献倡导者要保证内容文本符合展览的使命和传播目的;内部的文献倡导者和外部相关专家要确保内容准确、逻辑严谨和重难点突出;内部的媒介倡导者和外部相关专家要明确空间大小能否承载内容,以及文本转换成三维的可能性,如"舍生取义""忧国忧民"等观念层面上的文本表述事实上是难以直接转化为三维实体的;内部的观众倡导者和外部相关专家要考虑内容能否有助于观众认知、情感和体验目标的达成。如果本阶段审核未通过,策展团队则需要另起炉灶或再行修改。

四、展览设计阶段

设计是展览开发过程中最具创新性与表现力的阶段之一,此时,展览开始由文本向实体转化,视觉效果逐步呈现。好的设计并非兴味索然或程式化的,而是充分考虑展览使命和内容,并能让内容变得既新奇又有趣,通常分为"概念设计"和"深化设计"两个阶段。如果将展览最初的"概念开发"(美国博物馆界也将该阶段称为阐释计划阶段)也纳入其中,则可分成三个阶段。

其中,"概念开发"事实上也是设计的第一阶段,该阶段可借助文字或简单的图形来规划整体体验,包括初步的主题、总传播目的、概念之间的关系、空间、预算和时间等。类似给设计师提供一份设计的摘要和关系图表。[①] "概念设计"是展览设计的第二阶段,此时展览开始拥有总体外观,并逐步向可视化和空间化转变。该阶段的任务是提出展览设计思想与原则,对平面空间设计、功能动线规划、各部分内容的表现手段及其效果等做出初步考虑。[②] 在展览设计和施工工程招标时,设计公司需要向展览建设方提供"概念设计",以作为考察该公司设计或施工能力的关键依据,但其通常不是展览的

[①] G. D. Lord, B. Lord, *The Manual of Museum Management*, 2nd ed., Rowman & Littlefield, 2009, pp.447-523.

[②] 陆建松:《加强博物馆布展工程中的"深化设计"环节的把关》,载曹兵武、崔波主编:《博物馆展览:策划设计与实施》,学苑出版社 2005 年版,第 117 页。

最终实施方案。① 展览设计的最后阶段是"深化设计",也叫"详细设计"。该阶段是指由设计师根据实际的内容文本、展品资料和特定空间进行二次重构,从而创造出能被感官感知的全套布展实施方案。② 该方案是最终的设计和制作方案,已超越概念设计,显示出空间关系。所以,深化设计的质量与水准将直接关系到最终的三维呈现,是展览形式设计中最为关键的步骤,也是布展工程管理中最为核心的环节。③

在展览设计阶段,参与人员包括媒介要素的倡导者、部分文献要素和受众要素的倡导者。策展团队如果想通过设计来达成叙事的实体呈现,那么就需要在设计之初,就邀请相关设计人员参与到叙事文本的讨论之中,而非采取目前的惯常做法,将文本策划与展览设计强行分离,促使设计师(媒介要素倡导者)更多地考虑视觉层面上的艺术传达,长此以往,设计可能只会注重审美性,而放弃或弱化阐释性。但这也并非意味着内容策划要包办代替,根据自身偏好和趣味去限制整体设计,从而影响设计的生命力和创造性。目前,我国展览已走过百年历程,但总体来看,它仍属于一个相对年轻的新兴领域。通常设计人员的受训背景为建筑、室内设计或工业设计等专业,其中不少在接受正规教育时甚至从未接触过展览行业。同时,随着科技手段的系统性变革,可持续和环保设计的先导式发展,加之跨学科、跨行业的知识建构相对匮乏,设计人员只有保持"门户开放"的学习态度、持之以恒的学习精神,才能不断强化、习得各种新能力和新技巧。因此,为了更好地满足当代展览设计对于复杂通才的需要,展览最好能组建一支媒介倡导者团队,该团队需要囊括各类设计人员。

展览设计阶段的任务主要包括四项:室内设计、图形设计、照明设计和多媒体设计。一是室内设计,主要负责三维的展览空间和工业元素的设计,包含辅助展品(造型、装置和媒体)、参观动线、展柜、展架和沉浸式环境等。需要强调的是展览媒介的独特性,不仅要考虑设计的审美性和艺术感,还要强调设计的阐释性和体验感。其中,辅助展品在第五章"内部要素:展示手段与高潮阐释"中"展示手段"部分已进行过详尽论述,而"参观动线""展柜"和"沉浸式环境"则分别在第五章的"内部要素:空间规划与参观动线""内部要素:展柜与照明""内部要素:多元感官的整体感知"中有所涉及。

---

① 陆建松:《加强博物馆布展工程中的"深化设计"环节的把关》,载曹兵武、崔波主编:《博物馆展览:策划设计与实施》,学苑出版社2005年版,第117页。
② 同上。
③ 同上。

二是图形设计,主要是指针对二维图文进行的设计,这些要素的载体可能是墙面,亦可能是展板或标签,还可能是多媒体等。二维的平面设计是一种视觉传达设计,其中颜色、大小、形状、字体、材质等不仅能构成展览底色,还能帮助提供展览线索,以实现视觉要素彼此关联并有机统一。图像作为一种直观的符号表达,在关键内容分类和目标观众分众时,通常会发挥比文字更大的效用。一般来说,图形设计可遵循七个步骤:第一步,掌握展览背景,弄明白展览的传播目的和使命、展览的主题和故事线、目标观众、展览的口吻和氛围、展览空间的颜色、展览的进度安排。第二步,确定图形的界面设计。由于图形与展览空间、其他要素存在千丝万缕的关联,所以设计的思路和风格应与它们保持高度一致。图形界面设计可从文献中的照片、图像以及文字所传达的信息中提取和创建,因为图形本身属于展览设计语言的构成部分。第三步,明确图形中的文字字体。在第五章"倡导'媒介'要素的体验策略"中的"内部要素:说明文字"部分,我们已就说明文字的设计问题提出过"保持设计清晰易读"等四项策略。其中,在保持设计清晰易读的策略中已论及字体问题,如慎用阅读不便的美术字体、立体字不宜以透明材料为底板、版面背景需保证文字容易辨识和阅读、应与展览主题风格吻合等。需要补充说明的是,展览是一项翻空出奇、不落窠臼的工作,所以设计师甚至可以自定义一些字体,但前提是不能给阅读造成障碍。第四步,决定图形颜色。颜色在观感中发挥着特殊功效,不仅与氛围有关,也代表着某种情绪。如红色较为热烈,易于关联的主题有革命、爱情、生命、喜庆等;蓝色象征宁静、严肃、凉爽等,相关主题有海洋和太空等。此外,颜色还代表某种文化表征,在不同国家拥有不同含义,如中国自古以来崇尚红色,新婚嫁娶穿红色行头。掌握颜色的文化表征可以避免冒犯甚至错误。同时,不同的颜色还可用以区分展览的不同主题、不同展区和不同层次结构,以便观众在寻路时能一目了然。第五步,构建层次结构。图形设计人员需要设计分层的图形系统,从标题、前言、章节标签、组标签、展品说明牌,到非阐释性的捐赠牌、寻路系统、管制标签、互动标签和荣誉标签等。整个系统在各自层次的内部保持统一,如所有章节标签使用统一的风格与规则。无论如何,图形有助于各类观众,甚至是匆匆看展者迅速捕捉到展览中的核心信息。第六步,洞悉图形所发挥的具体功能。在展览中采用照片、插图等图形来取代文字,不仅能使展览变得活跃、多样,而且能缓解观众的疲劳。然而,无论是单独使用的图形,还是作为文字面板、壁画或背景墙的支撑图形,它们都需要在概念开发阶段就予以考虑。内容可包括：明确承载图像的面板、墙壁等的标准化尺寸；规定图像的像素，以保证其能清晰显示；自定义每类图形的样式，以保持外观干净且统一；确定图形的生产方式，如委托艺术家手绘，大面积墙纸交由企业生产，或干脆用打印机快速印制。

三是照明设计，此项任务在第五章"倡导'媒介'要素的体验策略"中已有所涉猎，包括照明设计的前提、原则、方式（自然、人工和混合照明）、各阶段应考虑的因素等，此处不再赘述。以下笔者将结合前两项任务中论及的三维展品和二维展品，就如何为两类不同的展品提供恰到好处的照明设计进行拾遗补阙。针对三维展品，三维展品的展示方式通常有两种：置于展柜内和裸露在外。对置于展柜内的三维展品通常采用的是柜内照明，包括采用光纤技术和低压嵌入式灯具等。而对于裸露在外的三维展品，小型的可直接用主光（见图153左图）；中型或大型的可采用主光P和辅光S、D，以打造出较好的立体感，其中主、辅光的照度比至少实现5∶1（见图153右图）；而超大型三维展品则可采用四种不同的墙面布灯方式：导轨墙面布光灯、导轨聚光灯、嵌入式墙面布光灯和射灯系列（见图154）。① 针对二维展品，应当采用均匀布光（见图155），需要就均匀度进行测试和调整。总体而言，照明不仅需要满足纸质文物的敏感性要求，还要虑及观众的戏剧性体验。

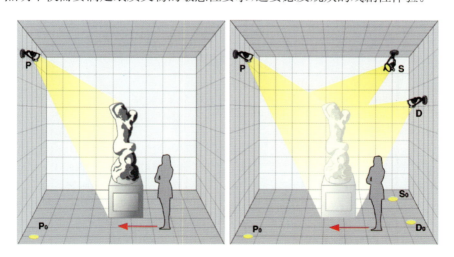

图153　针对小型和中大型三维展品，可采用两种人工照明方式

* 图片由意大利照明公司 iGuzzini 提供。

---

① 参考严建强"展览形式设计"课程中的案例。

图 154 针对超大型三维展品可采用四种人工照明方式：导轨墙面布光灯、导轨聚光灯、嵌入式墙面布光灯和射灯系列

* 图片由意大利照明公司 iGuzzini 提供。

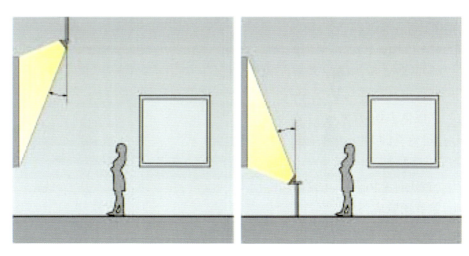

图 155 针对二维展品，可采用两种人工照明方式

* 图片由意大利照明公司 iGuzzini 提供。

四是多媒体设计,在现代展览设计中已经崭露头角。它突破了一对一的信息传播方式,图、文、声、像并茂,以一种动态交互方式把信息传播出去。这类设计能为观众打造出一个多维空间,有文本信息的二维、动态图像的三维,还有超物理性质的虚拟空间,属于一种既拥有前卫性又具备实验性的辅助产品。观众通过选择和控制成为其中的一员[①],因此有助于吸引一部分偏爱技术和时尚的新观众。通常来说,多媒体设计应尽早考虑,因为它需要与室内设计师、文献倡导者等密切合作,以保证设计时能恰当地反映内容,并有效吸纳新技术。同时,也需要与制作商及时沟通,以明确设计费用和技术问题。由于多媒体从设计到制作都需要时间,所以越早投入就越容易生产出高质量的展项。一般来说,多媒体拥有各类不同的软硬件和交互性,主要包括七类:动态图像(视频、电影、动画等)、声音、触摸屏(多点触控、多用户触摸屏已取代电脑亭)、虚拟现实、增强现实、游戏和移动应用程序。一旦展览中准备引入多媒体,那么至少需要注意四方面问题:诚如本段开头所言,应在设计过程的早期便启动;根据展览是常设展还是巡展,决定采用不同的设备,常设展往往要求硬件经久耐用;考虑物理空间和观众对于界面的要求;若同时推出线上展览,还需要考虑实体与在线的连接和交互。为了促使多媒体设计能良好地融入展览,我们需要重视两方面问题:用户界面(内容组织和用户体验数量)和体验时间。同时,多媒体设计中的开关问题也不可小视,它将影响到后续展览的运营管理。该问题通常由展览规模决定,针对大量使用多媒体的展览,可采取集中控制的方法,而针对需要经常编辑与修改内容的多媒体,则可采用内容管理系统(CMS)。多媒体的设计包含三大环节:前期准备、中期开发和后期测试,具体涉及内容需求与目标、探索、设计制作、硬件选择和制作、软件开发、集成安装和验收。随着展览的对外开放,多媒体出现故障的情况可能会屡见不鲜,所以应提前与开发商或供应商签订维修合同,并由他们向机构提供使用手册和组织培训,一般免费维修时间为1—3个月。

在执行室内设计、图形设计、照明设计和多媒体设计四大任务的过程中,策展团队应当始终坚持设计的六点原则,并达成设计的三项要求。如果是面对家庭观众的多媒体设计,还需要把握其设计的七大特征。首先,坚持

[①] 《美术大观》编辑部编:《中国美术教育学术论丛 艺术设计卷 6》,辽宁美术出版社2016年版,第37—40页。

设计的六点原则,在第五章"内部要素:展览设计的原则"中已做过详述,分别为美观、舒适、匹配内容、身心参与、环境设计和经济性,此处不再重复。其次,达成设计的三项要求。其一,准确性、阐释性和创新性。设计时要准确地把握展览主题和内容,选择恰如其分的传播手段;展览要素要与空间规划相得益彰,具备较强的阐释能力;不断创新传播方式,使展览成为与时俱进的传播媒介。其二,安全性和人性化。保证观众的参观安全,同时确保展品不受损害;展品的陈列带、密度和空间安排等符合人体工程,能帮助观众延缓或消除疲劳。其三,可行性和高质量。各类设计图纸能有效地指导后续制作,使得时间、质量和服务均有所保障,概算应当精准、合理和全面。需要明白的是,"时间、质量和预算"三者往往是无法兼顾的,因此必须要提前规划并有所取舍。最后,如果某项设计是针对家庭观众的,还需要明确此类设计的七大特征并予以贯彻:多面的、多用户的、无障碍的、多结果的、多种模式的、可读的和相关的。第五章"内部要素:展览设计的原则"中已就此做过详尽说明,这里不再赘述。

由于展览设计是一个逐步深入与细化的过程,所以相应成果也是被阶段性地生产出来的。在"概念设计"阶段,提交的成果通常包括展览平面图(平面图、观众流线图、轴侧图)、展览立面图(包括展柜、壁龛、展台、展墙的设计图)、展览效果图(包括序厅和各个部分、单元及景观、场景的效果图)。①而在"深化设计"阶段,交付的成果则包括展示空间设计、功能动线规划、展示家具和道具设计、展示灯光设计、辅助展品设计、版面设计、多媒体规划、互动展示装置规划、施工图、工艺和技术要求、主要装饰材料的性能和规格、造价明细表等。② 其中,施工图设计至关重要。因为它乃是最终付诸使用的详细图纸,可提供给内部人员或外部制造商,用来指导展览建造。在深化设计阶段,受众要素倡导者、教育人员、文献要素倡导者和其他相关人员同时也在为教育活动准备材料或组织培训等,而此时家庭指南、教师包、观众指南和宣传资料等应当已完成开发与设计。

当展览设计阶段结束时,所有需要制作、购买、打印的展览要素及其方案都应已被列出或制定,由策展负责人、媒介要素倡导者、其他利益相关者和有关外部专家对全部展览要素(如展柜、照明、图文版、互动装置、多媒体)

---

① 陆建松:《加强博物馆布展工程中的"深化设计"环节的把关》,载曹兵武、崔波主编:《博物馆展览:策划设计与实施》,学苑出版社 2005 年版,第 117 页。
② 同上。

的学术性、艺术性、阐释性、传播性及其定价进行审核。针对其中需要较长交付时间或更为复杂的特殊展览要素,如柜内相对湿度需要被提高、展厅地板需要被加固等,也应当加以明确并付诸实施。由于本阶段既要兼顾上一阶段的内容需求,又要助力后一阶段的落地制作,所以需要对审核内容进行细化,包括:设计能否满足学术意义上的科学性和真实性;能否用于揭示展览的传播目的;是否符合观众参观时的人体工学;能否保证展品和观众安全;观众是否看得明白;视觉效果能否吸引人,是否营造出沉浸式环境;设计成本能否被有效控制,实现高性价比;展览要素是否易于管理、运行和维护等。正如第五章"外部要素:展览预算与进度"所言,制作一般约占总成本的68%,而设计约占18%,一旦设计不当并据此完成了制作,那么将造成"覆水难收"的资源错配和浪费。

因此,在展览设计阶段需要进行严格把关,除了组织专家论证会外,还可针对展览中的特定要素,如重点展品或展项,甚至定制的重要展柜,组织实施形成性评估。笔者在第五章"倡导'受众'要素的观众研究策略"中的"策展中的形成性研究"部分,已就这一方法做过详尽论述,它是指在展品正式生产前,评估展品的传播潜能。[①] 在进行形成性评估时,参与评估者通常是观众和有经验的专业人员,一般人数不少于25人。评估对象往往会采用简易、粗糙的模型或原型。评估地点通常在场馆内。这类评估起初在自然科学类和儿童类展览使用,尔后被普及至各类展览中,包括形式性评估在内的各类审核,能在过程中帮助专家或使用者发现设计中潜在的问题,以便及时找到应对之策。该阶段如果未曾邀请各方专家进行仔细审核,那么很可能将导致进度减缓,甚至超出预计期限。

五、展览投标、制作和布展阶段

投标、制作和布展阶段(Bids, Fabrication and Installation Phase)是创建展览的最后阶段,是否选定了专业可靠的制作公司或供应商成为重中之重。经由收藏规划和收藏政策制定、概念开发、内容策划、展览设计四个阶段后,展览步入充满朝气和活力的建造阶段。如果在前四个阶段,策展团队

---

① R. Miles, "Grasping the Greased Pig: Evaluation of Educational Exhibits", in S. Bicknell, G. Farmelo, *Museum Visitor Studies in the 90s*, Science Museum, 1993, pp.24-33.

严格遵循了进度表和预算,那么在本阶段他们通常不会因时间和经费而焦虑,本阶段将是一个"见证"内容和形式付诸实现的激动时期。投标阶段是指制定施工单位资质认定标准、认定施工单位资质、编制招标文件、招标、编制工程进度表、施工方案评审和优选、签订合同的阶段。① 制作阶段是指组织制作和施工、制定制作与施工方案、把关工艺和技术要求、控制进度和预算的阶段。② 而布展阶段则是指甲乙双方配合完成展览设备和大型辅助展品的安装、实物展品和辅助展品的布置、展览和安保协调、按需调整展览的设计和工艺的阶段。③ 此外,还会涉及监理阶段、决算阶段、验收阶段、审计阶段和评估阶段。监理阶段的任务包括监理人员的资格审查和组成、确立监理标准、对技术和经济进行监理;决算阶段的任务包括严格按计费标准逐项进行经济审核;验收阶段的任务包括验收人员的资格和组成,确立验收的标准和内容,按验收的标准或合同规定的要求进行验收;审计阶段的任务包括由国家审计部门按《展览设计和施工计费标准》独立进行审计;而评估阶段的任务则包括组织评估团队、确定评估目标、设计评估方法和撰写评估报告以及改进展览。④ 以下笔者将重点针对本阶段的三大环节展开论述。

(一) 展览招投标阶段

随着施工图的完成,策展机构需要组织制造商或供应商参与投标。总体而言,国内外在制作和施工上都离不开招投标流程,但在内容策划、概念设计和深化设计上却并非绝对。因为在国外的部分机构中,不管是内容策划,还是概念和深化设计都可能由机构内部承担,这些机构拥有自己的策展团队和设计部门,如大都会艺术博物馆、美国国家航天航空博物馆(The Smithsonian Institution's National Air and Space Museum)。鉴于此,我们将招投标的相关问题放在本阶段进行探讨,但这并非意味着在其他阶段一定不存在招投标环节。

通过本研究对东、中、西部 9 家文献收藏机构展览相关人员的访谈,获悉在这些机构中,除了内容策划主要由内部人员承担外,展览中的概念设

---

① 陆建松:《加强博物馆布展工程中的"深化设计"环节的把关》,载曹兵武、崔波主编:《博物馆展览:策划设计与实施》,学苑出版社 2005 年版,第 112 页。
② 同上。
③ 同上。
④ 同上。

计、深化设计和制作施工多数都交由外部专业力量承担,而招投标则是通过竞争,择优入选的重要方式。其中,极少数机构可能会采取单一来源采购,但这种情况一般只发生在没有合适的招标对象,或公开招标期间只有一家单位投标的时候。国外情况与我国有所不同,除了制作和施工阶段外,设计阶段也可能会采取招投标方式,且与我国相去较远。如美国在建筑事务所、设计公司和制作公司的选择上,或有法律可循,或有惯例可依。联邦法律规定建筑事务所不能参与投标,对它们进行选择的依据是资质,但机构(甲方)可通过招投标对展项设计和制作公司进行选择。[①] 因此,美国在建造文献收藏机构并为之策展时,面对设计、制作和布展通常会有两种做法:一是如果机构希望拥有更多话语权和掌控权,可以分别聘请建筑设计团队、招投标设计和制作团队,并促使双方组建成为一支"设计团队"。二是如果机构只是希望流程简单且易于操作,便会倾向于选择建筑、设计和制作一体化团队,而组建团队的工作往往交由建筑事务所承担。

在展览制作和施工的招投标阶段,参与人员可包括:策展团队的核心成员、项目经理、机构负责人、评标专家和投标单位。如果是内容策划的招投标,参与人员可包括:策展团队的核心成员(尤其是文献要素倡导者)、项目经理、机构负责人、评标专家和投标单位。如果是概念或深化设计的招投标,参与人员则可包括:策展团队的核心成员(尤其是媒介要素倡导者)、项目经理、机构负责人、评标专家和投标单位。

目前在我国展览界,制作和施工阶段基本都会采取招投标,很多时候内容策划阶段和设计阶段也会使用招投标。不过近年来,博物馆领域有一部分场馆针对展览概念设计,还会采用方案设计竞赛办法。如2020年2月上海博物馆东馆启动"古代文明探索宫"的概念设计方案征集活动;2020年8月榄菊·大湾区博物馆推出概念方案设计竞赛;2020年8月广西壮族自治区博物馆针对改扩建项目,也引入概念性方案设计征集活动。但总体而言,招投标方式一马当先,是一种无法取代的核心手段。同时,无论招投标被运用至哪一阶段,该项工作在流程与任务上本身具备诸多共性,因此笔者将大体对招投标的流程及其任务进行论述(见图156)。首先,甲方自行选择招标代理机构,委托办理招标事宜。如果招标人拥有编制招标文件和组织评

[①] 美国儿童博物馆协会:《儿童博物馆建设运营之道》,中国儿童博物馆教育研究中心编译,科学出版社2019年版,第163—164页。

标能力,也可以自行办理招标事宜。① 一般来说,展览可以采取工程招投标或政府采购两种办法。其中,工程招投标是指勘察、设计、施工的工程发包单位与工程承包单位彼此选择对方的一种经营方式。② 由于这类招标通常指向标准化工程,所以较热衷于采取稳妥的低价中标(避免纪检和监查部门审核)原则,但最终价格存在10%甚至更多上调的可能,不过,工程招投标相较于政府采购,不太容易接受技术分约占70%、商务分约占30%等做法。政府采购是指各级国家机关、事业单位和团体组织使用财政性资金,采购依法制定的集中采购目录以内的或者采购限额标准以上的货物、工程和服务的行为。③ 这种方法基本不会倾向于最低价格,对技术分约占70%、商务分约占30%等做法也较易接受,但最终价格不存在上调的可能性。

图156 展览招投标的主要流程及其任务

其次,招标公告上网,各投标人按照招标文件要求编制投标文件。机构作为展览项目的甲方,应当确保投标人能看到招标文件,并保证投标人编制投标文件所需的时间。根据《中华人民共和国招标投标法(2017 修正)》,自招标文件开始发出之日起至投标人提交投标文件截止之日止,最短不得少于二十日。④ 根据展览规模差异,招标内容可分为两类:清单招标和技术方案招标。其中,清单招标适用于小型展览,在招标中会列出包括展柜等展览设施设备的清单,这种方式通常以价格作为评标依据,低价中标的可能性比较大。而技术方案招标则适用于大型展览中的内容策划、概念设计和深化

---

① 中华人民共和国招标投标法(2017 年修正),https://duxiaofa.baidu.com/detail?searchType=statute&from=aladdin_28231&originquery=%E6%8B%9B%E6%A0%87%E6%B3%95&count=68&cid=98cbbb406489c6b2a6bfdb343626c570_law(2017 年 12 月 27 日),最后浏览日期:2021 年 3 月 10 日。
② 刘春泽:《建筑电气施工组织管理》,中国建筑工业出版社 2004 年版,第 9 页。
③ 全国招标师职业资格考试辅导教材指导委员会:《2015 年版全国招标师职业资格考试辅导教材:招标采购专业实务》,中国计划出版社 2015 年版。
④ 中华人民共和国招标投标法(2017 年修正),https://duxiaofa.baidu.com/detail?searchType=statute&from=aladdin_28231&originquery=%E6%8B%9B%E6%A0%87%E6%B3%95&count=68&cid=98cbbb406489c6b2a6bfdb343626c570_law(2017 年 12 月 27 日),最后浏览日期:2021 年 3 月 10 日。

设计等。招标人应根据招标项目的特点和需要编制招标文件,招标文件通常包含:展览项目的技术要求、对投标人资格审查的标准、投标价格要求和评标标准等所有实质性要求和条件,以及拟签订合同的主要条款。① 该文件中最为核心的内容是资质证明文件和业绩情况。资质证明文件主要是指由中华人民共和国住房和城乡建设部规定的甲级或乙级资质。其中,单项合同额低于2 000万元的建筑装修装饰工程,以及与装修工程直接配套的其他工程的施工,乙级资质即能满足要求。

再次,投标人投标和评标委员会评标。具备投标能力的投标人按照招标文件的要求编制投标文件,并对文件中的实质性要求与条件做出回应。对于投标人少于三个的,招标单位应重新招标。开标必须是在招标文件规定的投标提交截止时间的同一时间公开进行。在整个策展过程中,根据展览设计、制作和布展的模式不同,将决定招投标是打包一次完成还是分步多次进行。前者主要指向的是一体化模式,所以招标单位只要在概念设计阶段进行招标,中标单位将会继续开展深化设计(施工设计)、展品展项设计、制作和布展。而后者主要指向的是强制分离模式,所以招标单位先要进行展览设计招标,中标单位将负责深化设计(施工设计)和展品展项设计,尔后还要依据深化设计方案,再组织展览制作、布展的招标。② 两者各有利弊,通常一体化模式省时省钱,较为便捷,适用于简单项目,但是对于中标者要求较高,容易带来一荣俱荣、一损俱损的结果。强制分离模式虽然有助于各司其职和优势发挥,但对于过程管理提出了较高要求,因为展览的传播目的、使命、内容和形式等都要在整个过程中一以贯通。与此同时,在招投标时,并非所有展览都只需要开展一轮比拼。事实上,根据项目规模的差异,招投标情况会有所不同。针对小型展览,通常一轮比拼足矣。而针对大型展览,往往采取两种做法:其一,在招标文件中明确规定本次招标会组织两轮、三轮甚至多轮比拼;其二,采取评定分离,在评标时进行排名,再由机构负责人或专家最终确定。组建评标委员会是评标中不可或缺的一项工作,通常由招标人负责。专家成员为五人以上的单数,其中技术等方面专家不得少于

---

① 中华人民共和国招标投标法(2017年修正),https://duxiaofa.baidu.com/detail?searchType=statute&from=aladdin_28231&originquery=%E6%8B%9B%E6%A0%87%E6%B3%95&count=68&cid=98cbbb406489c6b2a6bfdb343626c570_law(2017年12月27日),最后浏览日期:2021年3月10日。

② 陆建松:《博物馆展览设计与制作布展:一体化还是强制分离?》,《东南文化》2020年第3期。

总人数的 2/3。评标委员会应当根据招标文件明确规定的评标标准和方法,客观公正地展开比较与评审。评标委员会完成评标后,向招标人提交书面评标报告,为招标人推荐合格的中标候选人。中标人既可由招标人确定,也可授权评标委员会确定。

最后,发出中标通知书、公示和签约。一旦中标人被确定,招标人应向中标人发出中标通知书,同时中标结果将被告知所有未中标的投标人。书面合同应在中标通知书发出之日起 30 日内,由招标人和中标人双方签订。

在展览制作和施工的招投标阶段,将诞生一些重要的代表性成果,主要包括:制定施工单位资质认定标准、认定施工单位资质、编制招标文件、招标公告和中标通知书,拟定合同等。

当我们在组织展览制作和施工的招投标时,还需要注意以下事项:为了保证评标的公平合理,招标单位应向全部投标人提供完全一致的信息。应为招标预留足够的时间,使过程规范,否则一旦流标后重新招标,将会付出较大的时间和人力成本。招标单位不可提出不合理条件,对潜在投标人进行限制或排斥,或者给出歧视待遇、强制投标人联合以及限制投标人竞争。招标单位不能透露影响公平竞争的任何信息。投标人不可串通投标或者与招标单位串通投标。如投标人向评标委员会或招标单位行贿,则中标无效,且投标人员将受到相应处罚。针对情节严重者,该投标人 1—2 年的投标资格将被取消并予以公示。

(二) 展览制作阶段

在展览的制作阶段,主体工程开始施工,所有展览要素在本阶段都将处于最后的完工环节。通过招投标,某家投标单位中标,文献收藏机构会向这家单位发送施工文件,中标制造商可重新制作施工图,而施工图是一种准确的图纸,它能够直接用来指导和规范制作。展览的制作过程除了需要具备施工图外,还需要明确清单、进度表和工作范围。制作对象通常包括展柜、展具、图形、多媒体和模型等。一般来说,制造商越早加入策展团队,制造出来的展品/展项、设施设备等就越会尽善尽美。同时,由于能制作全部展览要素的公司并不多见,所以分包也不失为一种常见的解决方法。

在展览制作阶段,参与人员主要包括:制造商、媒介要素倡导者、策展负责人、项目经理,受众要素和内容要素倡导者也可能参与其中。在本阶段,应对制造商、设计师和策展人员的角色进行明确分配。同时还应核实展览要素的交付、材料的运输和所有的受限情况,并对展览的基本流程和程序加以规定。此外,制造商还需要对现场进行周密测量和条件评估。[①]

展览制作阶段主要将完成六项任务。第一,明确界定工作范围。正如第一点"展览招投标阶段"中所指出的,中标单位和投标单位必须签订合同,以明确双方各自的职权。合同可能会涉及六点内容:其一,选择和采购图像、媒体等,主要由制造商或设计团队(媒介要素倡导者)承担。其二,打样并印制准备打印的图样,此时图样已经设计完成。这一点通常由制造商或设计团队负责。其三,获取、安装和调试媒体硬件。主要由制造商或设计团队中担任媒体制作的公司完成。其四,采购与安装展厅内的轨道照明,尤其是特定的照明设备。一般来说,常见的轨道照明既可以由制造团队负责,也可由建筑承包商承担。但对于柜内灯具、投影等特殊照明,则可由制造商负责。而清洁和应急的照明可由建筑承包商承担。其五,整个过程的安全保障,应由制造团队负责。其六,在展厅入口或其他区域设置屏障,该工作主要由制造团队承担。

第二,确定分包商及其职责。虽然中标单位能力大小各异,但几乎不存在无所不能的公司。这也意味着某些制造任务不得不采取分包的办法。正如上文所言,文献收藏机构既可以通过分包来招投标,也可以由总承包商自行将部分工作分包出去。如果是由总承包商选择的分包商,那么在某种程度上应得到文献收藏机构的批准,而主要分包商的背景及其经验也需要被列出。通常情况下,总承包商会选择有过合作经历的分包商,但如果分包商资质过硬且业绩突出,即便双方未曾合作过,也可考虑首度"联姻"。

第三,着手展览制作。展览制作的成功与否很大程度上取决于设计。在第五章的"倡导'媒介'要素的体验策略"和本章的"展览设计阶段",笔者曾就展柜、图形和多媒体的设计问题进行过详尽论述,此处不再赘述。然而,需要倾耳注目的是,展览中的重点构件应由具备能力且经验丰富的人来指导和把关。

第四,开发并测试原型。自20世纪60年代兴起的原型设计和开发,目前在我国展览领域并未得到普及。为了成功地对重点展品、展项进行有效阐释,在真正制作前,需要对它们的传播潜能进行测试。由于文献收藏机构

[①] P. Mckenna-Cress, J. A. Kamien, *Creating Exhibitions: Collaboration in the Planning, Development, and Design of Innovative Experiences*, John Wiley & Sons, Inc., 2013, p.287.

的展览起步较晚,作为后起之秀,有条件青出于蓝而胜于蓝,所以在展览制作阶段可以将原型测试纳入,并为此预留相应的时间与经费。具体的做法是:采用相对廉价的材料和粗糙的外观,开发出重点展品、展项的原型,借由观众互动或专家参与进行评估。评估方法既可以是较为严谨的正式评估,也可以是不一定非常严谨的非正式评估,如采取观察、谈话等方法。制作人员根据使用后的信息反馈,对展品、展项进行针对性的改进,以确保正式生产出的产品能实现预期目标,便于观众操作、体验,并理解其间的意义。

第五,现场的过程审查。该任务通常由策展负责人、项目经理、设计团队(媒介要素的倡导者)等承担。但如果上述成员都缺乏相关经验,可以考虑聘请富有审查经验的监理,以确保制造商能按经批准的施工图完成制作,且不偷工减料。

第六,同步推进其他工作。由于展览制作阶段的历时较长,所以该阶段的一些承前启后的工作可齐头并进。首先,受众要素和文献要素的倡导者可与教育人员一起,共同开发与展览配套的教育活动,或与宣传人员合作,提出行之有效的宣传方案,还可参与展览的补救性评估和总结性评估之规划,从而为及时修正和下次改进提供依据。其次,受众要素的倡导者可以准备和制作参观指南、教育活动单页、教师包等阐释资料,并邀请馆内外专业人士为教育活动的实施者开展培训,也可联系相关媒体,设计制作宣传推文、广告和视频等,以便在展览开放前合理安排并有序推出。最后,观众要素和文献要素的倡导者可初步拟定感谢名单,以确保他们在展览开幕时能被邀请。

相较于其他阶段,展览在制作阶段的产出成果是显而易见的。此时,可视化的形象传播资料(包括图形和说明文字)、可操作的装置以及用以视听的多媒体等都已被制作完成。由于展览规模各异,所以制作时间长短不一,但主体制作基本是在工厂里完成的。其中,有些创意性比较强的展览构件需要专门定制。同时根据展览构件的重要程度,制造商可开发出一些原型,并提前与策展团队一起开展原型测试。

在展览制作过程中,应避免发生两种情况,并坚持过程审查。这两种情况是指范围蔓延和订单变更。"范围蔓延",即策展团队一直向制作商提出增加展览要素的要求[1],而这些要求可能将导致滑坡效应。因为哪怕该展览

---

[1] P. Mckenna-Cress, J. A. Kamien, *Creating Exhibitions: Collaboration in the Planning, Development, and Design of Innovative Experiences*, John Wiley & Sons, Inc., 2013, p.287.

要素是小型且价格便宜的，它们也都是真金白银，随着数量的不断增加，将会变成制造商的现实负担。策展团队应当尊重那些已中标的优秀制造商，相信它们将会和我们同力协契，在预算范围内生产出令人遂心满意的产品。同时，不断增加展览要素，也会造成时间上的延误，最终影响项目的结束时间。因此，项目经理与策展负责人必须敦促制造商按照约定的范围加以实施，并不随意变动。

"订单变更"是指制造商要求修改订单，以额外收取费用。该情况一般会发生在低价中标的制造商身上。由于他们在中标后就不存在竞争者，所以为赚取额外利润，可能会提议替换或增补展览要素。虽然这种做法可能会让制造商获利更多，但是潜在的危害是令机构名誉扫地。因此在招投标环节，文献收藏机构必须让制造商提供极为精细的投标文件，使其不存在替换或增补的空间。此外，应坚持过程中的审查。媒介要素的倡导者和项目经理应定期审查制造商的工作情况，以保证他们的制作遵循设计师的意图和图纸。由于制作成本在整个展览成本中占比最大，所以过程中的沟通最好全部通过邮件进行，以确保有关决定和细节拥有书面记录。当涉及费用问题时，需要经由相关负责人批准和签字。当前，有些项目管理软件有助于达成信息交流的及时性和共享性。

（三）展览布展阶段

在展览布展阶段，承包商和分包商需要在展览现场安装组件，以便所有要素都能被聚集在一起，进而完成空间内的布置，其中某些组件可能需在现场进行制作和安装。当展厅所有空间被清理干净后，就可以将展品及其组合布置其中。由于文献收藏机构展览存在特殊的保护要求，所以布展过程中保护展品的安全是首要任务。按照以往的策展经验，展览的布展阶段通常时间上较为紧张，所以需要指定专人负责跟踪，以确保布展顺利按期完成，并防止出现订单变更和产生额外费用。而此处的负责跟踪者通常是展览的项目经理。

在展览布展阶段，参与人员主要包括：策展团队的核心成员，尤其是设计团队，还有制造商、项目经理等。制造商既要负责制作，又要参与组装，以便节约时间和经费，且能保证组装成功。理想状态下，应编写一份针对本展的"竣工查核清单"（Punch List）。当布展结束时，设计团队或制造商可针对展览构件是否组装正确、有无损坏、是否符合保护要求等相关问题进行查核，并及时进行调整和补救。文献要素和观众要素的倡导者等内容策划人员需要对图文系统进行校对。此时还要对整个展览照明进行调试，以保证照明安适如常且效果良好。通常，针对精品类或艺术类展览，供应商可直接完成调试，但针对叙事类或主题类展览，尤其是较多运用情景再现的，因为要通过照明追求特殊的阐释效果，所以调试时还需要策展团队的参与，以便供应商能充分理解展览及其设计意图。

在展览布展阶段，需要针对一系列问题给出解答[①]：一是确认展览空间是否已为布展做好充分准备，即所有基础要素是否都已一一落实。如地板是否已铺好？隔墙是否已砌好？坡道是否已做好？隔音和防火是否已处理？各类灭火装置是否已安置？出口标志是否已标识？窗户和墙壁是否已完成涂层？照明系统是否已被正确安装？空调系统是否已全部就位？电线和数据线等强弱电系统是否都已被安排在正确位置？多媒体是否已经过调试？二是明确各类事项的负责人，一旦出现问题，知道向谁反映并由谁来解决。三是确认所有展览构件能否顺利地进入展厅。四是明确展览要素的安装是否存在先后顺序。一些要素需要在使用其他要素前先被安装好。五是确保移交工作权责明确。展览布展往往由两拨人参与，制造商及其聘请的劳动者先做好基础性的组装，然后再由策展人员进行展品的布置和调整，须明确这种移交过程是否做到权责明确。六是确认是否做好布展标识。当某展区在进行布展时，需要借助标识牌或警示带明确地告知观众，该区域正在进行布展。有些展览还会借助这一时机进行创意宣传，如适时向观众透露某一新展览将于何时与他们见面。

由于文献收藏机构展览中的实物展品多为纸质文献，所以在布展过程中除了应回答上述问题外，还需要对某些纸质文物做出特殊的安排。一般来说，文献收藏机构的展品资料主要包含两类：一类是平面的、二维的展品，一类是有深度的、三维的展品。纸质文献属于二维物件，通常会被置于展柜或悬挂在墙面，所以在布展时有三方面应当引起关注：视觉方向、视觉平衡和视觉舒适。其一，视觉方向要与展览内容和设计意图相吻合，布展时引导观众将视线投在既定方向上。有些展品外观上具备很强的方向性，通过这样几件展品的展示，不仅能增强它们的组合关系（见图157），还能为观众指明参观方向。

[①] P. Mckenna-Cress, J. A. Kamien, *Creating Exhibitions: Collaboration in the Planning, Development, and Design of Innovative Experiences*, John Wiley & Sons, Inc., 2013, p.291.

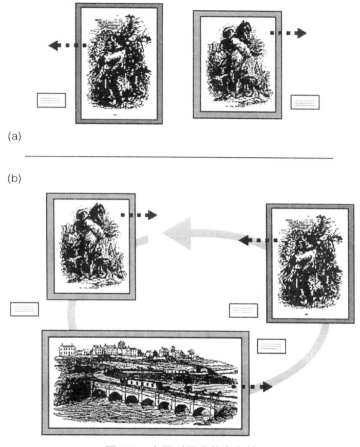

图 157　布展时展品的方向性

注：(a) 如果方向性引导不当,将造成观众注意力分散或视觉不适；(b) 使用方向性来引导观众环视四周,有助于保持他们视觉的趣味性与舒适感。

* 图片来源：D. Dean, *Museum Exhibition Theory and Practice*, Routledge, 2002, pp.51-66.

其二,视觉平衡是展览布展期待达成的最佳结果,其中个别富有特性的展品应与展览整体保持协调平衡。首先,最常见的视觉平衡是展品的对称排列,如把深色和浅色的画各置于一边,通常是不利于视觉平衡的,而应当将不同展品聚成一个整体(见图158)。其次,在侧翼使用相对元素可实现水平线上的平衡,这种平衡往往能促使观众看到群体的中心(见图159)。再次,还有螺旋展品的平衡,这种效果将会使观众形成视觉中心,并引发更具动态性的眼球运动。最后,当展品之间不能实现平衡时,还可通过展品和空间来达成平衡,这是一种富有趣味的构图法,亦能为观众打造出舒适的平衡感。

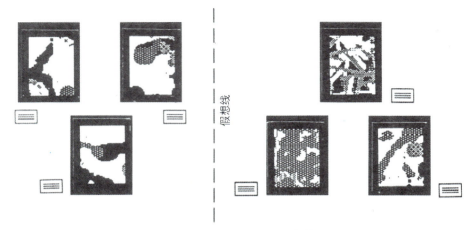

图 158　布展时展品的均衡性

＊图片来源：D. Dean, *Museum Exhibition Theory and Practice*, Routledge, 2002, pp.51-66.

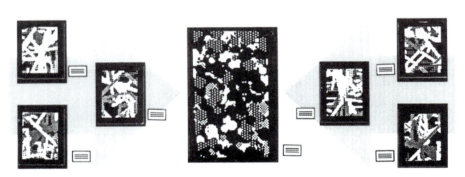

图 159　布展时侧翼展品的均衡性

＊图片来源：D. Dean, *Museum Exhibition Theory and Practice*, Routledge, 2002, pp.51-66.

其三,视觉舒适是要将观众的眼睛导向某一焦点,从而为他们创建出舒适的视觉体验。这就需要在展览整体布局上,对观众的注意力进行有效控制。在布局展品时,第一,中心线对齐相较于齐平布置更好(见图160、图161)。第二,陈列带应保持在观众的最佳视觉区域。这一点在本书第五章"内部要素：展柜与照明"中已有所涉及,展览中的最佳视觉区域为标准视线高以下40厘米、以上20厘米区间,若以我国成人平均身高167厘米计算,陈列带的高度应在127厘米～187厘米之间,通常以160厘米左右为宜。

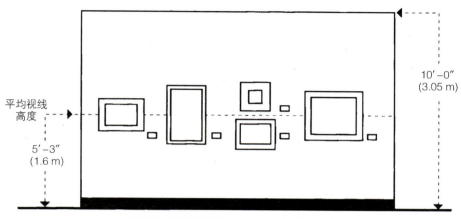

图 160　按照高度与重心对展品进行布置

* 图片来源：D. Dean，*Museum Exhibition Theory and Practice*，Routledge，2002，pp.51-66.

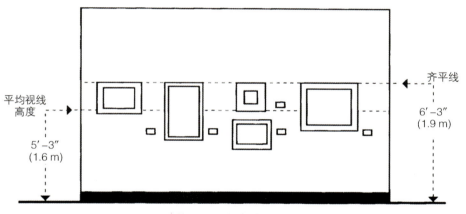

图 161　按照齐平方式对展品进行布置

* 图片来源：D. Dean，*Museum Exhibition Theory and Practice*，Routledge，2002，pp.51-66.

在展览布展阶段，最重要的成果是：杂乱无序的实物展品或经过组装的辅助展品，按照一定的情节和结构得以安排，变成具备叙事能力的形象传播系统。为此，首先需要编制一份"竣工查核清单"，该清单在前文中已有提及。它是国外建筑工程中的一个常用术语，指的是为完成项目必须加以解决的问题清单。[①] 该清单应当由甲方本阶段的负责人进行编制，如策展负责

---

① P. Mckenna-Cress，J. A. Kamien，*Creating Exhibitions: Collaboration in the Planning, Development, and Design of Innovative Experiences*，John Wiley & Sons, Inc.，2013，p.292.

人、项目经理等。为了能够及时发现并解决展览的一系列遗留问题,"竣工查核清单"通常在展览制作结束后和开放前编制。其次,由制造商对馆内员工进行培训,以便在他们退场后,馆内员工能准确地掌握展品的操作程序和维护办法。最后,制造商应向馆方提供展览的零件清单、最终"竣工"图纸、展品维护手册以及某些特殊展品的信息、购买方式及其质保资料。

在展览布展过程中,策展的核心成员、制造商等应当对过程中的各项工作予以跟踪,从而保证各项任务按计划和进度逐一完成。其中,策展的核心成员包括负责人、项目经理、设计团队等。作为展览创建的最后一步,展览布展的审查工作可通过进度报告和现场参观来进行实时检测,并借由"竣工查核清单"进行最终核实。首先,进度报告可根据展览规模和机构需求,每周、每两周或每月组织一次。其次,现场布展时策展负责人、项目经理和设计团队等应当经常前往展厅参观,以促使该项工作有序保质地开展。最后,设计团队、制造商和策展团队的核心成员,将通过"竣工查核清单"逐项检查,从而保证制作和布展能严格按约定完成,或及时发现其中的故障、损毁等临时问题。

六、展览开放、修改和归档阶段

待展览正式开放后,展览从幕后的孕育转变为台前的亮相。此时,展览开始正常运转,机构需要在有序维护的同时,通过总结性评估测试本次展览的传播效应,以便提供下次策展时改进之用。为此,机构需要对策展的相关资料进行归档,这些资料如同展览的遗产,弥足珍贵,所以归档工作刻不容缓,其资料整理是否完整、是否方便查询,都将成为提升本馆展览质量的一份宝典。以下笔者将围绕展览的"试运行"、开放、修改和归档四个阶段进行简要论述。

(一)展览"试运行"阶段

展览的开幕并非意味着策展过程的结束,某种程度上反而意味着展览的开始,至少对于前来参观的观众而言是这样的。越来越多的展览(尤其是基本陈列)在开展前通常会采用"试运行"(Soft Opening)。为此,需要制定一份日程表,该日程表将包括:一旦布展完成,适时地将"竣工查核清单"反馈至制造商;策展团队和制造商针对反馈结果进行调整和补救;各方为正式开幕做出所需的准备。一般来说，试运行阶段最重要的两项工作为评估和营销。评估主要是指补救性评估，机构将邀请包括专家在内的相关人士，通过提前参观提出建议并完成补救性改进。而此时，未经邀请的观众还不能参观。营销是指由负责宣传的部门与各类媒体沟通，对外发布展览开幕日及其主题和内容信息，准备好开幕日的发文，甚至提前召开媒体见面会，在展厅内拍摄开幕宣传片等。此外，该阶段还是开幕前的最后准备期，机构应拟定开幕日的邀请名单并发出邀请，对各类开幕活动进行预演。

（二）展览开放阶段

当文献收藏机构通过"试运行"解决了展览所有可能解决的遗留问题，并对开幕信息广而告之后，展览就迎来了真正向观众敞开大门的时刻。展览开放（Opening）阶段便是展览展露真颜，并与公众坦诚相见的时期。开幕式通常是展览与公众的首次会面。它既是一场邀请重要人士共飨展览的盛会，又是一个各方同仁向机构表示道贺的隆重场合。展览完成剪彩，并非意味着它就此结束，事实上，它才刚刚开始接受公众与专家的检验，展览的维护工作也才拉开帷幕。一旦策展团队（尤其是项目经理）将开幕日定为工作完成日，那么开幕后工作人员的精力将会消耗殆尽。如果再想让他们投入工作，他们便会感到身心俱疲。所以，项目经理应将工作完成日定在开幕后的某个时候。在理想状态下，展览应被看作一个活的生命体，而开幕即代表生命体经过孕育出生了，但此后还需要不断对她进行养护和培育。

（三）展览修改阶段

展览的评估（Evaluation）与修改（Revisions）是辅车相依的。通过展览开放后的总结性评估，机构可收集到观众体验的相关信息，并据此对展览进行不太复杂且非结构性的调整。但无论如何，即便再优秀的展览，多少也会留一些遗憾。对展览进行总结性评估，并非要为它下一个成功或失败的定论，或对相关人员面折人过，而是旨在检查展览的传播目的是否达成，展览内容及其结构能否被掌握，并对策展过程及其策略进行省思。如果确实存在问题，那么原因何在？评估通常会选择一种或多种方法，在专家的指导下，由成员共同参与。这是策展团队在实践中向自己学习的一次千载难逢的机会。经验丰富的项目经理会为总结性评估预留经费。以欧美各国展览营建的资金分配为例，通常评估费用占 5%、调整与修改费用占 10%。而我国策划展览的资金分配则主要包括前期和制作费用,既无评估环节,也缺乏相应的调整和修改费用。① 在对展览进行评估和修改的同时,还需要开展日常的运营和维护。如果策展团队在前期编制预算和制定日程表时,同时拟订一份维护计划,将会大有裨益。这份计划不仅可使维护工作按照预期有序推进,而且能使每一笔维护费用都得到保障。如果展览中互动展品较多,或者所处区域环境恶劣,那么制定维护计划兹事体大,该计划有助于保证展品运作良好,且观众体验俱佳。

(四) 展览归档阶段

完善的展览归档(Documentation)通常拥有两大功能:一是后期维护,二是同类参考。首先,针对后期维护,文档需要明确说明:展览构件或设备是否有保单;多久需要更换一次;何处能找到更换品;订单中是否已预留备用品;如果确实需要维修、更换和返工,那么原件的颜色、材料和规格等详细信息为何,以保证经过处理后的产品,能与原件高度匹配。同时,展厅中硬件的位置及其安装是怎样的? 如电线、数据线是从哪里拉出来的? 此外,对于文献保管部门而言,有关文献的进出记录一定要记录在案,其中因展览借出和借入的必须按期索要和归还。其次,针对同类参考,同类参考指的是将本次展览的文档记录完整,供下次策划同主题展览或使用类似方法时借鉴,以便吸取成功经验,避免重蹈覆辙。在对展览进行归档时,除了追求文档记录的完整性外,文档的信息也需要被清晰组织,否则只是简单的重复迭代,难以让更多人从中获益。所以,完整记录和清晰组织是归档的必要条件。当每个人都在为展览而努力时,留下一份提供未来策展反思的"遗产"至关重要。有时对于失败经历的记录同样难能可贵,其作为前车之鉴的价值并不亚于传经送宝。当我们通过归档将策展过程中的失败经历记录在册,那种屡屡受挫的心酸和似曾相识的无奈便会跃然纸上,对后来者而言,既能感同身受,又能沾溉后人。事实上,这些失败背后的共性问题,更有助于向后来者暴露症结并为其指明方向,以避免再步旧尘。尽管如此,要把失败的经历记录下来是极为不易的,有时等同于舔舐伤口,但是这种不加打扮的"真实"能让我们驻足反思,而非盲目赶路。同时,文档的存储载体也须引起重视,除

---

① 周婧景、林咏能:《国际比较视野下中国博物馆观众研究的若干问题——基于文献分析与实证调研的三角互证》,《东南文化》2020年第1期。

了采用传统的纸质媒介外,还可考虑使用便于携带与检索的电子媒介。

在展览开放、修改和归档阶段,展览团队会生产出一系列用以指导本阶段工作的重要成果。一是维护计划。维护计划是项目经理需要交付的重要成果之一。在这份计划中,应当明确列出维护任务及其开支,并将它们纳入整体的运营和预算之中。二是补救性评估和总结性评估报告。笔者在第五章"倡导'受众'要素的观众研究策略"中已经指出,补救性评估是在展览完成后,提供展览补救和改进时参考的;而总结性评估则是围绕真实呈现的展览开展评估,有时是针对预先设计的目标,有时没有目标,只是为了看事实上发生了什么,以供本次或下次改进之用。[1] 由于文献收藏机构之间的评估能力和经费条件迥异,上述两类评估通常可采用三种实施方法:一是由馆方独立完成,二是由馆内外合作完成,三是外包给馆外的专业机构。评估工作往往是由受众要素倡导者(或教育人员、开放服务人员)负责或参与的。围绕两类评估的报告基本包括调查动机、调查目的、调查概述、调查结果分析、结论与建议。三是归档文件,通常囊括展品清单、竣工图、照片版权、油漆规格、展品替换计划(尤其是纸质文献)、维护计划、维护手册、各类成本、更换灯具和零件的表格和评估报告等。[2]

七、小结与讨论

本节通过对策展的六大步骤及其方法的论述,大致构建起文献收藏机构策展的实践模式。其中,六大步骤包含收藏规划和收藏政策制定,概念开发,内容策划,展览设计,展览投标、制作和布展,展览开放、修改和归档,各大步骤彼此独立又交叉推进。借助该策展实践模式,我们能有效地避免简单地依靠图文进行低层次阐释,以促使展览实现"由符号向视觉、由论文向叙事、由理性向感性"之转化。该模式既相对完整,又具备一定的灵活性。对于一个成功的创意展览而言,六大阶段往往缺一不可,建议依据顺序逐步推进。为此,笔者在"实践模式:策展阐释的步骤和方法"这一节中,对六大阶段进行了详尽论述,涉及参与主体、实施内容及其方法,并主张对各个阶

---

[1] R. Miles, "Grasping the Greased Pig: Evaluation of Educational Exhibits", in S. Bicknell, G. Farmelo, *Museum Visitor Studies in the 90s*, Science Museum, 1993, pp.24-33.

[2] P. Mckenna-Cress, J. A. Kamien, *Creating Exhibitions: Collaboration in the Planning, Development, and Design of Innovative Experiences*, John Wiley & Sons, Inc., 2013, p.297.

段进行审核。即便如此,每个展览又不尽相同,所以六大阶段并非一种绝对规则,而是一种理性指导,展览可根据实际情况对步骤及方法进行调整甚至创建。

不难发现,21世纪以来,纸质媒介式微,电子媒体正以强有力的方式重塑世界,因此文献收藏机构面临史无前例的媒介竞争与观众竞争,"藏""用"矛盾日益突显。展览作为一种文献利用的创新方式,需要发挥它无与伦比的优势,从而为机构争取到属于自己的观众,以勾勒出其独特的文化新现象。因此,为了更好地缓解藏用矛盾以便应对新情况和新变化,文献收藏机构针对展览这一类崭新业务,需要极力避免短平快和盲目效仿的做法,而采取稳扎稳打的思路,按照本节所主张的步骤整体推进。一方面不能通过求新求快的观念生造和弱化研究,将展览变得不尊重文献信息,而成为个性观点输出的平台;另一方面不能因受到各类媒介的竞争刺激,步入只重视形式创新的花哨炫技之路。我们始终不能忘记文献收藏机构展览阐释文献的使命。

上述两方面问题之所以会出现,原因在于展览并未按照策展逻辑与科学程序加以实施。尤其是"文献"要素倡导者可能并未心无旁骛地进行文献研究,以提炼主题和搭建结构,并在概念开发的基础上完成文本的撰写。而"媒介"要素倡导者也可能未必明白形式必须尊重内容,只是急于求成地将最新技术直接拿来为我所用。我们知道,媒介要素真正的设计目标是使观众在身心愉悦的同时,能理解展览内容,促使他们对话和思考,甚至发展出创造性和批判性思维。当前策展中一些追求感官刺激和眼球效应的"新锐"做法可能会热闹一时,但这种模式最终可能导致文献类展品展览失去其存在的根基和理由。文献类展品展览,无论是对文献收藏机构来说,还是就整个展览界而言,都为一种新生事物或现象,在萌芽期间应当小心谨慎、步步为营,以避免于襁褓中夭折,或者陷入与其他展览无异的"身份迷失"。综上,尽管我们主张的文献收藏机构展览实践模式,并非实践中的唯一正确答案,但在有些浮躁的当下,笔者依然建议策展的主要阶段及其方法不宜偷工减料,而应循序渐进,稳扎稳打。

第二节 实践模式:实现路径及其对策

随着网上展览的蔚然成风,仅仅探究实体展览的实践模式显然已不足够,还需前瞻性地讨论"线上线下"相容的实践模式,进而提出相应的实现路径及其对策。当前,文献收藏机构的馆舍条件、服务手段和技术水平日新月异,网上展览(也称线上展览)在这类机构中已粉墨登场。它们借由新型的传播方式,突破实体展览的时空、经费等的限制,一方面使受众获取信息的方式更为便捷,另一方面又丰富了他们的多元体验,从而拉近了文献与受众的心理距离。2020年新冠肺炎疫情的全球蔓延,又给网上展览创造出意想不到的契机,促使各行各业重新反思该新型展览的存在价值及其未来趋势。正是由于网上展览的优势和本次疫情的时机,催生出一大批网上展览和数字平台。如辽宁省图书馆在疫情期间共推出14个网上展览;欧洲议会档案馆受疫情影响,也将筹备已久的《舒曼宣言》发表70周年展览改为网上展览。

与此同时,我国文献收藏机构中仍有相当一部分网上展览还主要采取的是高清图片、说明文字和视频等较低水平的信息编码和传播方式,尽管其初衷也是实现资源的共享共建,但传播效果却不尽人意。为此,我们需要借鉴国际上网上展览的建设经验,设计信息时代"线上线下"相容的展览实践模式,以探究网上展览如何介入实体展览以及介入的内容和方法,同时根据文献收藏机构线上线下展览的国际流变,对我国线上线下展览发展趋势做出预判,进而提出分阶段实施的进阶策略。

一、"线上线下"相容的展览实践模式

何为"线上线下"相容的展览实践模式?笔者认为,理想状态下,该模式指的是"实体策划—网上先行—互动评估—实体修改—两者同展—网上反馈"的实践过程。具体来说,实体展览内容策划前,可在网上开展观众调查或评估,内容可围绕与展览主题相关的知识水平、兴趣、需求和疑问,并在创建展览时将评估结果纳入,以此作为实体展览前置性评估的补充。实体展览开展后,网上同时推出同一主题展览,并可附实体展览期间的观众反馈、馆外资源链接、在线书目、图片检索和策展者名单等,以供感兴趣者继续深入学习,同样可创设观众调查或评估,以作为实体展览总结性评估的补充。

(一)网上展览的概念、类型及其优劣势

1. 网上展览的概念界定

网上展览,也被称为线上展览、在线展览。其中,网上展览与线上展览

的英文都为"Online",两者之间并不存在显著差异,只是在博物馆领域,习惯采用"线上展览",而图书馆和档案馆等领域则更热衷于使用"网上展览",档案馆有时也会运用"线上展览"。有关网上展览的概念众说纷纭、各执一词。其中,笔者认为比较有代表性的出自2005年国家档案局发布的《国家档案馆爱国主义教育基地工作规范》,该规范指出,网上展览是指"利用网络技术,以数字化展览形式展出的方式"。同时,本书"绪论"部分"文献收藏机构展览问题的研究动态:受众研究、文献研究、媒介研究"中,也曾就"网上展览"的功能做出过判断:该类展览是文献信息有效传播的另一种形式。[1] 综上,笔者认为"网上展览"概念可以被界定为:以数字化形式展出的展览,此类展览应当精选出用以说明主题的展品,再通过叙事或其他相关线索实现关联。网上展览是促成文献信息有效传播的重要方式。从此概念的基本要素出发,如果只是将藏品数字化后直接挂至网上,这一形式并不属于网上展览,因为展品并不完全服务主题,且彼此也未必存在明确的关联。

需要说明的是,网上展览(线上展览、在线展览)并不等同于虚拟展览。前者通常包含两种类型:一种是对实体展览进行数字化后,再以虚拟形式在网上展示,以延长实体展览的信息寿命,既可以是实体展览的复制,也可以是简化或扩充;另一种是以数字化馆藏为基础,其与实体展览的内容并无关系。[2] 而虚拟展览则基本可被归入第一种,所以该类型属于网上展览中的一种。本研究主要探讨的是依托实体展览的网上展览,即第一种类型,而与实体展览内容无关的第二种类型并不在本书探讨的范围之列。目前,有关网上展览的第一种类型,国外相关研究主要聚焦于该类型展览的策划[3]、评估[4]和意义探究[5]等方面。而国内研究则主要围绕图书馆、方志馆网上展览的功能[6],图书馆、档案馆网上展览的策略[7],以及就新加坡、英国、美国、澳

---

[1] 《中华人民共和国档案行业标准 国家档案馆爱国主义教育基地工作规范》,《中国档案》2006年第5期。

[2] 刘婷:《网上档案展览研究》,苏州大学硕士学位论文,2014年,第5页。

[3] C. L. Liew, "Online Cultural Heritage Exhibitions: A Survey of Information Retrieval Features", *Program-Electronic Library and Information Systems*, 2005, 39(1), pp.4-24.

[4] E. Howgill, "New Methods of Analysing Archival Exhibitions", *Archives and Records: The Journal of the Archives and Records Association*, 2015, 36(2), pp.179-194.

[5] D. Golodner, "Simple Exhibits, Effective Learning: Presenting the United Farm", *Library Trends*, 2002, 51(1), pp.101-114.

[6] 王玮、陶嘉今:《公共图书馆服务延伸新举措——兴办"网络展览"》,《山东图书馆学刊》2012年第6期;孙正宇:《浅谈方志馆的信息化建设》,《黑龙江史志》2015年第15期。

[7] 方燕平:《高校档案馆网上展览调查》,《云南档案》2013年第12期。

大利亚等国外优秀经验展开讨论①。

2. 网上展览的类型

网上展览的类型划分标准不一,根据内容和形式的差异,存在两种不同的分法。首先,按照内容区分,可分为两种视角下的展览:一种基于文献利用视角,一种基于策展理念视角。其中,前者可与绪论中围绕实体展览的"类型划分"保持一致,将网上展览分成"以文献作为展示对象"和"以文献作为展示材料"两类。"以文献作为展示对象"类型是指直接以图书、档案和方志等文献资料的数字化形式进行展示,以揭示文献的发展史、种类、名家和名作。如山东图书馆网上展览"走进期刊中的'珍本'——山东图书馆馆藏期刊创刊号展览"、上海交大档案馆"交大故事 经典回忆——上海交通大学档案馆馆藏精品历史档案图片展",这些都是与实体展览同步创建的网上展览。

"以文献作为展示材料"类型是指将文献所载的符号化信息,转化成空间内的非符号表达,即借助图文、声像和虚拟现实等方式让符号化信息变得可感知、可参与和可体验。如美国国家档案博物馆网上展览"山姆大叔,什么是烹饪?"(What's Cooking, Uncle Sam?)②、北京市档案馆创建的"档案见证北京"网上展览。如果将展览内容按照策展理念进行划分,那么网上展览也可被分为两种③:一种是被动展示型的资源自选式,一种是主动创造型的主题演绎式。其中,资源自选式接近于藏品管理系统,策划者无须对展品资源进行组织加工,因为主题由用户根据需要主动索取,馆方只需要提供检索工具和数据库资源。这类展览不存在展览结构,只提供图文,实际上也算不上展览。这种展出方式较为适合专业观众。主题演绎式包括实体展览的原样照搬、线上改进(通常为简化)和重新构建三类。以上海图书馆自2008年创建的"上图展览"网站中的"上图展厅"为例,该板块展示了上图的数十个网上展览,大都属于实体展览的原样照搬和线上改进类型。主题演绎式展览通常要求策划者选择具备典型性的展品资料,按照展览主题对它们进行重组,而非同类堆砌,同时传播方式强调图文并茂和声色俱佳。主题演绎

---

① 陈姝琪:《新加坡国家档案馆网上展览的建设与启示》,《黑龙江档案》2013年第3期;刘磊:《英、美、澳国家档案馆网上展览评述》,《兰台世界》2013年第8期;潘玉琪:《英美澳国家档案馆网上展览对我国的启示》,《山西档案》2015年第3期。

② National Archives, "What's Cooking, Uncle Sam?", http://www.archives.gov/exhibits/whats-cooking/index.html, accessed Mar. 10, 2021.

③ 《博物馆学概论》编写组:《博物馆学概论》,高等教育出版社2019年版,第198页。

式展览一般适用于非专业观众。

综上,两种视角的分类事实上是同一事物的一体两面,以被动展示为理念的展览,在文献利用上必然直接呈现图文,同时更加偏好通过简单的类型学对馆藏资源进行组织。但"基于文献利用"视角下的"以文献作为展示对象"类型,与"基于策展理念"视角下的"资源自选式"类型不尽相同,前者包含后者而不限于后者,除了藏品管理系统外,前者还囊括了具备简单展览结构、以时间为逻辑的馆藏文献图文展。

其次,按照形式的不同,网上展览可分为三类:以图文为主的展览、以声像为主的展览和虚拟现实展览。一是以图文为主的展览,指的是将纸质文献数字化后上传图片,通过文字加以阐释的展览。[1] 这类展览对策展机构来说,制作成本少、技术要求低,而对使用者来说,方便他们浏览和下载,也无须安装插件,使用者借助普通设备即可观看。但随着参与式体验的倡导和推广,受众不再是被动的消费者,而成为主动的参与者,这种图文相结合的展览因形式过于单一,难以持续地让观众感到兴致勃勃,导致网上展览的利用率不高,如某图书馆创建的网上展览"中国古典家具欣赏专题图片展"等。

二是以声像为主的展览,是指利用文献藏品中既有的声像资料,或者将文献重新制作成数字化视音频进行展示。这一类型展览不仅画面生动有趣,信息容量大,还能为观众带来形式各异的感官刺激。但对于策展机构来说,视音频处理工作量大,在进行数字化的同时,还需要保证视音频流畅清晰。而对于使用者来说,则需要安装 flash 插件,程序也相对复杂。目前该类型的网上展览并不多见,但在业内也出现了一些先行者,主要呈现两种情况:一种形式较为初级,只配备有少量视音频。如上海图书馆网上展厅"洁白的丰碑:纪念傅雷百年诞辰"展等,除主要使用图文之外,还添加与展览主题相契合的背景音效。另一种则形式相对成熟,并会采用大量视音频。如 2012 年由中国网络展览馆和国家博物馆联合打造,在网上展览栏目推出的"国脉——中国国家博物馆 100 年"宣传片。[2]

三是虚拟现实展览,即通过虚拟现实技术对实体展览中的场景进行复制、改造或重构。该类型展览可促使观众在虚拟空间里获得类似真实的体

---

[1] 刘婷:《网上档案展览研究》,苏州大学硕士学位论文,2014 年,第 10 页。
[2] 同上。

验,同时观众也可通过点击展品,以不同视角和大小比例对展品进行观察。此类型展览虽然能节约观众前往展厅的时间成本,并给观众带来身临其境的感受,还能减少文献在展览中的受损程度,但是对于策展机构而言,往往生产成本较高,小型机构通常会望而却步。如青岛档案馆曾在2010年打造推出虚拟展览"青岛:1945年日军投降仪式的台前幕后"。

3. 网上展览的优劣势

相较于其他公共文化机构,文献收藏机构网上展览的优劣势既有共性也有个性。优势主要表现在六个方面:一是观众易于访问,不受时空限制,能使文献资源得到更为有效的开发和利用。二是可实现机构之间、机构与用户之间的沟通交流,从而促进资源的共享共建。三是网上展览通常办展费用较低,且不受场地局限。四是实体展览一经面世,短期内难以改陈,而网上展览却可随时引入最新技术,添加补充资料或提供资料链接,且修改成本较低。五是便于实时收集用户的浏览与反馈数据。六是如果与实体展览配合得当,可起到彼此补缺和广为宣传的良好收效,如观众在浏览完网上展览后对某件展品情有独钟,产生步入展厅一睹为快的冲动。

网上展览的优势虽然显而易见,其劣势也不容回避。其一,真实的体验感不足。在实体展览中,观众能在特定的空间中观察和触摸展品、聆听讲解,并与展品互动,这种基于真实物件的真实体验所带来的视觉冲击力和震撼力,是网上展览在短期内无法取代的。其二,网络条件深刻影响着展览的传播效果。终端设备、实时网速等网络条件将直接影响展览的信息呈现及其用户的观看效果。一旦网络环境不佳,观众将无法正常观看。同时,由于身处开放的网络环境,如果遭遇病毒入侵和恶意篡改等网络风险,网上展览将面临无法使用甚至是崩盘的危险。其三,技术成熟为先决条件。藏品数字化、多媒体技术和网络环境等都是创办优秀网上展览的先决条件,但并非所有的文献收藏机构都已具备这些条件,尤其是那些基础较差、经费受限的小型机构。

(二)同主题展览的网上先行、评估和修改

在明确网上展览的概念、类型和优劣势后,我们应致力于发挥该类型展览在信息传播方面的优势,用以弥补实体展览时空和经费受限的不足。鉴于此,建议同主题展览网上先行,并实施前置性评估和修改。这种网上先行通常包括两种情况:一种是在真正策展前,通过网络平台广泛收集想法,以推动概念开发的完成;另一种是在实体展览策展的同时,围绕已经策划好的主题和内容,有针对地进行评估并予以改进。两种情况都较为适合采用问卷调查,并辅之以图文等相关资料。第一种情况主要被应用至展览规划阶段,题目的设置通常范围较广,内容粗放,可为未来策展提供方向性引导。同时,能够捕捉到当下流行文化的焦点,以及社会变革中能引发民众关注或争议的想法。如维多利亚和阿尔伯特博物馆率先开展的快速反应收集法(Rapid Response Collection)。这种在展览规划阶段采用的网上先行方法,有助于把握观众对展览主题及其内容的相关反应,以有效避免机构"一厢情愿""不切实际"的本位主义。以南京博物院为例,该馆根据本馆使命、馆藏资源和策展经验,将展览主题分成五类:世界文明类(欧洲、美洲、非洲、中东、亚洲)、中国文明类(器物类、主题类)、艺术类、亲子教育类和其他。2019年南京博物院通过系统抽样的问卷调查,普查出观众偏好的主题类型,依次分别为中国文明类(占比77.34%)、艺术类(占比50.42%)和世界文明类(占比46.7%)等。

第二种情况是在实体展览内容策划的同时(展览大纲已基本完成)采用网上先行的方法,围绕已确定的展览主题和内容,收集公众的兴趣、需求、知识水平和相关问题,评估结果可被用于展览内容的修正和增补,甚至帮助其重起炉灶。这种网络平台的前置性评估可配合现场前置性评估(问卷、访谈等)一并使用,但网上先行的评估也应考虑样本均质性问题,建议采取分层抽样等取样方法。分层抽样是指将总体依照一种或几种特征划分成若干个子总体(类、群),并从各子总体中按照简单随机抽样,或者系统抽样分别选取样本的抽样方法,被划分的子总体称为层,可简单表述为"分层+层内简单随机抽样或系统抽样"[①]。由于社会研究对象的复杂性和异质性,目前分层抽样方法已经被广泛运用,所以我们可将参观网上展览不受限的各类观众按照不同特征划分为不同类型(或层),尔后再通过分层抽样开展相应评估。

(三)同主题展览的网上和实体同展

当通过网上先行结合现场调研的方式进行前置性评估,并将评估结果应用至展览策划中后,不久,同主题的网上展览和实体展览就会同步推出,

---

① 张蓉:《社会调查研究方法》,知识产权出版社2014年版,第156—157页。

甚至网上展览先于实体展览。一般来说,网上展览既可能是同主题实体展览的复制版,也可能是简化版,还可能是扩充版。由于实体展览的策展问题在绪论和前五个章节中均有详述,所以此处笔者只聚焦于网上展览。以下将从国际先进经验与理论探究两方面,寻绎其可供我国参考的思路和做法。

1. 国际上的先进经验

相较于我国,当前英、美、澳、新加坡等国的网上展览在理念、类型和检索等方面正逐步趋于成熟。以大英图书馆为例,该馆展览通常包括网上展览和实体展览两部分,有时彼此独立,有时则同时并存。但无论如何,网络教育资源(Digital Library Online Exhibition)成为该馆的亮点之一,该馆会为不同类型的观众——学校与教师、家庭与社区、成人等策划一系列网上展览。据统计,在 2018 年大约有一千六百万用户使用过大英图书馆的线上教育资源。[①] 事实上,该馆的网上展览并非只是实体展览的副产品,而已经发展成为一套精心策划设计的独立系统。具体而言,该馆的网上展览具备四大特征:一是网上展览题材包罗万象。如图 162 显示大英图书馆推出的 44 个网上展览按学科可分为非洲、美洲、人文艺术、经典、日耳曼研究、法律研究、当代英国、文学与戏剧、手稿与档案、地图、中世纪与近代英国、中东、音乐、口述史、社科、视觉艺术等。二是搜索条目逻辑清晰。正如图 163 显示,打开大英图书馆网页后,可在"Discover & Learn"标签下找到网上展览的链接。该标签的下设内容简要地概括了网上展览的题材——文学、童书、珍品、英语方言和更多内容,以便引导观众根据自身兴趣快速地进行选择。另外,网页还根据文献学科和出版时间的不同,对展览进一步进行了细致划分。三是展览选题角度新颖,由文献定位走向信息定位。在该馆策划的诸多展览中,策展人在深入研究文献所载信息后,探索它们彼此之间的关联,通过多层次解读与组合,构建出个性化的主题和独特的故事框架。如在"动物故事"(Animal Tales)[②]一展中,策展人以动物为切入点,爬梳岩画图片、文学作品、故事书和互联网等相关文献,从而揭示动物形象在文学作品中无可比拟的重要地位,并对其成因进行溯源。再如"拍摄地点"(Picturing

---

[①] British Library, "Annual Report and Accounts 2018/19", British Library, 2019, p.26, https://www.bl.uk/about-us/governance/annual-reports, accessed Mar. 10, 2021.

[②] British Library, "Animal Tales", https://www.bl.uk/animal-tales, accessed Mar. 10, 2021.

Places)①一展中,策展人希望通过来自图书馆的八百多件展品,探究地形图、地图和文档的历史和功用,并追溯图像是如何帮助人类塑造从古罗马至今的世界观的。策展人通过多层次地解读这些文献,凝练出符合传播目的的多个主题,包括地形变化、城镇、地图与历史、地图与史学研究的动机和方法、图像和收藏。四是展示手法多样、网页制作精良。大英图书馆的网上展览,展品组合类型纷呈,主要包括"实物展品+非阐释性说明""实物展品+阐释性说明"和"实物展品+多媒体声像资料"。同时,网页引导逻辑性强,形式设计富有美感,使受众能得心应手地享受网上看展的乐趣。如"海岸"(Coast)展的网上展览涵盖了主页、相关文章、展品和有关项目。各个区域虽然在同一页面,但以不同颜色相区分,如"文章"区域以灰白色为背景色,在"展品"区域则以灰黑色为背景色。各区域内文字、图片搭配得体,能使受众体验舒适且兴趣盎然。除了大英图书馆,美国的一些文献收藏机构也不乏网上展览的经典案例。如美国国会图书馆的"不可否认:妇女为投票而战",该展在开放实体展览的同时,同步推出了网上展览。

图162 大英图书馆网上展览的学科分类(网页截图)

* 图片来源:图为线上展览导航页面截图。British Library,"Online Exhibitions",https://www.bl.uk/discover-and-learn/online-exhibitions,accessed Mar. 10, 2021.

① British Library,"Picturing Places",https://www.bl.uk/events/writing-making-your-mark,accessed Mar. 10, 2021.

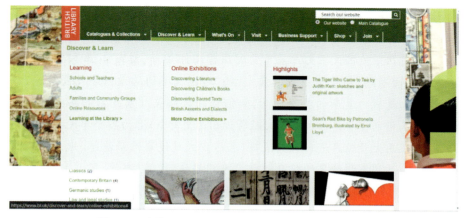

图163　大英图书馆网上展览的进入界面（网页截图）

* 图片来源：图为大英图书馆主页。https://www.bl.uk/#，accessed Mar. 10, 2021.

  大英博物馆的网上展览在整体构建上可圈可点，为我们从宏观视角考察网上展览提供了"线性意义"上的共性参考，即主要致力于打造一套独立系统，并已呈现出四大显著特征。在此基础上，笔者还将赓续探究美国国家档案博物馆的网上展览，试图从微观层面上挖掘该馆展览的精彩之处，从而发现"点性意义"上的共性参考。以"权利档案"网上展览为例，该展由六部分构成，各部分属于并列关系，单元内部以团块叙事进行组织，主要展示的是随着社会进步，权利的定义与应用也随之改变。展览的内容结构包括：平等权、公正自由权、隐私权和婚恋权、工作中的权利、第一修正案权和原住民的权利。该展具备五大鲜明特征：其一，文献及其阐释是为故事线服务的。尽管展览各个部分属于并列关系，但单元和单位内部主要是由重要事件构成的。以第四部分"工作中的权利"为例，该部分围绕工作中的权利，讨论了其与自由市场的冲突、与雇员和雇主权利的冲突，因而选择了三个相对独立的平行话题"工会与罢工""妇女和儿童""联邦政府在保障工作场所经济安全和权利方面所发挥的作用"。各个话题均采用叙事方式。如"工会与罢工"单元，该单元以时间逻辑展开，讲述的是1790—1900年间美国的工业崛起，由农业经济转变为工业经济，工人由此组建工会以争取更高的工资、更安全的条件和更短的工作时间。雇主给出的回应是停工、雇用替换工人和采取法律行动，由此引发普遍的暴力冲突。所以这一单元选择了四个历史事件：建立工人组织、科西军（Coxey's Army）、铂尔曼罢工（Pullman Strike）、抵制亚洲工人。所有文献的选定和解读都直接与这些历史事件相关，即文献及其阐释皆服务于展览的故事线,以达成高度聚焦且彼此互证。其二,展览围绕传播目的,并且重点突出。策展人希望通过该展揭示美国人对自由平等的追求,因此选用了美国民主史上最重要的法律文件之一《大宪章》和讨论非裔美国人投票问题的《第十五条修正案》。其三,虑及不同背景的多元受众。"权利"事实上是极为复杂的抽象概念,如何让缺乏相关背景知识的人能心领意会,策展人借助重要事件及相关文献营造出历史背景,且为各个单元拟定故事线,而非采用大量信息进行直接灌输,表达方式也追求准确洗练、中立而不煽情。其四,运用类型纷呈的信息载体。采用报纸、文章、书籍、照片和法令等,使信息呈现多形式和多层次。其五,引导观众自主学习。国家档案馆网站上专门为儿童观众提供"儿童观众参观指南"和"展厅学习套装",以促使儿童在玩中学、做中学,潜移默化地培养他们观察、分析与批判的能力。

综上,笔者基于宏观和微观的双重视角,对英美文献收藏机构的网上展览进行剖幽析微,并由此获悉:从文献要素来看,一是由文献定位走向信息定位;二是文献及其阐释应当为展览的故事线服务;三是网上展览题材覆盖面要广;四是展览选题应当视角新颖。从受众要素来看,一是应考虑不同受众的背景,与之建立相关性;二是引导观众开展参与性强的自主学习。从媒介要素来看,一是搜索条目逻辑清晰;二是展示手法多样,网页制作精良。

2. 国际上的理论探究

虽然在绪论部分,笔者已围绕网上展览相关学术史和研究动态进行过爬梳与论述,但并未就其内容做出过深入分析。此处笔者将立足一批核心论著,聚焦三大问题进行条分缕析地归纳与解读,该三大问题分别为:网上展览的历史、作用和策划,尤其是如何策划问题。当前网上展览相关研究中的扛鼎之作无疑是《图书馆、档案馆和博物馆创建成功网上展览的指南》(*Creating a Winning Online Exhibition: A Guide for Libraries, Archives, and Museums*)。这是一本讨论网上展览该如何策划的英文专著,由史密森尼博物馆图书馆(Smithsonian Institution Libraries,又被译作史密森尼博物院图书馆、史密森尼学会图书馆)中承担数字项目的馆员马丁·卡尔法托维奇(Martin R. Kalfatovic)在2002年撰写而成。马丁·卡尔法托维奇曾在美国率先推出过几场精彩的网上展览,所以该书主要探讨的是在策划网上展览的各个阶段,可采取的有效方法及其相关见解。该书可提供没有经验或拥有初步经验的同人及相关人士在策划网上展览时参鉴。以下将从网上展览的历史、作用和策划逐一展开论述。

首先说网上展览的历史。网上展览由来已久，最早可追溯至1492年美国国会图书馆为"进行中的航行"（An Ongoing Voyage）展制作的图文版。[①] 我们知道，文献收藏机构是人类社会的记忆存储库，各类文献通过这些机构进行收藏、保存、研究和传播。然而，随着广播、电视、互联网等电子媒介的应运而生，向公众传播文献信息的活动开始由公共场所转移至家里和桌面。尽管如此，早期的网上展览并不具备交互性，只允许用户对部分图像或文件进行下载。直到20世纪90年代中期，尤其是1996年以来，随着互联网技术在全球的突飞猛进，图书馆、档案馆等的网上展览呈现爆发式增长。而今这些机构会定期推出网上展览，有些甚至成为传统实体展览的标配，即便展览结束，其相关内容与思想仍能在网上得以延续和利用。

其次来说网上展览的作用。博物馆在很大程度上是为展览服务的，而文献收藏机构则不然，在这类机构中，借阅等传统功能的重要性并不亚于展览，所以网上展览允许用户多次观看的特征有时可能更有助于观众阅读其中的文献信息，收益也会相对更大。乔纳森·P.鲍恩（Jonathan P. Bowen）的一项调查显示：在美国，虚拟博物馆的参观者中46%为女性，观看博物馆网页的用户平均年龄是40—64岁，使用者中74%希望能找到网上展览，87%希望能找到图像，52%希望找到图像的同时能下载。[②] 据此，乔纳森·P.鲍恩提出创建网上展览必要且可行。

最后，网上展览的策划主要涉及五个方面。一是厘清网上展览与网上藏品之间的差异。这一方面笔者在第五章"实现路径及对策"的"网上展览的概念、类型及其优劣势"中已有所涉猎。如果只是在网上罗列数字化藏品，笔者认为并不属于网上展览。如德国的哥廷根大学图书馆（Niedersächsische Staats-und Universitätsbibliothek Göttingen）将《古登堡圣经》（*Göttingen Gutenberg Bible*）的全部图文经数字化后挂至网上，它们只属于在线藏品，但不属于网上展览。

二是对网上展览实施分类。一般来说，可以按照展览效果，将网上展览分成五类：第一类是具备审美效果的展览。这类展览是指为了展示美的展品而存在的展览。在文献收藏机构，这类展品可包括照片、版画和稀有材料

[①] "An Ongoing Voyage. Library of Congress", Library of Congress, 492, http://lcweb.loc.gov/exhibits/1492/intro.html.

[②] J. P. Bowen, "Time for Renovations: A Survey of Museum Web Sites", in *Museums and the Web*, 1999, pp.163-172, http://www.museums.reading.ac.uk/mw99/paper, accessed Mar. 10, 2021.

等。如乔治城大学（Georgetown University）的劳因格图书馆（Lauinger Library）的"版画之旅：乔格·施梅瑟的绘画艺术"（A Printmaker's Journey: The Graphic Art of Jorg Schmeisser）展。[1] 第二类是具备说教效果的展览。这类展览往往只专注于说教，热衷于输出大量信息。林达荷尔图书馆（Linda Hall Library）使用馆藏出版物举办了"纸质恐龙：1824—1969"（Paper Dinosaurs, 1824—1969）展，该展呈现是150年间印刷材料中有关恐龙的描述及其变化。[2] 馆方表示，尽管恐龙主题广受欢迎，但人们很少有机会目睹以恐龙出版物为主题的展示，同时通过这些二手资料，观众能看到大量与恐龙相关的图像和知识，为他们更好地了解恐龙主题锦上添花。第三类是具备唤起效果的展览。这类展览旨在为观众营造特定氛围，以帮助他们有效地理解展览内容。如美国国家档案管理局（National Archives and Records Administration）推出的"说服力"（Powers of Persuasion）（见图164）展，主要展出第二次世界大战时期的海报（还包含有一些音频文件），试图将观众带入那个充满焦虑的时代，正是这个特殊的时代造就了海报的创作。[3] 第四类是具备情感效果的展览。这类展览是指借助展品能激发观众情感的展览。如位于加州大学（University of California）的曼德维尔特藏图书馆（Mandeville Special Collections Library）"他们仍然在画画：西班牙内战期间西班牙的儿童画"（They Still Draw Pictures: Drawings Made by Spanish Children during the Spanish Civil War）展，该展汇集了西班牙内战期间的六百多幅儿童画。这些作品最初都是以书籍形式印刷的，所获收益主要用于战争期间的资金筹集与灾后重建，所以依托网上展览就这些作品进行数字再现能激发观众对那段历史和记忆的情感共鸣。[4] 第五类是具备娱乐效果的展览。尽管所有展览都存在愉悦受众的目的，但通常并非纯粹为了娱乐，然而在这类展览中娱乐却是主要目的。如圣母大学（University

---

[1] "A Printmaker's Journey: The Graphic Art of Jorg Schmeisser. Georgetown University", Lauinger Library, http://www.library.georgetown.edu/dept/speccoll/schmeiss/schmeiss.htm.

[2] "Paper Dinosaurs, 1824-1969: An Exhibition of Original Publications from the Collections of the Linda Hall Library", Linda Hall Library, 1996, http://www.lhl.lib.mo.us/pubserv/hos/dino/welcome.htm, accessed Mar. 10, 2021.

[3] National Archives, "Powers of Persuasion", https://www.archives.gov/exhibits/powers-of-persuasion?_ga=2.74522971.856256790.1615765160-1033207799.1615765160, accessed Mar. 10, 2021.

[4] "They Still Draw Pictures: Drawings Made by Spanish Children during the Spanish Civil War", University of California, Mandeville Special Collections Library, http://orpheus.ucsd.edu/speccoll/tsdp/index.html, accessed Mar. 10, 2021.

of Notre Dame Archives)策划的"圣母大学对加州大学的比赛：1977年10月22日"(Notre Dame vs. USC Game：22 October 1977)展,该展采用了图片、电影胶片、比赛中的声音片段,为观众展示了圣母大学击败众望所归的加州大学并获得全国冠军的故事。① 但毫无疑问,虽然某些网上展览以其中一种类型为主,但通常又表现为多种类型的组合。

图164　美国国家档案管理局策划的"说服力"展

* 图片来源：M. R. Kalfatovic, *Creating a Winning Online Exhibition: A Guide for Libraries, Archives, and Museums*, American Library Association, 2002, p.5.

　　三是网上展览需要拥有一个好的想法。该想法通常是深思熟虑、设想周密且执行得当的,它可以用文献加以阐释,不仅能够给用户提供一种教育体验,还可以激活他们对主题的探索欲望。常用的展览主题包括：某个周年或重大事件的纪念日、本机构或本地区值得关注的事件、馆方拥有的特定资料、围绕成系列的资料构建的主题、由机构所完成的珍贵著作、能够教育或娱乐受众的不寻常主题。一旦展览的初步想法确定下来,那么便需要对其进行开发。"开发"是指全面分析某一想法并寻找实现它的所有可能性。策划者还可考虑添加一些附加元素,以发挥网上策展的优势,使其让人耳目一新,甚至培育出一批新的观众群。

　　四是网上展览的实施流程。一旦完成想法的开发后,就需要为展览确定传播目的(可与实体展览保持一致),并将想法结合展品转变为内容文本。有时你认为这是一个好的想法,但却发现支撑该想法的展品缺失,有时尽管想法和展品都已就位,但文本却难以恰当地将它们关联起来。网上展览的策划过程通常包括六个步骤：准备展览提案；展览提案评审；选择展品；展

---

① University of Notre Dame Archives，"The Notre Dame vs. USC, 1977"，http://lamb.archives.nd.edu/77usc/77usc.html，accessed Mar. 10, 2021.

品准备;起草文本;展览设计和网页创建;最终编辑;添加、更改和修正。

第一步,准备展览提案。实际上在准备提案前,先要制定展览政策。所谓展览政策是指阐明文献收藏机构的使命和展览的传播目的,使工作人员能清晰掌握展览的预期目标,进而推动机构使命和传播目的的达成。展览政策通常包含但不仅限于以下内容:目的,即举办展览的原因;内容,即选取的展览主题,通常从机构馆藏中提炼;标准,即必须遵照哪些规定,如残疾人法案;权利和责任,即展览中的权责分配,其中策展人是整个展览的核心,将负责网上展览的知识性、科学性及其实际组织。

第二步,在展览政策指导下撰写展览提案。提案可以帮助厘清展览的思想,以有效引导展览的持续创作。一般包含九大要素:标题和主题、人员、目的、预算、观众、时间安排、设计、初步的展品清单、维护。一旦展览提案获得批准,展品的选择将被提上日程。

第三步,选择恰当的展品。如果将网上展览比作一顿文化大餐,那么究竟该提供哪些菜单以备观众自由选用,即应将什么类型的展品恰到好处地置于展览的不同框架中?显然,应选择那些能够传达展览主题并揭示传播目的展品,这一点和实体展览如出一辙。同时毋庸置疑的是,网民一定会为那些令人惊叹的展品所吸引。图书馆和博物馆领域的先驱约翰·科顿·达纳(John Cotton Dana)认为,"物件是无声的"[①]。所以相较于博物馆的物件,图书馆、档案馆和方志馆中的文献更适合在线展示,因为手稿、照片、书籍等本属于二维平面材料,它们在屏幕显示时,不会像器物那样丢失掉空间信息,同时观众可在电脑前坐下,漫不经心地阅读文献中的符号信息。但这并不意味着在一台15英寸的显示器上以75dpi分辨率查看《敦煌遗书》时,会给用户带来和现场观看一样的刺激和震撼。贝切尔认为,选择展品最可能的原因是它本质上让人感到意兴盎然,所载信息对于用户而言是有价值的,或者它能够用来向观众讲述一个通俗易懂的故事。[②] 以斯普林菲尔德图书馆(Springfield Library)举办的"保罗·劳伦斯·邓巴的著作"(Writings of Paul Laurence Dunbar)展为例,该展撰写了一份有关展品选择的声明,声明指出"斯普林菲尔德图书馆的珍本和特藏室有幸收藏了邓巴生前发行的绝大多数书籍,而本次展览的目的便是展示这些精彩绝伦的书籍,以帮助大

---

① J. C. Dana, *Should Museums Be Useful?*, The Museum, 1927.
② M. Belcher, *Exhibitions in Museums*, Leicester University Press, 1991.

家对这位美国著名诗人和小说家的作品及其思想了然于胸"。

第四步,展品一旦被确定,相应的准备就应付诸实践,即对被选择的展品进行数字化。当前,文献收藏机构中已有相当一部分文献进行过数字采集,但并非全部。所以在进行数字化时,需要考虑两方面问题:一是在数字化前,展品是否需要经过特殊的保护处理?二是对同时要在实体展览中展出的展品,应当优先进行数字化,以保证不影响它们在实体展览中的正常展出。

第五步,随着展览想法的落地、提案的获批、展品的准备,展览步入文本撰写阶段。在文本撰写的过程中,如何构建内容结构的问题浮出水面,常见的方法有五种:按照对象组织、根据系统组织、依据专题组织、遵循物料组织和基于多方案组织。按照对象组织,指的是依据对象,但不强调结构的内容安排。如将展品按照字母顺序等特征进行区分。根据系统组织,是指按照展品之间的关联进行内容组织,其中依据时间和类型是常用的方法。如中田纳西州立大学(Middle Tennessee State University)策划的"时光倒影"(Reflections in Time)展,该展通过照片、实物和相关资料追溯中田纳西州立大学从1911年到1999年的发展历程。[①] 依据专题组织,指的是围绕某一主题讲述结构化的故事。赖斯大学(Rice University)丰德伦图书馆(Fondren Library)的伍德森研究中心(Woodson Research Center)收藏有关于奥维塔·卡尔普·霍比(Oveta Culp Hobby)的资料,该中心据此策划出霍比专题展览,以生动再现霍比作为妇女辅助军团第一任主任的生活实况[②],使观众从中感受并了解该军团的早期历史。遵循物料组织,是指根据材料类型对展览进行组织。如圣母大学图书馆特藏部门策划的"我们的宗教裁判所"(Nos Los Inquisidores)展,将564件展品置于"禁书索引""自动贩卖"和"官方出版"等不同的内容板块,观众并非通过线性逻辑去探究展览内容,而是从材料类型中去寻觅感兴趣的展品及信息。[③] 基于多方案组织,是指将多种组织方法一并运用至同一展览中,该方式最能彰显网上展览优

---

① Middle Tennessee State University, "Reflections in Time", http://janus.mtsu.edu/Reflections/index.html, accessed Mar. 10, 2021.

② "Oveta Culp Hobby, the Little Colonel", Woodson Research Center, Special Collections at Fondren Library, Rice University, http://www.rice.edu/Fondren/Woodson/exhibits/wac, accessed Mar. 10, 2021.

③ Department of Special Collections of the University Libraries of Notre Dame, "Nos Los Inquisidores", http://www.rarebooks.nd.edu/Exbt/Inquisition, accessed Mar. 10, 2021.

势,以实现物尽其用。如史密森尼博物馆图书馆在"边境摄影师:爱德华·柯蒂斯"(Frontier Photographer:Edwards S. Curtis)展就采用了多种方法加以组织,观众既可根据柯蒂斯生活的时间顺序进行浏览,也可选择"早期生活""家庭牺牲""早期书籍"和"阿拉斯加"等不同类别进行观看。但无论如何,都应重视展览的连贯性。总体来看,撰写展览文本时,应遵循一定的组织原则,否则展览只能退化成展品的随机组合,这样的做法很可能会给用户提供太多的选择,反而使观众一头雾水,无法理解展览内容,也难以达成展览的传播目的。

展览文本的最终定稿,通常会经历四个步骤:最初版本、审批通过、意见修改、最终版本。虽然由于展览性质和规模不同,文本会呈现一定的殊异性,但几乎都包含五项要素:叙事(本书探讨的重点)、重要引文、展品标签、版权或责任人说明、贡献者和致谢。要素一,叙事。叙事是文本的主体,是指不同的部分按照一定的故事线被串联在一起,并且部分与部分之间存在过渡。如纽约公共图书馆(New York Public Library)的"罗曼诺夫:他们的帝国,他们的著作"(The Romanovs:Their Empire,Their Books)展,该展中策展人采用简洁洗练的文字,一应俱全地为观众描述了俄罗斯皇室的政治、宗教、社会和文化生活等,各个部分被有序地加以组织和串联。需要注意的是,叙事的材料基础主要来自文献原件及其研究成果,材料的取舍应与展览主题和传播目的高度吻合。要素二,重要引文。它是指直接源自文献的经典词句,这些文字通常极其醒目且发人深省,可用以揭示主题、传播目的或内容结构。如在前面第二步中提及的史密森尼博物馆图书馆的"边境摄影师:爱德华·柯蒂斯"展,该展就采用了大量的文献引述。要素三,展品标签。其是指阐释展品所载信息的文字。至少可以包含出版商、出版地、当前处所、书稿尺寸,最关键的是蕴含其中的有意义故事。其中,"当前处所"建议注明,因为用户只有在明确原始文献位于文献收藏机构何处时,才会前往该处亲自查阅并深入利用。标签的编写应当坚持练达、易读和有趣。无论如何,网上展览具备扩充信息容量的优势,即可在标签附近提供相关链接,以满足部分受众深度学习之需。要素四,版权或责任人说明。一般来说,网上策展人应掌握版权和数字知识产权相关的法律法规,必要时可以向法律顾问咨询。要素五,贡献者和致谢。无论是谁,都喜欢由于自己的工作而被刮目相看。因此,网上展览除了向策展团队致谢外,还应专门感谢那些曾协助展览筹备的人。当文本完成后,通常需要进行严格的审核。尤其是那些政治或文化上较为敏感的展览主题或类型,需要邀请馆内外专家参与论证,而这些专家应当尽量涉及多个学科,拥有多种视角。总之,策展文本要力求聚焦主题、服务传播目的、整体清晰、各部分相关,同时不存在事实、语法错误和错别字。

　　第六步,展览设计、网页创建和编辑完成。网上展览的设计不同于实体展览,网络环境具备特殊性。这类展览不一定是沉闷、静态的,或者必须拥有严谨逻辑的。扬·约瑟斯(Jan Hjorth)在《如何制作一场糟糕的展览》(*How to Make a Rotten Exhibition*)中指出了一些欠妥的想法和做法①,可提供网上展览设计时参考:认为真正的设计师只需要关注展品、标签等,其他要素是次要的;一个草草了事的文本比没有文本好,长的文本必定比短的文本好;只需要重视文本中科学准确的表达,而无视用户是否理解;图片越多越好,且根据个人喜好来选择照片、书稿等;忽略有关版权的问题。与此同时,温迪·托马斯(Wendy Thomas)和丹妮尔·博利(Danielle Boily)在《虚拟展览制作:参考指南》(*Virtual Exhibition Production: A Reference Guide*)中提出了优秀的网上展览应当具备的要义:能让观众在多次参观中感到惊喜;在主页上应提供观众网上展览的整体印象;能定期更新,以吸引新观众并留住旧观众;应使用最新技术和最新素材;把网上展览变成一个研究工具;提供实体展览中无法看到的文献;促进网上展览在国际范围内的传播;能促使用户愉悦地浏览并获得情感激发。这些要义几乎都与展览设计有关,所以可提供给网上展览的设计人员参详。

　　除了上述六大步骤外,网上展览的策划还必须明确策展的人员构成及其职责。在我国,文献收藏机构的网上展览通常由负责宣传或服务的部门承担,而素材则由实施策展的部门提供。以下分别以上海图书馆、档案馆和通志馆为例。上海图书馆的线上工作由读者服务中心的1~2位员工负责,除了网上展览外,他们还承担上海图书馆微信公众号(订阅号和服务号)及其运营。从网上展览来看,目前上海图书馆已拥有十多年历史,每当实体展览面世后,基本都会划出部分经费,用于网上展览的配套制作。上海市档案馆的网上展览则由该馆的编研部承担,编研部的主要职责是负责档案文献的研究编辑和宣传工作,因此,网上展览成为该部门的职责之一,同时他们

---

① M. R. Kalfatovic, *Creating a Winning Online Exhibition: A Guide for Libraries, Archives and Museums*, American Library Association, 2002, p.35.

也负责该馆的官方网站和微信公众号。上海市档案馆的网上展览也始于十多年前,采取的方式主要是将网上展览挂到上海档案信息网,但相关更新并不及时。上海通志馆目前还未设置网上展览,未来该馆不只会专注于该类型的传播,还准备与直播平台、央视频、抖音和B站合作,以便更好地借助网络平台综合发挥其社会教育功能。从上海地区案例的分析来看,目前网上展览的策划并非由馆内专业团队承担。对比欧美国家的文献收藏机构,多数图书馆和档案馆的策展工作是由馆内为数不多的专业人员合作实施的。他们通常是一群有才之士,包括图书馆或档案馆主任编辑(library or archive director editor)、策展教育顾问(curator education consultant)、设计制作人员(designer production staff)、其他技术人员(technical staff other)和保管人员(conservator)。与此同时,除了馆内的正式员工,机构还会邀请志愿者、实习生和学生参与到网上展览的策划之中。这一部分人往往会给展览带来意想不到的视角和无法估量的前景。

以下笔者将针对参与网上策展的重要角色逐一展开论述。一是策展人。策展人可由主任编辑或类似人员承担。在国外的文献收藏机构,策展人通常为负责某些重要书籍或特别馆藏的馆员。正如爱德华·P. 亚历山大(Edward P. Alexander)所言,"设计师可以避免展览变得平庸而愚蠢,但策展人必须促使它保持真实和诚意"[1]。二是设计师。在一场网上展览中,设计师对于外观界面承担关键责任,如主题的色彩选择和图文的外延设计等。他们应熟练地掌握网络设计师的工具与技能,并能与内容策划者沟通协调并密切配合。与实体展览的设计不同,实体展览通常可让受众一览无遗地欣赏展厅空间及其氛围营造,网上展览虽然也能让受众目睹常用的设计元素,但各部分内容却需要用户通过点击,一步步地呈现在他们面前。因此设计师至少需要具备三项能力:就展览想法进行概念化设计、对展品进行放大或增强、利用网络的交互性鼓励探索。三是技术人员。随着网上展览日趋复杂,技术人员的能力和技巧也需提升。他们要掌握数据库开发、Web 数据库集成、CGI 脚本编写、Perl 编程、扫描和摄影等各种技能。四是保管人员。根据网上展览的传播需求,需要对文献展品进行数字化或照相,为此应当确保展品安全。所以在创建网上展览时,保管人员的工作量可能

---

[1] E. Alexander, *Museums in Motions*, American Association for State and Local History, 1979.

会由此增加,这一点在规划展览时需要予以考虑。五是编辑。展览的编辑人员应对本次展览的风格、句子结构和语法了然于心,并不断检查和修正。如图像在嵌入文本时,通常容易出现错误。此外,编辑还需确保不产生版权和使用许可等问题。六是教育顾问。教育顾问可以为网上展览补充大量的学习产品。如面向教师、学生和家庭提供各类阅读资料。教育顾问主要来自教育领域,如中小学、高校、社会教育机构或教育主管部门,他们需要熟谙教育对象的身心特征,也需要对教育学理论与方法烂熟于胸,还需要对文献收藏机构的特点、使命和馆藏等略知一二。七是制作人员。制作人员需要根据展览计划对展品进行数字化,如果数字化早期已经完成,那么就会相对容易,但一旦需要从头开始,他们将会耗费大量心力。制作既可以由馆内人员承担,也可外包给相关公司。八是其他人员。如果网上展览将使用不止一种语言,那么需要聘请翻译人员来协助完成翻译。对于较为大型的网上展览,可能还需要一名协调所有业务的工作人员,以保证展览中的各项工作有序推进。一旦网上策展的参与者确定,便可组建起一支策展团队。团队究竟应该如何合作,取决于多方因素,包括展览规模、人员数量和机构环境。多数情况下,策展负责人将亲自完成大量的准备工作,然后开始组建团队。在明确展览主题后,可组织召开一次与展览相关的团队会议,以明确该展的时间安排及职责分配。正如温迪·托马斯等所主张的,"首先要学习的是让参与者有足够的时间结识并发展出团队意识"[①]。无论如何,我们应当在策展初期就制定好日程表,并明确各类角色、职责及其沟通方式,否则将有可能贻误时机或缺漏步骤。

综上,笔者从国际上的先进经验和理论探究两方面,对如何策划网上展览进行了较为详尽的讨论。其一,国外文献收藏机构网上展览的实践经验告诉我们,在文献要素上,应由文献定位走向信息定位,文献及其阐释要服务于展览的故事线,展览题材应当覆盖面广、选题也要新颖;在受众要素上,需要与不同背景的多元受众建立关联,引导观众通过参与完成自主学习;在媒介要素上,搜索条目应逻辑清晰,展示手法要类型多样,网页制作应追求精良。其二,国外文献收藏机构网上展览的理论探究,同样为网上展览的策划提供了一些有意义的发现,体现在对网上展览的历史梳理、作用归纳和策

---

① W. Thomas, D. Boily, "Virtual Exhibition Production: A Reference Guide", Museums and the Web: An International Conference, 1998, http://www.archimuse.com/mw98/papers/boily/boily_paper.html, accessed Mar. 10, 2021.

展问题的探究上。其中如何策展成为讨论的重中之重,主要涉及网上展览的五种类型,想法、主题的产生与落实,策展的六大步骤,人员构成及其职责。

无论如何,并非所有展览都会配套推出网上展览,只有馆方重点打造的展览,才有可能同步创建网上展览。而如何打造有口皆碑的网上展览,将成为我们亟须探究的重要议题。针对文献收藏机构的一些非重点展览,既可考虑采用简单的图文版,也可考虑放弃网上展览。我们知道,网上观览和漫步展厅是两种截然不同的感受和体验,虽然网上展览的发展一路劈波斩浪,在美学和技术上均获得不菲的成绩和突破性进展,但始终无法取代目睹展品的真实体验。当观众一览无遗地欣赏《临韩熙载夜宴图》或者是康熙御笔《大学》碑时,那种百感交集和心潮澎湃是数字化产品无法比拟的。为此,网上展览可以另辟蹊径,成为实体展览的延伸或补充,在入馆前、离馆后为观众拓展体验的可能空间。任何时候,参与网上策展的相关人员都需要叩问:如何才能最大限度地发挥网上展览的优势,且最大限度地避免其劣势?如通过网络平台鼓励各种意见,并为用户的创新表达提供便捷方式;再如实体展览可能是一成不变的或只能局部改动,但网上展览却能低成本地对内容进行修改、更新或重组,甚至可针对不同类型的访客,打造出版本各异的网上展览。

(四)同主题展览的共同评估和修改

正如本书的第四、五章所论及的,在实体展览开展前后可以组织两类不同的评估:正式开展前的补救性评估和展览开放后的总结性评估,并将评估结果运用至实体展览的改进与提升中。但事实上,受展览的经费和人力等主客观因素影响,对实体展览的改进力度和提升幅度还是极为有限的。然而网上展览却存在云泥之别,这类展览的修改空间极大,但修改成本却相对较低。因此,可根据实体展览期间的观众反馈对网上展览进行及时有效的调整和完善。如根据两类展览评估,能够获悉实体展览中观众停留时间最长的展区,以及最受欢迎的展品,以作为拓展网上展览内容的依据,并将最受欢迎展品进行放大或为其补充多元信息;又可以测试出观众最期待而实际最不满意的展览要素,并在网上展览中进行相应调整;还可收集实体展览期间的观众反馈,以发现观众存在的疑问和需求。网上展览可以为受众提供相关链接、图片检索和在线书目,以便感兴趣者或专业观众能够进行自主探索。同时，网上展览还可创设调查和评估的问卷或留言板等，以作为实体展览补救性或总结性评估的有益补充。

二、实践模式分阶段推动的进阶策略

通过对全国东、中、西部地区的实证调研发现，各地区的文献收藏机构网上策展水平存在地区差异，且整体水平不高。呈现的共性问题主要包括展览数量欠缺、内容贫乏、制作水平不高、更新速度较慢、宣传和保护意识不强等。因此，根据文献收藏机构线上线下展览的国际流变，结合我国文献收藏机构展览的现阶段实况，笔者对线上线下展览的发展趋势做出预判，并提出分阶段推动的进阶策略。文献收藏机构线上线下展览实现的路线图是：以渐进式推进为基调，逐步推动东、中、西部文献收藏机构通过展览将文献所载信息实现共享和传播。首先，在经费、文献和人力不足的地区推出小规模、有特色的网上展览。虽然网上展览目前多适用于展览业务相对成熟的机构，但事实上对基础较为薄弱，尤其是展览空间缺失的机构也同样适用。其次，在经费、文献、人力充足的地区，举办"线上＋线下"相互驱动的大规模多类型展览。再次，联合所有文献收藏机构共建智慧展览体系，该体系类似一个智能生态系统，以展览业务需求为核心，形成"物-人-数据"多元双向动态联系，即时获取受众、展品等要素及其变化信息，并进行自适性调整，真正实现线上线下拆"线"相容。同时，针对每个文献收藏机构的"线上线下"展览，可以根据个案研究提出综合建设方案，并从硬件设施建设、办展经费划拨、展览队伍组织、专业人才培养、知识产权保护和展览效益评估等方面提出对策建议。

第七章

总结与前瞻

本书围绕文献收藏机构"如何策划以文献作为材料的展览"议题,展开了较为系统且深入的研究。首先,通过收集和分析两类材料——相关研究成果与社会调研数据,从时间和空间维度上对文献收藏机构展览的现存问题进行聚焦,进而探寻导致问题产生的表象和深层原因。其根源在于未实现由"文献中心"向"受众中心"的转向。其次,通过与器物类展品的比较研究,揭示文献类展品的特点、价值及其传播难点。再次,从"结构层面"抽象出文献收藏机构展览中"文献、受众、媒介"三大要素,并对各个要素的内涵进行界定,并明确它们所处地位及其作用。从次,从"理论层面"关联策展理论的三大构成要素,运用传播学编码解码理论,尝试建立文献收藏机构策展理论的阐释模型,从而使不同要素得以动态有机组合。最后,从"实践层面"借助策展理论的阐释模型,结合现实困境,探索文献收藏机构"线上+线下"共融互驱的展览实践模式,进而根据对未来趋势的预判提出分阶段适应的进阶策略,并制定综合方案及对策建议。本章将对本研究所获成果展开全面归结,并就文献收藏机构展览的发展方向做出前瞻性思考,略陈刍荛之见。

第一节 研 究 总 结

本节将集中对研究的思路与成果予以回溯,并进行总结。一方面,阐明围绕本研究欲解决的问题,本书在行文思路上是如何布局谋篇和逐层推进的。另一方面,基于对本领域既有研究成果的爬梳与含化,结合东、中、西部实证调研的三角互证,再现本研究所获之有理有据的系统成果。

一、研究思路

按照"提出问题—问题溯因—理论层面探索解决—实践层面探索解决"的思路来展开以问题为导向的探究和发现（见图165）。行文包括四方面，分别为：

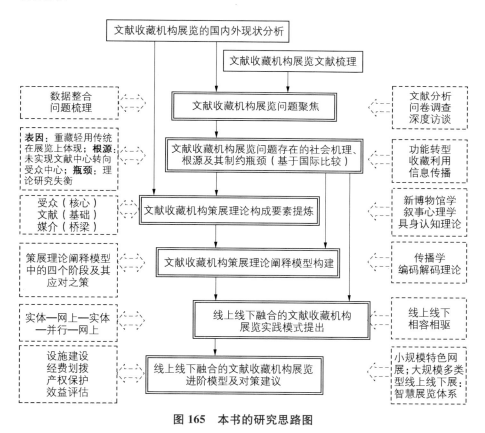

图 165　本书的研究思路图

① 文献收藏机构展览问题的聚焦；
② 文献收藏机构策展理论构成要素的提炼；
③ 文献收藏机构策展理论阐释模型的构建；
④ 线上线下融合的文献收藏机构展览实践模式、路径及对策的提出。

文献收藏机构虽然都为公共文化服务机构，但各类机构的运行系统却相对独立且各具特色，因此在①中将各类机构中与展览相关的研究成果、历史、现状和问题逐一梳理并进行归纳聚焦,是本书的研究难点。

②③④环环相扣,成为解决问题的统一整体。其中,②③是实现研究目标的理论构建部分。从展览问题的根源出发,综合多种理论抽象出三大要素,将看似零散的要素在动态的策展过程中通过特定的结构和序列构成互相关联的理论系统,这正是问题从根源解决最为关键的部分,是本书的研究重点。同时学界对文献收藏机构展览这一专业化程度高、需要交叉学科介入的理论研究仅处于探索阶段,故③也是本书的研究难点。

④是实现研究目标的实践探索部分。借助策展理论阐释模型,吸取英、美、澳、新加坡等国的成功经验,提出线上线下融合的实践模式和分阶段推进的进阶策略。这正是破解现实困境和在应对未来发展基础上解决问题最为重要的部分,是本书的研究重点。

二、研究成果

在上述四方面内容的选定和指向下,全书共分七章。

第一章概述文献收藏机构展览发展的历史与现状。本章从纵向的历史逻辑和横向的现实切面,探究各类文献收藏机构展览的现状及其形塑过程。从近百年的发展历程来看,图书馆、档案馆和方志馆的展览大致经历三四个发展阶段:初创、探索/停滞、发展、繁荣阶段。其中,图书馆展览起步最早,而方志馆的发轫则相对滞后,但三类机构展览的发展历程节奏较为一致,峰谷波动趋同。究其原因在于文献收藏机构展览发展的变化特征及其趋势不仅取决于机构自身的理念、馆藏和制度,更受制于各个阶段的政治经济状况,与我国的复兴之路相伴相生。当前,展览已经成为图书馆、档案馆和方志馆文献利用的主要手段和创新方式,三类机构无论是在宏观的顶层设计上,还是微观的软硬件建设上,都已经高歌猛进,获得突破性成果。尽管如此,随着展览实践的深入发展,它们都将面临难以克服的专业瓶颈:彼此之间因条块分割所带来的行政壁垒,造成了策展理论和实践互通互鉴上的困难。这一章的研究成果将为本书后续的问题聚焦、原因溯源和问题解决奠定基础与创造语境。

第二章提出文献收藏机构展览存在的问题并追溯成因。本章立足两类材料——相关研究成果和社会调研数据,从时间和空间维度,聚焦国内文献收藏机构的展览实践以揭示展览现存的问题,进而探寻引发问题产生的表象和深层原因。

首先,基于文献维度的时间逻辑,即通过梳理近二十年来文献收藏机构有关展览的研究成果,尤其是针对案例的实证研究,运用文献分析法,提取其中的论点和论据,以构建展览问题的研究基础。

其次,基于实证维度的空间逻辑,即为了进一步检验与补正这些问题,选择上海、长沙、成都——我国东、中、西部三座重点城市,运用问卷调查、焦点小组和半结构访谈等实证调研方法,获取一手的调研数据集并从中提取问题。与此前的文献维度一起,通过文献与实证两种材料的三角互证,最终推断出文献收藏机构展览的现存问题。包括:第一,硬件设施上,设施不足、资源不均;第二,展览业务上,策展不专业、评估不到位、保障不健全;第三,公共服务上,服务被动、开放不足;第四,网上展览上,策展意识不强、以图片展为主。

再次,从思维定式、功能转型、起步较晚等四方面,揭示导致文献收藏机构展览问题形成的社会机理。一是受展览思维定式的影响,忽视文献类展品展览的本质属性;二是受业务起步晚的影响,展览蓬勃发展的条件仍不充分;三是受文献收藏机构功能转型的影响,策展面临专业化提升的挑战;四是受展览专业化程度偏低的影响,展览评估的标准和方法均不到位。

最后,揭示造成问题产生的根源及其制约瓶颈。根源在于"藏用矛盾",即受"收藏"观念影响,展览通常直接展示重要文献,未认识到文献所载信息才是其价值所在和受众的真正需求。简言之,文献收藏机构未完成由文献中心向受众中心的转向。事实上,"藏用矛盾"的形成并非一日之功。中华人民共和国建立伊始,因为图书、手稿、档案、方志等来之不易,"藏"的意识和目的较强,资料安全处于首要地位,方便公众则处于次要位置,由此产生了早期"重藏轻用"的办馆理念。直到20世纪80年代,"全面质量管理"的理念对文献收藏机构造成冲击,如何提高服务效能被提上日程,机构逐渐从"重藏轻用"转向"用户中心"。这种转变最初发生在传统业务上,如针对"借阅"功能,由"实物馆藏"向"实物、虚拟馆藏并存"转变。但文献收藏机构很快意识到仅仅如此,还远远不足够。因为传统业务正在遭遇学习媒介多元化的"膺惩",同时一直以来,文献所蕴藏的价值仍未得到"待用无遗"地开发和利用。其中,一个突出的问题是相当一部分保存至今的文献,仍被"养在深闺人未识",它们中的不少是撰写者皓首穷经而成,但书虽成,人已殁,具备存储信息与传承记忆的宝贵价值。但当前这些文献多数被束之高阁，或者只能供少数研究者、爱好者使用。在这一背景下，文献类展品展览应运而生，它们以普通受众不易阅读或接触的文献作为展示材料，凭借内容丰富、形象直观、形式生动等特点吸引了广泛受众。展览不再是"可有可无"的"锦上添花"，而成为文献收藏机构创新服务和文献利用的一大亮点，并逐步成长为此类机构的核心业务。

如果文献收藏机构想依托文献类展品展览，一定程度上缓解甚至克服"藏用矛盾"，以助推文献收藏机构由"文献中心"向"公众中心"的转向，那么它必然会面临一大制约瓶颈，即"策展理论研究的失衡"。主要表现为两方面：其一，国外文献收藏机构展览已经步入专业层面的深入研究阶段，而我国仍处在应用层面的操作探索阶段，多数成果是基于现象问题的对策解决，鲜有围绕本质问题展开极深研几的探究，进而获得经反复验证的研究发现。其二，在我国，文献收藏机构策展通常会被视作图书馆、档案馆和方志馆各类机构独有的问题，而国外则已开始致力于探讨并发现这些机构策展中的共性问题。目前，国外已出现了旨在解决这些共性问题的研究专著，而此类综合性专著在我国仍然付之阙如。

第三章探究文献类展品及其传播的特殊性。本章主要讨论的是文献类展品的特点、价值及其传播难点。经由第二章的问题聚焦和原因溯源，此章开始致力于问题的解决。但在探讨文献收藏机构展览对策前，首先需要明确：相较于传统的器物类展品，文献类展品究竟具备怎样的特点？笔者认为至少存在两大特点：第一，文献类展品通常采用语词符号表达，本体信息趋同，载体多为纸张，所以难以长期吸引观众的注意及兴趣。而器物类展品则不同，本体信息丰富，其中不少器物本身就拥有较高的审美品质。第二，文献类展品所载信息多为隐性，短时间内要识读这类信息较为困难，且易于引发观展疲劳，而器物类展品则多为显性信息，便于观众观察、互动和体验。在明确文献类展品两大特征后，笔者主张对其价值进行再认识。一是文献类展品的真正价值在于文献所载信息，所以应当将文献作为展示的材料而非对象，经由对材料中信息的筛选、组织和重构，最终实现信息的三维呈现。二是文献类展品展览中的"以人为中心"，不仅是指展览应鼓励观众主动参与，且服务好前来参观的各类观众，还指应重视"文献类展品"中的"以人为中心"。展示"物"事实上就是为了揭示有关的"人"与"事"。这才是收藏、研究和展示文献的价值所在，也是文献作为独特"物证"的意义所在。同时，这类展览在信息传播的过程中存在三大难点：科学准确地解读文献中的符号信息（文献研究），将专家解读出的信息转化为观众能明白的信息（受众研究），将观众明白的信息转化为能被他们感官所感知的视觉表达（媒介研究）。

本书的第四、五和六章属于问题解决部分，分别从理论和实践两个层面探讨问题解决之道。首先尝试打破机构之间的行政壁垒，将所有文献收藏机构的展览视为同一研究对象，尔后深入探究这一类型展览的理论构建、实践模式及其实践路径等关键问题。其中，第四、五章主要是从理论层面解决问题，第四章为理论层面解决问题的第一步，即从结构层面提炼出策展理论的构成要素，为建立以受众为中心的策展理论奠定基础并创造条件。具体来说，就是从文献类展品的特点和价值入手，借鉴叙事学、博物馆观众研究、具身认知理论，提炼出文献收藏机构策展理论的"受众、文献、媒介"三大构成要素；再分别对三大要素的内涵进行界定，并明确其地位和作用；最后，整理和分析博物馆领域有关三大要素的代表性成果，探究其对于文献策展相应要素及其功能发挥的借鉴与启示。

"文献"要素是指以文献作为展示材料，使展览成为文献所载信息可视化的产物。此时，展览不再去关注文献的信息载体和信息形式，而只重视文献所记录的信息内容。正是由于文献在文献收藏机构展览中承担材料来源的角色，所以理所当然要被纳入策展要素之中，在三大要素中发挥"基础"作用。因此，我们要树立解读文献并将其信息进行重构的理念。重视文献资源的独特性及其价值所在，明确信息加工的目标、内容和方法。掌握如何将文献故事及其逻辑转化为实体体验。

所谓"受众"要素是指展览要为受众服务，通过阐释促使他们身心参与，以帮助其理解展览，甚至引发思考。此时，展览不再只是关注物，而是为了人。面对"受众"要素，首先要明白在文献收藏机构展览中，无论是文献要素还是媒介要素，最终都是为了服务受众。因此，我们不仅要将该要素纳入策展要素之中，还应使其在三大要素中发挥"核心"作用。为此，应当借鉴博物馆学领域业已成熟的观众研究成果，掌握其研究重点与发展趋势，选择或创建恰当的方法开展基于文献类展品展览的受众研究。

所谓"媒介"要素是指在展览中用以促成受众与展品有效对话的传播手段。面对"媒介"要素，我们需要明确展览是一种空间形态的视觉传播体系，它是以实物展品和辅助展品及其组合作为载体，视觉、参与和符号三大系统既互相独立，又彼此交叉。之所以要将媒介要素纳入策展要素，是因为它能促成信息在空间内的视觉转化和表达，让受众获得轻松愉悦的生理体验，以帮助实现信息在文献和受众之间的双向传播。因此，该要素在三大要素中发挥"桥梁"作用。由于文献类展品展览可能会大量甚至全部使用辅助产品再造第二客观世界，所以"媒介"要素在文献收藏机构策展上的重要性不言而喻。需要广泛借鉴博物馆学领域的策展理论和标准做法，为文献收藏机构策展提供思想和实践上的启蒙和指导。

第五章为从理论层面解决文献收藏机构策展问题的第二步。本章与第四章中策展理论的三大构成要素前后相承，运用传播学编码解码理论，建立起文献收藏机构策展理论的阐释模型。包含三方面内容：树立全新理念、倡导三大要素和建立阐释模型。在该模型中，受众不再是信息的被动接受者，而成为信息的主动生产者，通过信息的双向传播，可以促成受众与展览的有效对话。

首先，应当重建一套区别于博物馆展览的阐释理念。

其次，需要对文献、受众和媒介三大要素进行倡导。而对每类要素的倡导主要涉及三方面：阐明该要素的倡导者及其角色要求，揭示该要素在整个策展中的地位，提出倡导该要素的重要策略。其中，针对"文献"要素，倡导者最好拥有双重身份：文献专家和传播专家。对"文献"要素的倡导，是策展中的一项基础工作。倡导"文献"要素的叙事策略，主要从"讲什么"和"如何讲"两方面入手，该策略包括"传播目的、叙事要素和叙事结构"三项内容。在实施叙事策略时，要注意"展览信息量的上限是多少""展览信息如何既能尊重策展人的专业热情，又能服务好观众的期待和需求""有限的展览信息如何满足观众的多元动机"三个问题。针对"受众"要素，该要素的倡导者属于一种全新角色，在大型机构中可能是一种独立设置的职位，被称作展览开发者、阐释规划者或教育人员。对"受众"要素的倡导，是对以往机构本位的一种视角转向，目的在于促使受众获得优质的观展体验。倡导"受众"要素的观众研究策略，主要包括两方面：涵盖哪些内容，应当如何实施，前者包括常规研究和专题研究，后者涉及前置性研究、形成性研究、补救性研究和总结性研究等。在运用观众研究策略时，要注意"如何始终保持使命清晰，又能体现观众意志""如何将抽象的想法变成观众的具体体验""不可或缺的想法与卓尔不群的想法之间有何区别"三个问题。针对"媒介"要素，其倡导者也被称为设计师、制作人员等，他们和"文献"要素的倡导者一样，需要在平面设计、工业设计、建筑和舞台设计等领域拥有专业知识,因此通常会选择外包,但也存在自给自足和内外合作形式。对"媒介"要素的倡导,强调的是一种体验,这种体验通过对展览要素的安排,为不同类型的受众(首次观众、偶发性观众、经常性观众和团体观众等)创造出美观且意义非凡的真实体验。倡导"媒介"要素的体验策略,应遵循五项设计原则:规划好空间和参观动线,明确展示手段和阐释高潮,编写恰当的说明文字,设计出能辅助展示的展柜和照明,打造多元感知的整体体验,控制好展览的预算和进度。在采取体验策略时,需要注意"团队在设计和打造高质量的实体体验时,应如何契合展览内容并满足观众需求""如何确保整个策展流程和展览呈现都清晰而完整""如何打造出富有创意的展览实体体验"三个问题。

最后,构建文献收藏机构策展理论的阐释模型。为了有效地策划文献收藏机构展览,笔者已从结构层面抽象出"文献、受众、媒介"三大要素,并提出倡导三大要素的基本策略。虽然对三大要素的研究及倡导至关重要,但是策展本身更是一项创建"信息共享体"的系统工程,包含信息阐释和信息传播的全过程。所以在构建策展理论阐释模型时,虽然要以三大要素作为重要基石,但它们不应只是碎片化地被嵌入其中,而应被融入整个信息阐释与信息传播的过程之中。因此,笔者提出聚焦于信息编码的全过程,设计出策展理论阐释模型。即探索文献从对外部世界的反映,到经由博物馆化,再加以利用的整个过程,该过程又可表述为"从信源到符号化信息、从符号化信息到再符号化信息、从再符号化信息到物化信息、从物化信息到信宿",以发现四个阶段中的规律性现象,并据此提出应对之策。正是通过对这一过程及其规律的分析与探究,笔者尝试将盘根错节的知识碎片体系化,构建出适用于文献收藏机构的策展理论阐释模型。

第六章从实践层面解决文献收藏机构的策展问题。笔者借由第五章所构建的文献收藏机构策展理论阐释模型,结合目前此类机构展览的现状和困境,尝试在"线上+线下"共融互驱的理念指导下,设计出文献收藏机构展览实践模式。总体来看,文献收藏机构实体展览的策划,由六个互相独立又彼此关联的环节构成:收藏规划和收藏政策制定,概念开发,内容策划,展览设计,展览投标、制作和布展,展览开放、修改和归档。尽管笔者建议在创建这类展览时,能包含上述步骤和方法,但由于项目和团队不同,策展者可根据实际情况规划出属于自己的流程和阶段。但无论如何,传统的依靠图文材料进行的较低层次编码已不再受到欢迎,因为其不仅忽视了展览过程中的受众和其他策展主体,还忽视了阐释资料所载信息的丰富性和生动性。所谓"线上+线下"共融互驱的展览实践模式,仍需要依托精妙绝伦的实体展览。理想状态下,该模式包含"实体策划—网上先行—互动评估—实体修改—两者互展—网上反馈"的实践过程。最后,根据文献收藏机构线上线下展览的国际流变,并结合当前我国此类机构的策展现状,笔者尝试提出分阶段推动的进阶策略。

第七章为总结与前瞻。本章将对本书的研究成果进行全面归结,并提出研究之局限与新意。同时,就未来发展做出方向性预判和前瞻性思考。

第二节 范式构建

本书撰文至此,基本尘埃落定,本可就此收尾,但笔者还想进一步追问,针对文献收藏机构展览——这一整体性研究对象,能否拥有一套适用于自身的基本范式,以促使特定共同体的成员——"依托文献类展品组织展览的策展者"共享互鉴?所谓学术研究无禁区,基于此,本书在处理研究对象时,尝试打破各类机构之间由于行政条块分割而造成的研究壁垒,将图书馆、档案馆和方志馆等所有文献收藏机构的展览视为同一研究对象,从某种程度上说,这既是超越现实又是根植现实的,既是充满理想又是趋于本质的,对笔者而言,更是需要给出"智力放纵"之下的"合理解释"。综上,笔者决定在本书行将鸣金收兵之际,尝试为本领域构建起一套初步范式,使之所主张的普遍理念和规范做法能够为该领域相关者提供参考。为此,首先要界定何为范式,以明确这一概念在此处被运用的适当性,也权充煞割。其次,阐明为何需要为本领域构建起这样一套范式。最后,提出文献收藏机构展览的特定范式,以供后来者遵循、批判和发展。

一、何为范式及其被运用的适当性

在20世纪的人文社会科学领域,恐怕很难找到一位像托马斯·库恩(Thomas Kuhn)这样的研究者,他已经影响且仍在影响着成千上万的人。1962年,托马斯·库恩由于出版《科学革命的结构》一书一举成名(2012年已出版第四版)。尤其是他在书中引入"范式"一词,并对此概念进行了界定,从而使得该词的运用从科学哲学领域延伸至其他诸多学科和领域,意义极为深远。① 何为"范式"(paradigm)?该术语源自希腊文,原指语言学的词根或词源,后被引申为某种思想形态的源头或母体。② 无论如何,虽然托马斯·库恩在《科学革命的结构》一书中创造性地引入"范式"概念③,但遗憾的是,此书中给出的"范式"概念存在多种定义,用法也充满歧义。为此,英国学者玛格丽特·马斯特曼(Margaret Masterman)还专门撰写过一篇题为《范式的本质》的文章,指出在《科学革命的结构》一书中范式共存在 21 种不同的用法。④ 1974 年,托马斯·库恩为回应玛格丽特·马斯特曼的质疑,又撰写了《对范式的再思考》一文,指出"'范式'的用法不只 21 种,而是 22 种",同时于此基础上,将"范式"的众多用法大致归为两类:一类是一个科学群体共有的所有约定;另一类则是把其中重要的约定抽出来,成为前者的一个子集。⑤ 由此可见,在托马斯·库恩那里,范式既可指全部约定,也可指其中的核心要素。同时,他又解释道:"范式一词,无论是在实际上,还是在逻辑上,都接近'科学共同体'这个词。一种范式是,也仅仅是一个科学共同体成员所共有的东西。反过来说,也正由于他们掌握了共有的范式,才组成了这个科学共同体。"那么,"科学共同体"又是指什么?龚耘在《从思维的视角看库恩的范式》中指出:"库恩认为的科学共同体是指:在科学发展的某一特定历史时期,某一特定研究领域中共同持有的基本观点、基本理论和基本方法的科学家集团。"⑥综上,至少可获得有关"范式"的两点共识:其一,科学共同体的形成要求科学家在共同的研究领域为追求同一目标,坚持共同的价值标准,拥有共同的科学观点。其二,观点、理论和方法既可以是全部约定,也可以是其中的核心要素,但都是该共同体较为一致的专业判断,能够提供某一科学共同体使用。

---

① 方在庆:《科技发展与文化背景》,湖北教育出版社 1999 年版,第 91 页。
② 马费成、宋恩梅、张勤:《IRM-KM 范式与情报学发展研究》,武汉大学出版社 2008 年版,第 1 页。
③ T. S. Kuhn, *The Structure of Scientific Revolutions*, 2nd ed., University of Chicago Press, 1970, pp.174-210.
④ [英] 玛格丽特·马斯特曼:《范式的本质》,周寄中译,载[英] 拉卡托斯、马斯格雷夫:《批评与知识的增长》,华夏出版社 1987 年版,第 77 页。
⑤ T. S. Kuhn, "Second Thought on Paradigms", in F. Suppe, *The Structure of Scientific Theories*, University of Illinois Press, 1977, pp.459-482, 500-517.
⑥ 龚耘:《从思维的视角看库恩的范式》,《哈尔滨学院学报》2005 年第 8 期。

二、为何需要为本领域构建一套范式

目前,文献类展品展览,即以文献作为展示材料的展览被分散至全国各地的不同机构中,尤以文献收藏机构为主。展览已经发展成为这些机构的重要业务,有些甚至成为核心业务,但由于展览并非这些机构与生俱来的传统业务,所以时至今日仍未形成一套共同的观点、理论与方法。正因为此,在文献收藏机构展览的特定共同体之间,难以建立有效的对话机制,彼此之间的交流倍感吃力,有时甚至会选择避而远之。不仅如此,文献收藏机构与博物馆之间的沟通也极不顺畅,而在博物馆中,展览乃是其传统且主打的业务。综上,笔者希望通过此次较为全面且系统的研究,能在行文最后实现研究成果的升华和突破,尝试为本领域构建起一套针对性较强的范式,该范式既能充分借鉴博物馆展览领域的话语体系,又能扎根我国文献收藏机构展览的现状困境,还能汲取国外文献收藏机构展览的先进思想和成功经验。

三、以文献作为展示材料的展览之范式构建

笔者之所以聚焦"文献类展品展览"(即以文献作为展示材料的展览)议题研精阐微,目的不在于构建一套范式,而是旨在让问题变得清晰起来。为此,笔者希望能够围绕该议题,追求同一目标,遵循共同的价值标准,凝练出一些共同的观点、理论和方法,从而初步形成文献类展品展览的基本范式。该范式至少包含四方面内容:

第一,明辨文献类展品展览与器物类展品展览的本质差异。文献和器物在信息的属性与载体的类别上迥乎不同,文献所载的信息是隐性的,载体为纸质媒介,而器物所载信息是显性的,载体为三维实物。因此,以文献作为材料进行策展,缺点是信息不直观,载体同质性强,容易加速疲劳,而优点是除非遭遇自然灾害和重大事件,通常信息具备完整性和系统性。据此,笔者认为文献类展品展览和器物类展品展览的本质差异在于是否需要对信息进行重构。在器物类展品展览中,重构不是必须的,既可以重构信息,也可以直接呈现。但文献类展品展览必须重构信息,这一点和科学中心类似。因此,当孙中山革命纪念馆将中华民国的档案布满一面展墙时,观众很少会停下脚步、驻足阅读,其传播收效常常微乎其微。究其原因在于这种直接呈

现的方式并不适合文献类展品展览,针对这类展览,需要我们在解读文献的基础上进行信息重构,否则将会使文献的缺点突显、优点尽丧,这无疑是资源利用过程中的一种亵渎和浪费。在文献类展品展览中即便采取直接呈现的方式,也只能处于辅助地位,万万不可成为主导。但需要注意的是,应当将文献中的图像与文字区别开来,图像本身是一种视觉传达,形式即内容,所以可直接呈现,我们所说的不宜直接呈现的是文字,文字的形式并不等同于内容,需要转化后再予以呈现。同时,有人可能会提出这样的质疑,信息重构可能会破坏文献的真实性。然而事实并非如此,文献的真实性并不等同于载体必须真实。笔者虽然不主张将文献本身直接用于展示,但倡导将文献中的真实信息经由重构进行可视化表达,笔者认为,应当始终坚持文献所载信息的真实性。综上,文献类展品展览区别于器物类展品展览的根本差异在于文献类展品展览必须要进行信息重构。

而文献类展品展览中的信息重构说到底就是要把文献所载的符号化信息,以非符号化的方式进行可视化和过程化展示,从而打造出区别于真实世界的第二客观世界。该世界的创建是为了反抗现实世界中人类所遭遇的"时空压缩迫害",但无论如何,该客观世界是策展人通过主观认知重新进行选择和安排的。此时,文献中的符号化信息通过再语境化,变成了可感知的现象,这个由现象所构成的世界与我们的现实世界是同构的,两者都是基于物、人和空间的。① 所以对于观众而言,这一重构世界是易于介入并可能被理解的。同时需要注意的是,话语往往依附于语境,语境对话语具备很强的制约性。正如苏珊·皮尔斯(Susan M. Pearce)所言,"只有话语之间建立联系,才能让这个符号被人们接受,而且是有效的。但问题在于,话语会演变,这导致符号本身也在演变,改变其意义"②。因此,在为文献类展品展览重构信息时,需要从当下语境出发,寻找今人与文献之间的关联,从而使这些经由重构的信息对他们而言具备当代意义。所以即便是同一批文献,在不同时代进行策展,其主题、内容和形式都会有所差异,信息重构始终将受制于流动的历史和变迁的社会。

正是由于文献类展品展览和器物类展品展览存在本质差异,所以两者

---

① 李德庚:《当代博物馆展览的叙事设计结构研究》,清华大学博士学位论文,2018年,第46页。
② 国际博物馆协会博物馆学专委会主席弗朗索瓦·梅来斯(François Mairesse)"博物馆学:历史与基础"(Museology: History and Foundations)授课内容。

应当边界清晰、各有侧重，而不是将文献类展品展览"器物化"，或器物类展品展览"文献化"。文献类展品展览就是文献类展品展览，器物类展品展览就是器物类展品展览。不能将任何类型的展览都变成通史式的百科全书展，也不能一味追求展示材料的盲目拓展，而应致力于不同展览类型的精耕细作。在好大喜功的心态驱使下，当前文献展览中展品资料的范围正在日益扩大，但深度上却始终原地踏步。如某图书馆在征集藏品时不再专注于古籍善本，而是大量入藏陶瓷、青铜和玉器。事实上，展示材料在广度上的无限拓展将会造成越位或错位，但深度提升却能发掘其自身的资源优势，成就独一无二的个性展览。

第二，明确文献类展品展览真正的价值所在。我们既已基本判定，文献类展品展览区别于器物类展品展览的根本差异在于文献类展品展览必须要对信息进行重构，那么造成两者之间产生差异的原因究竟是什么？除了文献的基本特点，即此类展品的信息属性与载体类别之外，更为深层的原因在于文献类展品展览的真正价值。由于文献是存储信息的重要载体，若直接将这类展品进行呈现，那么文献所载的信息就易于遭到忽视。因为观众的参观是在一个述行空间中完成的，处于站立或行走中的观众并不适合进行精细阅读，而更加适合粗放的体验学习。同时前来参观的观众，其学习动机并不纯粹，往往带着强烈的休闲倾向。简言之，除了专业观众外，多数观众在展厅中并不乐意阅读大量的立体教科书；即便有阅读意愿，通常也会因书写习惯、字体识别等技术与方法上的障碍而难以持久。可见，直接呈现文献的方式并不适合受众的空间体验学习，即使被展示的文献蕴含珍贵信息，但由于观众不阅读或阅读不便，其结果也将会导致信息大量流失，借由展览利用文献的创新之举也将劳而无功。

展览之所以能成为文献收藏机构业务开发的一大亮点，是因为除少数研究者或爱好者之外，文献所载信息通常难以为普通受众轻松识读，由此不少文献长期被束之高阁、无人问津。但是随着展览这一媒介的引入，文献收藏机构开始拓展出崭新的业务类型——展览，该业务以其视觉化、生动性和体验感等特点广泛吸引着各类受众，因为它是为数不多的能与观众直接沟通的媒介。[①] 可见，文献收藏机构推出展览的本意在于提升文献信息的利用

---

① P. Mckenna-Cress, J. A. Kamien, *Creating Exhibitions: Collaboration in the Planning, Development, and Design of Innovative Experiences*, John Wiley & Sons, Inc., 2013, p.75.

率,以彰显其独树一帜的价值。但事与愿违的是,在不少文献类展品展览中,策展人多采用直接呈现文献的做法,该做法在提升文献信息的利用率上往往徒劳无益。真实性和唯一性固然是文献的重要属性,但其真正价值并不在此,文献收藏机构即便宣告了它拥有这些真实而唯一的物证,也仅此而已,观众在欣赏完文献后,可能对所载信息依然一无所知,而这些信息才是文献的真正价值所在。因此,文献类展品展览必须在研究文献的基础上进行信息重构,此乃提升文献信息利用率的唯一举措,否则文献类展品展览被引入的意义将大打折扣。由此可见,不假思索地将器物类展品展览的策展理念运用至文献类展品展览,实际是很可笑的,结果也无法达成初衷。由于每个人受到所处环境和交往人群之影响,认知世界存在个人的限度,从而产生一定的局限和偏见,即所谓的"洞穴假象"。就文献类展品展览而言,如果我们只是追求工具理性,一味模仿博物馆的器物策展,热衷于经验层面如何进行实操,这虽然也很重要,但只是一种片面的理性。价值理性告诉我们应当去探究为何这么做。文献类展品展览的真正价值及其特点决定了文献类展品展览并不等同于器物类展品展览。而只有认识到这种差异性并坚持差异性前提下的理性实践,才是真正尊重文献展品及其自身特点,才能有助于发掘并彰显这类展品的珍贵价值。

第三,为了发掘并彰显文献价值,需要构建针对文献类展品展览的策展理论阐释模型。我们已经知道,若想呈现文献类展品展览的真正价值,必须将信息与载体分离并进行信息重构,即经历文献信息的解读、转化,尔后再物化的过程。首先,策划文献类展品展览的目的是促成"文献与受众的对话",将涉及三方面内容:一是对"文献"要素的倡导,即对作为信息载体的文献进行研究,因为只有我们明白的东西,才有可能让观众明白,而我们理解的深度,在很大程度上也决定了观众理解的深度。二是对"受众"要素的倡导,即认识我们的受众是些什么样的人,有怎样的期待、愿望与诉求,他们的认知心理与学习行为有怎样的特点?我们对受众的认识越充分,传播就会越具针对性,越有效。三是对"媒介"要素的倡导,即传播手段的研究,在许多场合,我们将自己明白的东西表达出来,但受众未必明白。这表明科学研究与科学普及并非同一回事。如果说科学研究的目的是让自己变得明白的话,那么科学普及的目标则是将自己的明白转化为观众的明白,这往往需要运用恰当的传播手段。若想策划一个优秀的展览,三类倡导都不可或缺,只有三方面工作完成俱佳,展览才可能拥有出色的传播效应。其次,相较于器物类展品展览,文献类展品展览在三大要素的倡导上具备自身特点。其一,在"文献"要素倡导上,作为展示材料的文献大部分都是借助文字予以表达的,文字是语言锁定的材料,多为人类解释世界和改造世界的相关记录及说明。一方面,文献展现的是由人类智慧所构筑起的文明世界,研究者与当时的书写者都以汉字为基础,采用相通的语言逻辑和表达手法,所以相较于物的"透物见人",这些材料的研究难度相对较低。另一方面,不难发现,器物类展品展览的展品资料多为碎片化的物证,而文献的收藏和保存基本是有序而完整的,除非遭遇自然或人为的不可抗力,此为文献类展品展览提炼有特色主题,以及进行完整阐释创造了良好条件。从上述两方面可见,在"文献"倡导上,文献类展品展览在研究的难度和材料的丰度上拥有与生俱来的优势,可以为此类展览的策划奠定扎实的材料基础。其二,在"媒介"要素倡导上,文献类展品展览并不具备显而易见的优势,因为文献中的语词符号多为隐性信息而不便阅读,且缺乏普遍的审美品质,但其中由人所记录、选编或撰写的信息,却是他们与当时的外部世界进行沟通的媒介,从中可演绎出扣人心弦的"真实故事",这就需要依赖"媒介"要素作为信息的转化者和感官的阐释者,再造让人怦然心动的第二客观世界。其三,两类展览在"受众"的倡导上是极为类似的,它们面对的都是多代的各类观众。综上,文献类展品展览和器物类展品展览在要素倡导上的差异主要表现在"文献"要素与"媒介"要素两个方面。尽管在"文献"要素上,文献类展品展览相较于器物类展品展览,研究的材料更为系统而丰富,且研究的难度相对更低,但在"媒介"要素上,却无法像器物类展品展览一样直接展示真实而唯一的精美展品,而是需要对文献信息进行重构,以实现由符号向视觉、由论文向叙事、由理性向感性的转化。

其次,在达成"文献与受众对话成功"的目标指引下,进行对三方面倡导要素的引入和分析。笔者认为,若想真正突显文献类展品展览的传播价值,则需要明确界定文献类展品展览的阐释理念,以清晰区分它与器物类展品展览在阐释理念上的差异。由于两类展览的材料基础是属性不同的两种展品,而两类展品的价值实现方式又存在本质区别,所以针对文献类展品展览的阐释理念应包括两方面:一是文献类展品展览不能像器物类展品展览一样,直接展示作为信息载体的物,而是要将信息与载体相分离,通过对信息的解读、精选和编码,转化为一种可视化的表达,实现非主要依赖文献类展品的重构。二是文献类展品展览由于材料的研究和获取较易,所以相较于器物展览,更易于提炼特色主题和实现完整阐释,因此应致力于创建两类展览:个性化展览和系统化展览。

最后,在对文献类展品展览三大要素倡导和阐释理念重构的基础上,笔者试图建立策展理论阐释模型。被记录下的符号代表的是人类过往的文明,为人类思想的产物。它不同于被创造出来的物,物通常难以不言自明和不证自明,而文献则更多的是言之未明和研之才明的。因此,针对文献这样一类以精神遗存为主,同时兼具物质属性的对象,我们需要专门构建一套策展理论阐释模型,以提供给文献收藏机构等相关组织使用。此模型的创建有助于通过展览将文献中平面的二维符号转变成实体的三维呈现,以实现文献所载信息在重构基础上的有效阐释。其本质上聚焦的是信息阐释问题,探究的是文献从反映外部世界到经博物馆化,再加以利用的信息编码过程。

因此,策展理论阐释模型主要囊括四个阶段,对三大要素的倡导被融入相应阶段。这四个阶段分别指的是:第一阶段"从信源到符号化信息",第二阶段"从符号化信息到再符号化信息",第三阶段"从再符号化信息到物化信息",第四阶段"从物化信息到信宿"。在展览阐释的四个阶段中,三大要素的倡导已经被内化至相应的阶段:第一阶段"从信源到符号化信息",为倡导"文献、受众"要素埋下种子;第二阶段"从符号化信息到再符号化信息"将"文献""受众"要素的倡导落到实处;第三阶段"从再符号化信息到物化信息"需要对"文献""受众"和"媒介"三重要素进行共同倡导;而第四阶段"从物化信息到信宿"阶段则应深入贯彻"受众"要素。

事实上,策展理论阐释模型的四大阶段还能进一步抽象为两个阶段:从一个物化世界到符号化世界,再由一个符号化世界到再造的物化世界。前者需要倡导文献和受众要素,后者则需要同时倡导文献、受众和媒介三重要素。值得注意的是,中间环节的符号化世界属于个体化信息,只为撰写者、少数研究者所共享,但当我们将其转变为再造的物化世界时,它已经不再是个体化信息,而成为一个信息共享体。通过策展理论阐释模型,策展者借助一批出类拔萃的文献创建出一个成功展览,说到底,这是为了达成人类世界内部的一场跨时空对话。笔者希望策展机构能够借助这一模型,扎根当时代人对同构世界的符号表达,经由信息重构和物化阐释,将这类符号表达转变为非符号表达的第二客观世界,使最初的信源最终转变成特定空间内的信息共享体,促使观众在身体、认知和情感上被吸引,在获得真实的感知和体验之余,能启迪人心并烙下印记。

第四,结合目前文献类展品展览的现状与困境,尝试设计"线上+线下"共融互驱的展览实践模式。从策展实践来看,创建展览通常包含六个彼此独立且交叉推进的步骤,它们分别为:收藏规划和收藏政策制定、概念开发、内容策划、展览设计、展览投标、制作和布展、展览开发、修改和归档。其中,内容策划是整个策展中的核心步骤。同时,该模式不仅涉及策展的主要步骤,还包括各个步骤的参与主体、实施内容及其方法,以及对各阶段的审核。此外,针对该模式有两点需加以说明:第一,尽管笔者主张策划文献类展品展览时遵循上述六大步骤及方法,但该模式只是为了提供一种专业指导,而策展本应具备广泛的灵活性,可根据展览创意自行调整和创建流程。第二,随着当前策展意识的不断更新,展览要素的日渐丰富,在条件允许的情况下,文献展览应当积极探索跨领域、跨学科和跨行业的多元合作,这是在各方达成共识前提下的动态参与过程。通过该实践模式的指导,文献类展品展览既能避免直接呈现文献,又能避免低层次的图文版阐释,而致力于将文献所载信息进行编码,并实现空间上的实体重构和立体再现。

在完成文献类展品展览实践模式的设计后,本来可以就此止步,但随着第四次工业革命带来的技术浪潮席卷世界,人类社会将进入一个崭新的历史拐点。这种信息的开放和共享颠覆性地改变了原有的传播生态,传播出现了全息呈现、全时空、全链接、全效度的特点。近年来,政策又为"用活藏品"和"信息开放"保驾护航。早在2013年,习近平总书记曾提出"让收藏在禁宫里的文物、陈列在广阔大地上的遗产、书写在古籍里的文字都活起来"①。2016年,为贯彻实施国务院《关于进一步加强文物工作的指导意见》和《关于积极推进"互联网"行动的指导意见》,国家文物局等六个部委共同编制《"互联网+中华文明"三年行动计划》,计划指出,要推进文物信息资源开放共享,调动文物、博物馆单位用活文物资源的积极性,激发企业创新主体活力。② 2018年,全国政协委员、中国美术出版总社总编辑林阳向全国政协十三届一次会议提交《关于免费向公众发放我国图像资源版权的建议》的提案,指出各级博物馆的藏品数字化图像版权

---

① 吴海波:《文物工作者热议习近平重要指示》,央广网:http://news.cnr.cn/native/gd/20160414/t20160414_521868682.shtml(2016年4月14日)。

② 崔一:《"互联网+中华文明"三年行动计划印发》,《中国经济导报》2016年12月24日。

应免费向公众开放,并允许衍生和创作。① 在技术和政策的双重驱动下,网上展览悄然问世。这种依托互联网平台的传播渠道,有助于打破时空与经费的局限,促使观众足不出户便可"云逛展",由此让参观体验变得更加独出心裁且变幻无穷。2020年的疫情更是为网上展览的"意外走红"赢得契机,如截至2020年3月3日,博物馆领域国家文物局共推送了6批共300个网上展览。②

正因为此,笔者需要将主要针对实体展览的实践模式予以拓展,探索"线上线下"相容的展览实践模式,提出该模式主要包括六大步骤,即"实体策划—网上先行—互动评估—实体修改—两者同展—网上反馈",在实体展览内容策划前,先开展线上的前置性评估,以作为实体展览线下评估的补充,并将线上线下的评估结果运用至实体展览的内容策划中。实体展览开展后,网上可同步推出网上展览,实时呈现实体展览的观众反馈,并提供大量补充材料的链接,以便部分感兴趣的观众能拓展学习。除了呈现实体展览总结性评估的结果外,网上展览也可一并开展此类评估,以获得观众实地和网上参观的各类数据,用来检测本次体验的结果和提供下次改进的建议。至此,针对传统的实体展览和"线上线下"相容展览两种情况,笔者分别设计出一套实践模式,并主张有条件的文献收藏机构可优先施行"线上线下"相容的展览实践模式。但当机构不具备创建并推广网上展览的条件时,可只参考针对实体展览的实践模式。但无论如何,即便是"线上线下"相容的展览实践模式,其重点依然是实体展览,因此实体展览的实践模式是重中之重。与此同时,尽管"线上线下"相容的展览实践模式代表着展览实践的未来趋势,但该模式的实现路径并非一蹴而就,笔者主张以渐进式推进为基调,分情况、分阶段地落实。首先,在经费、文献和人力匮乏的地区,创建小型且富有特色的网上展览;其次,在经费、文献和人力充沛的地区,推出"线上线下"相容的大型且类型丰富的网上展览;最后,联合所有文献收藏机构共建智慧展览系统,以展览业务需求为导向,建立"物-人-数据"多元双向动态联系,及时获取受众、文献、媒介及其变化信息,并完成自适性调整,从而达成线上线下的拆"线"相容。

---

① 林阳:《林阳:免费向公众开放我国藏品图像资源版权》,中国出版传媒网:http://www.cbbr.com.cn/article/120212.html(2018年3月7日)。
② 佚名:《线上展览靠什么"圈粉"》,《人民日报海外版》2020年3月17日。

第三节　研究创新与局限

一、研究创新

本书在研究视野、学术观点和方法应用三方面具备一定的创新性。

（一）研究视野创新

在保存文献类藏品的文献收藏机构，由于展览是信息社会化的有效手段，其已从边缘业务逐步转变成核心业务，面临的共性问题日益突显并亟待解决。而将这类机构的展览视为同一研究对象，一直以来存在由行政壁垒所导致的研究壁垒，如资料搜集和数据分析困难，研究因此裹足不前，但却极为必要，这一点近期国外有关重要论著的相继问世已给予有力证明。因此，本书将文献收藏机构的文献类展品展览作为研究对象，聚焦该对象的共性问题，并尝试从理论和实践两个层面加以解决，这在研究视野上具备一定的创新性。

（二）学术观点鲜明

第一，本书从展览问题的根源出发，由大量展览实践抽象出受众、文献和媒介三大要素，将受众作为核心要素，并且在动态的展览策划中予以安排，使看似零散的要素形成特定的结构和序列，构建策展理论模型。第二，文献收藏机构展览应当避免符号化展示，主张通过挖掘文献所载信息，提炼主题和故事线，以实现信息重构，并于此基础上进行可视化阐释，实现文献收藏机构展览与博物馆的社会分工和职能互补，否则不仅不会变成博物馆，还会失去一座图书馆、档案馆或方志馆。第三，为破解展览实践的现实困境，探索网上展览和实体展览的共融互驱，使对策落地生根，并切实提升展览效益。第四，提出从小规模特色网上展览到线上线下大规模多类型展览到智慧展览体系的分阶段进阶模型，尤其是未来联合多个展览构建的"物-人-数据"多元双向动态联系的展览智能生态系统，一方面根据国情逐步淡化线上线下界限，另一方面积极探索未来新型展览模式。

（三）方法应用创新

在研究方法上，既不同于从文献到文献的纯文本研究，也有别于对访谈或问卷/量表的过度依赖，而是选择将文献分析与实证调研两种方法相结合，采用以文献收藏机构展览为本的三角互证法。同时强调无论理论构建，还是实践模式或路径提出，都着眼于解决根源的"文献中心，非受众中心"问题。还应以交叉学科相关理论作为重要的理论资源和思维动力，如在要素研究中，采用叙事学理论、观众研究理论、具身认知理论三大理论对其内涵进行准确定位和深度阐释。在策展理论构建中，借助传播学编码解码理论。这些理论或是刚被引介至博物馆展览领域，或是才发展为新兴分支学科，它们都引起了学界对于展览研究的方向性改变，文献收藏机构策展与博物馆存在诸多相似性，通过局部改造，可使文献收藏机构展览研究直接获益。

二、研究局限

尽管如此，回顾思量，本书在研究过程中仍存有诸多困难与不足。

首先，在"文献收藏机构展览问题聚焦"上，本书主要采用了文献分析与实证调研相结合的三角互证方法，过程中遇到两项困难：困难一是全部问卷的数据采集皆采用系统抽样存在困难。因为当前以文献作为展示材料的展览主要分布在图书馆、档案馆和方志馆等文献收藏机构，还有一部分存于博物馆，笔者意欲打破机构和学科限制，将这一类型的展览作为整体的研究对象，这在理论上是可行且必要的，但在实施过程中却举步维艰。

研究中先后遇到三种情况：第一种情况是档案馆（有些方志馆）样本量不足。因为档案馆和方志馆带有重行政化、轻公共化的痕迹，尤其是档案馆，在2018年机构改革后，它们或成为办公厅管理的参公单位，或成为市委工作机构，所以行政化风气相对较浓，公共性服务尚待完善，所以客观上给调研的实施带来了一定障碍，部分档案馆并不太支持研究中的问卷发放。同时，由于档案馆都需要提前预约，加之受疫情影响，所以观众量较少，如果与图书馆、方志馆一样采取系统抽样，即"每隔三位抽取一位填写问卷，当受访者无意愿填写问卷，则由下一位填写，以确保受访者意见能实际反映母群体的代表性"，那么必然会导致本研究中产生"针对档案馆的样本量不足"的问题。为此，本书采取的解决办法是通过分层抽样向档案馆周边社区分发一定数量的调查问卷,以尽可能保证样本量的某种代表性与均质性。

第二种情况是缺乏文献类展品展览的场馆,样本量不足。上海通志馆、长沙图书馆、长沙方志馆由于没有成熟的文献类展品展览,或正在营建新馆,所以样本量相对较少。为此,本研究采取的解决办法是适当增加同地区其他类型类展品文献收藏机构的样本量。因为本研究是整合所有文献收藏机构,以其文献展览作为研究对象的,旨在揭示某一地区的文献收藏机构展览之普遍问题,所以采取的方法是将各大城市的图书馆、档案馆和方志馆的样本量集中在一起进行数据分析,以地区相区分,并力求各地区总量保持接近,因此允许地区内部各类场馆的样本量有所不同。

第三种情况是常规文献收藏机构的样本量不足。在本次调研中,长沙地区较为特殊,其图书馆和方志馆样本量均不足,为保持各个地区样本总量趋近,本研究采取的解决办法是新增长沙党史馆这一调研对象。因为该机构同为公益一类的全额拨款事业单位,负责中共长沙历史资料和文物的征集、研究、保管并开展陈展和宣教等相关工作,无论性质还是功能,都与档案馆雷同。该调研对象的纳入客观上实现了地区之间样本总量的接近。尽管笔者希望能在问卷调研中严格遵循系统抽样的方法,并使各地区的各类机构样本量保存均衡,但上述三种情况的出现不得不使笔者对最初的调研方案进行调整,聚焦于本地区所有文献收藏机构之展览,并尽可能地在保证信度和效度的前提下,找到相应的解决办法。尽管这些解决办法一定程度上影响研究的准确性与严谨性,但总体而言,当前各地区的样本总量中最少的长沙地区亦有 561 份,已达到 5% 误差范围的样本容量。

困难二是在选择省一级还是市一级调研对象时举棋不定。相较于困难一,虽然困难二无法与之相提并论,但当笔者在选择东、中、西部的调研对象时,对究竟是选择省一级的文献收藏机构,还是选择市一级的,仍存在诸多困扰。由于目前我国仅有 34 个省级行政区,但却拥有六百多个市,如果将省一级机构视为调研对象,那么其代表性和推广性可能会大打折扣。而若选择市一级机构作为调研对象,那么其适用性则会相对更广。同时,在本研究的试调研过程中,不少市一级机构的展览质量并不逊于省一级,部分甚至有所超越。综上,笔者最终决定以市一级机构作为调研对象,分别选取了上海、长沙、成都的 10 家市级文献收藏机构。尽管这些对象覆盖我国东、中、西部,兼顾区域发展的不同水平,但是三大城市的 10 家机构是否能真正代表六百多个母群体,未来仍需要进一步拓宽调研对象,以求对相关发现与结论的反复验证。

其次,在"文献收藏机构策展理论阐释模型的构建"上,由于笔者受训背景之局限,同样使研究面临挑战。目前图书馆、档案馆和方志馆等各类机构的展览研究相对独立,且出现泛泛而谈的同质化现象,同时以这些机构的展览作为研究对象,从理论或实践视角进行整体性研究之成果乏见。虽然笔者毕业于博物馆学专业,参与或主持过国内多家博物馆展览的内容策划,也曾围绕展览问题发表过系列学术文章,能将博物馆展览领域的关联性理论和方法引入,一定程度上弥补文献收藏机构策展的业务短板和专业水平,但笔者对于文献收藏机构及其展览情况并不很熟悉。为此,近年来笔者对中国东、中部的一些图书馆、档案馆和方志馆进行了实地考察或实证调研,并对其展开了博物馆学展览视角下的全景扫描与深层透视,进而积累了一批调研数据。同时,对三类机构的相关研究进行了较为系统的爬梳与研析,初步具备了文献收藏机构展览研究的知识图谱与理论框架。然而,仅仅五年的研究历程,使笔者发现针对不同学科和各类机构交叉部分的研究与挖掘,依然存在诸多未尽之处。为了扬长避短地聚焦至本研究关注的问题,即"以互联网线上线下融合为关照,对文献收藏机构策展理论、实践模式及其实现路径展开研究",笔者将重点放在文献收藏机构文献类展品展览相较于博物馆器物类展品展览的展品差异、价值挖掘和传播难点之上,这些方面直指文献类展品展览的本质,能将现象层面的问题暂时搁置一旁。但未来若想进一步开展精细化与分众化研究,仍需要深入掌握各个类型文献收藏机构的展览现象及其特殊性,以深入探寻图书馆、档案馆和方志馆在策展理论和实践方式上的差异性和针对性。

最后,本研究只是将一部分研究成果付诸实践并进行了检验。为了能够将本书中提出的策展理论和实践模式在实际展览中进行运用和验证,笔者和策展团队于2020年7、8月承接了一项文献收藏机构的策展委托项目——上海通志馆新馆首个开馆特展"上海城市品格养成记"展。由于展览本是一个工程项目,需要经由内容策划、形式设计、施工布展等环节分步推进,所以遗憾的是,在本书即将付梓之际,该展最终仍未来得及转化为实体展览与观众见面,以至于本研究尚且无法通过模拟实验,对全部的研究结论进行验证,以便及时补缺和调整。然而幸运的是,目前展览的内容文本已基本完成,且在2021年2月8日的专家论证会上获得与会专家的一致好评,如有专家提出本次策展在行业内实属质量上乘之作。因此,至少在内容策划及其之前的阶段,有关策展理论阐释模型和实践模式的结论已通过实际应用获得检验,并且成效卓著。

第四节 研究问题前瞻

本节将围绕本议题的发展方向,向后续者敬陈管见,同时反思中国文献收藏机构展览的研究传统,做出前瞻性思考和趋势分析。希望能借此提供给本议题研究者、业务实施者、政策制定者等相关人士一些参鉴。

一、研究展望

本书将不同类型文献收藏机构的文献类展品展览视为同一研究对象,聚焦其共性问题,并尝试从理论和实践两个层面进行整体性研究,国内可能尚属首例,因此并无先例可法。尽管笔者已经竭尽所能,但是受主客观因素局限,依然存在众多未及之处。为了后续者进一步深入与完善,笔者尝试提出六方面建议。

(一)开展文献收藏机构展览的发展史及其类型学研究

本书已针对文献收藏机构展览,从纵横双重维度对展览发展史做了较为完整的考察和论述,同时提出将文献收藏机构展览分为两类:第一类以文献作为展示对象,第二类以文献作为展示材料。首先,发展史研究是展览研究的背景架构,虽然本书有关发展史的探究可能是目前为止对文献收藏机构展览最为全面而系统的一种审视,但尚待进一步细化,以臻进展览发展的完整历程,并进一步深化其阶段性特征。其次,类型研究是展览研究的逻辑起点,所谓"横看成岭侧成峰",笔者提出的类型划分仅代表一种分类视角,只有对它们进行多角度的极深研几,才有可能实现视域融合与成果互补。未来研究如能继续"破圈",即突破机构和学科边界,细致地梳理并深入地剖析文献收藏机构展览的整体发展史,并因研究目标不同,不断转换分类视角,如根据展览目标、主题、受众等标准进行类型区分,必将可以为针对文献收藏机构的展览研究,进一步夯实发展基础与讨论前提。

（二）开展文献收藏机构展览的角色定位及使命研究

现代社会文化设施形态多样，既然博物馆已拥有精彩纷呈的展览，那么为何文献收藏机构还要去创建展览？此类展览在整个展览家族中究竟应该扮演何种角色，又该承担怎样的使命？对于文献类展品展览的策划者而言，尤其是对于文献收藏机构负责人来说，这些都是最为根本的命题。那么何谓使命？使命，说到底就是公众为什么要关心该机构的展览，即这一机构的价值建构是什么。如国家典籍博物馆的使命是"展示中国典籍，弘扬中华文化"。正是由于使命问题和角色定位至关重要，所以研究者不仅要讨论这些问题，还要探究为什么要讨论，以及如何解决，从而使文献收藏机构展览始终保持目标清晰、方向正确，创建的展览能与当代受众的诉求和愿望相辅而行。人类总是对过往、现生的物与现象魂牵梦绕并一窥堂奥，因此对每一时代遗留下来的证据充满兴趣，文物、化石、标本等器物一直是展览中万众瞩目的焦点，但对被打上更为深刻时代和文化烙印的另一类遗存物——文献，却熟视无睹。然而，文献类展品展览与器物类展品展览存在根本差异，因而具备独特的角色定位和使命追求。未来研究仍需不断研精覃思：文献类展品展览相较于器物类展品展览，应具备怎样的角色定位，并为此拟定差异化的使命陈述。

（三）开展文献收藏机构展览的阐释及传播研究

阐释与传播乃是任何机构展览的核心命题，文献收藏机构的展览也毫无二致。博物馆已不再是单纯的审美场所，而是承担着教育使命的传播机构。因此，如何实现有效阐释和传播，同样成为文献收藏机构展览势在必行的发展方向，这也是展览媒介与时代同频共振的一种诉求。未来研究可从三个层面深入：首先，从结构层面继续探究策展理论的构成要素——"受众、文献和媒介"要素，分别围绕各要素拓展对象和范围，展开微观研究，以提升各要素专业水准并促进其功能的有效发挥。其次，从理论层面继续讨论策展理论的阐释模型，以博物馆学、传播学、心理学、教育学等相关理论为依托，致力于将展览打造成由特定结构和序列构成的一个彼此关联的整体，即符号化信息经过反过程解码，被重新编码成一定实体空间内的物化信息，信息由个体性的符号化世界转变成为全民共享的再物化世界，前者存在识读和理解困难，而后者因实现了当代语境下的物化重构，所以能促使观众借由观察、参与、体验去感知、思考、记忆,进而被激活。再次,从实践层面继续钻研展览的实践模式。如果说策展理论的阐释模型是由于着眼"信息传播"这一根本问题,而聚焦于信息编码的全过程,即发现"文献从反映外部世界到经由博物馆化,再加以利用的过程中"可能存在的规律及其应对之策,那么展览实践模式则是从实操角度推动信息实现再物化,并获得阐释与传播的成功。因此,未来还需要不断探索实体展览的规范化流程,以及线上线下拆"线"相容的模式。目前,本书主要是按时间逻辑来讨论展览的创建步骤及其方法,事实上未来还可以基于多种逻辑进路加以探讨,如根据任务内容分成主题倡导、机构倡导、工程倡导、观众倡导和设计倡导等不同板块,尔后分别论述各个板块的实施步骤及其方法等。

(四)开展文献收藏机构展览的效果评估研究

尽管本书针对策展前期的内容策划、中期的展览设计和后期的展览开放分别提出开展前置性评估、形成性评估、补救性评估和总结性评估,并指出各类评估的评估主体、实施方法及其指标。但总体而言,这些内容都只是本研究中的一环,并未被作为独立主题加以专门探究。事实上,对于展览孰优孰劣的评判远比我们想象中复杂得多,但无论如何,展览质量的有效提升必须依赖科学严谨的评估。如果展览诞生前未经过任何评估,不仅无法获知展览的传播效果,也难以洞察要素分配是否得当,由此将会失去补救和改进的机会,造成展览资源的无谓浪费,也难以为下次策展传经送宝,或避免重蹈覆辙。自20世纪二三十年代起,国际博物馆在展览评估方面,尝试构建起理论模型和探索最佳做法,可谓饱经世故且经验初成。如美国学者先后提出参观展览的六种或三种动机,美国观众研究与评估委员会制定《博物馆观众研究与评估实务专业准则》[①]。但在我国博物馆界,展览评估基本处于边缘化的附属地位,缺少本土理论和做法参考,且存在跨学科的专业瓶颈,所以未来的文献收藏机构展览研究应当后发制人,将展览评估置于展览策划的核心位置,积极探究展览评估的流程及其标准。

---

① M. G. Hood, "Staying Away: Why People Choose Not to Visit Museums", *Museum News*, 1983, 61(4), pp.50-57; A. Slater, "Escaping to the Gallery: Understanding the Motivations of Visitors to Galleries", *International Journal of Nonprofit and Voluntary Sector Marketing*, 2007, 12(2), pp.149-162.

（五）开展文献收藏机构展览的工程管理研究

虽然本研究尚未涉及工程管理问题，但实际上该问题是展览作为一个工程项目无法绕开的话题。一般来说，在一个策展团队中，更多的是业务类人才，而非管理类人才，所以工程管理通常是整个项目的工作软肋。同时，由于展览并非普通的建筑装饰类工程项目，而是一个集学术和科学于一体的文化创造，具备自身独特的工程内容与实施逻辑，因此需要对文献收藏机构展览的工程管理进行专门探究，如展览工程及其管理流程、展览工程造价构成与概算编制、招标文件的编制、展览工程委托管理、展览深化设计与制作管理、施工图设计与工程量清单编制、展览工程现场组织与管理、展览工程的结算和审计、展览工程的验收移交和维护保养等诸多方面。[①] 文献收藏机构展览的未来研究可在此领域循序渐进、步步为营。该领域尤其适合那些具备管理学背景且拥有实操经验的研究者，研究成果将有助于展览流程的科学化、流程化和制度化。

（六）开展文献收藏机构展览的拓展深化研究

随着展览开幕的如期而至，策展似乎走完了自己的生命历程。开展之初，前来"尝鲜"的观众通常络绎不绝，但不久后将出现参观量逐步下行的趋势。因此为了保持展厅热度不减，展览持续让观众心驰神往，文献收藏机构还需要配套开发教育活动，甚至提前在展区内预留教育空间，以便对展览内容进行拓展与深化。本书因研究目标和篇幅所限，并未对这方面有所论及，但在展教合一的理念指导下，开展基于展览的教育活动研究势在必行。目前，在展览中履行教育职能，已受到前所未有的瞩目和倡导，所以机构在展览实践中已不再单纯满足于提供单一的展览成品，而是希望通过展教合一的活动，继续对展览这一媒介进行深度开发，以物尽其用。如针对学生群体，在策展时明确该主题可能包含哪些学校的课程内容，尽可能将展览内容与课程内容关联起来，甚至在展厅里以统一的符号进行标识，以便未来机构能依托该内容进行学校教育活动的开发。为此，未来还需要针对展览开展教育活动研究，以构筑起以展览为本的多维度和立体化的教育系统。这无疑已成为当代展览发展的趋势流变，后续者需致力于掌握不同类型的多代观众之教育需求和偏好，以规范教育活动的开发和实施，探究其背后有别于

---

① 陆建松：《博物馆建造及展览工程管理》，复旦大学出版社2019年版。

学校教育的理论构建,讨论教育人员在策展中的各项职能等,以创造出符合机构使命、实现传播目的和尊重观众认知情感的教育活动,通过打造立体教育系统来扩大展览的辐射人群,从而吸引观众一如既往地纷至沓来。

二、前瞻未来

无论是传世典籍,还是出土文献,它们的诞生均突破了信息"口耳相传"及"师徒相承"的限制,源源不断地拓展了我们记忆的边界和时空传播的范围,绽放出人类独有的智慧之光,成为浩渺历史中的沧海遗珠。目前看来,流传至今的文献虽然汗牛充栋,但对于它们而言,无论是保存下来,还是修复完善都步履维艰。尽管如此,不少文献至今仍处于半沉睡状态。早在19世纪末20世纪初,时任美国图书馆协会主席的约翰·科顿·达纳就曾以相当激烈的方式改造过美国的图书馆系统,并提出在当时看来振聋发聩的主张:"所谓一本好书,是一本用旧的书,就是一本被很多人用过的书。一本书没有磨损,意味着这本书没有被人阅读,就是没有意思。"[①]由此,图书馆与公众之间的关系问题被引入图书馆领域并被推至风口浪尖。"文献是否被利用及其利用程度"成为评判文献价值的重要标准。鉴于此,文献收藏机构应当致力于"利用文献并不断提升其利用程度",即将文献所载信息析出并加以传播。只有当文献从内容而非形式上被利用时,文献本身才算是真正得以"重见天日"。

人类从历史走来,只有回溯历史并立足现实,才能前瞻未来。21世纪的社会最深刻的变化莫过于"信息技术正在重塑世界",如微博、微信、APP、云计算、虚拟现实、人工智能。这些新兴领域的前沿技术正引领着我们走向一个虚拟的时代,虚拟化而导致虚无,质感丧失。或许正是由于这种危机的倒逼与反倒逼,我们开始出现对有形物质眼想心思并翘首企足。因为毕竟我们身处其间的社会主要是由形形色色的物质实体形塑的。为此,2010年前后,文化研究领域开始系统地探讨"物质性转向"(materialism turn)或"物质转向"(material turn)问题,而该议题在此前几乎是传播研究的盲点。[②] 然后,到了21世纪的第二个十年,这一领域逐步趋热,并涌现出一批扛鼎之人,如弗

[①] [美]爱德华·P. 亚历山大:《博物馆大师:他们的博物馆和他们的影响》,陈双双译,陈建明主编,译林出版社2020年版,第323—324页。

[②] G. Murdock, "Media Materialties: For a Moral Economy of Machines", *Journal of Communication*, 2018, 68(2), pp.359-368;章戈浩、张磊:《物是人非与睹物思人:媒体与文化分析的物质性转向》,《全球传媒学刊》2019年第2期。

里德里希·基特勒、布鲁诺·拉图尔、维兰·傅拉瑟、唐娜·哈洛维等。物质性、后人类、具身性等概念开始频繁出现，媒介的物质性研究由此得以激活。文献收藏机构展览正是在这股时代洪流中应运而生的，并逐步焕发出前所未有的生命力。这些机构将依托自身的馆藏文献——历史长河中遗留下的记忆碎片，尝试为人类重构起那个已经沧海桑田的真实过往。我们说，尽管文献是在用语词符号记录世界，但借由文献重构的展览现场却为我们呈现出一个可耳闻目染的物化世界。因此，文献收藏机构展览成为媒介物质性研究的重要对象之一。

当前，诸多文献收藏机构已迈出展览实践的坚实步伐，但是策展人员应当如何从文献所载信息中生成展览的主题与结构，并在传播目的指引下，为观众在现场重构一个易于理解的第二客观世界？这始终是文献收藏机构亟待深入思考并迫切需求解决的问题。借由媒介物质性研究这一学术东风，加之文献收藏机构的服务转型，展览这一独树一帜的新工具必然要为文献收藏机构所共享共用，以期勠力同心。诚然，文献收藏机构"重藏轻用"的时代已经一去不返了，机构是时候革新观念并改弦易辙了。那么展览的未来发展方向又究竟在何处？当然，本书无法提供准确而完整的解答，但有一点是肯定的：只有发掘自我和创新利用，才是未来的发展之路。以下笔者将立足本书中对文献收藏机构展览的历史、现状及调研所获，有选择地借鉴"它山之石"，就其未来发展做出四点思考。

（一）恢复人类过往记忆的一场视觉革命

鉴于文献的材料价值、展览的媒介功能和传播的时代特征，笔者主张将文献收藏机构展览视为一场恢复人类过往记忆的视觉革命。因为我们明白，以文献作为展示材料的展览，为我们呈现的是基于文献的专业解读、二次转化和形象重构的传播系统。该系统由于具备可视化、生动性和体验感等特点吸引着受众接踵而至，他们在展厅中穿梭，以较为粗放的方式进行体验，享受着文献创新利用的胜果。正如沃尔特·李普曼（Walter Lippmann）所言，媒介的传播活动营造了一种"拟态环境"，从而塑造了人们头脑中关于"外部世界的图像"，并由此影响人们的行为。[①] 21世纪是一个超节奏的社

---

① ［美］托马斯·达文波特、约翰·贝克：《注意力经济》，谢波峰、王传宏、陈彬等译，中信出版社2004年版，第4页。

会和终身学习的时代,在此背景下,理性的逻辑思维让位于感官的视觉呈现,视觉传播的直观性给受众带来了强烈的冲击和感染,成为信息传播无可取代的方式。因此将展览引入文献收藏机构似乎恰逢其时,且备受推崇,并展现出前所未有的发展前景。

为此,首先要转变文献收藏机构的理念,促使其将展览放在至关重要的位置。印第安纳大学的希尔曼(Lois Silverman)认为,"展览功能被严重忽视或低估了"[1]。文献收藏机构通过展览使文献走出平面的二维世界,用信息重构起一个粲然可观的三维世界,从而让文献"说"出观众能听得懂的"话",并从审美、认知和情感等不同维度提供他们独出机杼的真实体验,最终推动文献实现不为所有、但求所用。其次,调整文献收藏机构展览的组织结构,改革长期以来形成的学科主导模式,以推动实现展览的专业化发展。学科主导模式是指为了保证展览的知识生产性,由具有主导学科背景的学者承担主要策展任务的模式,即将展览交由图书馆的典藏中心、历史文献中心等,档案馆的编研展览部、编研部等,或方志馆的研究部、馆藏部、编研部等,由这些研究人员兼职完成。"为了解决目前展览中所涌现的各类实际问题,展览必须告别学科专家一统天下的局面"[2],而根据展览实务运作与专业提升之需,应对机构的人员结构进行调整,至少可采取两种方式:建立展览部门,使展览业务被独立出来,并增设相关岗位;若现有结构中不具备创建条件,那么可考虑采取团队合作的方式,以项目制来组织策展,成员可包括主题倡导者、观众倡导者、设计倡导者、机构倡导者和项目倡导者等。最后,随着实践经验的不断累积,立足文献类展品展览的阐释特性,探索其与器物类展品展览的异同之处,以丰富完善文献收藏机构的策展理论与方法,通过专业策展成功地揭示文献所独有的精神内涵和时代价值。

(二)针对实际与潜在观众,开展长期的系统研究

笔者在调研中发现,文献收藏机构对于前来观展的观众并不熟悉,对他们参观前的需求、期待和动机,参观中的认知特点、行为和心理变化,以及参观后的长短期效果知之甚少。策展时,他们通常采取的是机构主导下想当

---

[1] [美]斯蒂芬·威尔:《博物馆重要的事》,张誉腾译,五观艺术事业有限公司2015年版,第45页。

[2] [美]皮特·萨米斯、米米·迈克尔森:《以观众为中心:博物馆的新实践》,科学出版社2018年版,第Ⅸ页。

然耳的方法,即把策展人认为最重要的信息直接传递给观众,而观众对此可能并不关心或不感兴趣。我们知道,观众是展览的服务对象和发展根基,只有对他们展开研究,且研究得越充分、越系统,才越能创造出适合他们的内容深广度和进入方式,从而使观众在解码信息时,最大限度地实现与自身需求与认知的相宜性,最终促成信息传播更加精准有效。鉴于此,一是要针对观众研究进行系统规划。观众研究通常可包括常规研究和专题研究,其中常规研究需要长期开展,以获悉本馆观众和展览水平的动态变化及其发展趋势。二是在选择研究问题和设计方案时,不要仅限于来馆参观的实际观众,还要考虑未来可能来馆的潜在观众,因为潜在观众是"需要努力争取的观众,是明天的观众"[1]。三是将观众调查、评估或研究的结果运用至策展的实践中,使之切实发挥作用,从而提升展览的阐释性与传播力。同时,还需关注当前国际上就观众研究共同青睐的核心议题,它们分别为:参观中的行为和心理变化研究、参观后的长短期影响研究、参观前的社会文化背景研究。如美国的盖蒂基金会和国家艺术基金会曾共同策划了一项历时多年的行为研究项目,该项目锁定了两组频繁参观艺术博物馆的观众群体——"艺术新手"与"资深业余爱好者",通过对两类观众的访谈,项目组掌握了他们的常见行为,并从行为背后解读出观众需求。[2] 因此,这三方面内容同样应成为文献收藏机构开展观众研究的重中之重。但总体而言,我国展览还处于观众的培育阶段,与国外机构所处阶段截然不同。当文献收藏机构在针对观众开展系统研究时,一开始不需要拘泥于精致的方法论,相较于技术派,研究问题及其设计和解释才是当前开展观众研究的思想和价值所在。

(三)立足展览阐释与传播所需,开展专门的文献研究

文献,是文献收藏机构策展时独一无二的原材料。我们知道,尽管撰写文献使用的是我们所熟悉的语词符号,但由于时空阻隔造成的文化区隔,需要研究者从当代语境出发,用智慧重新照亮它们。当我们将文献作为展览的一种材料时,应当明白它除了保留原来文献的所有属性外,还具备了一种新的属性——成为传播某一主题的媒介。我们希望能借由这一媒介超越时空,透物见人、见精神,甚至见到一个社会,因为这一文献就处在那个社会,

---

[1] 王宏钧:《中国博物馆学基础》,上海古籍出版社 2001 年版,第 304 页。
[2] [美]皮特·萨米斯、米米·迈克尔森:《以观众为中心:博物馆的新实践》,科学出版社 2018 年版,第 52—53 页。

获得记录真实的价值。事实上,文献与人类的发展是同步的,能反映"穿梭"于文献之中的人和事,是当时代人与外界互动的产物。因此,尽管文史专家会围绕珍贵文献开展深入的学术研究并发表相应成果,但是这类研究并不等同于立足展览所需的文献研究。与广播、电视和电影不同,展览是在三维空间中的特殊表达,这种表达虽然基于文献所载信息,但为的是构建一套与观众沟通的陈列语言,以有效发挥文献教育普及之功能。因此,基于展览阐释和传播的需要,首先要对众多文献进行精选。正如前文所述,伯特兰·罗素将所有知识分为亲知和摹状知识,而文献通常是一种摹状知识,因此我们需要选择能够将这些摹状知识还原到接近亲知的材料。这些材料通常包含人、事和情节。因为当这些材料转化为实体呈现时,前来参观的观众多数为某一主题的初学者,他们可能对该主题一无所知或知之不多,所以要选择能吸引他们并使之兴致盎然的材料。这些材料通常也是激发研究者最初对该主题产生热情的材料。如果研究者无法把握,可以选择与不同类型的多代观众进行非正式交流或采取较为正式的前置性评估,在沟通过程中了解观众的背景、水准、期待和疑问。其次,在研究中避免符号思维,采取视觉思维。文献类展品展览不是要将文献孤立地呈现在展柜中,而是要通过研究将信息解读,提炼鲜明的主题,用生动故事线来串联信息,最终通过物化呈现为观众"讲述"有关的自然、社会和个人的故事。观众只需要通过对事实的"归纳"而非"演绎"的方法,去体验展览为他们打造的故事,以获取知识并构建自身意义。最后,为了将学术语言转化为展览中观众能理解的陈列语言,在研究团队之外可能还需要释展者的加盟,其作用是弥合展览学术思想与观众体验需求之间的落差,令具有学术分量的展览在不稀释学术含量的前提下变成生动有趣的体验。①

(四) 服务文献收藏机构展览,搭建专业交流平台

国际上,自20世纪末肇始,博物馆、图书馆与档案馆之间进行馆际合作的趋势越演越烈。② 虽然三类机构收藏的物件有所差异,提供公众使用的方式也不尽相同,但它们的功能却如出一辙,即保护、传承和利用遗产,以提供公共文化服务。正如美国国家档案局局长戴维·费雷罗(David Ferriero)

---

① 沈辰:《众妙之门:六谈当代博物馆》,文物出版社2019年版,第90页。
② 毛文婷:《档案馆、图书馆和博物馆的馆际合作研究》,《黑龙江史志》2015年第13期。

所言,"图书馆、博物馆、档案馆作为人类社会文化资源的收藏单位,本身有着共同的工作目标:保护信息、收集信息、让信息得到应用"。有鉴于此,我们需要以公众为本,从公众的多元需求出发,探索跨机构的信息共享。展览交流平台无疑是这一合作体系中的重要构成。事实上,欧美三馆之间的合作由来已久。美国早在1996年就成立了博物馆和图书馆服务管理署(Institute of Museum and Library Services),这是联邦政府管理博物馆和图书馆的主要机构,该组织还会为三馆的合作提供经济援助。英国在2000年设立了英国博物馆、图书馆和档案馆理事会,尽管十年后该机构被废止,但是其主要职能还是被移交至英格兰艺术评议会和英国国家档案馆,两者已缔结合作协议,将继续推动原有工作的开展。2008年国际图联发布《公共图书馆、档案馆和博物馆:合作趋势》的专业报告。同时,德国也建设了图书馆、档案和博物馆门户网站。加拿大将国家图书馆和国家档案馆合并建立了新的综合管理机构。新加坡还将国家档案馆并进了国家图书馆管理局。由此可见,三类机构的合作似乎已是大势所趋。但目前看来,这种信息整合更多地是被利用在数字资源的共享上。尽管跨机构的检索平台或通用软件有助于藏品管理和在线展示,也适应了讲求效率、强调用户体验的大数据时代,但是我们仍然需要突破窠臼,在本馆资源创新和深度开发的目标导向下,为展览业务打造专业的交流平台。因为展览本是博物馆传统业务,如果从公共博物馆诞生算起,其已经拥有三百余年的发展史,但这一业务对文献收藏机构而言却是新硎初试,因此亟须博物馆的关联理论和经验输出,使其少走弯路,避免"无畏牺牲"。同时,文献收藏机构展览近年来也呈现出一派欣欣向荣之势,但策展人通常会采取囫囵吞枣而不求甚解的照搬和挪用,然而经由本研究得出的初步结论,我们能获知器物类展品展览和文献类展品展览其实存在本质差异,文献收藏机构亟须探索一套有别于博物馆器物类展品展览的策展理论、实践模式及实现路径。可见,为文献收藏机构搭建展览交流平台迫在眉睫。当前,尽管有些机构已在系统内部构建交流平台,如在图书馆领域组织召开全国公共图书馆展览资源共建共享的交流研讨会、浙江省公共图书馆创建了展览联盟等,但显而易见的是,这些平台还未在不同类型的机构之间打通。为此,首先要在博物馆、图书馆、档案馆和方志馆等公共文化机构合作的大背景下,树立围绕文献类展品展览开展合作的理念。其次,通过美国的博物馆和图书馆服务管理署及英国的博物馆、图书馆与档案馆理事会等经验探索可知,跨机构合作有赖于统一组织的部署与安排,有赖于相应政策的保驾护航与鼓励扶植。所以要积极建设有助于合作策展的中介组织,并推动文旅部和档案局等制定相关政策。最后,发挥中介组织的专业平台功能,以实现研究成果和实践经验的交流互鉴,推动文献收藏机构展览在理论构建、标准制定和技术引进等方面获得突破性进展。

(五)依托于文献类展品展览,构建全新传播体系

从传统意义上说,图书馆主要负责"收集、系统整理和科学管理图书文献,除了提供实体借阅外,也大量开发出了数字化信息资源以供读者参考"①;档案馆主要负责"收集、编目和保管档案资料,并在公众需要利用档案时提供服务"②;而方志馆则是"以收藏志书为主,兼及编纂、办公、展示等功能"③。然而,随着社会公众对文化需求的日趋多元,他们对文化服务的期待已不同往昔,文献收藏机构正在经历一个重新适应社会的过程。虽然这些机构的最大财富仍是文献,但对这些宝贵资源只是独擅其美已不足够,要成为一座好的图书馆、档案馆或方志馆,最重要的还是取决于这些资源能否被最大化利用。因此,文献收藏机构需要全力以赴以调整机构的服务供给,从而尽可能地提升其供需匹配度。

展览,作为文献深化利用和创新服务的一项重要举措,在改善文献收藏机构与社会公众的关系上发挥着不可估量的作用。通过创建展览,文献从一个相对单调的符号化世界,变身为相对生动的物化世界,从只适合少数精英进行深度学习的媒介,拓展为适合广大受众粗放学习的工具。这种方式对休闲学习者而言尤其适用,因为这一情境式的参观体验能满足观众寓学于乐和智能休闲。而美国未来学家甘赫曼(G. Heman)曾预言,"休闲时代"是继"信息时代"之后人类社会发展的第四次浪潮。④ 因此,表面看来展览只是文献收藏机构新增的一项业务,但事实上它却是对机构长期以来固有传播方式的颠覆性变革。同时,种种征兆显示,这种传播方式的前景广阔而又乐观。不仅如此,我们还期待文献收藏机构能以展览为依托,构建起一套全新的文献故事传播体系。⑤ 其一,通过深入研究挖掘文献信息,为策划叙事

---

① 毛文婷:《档案馆、图书馆和博物馆的馆际合作研究》,《黑龙江史志》2015 年第 13 期。
② 同上。
③ 潘捷军、顾志兴、吕克军等:《中国方志馆》,第 4 页。
④ 周建明:《借鉴与创新:形成中国特色的旅游发展之路》,《国外城市规划》2003 年第 1 期。
⑤ 陆建松:《如何讲好中国文物的故事——论中国文物故事传播体系建设》,《东南文化》2018 年第 6 期。

展览奠定材料基础。其二,将文献中的信息碎片整合成一个有意义的故事,该故事拥有明确的主题、传播目的和故事线。尔后再采用大量辅助展品,以视觉化的形式将重构信息在展厅中进行还原,为观众讲述一个相对完整而又系统的故事。其三,除了展览这种传播方式外,文献收藏机构还可秉承共享的精神和开放的心态,不断拓展文献故事的传播平台,如借助教育活动、电视、广播、文创、出版物、多媒体技术等。其中多媒体技术可包括视频、APP、AR 和 VR 技术、触屏互动、在线互动等,从而形成以叙事展览为依托的文献故事立体化传播系统,以服务于需求异质化的多元受众,尤其是年轻一代的"新型观众",他们往往自我区隔、特立独行。

尽管我国文献收藏机构展览仍有相当长的一段路要走,但毋庸置疑,文献收藏机构已经告别了收集和保存文献的仓库阶段、致力于文献分类和编目的鉴别阶段、忙着修建大型建筑的纪念阶段等,现在正处于向文化服务中心转型,以改善市民生活并提高社会效率的新阶段。① 此时,文献收藏机构需要意识到"民众正在崛起"。如果在此之前,文献收藏机构可能会因拥有富丽堂皇的建筑,或馆藏价值连城的孤本而深感骄傲,那么这样的时光早已一去不复返,如今的机构只会因有能力创新差异化服务、提升民众生活品质而深感骄傲。时代已经赋予文献收藏机构以新的使命,并为其创造出新的机会,展览即是在履行新使命和善用新机会中脱颖而出的。期待未来能呈现这样一道宜人风景:深藏机构、少人问津的文献被揭开神秘的面纱,文化遗产中鲜为人知的记忆部分以轻松易读的方式被公之于众。然而,目前文献收藏机构很多展览只是将文献直接作为展示对象或类似博物馆通史展,文献类展品作为物证被点缀其中,仅见文献的外在形式而不见内在信息,忽视了受众的识读能力、文献的真正价值和媒介的功能发挥,导致展览与观众"对话"受阻,展览收效微乎其微。本为活化利用文献而生的展览,由于策展的专业水平不济,导致传播结果不尽人意。鉴于此,开展深入且系统的文献类展品展览理论研究,将是我们未来应当重点补缺的短板。"跟树是一样的,越是向往高处的阳光,它的根就越要伸向黑暗的地底。"② 只有经由策展

---

① [美]爱德华·P. 亚历山大:《博物馆大师:他们的博物馆和他们的影响》,陈双译,译林出版社 2020 年版,第 323 页。
② [德]弗里德里希·威廉·尼采:《查拉图斯特拉如是说》,杨震译,中国社会科学出版社 2009 年版,第 19 页。

团队精心打造的专业展览,才能以亲近世人的方式为公众降低门槛。观众无须经历古籍世界的清冷和潜心书海的艰辛,因为策展人已经将历史的尘埃轻轻拂去,用文献中的生动故事滋养着每位前来观展之人与探寻之士的灵魂。唯有如此,方可不负一代代投身其中的撰写者、收藏者、修复者和研究者,不负文献本身跌宕起伏的生命历程!

附录一
上海图书馆展览调查问卷

欢迎前来上海图书馆参观。本研究为针对机构的展览问题进行分析,所得资料仅供研究使用,对填答内容绝对保密,请您安心作答。祝您参观愉快,谢谢!

1. 请问过去 1 年您为看展览参观上海图书馆共几次(含本次)?
   □1 次　　　□2 次　　　□3—4 次　　　□5 次及以上
2. 今天在上海图书馆看展时,停留多久?
   □1 小时以内　　　□1—1.5 小时
   □1.5—2 小时　　　□2—3 小时
   □3 小时以上
3. 请问您今日与谁同来上海图书馆参观?
   □独自参观　　　□和朋友家人一起　　　□单位组织　　　□学校团队
   □与旅游团队一起　　　□其他 _____
4. 您从何处得知上海图书馆相关展览信息?(多选)
   □微信　　　　□微博　　　　□官网　　　　□大众点评
   □地铁海报　　□院内海报　　□商场海报　　□其他纸质宣传资料
   □亲友介绍　　□团体参观　　□路过　　　　□其他 _____
5. 请问您来上海图书馆参观的主要目的?(多选)
   □旅游观光　　　□兴趣爱好　　　　□消磨时间　　　□看特别的展览
   □随意的参观　　□追求娱乐　　　　□学习某些事情　□团体参观
   □教育子女　　　□向朋友分享经验　□参加本馆活动　□顺路经过
   □专业研究　　　□其他 _____
6. 请问您喜欢的展览主题?(多选)
   主要针对成人:　□世界文明类　　□中国文明类　　□艺术类
   　　　　　　　　□科技类　　　　□自然类　　　　□跨界类
   主要针对家庭:　□亲子教育类
   □其他 _____

7. 本题询问您参观上海图书馆前、后的感受，请分别勾选以下问题。

请就您参观前的期待，以及参观后满意程度，分别勾选以下问题	参观前的期望程度					参观后的满意程度				
	极为重要	重要	普通	不重要	极不重要	极为满意	满意	普通	不满意	极不满意
1. 展览主题	□	□	□	□	□	□	□	□	□	□
2. 展览宣传	□	□	□	□	□	□	□	□	□	□
3. 展品内容丰富	□	□	□	□	□	□	□	□	□	□
4. 展览信息量	□	□	□	□	□	□	□	□	□	□
5. 展示手段	□	□	□	□	□	□	□	□	□	□
6. 展品保护	□	□	□	□	□	□	□	□	□	□
7. 展览环境舒适度（展具、灯光、温度、色彩、空间）	□	□	□	□	□	□	□	□	□	□
8. 参观路线顺畅	□	□	□	□	□	□	□	□	□	□
9. 展品说明牌清楚	□	□	□	□	□	□	□	□	□	□
10. 提供语音/人工导览或手册	□	□	□	□	□	□	□	□	□	□
11. 多媒体/参与装置	□	□	□	□	□	□	□	□	□	□
12. 基本服务（水、厕所、餐饮）	□	□	□	□	□	□	□	□	□	□
13. 预约/购票方式	□	□	□	□	□	□	□	□	□	□
14. 展览配合活动的提供	□	□	□	□	□	□	□	□	□	□
15. 多样性的展览文创产品	□	□	□	□	□	□	□	□	□	□

8. 整体而言，您对参观上海图书馆的满意度？
□非常满意　　□满意　　□普通　　□不满意　　□非常不满意

9. 您今天参观后，未来是否会再来参观上海图书馆？
□一定会　　□会　　□不确定　　□不会　　□一定不会

10. 今天参观后，您会向其他人推荐参观上海图书馆吗？
□一定会　　□会　　□不确定　　□不会　　□一定不会

11. 性别？　　□男　　□女

12. 年龄?
    - ☐ 14 岁及以下　　☐ 15—19 岁　　☐ 20—24 岁　　☐ 25—34 岁
    - ☐ 35—44 岁　　☐ 45—54 岁　　☐ 55—64 岁　　☐ 65—69 岁
    - ☐ 70 岁及以上
13. 您的教育程度?
    - ☐ 初中(含)以下　　☐ 高中/职高　　☐ 大学/大专　　☐ 硕士及以上
14. 您的职业?
    - ☐ 党政机关　　☐ 企、事业单位　　☐ 个体户、自由职业者
    - ☐ 在校学生　　☐ 已退休　　☐ 其他 _____
15. 您来自
    - ☐ 上海市区　　☐ 上海郊区　　☐ 上海以外的省级行政区
    - ☐ 港澳台地区　　☐ 国外

谢谢您的填答,祝您度过愉快的一天!

附录二

上海市档案馆展览调查问卷

欢迎前来上海市档案馆参观。本研究为针对机构的展览问题进行分析,所得资料仅供研究使用,对填答内容绝对保密,请您安心作答。祝您参观愉快,谢谢!

1. 请问过去1年您为看展览参观上海市档案馆共几次(含本次)?
   □1次　　□2次　　□3—4次　　□5次及以上
2. 今天在上海市档案馆看展时,停留多久?
   □1小时以内　　□1—1.5小时
   □1.5—2小时　　□2—3小时
   □3小时以上
3. 请问您今日与谁同来上海市档案馆参观?
   □独自参观　　□和朋友家人一起　　□单位组织　　□学校团队
   □与旅游团队一起　　□其他_____
4. 您从何处得知上海市档案馆相关展览信息?(多选)
   □微信　　□微博　　□官网　　□大众点评
   □地铁海报　　□院内海报　　□商场海报　　□其他纸质宣传资料
   □亲友介绍　　□团体参观　　□路过　　□其他_____
5. 请问您来上海市档案馆参观的主要目的?(多选)
   □旅游观光　　□兴趣爱好　　□消磨时间　　□看特别的展览
   □随意的参观　　□追求娱乐　　□学习某些事情　　□团体参观
   □教育子女　　□向朋友分享经验　　□参加本馆活动　　□顺路经过
   □专业研究　　□其他_____
6. 请问您喜欢的展览主题?(多选)
   主要针对成人:　□世界文明类　　□中国文明类　　□艺术类
   　　　　　　　　□科技类　　　　□自然类　　　　□跨界类
   主要针对家庭:　□亲子教育类
   □其他_____

7. 本题询问您参观上海市档案馆前、后的感受,请分别勾选以下问题。

请就您参观前的期待,以及参观后满意程度,分别勾选以下问题	参观前的期望程度					参观后的满意程度				
	极为重要	重要	普通	不重要	极不重要	极为满意	满意	普通	不满意	极不满意
1. 展览主题	□	□	□	□	□	□	□	□	□	□
2. 展览宣传	□	□	□	□	□	□	□	□	□	□
3. 展品内容丰富	□	□	□	□	□	□	□	□	□	□
4. 展览信息量	□	□	□	□	□	□	□	□	□	□
5. 展示手段	□	□	□	□	□	□	□	□	□	□
6. 展品保护	□	□	□	□	□	□	□	□	□	□
7. 展览环境舒适度(展具、灯光、温度、色彩、空间)	□	□	□	□	□	□	□	□	□	□
8. 参观路线顺畅	□	□	□	□	□	□	□	□	□	□
9. 展品说明牌清楚	□	□	□	□	□	□	□	□	□	□
10. 提供语音/人工导览或手册	□	□	□	□	□	□	□	□	□	□
11. 多媒体/参与装置	□	□	□	□	□	□	□	□	□	□
12. 基本服务(水、厕所、餐饮)	□	□	□	□	□	□	□	□	□	□
13. 预约/购票方式	□	□	□	□	□	□	□	□	□	□
14. 展览配合活动的提供	□	□	□	□	□	□	□	□	□	□
15. 多样性的展览文创产品	□	□	□	□	□	□	□	□	□	□

8. 整体而言,您对参观上海市档案馆的满意度?
　　□非常满意　　　□满意　　　□普通　　　□不满意　　　□非常不满意
9. 您今天参观后,未来是否会再来参观上海市档案馆?
　　□一定会　　　□会　　　□不确定　　　□不会　　　□一定不会
10. 今天参观后,您会向其他人推荐参观上海市档案馆吗?
　　□一定会　　　□会　　　□不确定　　　□不会　　　□一定不会
11. 性别?　　　　□男　　　□女

12. 年龄?
    □14 岁及以下　　□15—19 岁　　□20—24 岁　　□25—34 岁
    □35—44 岁　　　□45—54 岁　　□55—64 岁　　□65—69 岁
    □70 岁及以上
13. 您的教育程度?
    □初中(含)以下　　□高中/职高　　□大学/大专　　□硕士及以上
14. 您的职业?
    □党政机关　　□企、事业单位　　□个体户、自由职业者
    □在校学生　　□已退休　　　　　□其他 _____
15. 您来自
    □上海市区　　□上海郊区　　□上海市以外的省级行政区
    □港澳台地区　□国外

谢谢您的填答,祝您度过愉快的一天!

◀附录三▶
上海通志馆展览调查问卷

欢迎前来上海通志馆参观。本研究为针对机构的展览问题进行分析,所得资料仅供研究使用,对填答内容绝对保密,请您安心作答。祝您参观愉快,谢谢!

1. 请问过去1年您为看展览参观上海通志馆共几次(含本次)?
　　□1次　　　□2次　　　□3—4次　　□5次及以上
2. 今天在上海通志馆看展时,停留多久?
　　□1小时以内　　　　　□1—1.5小时
　　□1.5—2小时　　　　 □2—3小时
　　□3小时以上
3. 请问您今日与谁同来上海通志馆参观?
　　□独自参观　　□和朋友家人一起　　□单位组织　　□学校团队
　　□与旅游团队一起　　□其他 _____
4. 您从何处得知上海通志馆相关展览信息?(多选)
　　□微信　　　　□微博　　　　□官网　　　　□大众点评
　　□地铁海报　　□院内海报　　□商场海报　　□其他纸质宣传资料
　　□亲友介绍　　□团体参观　　□路过　　　　□其他 _____
5. 请问您来上海通志馆参观的主要目的?(多选)
　　□旅游观光　　□兴趣爱好　　　　□消磨时间　　　□看特别的展览
　　□随意的参观　□追求娱乐　　　　□学习某些事情　□团体参观
　　□教育子女　　□向朋友分享经验　□参加本馆活动　□顺路经过
　　□专业研究　　□其他 _____
6. 请问您喜欢的展览主题?(多选)
　　主要针对成人:□世界文明类　　□中国文明类　　□艺术类
　　　　　　　　　□科技类　　　　□自然类　　　　□跨界类
　　主要针对家庭:□亲子教育类
　　□其他 _____

7. 本题询问您参观上海通志馆前、后的感受，请分别勾选以下问题。

请就您参观前的期待，以及参观后满意程度，分别勾选以下问题	参观前的期望程度					参观后的满意程度				
	极为重要	重要	普通	不重要	极不重要	极为满意	满意	普通	不满意	极不满意
1. 展览主题	□	□	□	□	□	□	□	□	□	□
2. 展览宣传	□	□	□	□	□	□	□	□	□	□
3. 展品内容丰富	□	□	□	□	□	□	□	□	□	□
4. 展览信息量	□	□	□	□	□	□	□	□	□	□
5. 展示手段	□	□	□	□	□	□	□	□	□	□
6. 展品保护	□	□	□	□	□	□	□	□	□	□
7. 展览环境舒适度（展具、灯光、温度、色彩、空间）	□	□	□	□	□	□	□	□	□	□
8. 参观路线顺畅	□	□	□	□	□	□	□	□	□	□
9. 展品说明牌清楚	□	□	□	□	□	□	□	□	□	□
10. 提供语音/人工导览或手册	□	□	□	□	□	□	□	□	□	□
11. 多媒体/参与装置	□	□	□	□	□	□	□	□	□	□
12. 基本服务（水、厕所、餐饮）	□	□	□	□	□	□	□	□	□	□
13. 预约/购票方式	□	□	□	□	□	□	□	□	□	□
14. 展览配合活动的提供	□	□	□	□	□	□	□	□	□	□
15. 多样性的展览文创产品	□	□	□	□	□	□	□	□	□	□

8. 整体而言，您对参观上海通志馆的满意度？
　　□非常满意　　□满意　　□普通　　□不满意　　□非常不满意
9. 您今天参观后，未来是否会再来参观上海通志馆？
　　□一定会　　□会　　□不确定　　□不会　　□一定不会
10. 今天参观后，您会向其他人推荐参观上海通志馆吗？
　　□一定会　　□会　　□不确定　　□不会　　□一定不会
11. 性别？　　□男　　□女

12. 年龄?
    ☐14 岁及以下　　☐15—19 岁　　☐20—24 岁　　☐25—34 岁
    ☐35—44 岁　　　☐45—54 岁　　☐55—64 岁　　☐65—69 岁
    ☐70 岁及以上
13. 您的教育程度?
    ☐初中(含)以下　☐高中/职高　　☐大学/大专　　☐硕士及以上
14. 您的职业?
    ☐党政机关　　　☐企、事业单位　☐个体户、自由职业者
    ☐在校学生　　　☐已退休　　　☐其他 _____
15. 您来自
    ☐上海市区　　　☐上海郊区　　☐上海以外的省级行政区
    ☐港澳台地区　　☐国外

谢谢您的填答,祝您度过愉快的一天!

附录四

成都图书馆展览调查问卷

欢迎前来成都图书馆参观。本研究为针对机构的展览问题进行分析,所得资料仅供研究使用,对填答内容绝对保密,请您安心作答。祝您参观愉快,谢谢!

1. 请问过去 1 年您为看展览参观成都图书馆共几次(含本次)?
   □1 次　　　□2 次　　　□3—4 次　　　□5 次及以上
2. 今天在成都图书馆看展时,停留多久?
   □1 小时以内　　　　□1—1.5 小时
   □1.5—2 小时　　　□2—3 小时
   □3 小时以上
3. 请问您今日与谁同来成都图书馆参观?
   □独自参观　　□和朋友家人一起　　□单位组织　　□学校团队
   □与旅游团队一起　　□其他 _____
4. 您从何处得知成都图书馆相关展览信息?(多选)
   □微信　　　　□微博　　　　□官网　　　　□大众点评
   □地铁海报　　□院内海报　　□商场海报　　□其他纸质宣传资料
   □亲友介绍　　□团体参观　　□路过　　　　□其他 _____
5. 请问您来成都图书馆参观的主要目的?(多选)
   □旅游观光　　□兴趣爱好　　　　□消磨时间　　□看特别的展览
   □随意的参观　□追求娱乐　　　　□学习某些事情 □团体参观
   □教育子女　　□向朋友分享经验　□参加本馆活动 □顺路经过
   □专业研究　　□其他 _____
6. 请问您喜欢的展览主题?(多选)
   主要针对成人:□世界文明类　　□中国文明类　　□艺术类
   　　　　　　　□科技类　　　　□自然类　　　　□跨界类
   主要针对家庭:□亲子教育类
   □其他 _____

7. 本题询问您参观成都图书馆前、后的感受,请分别勾选以下问题。

请就您参观前的期待,以及参观后满意程度,分别勾选以下问题	参观前的期望程度					参观后的满意程度				
	极为重要	重要	普通	不重要	极不重要	极为满意	满意	普通	不满意	极不满意
1. 展览主题	□	□	□	□	□	□	□	□	□	□
2. 展览宣传	□	□	□	□	□	□	□	□	□	□
3. 展品内容丰富	□	□	□	□	□	□	□	□	□	□
4. 展览信息量	□	□	□	□	□	□	□	□	□	□
5. 展示手段	□	□	□	□	□	□	□	□	□	□
6. 展品保护	□	□	□	□	□	□	□	□	□	□
7. 展览环境舒适度(展具、灯光、温度、色彩、空间)	□	□	□	□	□	□	□	□	□	□
8. 参观路线顺畅	□	□	□	□	□	□	□	□	□	□
9. 展品说明牌清楚	□	□	□	□	□	□	□	□	□	□
10. 提供语音/人工导览或手册	□	□	□	□	□	□	□	□	□	□
11. 多媒体/参与装置	□	□	□	□	□	□	□	□	□	□
12. 基本服务(水、厕所、餐饮)	□	□	□	□	□	□	□	□	□	□
13. 预约/购票方式	□	□	□	□	□	□	□	□	□	□
14. 展览配合活动的提供	□	□	□	□	□	□	□	□	□	□
15. 多样性的展览文创产品	□	□	□	□	□	□	□	□	□	□

8. 整体而言,您对参观成都图书馆的满意度?
　　□非常满意　　　□满意　　　□普通　　　□不满意　　　□非常不满意
9. 您今天参观后,未来是否会再来参观成都图书馆?
　　□一定会　　　□会　　　□不确定　　　□不会　　　□一定不会
10. 今天参观后,您会向其他人推荐参观成都图书馆吗?
　　□一定会　　　□会　　　□不确定　　　□不会　　　□一定不会
11. 性别?　　　　　□男　　　□女

12. 年龄?
    □14 岁及以下　　□15—19 岁　　□20—24 岁　　□25—34 岁
    □35—44 岁　　　□45—54 岁　　□55—64 岁　　□65—69 岁
    □70 岁及以上
13. 您的教育程度?
    □初中(含)以下　□高中/职高　　□大学/大专　　□硕士及以上
14. 您的职业?
    □党政机关　　　□企、事业单位　□个体户、自由职业者
    □在校学生　　　□已退休　　　　□其他 ＿＿＿＿＿
15. 您来自
    □成都市　　　　　　　　　　　□成都市以外的四川省地区
    □四川省以外的省级行政区　　　□港澳台地区
    □国外

谢谢您的填答,祝您度过愉快的一天!

附录五

成都市档案馆展览调查问卷

欢迎前来成都市档案馆参观。本研究为针对机构的展览问题进行分析,所得资料仅供研究使用,对填答内容绝对保密,请您安心作答。祝您参观愉快,谢谢!

1. 请问过去1年您为看展览参观成都市档案馆共几次(含本次)?
   □1次　　　　□2次　　　　□3—4次　　　□5次及以上
2. 今天在成都市档案馆看展时,停留多久?
   □1小时以内　　　　　　□1—1.5小时
   □1.5—2小时　　　　　　□2—3小时
   □3小时以上
3. 请问您今日与谁同来成都市档案馆参观?
   □独自参观　　□和朋友家人一起　　□单位组织　　□学校团队
   □与旅游团队一起　　□其他 _____
4. 您从何处得知成都市档案馆相关展览信息?(多选)
   □微信　　　　□微博　　　　□官网　　　　□大众点评
   □地铁海报　　□院内海报　　□商场海报　　□其他纸质宣传资料
   □亲友介绍　　□团体参观　　□路过　　　　□其他 _____
5. 请问您来成都市档案馆参观的主要目的?(多选)
   □旅游观光　　　　□兴趣爱好　　　　□消磨时间　　　　□看特别的展览
   □随意的参观　　　□追求娱乐　　　　□学习某些事情　　□团体参观
   □教育子女　　　　□向朋友分享经验　□参加本馆活动　　□顺路经过
   □专业研究　　　　□其他 _____
6. 请问您喜欢的展览主题?(多选)
   主要针对成人:　□世界文明类　　□中国文明类　　□艺术类
   　　　　　　　　□科技类　　　　□自然类　　　　□跨界类
   主要针对家庭:　□亲子教育类
   □其他 _____

7. 本题询问您参观成都市档案馆前、后的感受,请分别勾选以下问题。

请就您参观前的期待,以及参观后满意程度,分别勾选以下问题	参观前的期望程度					参观后的满意程度				
	极为重要	重要	普通	不重要	极不重要	极为满意	满意	普通	不满意	极不满意
1. 展览主题	□	□	□	□	□	□	□	□	□	□
2. 展览宣传	□	□	□	□	□	□	□	□	□	□
3. 展品内容丰富	□	□	□	□	□	□	□	□	□	□
4. 展览信息量	□	□	□	□	□	□	□	□	□	□
5. 展示手段	□	□	□	□	□	□	□	□	□	□
6. 展品保护	□	□	□	□	□	□	□	□	□	□
7. 展览环境舒适度（展具、灯光、温度、色彩、空间）	□	□	□	□	□	□	□	□	□	□
8. 参观路线顺畅	□	□	□	□	□	□	□	□	□	□
9. 展品说明牌清楚	□	□	□	□	□	□	□	□	□	□
10. 提供语音/人工导览或手册	□	□	□	□	□	□	□	□	□	□
11. 多媒体/参与装置	□	□	□	□	□	□	□	□	□	□
12. 基本服务（水、厕所、餐饮）	□	□	□	□	□	□	□	□	□	□
13. 预约/购票方式	□	□	□	□	□	□	□	□	□	□
14. 展览配合活动的提供	□	□	□	□	□	□	□	□	□	□
15. 多样性的展览文创产品	□	□	□	□	□	□	□	□	□	□

8. 整体而言,您对参观成都市档案馆的满意度?
　　□非常满意　　□满意　　□普通　　□不满意　　□非常不满意
9. 您今天参观后,未来是否会再来参观成都市档案馆?
　　□一定会　　□会　　□不确定　　□不会　　□一定不会
10. 今天参观后,您会向其他人推荐参观成都市档案馆吗?
　　□一定会　　□会　　□不确定　　□不会　　□一定不会
11. 性别?　　□男　　□女

12. 年龄？
   - □14 岁及以下　　□15—19 岁　　□20—24 岁　　□25—34 岁
   - □35—44 岁　　　□45—54 岁　　□55—64 岁　　□65—69 岁
   - □70 岁及以上
13. 您的教育程度？
   - □初中（含）以下　　□高中/职高　　□大学/大专　　□硕士及以上
14. 您的职业？
   - □党政机关　　□企、事业单位　　□个体户、自由职业者
   - □在校学生　　□已退休　　□其他 _____
15. 您来自
   - □成都市　　　　　　　　　　□成都市以外的四川省地区
   - □四川省以外的省级行政区　　□港澳台地区
   - □国外

谢谢您的填答，祝您度过愉快的一天！

附录六

成都方志馆展览调查问卷

欢迎前来成都方志馆参观。本研究为针对机构的展览问题进行分析,所得资料仅供研究使用,对填答内容绝对保密,请您安心作答。祝您参观愉快,谢谢!

1. 请问过去1年您为看展览参观成都方志馆共几次(含本次)?
   □1次　　　□2次　　　□3—4次　　　□5次及以上
2. 今天在成都方志馆看展时,停留多久?
   □1小时以内　　　□1—1.5小时
   □1.5—2小时　　　□2—3小时
   □3小时以上
3. 请问您今日与谁同来成都方志馆参观?
   □独自参观　　　□和朋友家人一起　　　□单位组织　　　□学校团队
   □与旅游团队一起　　　□其他
4. 您从何处得知成都方志馆相关展览信息?(多选)
   □微信　　　□微博　　　□官网　　　□大众点评
   □地铁海报　　　□院内海报　　　□商场海报　　　□其他纸质宣传资料
   □亲友介绍　　　□团体参观　　　□路过　　　□其他 _____
5. 请问您来成都方志馆参观的主要目的?(多选)
   □旅游观光　　　□兴趣爱好　　　□消磨时间　　　□看特别的展览
   □随意的参观　　　□追求娱乐　　　□学习某些事情　　　□团体参观
   □教育子女　　　□向朋友分享经验　　　□参加本馆活动　　　□顺路经过
   □专业研究　　　□其他 _____
6. 请问您喜欢的展览主题?(多选)
   主要针对成人:　□世界文明类　　　□中国文明类　　　□艺术类
   　　　　　　　　□科技类　　　□自然类　　　□跨界类
   主要针对家庭:　□亲子教育类
   □其他 _____

7. 本题询问您参观成都方志馆前、后的感受,请分别勾选以下问题。

请就您参观前的期待,以及参观后满意程度,分别勾选以下问题	参观前的期望程度					参观后的满意程度				
	极为重要	重要	普通	不重要	极不重要	极为满意	满意	普通	不满意	极不满意
1. 展览主题	□	□	□	□	□	□	□	□	□	□
2. 展览宣传	□	□	□	□	□	□	□	□	□	□
3. 展品内容丰富	□	□	□	□	□	□	□	□	□	□
4. 展览信息量	□	□	□	□	□	□	□	□	□	□
5. 展示手段	□	□	□	□	□	□	□	□	□	□
6. 展品保护	□	□	□	□	□	□	□	□	□	□
7. 展览环境舒适度(展具、灯光、温度、色彩、空间)	□	□	□	□	□	□	□	□	□	□
8. 参观路线顺畅	□	□	□	□	□	□	□	□	□	□
9. 展品说明牌清楚	□	□	□	□	□	□	□	□	□	□
10. 提供语音/人工导览或手册	□	□	□	□	□	□	□	□	□	□
11. 多媒体/参与装置	□	□	□	□	□	□	□	□	□	□
12. 基本服务(水、厕所、餐饮)	□	□	□	□	□	□	□	□	□	□
13. 预约/购票方式	□	□	□	□	□	□	□	□	□	□
14. 展览配合活动的提供	□	□	□	□	□	□	□	□	□	□
15. 多样性的展览文创产品	□	□	□	□	□	□	□	□	□	□

8. 整体而言,您对参观成都方志馆的满意度?
　　□非常满意　　□满意　　□普通　　□不满意　　□非常不满意
9. 您今天参观后,未来是否会再来参观成都方志馆?
　　□一定会　　□会　　□不确定　　□不会　　□一定不会
10. 今天参观后,您会向其他人推荐参观成都方志馆吗?
　　□一定会　　□会　　□不确定　　□不会　　□一定不会
11. 性别?　　□男　　□女

12. 年龄？
    - □14 岁及以下
    - □15—19 岁
    - □20—24 岁
    - □25—34 岁
    - □35—44 岁
    - □45—54 岁
    - □55—64 岁
    - □65—69 岁
    - □70 岁及以上

13. 您的教育程度？
    - □初中（含）以下
    - □高中/职高
    - □大学/大专
    - □硕士及以上

14. 您的职业？
    - □党政机关
    - □企、事业单位
    - □个体户、自由职业者
    - □在校学生
    - □已退休
    - □其他 _____

15. 您来自
    - □成都市
    - □成都市以外的四川省地区
    - □四川省以外的省级行政区
    - □港澳台地区
    - □国外

谢谢您的填答，祝您度过愉快的一天！

附录七

长沙党史馆展览调查问卷

欢迎前来长沙党史馆参观。本研究为针对机构的展览问题进行分析,所得资料仅供研究使用,对填答内容绝对保密,请您安心作答。祝您参观愉快,谢谢!

1. 请问过去 1 年您为看展览参观长沙党史馆共几次(含本次)?
   - □1 次　　□2 次　　□3—4 次　　□5 次及以上

2. 今天在长沙党史馆看展时,停留多久?
   - □1 小时以内　　□1—1.5 小时
   - □1.5—2 小时　　□2—3 小时
   - □3 小时以上

3. 请问您今日与谁同来长沙党史馆参观?
   - □独自参观　　□和朋友家人一起　　□单位组织　　□学校团队
   - □与旅游团队一起　　□其他 _____

4. 您从何处得知长沙党史馆相关展览信息?(多选)
   - □微信　　□微博　　□官网　　□大众点评
   - □地铁海报　　□院内海报　　□商场海报　　□其他纸质宣传资料
   - □亲友介绍　　□团体参观　　□路过　　□其他 _____

5. 请问您来长沙党史馆参观的主要目的?(多选)
   - □旅游观光　　□兴趣爱好　　□消磨时间　　□看特别的展览
   - □随意的参观　　□追求娱乐　　□学习某些事情　　□团体参观
   - □教育子女　　□向朋友分享经验　　□参加本馆活动　　□顺路经过
   - □专业研究　　□其他 _____

6. 请问您喜欢的展览主题?(多选)
   - 主要针对成人:□世界文明类　　□中国文明类　　□艺术类
   　　　　　　　　□科技类　　　　□自然类　　　　□跨界类
   - 主要针对家庭:□亲子教育类
   - □其他 _____

7. 本题询问您参观长沙党史馆前、后的感受,请分别勾选以下问题。

请就您参观前的期待,以及参观后满意程度,分别勾选以下问题	参观前的期望程度					参观后的满意程度				
	极为重要	重要	普通	不重要	极不重要	极为满意	满意	普通	不满意	极不满意
1. 展览主题	□	□	□	□	□	□	□	□	□	□
2. 展览宣传	□	□	□	□	□	□	□	□	□	□
3. 展品内容丰富	□	□	□	□	□	□	□	□	□	□
4. 展览信息量	□	□	□	□	□	□	□	□	□	□
5. 展示手段	□	□	□	□	□	□	□	□	□	□
6. 展品保护	□	□	□	□	□	□	□	□	□	□
7. 展览环境舒适度(展具、灯光、温度、色彩、空间)	□	□	□	□	□	□	□	□	□	□
8. 参观路线顺畅	□	□	□	□	□	□	□	□	□	□
9. 展品说明牌清楚	□	□	□	□	□	□	□	□	□	□
10. 提供语音/人工导览或手册	□	□	□	□	□	□	□	□	□	□
11. 多媒体/参与装置	□	□	□	□	□	□	□	□	□	□
12. 基本服务(水、厕所、餐饮)	□	□	□	□	□	□	□	□	□	□
13. 预约/购票方式	□	□	□	□	□	□	□	□	□	□
14. 展览配合活动的提供	□	□	□	□	□	□	□	□	□	□
15. 多样性的展览文创产品	□	□	□	□	□	□	□	□	□	□

8. 整体而言,您对参观长沙党史馆的满意度?
　　□非常满意　　□满意　　□普通　　□不满意　　□非常不满意
9. 您今天参观后,未来是否会再来参观长沙党史馆?
　　□一定会　　□会　　□不确定　　□不会　　□一定不会
10. 今天参观后,您会向其他人推荐参观长沙党史馆吗?
　　□一定会　　□会　　□不确定　　□不会　　□一定不会
11. 性别?　　□男　　□女

12. 年龄?
  □14 岁及以下　　□15—19 岁　　□20—24 岁　　□25—34 岁
  □35—44 岁　　　□45—54 岁　　□55—64 岁　　□65—69 岁
  □70 岁及以上
13. 您的教育程度?
  □初中(含)以下　□高中/职高　　□大学/大专　　□硕士及以上
14. 您的职业?
  □党政机关　　　□企、事业单位　□个体户、自由职业者
  □在校学生　　　□已退休　　　　□其他 _____
15. 您来自
  □长沙市　　　　　　　　　　　□长沙市以外的湖南省地区
  □湖南省以外的省级行政区　　　□港澳台地区
  □国外

谢谢您的填答,祝您度过愉快的一天!

附录八

长沙图书馆展览调查问卷

欢迎前来长沙图书馆参观。本研究为针对机构的展览问题进行分析,所得资料仅供研究使用,对填答内容绝对保密,请您安心作答。祝您参观愉快,谢谢!

1. 请问过去1年您为看展览参观长沙图书馆共几次(含本次)?
   □1次　　　□2次　　　□3—4次　　　□5次及以上
2. 今天在长沙图书馆看展时,停留多久?
   □1小时以内　　　□1—1.5小时
   □1.5—2小时　　　□2—3小时
   □3小时以上
3. 请问您今日与谁同来长沙图书馆参观?
   □独自参观　　□和朋友家人一起　　□单位组织　　□学校团队
   □与旅游团队一起　　□其他 _____
4. 您从何处得知长沙图书馆相关展览信息?(多选)
   □微信　　　□微博　　　□官网　　　□大众点评
   □地铁海报　□院内海报　□商场海报　□其他纸质宣传资料
   □亲友介绍　□团体参观　□路过　　　□其他 _____
5. 请问您来长沙图书馆参观的主要目的?(多选)
   □旅游观光　　□兴趣爱好　　　□消磨时间　　□看特别的展览
   □随意的参观　□追求娱乐　　　□学习某些事情　□团体参观
   □教育子女　　□向朋友分享经验　□参加本馆活动　□顺路经过
   □专业研究　　□其他 _____
6. 请问您喜欢的展览主题?(多选)
   主要针对成人：　□世界文明类　□中国文明类　□艺术类
   　　　　　　　　□科技类　　　□自然类　　　□跨界类
   主要针对家庭：　□亲子教育类
   □其他 _____

7. 本题询问您参观长沙图书馆前、后的感受，请分别勾选以下问题。

请就您参观前的期待，以及参观后满意程度，分别勾选以下问题	参观前的期望程度					参观后的满意程度				
	极为重要	重要	普通	不重要	极不重要	极为满意	满意	普通	不满意	极不满意
1. 展览主题	□	□	□	□	□	□	□	□	□	□
2. 展览宣传	□	□	□	□	□	□	□	□	□	□
3. 展品内容丰富	□	□	□	□	□	□	□	□	□	□
4. 展览信息量	□	□	□	□	□	□	□	□	□	□
5. 展示手段	□	□	□	□	□	□	□	□	□	□
6. 展品保护	□	□	□	□	□	□	□	□	□	□
7. 展览环境舒适度（展具、灯光、温度、色彩、空间）	□	□	□	□	□	□	□	□	□	□
8. 参观路线顺畅	□	□	□	□	□	□	□	□	□	□
9. 展品说明牌清楚	□	□	□	□	□	□	□	□	□	□
10. 提供语音/人工导览或手册	□	□	□	□	□	□	□	□	□	□
11. 多媒体/参与装置	□	□	□	□	□	□	□	□	□	□
12. 基本服务（水、厕所、餐饮）	□	□	□	□	□	□	□	□	□	□
13. 预约/购票方式	□	□	□	□	□	□	□	□	□	□
14. 展览配合活动的提供	□	□	□	□	□	□	□	□	□	□
15. 多样性的展览文创产品	□	□	□	□	□	□	□	□	□	□

8. 整体而言，您对参观长沙图书馆的满意度？
　　□非常满意　　□满意　　□普通　　□不满意　　□非常不满意
9. 您今天参观后，未来是否会再来参观长沙图书馆？
　　□一定会　　□会　　□不确定　　□不会　　□一定不会
10. 今天参观后，您会向其他人推荐参观长沙图书馆吗？
　　□一定会　　□会　　□不确定　　□不会　　□一定不会
11. 性别？　　□男　　□女

12. 年龄?
    □14 岁及以下　　□15—19 岁　　□20—24 岁　　□25—34 岁
    □35—44 岁　　　□45—54 岁　　□55—64 岁　　□65—69 岁
    □70 岁及以上
13. 您的教育程度?
    □初中(含)以下　　□高中/职高　　□大学/大专　　□硕士及以上
14. 您的职业?
    □党政机关　　　　□企、事业单位　　□个体户、自由职业者
    □在校学生　　　　□已退休　　　　　□其他 _____
15. 您来自
    □长沙市　　　　　　　　　　　　　□长沙市以外的湖南省地区
    □湖南省以外的省级行政区　　　　　□港澳台地区
    □国外

谢谢您的填答,祝您度过愉快的一天!

附录九

长沙市档案馆展览调查问卷

欢迎前来长沙市档案馆参观。本研究为针对机构的展览问题进行分析,所得资料仅供研究使用,对填答内容绝对保密,请您安心作答。祝您参观愉快,谢谢!

1. 请问过去1年您为看展览参观长沙市档案馆共几次(含本次)?
   □1次　　　□2次　　　□3—4次　　　□5次及以上

2. 今天在长沙市档案馆看展时,停留多久?
   □1小时以内　　　□1—1.5小时
   □1.5—2小时　　　□2—3小时
   □3小时以上

3. 请问您今日与谁同来长沙市档案馆参观?
   □独自参观　　□和朋友家人一起　　□单位组织　　□学校团队
   □与旅游团队一起　　□其他 _____

4. 您从何处得知长沙市档案馆相关展览信息?(多选)
   □微信　　　　□微博　　　　□官网　　　　□大众点评
   □地铁海报　　□院内海报　　□商场海报　　□其他纸质宣传资料
   □亲友介绍　　□团体参观　　□路过　　　　□其他 _____

5. 请问您来长沙市档案馆参观的主要目的?(多选)
   □旅游观光　　□兴趣爱好　　　　□消磨时间　　□看特别的展览
   □随意的参观　□追求娱乐　　　　□学习某些事情　□团体参观
   □教育子女　　□向朋友分享经验　□参加本馆活动　□顺路经过
   □专业研究　　□其他 _____

6. 请问您喜欢的展览主题?(多选)
   主要针对成人:　□世界文明类　　□中国文明类　　□艺术类
   　　　　　　　　□科技类　　　　□自然类　　　　□跨界类
   主要针对家庭:　□亲子教育类
   □其他 _____

7. 本题询问您参观长沙市档案馆前、后的感受，请分别勾选以下问题。

请就您参观前的期待，以及参观后满意程度，分别勾选以下问题	参观前的期望程度					参观后的满意程度				
	极为重要	重要	普通	不重要	极不重要	极为满意	满意	普通	不满意	极不满意
1. 展览主题	□	□	□	□	□	□	□	□	□	□
2. 展览宣传	□	□	□	□	□	□	□	□	□	□
3. 展品内容丰富	□	□	□	□	□	□	□	□	□	□
4. 展览信息量	□	□	□	□	□	□	□	□	□	□
5. 展示手段	□	□	□	□	□	□	□	□	□	□
6. 展品保护	□	□	□	□	□	□	□	□	□	□
7. 展览环境舒适度（展具、灯光、温度、色彩、空间）	□	□	□	□	□	□	□	□	□	□
8. 参观路线顺畅	□	□	□	□	□	□	□	□	□	□
9. 展品说明牌清楚	□	□	□	□	□	□	□	□	□	□
10. 提供语音/人工导览或手册	□	□	□	□	□	□	□	□	□	□
11. 多媒体/参与装置	□	□	□	□	□	□	□	□	□	□
12. 基本服务（水、厕所、餐饮）	□	□	□	□	□	□	□	□	□	□
13. 预约/购票方式	□	□	□	□	□	□	□	□	□	□
14. 展览配合活动的提供	□	□	□	□	□	□	□	□	□	□
15. 多样性的展览文创产品	□	□	□	□	□	□	□	□	□	□

8. 整体而言，您对参观长沙市档案馆的满意度？
□非常满意　　□满意　　□普通　　□不满意　　□非常不满意

9. 您今天参观后，未来是否会再来参观长沙市档案馆？
□一定会　　□会　　□不确定　　□不会　　□一定不会

10. 今天参观后，您会向其他人推荐参观长沙市档案馆吗？
□一定会　　□会　　□不确定　　□不会　　□一定不会

11. 性别？　　□男　　□女

12. 年龄?
 □14 岁及以下　　□15—19 岁　　□20—24 岁　　□25—34 岁
 □35—44 岁　　　□45—54 岁　　□55—64 岁　　□65—69 岁
 □70 岁及以上
13. 您的教育程度?
 □初中(含)以下　□高中/职高　　□大学/大专　　□硕士及以上
14. 您的职业?
 □党政机关　　　□企、事业单位　□个体户、自由职业者
 □在校学生　　　□已退休　　　　□其他 _____
15. 您来自
 □长沙市　　　　　　　　　　　□长沙市以外的湖南省地区
 □湖南省以外的省级行政区　　　□港澳台地区
 □国外

谢谢您的填答,祝您度过愉快的一天!

附录十

互联网线上线下融合的文献收藏机构展览的半结构访谈提纲

访谈问题的基本构成

实体展览的问题共设九题,包括展览定位、展览现状、展览主题、策展流程、成功经验、面临问题、原因溯源、对策建议及发展趋势。而网上展览仅增加一个方面的问题,即该类型展览推出的基础和条件。

1. **针对文献收藏机构的问题**
   (1) 请问展览业务在你们所有的业务中是如何定位的?
   (2) 请您介绍一下贵馆目前的展览现状。(含基本陈列和临时展览)
   (3) 请问贵馆基本陈列和临时展览的主题是什么,它们是如何被确定的?
   (4) 请问贵馆策展的流程是怎样的?
   (5) 请问贵馆展览的成功经验有哪些?
   (6) 请问贵馆的展览存在哪些问题?(可包含硬件设施、展览业务、公共服务、网上展览四方面问题,在展览业务上还包括展览评估和保障机制问题)
   (7) 请问贵馆的展览为什么会存在这些问题?
   (8) 请问贵馆采取了哪些对策来解决这些问题?
   (9) 请您对贵馆展览未来的发展趋势做一些预判。

   如有网上展览,进一步追问,如果没有,就此结束。
   (1) 请您介绍一下贵馆的网上展览。
   (2) 贵馆在怎样的基础和条件下推出了网上展览?
   (3) 请问贵馆的网上展览存在哪些问题?
   (4) 请问贵馆采取了哪些对策来解决这些问题?

2. **针对机构主管部门的问题**
   分别针对图书馆、档案馆和方志馆的上级主管部门。

(1) 请问贵部门对展览业务在所有的业务中是如何定位的？
(2) 请您介绍一下目前本市这类机构的展览现状。（含基本陈列和临时展览）
(3) 请问您认为目前本市这类机构展览的硬件设施如何？（从展览设施和资源分配两方面）
(4) 请您谈谈目前本市这类机构策展的专业性情况。
(5) 请您谈谈目前本市这类机构的展览评估情况。
(6) 请您谈谈目前本市这类机构的保障机制。
(7) 请问本市这种类型的展览为什么会存在这些问题？
(8) 请问贵部门采取了哪些对策来协助解决这些问题？
(9) 请问您认为本市这类机构展览的发展趋势是怎样的？

如有网上展览，进一步追问，如果没有，就此结束。
(1) 请您介绍一下本市这类机构的网上展览。
(2) 这类机构是在怎样的基础和条件下推出了网上展览。
(3) 请问本市这类机构的网上展览存在哪些问题？
(4) 请问贵部门会采取哪些对策来协助解决这些问题？

3. 针对展览服务对象——公众的问题
(1) 您认为该馆重视展览业务吗，能否举例说明？
(2) 请您概括一下该馆的展览现状。（含基本陈列和临时展览）
(3) 请您概括一下该馆的基本陈列和临时展览的主题是什么，您知道它们是如何被确定的吗？
(4) 请问您知道该馆的策展流程是怎样的吗？
(5) 您认为该馆展览在哪些方面比较成功？
(6) 您认为该馆展览还存在哪些问题？（可包含硬件设施、展览业务、公共服务、网上展览四方面问题）
(7) 您认为该馆的展览为什么会存在这些问题？
(8) 您认为可以采取什么对策来解决这些问题？
(9) 您认为这种展览的发展趋势是怎样的？

如浏览过网上展览，进一步追问，如果没有，就此结束。
(1) 您浏览过网上展览，能否请您大概介绍一下这类展览的基本情况？
(2) 您认为该馆网上展览存在哪些问题？
(3) 您对这些问题的解决有哪些对策建议？

图书在版编目(CIP)数据

文献类展品展览研究/周婧景著. —上海：复旦大学出版社，2022.9
(博物馆研究书系)
ISBN 978-7-309-16265-3

Ⅰ.①文… Ⅱ.①周… Ⅲ.①图书展览-研究 Ⅳ.①G252.12

中国版本图书馆 CIP 数据核字(2022)第 109019 号

文献类展品展览研究
周婧景 著
责任编辑/赵楚月

复旦大学出版社有限公司出版发行
上海市国权路 579 号 邮编：200433
网址：fupnet@fudanpress.com   http：//www.fudanpress.com
门市零售：86-21-65102580   团体订购：86-21-65104505
出版部电话：86-21-65642845
上海盛通时代印刷有限公司

开本 787×960 1/16 印张 33.25 字数 544 千
2022 年 9 月第 1 版
2022 年 9 月第 1 版第 1 次印刷

ISBN 978-7-309-16265-3/G·2374
定价：180.00 元

如有印装质量问题，请向复旦大学出版社有限公司出版部调换。
版权所有   侵权必究